# Positionierungspraktiken im Online-Diskurs

# Poznan Studies in Applied Linguistics

# Posener Beiträge zur Angewandten Linguistik

## Herausgegeben von
## Camilla Badstübner-Kizik
## Maciej Karpiński

## Mitbegründet von
## Waldemar Pfeiffer



**Band 15**

Paweł Rybszleger

# Positionierungspraktiken im Online-Diskurs

Menschen mit Behinderungen in den deutschsprachigen Ländern und in Polen

PETER LANG
Berlin · Bruxelles · Chennai · Lausanne · New York · Oxford

**Bibliografische Information der Deutschen Nationalbibliothek**
Die Deutsche Nationalbibliothek verzeichnet diese Publikation in der Deutschen Nationalbibliografie; detaillierte bibliografische Daten sind im Internet über http://dnb.d-nb.de abrufbar.

Diese Publikation wurde finanziell unterstützt durch das Institut für Angewandte Linguistik, die Neuphilologische Fakultät und die Rektorin der Adam-Mickiewicz-Universität in Poznań.

ISSN 2191-3536
ISBN 978-3-631-93809-6 (Print)
ISBN 978-3-631-93810-2 (ePDF)
ISBN 978-3-631-94496-7 (ePUB)
DOI 10.3726/b23292


Verlegt durch Peter Lang GmbH, Berlin, Germany

info@peterlang.com



Diese Publikation wurde begutachtet.

**www.peterlang.com**

Kontakt zur Verordnung über die allgemeine Produktsicherheit (GPSR):
gpsr@peterlang.com

*Meiner Familie*

# Inhaltsverzeichnis

# Abbildungsverzeichnis

# Tabellenverzeichnis

# Danksagung

Die Entstehung dieses Buches wäre ohne die Unterstützung und Hilfe der folgenden Personen nicht möglich gewesen, denen ich an dieser Stelle meinen Dank aussprechen möchte.

Mein besonderer Dank gilt den MitarbeiterInnen des Instituts für Angewandte Linguistik in Poznań, die mich insbesondere in der Anfangsphase der Entstehung des Buches und bei der Festlegung seines Themas mit Rat und Tat unterstützt haben. Ich danke Frau Prof. Izabela Prokop und Frau Prof. Alicja Sakaguchi für ihre wertvollen Ratschläge und Anregungen zum Inhalt des Buches, die ich unmittelbar nach meiner ersten Präsentation im April 2018 erhielt, in der ich die Thesen meiner Monografie vorgestellt habe. Ich danke auch Herrn Prof. Marcin Maciejewski für seine besonders wertvollen Anmerkungen zur verwendeten Methodologie multimodaler Texte und zur Herausarbeitung analytischer Kategorien.

Mein besonderer Dank gilt auch meinen GutachterInnen, Frau Prof. Dr. Konstanze Marx-Wischnowski von der Universität Greifswald und Herrn Prof. Roman Opiłowski von der Universität Wrocław, für ihre aufschlussreichen und kritischen Worte, die es mir ermöglicht haben, einige Mängel der ersten Fassung der Monografie zu erkennen und zu beheben.

Ich danke Frau Prof. Camilla Badstübner-Kizik vom Institut für Angewandte Linguistik für den Vorschlag, das Buch in der von ihr herausgegebenen Reihe „Poznan Studies in Applied Linguistics / Posener Beiträge zur Angewandten Linguistik“ zu veröffentlichen. Das Buch wurde dank der Unterstützung und finanziellen Hilfe der Institutsleitung, der Fakultät und der Rektoratsleitung der Adam-Mickiewicz-Universität in Poznań finanziert.

Die Abgabe des Manuskripts in deutscher Sprache, die für mich eine Fremdsprache ist, wäre ohne die Korrekturarbeit der beiden DAAD-Lektoren am Institut für Angewandte Linguistik in Poznań, Herrn Marcel Knorn und Herrn Johann Görzen, nicht möglich gewesen. Ich danke Euch herzlich für Eure Unterstützung und Eure wertvollen sprachlichen Hinweise.

Nicht zuletzt möchte ich mich ganz besonders bei meiner lieben Familie bedanken, insbesondere bei meinem langjährigen Partner Jakub und meiner Mutter, die mich während der gesamten Entstehungszeit des Buches mit gutem Wort unterstützt haben, meine ersten Lektoren waren und dabei stets außerordentliche Geduld und Verständnis gezeigt haben.

# Einleitung und Zielsetzung der Arbeit

## 1.1 Einleitende Gedanken

Die gesellschaftliche Teilhabe von Menschen mit Behinderungen (MmB) stellt in Polen und in den deutschsprachigen Ländern eine zentrale Herausforderung dar. Trotz internationaler Übereinkommen wie der UN-Behindertenrechtskonvention bestehen weiterhin Barrieren sowohl physischer als auch sozialer Natur, die die Inklusion und Gleichberechtigung von MmB beeinträchtigen. Darüber hinaus spiegelt die Art und Weise, wie Menschen mit Behinderungen in Politik, Medien und Alltag wahrgenommen und dargestellt werden, tieferliegende kulturelle Einstellungen wider und beeinflusst maßgeblich ihre Lebensrealität.

Obwohl der Begriff „Behinderung" von den Betroffenen selbst unterschiedlich gedeutet wird, möchte ich von dem sog. „bio-psycho-sozialen Modell" der Behinderungen der ICF (Internationale Klassifikation der Funktionsfähigkeit, Behinderung und Gesundheit) ausgehen. Die 2001 von der Vollversammlung der Weltgesundheitsorganisation verabschiedete ICF versteht Behinderung als Zusammenspiel der folgenden zwei Komponenten (vgl. Haage 2021: 30 ff. in Anlehnung an Richtlinien der „Convention on the Rights of Persons with Disabilities" der WHO[1]):

1) Funktionsfähigkeit und Behinderung, zu denen drei Elemente gehören:
   a. Körperfunktionen und -strukturen (und ihre eventuelle Schädigung): „Physiologische/psychologische Funktion von Körpersystemen, Körperstrukturen sind anatomische Teile des Körpers" (ebd.: 31),

---

[1] Mehr Informationen zu den einzelnen Richtlinien hinsichtlich der Personen mit Behinderungen und ihres Schutzes können unter folgender Adresse abgerufen werden: https://www.who.int/publications/i/item/9789240063600 (16.11.2022).

b. Aktivitäten: verstanden als „Durchführung einzelner Aufgaben und Handlungen“ (ebd.),
c. Partizipation (Teilhabe), d. h. „Einbezogensein in eine Lebenssituation“ (ebd.).

2) Kontextfaktoren, deren Bestandteile Umweltfaktoren, d. h. „materielle, soziale und einstellungsbezogene Umwelt“ (ebd.) und personenbezogene Faktoren sind (u. a. zählen dazu Geschlecht, ethnischer Hintergrund, Alter oder Lebensstil).

Darüber hinaus gehören Menschen mit Behinderungen zu den sog. „ausgeschlossenen“ oder „marginalisierten Gesellschaftsgruppen“ bzw. zu solchen, die von potenzieller sozialer Ausgrenzung bedroht sind. Nach der *Civil Liberties Union for Europe* (*Liberties*) bedeutet „soziale Ausgrenzung“ Situationen, in denen „nicht alle Menschen den gleichen Zugang zu den Möglichkeiten und Dienstleistungen haben, die es ihnen ermöglichen, ein würdiges und glückliches Leben zu führen“[2]. Darüber hinaus gilt dies auch, „wenn Menschen nicht in der Lage sind, sich in die Gestaltung der Regeln der Gesellschaft, in der sie leben, einzubringen und ihrer Stimme Gehör zu verschaffen“ (ebd.). Gerade Menschen mit Behinderungen werden häufig mit Situationen konfrontiert, in denen sie schlecht behandelt werden – bevormundet, übergangen oder in Gesprächen und/oder Diskussionen nicht ernst genommen. Nicht selten werden sie beispielsweise ungefragt geduzt, (sexuell) belästigt oder sind Hassrede ausgesetzt, wobei sie oft mit nur mangelnder Hilfe rechnen können.[3] Dazu kommt noch die häufige Benachteiligung in der Schule (im Kindes- und Jugendalter) und später im Arbeitsleben[4], was bei vielen zu einem geringen Selbstwertgefühl und Selbstbewusstsein führen

---

[2] Vgl. https://www.liberties.eu/de/stories/soziale-ausgrenzung-definition-auswirkungen-beispiele-zukunftsaussichten/43579 (16.11.2022).

[3] Nach Angaben des Bundesministeriums für Familie, Senioren, Frauen und Jugend erleben Frauen und Mädchen mit Behinderung zwei- bis dreimal häufiger körperliche oder sexuelle Gewalt als nicht behinderte Frauen. Quelle: https://www.bmfsfj.de/bmfsfj/themen/gleichstellung/frauen-vor-gewalt-schuetzen/frauen-mit-behinderungen-schuetzen/gewalt-gegen-frauen-mit-behinderungen-80650 (13.08.2023).

[4] Vgl. u. a. eine der neuesten Studien der Heinrich-Böll-Stiftung und des Gunda-Werner-Instituts von 2022. Quelle: https://www.gwi-boell.de/de/2022/06/13/ihrbeutetunsaus-diskriminierung-von-behinderten-menschen-auf-dem-arbeitsmarkt (27.03.2024).

kann. Schuld daran sind u. a. fehlende und/oder unzureichende Regelungen[5] sowie seit Jahren in der Gesellschaft herrschende Klischees und Vorurteile gegenüber Menschen mit Behinderungen und ihrer (medialen) Inklusion.[6]

## 1.2 Darstellung von Menschen mit Behinderungen in den Medien

Ein Blick auf die verfügbaren Studien (vor allem im Bereich der Soziologie, Pädagogik oder allgemeinen Medienwissenschaft) zum medialen Bild von Menschen mit Behinderungen in deutschsprachigen Ländern und in Polen legt nahe, dass die vorherrschenden Darstellungen eher Stereotypen festigen, als dass sie die tatsächliche Inklusion dieser Gruppe fördern. Es wird vor allem oft konstatiert, dass MmB in Massenmedien stark unterrepräsentiert sind, und wenn überhaupt über sie berichtet wird, dann hat man es meistens mit einer thematischen Verengung zu tun (vgl. u. a. Bosse 2017 oder Röhm 2023). Dabei spielen unterschiedliche Emotionen eine zentrale Rolle: einerseits Ausdruck der Bewunderung, die oft schon allein aus der Tatsache resultiert, dass man es mit einer behinderten Person zu tun hat, andererseits Mitleid, das vor allem durch Bilder von Menschen mit Behinderungen ausgelöst wird, die ständiger Pflege bedürfen würden, hilflos seien und Schmerzen hätten

5 Deutschland (2009), Polen (2012) und andere Vertragsstaaten haben sich mit der Ratifizierung der Behindertenrechtskonvention der Vereinten Nationen (UN-BRK) verpflichtet, zur Bewusstseinsbildung nach Artikel 8 beizutragen. Dieser beinhaltet u. a. „die Aufforderung an alle Medienorgane, Menschen mit Behinderungen in einer dem Zweck dieses Übereinkommens entsprechenden Weise darzustellen“ (Art. 8, Abs. 2c). Diese Regelung schließt der Konvention folgend unter anderem „eine würdevolle, klischee- und vorurteilsfreie Darstellung ein, die die Rechte von Menschen Behinderungen achtet“ (Röhm 2023). Die Realität der Darstellung von MmB in vielen Massenmedien sieht jedoch oft anders aus (vgl. 9.3).

6 Vgl. u. a. die umfangreiche Umfrage von „Aktion Mensch“ aus dem Jahr 2019, deren AutorInnen die häufigsten Vorurteile im Zusammenhang mit Menschen mit Behinderungen nennen. Zu den typischsten gehören u. a. „Menschen mit Behinderung sind grundsätzlich hilfsbedürftig“, „Inklusion ist teuer – und wir alle sollen dafür zahlen“ oder „Kinder mit Behinderung bremsen das Lerntempo der ganzen Klasse“ (mehr zu der Umfrage: https://www.aktion-mensch.de/dafuer-stehen-wir/was-ist-inklusion/11-vorurteile-ueber-inklusion, 16.11.2022).

(vgl. Hribar 2016: 11 oder Röhm 2023[7]). Darüber hinaus betrachten viele JournalistInnen Menschen mit Beeinträchtigungen nur durch das Prisma ihrer Behinderung, ohne dass sie auch andere Eigenschaften, Fähigkeiten oder Talente erwähnen, die Teil der Identität dieser Menschen sein könnten (vgl. Pernegger 2017: 88). Darüber hinaus werden oft „alle anderen Facetten, die ein Mensch in die Gesellschaft einbringt, vernachlässigt" (Köpcke 2018: 240).

Bosse (2011 und 2017) analysiert populäre (deutschsprachige) Fernsehserien bezüglich der Darstellung von MmB. Der Autor stellt zwar fest, dass es in populären Fernsehformaten „zugleich möglich ist, zu unterhalten und Zuschauende für das Thema Behinderung zu sensibilisieren", indem bspw. Stereotype über MmB „gezeigt und zugleich entlarvt" oder traditionelle Leitbilder wie Fürsorge oder Versorgung mit zeitgemäßen Leitbildern „wie Selbstbestimmung, Teilhabe und Inklusion transportiert" werden, aber gleichzeitig stellt er fest, dass Menschen mit Beeinträchtigungen in Filmen weiterhin nach stereotypen Mustern dargestellt werden: Sie nehmen meistens eine Sonderstellung ein und, wenn sie überhaupt zum Thema einer Folge gemacht werden, dann meistens als „das Exotische, das Ungewöhnliche, das die Zuschauer anziehen soll"[8] (Bosse 2017: 133). In der Analyse zahlreicher Artikel

---

7 Eine solche These bestätigen auch andere Untersuchungen. Köpcke (2018: 240), die sich mit dem Thema „Menschen mit Querschnittlähmung" beschäftigt, stellt fest, dass meistens jeder solche Bericht „etwa komplett auf das Mitleid der Zuschauer abzielt, indem er das vermeintlich tragische Schicksal eines Menschen mit Beeinträchtigung beleuchtet oder es werden Menschen dargestellt, die Leistungen erbracht haben, die für sie unüblich erscheinen" usw.

8 Besonders erwähnenswert wären in dieser Hinsicht Beispiele aus klassischen internationalen Unterhaltungsfilmen wie „Forrest Gump" (1994), „A Beautiful Mind" (2001) oder „The Joker" (2019), in denen häufig bestimmte ungewöhnliche, abweichende oder normverletzende Verhaltensweisen entweder durch eine psychische Erkrankung oder Behinderung erklärt werden (vgl. Röhm 2023). Es wird also in diesen Fällen „eine Abweichung von der Normalität inszeniert und durch die Behinderung begründet" (ebd.). Auf die mediale Darstellung von MmB als „Exoten" weist in ihrer Studie auch Hribar (2016: 12) hin. Podgórska-Jachnik (2013: 81) dagegen beschreibt solche medialen Situationen als einen „abwertenden Faktor der Behinderung" (poln. „czynnik deprecjonujący niepełnosprawność"), der darin besteht, dass ein bestimmtes Thema entweder übersehen wird oder nur für die Massen oder Schaulustige reserviert wird, indem Menschen mit Beeinträchtigungen als „exotisch" und/oder von der Norm abweichend präsentiert werden. Die „Exoten"-These wird auch durch die Analyse in diesem Buch zumindest teilweise bestätigt.

aus der deutschen Boulevardpresse dagegen konstatiert derselbe Autor (ebd.), dass die JournalistInnen zwar oft in der Lage sind, den Informationsstand und das Bewusstsein vieler LeserInnen „nachhaltig zu beeinflussen", aber (ähnlich wie in populären Unterhaltungsformaten im Fernsehen) steht in den Boulevardmagazinen „die Darstellung exakter Tatsachen weniger im Fokus als das Erzählen spannender Geschichten", was selbstverständlich „zu Lasten der differenzierten Darstellung der Lebenswelten behinderter Menschen gehen" kann. So überwiegen, insbesondere in der Boulevardpresse und Spielfilmen (Filmserien), unterschiedliche „Leidengeschichten, Dramen oder Sensationen" (Köpcke 2018: 240).

Was die Tagespresse anbelangt, sind besonders zwei polnische wissenschaftliche Arbeiten zu erwähnen. Struck-Peregończyk/Kurek-Ochmańska (2018) untersuchten in ihrer umfangreichen Studie das Bild von Menschen mit Behinderungen in der polnischen meinungsbildenden Presse in den Jahren 1997–2016. Die Autorinnen bemerken, dass bestimmte Themen sich in vielen medialen Presseberichten wiederholen, unabhängig vom Jahr der Veröffentlichung. Zu solchen Themenbereichen zählen sie unter anderem folgende: Darstellung der schwierigen Situation von MmB, wirtschaftliche und emotionale Kosten der Behinderung oder Schwierigkeiten in Beziehungen von Menschen mit Beeinträchtigungen mit ihrer Umwelt. Dazu kommen intimere Themen wie Liebe, Partnerschaft und Elternschaft sowie sexuelle Bedürfnisse dieser Gruppe. Darüber hinaus werden seit Jahren soziale Isolation, mangelnde Selbstakzeptanz sowie Ineffizienz der Sozial- und Gesundheitspolitik thematisiert. Schließlich wird die Situation dieser Personen in Polen und anderen Ländern verglichen (vgl. ebd.: 67). Auf der anderen Seite mag das eher schwache Interesse am Thema der Arbeitsmarktbeteiligung von Menschen mit Behinderungen überraschen, zumal sich in den letzten 20 Jahren sowohl rechtlich als auch institutionell viel verändert hat und das Bewusstsein für diesen Bereich gewachsen ist (vgl. Struck-Peregończyk/Kurek-Ochmańska 2018: 67). Ähnliche Schlussfolgerungen lassen sich nach der Lektüre einer anderen aktuellen Studie von Wojakowski (2020) ziehen. Der Autor konstatiert, dass das Bild, das in den Printmedien vermittelt wird, sich von der Wunschvorstellung von Personen mit Behinderung unterscheidet, die viele JournalistInnen, PublizistInnen, LehrerInnen oder PolitikerInnen vertreten und fördern. Die meisten Artikel in der Meinungspresse würden sich dagegen auf häufige finanzielle Entbehrungen oder gesundheitliche Probleme vieler

MmB konzentrieren. Nach Ansicht des Autors gehen viele JournalistInnen auch von der falschen Annahme aus, dass die Darstellung negativer Phänomene in Bezug auf MmB und die anschließende Präsentation in Form von positiv assoziierten Ereignissen (z. B. dass solchen Menschen immer häufiger geholfen wird) das Bild von Menschen mit Beeinträchtigungen in der Gesellschaft verbessern werden. Leider sei der Effekt oft das Gegenteil – ein abwertendes Bild von MmB wird aufrechterhalten (vgl. ebd.: 72 f.). Darüber hinaus dominiert in der untersuchten Tagespresse das Bild von Menschen mit Beeinträchtigung, deren Alltag von der notwendigen Nächstenliebe anderer geprägt ist (und so dominiert in der Presseberichterstattung immer noch die klare Rollendefinition „Kranker – zu behandelnder Patient"). Eine solche Darstellung von Menschen mit Behinderungen würde (so Wojakowski 2020: 73) zu ihrer weiteren Isolation und der Situation führen, in der sie nach wie vor als „dysfunktionale Menschen" abgestempelt werden. Andererseits ist jedoch hinzuzufügen, dass die Anzahl der Presseartikel zunimmt, die über das Modell der „Wohltätigkeitspflege" hinausgehen und die Nivellierung der äußeren Einschränkungen sowie die Anpassung der Umgebung an die Fähigkeiten von Menschen mit Behinderungen zeigen (vgl. ebd.: 73).

Die oben angeführten exemplarischen Befunde aus der polnischen und deutschsprachigen Fachliteratur zeigen, wie viel noch auf dem Medienmarkt getan werden muss, wenn es um eine gerechte Darstellung von Menschen mit Behinderungen geht. Einerseits kann man in den letzten Jahren den Trend beobachten, dass die Anzahl von Medienberichten, in denen Menschen mit Beeinträchtigung in einem negativen, unvorteilhaften Licht dargestellt werden, zurückgegangen ist (vgl. Peregończyk/Kurek-Ochmańska 2018: 67). Dazu werden sowohl in der Presse als auch im Fernsehen der letzten Jahre immer häufiger „Trennlinien zwischen Inklusion und Exklusion markiert", wodurch auch deutlich gemacht wird, „dass Menschen mit Behinderung und ohne Behinderung *keine* zwei Gruppen darstellen" (Bosse 2017: 133). Andererseits herrscht in den Mainstream-Medien (trotz deutlicher Fortschritte in der Darstellungsweise der MmB) immer noch das Bild einer Person mit Beeinträchtigung als „Opfer" vor: hauptsächlich als Opfer des Systems, ungünstiger Lösungen, mangelnden Verständnisses oder der Intoleranz. Die behinderten ProtagonistInnen in vielen medialen Berichten werden manchmal an den Rand des sozialen und beruflichen Lebens gedrängt, führen nicht selten dramatische Kämpfe um die Finanzierung von Behandlungen, sind

Intoleranz ausgesetzt, werden als Belastung und potenzielle oder tatsächliche Kunden von Sozialhilfe behandelt usw. Um eine bestimmte Wirkung zu erzielen – Mitleid oder Empörung zu erwecken – werden die Unterprivilegierten übermäßig in den Mittelpunkt gestellt. Dazu werden nicht selten naturalistische Beschreibungen wiedergegeben und gewisse Einschränkungen hervorgehoben. So wie Wojakowski (2020: 73) feststellt, werden in vielen der analysierten Materialien die Menschen dieser Gruppe genau über ihre Rolle als Kranke definiert – als Patienten, die behandelt werden müssen. Dies führt oft zu der bereits erwähnten (mentalen) Isolierung von Menschen mit Behinderungen. Zwar erlebt man eine immer größer werdende Präsenz von MmB sowohl in den Mainstream-Medien als auch in kleineren thematischen Medien und Social Media (vgl. Beispiele im vorliegenden Buch, wie Presse- oder Fernsehinterviews), aber nach wie vor ist bei vielen JournalistInnen eine Abneigung oder Angst, die vor allem auf Stereotypen oder Vorurteilen beruht, gegenüber MmB (besonders mit schwereren Behinderungen) zu beobachten.[9]

## 1.3 Mediale Inklusion von Menschen mit Behinderungen

Obwohl immer mehr über die mediale Inklusion von Angehörigen marginalisierter Gruppen gesprochen wird, ist auch der Prozess der medialen Inklusion von Personen mit Behinderungen in der heutigen Welt – auch in entwickelten Ländern – nicht immer leicht zu realisieren. Besonders Menschen mit schweren Behinderungen haben oft – trotz der vielen meist kostenlosen Online-Anwendungen, die auf dem Markt erhältlich sind – einen eingeschränkten Zugang zu massenmedialen Angeboten und zum Internet, was darin resultiert, dass die Nutzung von Medien in dieser Gruppe oft als unzureichend empfunden wird.[10]

---

[9] Gerade bei Personen mit einer schweren Krankheit, Behinderung oder Demenz ist jedoch zu bedenken (was viele JournalistInnen immer noch vergessen), dass der Grad der Beeinträchtigung die Grenzen für eine würdevolle Darstellung setzt, dem die Person auch zustimmen muss (vgl. Lelgemann 2016: 35).

[10] Gehrau (2022: 185) konstatiert dabei, dass „der Personenkreis derer, die bei der Mediennutzung behindert werden, weit größer als die Reichweite vieler Medienangebote oder die Größe spezieller Zielgruppen [ist], die oft Gegenstand kommunikationswissenschaftlicher Studien sind".

Dennoch möchte ich in der vorliegenden Arbeit von zwei allgemeinen, vorläufigen Hypothesen bezüglich der Medienpraktiken von Menschen mit Behinderungen ausgehen:

1) Das Internet und die sozialen Medien spielen eine wichtige Rolle auch im Leben von Personen mit Behinderungen. Darüber hinaus können sozialmediale Accounts von MmB gute und zuverlässige Kommunikationsplattformen darstellen.
2) Trotz ihrer Behinderungen sind besonders aktive und engagierte UserInnen (wie AktivistInnen, BloggerInnen, AutorInnen usw.) in der Lage, die von ihnen vorgeschlagenen, entsprechend profilierten Themen für viele potenzielle EmpfängerInnen interessant zu machen. Darüber hinaus nehme ich an, dass sie sich von ihrer ursprünglichen Umgebung abheben und in weiteren Kreisen „Gehör" verschaffen können, was sie (trotz der häufigen Behandlung von weniger populären Themen und eher bescheidener technischer Möglichkeiten) zu konkurrierenden medialen AnbieterInnen macht.[11]

Beide Thesen können zumindest teilweise auf der Grundlage zahlreicher Studien bestätigt werden, vor allem zur Mediennutzung von MmB.[12] So bemerken Borgstedt/Möller-Slawinski (2020: 46), dass es nicht „,das' Nutzungsverhalten von Menschen mit Behinderung [gibt], weder per Behinderungsart noch in

---

[11] Viele Studien der letzten Jahre (vgl. Buffardi/Campbell 2008, Loiacono 2015 oder Szpunar 2016) zeigen eindeutig, dass vor allem UserInnen mit besonders stark ausgeprägten Persönlichkeitsmerkmalen wie Extraversion oder sozialer Verträglichkeit zur Selbstoffenbarung neigen. Dies resultiert meistens in übermäßig großer Anzahl an verlinkten Freunden, besonders vielen Fotos oder anderem Content, was die jeweiligen ProfilbesucherInnen zu entsprechenden Eindrücken führen sollte. Ich bin der Ansicht, dass Menschen mit Behinderungen keine Ausnahme darstellen.

[12] Es sind u. a. folgende Beiträge zu erwähnen: von Shpigelman/Gill (2014) zu Facebook-Nutzung von Menschen mit Behinderungen, von Stojkow/Żuchowska-Skiba (2015) zu Aktivitäten solcher Personen in Profilen und Foren sozialer Netzwerke in der Netzgesellschaft oder die von Masłyk et al. (2016) herausgegebene Monografie, in der die AutorInnen das bürgerschaftliche und soziale Potenzial der Behindertengemeinschaft besprechen. Besonders empfehlenswert ist in diesem Bereich die Dissertation von Haage (2021), die eine gute Einführung in die Problemlage bietet und die Ergebnisse einer umfangreichen Befragungsstudie über Menschen mit Behinderung und deren alltägliche Medienrepertoires vorstellt.

Abgrenzung zur Mehrheitsgesellschaft". Darüber hinaus stellen sie fest, dass der Zustand eines kompletten Offline-Seins die absolute Ausnahme unter Befragten ist (vgl. ebd.: 48). In weiteren Schritten bemerken die Autorinnen, dass Menschen mit Behinderungen, neben Hilfsmitteln (z. B. unter Personen mit Hör- oder Sehbehinderung), eher klassische Digitaltechnologien nutzen (vgl. ebd.: 49). In einer anderen umfangreichen Studie zur Bedeutung von Social Media unter Behinderten weist Żuchowska-Skiba (2017) darauf hin, dass die häufige Nutzung von sozialen Netzwerken sowie von Foren und Diskussionsgruppen zwar nicht zu einer Erhöhung der Anzahl der „Freunde" beiträgt, aber dazu führen kann, dass bereits bestehende Beziehungen zu realen Freunden und Bekannten gepflegt werden können (vgl. ebd.: 303). Darüber hinaus bemerken Masłyk et al. (2016: 133), dass Personen mit Behinderungen dank der vom Netzwerk zur Verfügung gestellten Instrumente die Form und Häufigkeit ihrer sozialen Kontakte beeinflussen können, was dazu beiträgt, dass sie die Kontrolle über ihr eigenes Leben zurückgewinnen. Eine solche Aktivität motiviert sie oft, ihre Probleme aktiv zu lösen, indem sie Unterstützung von anderen suchen und mehr an virtuellen oder realen Ereignissen teilnehmen möchten (vgl. Pawłowska 2019: 115).[13] Darüber hinaus wird in den letzten Jahren immer häufiger für die sog. *digitale Teilhabe*[14] (mit unterstützter Kommunikation) plädiert, d. h. alle digital zur Verfügung gestellten Inhalte sollten für jeden Menschen zugänglich sein (vgl. Albrecht/Hüning 2019). Dirks/Linke (2019: 242) unterstreichen dabei die Tatsache, dass auch Menschen mit Beeinträchtigungen das Recht haben, „souverän in einer von Medien geprägten Gesellschaft" zu leben und „mit den daraus entstehenden Herausforderungen" umzugehen. Eine gerechte digitale Teilhabe, indem man bspw. sich selbst in den Medien darstellen, das Internet

---

[13] Es sollte jedoch hinzugefügt werden, dass das Ausmaß der wahrgenommenen Einsamkeit unter Menschen mit Behinderungen, die Social-Media-Plattformen nutzen, trotz eines Anstiegs der durchschnittlichen Anzahl von Kontakten mit FreundInnen und Bekannten, nicht gesunken ist. Dies deutet darauf hin, dass die sozialen Medien nicht in der Lage sind, das Gefühl der Einsamkeit zu kompensieren, das Menschen mit Beeinträchtigungen empfinden (vgl. Masłyk et al. 2016: 133).

[14] Ein wichtiger Punkt in der Diskussion über die digitale Teilhabe sind u. a. sog. *assistive Technologien*. Außer typischen speziell angefertigten oder angepassten Produkten wie Rollstühlen oder Stifthaltern, bzw. baulicher Vorrichtungen zur Gestaltung der physischen Umgebung (wie Aufzügen oder Armaturen), wird immer häufiger zu elektronischer Hard- und Software gegriffen (wie z. B. Lernsoftware oder Braillezeilen).

ohne Einschränkungen nutzen oder digitale Peergroups bilden kann, wirkt sich meistens positiv auf die Identitätsentwicklung vieler Menschen mit Behinderung aus (vgl. Feichtinger 2019: 292 ff.).

## 1.4 Hauptarbeitsziel. Theoretische Verortung der Arbeit

Die sprachliche Darstellung von Menschen mit Behinderungen ist selbstverständlich nicht nur Ausdruck gesellschaftlicher Haltungen, sondern auch ein Mittel sozialer Positionierung und Machtausübung. In digitalen Räumen, insbesondere in sozialen Medien, entstehen Diskurse, die Normen, Werte und Ausgrenzungsmechanismen reproduzieren, aber auch hinterfragen. Die vorliegende Arbeit widmet sich der Analyse sprachlicher und nichtsprachlicher Mittel, mit denen sich Menschen mit Behinderungen im deutsch- und polnischsprachigen Online-Diskurs positionieren und positioniert werden, und setzt sich zum Ziel, soziale und kommunikative Positionierungspraktiken von und über Menschen mit Behinderungen im deutsch- und polnischsprachigen digitalen Diskurs in sozialen Medien zu erfassen, zu analysieren und zu beschreiben. Darüber hinaus wird der Frage nachgegangen, wie sich die einzelnen polnisch- und deutschsprachigen UserInnen mit Behinderung in analysierten sozialmedialen Anwendungen sprachlich und multimodal positionieren und wie sie von der nicht-behinderten Mehrheit positioniert werden (vgl. Kapitel 6).

Um dies zu erreichen, wird das multimodale Analysemodell von medialen Positionierungspraktiken (MAMP) vorgeschlagen, das sowohl die technische als auch hypertextuelle, kommunikative und textuelle Charakteristik des Social Webs und Media berücksichtigt (vgl. 7.1). Im Rahmen der Analyse wird dann versucht, die einzelnen sprachlichen und nichtsprachlichen Positionierungsmittel zu differenzieren sowie wiederkehrende Positionierungsmuster und Makronarrativtypen zu bestimmen.

Die Positionierungstheorie selbst und die Stancetaking-Theorie haben bisher ihre zahlreichen Anwendungen in vielen wissenschaftlichen Bereichen gefunden, vor allem bei der Entwicklung von Marketing- oder Public-Relations-Strategien (vgl. Raisanen/Stenberg 2011 oder Wise/James 2013). Verengt man den Fokus auf die angewandte Linguistik und die Kommunikationswissenschaften, so finden die Positionierungstheorie und die Theorie des Stancetaking ihre Anwendung in Untersuchungen, die sich v. a. auf verschiedene institutionelle Gesprächstypen beziehen, z. B. Schule (vgl. Ackermann 2014, Feilke 2017 oder Grundler et al. 2020), digitale Positionierungspraktiken beim Sprachenlernen (vgl. Chik 2015) oder interkulturelle Kommunikation (vgl. Warren/Moghaddam 2018 oder Klötzl/Swoboda 2020). Die vorliegende Arbeit fügt sich in Untersuchungen aus der Korpus- und Handlungsanalyse zur Konstitution von unterschiedlich großen Diskurs- oder Erzählgemeinschaften ein (vgl. Ghosten 2012, Hirvonen 2016, Kayı-Aydar 2019 oder Völker/Spieß 2021) bzw. in Studien, die sich mit narrativer Identität und Positionierung auseinandersetzen (vgl. Lowenthal/Dennen 2019), ein.

## 1.5 Aufbau der Arbeit

Die Arbeit ist folgendermaßen aufgebaut: Das zweite Kapitel bietet einen umfassenden Überblick über das Konzept sozialer Netzwerke aus soziologischer Perspektive und deren Bedeutung für moderne Gesellschaftsstrukturen. Zunächst werden Netzwerke als Beziehungsgeflechte definiert, in denen soziale Akteure durch stabile, wiederholte Interaktionen verbunden sind. In digitalen Kontexten ermöglichen Netzwerke sowohl direkte als auch vermittelte Kommunikation, wobei sie Strukturen und Dynamiken sozialer Ordnung abbilden. Merkmale wie Reichweite, Bindungsstärke, soziale Kontrolle oder Multiplexität (starke vs. schwache Beziehungen) helfen bei der Analyse dieser Strukturen. Das Kapitel beleuchtet zudem den Übergang von traditionellen Gemeinschaften über die Massengesellschaft zur Netzwerkgesellschaft, in der Individuen zunehmend in vielfältigen, oft losen sozialen Netzwerken agieren. Dabei wird die Rolle der Informationsverarbeitung und digitalen Vernetzung als zentrale Triebkräfte dieser Transformation betont. Die Netzwerkgesellschaft ist durch Individualisierung, Mobilität, Dezentralisierung und technologische Durchdringung gekennzeichnet. Darüber hinaus beschreibt das Kapitel mit Blick auf aktuelle und künftige Entwicklungen (z. B. Web 3.0/4.0, Internet of Things), wie Online- und Offline-Sozialräume zunehmend verschmelzen. Das Internet wird als Handlungs-, Sozial- und Bildungsraum betrachtet, in dem sich neue Formen von Gemeinschaft, Identitätskonstruktion und Wissensaustausch etablieren. Soziale Netzwerke bieten somit nicht nur Kommunikationsplattformen, sondern wirken auch als strukturierende Kräfte im sozialen Wandel.

Das dritte Kapitel untersucht das Internet als technisiert-mediales Medium und soziale Medien als digitale Plattformen, die eine dynamische Gestaltung von Online-Kommunikation ermöglichen. Zunächst wird herausgestellt, dass sich Online-Netzwerke im Vergleich zu analogen Strukturen dank moderner digitaler Technologien rasch und flexibel bilden lassen. Die Grundlage bilden dabei Vernetzungstechnologien wie drahtlose Verbindungen und standardisierte Internetprotokolle sowie Storage-Lösungen wie Cloud- und Edge Computing. Diese technischen Voraussetzungen ermöglichen nicht nur eine hohe Erreichbarkeit und schnelle Informationsverbreitung, sondern auch die Bildung dezentraler, individualisierter sozialer Räume und „Personal Communities" – auch für Gemeinschaften, die von sozialer Ausgrenzung bedroht sind. Ein weiterer Schwerpunkt liegt auf der Charakterisierung des Internets als konvergentes Medium. Hier wird erklärt, dass verschiedene Medientypen – Verbreitungs-, Kommunikations- und Speichermedien – miteinander verschmelzen, sodass Inhalte in vielfältigen Formaten (Text, Bild, Video, Audio) interaktiv kombiniert werden können. Gleichzeitig hebt der Text hervor, dass sich die Grenze zwischen klassischen Massenmedien und dem Internet verwischt, da das Internet zwar eine große Reichweite hat, aber durch Interaktivität und nutzergenerierte Inhalte völlig neue Kommunikationsdynamiken ermöglicht. Das Kapitel geht zudem auf den Wandel vom passiven „Read only"-Ansatz (Web 1.0) hin zu einem interaktiven „read-write"-Modell (Social Web, Web 2.0) ein. In diesem neuen Paradigma stehen die NutzerInnen im Mittelpunkt, indem sie selbst Inhalte erstellen, kommentieren und aktiv Gemeinschaften formen. Soziale Medien bieten damit neue Möglichkeiten der Selbstpräsentation, Partizipation und Vernetzung (auch für Menschen mit Behinderung), wobei gleichzeitig auch Herausforderungen wie die Steuerung von Qualität, Kontrolle der Inhalte und potenzielle Exklusionsmechanismen diskutiert werden. Das Kapitel wird mit einem Vorschlag der Klassifizierung der Social Media je nach ihrer sozialen Präsenz, Selbstpräsentation und Vernetzungsstärke abgeschlossen. Es werden auch die populärsten Social Network Sites charakterisiert.

Das vierte Kapitel widmet sich der komplexen Dynamik und Struktur von Online-Diskursen im Zeitalter digitaler, vernetzter Kommunikation. Es bietet einen theoretisch fundierten Überblick über verschiedene Diskursbegriffe und verbindet klassische Ansätze der Diskursforschung mit aktuellen Phänomenen digitaler Medienpraktiken. Im Fokus stehen insbesondere multimodale Online-Kommunikationsformen, die sich durch Hypertextualität, Intertextualität und Intermedialität auszeichnen und neue Formen diskursiver Informations- und Wissensproduktion ermöglichen. Ausgehend von grundlegenden Definitionen und theoretischen Positionen wird der Online-Diskurs als ein sozial und kulturell verankerter Kommunikationsprozess verstanden, in dem Inhalte durch verschiedene Zeichenmodalitäten wie Text, Bild, Video und Design erzeugt, strukturiert und verhandelt werden. Das Kapitel legt besonderen Wert auf die Rolle digitaler Medienarrangements, die sich durch ihre transmediale Vernetzung und multimodale Orchestrierung auszeichnen, sowie auf die Bedeutung von partizipatorischen und operationalen Zeichen für die interaktive Gestaltung von Diskursen (unter anderem in Bezug auf Menschen mit Behinderungen). Das Kapitel liefert damit eine theoretische und methodologische Grundlage für die Analyse digitaler Diskursräume und ihre Rolle in der modernen Netzwerkgesellschaft.

Das fünfte Kapitel ist dem sozialen und kommunikativen Handeln in der Online-Umgebung gewidmet. Das besondere Augenmerk wird auf die Handlungskomponenten der einzelnen Social-Web-Praktiken (Informationsmanagement und interpersonale Anschlusskommunikation, Beziehungsmanagement und Identitätsmanagement) sowie auf die sie begleitenden Positionierungspraktiken gelegt. Darüber hinaus werden digitale Öffentlichkeiten definiert und besprochen. Sie werden vor allem als Räume verstanden, in denen gesellschaftliche Themen verhandelt werden. Solche z. T. digitalen Räume ermöglichen die Bildung alternativer Öffentlichkeiten, in denen u. a. Nischenthemen oder marginalisierte Perspektiven sichtbarer werden können. Solche (Gegen-)Öffentlichkeiten entstehen durch Vernetzung, geteilte Interessen und gemeinsame Kommunikationspraktiken. Somit wird festgestellt, dass digitale Öffentlichkeiten durch die Struktur massenmedialer Kommunikation geprägt sind, aber sich nur teilweise an massenmedialen Logiken orientieren. Zudem erörtert das Kapitel die Rolle von UserInnen wie z. B. Online-AktivistInnen oder BloggerInnen mit Behinderungen, als alternative „Gatekeeper“ und „Gatewatcher“, die zunehmend Inhalte auswählen, kreieren und verbreiten, womit sie selbst ihre unterschiedlich großen Öffentlichkeiten aktiv mitprägen können (vgl. User-Generated-Content). Abschließend werden Online-Gemeinschaften als besondere Form digitaler Öffentlichkeiten vorgestellt. Sie beruhen auf gemeinsamen Interessen, Interaktionsmustern und sozialen Bindungen, die durch digitale Kommunikation aufrechterhalten werden.

Mein besonderes Interesse gilt der sozialen und kommunikativen Positionierung (im Kapitel 6). Dieser Teil der Arbeit beginnt mit der Beschreibung des von Du Bois (2007) erarbeiteten Modells des Stancetaking, das kommunikatives Sich-Positionieren gegenüber Themen, Aussagen oder Personen umfasst. Der Autor beschreibt den Prozess als dreigliedrigen Vorgang: Eine Person äußert eine Bewertung (*evaluate*), bezieht sich auf eine Äußerung (*position*) und richtet sich damit auch auf andere SprecherInnen aus (*align*). Ein weiterer wichtiger Aspekt der Arbeit sind Sprachideologien, also kollektiv geteilte Werte und Einstellungen einer sozialen Gruppe, die die Wahrnehmung und Bewertung von sprachlichem Handeln beeinflussen und von sozialen AkteurInnen im Diskurs ausgehandelt werden. In einem nächsten Schritt beziehe ich mich auf die Symbolhaftigkeit oder soziale Symbolik, also die soziale Indexikalität der Gruppe. Der wichtigste Teil des Kapitels umfasst die einzelnen Begrifflichkeiten der Positioning Theory (u. a. Narrative, Positionen und Rollen sowie die Bestimmung der Positionierungen als Identitätszuweisungen). Darüber hinaus konzentriert sich dieser Teil des Buches auf die Besprechung der einzelnen Positionierungsordnungen und Kategorien (u. a. der Positionierungen erster, zweiter und dritter Ordnung). Zu den wichtigsten gehören Präpositionierungen, also Vorannahmen über Personen oder Gruppen, die beeinflussen, wie spätere Positionierungen verstanden oder akzeptiert werden.

In dem für die Arbeit zentralen siebten Kapitel wird das Design der Untersuchung zur sozialen und kommunikativen Positionierung im digitalen Diskurs von und über Menschen mit Behinderung präsentiert. Zunächst wird das multimodale Analysemodell von medialen Positionierungspraktiken (MAMP) mit seinen einzelnen Analysekategorien (Positionierungshandlungen und -praktiken, Rollen und Positionen, sprachliche und nichtsprachliche Positionierungsmittel, Mikro- und Makronarrative sowie Positionierungsmuster) dargestellt und genauer beschrieben. In einem nächsten Schritt werden Forschungsziel und detaillierte Forschungsfragen bezüglich der Analyse der sozialen und kommunikativen Positionierung im Online-Diskurs von und über Menschen mit Behinderungen präsentiert. Dann wird auf die Methode der Datenerhebung sowie die multimodalen Textkorpora eingegangen, die das Untersuchungsmaterial bilden. Anschließend werden die einzelnen Analyseschritte dargelegt.

Die Kapitel 8, 9 und 10 sind empirisch ausgerichtet. Sie liefern eine linguistische Beschreibung sowohl der multimodalen Selbstdarstellungsmodule ausgewählter NutzerInnen mit Behinderungen (mit Verweisen auf andere potenziell präpositionierende Elemente der Kommunikation in sozialen Medien) und schildern zudem mediale Positionierungspraktiken von und über Menschen mit Behinderungen (das multimodale Untersuchungsmaterial bilden v. a. ausgewählte Postings in sozialen Medien mit jeweiligen Anschlusskommentaren). Ein besonderes Augenmerk wird dabei u. a. auf indexikalische Elemente der MmB-Gemeinschaft gelegt, die am Beispiel von metapragmatischen Verweisen auf Selbstbezeichnungen geschildert werden. Im Kapitel 10 werden die besonders ausgeprägten Typen von Makronarrativen der MmB-Gemeinschaft im analysierten multimodalen Material präsentiert und besprochen. Anschließend werden die möglichen Realisierungsweisen der einzelnen Makronarrative dargestellt, d. h. die einzelnen Selbst- und Fremdpositionierungsmuster mit entsprechenden Beispielen aus dem deutsch- und polnischsprachigen digitalen Textkorpus. Es wird dabei möglichst kontrastiv vorgegangen – mit Beispielen von sprachlichen und nichtsprachlichen Positionierungsmitteln im deutschen und im polnischen Gesamttextkorpus.

# Soziale Netzwerke

## 2.1 Soziale Netzwerke – Definitorisches

In der vorliegenden Arbeit werden *Netzwerke* als „ein abgegrenztes Set von Knoten [*vertexes*] und ein Set der für diese Knoten definierten Kanten [*edges*]“[15] bezeichnet (Jansen 2006: 13). Wenn Netzwerke um den Zusatz *sozial* ergänzt werden, bilden die genannten Knoten *AkteurInnen* oder ganze Akteursgruppen[16] und die Kanten „beschreiben die Beziehungen oder Relationen, die zwischen ihnen verlaufen“, wobei „der Fokus [...] nicht auf den einzelnen Individuen an sich, sondern auf den Relationen [liegt], die zwischen den Individuen ausgeprägt sind“ (Renz 2007: 15). Der Terminus *soziales Netzwerk* steht demnach für

> das Muster an Sozialbeziehungen zwischen einer Menge von Akteuren. Sozialbeziehungen bezeichnen beobachtbare Regelmäßigkeiten der Interaktion zwischen Akteuren und entsprechende Verhaltenserwartungen. (Fuhse 2018: 14)

---

15 Barney (2008: 37 f.) und Ryan (2010: 22 f.) sprechen dagegen von *nodes* (Knoten), *ties* (Kanten) und *flows* (Strömungen, Verbindungen). Allerdings handelt es sich um die gleichen Elemente und die Analyse von Beziehungen und Verbindungen zwischen Personen, Gruppen, Organisationen, Computern usw. *Nodes* sind Personen (oder Gruppen), *ties* Zusammenhänge, die in Gruppen oder zwischen einzelnen Personen entstehen, und *flows* Beziehungen und Ströme von Informationen oder Daten. Daher teile ich die Ansicht von Gamper (2020: 49), dass es keine einheitliche Netzwerktheorie gibt, sondern verschiedene Theorien und theoretische Ansätze, die in diesem Kapitel (in Bezug auf das Thema der Arbeit) hervorgehoben werden.

16 Nach Fuhse (2018: 14) nehme ich an, dass zu AkteurInnen nicht nur Individuen zählen müssen. Auch Organisationen oder ganze Staaten „können als Knoten in sozialen Netzwerken auftreten“.

Dabei sind jegliche Netzwerke auf der *Meso-Ebene* anzusiedeln. Dies bedeutet, dass sie „zwischen dem Individuum (Mikro-Ebene) und den Institutionen (Makro-Ebene)“ stehen (Gamper 2020: 49). Im Unterschied zu *sozialen Kontakten*, die sich eher durch Einmaligkeit auszeichnen (vgl. Döring 2003: 403), beruhen soziale Beziehungen „auf wiederholten oder länger andauernden sozialen Kontakten und Interaktionen, zeichnen sich also durch eine gewisse Dauer aus, die über einzelne Situationen hinausreicht“ (Beck 2006: 174). Darüber hinaus gehören soziale Beziehungen zu den elementarsten Bedürfnissen des Menschen; sie werden stets entwickelt und in unterschiedlicher Form aufrechterhalten (vgl. Franken 2019: 128).

Die Idee des Netzwerkes wird seit Jahren in der Soziologie und der sozialen Anthropologie verwirklicht. Mitchell (1969: 2) bezeichnet *soziale Netzwerke* als „spezifische Mengen von Verbindungen zwischen sozialen Akteuren“. Die AkteurInnen beziehen sich dann in ihrem Handeln stets auf andere und somit „treten [sie] auf diese Weise in soziale Beziehungen zueinander, die ihr Handeln ‚einbetten'“ (Krauss 2008: 329). Ebenso lässt sich die *menschliche Kommunikation* in ihren unterschiedlichen Erscheinungsformen (sowohl direkten als auch medial vermittelten) unter einer Netzwerkperspektive betrachten (vgl. Bucher et al. 2008: 41 ff.). Darüber hinaus können mit diesem Ansatz Akteur- und Handlungstheorien mit Theorien über Institutionen, Strukturen und Systeme verbunden werden. Mit anderen Worten: Es ist möglich, Mikro- und Makroansätze in den Sozialwissenschaften zu integrieren. Bucher et al. (2008: 42) bemerken zu Recht, dass gerade die Netzwerkperspektive einen *aggregierten Blick* in den jeweiligen Diskurs ermöglicht. Ein solcher Blick stellt „den Zusammenhang zwischen den Teilen und dem Ganzen“ her und hilft „die ‚versteckten Regelhaftigkeiten' eines Diskurses“ erkennen (ebd.). In dem besagten „aggregierten Blick“ sehen die AutorInnen eine gewisse Doppelstruktur der sozialen Netzwerke und jeglicher sozialer Ordnungen, dass jede Struktur immer gleichzeitig statische (überindividuelle) Strukturvorgabe und dynamische Strukturierung (individuelle Handlungen) bedeutet. Somit kann man Netzwerke (auch als digitale Strukturen mit ihren spezifischen Regelhaftigkeiten) sowohl aus der Außenperspektive (Strukturen/Morphologie) als auch aus der Innenperspektive (d. h. Knoten bzw. AkteurInnen und die Interaktionen, die sie verbinden) betrachten und untersuchen (vgl. ebd.: 42 f.). In dem Ansatz wird zum einen jede kommunikative Einheit eines Diskurses „in Abhängigkeit von anderen Einheiten und den zwischen ihnen bestehenden Relationen analysiert"; zum anderen ist es möglich, zu bestimmen, welche Parameter für das jeweilige Netzwerk wichtig sind und wie die innere Strukturierung aussieht (ebd.: 43).

Einen guten Ansatz für eine weitere Diskussion über soziale Netzwerke in der Online-Umgebung stellt die von Wellman (2000: 144 ff.) erarbeitete Liste von ihren allgemeinen *Beschreibungsmerkmalen* dar. Jedes Netzwerk kann u. a. in Bezug auf die Abgrenzung von anderen Gruppen, Reichweite, Ausschließlichkeit der Interaktion, soziale Kontrolle, Bindungsstärke sowie die Stärke des möglichen sozialen Kapitals charakterisiert werden[17]:

1) *Abgrenzung von/gegenüber anderen Gruppen oder Netzwerken* bemisst sich daran, „ob die meisten Interaktionen innerhalb des Netzwerkes stattfinden, oder ob die Kontakte weit über den Kern des Netzwerkes hinausgreifen, beispielsweise zu Einzelpersonen oder anderen Gruppen" (Beck 2002: 264). In abgegrenzten Netzwerken – wie in manchen Online-Communitys – gibt es besonders starke Verknüpfungen innerhalb der jeweiligen Struktur und nur wenige Mitglieder haben Verbindungen zu anderen Gruppen. Darüber hinaus wird oft nach *sozialer Bestätigung* gesucht, was sogar dazu führen kann, „dass Menschen extreme und polarisierende Ansichten äußern, um Zustimmung und Unterstützung von Gleichgesinnten zu erhalten" (Waffner 2024: 93). In loseren Netzwerken dagegen sind die Mitglieder „weniger auf die eigene Gruppe fokussiert, sie haben mehr Kontakte zu Nichtmitgliedern" (Renz 2007: 19).
2) Das Maß der *Reichweite des Netzwerkes* „beschreibt die Differenz zwischen potentieller Erreichbarkeit aller Netzwerkbeteiligten und die tatsächliche Reichweite einzelner Knoten" (Lauber-Pohle 2017: 36). Darüber hinaus wachsen mit jedem neuen Mitglied (d. h. mit der Größe der jeweiligen Gruppe) in einem Netzwerk einerseits die Heterogenität seiner

---

[17] Unter Beschreibungsmerkmalen von sozialen Netzwerken nennt Wellman (ebd.) u. a. die *Dichte des Netzwerkes*, die als Maß verstanden wird, „inwieweit die Mitglieder eines Netzwerkes untereinander Kontakt haben" (Renz 2007: 19). Je nachdem, wie viele Beziehungen es zwischen den einzelnen Mitgliedern gibt, kann u. U. geschätzt werden, ob es sich um ein Netzwerk mit geringer, mittlerer oder hoher Dichte handelt. Allerdings wird nicht genauer spezifiziert, nach welchen genauen Kriterien ein Netzwerk als mehr oder weniger „dicht" eingestuft werden kann, was selbst der Autor zugibt (vgl. Wellman 2000: 144). Aus diesem Grund werden die analysierten sozialen Netzwerke nicht hinsichtlich ihrer Dichte beschrieben.

Zusammensetzung und andererseits die Komplexität der Beziehungen (vgl. Wellman 2000: 148 f.). Die These ist allerdings eher als tendenzielle Faustregel zu verstehen; auch dichtere und abgegrenztere Netzwerke können über eine geringere Reichweite verfügen. Dazu erleichtern Netzwerke mit großer Reichweite „die Verfügbarkeit von zusätzlichen Ressourcen" (Renz 2007: 20).

3) Wenn die jeweilige Interaktion lediglich in einer bilateralen Beziehung stattfindet, z. B. in einem kleinen Dorf oder in Arbeitsteams, in denen erwartet wird, dass man mit den zugeteilten Personen zusammenarbeitet (vgl. Wellman 2000: 151), dann ist die *Ausschließlichkeit der Interaktion* zwischen den Mitgliedern des gegebenen Netzwerkes größer. In losen, offenen Netzwerken dagegen (wie bspw. in Online-Communitys) ist sie geringer, weil es theoretisch eine größere Auswahl von KommunikationspartnerInnen gibt.
4) Bei der *sozialen Kontrolle* handelt es sich in erster Linie um „eine Form (intentionalen) sozialen Handelns, das auf die Herstellung von Konformität der Gesellschaftsmitglieder zielt [...]" (Flösser/Wohlgemuth 2018: 1467). Die Konformität und die Internalisierung von bestimmten Normen und Werten sollen demnach u. a. „durch Erziehung und Sozialisation, sowie die externe Sanktionierung gewünschten oder abweichenden Verhaltens" gewährleistet werden (ebd.). Im Falle von dichten und eher abgegrenzten Gruppen, die auf traditionellen Werten einer Gemeinschaft basieren (wie z. B. auf dem Lande oder in christlichen Gemeinschaften, die auf „traditionellen Werten" basieren), kann eine solche Kontrolle durch Gruppenzwang, Überwachung und/oder externe Sanktionierung von Normen bzw. Beschränkung von Zugang erfolgen (vgl. Wellman 2000: 152 ff.). In loseren (Online-)Netzwerken dagegen wird meistens erwartet, dass die Kontrolle (bspw. durch einen Seitenadministrator) viel schwächer ist oder sich eher auf die thematische Ebene bzw. auf spezifische Seitenregeln bezieht.
5) *Bindungsstärke* ist laut Wellman (ebd.: 155) eine Mischung von solchen Größen wie *soziale Nähe*, *Freiwilligkeit*, *Kontakthäufigkeit* und schließlich *Multiplexitäts(grad)*. Die letzte Größe bezieht sich auf zwei unterschiedliche Beziehungstypen unter jeweiligen Gruppenmitgliedern, und zwar *multiplexe vs. uniplexe Beziehungen*. Netzwerke mit einer niedrigen Multiplexitätsgrad sind in den meisten Fällen lose Netzwerke, die aus vielen schwachen Beziehungen bestehen. Dies bedeutet, dass „der

Multiplexitätsgrad [...] eine Aussage über die Integration des Netzwerks [trifft]" (Dobrowsky 2019: 203). Uniplexe Beziehungen bestehen dann, „wenn Personen nur in einer Funktion bzw. mit einzelnen Eigenschaften Teil eines Netzwerkes sind [...]" (Richter-Mackenstein 2023: 113), was besonders heute in moderneren Kontexten erwartet wird, weil solche Beziehungen eine Öffnung des Netzwerkes – sowohl nach innen wie auch nach außen – bedeuten und „nur innerhalb eines lebensweltlichen Kontextes des Individuums relevant [sind]" (Dobrowsky 2019: 203). Sobald Menschen mehrere Funktionen übernehmen, spricht man von multiplexen Beziehungen (vgl. Richter-Mackenstein 2023: 113). Letztere entstehen meistens in Kontexten, in denen Gruppenangehörige mehrfach und durch unterschiedliche Multi-Kommunikationskanäle miteinander verkettet sind (z. B. zwei oder mehrere Personen sind durch verschiedene Rollen als NachbarInnen, Verwandte, Mitglieder einer Organisation o. Ä. gebunden). Solche eher diffusen sozialen Beziehungen sind insofern wirksam, als sie mit sozialem Druck und stärkerer Sanktionsmacht verbunden sind und zu eventuellen Konflikten führen können (vgl. Klärner/von der Lippe 2020: 74).

6) Mit Beziehungstypen ist offensichtlich ihre Intensität verbunden, die durch *starke* oder *schwache Beziehungen* (engl. *strong ties* und *weak ties*) zwischen den einzelnen Gruppenmitgliedern bestimmt werden kann. Die ersteren charakterisieren sich durch eher intensive, beständige Kontakte, die auf Dauer angelegt sind und durch „häufigen und reziproken Kontakt zwischen Knotenpunkten und einer Vielzahl von Inhalten" entstehen (Reiche 2004: 48). Die zweiten dagegen sind eher schwache uniplexe Beziehungen, die sich durch lockereren Kontakt auszeichnen und auf einen oder wenige Inhalte beschränkt sind (vgl. die Theorie von Granovetter 1973: 1360), wobei solche sozialen Netzwerke leichter aufzulösen sind und weniger verpflichtend wirken als z. B. Online-Netzwerke.[18]

---

[18] Zu den wichtigsten Kriterien, die entscheiden, wie stark eine Beziehung ist, gehören u. a. Emotionalität und Intimität des Kontaktes; Grundlage der Verbindung (z. B. Verwandtschafts- oder Bekanntschaftsgrad); ihre Intensität (d. h. Häufigkeit der Kontakte sowie ihre empfundene Wichtigkeit); Multiplexität der möglichen Beziehungen (d. h. bestimmte Zahl der möglichen Verbindungen und Netzwerke, die zwei Personen gemeinsam nutzen, z. B. als Arbeitskollegen, Nachbarn, Hundeliebhaber usw.); Dauer und Stabilität der Beziehung und schließlich ihre Reziprozität, d. h. ob die gegebene Beziehung einseitig ist oder ob es sich um eine Wechselbeziehung handelt (vgl. Fraas et al. 2012: 90).

7) In Analogie zu physischem oder ökonomischem Kapital wird im Rahmen der Netzwerkanalyse ebenso von dem sog. *sozialen Kapital*[19] gesprochen. Soziales Kapital wird von Vonneilich (2020: 38) als Ressource verstanden, „welche nicht durch Einzelne produziert wird, sondern erst durch soziale Interaktion mit Anderen entsteht" – bzw. durch Verbindungen zwischen Individuen – die geschaffen werden, „indem Beziehungen zwischen Personen verändert werden" (Petermann 2014: 33). Je nach dem Typ des sozialen Netzwerks und der Stärke seiner Bindungen können es z. B. Solidarität, emotionale Unterstützung der Mitglieder (im Falle von *strong ties*) aber auch Informationsaustausch, Einflussnahme oder sogar Machtausübung sein (bei eher schwächeren Beziehungen in einem Netzwerk). Das Sozialkapital in Online-Beziehungen (trotz anfänglicher Befürchtungen, dass das Internet eine Bedrohung für die Gesellschaft und das bereits vorhandene soziale Kapital sei, vgl. Putnam 2000) ist selbstverständlich an real existierende Individuen gebunden. Kardorff (2008: 44 f.) konstatiert, dass Online-Netzwerke, besonders durch ihren selbst zu bestimmenden Grad der Anonymität, erheblich dazu beitragen können, bestehende Ungleichheiten in der Verteilung des sozialen Kapitals zu vermindern. Zum Beispiel in Selbsthilfegruppen oder Foren, in denen die UserInnen Hilfe, Unterstützung oder einfach Antworten auf ihre (oft fachbezogenen Fragen) suchen, kann gerade die Anonymität den Ratsuchenden dazu verhelfen, bestimmte Ängste abzubauen, die z. B. auf fehlendes Wissen im bestimmten Fachbereich oder mögliche Kommunikationsprobleme in einer größeren Gruppe zurückzuführen sind (vgl. dazu u. a. Shpigelman/Gill 2014, Stojkow/Żuchowska-Skiba 2015 oder Haage 2021 bezüglich der Menschen mit Behinderungen[20]).

Darüber hinaus lassen sich Beziehungen in sozialen Netzwerken unter folgenden formalen Gesichtspunkten beschreiben (vgl. Reiche 2004: 48 f.):

- *symmetrische* vs. *asymmetrische Beziehungen* (solche Beziehungen, die Austausch implizieren, gegenüber solchen, die je nach Blickrichtung entweder Beeinflussung oder Abhängigkeit bedeuten);

---

[19] Mehr zu unterschiedlichen Forschungstraditionen bezüglich des sozialen Kapitals in der Soziologie vgl. Vonneilich (2020).

[20] Ausführlicher zur Mediennutzung von Menschen mit Behinderungen siehe 1.3.

- *informale* vs. *formale Beziehungen* – beide Gruppen unterscheiden sich durch „die Verbindlichkeit der Verhaltens-, Handlungs- und Kommunikationsnormen und -erwartungen zwischen den beteiligten Personen" (ebd.: 48);
- *latente* vs. *aktualisierte Beziehungen* – die ersteren beziehen sich auf dauerhafte Beziehungen (u. a. Freundschaft, Verwandtschaft, Rollenstruktur) oder potentielle Beziehungen (z. B. Mitgliedschaften oder Interessenabhängigkeiten); die zweiten sind an konkrete Situationen gebunden, in denen sich die Rollen ändern können;
- *unvermittelte* vs. *vermittelte Beziehungen* (d. h. solche, die ‚face-to-face' stattfinden gegenüber medialvermittelten);
- *direkte* und *indirekte Beziehungen* über Zwischenglieder in einem Netzwerk.

In dem vorliegenden Buch wird an mehreren Stellen darauf hingewiesen, dass heutzutage viele Menschen vor das Problem erhöhter sozialer und geographischer Mobilität gestellt werden und zur Bildung möglichst vieler miteinander verwobener Netzwerke (in Form von unterschiedlichen On- und Offline-Gemeinschaften) tendieren. *Gemeinschaften*[21] werden dabei als Gruppen von Entitäten und deren Verflechtung begriffen (vgl. Pawłucki 2022: 61). Derselbe Autor konstatiert zu Recht, dass die „Gemeinschaftlichkeit" wiederum als die Gesamtheit der Merkmale einer Gemeinschaft bestimmt werden kann (d. h. als Existenz als eine Gemeinschaft und als Gesamtheit der Prinzipien und des Wesens einer Gemeinschaft, vgl. ebd.). Zwar werden viele heutige Gemeinschaften nach wie vor als Ausdruck von eher nahen und konkreten zwischenmenschlichen Bindungen (nicht selten mit kollektiver Identität) betrachtet, aber immer häufiger können sie sich ebenso durch aktualisierte bilaterale Beziehungen von Personen charakterisieren, was allerdings stärkere Bindungen zwischen den einzelnen Mitgliedern nicht ausschließt (vgl. Guedes Bailey et al. 2012: 13).

Solche sozialen Strukturen sind nicht selten lose, unverbindlich und zunehmend individuell geprägt. Dabei wollen und können die meisten Menschen nicht mehr ausschließlich in dichten sozialen Netzwerken mit geringer Reichweite oder räumlichen Gemeinschaftsstrukturen des Typs

---

[21] Vgl. das Kapitel 2.2, in dem der ‚klassische' Unterschied zwischen den Begriffen *Gemeinschaft* vs. *Gesellschaft* eingehend erörtert wird (u. a. in Bezug auf die Definitionen von Ferdinand Tönnies).

*door-to-door* funktionieren (vgl. Kolhoff 2016: 269). Stattdessen bevorzugen sie gleichzeitig in mehreren unterschiedlich definierten sozialen Netzwerken und unterschiedlich großen und dichten Gemeinschaften aktiv zu sein (oft losgelöst vom räumlichen Bezug, vgl. ebd.). Sogar losere und flexiblere On- und Offline-Netzwerke können sich ebenso als vorteilhaft erweisen. Besonders in den letzten Jahren gibt es immer mehr ‚Möglichkeitsräume' als in typischen traditionellen (z. B. familienbezogenen) Netzwerken. Darüber hinaus geht der Prozess der Bildung der sozialen Netzwerke (mit meistens schwachen Bindungen) unvermeidlich in Richtung des Aufbauens und Aufrechterhaltens eines egozentrischen *persönlichen Netzwerkes* (*Personal Network*) bzw. einer *personal community* eines Menschen – sowohl in der On- als auch in der Offline-Umgebung (vgl. Bidart et al. 2020[22]). Wellman (2001: 16) bemerkt dabei, dass viele interpersonelle Bindungen lediglich auf speziellen Rollen basieren, die der Mensch im Leben spielt. Beziehungen zu anderen Menschen sind daher „between fragments of selves, rather than between whole selves" (ebd.). Dies bedeutet, dass man immer häufiger lediglich ausgewählte Bereiche seines Lebens mit anderen teilen möchte, ohne sich selbst als Ganzes offenbaren zu wollen. Das „wahre Gesicht" und somit „eine volle Identität" (und nicht nur bestimmte gesellschaftliche Rollen oder „Masken") sind in vielen Fällen nur der Familie oder engen Freunden vorbehalten.

Die Art und Weise des Funktionierens und Aufrechterhaltens von sozialen Netzwerken lässt sich m. E. in fünf allgemeinen Gesetzen zusammenfassen (vgl. Christakis/Fowler 2010: 33 ff.). Vor allem werden vom Individuum immer neue Netzwerke geschaffen und die meisten tendieren zum Aufbau von solchen Netzwerken, in denen sie nicht selten von Menschen mit ähnlichen Interessen und Ansichten umgeben sind (vgl. z. B. Online-Plattformen). Also wird zum einen die Struktur der sozialen Netzwerke von dem einzelnen geprägt; man entscheidet selbst wie viele Beziehungen er/sie aufbaut, mit wem bzw. wie eng sie untereinander vernetzt sind. Zum anderen prägt das Netzwerk den Menschen, d. h. es ist wichtig, welchen Platz der eine oder andere einnimmt: „so wirkt es sich auf uns aus, inwiefern Freunde und Bekannte untereinander bekannt sind und wie viele Sozialkontakte

22 In ihrer umfangreichen Studie untersuchen die AutorInnen, wie sich Beziehungen und persönliche Netzwerke im Laufe des Lebens entwickeln und wie diese Individuen und die Gesellschaft verbinden.

diese haben" (Sonnberger 2012: 103). Auch die Freunde und die Freunde von Freunden prägen den Netzwerkteilhaber/die Netzwerkteilhaberin; mit anderen Worten: Nicht nur die Form ist wichtig, sondern auch das, „was über Beziehungen vermittelt wird, übt Einfluss auf uns aus" (ebd.). Der Mensch kann daher über jede Beziehung andere beeinflussen, während er selbst beeinflusst wird (vgl. Christakis/Fowler 2010: 34 ff.). Schließlich ist es bemerkenswert, dass Netzwerke ihr Eigenleben führen, das von ihren Mitgliedern nicht immer kontrolliert und in vielen Fällen nicht wahrgenommen werden kann (vgl. Schallbruch 2018: 96 f.). Demnach zeigen vernetzte Gruppen ein komplexes gemeinsames Verhalten, ohne dass sie sich früher miteinander abgesprochen haben. Christakis/Fowler (2010: 35) sprechen an dieser Stelle von einer der wichtigsten Eigenschaften von sozialen Netzwerken als komplexen Systemen, und zwar ihrer *Emergenz*, was bedeutet, dass spezifische (neue) Eigenschaften oder Strukturen eines Ganzen erst aus der Interaktion und der Vernetzung seiner Teile entstehen (vgl. auch Greve/Schnabel 2011). Somit bin ich mit Kardorff einverstanden, dass „Vernetzung zu einer wirkmächtigen gesellschaftlichen Praxis kultureller und sozialer Ordnung" sowie der Gesellschaftsgeschichte geworden ist (Kardorff 2008: 24[23]). Den sozialen Netzwerken wohnt schließlich ein großes *Mobilisierungspotenzial*[24] inne. Sie ermöglichen, neben der Institutionsbildung, eine Vielzahl diverser Formen der Vergesellschaftung, wie z. B. die Entstehung sozialer Bewegungen oder sog. Gegenöffentlichkeiten (vgl. 5.3.6).

Da soziale Netzwerke ausschließlich in bestimmten Gruppen und Gemeinschaften funktionieren können, wird das Thema in einem nächsten Schritt um die wichtigsten soziologischen Begriffe und ihre Bestimmung

---

23 Dabei ist jedoch hinzuzufügen, wie Heldt (2023: 246) in ihrem Werk betont, dass das Aufkommen der sozialen Medien „eine disruptive Wirkung auf das bisherige Verständnis von öffentlicher Kommunikation" hatte. Darüber hinaus nennt die Autorin u. a. die „Plattformisierung der Medien", zu viele nutzergenerierte Inhalte (von nicht immer guter Qualität) oder die unterschiedlichen „Standards" einzelner Gemeinschaften als die wichtigsten „Schuldigen" für diesen Zustand (z. B. Inhalte, die angeblich nicht den Standards entsprechen, werden oft entfernt oder gesperrt). Hinzu kommen Algorithmen, die häufig dazu führen, dass der Zugang zu bestimmten Inhalten für ausgewählte NutzerInnen eingeschränkt wird.

24 Vgl. u. a. die jüngsten Arbeiten über den sog. „digitalen Aktivismus" (Fielitz/Staemmler 2020), digitale Spuren von Offline-Aktivitäten (Smith et al. 2023) oder die Mobilisierung von Minderheiten (Sablina 2023).

ergänzt. Anschließend wird auf die Gegenüberstellung von traditionellen und modernen Gesellschaften eingegangen und auf die wichtigsten Merkmale der sog. Netzwerkgesellschaft hingewiesen.

## 2.2 Industriegesellschaft – Massengesellschaft – Netzwerkgesellschaft

Einer der Klassiker der modernen Soziologie Ferdinand Tönnies (2008) unterscheidet zwei Arten kollektiver Gruppierungen: Einerseits kann sich das Individuum als Teil eines größeren sozialen Ganzen fühlen und sein Tun an einem konkreten übergeordneten Zweck orientieren; in diesem Fall ist es einer *Gemeinschaft* zugehörig, z. B. einer Familie, Dorfgemeinde, einer Kirche oder Genossenschaft. In seinem klassischen Sinn ist der Terminus *Gemeinschaft* mit mehr oder weniger starken sozialen Beziehungen und sozialer Kontrolle (bzw. Machtausübung[25]) verbunden, die „auf familiären, verwandtschaftlichen oder freundschaftlichen Bindungen beruhen" (Beck 2002: 261) und „das dauernde und echte Zusammenleben" bedeuten (Höflich 2003: 66). Auf dem entgegengesetzten Pol steht für Tönnies *Gesellschaft* mit ihren oberflächlichen, „mechanischen" und oft unpersönlichen Beziehungen, zweckrationalem Verhalten und anonymen Berufsrollen in „einer anonymisierten Welt" (Stegbauer 2001: 69). Für ihn sind also die Menschen in eine Gemeinschaft anders integriert, d. h. in Gesellschaften sind Bekanntschaften ihrer Mitglieder viel flüchtiger und loser. Demnach ist für Tönnies (2018: 48) eine Gesellschaft eher als ein Personenverband zu betrachten, als Kreis von Menschen,

> welche wie in Gemeinschaft, auf friedliche Art nebeneinander leben und wohnen, aber nicht wesentlich verbunden, sondern wesentlich getrennt sind, und während dort verbunden bleibend trotz aller Trennungen, hier getrennt bleiben trotz aller Verbundenheiten.

Émile Durkheim (1984: 187 f.), ein anderer Klassiker, bemerkt zu Recht, dass die Gesellschaft nicht einfach als Summe von einzelnen Individuen begriffen werden kann. Zwar könnte man annehmen, dass individuelle Psychen verbunden werden, wessen Resultat „ein neues psychisches Wesen [ist], das

---

[25] Die Gemeinschaftsmitglieder (im Gegensatz zu Menschen in Gesellschaften) dürfen laut Tönnies (2018: 48) nicht einfach beliebig ein oder austreten.

anders denkt, fühlt und handelt als die einzelnen Personen es tun würden" (Sonnberger 2012: 33), aber die Gesellschaft (im Sinne des *Kollektiven*) würde das Individuum (so Durkheim 1976: 107) immer physisch, materiell und moralisch übersteigen. Derselbe Autor konstatiert, im Rahmen seiner Theorie der *sozialen Arbeitsteilung* (1999), dass die heutigen Menschen mit dem Wachstum der Arbeitsteilung und der zunehmenden Spezialisierung und Individualisierung immer abhängiger voneinander werden, was zwangsläufig eine Veränderung der zwischenmenschlichen Beziehungen mit sich bringt. Durkheim unterstreicht zudem, dass sich die im Wandel befindlichen Gesellschaftsstrukturen durch verschiedene Formen der Solidarität unterscheiden (vgl. ebd.: 82). Man lebt immer seltener in traditionellen *segmentären Gesellschaften* und immer häufiger bilden sich *nicht-segmentäre (industrielle)* Gesellschaften mit viel differenzierteren und komplexeren Strukturen. Im Lichte der steigenden Bevölkerungsdichte und des Wettbewerbs wird der mechanische Zusammenhalt durch eine engere Arbeitsteilung ersetzt, in die der Einzelne unterschiedlich stark eingebunden ist (vgl. ebd.). In der Theorie Durkheims zeigt sich zudem ein Paradox der heutigen postmodernen Gesellschaften, das in dem folgenden Buch an mehreren Stellen zum Vorschein kommt: Der Einzelne ist in der arbeitsteiligen Gesellschaft überaus von jemandem abhängig, er entwickelt aber gleichzeitig seinen Individualismus und seine Einzigartigkeit (die heutzutage u. a. durch technische, soziale und kommunikative Strukturen der modernen Medien begünstigt werden). Im Sinne Durkheims könnte man daher konstatieren, dass der Mensch, zumindest seit der Zeit der industriellen Revolution (vgl. *Industriegesellschaften*[26]), zunehmend in *Massengesellschaften* lebt[27], in denen er Bildung von Relationen intendiert, die „tendenziell weniger stark und in mehreren verschiedenen und weniger eng geflochtenen Netzwerken ausgeprägt sind"

26 In diesem Zusammenhang möchte ich nicht weiter auf den Terminus *Industriegesellschaft* eingehen. Die Idee der Industriegesellschaft (mit Blick auf den Wandel von einer Agrar- zu einer industriellen Produktionsweise in einer kapitalistischen Gesellschaft) wurde vom französischen Gesellschaftstheoretiker Claude Henri de Saint-Simon (1760–1825) mitentwickelt und in späteren Jahren u. a. von Herbert Spencer (1820–1903) aufgegriffen (vgl. Rauner 2023: 30 ff.).

27 Den Terminus *Massengesellschaft* verstehe ich (zumindest in seinem klassischen Sinne) in der Denkart von van Dijk (2010: 53), d. h. als eine solche Gesellschaft, in der mehr oder weniger repressive Rechtssysteme und Sanktionen herrschen und jegliche Bestrafung aufgrund eines Verstoßes gegen das Kollektivbewusstsein erfolgt.

(Renz 2007: 16). Darüber hinaus wird man (wie gerade in 2.1 angesprochen) mit der relativen Abnahme multiplexer Beziehungen konfrontiert, was eine Zunahme uniplexer Beziehungen mit sich bringt. Dies bedeutet also, dass man es einerseits mit der gesellschaftlichen Tendenz zur zunehmenden Individualisierung zu tun hat und andererseits zur Pluralisierung von Lebensläufen und Ausdehnung der möglichen Sozialräume des Menschen. Darüber hinaus hat der heutige Mensch immer häufiger mit einer Verschiebung tradierter Grundwerte zu tun (wie Familie, Freunde oder typischer Beruf) zugunsten von Prinzipien der Leistung, des Wettbewerbs oder der individuellen Selbstverantwortung. Die heutige Gesellschaft basiert ergo zunehmend auf einer Reihe viel loserer und weniger abgegrenzter sozialer Netzwerke, was sich besonders in Ballungsräumen, Großstädten moderner entwickelter westlicher Gesellschaften zeigt. Bereits Beck (1986) spricht von solchen sozialen Strukturen als „Risikogesellschaften" (was auch von zeitgenössischen Autoren betont wird, z. B. von Contzen et al. 2018). Solche Gemeinschaften neigen zu losen Strukturen, was zu ihrem Zerfall oder Verlust richtiger solidarischer Gemeinschaften führen könnte. Andererseits, wie Becker/Hüls (2004: 171 f.) bemerken, sind viele Menschen heutzutage imstande, ihr Leben individuell zu gestalten; es gibt viel mehr Handlungsalternativen und Entscheidungsräume, in denen sie sich relativ frei bewegen können (vgl. u. a. die Charakteristik der Online-Sozialräume in 2.3).

In Anlehnung an Castells (2017: 28) wird in dem vorliegenden Buch angenommen, dass sich die heutige Gesellschaftsstruktur nach wie vor in einer Übergangsperiode vom Industriezeitalter zum Informationszeitalter befindet. Dabei hat man es (je nach dem Land und seinem politischen und ökonomischen System) mit einem neuen Verhältnis zwischen Staat, Zivilgesellschaft und Wirtschaft zu tun (u. a. sind es Umwandlungen in Ökonomie, Politik und Strukturen des jeweiligen Staates, vgl. ebd.: 567). Mit anderen Worten kommt es zu einem „Paradigmenwechsel von der Produktion und Distribution von Energie im Industriezeitalter hin zur Information und Kommunikation sowie der Gentechnologie im Informationszeitalter" (Renz 2007: 17 f.). Castells vergleicht diese „neue" Gesellschaft mit einer sozialen Struktur, „die aus einer netzförmigen Verknotung von Information, Technik und [sozialem] Kapital" besteht (Apprich 2015: 19), als *Network Society* (dt. *Netzwerkgesellschaft*) bzw. *Informational Society* (dt. *Informationsgesellschaft*). Dies bedeutet, dass gerade Informationsverarbeitung und -vermittlung als die wichtigsten Quellen der Produktivität und der Macht angesehen werden können.[28] Gleichzeitig kommt es zur zunehmenden *Technisierung* (bzw. *Technologisierung) der Gesellschaft*, die Albrecht (1993: 4) im „Ersetzen und Erweitern menschlicher Handlungs- und Arbeitsfunktionen mittels der Technik" sieht (vgl. weiter in diesem Kapitel).

Eine besondere Bedeutung für die Gesellschaft wird von Castells (2017: 567) allerdings dem Begriff *Netzwerk* beigemessen:

> Es lässt sich als historische Tendenz festhalten, dass die herrschenden Funktionen und Prozesse im Informationszeitalter zunehmend in Netzwerken organisiert sind. Netzwerke bilden die neue soziale Morphologie unserer Gesellschaften, und die Verbreitung der Vernetzungslogik verändert die Funktionsweise und die Ergebnisse von Prozessen der Produktion, Erfahrung, Macht und Kultur wesentlich.

Im Gegensatz zu gerade genannten Massengesellschaften, die als soziale Formationen definiert werden können, in deren Struktur Gruppen, Organisationen und Gemeinschaften existieren, die ihre Organisation auf allen Organisationsstufen prägen, wird in dem Konzept der Netzwerkgesellschaften ein besonderer Wert auf die Form sowie Organisation der Verarbeitung und des Austausches von Informationen gelegt (vgl. van Dijk 2010: 36). Die *Netzwerkgesellschaft* wird demnach als eine soziale Formation verstanden, in der eine Infrastruktur von sozialen und medialen (bzw. technischen) Netzwerken funktioniert, die ihre Organisationsweise auf der individuellen, organisatorischen und sozialen Ebene gestalten (vgl. ebd.). Netzwerke verbinden zunehmend alle Segmente einer solchen Formation (d. h. Einheiten, Gruppen oder Vereine). Möglichst ausgebaute (sich teilweise überlappende) soziale Netzwerke zu bauen ist heutzutage für viele Menschen (besonders in westlichen, weniger traditionellen Gesellschaften) einfach unabdingbar, damit sie zum einen nach wie vor in traditionellen zuverlässigen sozialen Strukturen

---

[28] Allerdings müsste man Castells zugestehen, dass praktisch alle Gesellschaftsstrukturen in der Geschichte der Menschheit auf Informationen beruhten; jedoch ist erst die moderne Netzwerkgesellschaft (bzw. die moderne Gesellschaft, die z. T. in Netzwerken lebt) imstande, Informationen entsprechend zu verarbeiten und zu vermitteln, was einen enormen Einfluss auf praktisch alle Zweige der Gesellschaft hat: Wissenschaften, Wirtschaft, Arbeitswelt und schließlich Kultur (vgl. van Dijk 2010: 35 f.). Der einzelne Mensch (besonders in der Ära der sozialen Netzwerke) kann in einem viel größeren Ausmaß selbst Informationen produzieren und die „immaterielle Arbeit" (vgl. 5.2.1), die jeden Tag von Millionen von UserInnen geleistet wird, beeinflusst praktisch alle Gesellschaftsschichten und Wirtschaftszweige.

(wie Familie oder Freundeskreis) bleiben (was eventuelles Austreten nicht ausschließt), zum anderen individuell (gemäß ihrer Arbeit, Interessen oder Ansichten) ihre alternativen sozialen Netzwerke bilden und beliebig gestalten können. Auf die Freiheit und relative Einfachheit der Bildung sozialer Bindungen in der Netzwerkgesellschaft weist Wellman (2000: 138) hin und zeigt, dass praktisch jede Person zum einen in eine Vergesellschaftungsform eingebunden sein kann, die sich durch eine hohe Dichte der Individuen auszeichnet und aufgrund dessen eher die Natur einer Gruppe oder Gemeinschaft besitzt; zum anderen in eine Art des lockeren, unverbindlichen Netzwerkes, in dem „die aktiven Teilnehmer häufig die Position verändern" (ebd.). Das Netzwerkkonzept könnte zudem auch dann eingesetzt werden, wenn soziale Beziehungen angewandt werden, „die weder den Gruppen noch den isolierten Dyaden zuzurechnen sind" (ebd.: 134). Die Idee schließt darüber hinaus nicht die Bildung von tatsächlichen, real existierenden und dauerhaften sozialen Gruppen oder Gemeinschaften im Rahmen eines Netzwerkes aus.

Viele zeitgenössische AutorInnen (vgl. u. a. van Dijk 2010; Rapp 2013 oder Bürger et al. 2019) deuten auf einen grundlegenden sozialen, gesellschaftlichen, technologisch-kommunikativen, medialen sowie kulturellen *Wandel*, der sich in den letzten über 50–60 Jahren vollzieht und in hohem Maße die gesellschaftlichen Strukturen und zwischenmenschliche Beziehungen beeinflusst. Damit werden auch Unterschiede zwischen eher traditionellen Gesellschaften und sich in vielen westlichen Ländern entwickelnden modernen Gesellschaften immer deutlicher. Bürger et al. (2019: 11) bemerken zu Recht, dass die Ursachen eines solchen Zustands vielseitig sind. Unter den wichtigsten Einflussgrößen nennen sie u. a. „Antriebe wie technologische Neuerungen, ökonomische Entwicklungen, demografischer Wandel [oder] zunehmende Diversität [...]".

Während in Massengesellschaften überwiegend traditionelle, einheitliche Gesellschaften durch starke Beziehungen verbunden sind, funktioniert das Individuum im Rahmen der Netzwerkgesellschaft gleichzeitig in mehreren heterogenen sozialen Netzwerken. Die Netzwerkgesellschaft ist jedoch dadurch viel weniger *inklusiv*, weil sie zur besagten *Individualisierung* neigt (vgl. Schmidt 2017: 76). Wenn das Individuum in loseren (z. B. arbeitsbezogenen) Netzwerken nicht „stark" genug ist und durch sein Handeln seine Nützlichkeit und seinen Wert nicht beweisen kann, kann es sogar ausgeschlossen werden. Einerseits ist die Fähigkeit zur Bildung von Verbindungen in Massengesellschaften hoch, andererseits entstehen die meisten Verbindungen im

Rahmen der jeweiligen Gruppe oder Gemeinschaft. Die Stärke der Beziehungen zu anderen Gruppen oder Gemeinschaften ist dadurch relativ schwach, was in eher verstreuten Netzwerken resultiert. In der Netzwerkgesellschaft kommt es dagegen oft zur *Defragmentierung ihrer Einheiten*, d. h. immer mehr Menschen bilden Beziehungen zu Personen aus anderen Netzwerken (und zu anderen Gruppen oder Gemeinschaften), was gleichzeitig eine niedrigere Dichte der Kontakte innerhalb der gegebenen Einheit (wie Familie oder Nachbarschaft) bedeuten kann. Ein anderes Phänomen ist die *Dezentralisierung*, d. h. es gibt immer weniger einzelne wirtschaftliche, politische, kulturelle oder gemeinschaftliche Zentren. Die Reichweite der traditionellen Gesellschaften ist eher lokal und eingeschränkt. Netzwerkgesellschaften dagegen funktionieren eher *glokal*, d. h. global und lokal gleichzeitig (vgl. Meyrowitz 2005: 25 f.; mehr dazu vgl. auch in der Einführung zum Kapitel 3). Dies bedeutet, dass der Mensch jetzt viel mehr Optionen hat und in vielen möglichen Communitys (gleichzeitig) agieren kann: „We are less likely to see our locality as the center of the universe. We are less likely to see our physical surroundings as the source of all our experiences" (ebd.: 23).

Ein wichtiger Punkt sind schließlich die sich verändernden kommunikativtechnischen Verhältnisse in vielen Gesellschaften. Zwar stellte die Gesellschaft praktisch auf jeder Etappe ihrer Entwicklung eine Art „kommunikativ geschlossenes System" dar, „das alle möglichen Kommunikationen zwischen Menschen ordnet" (Luhmann 1998: 95) und legitime Ordnungen schafft, „über die die Kommunikationsteilnehmer ihre Zugehörigkeit zu sozialen Gruppen regeln und damit Solidarität sichern" (Habermas 1988: 209), aber die Kommunikation in Massengesellschaften war am Anfang (wegen u. a. fehlender technischer Struktur) eher direkt. Erst im 20. und 21. Jahrhundert gewannen verschiedene Mittel der Massenkommunikation an Bedeutung. In Massengesellschaften war anfänglich v. a. lokale Presse als Hauptmassenmedium anzusehen, später kamen Radio und Fernsehen (mit ihrem immer umfangreicheren Angebot) hinzu. Die Anzahl der zur Verfügung stehenden Medien in der typischen Massengesellschaft war jedoch (noch Mitte der 1990er Jahre) für die heutigen Verhältnisse eher gering.[29]

---

[29] Darüber hinaus sind die typischen Massenmedien aus der heutigen Sicht eingeschränkt, weil sie zum einen ihr Medienangebot an alle potentiellen EmpfängerInnen richten, zum anderen eher einseitige Kommunikationsformen zulassen.

Dies resultierte darin, dass die traditionellen Gemeinschaften der Massengesellschaft zwar enge Beziehungen sowie reges kommunikatives Handeln innerhalb der gegebenen Gruppe oder Gemeinschaft pflegten und aufrechterhielten, aber kaum Beziehungen zu anderen Gemeinschaften aufbauen konnten (was sich u. a. in geringer Möglichkeit der Wissens- und Ideenvermittlung zeigte). In der Netzwerkgesellschaft bleibt die unmittelbare Kommunikation nach wie vor die wichtigste Kommunikationsform. Sie wird jedoch zunehmend durch mittelbare Kommunikationsformen ergänzt. Dadurch entstehen Gruppen, die zwischen Systemen der interpersonalen (direkten) Kommunikation sowie Massenkommunikation existieren, wie z. B. Online-Gemeinschaften. Die sich gerade entwickelnde Netzwerkgesellschaft umfasst also sowohl Massenmedien im traditionellen Sinne als auch interpersonale Medien, die das Entstehen von Online-Gemeinschaften sowie spezifischen Online-Öffentlichkeiten begünstigen (vgl. 5.3). So funktionierende soziale Netzwerke, mit ihrer entsprechend ausgebauten, stets verbesserten *technischen Struktur*, ermöglichen einen relativ störungsfreien Datenverkehr und Informationsfluss. Das kommunikative Handeln ist dann in praktisch allen Richtungen möglich, sowohl innerhalb der jeweiligen Gemeinschaft, unter Gemeinschaften sowie über die durch Massenmedien und interpersonale Medien zur Verfügung gestellten Online-Gemeinschaften oder -Gruppen. Gleichzeitig bedingen und beeinflussen die Medien

> den Ablauf von Aktivitäten sowie die Gestalt gesellschaftlicher Verhältnisse und sozialer Beziehungen. Diese werden nicht nur durch die technisch-materiale Form der genutzten Medien geprägt, sondern auch durch die damit einhergehenden historischen, ökonomischen, politischen und soziokulturellen Entwicklungen. (Fraas et al. 2013a: 7).

Dies bedeutet, dass der *gesellschaftliche und der mediale Wandel* stets miteinander verbunden sind. Zugleich wird oft in der Fachliteratur auf die gegenseitigen Einflüsse der Informations- und Medientechnologien sowie die immer engere Verknüpfung medialer und gesellschaftlicher Transformationsprozesse hingewiesen (vgl. die Idee der *Konvergenzkultur*[30]).

---

[30] Mehr zu diesem Begriff vgl. Fehr (2020: 39 f.). Auf die Konvergenz (und Hybridisierung von Medien), ihre Definition und Bestimmung in Bezug auf das Internet und „neue Medien" wird in 3.1.2 näher eingegangen.

Das Individuum, als Medienkonsument aber auch häufiger Vermittler oder sogar Produzent von (medialvermittelten) Inhalten (vgl. die im Buch thematisierte Online-Kommunikation in sozialen Netzwerken), kann und will nicht immer auf vorgegebene soziale Strukturen zurückgreifen. Das bedeutet, dass neue Handlungs- bzw. Sozialräume (mit oft neuen Ordnungsprinzipien) für Bedürfnisse des jeweiligen sozialen (mehr oder weniger technisch bedingten) Netzwerkes erschaffen werden müssen, damit die gegebene Gruppe überhaupt funktionieren kann.

Unterschiedliche technische Produkte sowie die *Technologie* selbst, verstanden als „a set of physical, chemical and bilogical phenomena producing an effect exploitable for human purposes" (Bonomi 2023: 13), sind demnach logischerweise „permanent eingebunden in unsere Tätigkeiten" und immer häufiger „bestimmen sie nicht nur den Ablauf, sondern auch die Ergebnisse und nicht selten sogar die Ziele unseres Tuns" (Rothkegel 2010: 8). Folglich werden die gesellschaftlichen Kommunikationsverhältnisse im Laufe der Zeit zunehmend *technologisiert* und/oder „prototypisiert"[31] (vgl. Dickel 2019: 25 f.), was u. a. zu der gerade erwähnten immer engeren Verbindung der Offline- und Online-Wirklichkeit sowie Tendenz zur Bildung vieler gleichzeitig funktionierender Netzwerke führt.

Mit der entsprechenden Technologie und der breiten Technologisierung der gesellschaftlichen Kommunikationsverhältnisse sowie der digitalen Transformation gehen selbstverständlich auch die an vielen Stellen in dem vorliegenden Buch thematisierten *Mediatisierungs-* und *Digitalisierungsprozesse* einher. In Anlehnung an Krotz (2007: 12) verstehe ich unter dem Begriff „Mediatisierung" einen Metaprozess, der

> weder räumlich noch zeitlich noch in seinen sozialen und kulturellen Folgen begrenzt ist, [sodass] die Konsequenzen dieser Entwicklung nicht als getrennt zu untersuchende Folge verstanden werden können, sondern einen konstitutiven Teil von Mediatisierung ausmachen.

---

[31] Mit dem Begriff „Prototypisierung" beziehe ich mich auf das Konzept der „Prototyping Society", das in der zeitgenössischen Literatur zunehmend thematisiert wird. Der Begriff beschreibt eine Gesellschaft, die sich durch eine experimentelle, iterative und innovationsgetriebene Herangehensweise an soziale, wirtschaftliche und technologische Herausforderungen auszeichnet. Dabei wird die Idee des „Prototypings" – also des schnellen Testens und Weiterentwickelns von Ideen und Lösungen – auf gesellschaftliche Prozesse angewendet (vgl. Khosrowpour 2018 oder Dickel 2019).

Fraas et al. (2013a: 8) definieren die Mediatisierung als übergreifende, längerfristige und diskontinuierliche Abläufe, „in denen Medienumgebungen komplexer werden und in denen, damit verschränkt, Medienaneignungen und ihre sozio-kulturellen Kontexte sich wandeln." Einerseits bezieht sich die Mediatisierung auf die Veränderung der technischen Infrastruktur, andererseits auf die Art und Weise ihrer bereits genannten Nutzung (vgl. Brantner/Rodríguez-Amat 2015: 261 f.).[32] Die *Digitalisierung* hingegen umfasst die Mediatisierung gesellschaftlicher Lebensbereiche „als ein prozessorientiertes Konzept, in dem sowohl der Wandel von Medien und Kommunikation als auch von Kultur und Gesellschaft fokussiert" (Albrecht/Hüning 2024: 51[33]). Dabei werden Nutzungsintentionen und -motive sowie das Nutzungsverhalten bezüglich der digitalen Medien erforscht (vgl. Flecker et al. 2016: 63 f.).

Aus den Ausführungen zu dem spezifischen technisch-medialen und gesellschaftlichen Wandel heutzutage ist schließlich der Begriff *Kultur* (trotz einer Vielzahl von Definitionen[34]) nicht wegzudenken.[35] Für die Zwecke der vorliegenden Arbeit wird Kultur sowohl als die Art und Weise verstanden, wie eine Gesellschaft oder Gemeinschaft funktioniert – ihre Werte, Bedeutungen, Identitäten, Traditionen, Verhaltensnormen sowie Formen ihrer Weltdeutung

---

[32] Dabei ist es durchaus verständlich, dass sog. ‚alte' Medien nicht durch neue ‚ersetzt' werden, sondern es wandeln sich die Funktionen bestehender Medien (durch Digitalisierung und Vernetzung) und gleichzeitig kommen neue Medien und ggf. neue Anwendungen dazu.

[33] In ihrem Buch versuchen die Autorinnen auch die Frage zu beantworten, inwieweit bestimmte Bevölkerungsgruppen von Digitalisierung und Mediatisierung betroffen sind (vgl. Albrecht/Hüning 2024: 54 ff.).

[34] Einen von vielen Systematisierungsvorschlägen des Terminus präsentieren u. a. Banse/Metzner (2005: 30) und nennen folgende Differenzierungen des Kulturbegriffs: nach Raum und Verbreitung (bspw. regionale, nationale oder internationale Kulturen), nach Repräsentativität (Hochkulturen einerseits und Subkulturen auf dem entgegengesetzten Pol), nach der Sozialsystemspezifik, nach den Trägern (z. B. höfische Kultur oder Jugendkultur) oder nach der Bindung an bestimmte Typen von Manifestationen (z. B. Musikkultur).

[35] In dem vorliegenden Buch wird an vielen Stellen auf die mit dem Kulturbegriff verbundenen Konzepte wie das „kulturelle Muster" einer bestimmten sozialen Gruppe oder die „kulturgeprägte Geschichte" verwiesen. Diese Begriffe werden im weiteren Verlauf des Buches immer wieder aufgegriffen und detailliert beschrieben, da sie für das Hauptthema wichtig sind (besonders in Bezug auf das Schaffen von bestimmten Narrativen der Gruppe während des Positionierungsprozesses, vgl. 6.2.1).

(vgl. Williams 1989: 3) – bzw. als „set of values, beliefs, social and collective rules that shape behavior", auch wenn diese Gruppen keine Territorien im geografischen Sinne haben, wie es mit der Online-Kommunikation der Fall ist. Außerdem wird sie als spezifischer Wissensvorrat interpretiert, „aus dem sich die Kommunikationsteilnehmer; indem sie sich über etwas in einer Welt verständigen, mit Interpretationen versorgen" (Habermas 1988: 209). Eine interessante Ergänzung der obigen Definitionen liefert Schmidt (2000: 32), der (in Anlehnung an die Theorie der Gesellschaft von Luhmann) den Standpunkt vertritt, dass sowohl die Kultur als auch die Gesellschaft ohne einander nicht funktionieren können und gerade aktive Individuen sind Träger der jeweiligen Kultur und Gesellschaft (Hickethier 2010: 37 spricht sogar vom Menschen „als Individuum sowie als soziales und kulturelles Wesen"). In dieser Hinsicht teile ich die Meinung von Sonnberger (2012: 35 f.), dass „Menschen gleichzeitig sowohl Schöpfer von Kultur als auch deren Produkte, beziehungsweise Geschöpfe" sind. Sonnberger (ebd.: 36) führt weiter aus, dass sich Kultur in verschiedenen Anwendungen (wie Symbolsystemen, Ritualen oder Kunst) sowohl in der Offline- als auch in der Online-Kommunikation manifestiert.

Das gerade angesprochene Konzept der Netzwerkgesellschaft von Castells, das sich auf den möglichen sozialen, gesellschaftlichen, kulturellen und kommunikativ-medialen Wandel der heutigen Gesellschaften bezieht, konnte in der Zeit seines Entstehens allerdings nicht in vollen Zügen realisiert werden.[36] Es lag vor allem an technischen Einschränkungen des Mediums Internet, in dem bis ca. 2005 Struktur und Logik des „alten" Internets herrschten. Trotz der Kritik (vgl. Münker 2009 oder Apprich 2015) liegt die Stärke der Castellschen Theorie jedoch darin, dass der Autor auf gewisse Tendenzen in der Entwicklung neuer Technologien und damit verbundener sozialer Entwicklungen verweist. Castells (2017: 567) bemerkt zu Recht, dass es zwar Netzwerke als Form sozialer Organisation auch zu anderen Zeiten gegeben hat, aber erst „das neue informationstechnologische Paradigma schafft die materielle Basis dafür, dass diese Form auf die gesamte gesellschaftliche Struktur ausgreift und sie durchdringt". In dem vorliegenden Buch wird die Ansicht vertreten, dass die Realisierung der Netzwerkgesellschaft von Castells erst seit ca. 2005 tatsächlich bewerkstelligt werden kann, seitdem schrittweise diverse Tools und Anwendungen des sog. „neuen Web" (Social Web oder Web 2.0) eingeführt

[36] Die erste Auflage seines Buches „Rise of the network society" erschien 1996.

werden. Auch neuere Studien, darunter mögliche Entwicklungsperspektiven der heutigen Gesellschaft in kommenden Jahrzehnten, bestätigen in ihren Grundzügen die Hauptannahmen der Theorie von Castells (vgl. u. a. Filk/Gundelsweiler 2012 sowie Salgues 2018, siehe: Abb. 1[37]):

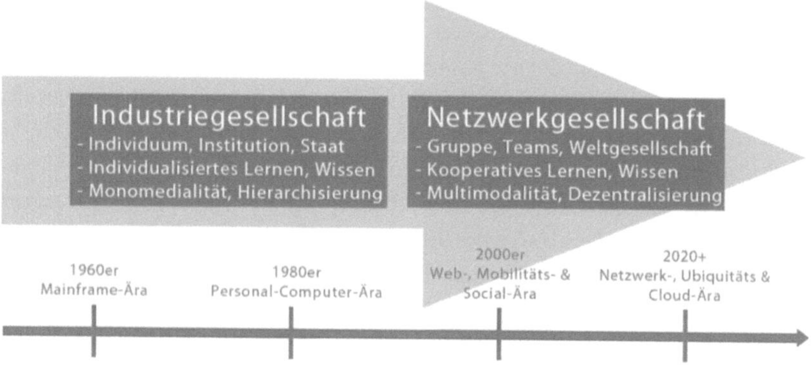


**Abb. 1:** Struktureller Perspektivenwechsel – Gestaltung einer neuen Netzwerkgesellschaft nach Filk/Gundelsweiler (2012). Eigene Darstellung.

Laut Filk/Gundelsweiler (2012) werden Netzwerke der heutigen Gesellschaften immerhin weiter ausgebaut. Unabdingbar scheint dabei eine zunehmende Verlagerung der meisten Netzwerkstrukturen zu sein – sowohl als Fortsetzung der existierenden Offline-Netzwerke (ihre Ergänzung bzw. Archivierung, bald vermutlich ausschließlich in sog. *Clouds* also Speicherplätzen bzw. Datenwolken, vgl. weiter im Text) als auch als typische Online-Netzwerke mit uniplexen Beziehungen, deren Mitglieder vorwiegend durch das Internet verbunden sind und dort agieren. Eine solche Umstrukturierung der sozialen Netzwerke bedeutet zugleich einen Wandel von bereits existierenden Offline-Sozialräumen (vgl. 2.3).

Die Geschwindigkeit der Veränderungen in der technischen Architektur des modernen Internets scheint die Annahmen der Autoren aus dem Jahr 2012 zu bestätigen. In den letzten Jahren erlebt man auch die schrittweise Einführung von Elementen des sogenannten *Internets der Dinge / Internet of Things* (IoT), *Web 3.0* und sogar *Web 4.0*.

---

37 In seiner Studie skizziert Salgues u. a. die drei Standbeine der zukünftigen Gesellschaftsstrukturen. Es sind Globalisierung, Datenvermassung und Individualisierung.

Zunächst einmal ist immer häufiger vom „allgegenwärtigen Internet" die Rede. Die Idee der Omnipräsenz des Internets geht u. a. auf das seit ein paar Jahren diskutierte Konzept des sog. IoT oder *Internet of Objects* zurück. Hussain (2017: 1) definiert ein solches Netz folgendermaßen: „IoT is the new approach for incorporating the internet into personal, professional and social life. IoT can be seen as connected set of anyone, anything, anytime, anyplace, any service, and any network." Das Netz in seiner neuen Ausführung sollte ebenso dynamisch und leicht veränderbar sein und die globale Netzwerkarchitektur wird sich durch interpretierbare Kommunikationsprotokolle auszeichnen. Sowohl physische als auch virtuelle „Sachen" („Things") werden demnach intelligent(er) sein (vgl. ebd.: 1 f.).

In Bezug auf moderne Medien wird auch immer häufiger vom sogenannten *Web 3.0* oder *semantischen Web* gesprochen. Laut Singh (2018) kann Web 3.0 folgendermaßen definiert werden: „Web 3.0 is the 3rd generation of the Internet where the devices are connected in a decentralized network rather depending on server-based databases." Im Mittelpunkt der Aufmerksamkeit des Web 3.0 soll also nicht mehr Information stehen, sondern noch stärker als heute der User/die Userin selbst, mit besser geschützter Privatheit seiner/ihrer Daten, stets mit anderen UserInnen und Daten verbunden (was Stöckl 2016b: 22 als „mind-machine-communication" bezeichnet). Dies kann ebenso bedeuten, dass er auch nicht mehr durch große mediale Anbieter überwacht bzw. kontrolliert wird (vgl. ebd.). Gemeint ist hier u. a. besserer Schutz vor jeglichem Sammeln von Daten aus Drittquellen (z. B. in Facebook), das u. a. in Deutschland seit ein paar Jahren im Kreuzfeuer der Kritik steht (vgl. Karakaya/Groll 2018). Darüber hinaus soll das künftige Internet nicht nur „semantischer" werden. Mitra (2019) nennt noch drei weitere wichtige Eigenschaften des kommenden Webs. Erstens: Es soll sich durch künstliche Intelligenz (KI) auszeichnen; zweitens: Es wird mehr 3D-Grafik geben, die ihren Gebrauch nicht nur in Computerspielen findet, sondern auch in allen möglichen Anwendungen im Web 3.0 (was teilweise schon der Fall ist).

In gewisser Weise sind die oben genannten Technologien eine Fortsetzung des sog. *Web 4.0* – eines vollständig dezentralen Cloud-Computing-Systems, von dem ausgewählte Elemente allmählich u. a. in der Europäischen Union umgesetzt werden.[38] Panwar et al. (2023: 228) stellen in ihrem Beitrag die Vorteile der schrittweisen Einführung der Web-4.0-Technologie vor und

---

38 Vgl. „EU-Initiative für das Web 4.0 und virtuelle Welten" der Europäischen Kommission (https://ec.europa.eu/commission/presscorner/detail/de/ip_23_3718)/).

ordnen diese in Bezug auf die sozialen und technischen Einschränkungen ein, die mit den bestehenden Internettechnologien verbunden sind:

> Web 4.0 is a technological revolution that can change the performance of the Web entirely. Web 1.0 builds models with the capability to access the internet network. Web 3.0 overcomes the ability of Web 2.0, and Web 3.0 was usually controlled by organizations and corporations. Web 4.0 focuses on maintaining the system's privacy and security instead of making its network mire effective. The aspects of Web 4.0 are changed completely/Initially, the Web was simple with reading and writing ability, but now, with Web 4.0 and blockchain, the security features are changed completely.

Zu den Vorteilen des Webs 4.0 zählen die Autoren eine bessere Internetsicherheit („secure network"), die es viel einfacher als bisher machen werde, Hacking- oder Kontrollübernahmeversuche zu erkennen, zu verfolgen und zu verhindern. Ein weiteres wichtiges Merkmal von Web 4.0 ist laut Panwar et al. (ebd.) ein viel besserer Schutz des Dateneigentums („data ownership"). Darüber hinaus gibt es intuitive und immer bessere Tools für die Online-Zusammenarbeit (auf verschiedenen Ebenen), verbesserte Tools für das sogenannte *Semantic Web* und die Allgegenwärtigkeit des Internets.

Trotz der oben beschriebenen rasanten technologischen Veränderungen würde ich die moderne Gesellschaft jedoch nicht als „nächste Gesellschaft" bezeichnen, die ihre sozialen und kommunikativen Praktiken ausschließlich im Internet pflegen würde und kaum Kontakte zu der „Außenwelt" hätte (vgl. Baecker 2007[39]). Es wird dabei angenommen, dass alle Verhältnisse

---

[39] Der von Baecker (2007) geprägte Begriff „nächste Gesellschaft" stammt aus der soziologischen Systemtheorie. Er bezieht sich auf eine zukünftige Gesellschaftsform, die sich von der heutigen, durch digitale Technologien geprägten Gesellschaft noch einmal grundlegend unterscheiden wird. Der Autor baut auf Luhmann (1990) auf, der die Gesellschaft in verschiedene historische Phasen einteilte: die segmentäre Gesellschaft (basierend auf Stämmen und Familienstrukturen, vgl. ebd.: 168), stratifikatorische Gesellschaft (geprägt durch Hierarchien, z. B. Feudalismus, vgl. ebd.) und funktional differenzierte Gesellschaft (die moderne Gesellschaft, in der verschiedene gesellschaftliche Funktionssysteme wie Wirtschaft, Politik, Wissenschaft nebeneinander bestehen, vgl. ebd.: 106 f.). Luhmanns Modell endet mit der funktional differenzierten Gesellschaft, doch Baecker sieht darüber hinaus die „nächste Gesellschaft", die sich vor allem durch digitale Kommunikation und künstliche Intelligenz (KI) auszeichnen wird. Daten, Algorithmen und Netzwerke werden zentrale Strukturen der Gesellschaft und die Kommunikation verändert sich grundlegend, da sie durch digitale Medien vermittelt wird. Darüber hinaus geht Baecker (2007: 7 f.) davon aus, das neue Formen der sozialen Ordnung entstehen werden, wobei nicht ganz klar ist, was zu den zentralen Steuerungsmechanismen einer solchen Gesellschaft gehören wird.

weiterhin eng mit realen Personen und ihrer psychischen Umgebung verbunden sind; d. h. zwischen bereits funktionierenden Offline-Sozialräumen und ihren möglichen Online-Ergänzungen oder Fortsetzungen entstehen dauernd *materielle Relationen* (vgl. van Dijk 2010: 60) und das Geschehen im Internet spielt sich zwischen Menschen, „die *vor* dem Rechner bzw. Bildschirm sitzen" ab (Schmidt 2017: 75). Ich teile die Meinung von Schmidt (ebd.), dass „eine klare Trennung zwischen virtueller und realer Welt [...] nicht haltbar" ist. Dies bedeutet jedoch nicht, dass es virtuelle UserInnen gibt; es gibt ebenso keine virtuelle Kommunikation.[40] Virtuell bleibt nur der Raum, in dem im Internet gehandelt wird, (mit seinen sozialen und kommunikativen Strukturen), nicht die Verhältnisse in der Online-Kommunikation.[41] Die Strukturen der Netzwerkgesellschaft, die sich teilweise online realisieren, sind m. E. nach wie vor ein richtiges, real existierendes soziales Gebilde und ein „integraler Bestandteil des Alltags" (Kirchhoff/Harney 2015: 72). Dabei verwischen auch allmählich die Grenzen zwischen beiden „Welten" (vgl. ebd.). Eher wird unterschiedlichen *kommunikativen Bedürfnissen* nachgegangen, die sich mannigfaltig realisieren lassen – von typischen Offline-Kommunikationssituationen (wie Diskussionen unter Freunden oder in der Familie) über synchrone aber medienvermittelte Formen (über Kommunikatoren oder Telefon) bis hin zu asynchronen Kommunikationssituationen (Briefe, E-Mails oder Beiträge in sozialen Medien).

Wie gerade festgelegt, ergänzen und beeinflussen sich beide „Welten" fortlaufend. Allerdings stehe ich einigen Ansätzen eher skeptisch gegenüber, die die Existenz einer speziellen „Generation von Netz-Einheimischen" suggerieren. Solche UserInnen besitzen angeblich besondere Fähigkeiten, die sie zur besseren Nutzung der Internettechnologien prädestinieren würden (vgl. die Idee von *Net Generation* von Tapscott 1998 und 2007 sowie die Theorie

40 Folgt man einer Wörterbuchdefinition, bedeutet virtuell „nicht echt, nicht in Wirklichkeit vorhanden, aber echt erscheinend" (DUDEN, Online-Ausgabe). Heißt es, dass die Kommunikation online, trotz der Möglichkeit ihrer Speicherung bzw. Aufnahme nur deswegen nicht ‚echt' sei, weil sie in virtuellen, digitalisierten Räumen stattfindet?

41 Andererseits bin ich mit Lovink (2012: 22), einem der KritikerInnen der sog. Vernetzungskultur, einverstanden, dass es keinen Beweis dafür gibt, „dass die Welt virtueller wird. Eher wird das Virtuelle realer; es will in unsere realen Leben und sozialen Beziehungen eindringen und sie offenlegen" (vgl. auch Lovink 2011: 183, der von einer „Identitätskrise von bislang unbekannten Dimensionen" spricht, „die um Frage kreist, wer wir sind und wie wir uns online darstellen sollten").

von *Digital Natives* und *Digital Immigrants* von Prensky 2001[42]). Problematisch bleibt im Falle solcher Theorien ihr Ausgangspunkt. Es wird oft falsch vorausgesetzt, dass die Verfügbarkeit gewisser Medien ausschließlich einer bestimmten Generation vorbehalten ist (vgl. Kirchhoff/Harney 2015: 47 f.). Ich bin mit Schulmeister (2009: 64) einverstanden, dass einerseits keinen VertreterInnen einer Generation pauschal gleiche Eigenschaften zugeschrieben werden können (da sie aus vielen Gruppen und Individuen mit unterschiedlichen Interessen und Lebenseinstellungen besteht), andererseits gibt es Unterschiede hinsichtlich des Mediennutzungsverhaltens in jeder Generation, die nicht unbedingt mit dem Alter zusammenhängen müssen.[43] Helsper/Enyon (2009: 14) bemerken zu Recht, dass die Gegenüberstellung *Digital Native – Digital Immigrant* irreführend sein kann, da man den Eindruck gewinnt, es handele sich um zwei dichotome Generationen von UserInnen: „While there were differences in how generations engaged with the Internet there were similarities across generations as well mainly."

Ein richtiges Problem der Netzwerkgesellschaften in Bezug auf den Internetzugang sehe ich dagegen in der wachsenden sog. *digitalen Spaltung* (engl. *digital gap* oder *digital divide*) vieler Gesellschaften. Die meisten AutorInnen bringen sie u. a. mit der *Vertiefung der Wissenskluft* und gewissen Diskrepanzen zwischen den relativ gut ausgebildeten westlichen Gesellschaften und eher traditionellen Gesellschaften in Verbindung (besonders in ärmeren Regionen Asiens und Afrikas), die die technischen Möglichkeiten des heutigen Internets nicht genießen können oder wollen, v. a. aus ökonomischen oder sozial-politischen Gründen (vgl. u. a. umfangreiche soziologische Studien der letzten Jahre, darunter Salhi 2019 oder der Sammelband von

---

[42] Die sog. *Digtal Natives* sind für Prensky (2001: 2) vorwiegend junge Menschen, die daran gewöhnt sind, Informationen wirklich schnell zu bekommen und „they like to parallel process and multi-task. [...] They function best when networked. They thrive on instant gratification and frequent reward". Auf dem anderen Pol kann man sog. *Digital Immigrants* finden, die sich einer „antiquierten" Sprache bedienen und „are struggling to teach a population that speaks an entirely new language" (ebd.). Ein anderer Punkt ist die von Prensky angesprochene Frage des angeblichen „Digitalseins" des Menschen: Kein Mensch kann digital sein oder werden, ebenso seine Sprache oder sein Denken. Der Inhalt und die Bedeutung digitaler Objekte im Internet, auf die der Mensch sich beziehen kann, bleiben nach wie vor auch analog (im Sinne: in der Realität existierend).

[43] Vgl. u. a. die Studie des Portals „Statista" zu der Charakteristik der Mediennutzung in Deutschland (Quelle: https://de.statista.com/themen/101/medien/, 08.04.2022).

Ahmed 2024).[44] Ebenso große Unterschiede sind seit Jahren zwischen dicht besiedelten Ballungsräumen und ländlichen Gebieten zu beobachten – auch in vielen EU-Ländern. Allerdings reicht die Denkweise nach dem Motto „Internetzugang als ultimative Ausgleichsmaßnahme“ sowie Maßnahmen zur Förderung der sog. *digitalen Kompetenz* nicht aus, um bestehende digitale Spaltungen zu überwinden.[45] Jian (2019: 72 ff.) verweist auf weitere Gegenmaßnahmen wie u. a. Förderung der Entwicklung von Informationstechnologien (auf der Landesebene); Beschränkung der Spaltung in der Informationsstruktur zwischen West und Ost (sowie urbanen und ländlichen Gebieten); Erhöhung des Bildungsniveaus und der IT-Kompetenzen von möglichst vielen BürgerInnen (sog. *Information Literacy*); Gebührensenkung von Telekommunikationsunternehmen; Weiterentwicklung von diversen Tools der E-Democracy sowie sog. E-Governments und schließlich Verbesserung des öffentlichen Dienstes in Bezug auf Informationsvermittlung für sozialschwache gesellschaftliche Gruppen.

In meinen bisherigen Ausführungen habe ich auf die Tendenz des heutigen Menschen hingewiesen, der immer häufiger gleichzeitig in unterschiedlichen On- und Offline-Netzwerken agiert und die Bildung von vielen eher uniplexen Beziehungen anstrebt. Gleichzeitig, neben der Pluralisierung von Handlungs- und Sozialräumen und ihrer möglichen Ausdehnung, nehmen Individualisierungsbedürfnisse des Menschen zu. Das soziale Leben verlagert

---

44 Auf die sozialen und ökonomischen Diskrepanzen bezüglich des Internetzugangs wird u. a. im statistischen Portal „Statista“ verwiesen (vgl. https://www.statista.com/topics/1145/internet-usage-worldwide/, 14.06.2024). Während 97 % der südkoreanischen Bevölkerung im Jahr 2023 freien Internetzugang hatten, waren es in Deutschland 92 % und in Polen 87 %. Solche Länder wie Pakistan, Äthiopien und Uganda hingegen nehmen seit Jahren die letzten Plätze (mit entsprechend 21, 16 und 10 %). Ca. 67,1 % der Weltbevölkerung haben zumindest einen gelegentlichen Internetzugang (durch Handy oder PC).

45 Im Gegensatz zur *Medienkompetenz*, welche als „erwerbbare Fähigkeit verstanden werden [kann], die dazu dient, verschiedene Arten von Medien für die eigene Kommunikation sowie das eigene Handeln einsetzen zu können“ (Albrecht/Hüning 2024: 70 in Anlehnung an Baacke 1997), werden die *digitalen Kompetenzen* als solche begriffen, bei denen es „um den Erwerb von IT-Fähigkeiten und von Kompetenzen für das souveräne Auftreten in der digitalisierten Welt [geht]“ (Opiela/Weber 2016: 10). Es handelt sich dabei um die Bedienung elektronischer Endgeräte und den verantwortungsvollen Umgang „mit sozialen Medien und den eigenen Daten im Netz sowie ein Bewusstsein für die Risiken wie Internetsucht und Cybermobbing“ (ebd.). Darüber hinaus zählt zur digitalen Kompetenz „die gesellschaftskritische Haltung, die im Umgang mit digitalen Medien entwickelt wird, […]“ (Albrecht/Hüning 2024: 70).

sich in vielen Bereichen (z. B. im Rahmen der diskursiven Praktiken in vielen Online-Communitys) in das Internet. Die auf solchem Wege entstehenden Sozialräume haben ihre bestimmten Ordnungsprinzipien und Charakteristika, auf die im nächsten Kapitel verwiesen wird.

## 2.3 Internet als Handlungs- und Sozialraum

Die im Buch thematisierte Online-Kommunikation und Prozesse der diskursiven (Positionerungs-)praktiken funktionieren selbstverständlich in gewissen *Online-Sozialräumen*. Räume sind selbstverständlich nicht nur als geographisch begrenzte, gebaute und gestaltete Orte zu betrachten. Certeau (2012: 345) zufolge ist ein sozialer Raum „ein Geflecht von beweglichen Dingen" und somit „ein Ort, mit dem man etwas macht". Darüber hinaus wird der Sozialraum „vom Individuum vielmehr als sozial konstruierter und kulturell gedeuteter Raum angeeignet" und stellt einen gewissen sozialen Mikrokosmos dar, „in dem gesellschaftliche Veränderungsprozesse, Nutzung und Meidung sichtbar werden" (Scheidies 2018: 2). Der Sozialraum wird ständig neu definiert und daher kann er nicht absolutistisch verstanden werden, d. h. nicht im Sinne klassischer Trennung zwischen Raum und sozialen Prozessen. Es wird dagegen die Meinung vertreten, dass die Gestaltung von sozialen Räumen selbst ein Ausdruck diverser sozialer Prozesse ist (vgl. u. a. Löw/Sturm 2005: 32). Im vorliegenden Buch wird von einer *relativen Raumvorstellung* ausgegangen, d. h. der Sozialraum WIRD und IST nicht, was bedeutet, dass er im Sinne relativer Vorstellungen nicht absolut einzuordnen ist. Er wird dagegen „über soziale Operationen erst konstituiert" (Bachleitner et al. 2010: 50). Darüber hinaus wird der Raum „durch seine [individuelle] Wahrnehmung sozial relevant" (ebd.). Eine so verstandene Sozialraumperspektive bezieht sich daher auf diverse Beziehungen, Verhältnisse und zwischenmenschliche Handlungen/Interaktionen (vgl. Kessl/Reutlinger 2007: 21). Entsprechend den obigen Vorüberlegungen werden in diesem Kapitel nur exemplarische Funktionen von Online-Sozialräumen in den Mittelpunkt gerückt, die das Wechselspiel zwischen dem agierenden Individuum und den vorhandenen sozialräumlichen Strukturen abbilden und somit das Verständnis eines relationalen Raumgefüges berücksichtigen.[46]

---

[46] Im Lichte der Fülle von möglichen Funktionen der Online-Sozialräume stellen die beschriebenen Faktoren lediglich eine Auswahl dar und erheben keinen Anspruch auf Vollständigkeit.

Der Online-Sozialraum fungiert heutzutage als offener „Zusatzraum", ein „Möglichkeitsraum" bzw. ein spezifischer Ort, in dem sich unterschiedlich große Teile von persönlichen Netzwerken vieler UserInnen (samt ihren kommunikativen und sozialen Praktiken) ins Internet verlagern. Darüber hinaus wird der Online-Sozialraum durch seine kommunikativen Anschlüsse ausgebildet und weiter differenziert. Trotz möglichen *Constraints* (d. h. technischen Einschränkungen) des Mediums (vgl. 3.7) findet im Netz ein richtiges soziales Leben mit kommunikativen Praktiken statt, das durch mehr oder weniger ausgeprägte Kommunikation und Interaktion sowie Ausdruck von Emotionen und Ausdifferenzieren von persönlicher Nähe und Distanz charakterisiert werden kann. Überdies entstehen (praktisch ununterbrochen) neue Online-Sozialräume (z. B. in Bezug auf Interessen der UserInnen, ihr Alter, politische Ansichten u. v. m.), die oft einen erheblichen Einfluss auf den bestehenden Offline-Sozialraum haben. UserInnen werden mit unzähligen sozialen Räumen konfrontiert, die jedoch nur am Anfang eine Herausforderung darstellen. Schließlich trifft man eine Wahl bezüglich des jeweiligen virtuellen Ortes, in dem man aktiv werden möchte (natürlich können es gleichzeitig mehrere voneinander unabhängige soziale und kommunikativ-technische Räume sein). Zwar sind Online-Netzwerke weniger „traditionell", aber sie können in vielen Fällen unterstützend und offen sein, wie unter anderem die Analyse der Kommunikationspraktiken von und über Menschen mit Behinderungen in diesem Buch zeigt.[47]

Seit ca. 30 Jahren können die InternetnutzerInnen „neue Welten" erschließen, die sich in Form entbetteter, translokaler und *entgrenzter Räume* manifestieren, wobei sich „ein zunehmender Trend zur Relokalisierung digitaler Praktiken feststellen [lassen] kann" (vgl. Oswald 2021: 73). Dieser Trend ist besonders deutlich, wenn man sich das Tempo ansieht, in dem neue Smartphone-Apps entwickelt werden, die es den NutzerInnen ermöglichen, einfach, schnell und lokal Kontakt aufzunehmen und aufrechtzuerhalten und fortlaufend verschiedene Inhalte zu veröffentlichen. In dem Online-Kontext bezieht sich der Begriff *Entgrenzung* auf die Vielfalt von möglichen Formen der Kommunikation sowie Handlungen, in denen die Beteiligten an keinen

[47] Eine detailliertere Analyse ausgewählter verfügbarer Literatur zum Thema der digitalen Teilhabe für Menschen mit Behinderungen in polnischer und deutscher Sprache wird in 1.2 durchgeführt (vgl. auch u. a. Pawłowska 2019, Dirks/Linke 2019, Feichtinger 2019 oder Albrecht/Hüning 2024).

bestimmten real existierenden Ort gebunden sind.[48] Ihre Interaktion muss auch nicht immer zur gleichen Zeit stattfinden.[49] Dies kann im Endeffekt zu einer „Verwobenheit lokaler Erfahrungen mit solchen aus nicht unmittelbar zugänglichen Kontexten" führen (Kreß 2010). Die Entgrenzung hat sicherlich ein enormes Potenzial in Bezug auf Online-Umgebungen. Es ist jedoch zu bedenken, dass gleichzeitig die Notwendigkeit besteht, „genauer hinzusehen und Inhalte kritisch zu hinterfragen" (Reif 2021: 233), was unter anderem auf den allgemein leichten Zugang zum Internet (insbesondere in entwickelten Ländern Europas, Amerikas und Asiens) und die zunehmende Personalisierung bzw. Individualisierung der verfügbaren Inhalte und damit die einfache Schaffung persönlicher autonomer Öffentlichkeiten zurückzuführen ist (vgl. 5.3.6).

Wie bisher festgestellt wurde, lebt der heutige Mensch in einer dynamischen Welt mit vielen Wandelprozessen, fortschreitender Individualisierung, sozialer und geographischer Modalität und schließlich steigender Möglichkeiten der Meinungs- und Identitätsäußerung. Zum Beispiel Familie als traditionelles soziales Gebilde hat ihre führende und stabilisierende Rolle verloren und ist nun zu einem der möglichen gesellschaftlichen Lebensbereiche geworden (vgl. Spreckels 2006: 29 f.). Ebenso kann festgehalten werden, dass selbst

---

[48] Damit die nahezu ortsunabhängige Online-Kommunikation zustande kommen kann, funktionieren im Netz viele Ortsangaben und Raummetaphern, d. h. UserInnen versuchen, so wie in der realen Welt, jede Kommunikation und jedes soziale Geschehen zu verorten bzw. an einen bestimmten Raum zu binden. Brüggen/Wagner (2017: 214) sprechen dabei von *medial repräsentierten Räumen* (d. h. solchen, die „quasi-physische Sozialräume abbilden oder vorstellen lassen"), *medial simulierten Räumen* (z. B. in Computerspielen) und *translokalen Kommunikationsräumen*, welche u. a. „die Integration von Dimensionen wie Mobilität [erlauben], die mit digitalen Mediendiensten möglich wird".

[49] Es handelt sich dabei um den Prozess oder den Zustand der sog. *Entzeitlichung* (vgl. Meißelbach 2009: 37). Dies bedeutet, dass einerseits viele Prozesse der Online-Kommunikation (unabhängig von ihrer möglichen Synchronizität bzw. Nicht-Synchronizität) online dokumentiert werden (bspw. es werden automatisch alle Gespräche in Messenger von der Applikation gespeichert), wodurch sie oft ihren situativen Charakter verlieren (vgl. ebd.); andererseits können mehrere Kommunikationsflüsse unterschiedlich realisiert werden, z. B. ein synchrones Online-Gespräch in einer Kleingruppe kann gleichzeitig durch private (asynchrone) E-Mails oder andere (synchrone) Anwendungen bzw. „offline" Gespräche unterstützt werden (mehr zu Modi in der Online-Kommunikation, vgl. 3.1.2.2).

die „nationale und ethnische Identität, Geschlechts- und Körperidentität [...] ihre quasi ‚natürliche' Qualität als Identitätsgaranten" verloren haben (Keupp et al. 2002: 87). Aus diesem Grund können ebenso Sozial- und Identitätsräume im Internet als gewisse mediale *Identitätsräume* funktionieren, was im Zusammenhang mit dem Thema des vorliegenden Buches besonders wichtig erscheint. In Anlehnung an die klassische Definition von Klaus et al. (2004: 9) werden Identitätsräume als „Orte für die (Re-)Produktion und Repräsentation von Subjekten [begriffen]; sie sind Terrains, die durch Grenzziehungen abgesteckt werden". Darüber hinaus sind sie als *Medienräume* identifizierbar. Besonders in der Online-Umgebung sind Medienräume mehr oder weniger symbolisch und können als solche Bereiche definiert werden, die

> mit den Berichten und Bildern von Menschen und deren sozio-kulturellen Praktiken verschiedene Möglichkeiten und Perspektiven für die Verortung von Identität und Formen von Gemeinschaften sowie Erfahrung und Konstruktion von Zugehörigkeit eröffnen. [...] Bestimmte Subjektpositionen erlangen [dabei] Bedeutung und dürfen eingenommen werden, andere werden systematisch durch bestimme Praktiken ausgeschlossen. (Tillmann/Weßel 2018: 117)

Bestimmt lässt sich heutzutage das Verhältnis zwischen On- und Offline-Identitäten unterschiedlich ausgestalten (u. a. je nach der Integration der bestehenden Identitäten, Grad der Faktizität oder Fiktionalität bzw. Medienwahl). Es muss allerdings nicht bedeuten, dass es große Unterschiede in der Darstellungsform der jeweiligen On- und Offline-Teil-Identitäten gibt, wobei man jedoch feststellen muss, dass das Netz über identitätsstiftende oder identitätsbeeinflussende Effekte verfügt. Im vorliegenden Buch wird mehrmals darauf hingewiesen, dass unterschiedliche vernetzte Gruppierungen einen fast unbegrenzten Fundus an vielfältigen sozialen Szenen und Communitys darstellen. Dies bedeutet, dass sowohl ausgewählte Elemente von Offline-Identitäten ins Netz verlagert werden können als auch neue *Teil-Identitäten*[50] entstehen, die nur auf Online-Kontakten basieren. Dazu sind sich ständig ausdehnende Online-Netzwerke immer wichtigere Bezugssysteme, die gewiss eine Identitätsgrundlage für die NutzerInnen hervorbringen können (gemeinsame Interessen, eigene Symboliken, spezifische Kommunikationsstrukturen

---

[50] Auf den Begriff der „Online-Teil-Identitäten" wird genauer im Kapitel 5.2.3 eingegangen.

und schließlich die Möglichkeit der Erarbeitung von gemeinsamen Ressourcen, über die sich die Mitglieder identifizieren können).

In der Diskussion über das Internet als Handlungs- und Sozialraum im Kontext diskursiver Praktiken und Positionierungsaktivitäten sollte schließlich das Internet als *Bildungs-* und *Informationsraum* erwähnt werden.[51] Ein solcher Raum kann sich heutzutage nicht mehr nur auf institutionelle Einrichtungen wie Schulen, Universitäten oder Bibliotheken beziehen, sondern auch auf jeweilige Lebenswelten des Menschen (Familie, Freundeskreis, Stadtviertel usw.) sowie den öffentlichen Raum. Es führt dazu, dass ein mögliches Handlungs- und Verhaltensrepertoire seit Jahren erweitert wird (vgl. Tillmann/Weßel 2018: 111 ff.). Die typischste Form der internetgestützten Bildungsräume stellen seit über 20 Jahren meist institutionalisierte Formen des *E-Learning* dar, das Wache (2003: 2) als Lernprozesse bezeichnet, „welche durch den Einsatz digitaler Technologien unterstützt und ermöglicht werden". Der Schüler/die Schülerin kann dabei seinen/ihren Lernort bzw. die Lerndauer selbst bestimmen und flexibel an seine/ihre Fähigkeiten und Kapazitäten anpassen sowie die Lerninhalte entsprechend wählen und ausgestalten (vgl. ebd.: 3). Wichtig ist jedoch, dass der/die Lernende die Fähigkeit besitzt, die externen Wissensspeicher sinnvoll zu nutzen und eine Synthese zu eigenen Inhalten zu machen (vgl. Röll 2003: 153). In den letzten Jahren ist auch das sog. *M-Learning* (Mobile Learning) gleichermaßen populär geworden. M-Learning ist eine Form des Fernunterrichts, bei der gängige mobile Geräte – v. a. Smartphones und Tablets – eingesetzt werden.[52] Die sozialen und kommunikativen Strukturen des Internets, sowie seine Multikodierung, Multimodalität und Reziprozität, lassen jedoch viel offenere Online-Lernprozesse zu, deren Gestaltungsmöglichkeiten sowie mögliche potentielle

---

[51] Die drei von mir beschriebenen Funktionen des Online-Sozialraums korrespondieren mit den ausführlicher im Kapitel 4 beschriebenen Handlungskomponenten von Social-Web-Praktiken: Informationsmanagement sowie Identitäts- und Beziehungsmanagement (vgl. auch Schmidt 2013 und 2017).

[52] Da das Thema E-Learning und M-Learning nicht direkt in den Rahmen der vorliegenden Arbeit fällt, wird es nicht weiter erörtert. Einen schlüssigen historischen Abriss über die Entwicklung des E-Learnings bietet Kaźmierska (2019). Die Einzelheiten des Konzepts des mobilen Lernens und seine praktische Anwendung in verschiedenen Lernumgebungen sowie die Unterschiede und Gemeinsamkeiten zwischen E-Learning und M-Learning werden u. a. von Modlinger (2024) erläutert.

Bildungsräume von den jeweiligen Lehrenden und Lernenden selbst bestimmt werden können. Die jeweiligen Online-Inhalte können verschieden entdeckt und exploriert werden, wobei jeder User/jede Userin seinen/ihren subjektiven Weg erschließen kann, durch verschiedene zur Verfügung stehenden Kanäle, im entsprechenden Tempo und im gewählten Zeitrahmen (vgl. Kerres et al. 2017). Darüber hinaus verlaufen diverse Prozesse des *praxisbezogenen Lernens* sowie *Lernens durch Kommunikation und Kollaboration* in zahlreichen Foren oder thematischen Communitys häufig „nebenbei", d. h. oft nicht von UserInnen selbst intendiert. Es bedeutet, dass praktisch jeder User/jede Userin zu einem Tutor oder Spezialisten in einem bestimmten Bereich werden kann, ohne auf seine/ihre Rolle des „Schülers" in anderen Online-Kontexten verzichten zu müssen (vgl. 5.3.5 in Bezug auf den sog. User-Generated-Content im vorliegenden Buch). Demnach ist der Lernvorgang als Gruppenprozess zu verstehen, „bei dem die einzelnen Mitglieder ihre subjektiven Fähigkeiten und Kenntnisse gewinnbringend miteinander verknüpfen" (Kreß 2010). Jegliche Lernprozesse (sowohl lineare als auch kausale) durch das Internet können mit Sicherheit flexibler, variabler und vor allem leichter zugänglich gemacht werden. Darüber hinaus werden neue Zugänge geschaffen, was das Potential einer gesteigerten Bildungsteilhabe einbezieht (vgl. Wilmers et al. 2024: 7 f.). Durch die relativ große Anonymität, Vielfältigkeit der UserInnen (mit diverser Herkunft und Kultur, im unterschiedlichen Alter usw.) und Flexibilität in der Gruppenbildung begünstigt das Netz gerade die Herausbildung von gemeinsamen Ressourcen, was natürlich nicht bedeutet, dass Ungleichheiten im Hinblick auf die Bildungsteilhabe vollkommen aufgehoben werden können (vgl. die in 2.2 thematisierte digitale Spaltung).

Wie gerade dargestellt, hebt das heutige Internet noch stärker die Tendenz der postmodernen Gesellschaft zum Aufbau von zwischenmenschlichen Netzen sowie neuen Sozial- und Handlungsräumen hervor. Immer wieder entstehen neue Gruppierungen, die auch auf diesem Wege ihr soziales Kapital aufbauen, indem sie diverse Prozesse der Wissensvermittlung in Gang setzen, praxisbezogen voneinander lernen oder sich einfach gegenseitig unterstützen. Das Netz als Werkzeug begünstigt dabei besonders solche sozialen und kommunikativen Prozesse, die in Gruppen mit schwächeren horizontalen Bindungen stattfinden (vgl. 2.1). Trotz Unterschiede im kulturellen und sozialen Hintergrund der Beteiligten ist es in den meisten Fällen möglich, gemeinsame (Wissens-)Ressourcen der jeweiligen Gruppe zu erstellen oder vorhandene Offline-Strukturen zu erweitern und zu ergänzen. Wie in den folgenden Kapiteln gezeigt wird, ist die Bandbreite der möglichen Kommunikationsformen sehr groß – von ganz losen und unverbindlichen Kontakten bis hin zu kommunikativen Praktiken in weit ausgebauten Netzwerken, die die Herausbildung und Entwicklung von Gruppen oder Gemeinschaften ermöglichen, in denen sich Personen mit ähnlichen Interessen und Ansichten treffen können. Im Gegensatz zu zwar sicheren aber relativ eingeschränkten Nahräumen hat jeder Internetnutzer/ jede Internetnutzerin eine weite Gestaltungsfreiheit. Einerseits kann man neue Kontakte knüpfen, andererseits „alte" oder lokale Beziehungen ebenso online pflegen. Das Netz ist daher als eine Erweiterung aufzufassen, „welche nicht unabhängig vom ‚realen' Sozialraum zu sehen ist, sondern immer im Hinblick auf die Wechselseitigkeit, die sich hierbei ergibt" (vgl. Kreß 2010).

Im nächsten Kapitel werden soziale Medien und das Internet als Medium definiert und charakterisiert. Das heutige Web wird dabei aus der Perspektive eines digitalen, konvergenten Mediums betrachtet. Kapitel 3 wird mit einem Vorschlag der Klassifizierung der Social Media je nach ihrer sozialen Präsenz, Selbstpräsentation und Vernetzungsstärke abgeschlossen. Es werden auch die populärsten Social Network Sites näher charakterisiert.

# Internet und Soziale Medien

## 3.1 Internet in technologisch-medialer Perspektive

Im Gegensatz zu typischen „analogen" sozialen Netzwerken lassen sich solche Strukturen in der Online-Umgebung relativ einfach und schnell erstellen, obwohl sie einen technischen Rahmen erfordern, der durch die digitalen Technologien des Internets bereitgestellt wird. Soziale Medien (*Social Media*[53]) werden im vorliegenden Buch im Allgemeinen als technisierte digitale Plattformen definiert, die es NutzerInnen ermöglichen, Inhalte zu erstellen, zu teilen und miteinander zu interagieren. Man kann mit Sicherheit sagen, dass sie ihre Entstehung, Existenz und letztlich ihre Funktionalität den Internettechnologien verdanken, die auch die Entwicklung des Internets als Medium ermöglicht haben. Aufgrund des schnellen Wandels im Bereich der digitalen Technik wäre es jedoch schwierig, sie alle genau zu besprechen, was auch den thematischen Rahmen der Arbeit sprengen würde. Deswegen wird besonders Wert auf die Merkmale der Internettechnologien gelegt, die mit dem Thema des vorliegenden Buches in Zusammenhang stehen, d. h. auf solche, die sowohl den Online-Diskurs als auch jegliche kommunikativen Praktiken in den sozialen Medien ermöglichen, optimieren und kommunikativ bereichern.

Darüber hinaus wird das Internet als Medium charakterisiert. Dabei handelt es sich v. a. um Konvergenzmöglichkeiten des Internets bezüglich diverser Medientypen und -modelle sowie Kommunikationsmodi und -formen, die in der Online-Kommunikation verwendet werden können.

---

[53] Zur genauen Definition und Charakteristika von Social Media vgl. 3.2.

### 3.1.1 Digitale Vernetzung und mobile Konnektivität des Internets

Das Fundament des heutigen, praktisch omnipräsenten und schnellen Internets sind zweifellos sog. *Vernetzungstechnologien*. Sie sind technologische Lösungen und Systeme, die Geräte, Menschen und Daten miteinander verbinden, um den Austausch von Informationen zu ermöglichen.[54] Zu solchen Technologien gehören, neben dem älteren drahtgebundenen *Wired Networking*, vor allem drahtlose Lösungen (*Wireless Networking*), wie z. B. *Bluetooth* (im Fall der Kurzstreckenkommunikation zwischen Geräten wie Kopfhörer oder Smartwatches), *WLAN* (*Wi-Fi*) für Heim- und Unternehmensbereiche oder Mobilfunknetze (3G, 4G, 5G und bald 6G), die den ständigen und schnellen Zugriff auf Internetangebote wie Homepages oder soziale Medien von Smartphones und Tablets erlauben.[55] Dazu kommen Internetprotokolle, die die globale Vernetzung und Kommunikation über das Internet ermöglichen, u. a. sind dies TCP/IP (*Transmission Control Protocol/Internet Protocol*), das die Grundlage der Internetkommunikation darstellt, und HTTP/HTTPS (*Hypertext Transfer Protocol*) also der Standard für den Abruf von Webseiten. Eine vernetzte Datenverarbeitung gewährleisten dagegen diverse Cloud- und Edge-Technologien (vgl. Marinescu 2018 oder Jamsa 2022). Gemeint sind dabei die sog. *Cloud Computing*, d. h. Speicherung und Verarbeitung von Daten in entfernten Rechenzentren, sodass NutzerInnen von überall darauf zugreifen können (z. B. bei großen sozialen Netzwerken wie Facebook, Instagram oder YouTube, vgl. Panwar et al. 2023: 228[56]) oder *Edge Computing* (also Datenverarbeitung näher an der Quelle, um Latenzzeiten zu reduzieren, z. B. bei autonomen Fahrzeugen).

---

[54] In den letzten 30 Jahren sind zahlreiche Publikationen zu Informationssystemen und ihrer Modellierung sowie zu digitalen Techniken erschienen (siehe u. a. neueste Veröffentlichungen der Autorenkollektive von Verma et al. 2023 oder Subhashini et al. 2023). Aufgrund der Thematik dieses Buches wird nicht näher auf die technischen Einzelheiten der digitalen Technologien eingegangen. In diesem Kapitel werden lediglich die wichtigsten vorgestellt und kurz besprochen.

[55] Zu Wireless Networking gehören auch verschiedene drahtlose Protokolle für IoT-Geräte, oft in Smart Homes und Industrie 4.0 genutzt, wie Zigbee, Z-Wave oder LoRaWAN (vgl. Xiuzhen et al. 2023).

[56] Es ist dabei auch erwähnenswert, dass die Cloud-Technologie und verteilte Serverinfrastrukturen die Skalierbarkeit erhöhen. Unter Skalierbarkeit wird die Fähigkeit eines Systems, Netzwerks oder Prozesses zu seiner Größenveränderung verstanden.

Im vorliegenden Buch wird von der Prämisse ausgegangen, dass besonders im Fall der Online-Kommunikation die technischen *Vernetzungsmöglichkeiten* des Internets sowie die *Vernetzungsstärke* der einzelnen Social Network Sites (SNS; vgl. 3.7) nicht nur die Bereitschaft zur Kommunikation online und ihre Häufigkeit erheblich beeinflussen, sondern auch deren Qualität und den vermittelten Inhalt. Die Fähigkeit des Internets zur Bildung diverser Vernetzungen unter Menschen und zwischen Menschen und Orten oder Artefakten (vgl. Kolo 2019: 326) ermöglicht vor allen Dingen deren zunehmende *Emergenz* (wie in 2.1). Die Emergenz im Fall der Online-Umgebung beschreibt zum einen die Eigenschaft, Struktur und Hierarchie des jeweiligen Netzwerks, das sich mehr oder weniger spontan bilden kann und durch besondere Eigenschaften im Zusammenspiel seiner Netzwerk-Mitglieder und ihrer *kollektiven Intelligenz* geprägt ist.[57] Zum anderen hat man es mit einem Trend zu tun, bei dem die Trennlinie zwischen Mensch und Maschine zunehmend verwischt. Dieses „symbiotische Verhältnis" (Kolo 2019: 326) ist in erster Linie durch die immer besseren technischen Fähigkeiten der künstlichen Intelligenz gekennzeichnet. Sie ermöglicht z. B. schnelle Datenverarbeitung, automatisiert bestimmte Vorgänge und macht sie effizienter (z. B. bei der Datenanalyse) oder kann personalisierte Empfehlungen geben. Im letzten Fall werden u. a. Algorithmen[58] genutzt, um Inhalte anzuzeigen, die auf Nutzerverhalten basieren (u. a. in Form von Empfehlungssystemen in Streaming-Diensten, Online-Shopping oder Werbeanzeigen). Darüber hinaus ermöglicht die „durch Kodierung und Algorithmisierung generierte Vernetzung […] soziale Dynamiken in der gemeinschaftlichen Nutzung und damit eine Vielfalt an Verwendungsweisen und Funktionen" (Bender et al. 2022: 30).

---

57 Die *kollektive Intelligenz* (vgl. Send 2012; Szpunar 2012 oder Pentzold 2016) oder *Schwarmintelligenz* (vgl. Fisher 2010) ist u. a. mit dem kollektiven Gedächtnis einer Gemeinschaft oder sogar einer Gesellschaft verbunden, das an die Vergangenheit erinnert und Teil der Zukunft einer Gruppierung sein kann (vgl. auch 3.2).

58 Im Kapitel 5.3.6 widme ich algorithmischen Prozessen etwas mehr Aufmerksamkeit. Sie prägen zwar die Interaktion mit dem Internet auf vielen Ebenen – von der Informationssuche über den Konsum von Inhalten bis hin zu Einkäufen und Werbung. Andererseits können sie aber auch zu negativen Phänomenen wie Desinformation, Meinungsmanipulation oder der Einschränkung der Vielfalt von Inhalten durch den Effekt der „Informationsblase" führen.

Gleichzeitig begünstigen die Vernetzung und die mobile Konnektivität die Entstehung *dezentralisierter*[59] und zunehmend *individualisierter/personalisierter* sozialer Netzwerke, „privater“ Öffentlichkeiten oder *Personal Communities*. Die Grundlage eines solchen *vernetzten Individualismus/networked individualism* (vgl. Castells 2017) sind immer häufiger nicht unbedingt Orte, sondern bilaterale Beziehungen zwischen Individuen, die weniger ortsgebunden zu sein scheinen (vgl. Fraas et al. 2012: 91 sowie 3.6).

Mit den Phänomenen der Dezentralisierung und des vernetzten Individualismus (der sich z. T. auch sprachlich manifestieren lässt) ist die zunehmende technisch bedingte *Glokalisierung sozialer Beziehungen* verbunden. Der Terminus verbindet in einem Wortkonglomerat zwei entgegengesetzte Begriffe „Lokalisierung“ und „Globalisierung“[60] und wird von Wellman (2001: 3) folgendermaßen definiert: „rather than being full members of one solidary neighbourhood or kinship group, community has become ‚glocalized‘“. Demnach wird das Lokale, trotz der starken Mediatisierung der Gesellschaften in den letzten Jahren, immer attraktiver, was man bspw. an der steigenden Anzahl der Lokalzeitungen und -zeitschriften, sowie lokalen Online-Angeboten beobachten kann.[61] Zu einer gewissen Glokalisierung tragen auch InternetnutzerInnen selbst bei (u. a. die BloggerInnen mit Behinderungen, deren ausgewählte Beiträge im vorliegenden Buch analysiert werden), indem sie sich häufig in ihren Postings auf ihre unmittelbare Umgebung beziehen und auf eventuelle Problemfelder aufmerksam machen können (vgl. u. a. Beiträge in Social Media, in denen vorwiegend über das private Leben von MmB und ihre lokalen Angelegenheiten berichtet wird, vgl. Wasilewski 2022: 51 f.).

---

59 Gemeint ist dabei noch stärkere Dezentralisierung der traditionellen Machtzentren bei, wie bspw. Nationalstaaten, Kirche oder politische Systeme (vgl. die in 2.2 umrissene Idee der Netzwerkgesellschaft von Castells). Dies bedeutet, dass Online-Gemeinschaften nicht selten als eine wichtige Alternative zu parallel funktionierenden (ggf. staatlich regulierten) Organisationsformen darstellen.

60 Dass Globalisierung eng mit den Vernetzungsstrukturen des Internets verbunden ist, liegt auf der Hand. Die technischen und medialen Strukturen verbinden Menschen weltweit und ermöglichen nahezu unbegrenzte Kommunikation in Echtzeit. Deshalb halte ich Globalisierung heute für ein so offensichtliches Phänomen, dass sie im vorliegenden Buch keiner weiteren Betrachtung bedarf.

61 So wie es Smalec/Gracz (2015: 182) feststellen, geht es bei Social Media vor allem um die Menschen, die sie schaffen, nicht unbedingt um Institutionen oder Orte.

Darüber hinaus kann sich der Mensch stärker mit einem konkreten Ort identifizieren, den er selbst nach seinen spezifischen Kriterien gewählt hat.

Schließlich ist die zunehmende Konnektivität des Internets mit tiefen Umformungen und Neuschöpfungen diverser *symbolischer und kultureller Welten* verbunden, was das Entstehen von unterschiedlichen onlinebasierten Gruppen und Gemeinschaften begünstigt. Solche Umformungen sind in bereits existierende Kommunikationsräume, Beziehungsmuster sowie institutionelle Formungen eingebettet und in einem nächsten Schritt können sie von den jeweiligen Mitgliedern einer Gemeinschaft in sozialen Netzstrukturen angeeignet, entsprechend interpretiert und „mit bereits existierenden Deutungsmustern verknüpft“ werden (Kardorff 2008: 25).

### 3.1.2 Internet als konvergentes Medium

Die klassischen technischen und institutionellen Medien(-organisationen und -plattformen[62]) der Kommunikation (wie Radio, Fernsehen oder Zeitungen[63]) galten bis zu der Epoche des Social Web zu den einzigen Medien, die auf Massenkommunikation ausgerichtet waren, also zu den sog. *Massenmedien.* In einer der klassischen Definitionen von Maletzke (1963: 32) wurde die (technikvermittelte und institutionelle) *Massenkommunikation* als ein durch technische Verbreitungsmittel vermittelter Prozess verstanden, bei dem jegliche Aussagen öffentlich, indirekt und einseitig sind, ohne dass Rezipienten die präsentierten Inhalte beeinflussen können.

Trotz der vielen Veränderungen, die in den letzten Jahrzehnten in der Medienwelt stattgefunden haben (einschließlich der unten genauer spezifizierten Medienkonvergenz sowie der besprochenen Digitalisierung und der Individualisierung) hat man es selbstverständlich immer noch mit Massenmedien

---

[62] In Anlehnung an Sieber (2019: 34) nenne ich alle (technischen) Medien als Organisationen *institutionelle Medien*. Es sei jedoch darauf hingewiesen, dass die heutige Unterscheidung zwischen technischen Medien und Medienplattformen und institutionellen Medien(organisationen und -anbietern) nicht immer so trennscharf ist. Besonders in der digitalen Medienwelt hat sie allerdings eine praktische Relevanz. Schließlich „tragen soziale Netzwerke und Einzelpersonen, die diese Plattformen zur massenmedialen Verbreitung einsetzen, inzwischen zur Meinungsbildung bei“ (Meier, K. 2018: 130).

[63] Unter dem Begriff der technischen Medien sind v. a. „gesellschaftlich institutionalisierte Kommunikationseinrichtungen“ gemeint (Hickethier 2010: 20), die unterschiedliche Übertragungen verrichten (wie Fernsehen, Radio oder Presse).

zu tun. Laut dem renommierten Wörterbuch Merriam Webster sind die heutigen Massenmedien „forms of communication designed to reach many people: the newspapers, radio and television stations, websites, etc., through which information is communicated to the public".[64] In Anlehnung an die Definition von DeFleur (2010: 33) gehe ich davon aus, dass zu den wichtigsten Massenmedien heute die Printmedien (Bücher, Zeitschriften und Zeitungen), der Film (vor allem kommerzielle Kinofilme) und alle Formen des Massenrundfunks (engl. *Broadcasting*), also vor allem Radio und Fernsehen sowie diverse Computersysteme, einschließlich des Internets, gehören. Wie der Autor zu Recht feststellt, kann das Internet jedoch nur dann als Massenmedium betrachtet werden, wenn „used in a point-to-multipoint manner by professional communicators to communicate linearly to large audiences, which does not happen often" (ebd.). Mit anderen Worten könnte man konstatieren, dass das Internet in dem Sinne ein Massenmedium ist, dass es eine große Anzahl von Menschen gleichzeitig erreicht – also die „Masse"[65]. Dieser Zustand ist meiner Auffassung nach u. a. der breiten Reichweite zu verdanken – Inhalte im Internet können potenziell weltweit von Millionen Menschen rezipiert werden. Dazu kommt wie bei klassischen Massenmedien die schnelle Verbreitung von Informationen, die allerdings vollumfänglich *interaktiv*[66] geworden ist – mit

64 Vgl.: https://www.merriam-webster.com/dictionary/mass%20media (26.03.2025).

65 Es wird jedoch zunehmend betont, dass sich das Internet vom Konzept der „Massenmedien" entfernt. So stellt Meier, K. (2018: 112) unter Bezugnahme auf die sogenannte „Inselfrage zu sozialen Medien" der ARD Media von 2015 fest, dass das Internet immer seltener als Massenmedium wahrgenommen wird: „das Internet würde hier als konvergentes Medium, das de facto jegliche Medien verbreiten kann, alles dominieren […]".

66 *Interaktivität* (in Bezug auf die massenmediale Kommunikation) kann als „Potential eines technischen Einzelmediums oder einer Kommunikationssituation [verstanden werden], das interaktive Kommunikation begünstigt" (Neuberger 2007: 43 f.). Eine interaktive Kommunikation wäre demnach eine wechselseitige Kommunikation, in der aufeinander bezogene Mitteilungen zwischen den jeweiligen KommunikationspartnerInnen nacheinander produziert werden. Darüber hinaus ist die Interaktivität als „das Maß an sozialer Interaktion in einer Kommunikationssituation" zu verstehen (Meißelbach 2009: 43), die ihre verschiedenen Qualitätsstufen erreichen kann. Damit die AkteurInnen „auf gemeinsame Wissens-, Erfahrungs- und Wahrnehmungsbestände zurückgreifen können" (ebd.), müssen sie die höchste Stufe der Interaktivität, die sog. *Kontextualität* erreichen (mehr dazu: vgl. ebd.: 44 f.). Ich gehe daher davon aus, dass die Interaktivität von RadiohörerInnen, die während einer Live-Sendung anrufen und die vorgestellten Meinungen beeinflussen können, anders sein wird als die Interaktivität von InternetnutzerInnen, die über einen in den sozialen Medien veröffentlichten Artikel diskutieren.

dem leichten Zugang für praktisch alle. Dabei verwischt auch die Grenze zwischen Konsumenten und Produzenten/„Prosumenten“, weil praktisch jeder eigene Inhalte produzieren kann (vgl. 5.3.5). Schließlich kann das (Massen-)medium Internet auf verschiedene Medialitäten wie Text, Bild, Video und Audio zugreifen und sie beliebig kombinieren, was es gleichzeitig zu einem *Multimedium* bzw. *Metamedium* macht, d. h. zu einer konvergenten Plattform für andere Medien, die außerhalb ihres jeweiligen klassischen Modus funktionieren (vgl. Lehman-Wilzig 2021: 203[67]).

Die unten dargestellte Gegenüberstellung der wichtigsten Merkmale typischer Massenmedien und des Internets (vgl. Tab. 1) ist natürlich keine starre Einteilung. Zum Beispiel muss die *Kommunikationsrichtung* in typischen Massenmedien nicht immer einseitig sein (vgl. Marx/Weidacher 2014: 59). Während Maletzke (1963: 28) in seiner klassischen Definition der Massenmedien von einem sog. *dispersen Publikum* sprach (also einem Publikum, das über kaum Rückkanäle verfügte, über die es auf die von professionellen Produzenten hergestellten Medieninhalte reagieren könnte), kann das heutige Publikum immer seltener als „dispers“ bezeichnet werden. Dies resultiert vor allen Dingen daraus, dass heutige Medienorganisationen und -plattformen sich nicht mehr erlauben können, ihre Angebote an unbestimmte EmpfängerInnen zu richten, obwohl dies immer noch möglich ist und praktiziert wird. Sogar „herkömmliche“ massenmediale Produzenten wie Zeitungen/Zeitschriften oder Fernseh- und Radiosender entwickeln stets ihre reziproken (bzw. interaktiven) Kommunikationsmöglichkeiten mit ihrem Publikum (von Leserbriefen, über E-Mails, Online-Foren bis zu den heutigen sog. Fanpages in diversen Social Media). Online-Anbieter sind mit diversen Anwendungen natürlich viel weitergekommen: In den letzten ca. 20 Jahren sind die Möglichkeiten der globalen Beeinflussung und sogar Mitgestaltung der Inhalte (mit der Anteilnahme der VertreterInnen von praktisch allen Öffentlichkeiten) fast unbegrenzt geworden, was natürlich mit der Qualität und der Kontrolle der präsentierten Inhalte nicht immer einhergeht.

---

[67] Als Beispiele nennt der Autor Telefonie (z. B. Skype), E-News, Internetradio, Video (z. B. YouTube), Konferenzen (z. B. Zoom) und Streaming-Kino (z. B. Netflix) (vgl. ebd.). Dieser Ansatz steht im Einklang mit den Meinungen vieler AutorInnen zu den Anfängen des Social Web (vgl. u. a. Schlobinski 2005: 9, der die Ansicht vertrat, dass das Internet zwar kein neues Medium ist, sondern eine neue Technologie, „in der auf der Folie der Digitalisierung von Information bisherige Medien integriert sind“).

**Tab. 1:** Internet vs. klassische Massenmedien. Eigene Darstellung

| Kriterium | Klassische Massenmedien | Internet als (Massen-)medium und konvergentes Medium |
|---|---|---|
| Richtung der Kommunikation | Einseitig: vom Sender zum Empfänger (z. B. Nachrichten im TV) | Zweiseitig oder sogar interaktiv: Nutzer können kommentieren, teilen, selbst posten |
| Zugang zur Veröffentlichung | Fast ausschließlich professionelle MedienakteurInnen (Journalisten, Verlage) | Jeder kann Inhalte veröffentlichen (z. B. über Blogs, YouTube, TikTok) |
| Geschwindigkeit | Relativ langsam – feste Sendezeiten oder Erscheinungstermine | Sehr schnell – Informationen verbreiten sich in Sekunden |
| Kontrolle & Qualität | Inhalte meist geprüft, redaktionell bearbeitet | Inhalte können ungeprüft oder sogar falsch sein |
| Begrenzung | Oft regional/national begrenzt | Global verfügbar |

Wie die obigen Überlegungen zeigen, ist das Internet in erster Linie ein *konvergentes Medium* (vgl. Kollektivwerke von Sparviero et al. 2017 oder Freeman/Proctor 2018). Unter *Medienkonvergenz* verstehe ich einen solchen Prozess, im Rahmen dessen verschiedene technische, institutionelle Medien der Kommunikation gebündelt bzw. vermischt werden, was in einer Reihe von diversen Anwendungen mündet. Diesem Prozess unterliegt vor allem Technik. Es handelt sich dabei u. a. um mobile Endgeräte und eine flächendeckende Internetversorgung, die einen ortsunabhängigen Zugang zum Internet und seinen Anwendungen ermöglichen. Konvergiert werden ebenso diverse Angebote. Es geht dabei v. a. um „Entwicklung aller Medien in Richtung digitale, vernetzte, mobile und multimodale Technologien, mit entsprechenden Kommunikationspraktiken, Medienformaten und Institutionen" (Perrin 2015: 43) sowie die zunehmende Verschmelzung von sozialen Netzwerken mit Angeboten klassischer Medien. Dabei wandelt sich bedeutend das sog. *Mediennutzungsverhalten*[68] von vielen Medienkonsumenten, die ihren eigenen Regeln der „häuslichen [medialen] Konvergenz" folgen (vgl. Röser et al. 2019: 128).

[68] Mehr zu verändertem Mediennutzungsverhalten v. a. in Bezug auf Online-Medien vgl. Medienkompetenzmodelle u. a. von Wehner 2008, Hautzer et al. 2012, Kirchoff/Harney 2015 oder Schiep 2022.

Dass die diversen Medien sich seit Jahren immer häufiger konvergieren (lassen), ist selbstverständlich.[69] Bereits McLuhan (2003 [1964]: 84) spricht in seinem klassischen Werk „Understanding Media" von einer „Hybridisierung" im Sinne der medialen Transformationen und Fusionen und stellt die These auf, dass durch Kreuzung oder Hybridisierung von Medien gewaltige neue Kräfte und Energien frei werden. Darüber hinaus ermöglichen solche Hybridisierungen einerseits die Anerkennung der strukturellen Komponenten und Eigenschaften der konvergierten Medien und andererseits (was in diesem Kontext noch wichtiger zu sein scheint) werden die Funktionen des alten Mediums durch das neue Medium aufgegriffen und neu definiert (vgl. ebd.: 85).[70] Im Prozess der Konvergenz von Medien handelt es sich ergo nicht nur um die Integration der einzelnen Medien, die früher alleine funktioniert haben. Die Medien, abgesehen davon, ob sie als „alt" oder „neu" bezeichnet werden, sind stark von ihren Vorgängern abhängig; je besser man die Natur des „alten" Mediums kennenlernt, desto schneller versteht man den Modus Operandi seines Nachfolgers. Szpunar (2012: 44) spricht in diesem Kontext von einer gewissen *Mediamorphose* (Pl. *Mediamorfoza*), einem Kontinuum, in dem ein „neues" Medium aus dem Nachlass eines „alten" Mediums schöpft.[71]

Den medialen „Wettlauf" hat bis auf weiteres das Internet gewonnen. Den „Sieg" verdankt es v. a. seiner möglichen *Hypermedialität* (Bolter/Grusin 2000:

69 Wie Sieber (2019: 34) jedoch zu Recht anmerkt, betraf die Medienkonvergenz früher praktisch nur die größten MedienakteurInnen, die die „Medienmacht" in ihren Händen konzentrierten. In den modernen Medien werden zunehmend kritische Stimmen laut, vor allem von JournalistInnen, die behaupten, dass die Macht und das Monopol großer digitaler Medienunternehmen tatsächlich unvermindert anhalten. Darüber hinaus versuchen die Regierungen vieler Länder, Medienplattformen und soziale Medien zu regulieren. Wie Bertrand Perez, Journalist des „Tagesspiegel", feststellt, liegen „zu viele Daten [...] in zu wenigen Händen" (Perez 2022).

70 Dabei kann man McLuhan (ebd.) Recht geben, wenn er meint, dass der Inhalt jedes Mediums immer ein anderes Medium ist, z. B. der Inhalt der Schrift ist die Sprache; das geschriebene Wort ist dagegen Inhalt des Buchdrucks usw.

71 Auf den evolutionären Charakter der Medien weisen auch Bolter/Grusin (2000: 60 ff.) hin. In ihrem Konzept der Remediation beweisen die Autoren, dass die Medien sich ununterbrochen reproduzieren und einander beeinflussen. Darüber hinaus funktioniert ein neues Medium immer in einer dialektischen Beziehung mit seinem Vorgänger; z. B. wird die Fotografie zu einer direkteren Ausdrucksform als die Malerei, die Fotografie alleine muss allerdings dem Film weichen usw.

31)[72] mit vielen möglichen Kombinationen der zur Verfügung stehenden Medien: „Its raw ingredients are images, sound, text, animation and video, which can be brought together in any combination". Im Unterschied zu den sog. *transparenten Medien* (engl. *Transparent Media*), die möglichst treu die Wirklichkeit wiedergeben (wie Bücher, Zeichnungen, Malerei usw.) und die Rolle eines unsichtbaren Vermittlers übernehmen, heben *hypermediale Medien* ihre Rolle in der Übermittlung hervor, verbinden viele „kleinere" Medien und unterliegen schließlich dem Prozess der vielseitigen Konvergenz. Das Internet ist ein gutes Beispiel eines Hypermediums, weil es den Text oder das (bewegte) Bild nicht nur reproduzieren, sondern auf unterschiedliche Weise kombinieren kann. Andererseits kann das Internet als ein transparentes Medium betrachtet werden, z. B. wenn ein Text (online oder als E-Book) eine treue Kopie der Urfassung ist (vgl. auch Szpunar 2012: 29).

In Anbetracht der obigen Erwägungen ist auch die computervermittelte Kommunikation als „convergent media computer-mediated communication" zu bezeichnen (Herring 2013: 5), d. h., in dem mit dem Computer durchgeführten Kommunikationsprozess kommt es zu „einer Verschmelzung mehrerer Medien" (Marx/Weidacher 2014: 73). Darüber hinaus ist der Prozess der Konvergenz eine Form der „Verflechtung [...] von technischen und kommunikativen Prozessen und Aktivitäten der Medienproduktion bzw. Medienrezeption" (Androutsopoulos 2010: 422). Zwar vereint das Internet seit seinen Anfängen unterschiedliche „alte" publizistische[73] bzw. meinungsjournalistische Medientypen (z. B. Artikel, Feuilletons, Kommentare, Glossen usw.), was dazu führt, dass eine (in kommunikativer Hinsicht) enge strukturelle und funktionale „Verklammerung massenmedialer Texte mit Onlinekommunikaten" zustande kommt (Habscheid 2005: 59), es kann aber nicht – wie bereits festgestellt – bloß unter dem Begriff *Massenmedium*

---

[72] Gewollt benutze ich das Wort „möglich". Selbst Bolter/Grusin (2000: 45 f.) bemerken in ihrem Buch Folgendes: „Ideally, there should be no difference between the experience of seeing a painting in person and on the computer screen but this is never so. The computer always intervenes and makes its presence felt in some way, perhaps because the viewer must click on a button or slide a bar to view a whole picture or perhaps because the digital image appears grainy of with untrue colors. Transparency, however, remains the goal.".

[73] Unter *publizistisch* meine ich vor allem „öffentlich bedeutsame Kommunikationsangebote", die an „individuell unbekannte Adressaten" verbreitet werden (vgl. Perrin 2015: 42).

subsumiert werden. Natürlich ermöglichen die heutigen Medienangebote online nach wie vor einen breiten Zugang zu diversen Inhalten, aber immer stärker setzen sie auf besagte Individualisierung und persönliche Öffentlichkeiten und das Herausbilden von persönlichen Netzwerken (worauf im analytischen Teil an mehreren Stellen verwiesen wird). Ein breites Medienangebot des Internets stellt eine Palette dar, aus der sich die UserInnen bedienen können. Demnach könnte konstatiert werden, dass dieses „Medium der Massen [...] kein Massenmedium" ist (Kirchhoff 2015: 32). Darüber hinaus beißt sich das Prinzip der Individualisierung, das schrittweise auch in anderen technischen und institutionellen Medien der Kommunikation realisiert wird (was selbstverständlich z. T. der „Online-Technik" zu verdanken ist), mit den am Anfang dieses Kapitels angeführten klassischen Begriffsbestimmungen der Massenmedien.

Resümierend kann festgehalten werden, dass das Internet als digitales konvergentes Medium unter einem Dach praktisch alle drei Ebenen der Kommunikation verbindet: interpersonale Kommunikation (z. B. E-Mails oder private Nachrichten praktisch auf allen Plattformen), Gruppenkommunikation auf der Meso-Ebene (z. B. Instant Messaging oder Foren) sowie diverse Formen der öffentlichen Kommunikation für Interessierte (wie Websites, Blogs usw.) auf der Makro-Ebene (vgl. Rapp 2013: 50 f.). Dabei werden ebenso unterschiedliche semiotische Modi und Kommunikationsformen verwendet; es gibt auch verschiedene dialogische und/oder monologische Kommunikationsrichtungen mit unterschiedlich hoher Anzahl der KommunikationspartnerInnen (Face-to-Face-Gespräche bis hin zu Gruppengesprächen bzw. offiziellen „Massen"-Gesprächen) und schließlich kann die Zeitlichkeit sowohl synchron (Chats, Foren) als auch asynchron sein (E-Mail). Daraus resultieren schließlich auch andere neue Formen der Öffentlichkeit, die zu den bisher beschriebenen Kategorien des Begriffs nicht mehr passen, da private und öffentliche Kommunikation sich ebenfalls hybridisieren lassen (vgl. Marx/Weidacher 2014: 78 f.; vgl. auch 3.1.2).

Das Internet wird im folgenden Buch als ein Medium beschrieben, das sich sowohl in Bezug auf die zugrundeliegende Technik als auch diverse Angebote leicht konvergieren lässt. Wenn man die wichtigsten *Konvergenzebenen* des Mediums zusammenfasst (besonders in Bezug auf die in 3.7 näher beschriebenen Social Web-Anwendungen), können (außer der Sprache mit ihren Varietäten und Stilen, auf die in diesem Buch an vielen Stellen verwiesen wird[74]) generell zwei Hauptelemente unterschieden werden: Erstens sind es Medientypen, zweitens Kommunikationsmodi und -formen.

#### 3.1.2.1 Konvergenz von Medientypen und -modellen

Im Internet werden vor allen Dingen unterschiedliche Medientypen und -modelle konvergiert. Es sind sowohl *Verbreitungsmedien* (bzw. *Übertragungsmedien*[75]), typische *Kommunikationsmedien*[76] (im Fall der sozialen Medien im Internet wären es z. B. Postings bei Facebook, Diskussionsforen, direkte Kommunikation in Instant-Messaging-Diensten usw.) als auch diverse sog. *Speichermedien*.[77] Die letzteren sind im Fall des Internets sog. Online-Speicher also typische Applikationen wie Google Drive oder Dropbox, die (wie gerade

---

[74] Trotz zahlreicher Versuche, Begriffe wie „netspeak" „cyberspeak" (vgl. Crystal 2001: 17) oder „cyberslang" (vgl. Abel 1999) einzuführen, sind sich die meisten AutorInnen einig, dass es so etwas wie eine „Internetsprache" nicht gibt. Der Sprachgebrauch im Internet hängt weitgehend von den Kommunikationsformen und dem Register ab, das die InternetnutzerInnen zu einem bestimmten Zeitpunkt verwenden. Zu typischen internetspezifischen Merkmalen gehören (außer den aus dem Offline-Bereich bekannten Akronymen, Disclaimern oder Soundwörtern, vgl. Teplan 2005: 51 ff., vgl. auch 4.3.2) u. a. neue Wörter, „mit denen auf neue Entwicklungen reagiert wird", diverse Abkürzungen, „hybride Kommunikationsformen zwischen Mündlichkeit und Schriftlichkeit" oder andere kreative Wörter und Wendungen (vgl. Marx/Weidacher 2014: 92).

[75] Kabelgebundene oder drahtlose Übertragungsmedien (vgl. Hansen et al. 2019: 573) bzw. Verbreitungsmedien (vgl. Marx/Weidacher 2014: 50 f.) sind Instrumente, die Vervielfältigung, Übertragung oder Empfang von jeglichen Signalträgern ermöglichen, bzw. „unsere Fähigkeit zur Signalproduktion bewirken" (ebd.: 52). Hierzu gehören u. a. Radio, Fernsehen mit bspw. Satellitenübertragungssystemen oder Kabelnetzen (Fernseh- oder Radioapparate).

[76] Hickethier (2010: 22) definiert Medien der Kommunikation (*Communication media*) folgendermaßen: „[sie] verbinden mehrere der medialen Grundformen und ermöglichen damit eine komplexe Kommunikation zwischen den Menschen [...] [Sie] sind [...] akkumulierte Medien, weil sie die in den anderen Medien entwickelten Möglichkeiten der Wahrnehmungserweiterung, Speicherung, Bearbeitung und Vermittlung als Funktionen adaptieren bzw. für sich selbst neu entwickeln. Sie zielen damit nicht nur auf eine Veränderung der Raum- und Zeitstruktur natürlicher Kommunikation, sondern schaffen auch neue Kommunikationsräume."

[77] Mielebacher (2024: 28) definiert Speichermedien als solche, die „dem Speichern von Daten [dienen]; in der Praxis sind damit üblicherweise Medien für die Speicherung binär codierter Daten gemeint." Zu solchen Medien gehören u. a. Festplatten, Flash-Speicher (USB-Sticks oder Speicherkarten), optische Medien (wie CDs oder DVDs), bzw. Magnetbänder (vgl. ebd.).

festgelegt) in der sog. „Cloud“ als virtuelle Datenspeicher funktionieren. Die Rolle der typischen Speichermedien haben z. T. auch „kollektive Speicher im Internet“ übernommen (vgl. Marx/Weidacher 2014: 75), die der Veröffentlichung von diversem Content (Texte, Bilder, Videos, Töne) dienen, der von anderen UserInnen weiter benutzt/gespeichert und/oder entsprechend bearbeitet werden kann. Zu solchen kollektiven Speichern gehören u. a. sozialmediale Plattformen wie Facebook oder Instagram.

Der möglichen Konvergenz unterliegen auch Push- und Pull-Modelle der Kommunikation. Während traditionelle *Push-Medien* (wie Fernsehen oder Radio) den Inhalt (eine Botschaft) von einem Sender über ein Medium zu einem Empfänger liefern, ohne dass der letztere Einfluss darauf hat,[78] ist die *Pull-Kommunikation* eine solche, bei der die NutzerInnen selbst entscheiden können, welche Inhalte auf sie zukommen (vgl. Napoli 2019: 42). Im Internet hat man es allerdings mit beiden Kommunikationstypen zu tun. Zwar sind im Prinzip alle Kommunikationsangebote personalisiert, aber viele von ihnen können an beliebig viele adressierte EmpfängerInnen verschickt werden und somit als eher *nicht-interaktive* Push-Angebote[79] gelten (z. B. Werbenachrichten als E-Mail oder Werbung auf einer Internetseite, bzw. Werbebanner oder Pop-ups auf Webseiten, oder auch in Social Media, Push-Benachrichtigungen von Apps oder Webseiten[80]). Andererseits kann „ein Kommunikationsangebot […] so bereitgestellt werden, dass berechtigte oder beliebige Interessierte es nach persönlichen Vorlieben erkunden können“ (Perrin 2015: 43[81]). Ein gutes Beispiel für die Formen der Pull-Kommunikation sind dagegen solche Kommunikationspraktiken wie das „Folgen“ in vielen Social Media (z. B. Twitter/X oder Instagram),

---

78 Vivian (2016: 10) spricht hier von solchen Medien, die „propel messages at you whether invited or not“. Der Autor bemerkt jedoch gleichzeitig, dass auch das Internet (vor allem in Bezug auf viele kommerzielle Angebote wie Werbung oder Marketingstrategien) „ausgeklügelte“ Formen der typischen Push-Kommunikation angenommen hat (vgl. Beispiele im Haupttext).

79 Mit dem Begriff „nicht-interaktiv“ beziehe ich mich auf ältere Studien (vgl. Bins/Piwinger 1999).

80 Darüber hinaus gibt es KI-gesteuerte Nachrichten oder automatisierte Chatbots auf Webseiten (z. B. ein Chatfenster, das sich von selbst öffnet mit einer Nachricht wie „Kann ich dir helfen?“). Zur Entwicklung und der Dynamik der Chatbot-Technologie vgl. u. a. Patel (2024).

81 Die zwei werden von Perrin (ebd.) entsprechend *Bring-* und *Hol-Angebote* genannt.

Selektionen der LeserInnen (man klickt auf die Links, die einen interessieren) oder das gezielte Herunterladen eines PDFs, eines Programms oder einer App.

#### 3.1.2.2 Konvergenz von Kommunikationsmodi und Kommunikationsformen

Im Internet kommt es auch zur Konvergenz von *Kommunikationsmodi* und somit zur Konvergenz diverser *Kommunikationsformen*[82], die im Spektrum zwischen *Massen-* und *Individualkommunikation* realisiert werden können.[83] In Anlehnung an Döring (2003: 41 f. sowie 2010: 160 f.) werden folgende Basiskommunikationsformen im Internet unterschieden:

1) Uni-Kommunikation (n:1) – InternetnutzerInnen verschicken Botschaften, die an mehr oder weniger große Publika gerichtet sind (z. B. mittels Online-Profile bei Facebook oder Twitter/X, Einträge in persönlichen Blogs, selbsterstellte Videos oder Bilder usw.). Es wird oft auf die Botschaften anderer UserInnen reagiert. Es werden bspw. Kommentare online geschrieben (nicht selten mit Verlinkungen), aber auch persönliche Nachrichten geschickt (Beispiele von solchen Kommunikationsangeboten sind neben seit Jahren bekannten E-Mails auch Instant-Messaging-Dienste wie WhatsApp oder Messenger).
2) Interpersonale Kommunikation (1:1) – bilateraler Austausch von Botschaften von einzelnen Personen (UserInnen), z. B. in Chats, Instant-Messaging-Diensten, privaten Nachrichten oder in der E-Mail-Kommunikation.
3) Gruppenkommunikation (n:n) – als Beispiel solcher Kommunikationsformen können Online-Diskussionsforen oder Gruppen in Instant Messaging genannt werden, die durch private Nachrichten zwischen den einzelnen Mitgliedern ergänzt werden können (die wiederum imstande sind, kleinere Gruppen zu bilden).

---

[82] Definitionen beider Begriffe können in dem vorliegenden Kapitel weiter unten gefunden werden.

[83] Mit der Hybridisierung der Kommunikationsmodi und -formen geht auch die Hybridisierung von diversen semiotischen Modi einher (ich meine hier u. a. Bilder, Videos, Schriftarten oder typographische Mittel).

Aus medienlinguistischer Sicht beziehen sich *Kommunikationsformen* auf die kommunikativ-technische Ebene[84] sowie auf die Ebene des personalisierten, möglichst offenen und kreativen Mediengebrauchs und sind von Medien als komplexe institutionalisierte Systeme abzugrenzen. Sie werden von mir im Sinne von Holly (2011: 155) verstanden, und zwar als „medial bedingte kulturelle Praktiken", bzw. kulturelle Praktiken „der Informationsverbreitung und Kommunikation", die vom jeweiligen Medium ermöglicht und in seinem Rahmen praktiziert werden (Marx/Weidacher 2014: 52). Im weiteren Sinne sind Kommunikationsformen als

> medial-kulturelle Settings [zu definieren], die sich entlang technischer Offerten, sozialer Bedürfnisse und Zwecke, Handlungs- und Sinnsysteme im praktischen Tun musterhaft herausbilden und weiterentwickeln. (Pentzold et al. 2013: 85)

Im vorliegenden Buch wird davon ausgegangen, dass Kommunikationsformen Strukturen kommunikativer Handlungen sind, die „bis zu einem gewissen Grad konventionalisiert werden" (Marx/Weidacher 2014: 58, vgl. auch Brock/Schildhauer 2017: 13). Dies bedeutet, dass sie gleichzeitig den Rahmen darstellen, „in dem sich kommunikative Handlungsmuster verfestigen können", die in ähnlichen Kommunikationssituationen so weit wie möglich realisiert werden (Dürscheid 2005: 14[85]). Im Fall der Social Media handelt es sich m. E. um sog. *n:n-Medien*, d. h. solche, in die alle oben genannten Basiskommunikationsformen bzw. Kommunikationsrichtungen integriert werden (von 1:n-Kommunikaton, über 1:1-Kommunikation). Daher, in Bezug auf die Kommunikation und ungeachtet des Inhalts, nehme ich an, dass man nur dann von Netzwerken als Social Media sprechen kann, wenn „1:1- und n:1-Kommunikation [mit der Möglichkeit

84 Brock/Schildhauer (2017: 13) sprechen dabei von „human-made clusters of technical and communicative constellations with communicative potentials [...]". Darüber hinaus nehme ich an, dass „Kommunikationsformen aufgrund ihres auch potentiellen Charakters stets offen sind für unterschiedlichste kommunikativ-funktionale Nutzungen [...]. Der Kreativität der Nutzerinnen und Nutzer und der Eigendynamik interaktionaler Ordnungsbildungen in situierten Kommunikationsprozessen sind jedoch keine Grenzen gesetzt (Habscheid 2024: 61). Ein gutes Beispiel hierfür sind die Kommunikations- und Positionierungspraktiken zwischen BloggerInnen mit Behinderungen und ihren FollowerInnen, die in diesem Buch an vielen Stellen analysiert werden.

85 Auf die Definition von Handlungsmustern wird in der Einführung zum Kapitel 5 eingegangen.

der Uni-Kommunikation] zwischen den Usern zur Verfügung" steht (Goderbauer-Marchner/Matausch 2015: 27).[86]

*Kommunikationsmodi* werden hingegen als Ressourcen zur Herstellung vom kommunikativen Sinn (vgl. Bucher 2013: 65) und gleichzeitig als funktionale Einheiten der Kommunikation begriffen, die sich in einem bestimmten Kommunikationsraum ausbilden und (z. B. im Medium Internet) in Form von konkreten Kommunikationsformen (diversen Anwendungen) zum Vorschein kommen. Wenn man dabei annimmt, dass unterschiedliche Kommunikationssituationen sowohl Wissen als auch Erfahrungen des einzelnen prägen und gleichzeitig auf diesen beruhen, dann sind Kommunikationsmodi ebenfalls als „Bestandteile zu betrachten, aus welchen in ihrer Kombination auch situationsübergreifende Nutzungsmuster bestehen" (Hölig 2012: 88[87]). Es ist zwischen zwei Hauptordnungskriterien für Modi der Online-Kommunikation zu unterscheiden und zwar zwischen *Akteurskonfigurationen* (vgl. Meißelbach 2009: 39 f.) bzw. *Sozialdimensionen* (vgl. Morris/Ogan 1996) oder *Teilnehmeranzahl* (vgl. Dorostkar/Preisinger 2013: 319 f.) und *Zeitdimensionen/zeitlicher Synchronizität* oder *Gleichzeitigkeit* (vgl. u. a. Storrer 2001 und Misoch 2006).

---

[86] Eine solche Annahme hat noch einen wichtigen Vorteil: Nach dieser Definition von sozialmedialen Kommunikationsformen kann man Social Media relativ breit definieren; so sind bspw. sowohl sozialmediale Plattformen wie Facebook als auch Content Communitys (z. B. YouTube) als soziale Medien einzustufen.

[87] Hölig (2012) bezieht sich auf das Konzept der Kommunikationsmodi aus einer nutzerorientierten Sichtweise von Hasebrink (2004). Es handelt sich dabei nicht um die Frage, was ein Nutzer/eine Nutzerin verwendet, sondern wie er/sie eine spezifische Nutzungssituation für sich wahrnimmt und mit welchem Zweck sie verbunden ist. Somit werden Kommunikationsmodi als spezifische „Muster von Erwartungen und Handlungsweisen verstanden, mit denen die Nutzer versuchen, eine bestimmte Funktion zu realisieren" (ebd.: 73). Es bedeutet mit anderen Worten, dass der Nutzer/die Nutzerin jegliche Komponenten einer Kommunikationssituation einschätzt und dann eng verbunden mit der durch die hergestellte Situation realisierten Funktion handelt. Andersrum sind mit der zielgerichteten Realisierung einer bestimmten Funktion auch konkrete Erwartungen an die dazugehörige Mediennutzungssituation und das entsprechende eigene Handeln geknüpft (z. B. offizielle und private Nachrichten). Beide Autoren beziehen sich auf gleiche Dimensionen des Funktionierens der Online-Kommunikation wie es in der vorliegenden Arbeit der Fall ist.

Zu den drei Hauptkommunikationsmodi in Bezug auf die Sozialdimension der Online-Kommunikation gehören folgende (vgl. Misoch 2006: 55 f. und Schmidt 2016: 286):

- *One-to-one* bzw. *One-to-few* – wenn die Kommunikation unter vier Augen oder in eher kleineren Gruppen abläuft und interpersonal ist (bezogen auf Social Media sind es bspw. eingebaute Chats oder Instant-Messaging-Dienste wie WhatsApp);
- *One-to-many* – ein Akteur/eine Akteurin erreicht einen mehr oder weniger großen (meist dispersen) Adressatenkreis. Ein klassisches Beispiel sind typische Internetseiten (Homepages), Blogs oder frei zugängliche Accounts bei Facebook oder Instagram;
- *Many-to-many* – in dieser Konfiguration ist es möglich „horizontal" zu kommunizieren, wenn in Gruppen diskutiert wird (es sind bspw. Diskussionsforen, die inzwischen Teil der meisten Social Media sind[88]).

Die drei oben genannten Kommunikationsmodi, die unterschiedliche Akteurskonfigurationen in Betracht ziehen, können um die bereits erwähnte, meist KI-gestützte, *Mensch-Maschine-Interaktion* ergänzt werden. Schmidt (2016: 286) bezieht sich dabei auf Situationen, „in denen softwareartig bestimmte Transaktionen, z. B. der Kauf von Waren oder die Einreichung eines Formulars bei einer Behörde, unterstützt und abgewickelt werden". Auf Internet und Social Media bezogen könnten zu einem solchen Modus die Suche über Suchmaschinen oder das Nachschlagen in diversen Online-Quellen gehören.

Die Konvergenz betrifft auch die *Zeitdimension* als zweites Hauptordnungskriterium für Modi der Online-Kommunikation. In Anlehnung an Dürscheid (2003: 45 ff.) und Misoch (2006: 55 f.) können folgende drei Hauptmodi unterschieden werden:

- *Synchrone (zeitgleiche) mündliche Kommunikation* – die TeilnehmerInnen agieren in einem gemeinsamen Kommunikationsraum. Die Kommunikation

88 Soziale Medien haben sich durch ihre Fähigkeit zur Übertragung von Kommunikation von Many-to-many weiterentwickelt und stützen sich heutzutage vor allem auf Netzwerke der One-to-one und One-to-many-Kommunikation (vgl. Hutchinson et al. 2024: 6).

wird von ihnen als eine Art Face-to-Face-Gespräch empfunden und wird primär für interpersonale oder Gruppenkommunikation (in eher kleineren Gruppen) genutzt (wie in Instant-Messaging-Applikationen oder Chats via Video-Technologien);

- *Quasi-synchrone schriftliche Kommunikation*[89] – die TeilnehmerInnen agieren auch direkt in einem gemeinsamen Kommunikationsraum; „sie können den anderen aber nicht unterbrechen oder sich gar simultan äußern" (Dürscheid 2003: 45). Dabei kommt es zu kleineren zeitlichen Verzögerungen „bei der Abfolge der einzelnen Turns" (ebd.), was bei der synchronen Kommunikation nicht der Fall ist. Es sollte ebenfalls berücksichtigt werden, dass der typische Sprecherwechsel unterbrochen wird und die Interaktion an Kohärenz verliert. Während in mündlicher Kommunikation Produktion und Rezeption gleichzeitig stattfinden und wechselseitige Eingriffe möglich sind, fehlt in schriftbasierter quasi-synchroner Interaktion diese unmittelbare Rückkopplung – man erkennt höchstens, *dass* die andere Person schreibt, nicht *was* genau entsteht (vgl. Androutsopoulos 2024: 77 f. und das Konzept der „interaktionalen Kohärenz"). Eine solche Kommunikation bezieht sich auf Gespräche in unterschiedlich großen Gruppen (typische moderne Anwendungen sind Diskussionsforen, Gruppendiskussionen bei Facebook, bzw. textbasierte Gespräche in Instant-Messaging-Applikationen). Weitere interessante Beispiele für die quasi-synchrone schriftliche Kommunikation sind das Erstellen von unterschiedlichen Online-Dokumenten mit Kommentarfunktion in kollaborativen Online-Systemen (z. B. Google Docs) oder die Zusammenarbeit bei sog. „Confluence-Seiten" in Wikis, die ebenfalls zeitverschobene Diskussionen und Kommentieren ermöglichen.
- *Asynchrone (zeitverschobene) schriftliche Kommunikation* – die KommunikationsteilnehmerInnen verfügen über keinen gemeinsamen Kommunikationsraum. Klassische Beispiele sind hier E-Mails und Textnachrichten sowie in modernen sozialen Medien Kommentare (Anschlusskommunikation), die trotz der Möglichkeit der Bearbeitung (je nach der Anwendung) eher „zeitversetzt" bleiben.

---

[89] Es ist dabei erwähnenswert, dass bereits in den 1990er und 2000er Jahren die quasi-synchrone schriftbasierte Kommunikation als „Gespräch" konzeptualisiert wurde (vgl. z. B. Storrer 2021 oder Beißwenger 2002 und die Idee „getippter Gespräche").

Die Kommunikationsmodi im Internet sind auch durch ihre Vermischung und Konvergenz gekennzeichnet – insbesondere durch die hochentwickelte Integration verschiedener Dienste, Anwendungen oder Interfaces. Darüber hinaus entstehen Kommunikationsformen, in denen gleichzeitig diverse Modi konvergiert werden (vgl. Facebook oder Instagram), oder es ist möglich, „dass sich auch zwischen den Modi Bereiche der Konvergenz finden lassen" (Schmidt 2016: 286). Ein gutes Beispiel für eine solche Konvergenz sind intelligente Sprachassistenzsysteme, die imstande sind, die Sprache des Benutzers zu erkennen und zu interpretieren, um bei verschiedenen Aufgaben zu helfen (wie SIRI – eine iPhone-App), bzw. Diktier-Apps für Smartphones.

Fasst man die Hauptakteurskonstellationen und die Zeitdimensionen zusammen, so ergeben sich recht viele *Kommunikationsangebote* (vgl. Meißelbach 2009: 42) – von klassischen E-Mails und Chats über Blogs, Homepages und Instant-Messaging-Diensten bis hin zu den heutigen sozialen Medien mit ihren interaktiven Kommentierungs- und Diskussionsmöglichkeiten.

Nun wird in dem nächsten Schritt genauer auf die wesentlichsten Unterschiede zwischen dem „alten" und „neuen" Web verwiesen, was für den Rest der Arbeit notwendig ist. Anschließend wird auf die Spezifik des heutigen Social Web sowie der Social Media eingegangen.

## 3.2 Social Web und Social Media

Das folgende Kapitel beschäftigt sich mit dem Wandel des Internets von einer eher passiven Informationsplattform (das sog. *Web 1.0*) hin zu einem interaktiven, benutzerorientierten *Social Web*. Im Mittelpunkt steht die zunehmende Bedeutung von Partizipation, Offenheit und Vernetzung, wie sie unter anderem durch den Begriff *Web 2.0* beschrieben wurde. Anhand zentraler Stimmen wie Tom O'Reilly wird erläutert, wie sich die Rolle der NutzerInnen verändert hat – von reinen KonsumentInnen hin zu aktiven ProduzentInnen von Inhalten. Diese Einleitung zum Thema „Social Media" und ihren Eigenschaften beleuchtet sowohl technische Entwicklungen als auch soziale Auswirkungen dieser Veränderungen. Dabei wird deutlich, dass das moderne Internet nicht nur technologische, sondern auch gesellschaftliche Dynamiken prägt. Abschließend wird auf die Unterscheidung zwischen *Social Web* und *Social Media* eingegangen und ihre jeweilige Bedeutung für die heutige Online-Kommunikation erklärt.

Wie bereits in 2.2 festgestellt, verdankt das ursprüngliche Konzept der *Netzwerkgesellschaft* seine Umsetzung u. a. der intensiven Entwicklung der modernen Internettechnologien (mit ihrer technischen Infrastruktur), die in den letzten 30 Jahren zu bedeutsamen Veränderungen in sozialen und kommunikativen Strukturen des Internets beigetragen haben. Einer der bekanntesten Publizisten und Vordenker der modernen Computertechnologien, Tom O'Reilly, benutzte im Jahre 2007 zum ersten Mal den Begriff *Web 2.0.* O'Reilly (ebd.: 17 f.) bemerkt, dass das Internet sich zwar an einem Wendepunkt befinde und wohl in eine neue Ära eingetreten sei, in der sich neue Trends weiterentwickeln würden. Allerdings sprach der Autor von keiner richtigen Revolution (vgl. unten). Stattdessen hat er die wichtigsten neuen Elemente des Web 2.0 umrissen: Das „neue" Web solle vor allem für Offenheit, Partizipation und weltweite Vernetzung stehen. In einem anderen Aufsatz (vgl. O'Reilly/Battelle 2009: 1) bemerken die Autoren, dass das Internet auf keinen Fall ausgedient habe; es habe sich nur „gehäutet". Das heutige Internet ist für O'Reilly nicht mehr nur eine Dienstleistung, die von „mystischen" Webmastern gemeistert wird. Es stellt nun eine richtige Plattform dar, die konkrete Anwendungen hervorbringt. Ihre TeilnehmerInnen, die nicht selten gleichzeitig in diversen Netzwerken funktionieren, können voneinander nicht nur lernen und profitieren, sondern auch selbst Inhalte produzieren und dadurch Einfluss darauf haben, welcher Content und in welchem Umfang zur Verfügung gestellt wird.

Als Ausgangspunkt gilt für O'Reilly die Gegenüberstellung von Elementen des sog. *Web 1.0* (also der ersten Phase des Web-Zeitalters) und des (damals noch in den Kinderschuhen steckenden) *Web 2.0.* Das „neue" Web soll laut O'Reilly vor allem mehr oder weniger interaktiv und benutzerfreundlich sein.[90]

---

[90] Vergleicht man diese inhaltlichen Grundsätze unter den Bedingungen des „alten" Web, ergeben sich große Unterschiede; es werden v. a. die heutigen NutzerInnen zur Teilhabe ermutigt, wenn der Wert der Anwendungen durch nutzergenerierte Inhalte entsteht, wenn zeitliche Flexibilität durch quasi-synchrone und asynchrone Kommunikationsformen ermöglicht wird und schließlich wenn virtuelle Räume durch zentrale Plattformen geschaffen werden. Auch Dimensionen, die die NutzerInnen betreffen, haben sich im Laufe der Jahre geändert. Während um 2000 noch jegliche Kommunikationsprozesse durch vereinzelte NutzerInnen kontrolliert und gesteuert wurden, werden die Inhalte jetzt durch Produktion, Bewertung und Kommentierung der UserInnen beeinflusst. Dazu kommen noch die höhere Responsivität durch direktes Feedback sowie mehr Feedbackmöglichkeiten als früher (vgl. weiter in diesem Kapitel).

Im Mittelpunkt stehen vor allem die einzelnen UserInnen und die von ihnen generierten Inhalte (im Gegenteil zu dem „alten“ Web, in dem eher vorgegebener Content vorherrschte). Das Web 2.0 würde daher auf Partizipation von möglichst vielen UserInnen und ihrer „kollektiven Intelligenz“ beruhen. Den tiefgreifenden Veränderungen unterliegen laut O'Reilly auch typische Verzeichnisse des Inhalts (sog. „Folksonomy“ statt typischer Taxonomien) und das Teilen vom Content (als zentraler Punkt und die Grundlage der Wissens- und Informationsvermittlung online).[91]

Der größte und wohl sichtbarste Unterschied zwischen dem „alten“ und dem „neuen“ Web ist es, dass im Web 1.0 eine relativ eingeschränkte Gruppe von UserInnen funktionierte, die Informationsquellen kontrolliert hat. Es waren v. a. Institutionen, Firmen oder Personen, deren Internetpräsenz lediglich von bestimmten NutzerInnen rezipiert werden konnte. Die meisten InternetnutzerInnen waren daher „focused on a read only Web interface“ (Stephens 2010: 202) und waren somit mit dem „Verzehr des Internets“ beschäftigt (Goderbauer-Marchner et al. 2015: 11), ohne dass sie bedeutsamen Einfluss auf ihre Gestalt und ihren Inhalt hatten. Dazu kamen auch recht komplizierte technische Bedingungen (Kenntnisse von .html oder anderen Protokollen waren erforderlich, um seinen eigenen Internetauftritt aufbauen zu können). Dies resultierte zum einen darin, dass das Internet zahlreichen Veröffentlichungen in der Presse oder im Fernsehen ähnelte, was den einfachen UserInnen zu passiven EmpfängerInnen und KonsumentInnen von vernetzten Inhalten reduzierte; zum anderen war der Informationszuwachs relativ klein. Zwar gab es Möglichkeiten der Meinungsäußerung oder sogar der Zusammenarbeit online (z. B. durch Chats oder Mailinglisten), aber die Idee einer umfangreichen partizipativen Arbeit (bezogen auf das Erstellen gemeinsamer Ressourcen, das Teilen kollektiver Einstellungen oder Identitäten, bzw. sprachlich motivierter semiotischer Prozesse – die das Zentralthema des vorliegenden Buches sind) war nicht so ausgeprägt wie später, nach der

[91] Selbstverständlich könnte man auch andere Wesensmerkmale der historischen Entwicklung des Web 1.0 zum Web 2.0 (Social Web) nennen, wie z. B. im Bereich der Technologie webbasierte Verwaltung und Anwendung von Programmen oder simple Programmierung; bezüglich Ökonomie und Technologie ständige Weiterentwicklung von onlinebasierten Programmen und Applikationen und schließlich verschiedene Strategien der Ökonomisierung von nutzergenerierten Inhalten. Auf die genannten „zusätzlichen“ Eigenschaften des „neuen“ Web wird an mehreren Stellen im Text hingewiesen.

„2.0-Wende"[92]. Außerdem fehlte besonders in den späten 1990er und Anfang der 2000er Jahre der entsprechend entwickelte technische Rahmen, der eine solche Interaktion ermöglichen würde.

Im Gegensatz zum Web 1.0 konzentriert sich das sog. *Social Web* auf „a read-write interface where value emerges from the contribution of a large volume of users" (Stephens 2014: 1539). Demnach ist das Netz in den letzten ca. 15–20 Jahren ein interaktives *Mitmach-Web* (vgl. Müller/Schumann 2011), in dem die Individualkommunikation in der Mitte steht, das vor allem auf beliebig gebildeten Gruppen, meistens diversen *Communitys* basiert, in denen praktisch jeder Nutzer/jede Nutzerin aktiv an dem zwischenmenschlichen Verkehr teilnehmen und selbst gewisse Kommunikationsprozesse in die Wege leiten kann.

Dies alles bedeutet, dass das Internet „seit langer Zeit schon aus der Plauder- und Tratsch-Ecke hinausgewachsen" ist (Goderbauer-Marchner et al. 2015: 15) und dass an moderne Kommunikationstechnologien immer höhere Ansprüche gestellt werden. Beispielsweise fördern die Tools des „neuen" Web immer häufiger diverse Bürgerinitiativen (vgl. Dang-Anh 2019). Dies zeigt auch, was bereits in 2.3 thematisiert worden ist, dass der durchschnittliche Mensch sich nun vernetzen kann, ohne auf jegliche Organisationen und Offline-Gruppierungen oder politische Parteien angewiesen zu sein. Die Strukturen des Internets haben dazu beigetragen, dass die existierende Netzwerkgesellschaft noch einfacher Gemeinschaften bildet, die z. T. auch starke Gegenöffentlichkeiten entwickeln können, so wie es Shirky (2008: 102) ausdrückt: „Every webpage is a latent community"[93]

[92] Dies bedeutet natürlich nicht, dass „alte", bzw. herkömmliche Medien nicht sozial sein können. So wie Hutchinson et al. (2024: 3) bemerken, „all media are social in the form of a social institute that creates, translates and conveys meaning from individuals to individuals, individuals to many, many to many […]". Gleichzeitig stellen die AutorInnen zu Recht fest, dass traditionelle Medien stark institutionalisiert sind, wobei nur ein winziger Teil der Öffentlichkeit die Möglichkeit hat, auf diesen Plattformen seine Meinung zu äußern oder Informationen zu teilen (vgl. ebd.).

[93] Obwohl sie 17 Jahre vor der Veröffentlichung dieses Buches geäußert wurde, zeigt diese Meinung deutlich die Trends, die bereits im ersten Jahrzehnt des 21. Jahrhunderts erkennbar waren: Praktisch jeder Medienakteur ist in der Lage, eine bestimmte Community um sich herum aufzubauen. Diese Community mag klein sein, aber sie muss sich nicht ausschließlich um eine bestimmte Website drehen, wie es noch vor der Entstehung der ersten typischen sozialen Medien der Fall war. Es gibt viel mehr Möglichkeiten zur Kommunikation und zur Schaffung neuer Facetten der eigenen digitalen Identität, wie die in diesem Buch vorgestellten Geschichten und Narrative von Menschen mit Behinderungen zeigen.

und „The increase in the power of both individuals and groups, outside traditional organizational structures, is unprecedented" (vgl. ebd.: 107). Darüber hinaus hat die Einführung neuer Technologien zur wesentlichen Entwicklung der Mittel der sog. *electronic democratization*[94] beigetragen. Praktisch alle politischen Parteien und PolitikerInnen (aber auch Verbände, Organisationen usw.) pflegen heutzutage ihre Twitter/X- oder Facebook-Accounts; immer mehr öffentliche Personen (z. B. PolitikerInnen mit Behinderungen) bloggen, produzieren Videos oder Podcasts oder nehmen an (moderierten) Chats teil, um mit ihren potentiellen Fans oder WählerInnen direkt sprechen zu können.

Wie gesagt, werden im Social Web nicht mehr vorgegebene Inhalte vernetzt, sondern konkrete Menschen. Mit anderen Worten kann man sagen, dass dank der kommunikativen und sozialen Vernetzung gerade die NutzerInnen die gesellschaftliche Kommunikation verändern können, indem sie selbst die Interaktion organisieren. Ich schließe mich dabei der Ansicht von Meckel (2008: 17) an, dass das heutige Internet ein Abschied von dem Schema „Wenige, die für Viele produzieren" bedeutet und eher mit der Denkweise „Viele, aus denen Eins entsteht" übereinstimmt. Während das Web 1.0 eher „producer based" war, wird im Social Web praktisch jedem User/jeder Userin die Möglichkeit angeboten, „to contribute to the overall value of the information" (Stephens 2010: 206). All diese charakteristischen Elemente des „neuen" Internets sind (quasi „angekündigt" von O'Reilly 2007 und O'Reilly/Battelle 2009) tatsächlich ein wichtiger Teil der heutigen sozialen und kommunikativen Online-Praktiken.[95] In der Tabelle 2 werden die wichtigsten Unterschiede zwischen dem „alten" und dem „neuen" Web gegenübergestellt.

---

[94] Für detailliertere Informationen zur sogenannten *Cyberdemocracy/E-Democracy* oder *Digital Democracy* in den letzten Jahren siehe Helbing 2021 oder Karem 2023.

[95] Sie werden später im Kapitel 5 genauer thematisiert, indem einzelne Handlungskomponenten von Social-Web-Praktiken ausführlicher besprochen werden.

**Tab. 2:** Gegenüberstellung Web 1.0 versus Web 2.0. Eigene Darstellung

| **Web 1.0**<br>**Read-Web** | **Web 2.0 (Social Web)**<br>**Read-/Write-Web** |
|---|---|
| statische Strukturen des Netzes (fehlende Interaktivität) | mehr oder weniger interaktiv und benutzerfreundlich |
| vorgegebene Inhalte vernetzt | Menschen sowie (nutzergenerierte) Inhalte vernetzt (u. a. dank der Verwendung mobiler Endgeräte) |
| Veröffentlichung → User nur als Konsument der Netzinhalte (z. B. von Online-Enzyklopädien oder persönlichen Websites) | Partizipation → User als Prosument des Contents (Produzent + Konsument) (z. B. von Wikis oder Bloggs) |
| Webmaster | kollektive Intelligenz der User |
| Verzeichnisse (Taxonomien) | Tagging („Folksonomy" oder „social tagging") mittels semiotischer Operatoren |
| begrenztes Teilen durch Hyperlinks | Teilen als zentraler Punkt und die Grundlage der Wissens- und Informationsvermittlung online |

Nur wenige Jahre nach der Prägung des Begriffs „Web 2.0" wurde der neue Begriff kritisiert. Zum Beispiel verwies Schürig (2010) in seiner Studie darauf, dass der Zusatz *Social* und somit die Begriffe *Social Media* und *Social Web* geläufiger geworden sind, weil sie weniger missverständlich sind und „auch weniger nach einer neuen Technik" klingen. Der „geheimnisvolle" Zusatz „2.0" wurde von Sonnberger (2012: 89) vor allem wegen seiner Vorstellung „eines quasi revolutionären und markanten Sprungs von einer alten zu einer neuen Version" kritisiert. Die Nummerierung 2.0 wiese beispielsweise darauf hin, dass sich das Web „ganz wesentlich verändert, weiterentwickelt hat" (Huber 2013: 13), was – laut dem Autor – eigentlich wenig mit der Realität zu tun habe. Im Grunde genommen ist das *Web 2.0* tatsächlich keine völlig neue Art von Technologien und der Name selbst ist lediglich eine Anspielung auf die bis heute noch übliche Versionen-Nummerierung von Software. Sonnberger (2012: 83) erinnert zu Recht daran, dass die Bezeichnung „Web 2.0" ursprünglich lediglich ein Marketing-Begriff war und sich auf eine Reihe von Innovationen bezog (diverse Geschäftsmodelle, Softwareentwicklungen sowie Nutzungsverhalten, vgl. O'Reilly 2007 oder Musser et al. 2007). Darüber hinaus ist der Zusatz „2.0" keine Revolution, obwohl er einen grundlegenden medialen Wandel suggeriert (vgl. Nehrenberg 2007: 29 f.). Was sich tatsächlich verändert hat, ist die Nutzung des Internets, die (sozio-technisch gesehen) viel einfacher und intuitiver geworden ist. Es ist, wie früher erwähnt, v. a. leistungsfähigerer Hardware sowie Webprogrammiertechnologien zu verdanken, dank denen u. a. Webseiten interaktiver gestaltet werden können (vgl. 2.2).

Abschließend sollte hinzufügt werden, dass das heutige Internet eindeutig über die klassische Definition des Social Web bzw. des Web 2.0 hinausgeht, d. h. eines Konzepts des Internets, das zu Beginn des 21. Jahrhunderts entstand und davon ausging, dass NutzerInnen nicht nur Inhalte konsumieren, sondern auch selbst neuen Content erstellen, kommentieren, Gemeinschaften mitgestalten, sich in sozialen Netzwerken engagieren usw. Wie bereits (u. a. in 2.2) erwähnt wurde, wird es derzeit von KI, Algorithmen, Plattformen und fortschreitender „Plattformisierung" und Dezentralisierung dominiert. Gleichzeitig unterliegt das heutige Internet dem Prozess der Personalisierung. Trotzdem bin ich der Ansicht, dass die oben genannten, schrittweise eingeführten, neuen digitalen Technologien oder neuen „Versionen" des Internets (einschließlich IoT, Web 3.0, Semantic Web, Web 4.0 usw.) zwar die Art und Weise, wie moderne InternetnutzerInnen kommunizieren, verändert haben, die Internetstrukturen in dem Sinne aber nach wie vor *sozial* bleiben, da sie nicht selten auf der Zusammenarbeit und Interaktion vieler InternetnutzerInnen (sowie der Pflege sozialer Beziehungen, vgl. 5.2.2) basieren. Sogar moderne große Sprachmodelle (*Large Language Models*, LLMs, vgl. Cronin 2024 oder Campesato 2024) können das heutige Internet auf mehreren Ebenen beeinflussen, u. a. automatisch Inhalte generieren, Informationen schnell verbreiten, aber auch Fake News oder Desinformationen schneller und überzeugender formulieren. Nichtsdestominder sind LLMs Produkte menschlicher Praxis, d. h. sie wurden von Menschen entwickelt und „trainiert". Darüber hinaus stammen die Daten, auf denen sie basieren, aus menschlicher Kommunikation und ihre Nutzung geschieht durch menschliche Entscheidungen; sie ist also körperlich-verankert.

Der Begriff des *Social Web* wird im weiteren Text im Sinne einer allgemeinen technischen interaktiven und kollaborativen digitalen Plattform verstanden. Seine konkreten Anwendungen (Apps, Programme oder Werkzeuge/Tools), die meist online zur Verfügung gestellt werden, fungieren dagegen als *soziale Medien*, die ihren UserInnen Kommunikation sowie Austausch von diversem Content ermöglichen (vgl. Dąbrowska 2019: 25). *Soziale Medien* werden im vorliegenden Buch im Sinne von Luttrell/Wallace (2021: 5) verstanden, und zwar als virtuell existierende Strukturen oder „forms of electronic communication through which users create online communities to share information, ideas, personal messages, and other content via the social sphere". In der Arbeit wird ebenso – in Bezug auf einzelne soziale Medien als Plattformen und ihre Vernetzung und *Vernetzungsstärke* (vgl. 3.6) – der Begriff *Social Network(ing) Sites* (SNS)[96] verwendet (vgl. Eisenlauer 2014: 73 f.).

In einem nächsten Schritt wird auf die wichtigsten Klassifizierungen von sozialen Medien und ihre Charakteristika verwiesen.

## 3.3 Soziale Medien. Allgemeine Charakteristika von Social Network Sites

Die Aufgabe, soziale Medien zu charakterisieren, scheint auf den ersten Blick nicht einfach zu sein, da den einzelnen SNS unterschiedliche Schwerpunkte zugrunde liegen – von kollaborativen Projekten, über Blogs, Sites, auf denen diverse Inhalte präsentiert und ausdiskutiert werden, bis zu sozialmedialen Plattformen (vgl. unten). Prototypisch gesehen kann man von drei typischsten Merkmalen von Social Media Sites ausgehen (boyd/Ellison 2007):

> We define social network sites as web-based services that allow individuals to (1) construct a public or semi-public profile within a bounded system (2) articulate a list of other users with whom they share a connection, and (3) view and traverse their list of connections and those made by others within the system.

Darüber hinaus lassen sich auch andere Eigenschaften von Social Network Sites (bzw. Prinzipien ihres Funktionierens) unterscheiden, unter denen die folgenden für alle sozialen Medien praktisch gemeinsam sind:

---

96 boyd/Ellison (2007) suggerieren, im Falle von sozialen Medien sei der Begriff *networking* treffender als *network*, da er auf die Anknüpfung von immer neueren Beziehungen mit (meist fremden) Personen in der Online-Umgebung hinweise. Selbstverständlich ist es heutzutage möglich, seine (Online-)Netzwerke durch das Anknüpfen und Ausbauen von Netzwerken von Personen zu erweitern, die einem früher nicht bekannt waren (vgl. u. a. solche Plattformen, die sich entweder auf kurze Nachrichten-Beiträge konzentrieren, wie Twitter/X, oder Bilder-Communitys wie Instagram). Nichtsdestotrotz handelt es sich in der Kommunikation im Rahmen von SNS auch um solche Online-Plattformen, die tatsächlich dazu verwendet werden, „mit Personen zu kommunizieren, die bereits Teil des eigenen sozialen Netzwerkes sind" (Sonnberger 2012: 96), also bereits Teil des „network" sind.

1) Jegliches Funktionieren auf Social-Media-Plattformen bedeutet v. a. das Anlegen von einem (öffentlichen, halb-öffentlichen oder privaten) *Nutzerprofil*, das je nach der Anwendung mit Angaben ergänzt wird (u. a. Name [ggf. Pseudonym], Alter, Geschlecht, Interessen und Vorlieben, aber auch u. U. Informationen in Form von Bildern oder Grafiken). Die Hauptaufgabe des Nutzerprofils ist es meistens, sich entsprechend zu präsentieren (vgl. 5.2.2 und 5.2.3 zu *Identitäts-* und *Beziehungsmanagement* in SNS). Jeder User/jede Userin bildet sich dabei eine *Liste von Bekannten/Freunden* bzw. *Abonnenten*[97], die häufig nach bestimmten Schlüsseln/Filtern erstellt wird. Es sind einerseits Online-Communitys, in denen es sich v. a. um gemeinsame Interessen, Vorlieben oder politische Ansichten handelt (z. B. Facebook, Google+). Andererseits gibt es auch spezielle SNS, auf denen konkrete Profile erstellt werden: Bspw. versammeln solche Social Media wie XING oder LinkedIn ausschließlich berufliche Profile (die der Pflege bestehender Geschäftskontakte und zum Knüpfen von neuen geschäftlichen Verbindungen dienen); Academia.org oder ResearchGate dagegen sind Paradebeispiele von Online-Plattformen, die ForscherInnen aus unterschiedlichen wissenschaftlichen Bereichen zusammenbringen (vgl. Falkenberg 2021: 62). Es gibt schließlich auch solche sozialen Medien, die entweder einen eher lokalen Charakter haben oder solche, die global bleiben (vgl. die deutsche Plattform Lokalisten versus Twitter/X oder Facebook). Und schließlich gibt es bezüglich des Kontakteaufbaus und seiner Pflege ebenso solche SNS, auf denen das Kennenlernen im Vordergrund steht (z. B. XING oder Netlog) oder solche, die eher das Wiederfinden und Verbinden von bereits existierenden Freundschaftsbeziehungen fokussieren (vgl. SchülerVZ oder Facebook). Im Großen und Ganzen bin ich mit boyd/Ellison (2007) einverstanden, dass (trotz der Vielfalt von unterschiedlichen Medienformen und Charakteristika der einzelnen SNS

97 Je nach der Sprache und der Anwendung werden andere UserInnen entsprechend bezeichnet, z. B. in der englischsprachigen Version von Facebook werden alle bekannten Personen „Friends" genannt, wogegen in der deutschen und der polnischen Version die Bezeichnung „Bekannter" / „znajomy" gängig ist. Es gibt auch solche Social-Media-Typen (wie Blogs oder Mikroblogs), in denen „abonniert" wird, was bedeutet, dass die Kontaktmodellierung anders als in typischen sozialmedialen Plattformen (wie Facebook oder Google+) ist (mehr dazu 3.6).

sowie ständig verbesserten Funktionen von Social Web) das Rückgrat jeder Anwendung (und somit jeder Online-Community) gerade das Userprofil sowie seine Vernetzungsstärke zu anderen NutzerInnen bildet. Auf manchen SNS sind die Profile und die von UserInnen veröffentlichten Informationen und Inhalte oft nur für registrierte NutzerInnen einsehbar (z. B. Facebook oder Google+). Es gibt auch solche, auf denen keine Registrierung erforderlich ist, wenn man nur Einsicht in die veröffentlichten Inhalte haben möchte (siehe: Twitter/X oder viele thematische Foren), ohne selbst beitragen zu wollen (vgl. auch 3.6 und 3.7). Darüber hinaus sind Nutzerprofile ein wichtiges Element der im vorliegenden Buch thematisierten *Präpositionierung*, d. h. eine Art Selbstdarstellung und/oder vorläufige Nennung von Rollen, Positionen oder Werten, die für den jeweiligen Nutzer/die jeweilige Nutzerin von Bedeutung sind. Der Prozess der Präpositionierung ist ein wesentlicher, wenn auch statischer Bestandteil der nachfolgenden Selbst- und Fremdpositionierungshandlungen sowohl des Einzelnen als auch der gesamten Gruppe im Diskurs (vgl. 6.3.1).

2) In SNS wird verschieden *kommuniziert*, was sowohl mit statischen als auch prozessualen Positionierungshandlungen und -praktiken einhergeht. Je nach der Plattform stehen den UserInnen unterschiedliche Interaktions- und Kommunikationsmöglichkeiten zur Verfügung (vgl. praktisch alle Kommunikationsmodi bezüglich der Sozial- und Zeitdimension). Viele Beiträge werden oft in Form von sog. *Statusmeldungen* realisiert (z. B. in Facebook heißen sie *Status Updates*[98]). Es wird meistens über die Lage oder Haltung informiert, bzw. über bestimmte Gefühle des Users/der Userin bezüglich seiner/ihrer Erfahrungen usw. Statusmeldungen dienen v. a. „der Selbstpräsentation, dem Informationsaustausch, der Interaktion mit Freunden und dazu, Aktuelles zu diskutieren" (Franko 2016: 267). Darüber hinaus kann man fremde Inhalte in unterschiedlicher Form (Texte, Bilder, Videos, Grafiken usw.) kommentieren und bewerten. Dies geschieht mittels der sog. *Werkzeuge des öffentlichen Kommentierens* (boyd 2010: 39 ff.), die den UserInnen erlauben, Kommentare und Bewertungen in Form *Stancetaking* zu erstellen (vgl. 6.1), sie ggf. mit medialen Objekten (z. B. Bildern oder Grafiken) zu versehen und sie

---

[98] Genauer zu *Status Updates* oder *Steam-Based Updates* vgl. Lee (2011) und Tassis (2020).

dann entweder auf ihren eigenen Profilen oder (je nach der Plattform) auf Profilen der befreundeten UserInnen zu veröffentlichen (siehe auch: Punkt 3). Der Fokus liegt also nicht auf einzelnen Informationen, sondern auf möglichst ausgiebiger Vernetzung von Informationen und Personen zugleich. Es ist ebenso möglich, mehr oder weniger *privat zu kommunizieren*, d. h. One-to-One-Nachrichten zu verschicken oder sich an beliebig große Gruppen anzuschließen (vgl. solche sich konvergierenden Kommunikationsformen wie Instant-Messaging oder Chat-Funktionen in praktisch allen heutigen Anwendungen).

3) Jedem User/jeder Userin von SNS stehen diverse Formen des *Informationsmanagements* zur Verfügung. Außer den sog. partizipativen Formen der Bereitstellung und Publikation von Informationen, d. h. *Anschlusskommunikation* (vgl. 5.2.1) oder *User-Generated-Content* (vgl. 5.3.5), gibt es eine Reihe von technisch unterstützten Formen der Selektion und Aggregation von Informationen, die v. a. in Form von sog. *Kommunikationsoperatoren* realisiert werden (vgl. u. a. Social Tagging, Teilen von Inhalten, das Einbeziehen von anderen Personen in das Gesagte, usw.; vgl. 4.3.3).

4) Und schließlich: Jegliche Kommunikation in SNS wird durch die (je nach der Online-Plattform unterschiedlich funktionierenden) sog. *Systemmeldungen* unterstützt, die ebenso Positionierungsprozesse beeinflussen können. Es sind von der jeweiligen Plattform automatisch generierte Botschaften, die sich auf den Status und die kommunikativen Handlungen des jeweiligen Users/der jeweiligen Userin sowie seiner/ihrer Bekannten beziehen (z. B. „dem User xyz gefällt dein Foto" usw.). Sie vereinfachen und strukturieren die gesamte Kommunikation und den Meinungsaustausch (besonders im Falle von NutzerInnen, deren Aktivitäten sich nicht nur auf bloßes Beobachten anderer Profile oder Lesen von Beiträgen Dritter beschränken). Zu den kommunikativen Elementen, die vom jeweiligen System generiert werden, gehören schließlich auch diverse *Schaltflächen*[99], also (in der Windows-Typologie)

[99] Ausführlicher zu Schaltflächen (engl. *Buttons*) vgl. Handke (2019: 149). Der Autor unterscheidet vier Grundtypen von Schalflächen in Bezug auf Computer- und Internettechnologien: 1. Solche, die „das Verlassen des Programms und die Rückkehr zur Windows Oberfläche" ermöglichen, 2. Schaltflächen zur Steuerung der Sounddateien, 3. Schaltflächen zur Steuerung von Texten, Grafik und Videoclips (worunter typische „Likes" zu subsumieren wären) und 4. Schaltflächen zum Abruf einer Copyright-Information.

> typische Steuerelemente (Tasten oder sog. *Buttons*) grafischer Benutzeroberflächen, die den BenutzerInnen ermöglichen, eine zugeordnete Funktion auszulösen. Zu den meist benutzten und populärsten Schaltflächen gehört in Social Media der sog. *Gefällt-mir-Button* (bzw. *Like-Button*), der der Sympathiebekundung dient (vgl. Goderbauer-Marchner et al. 2015: 13). Durch solche Buttons bringen NutzerInnen von SNS zum Ausdruck, dass ihnen etwas gefällt oder dass sie etwas unterstützen wollen.[100]

In einem nächsten Schritt wird auf unterschiedliche Klassifikationen der sozialen Medien eingegangen.

## 3.4 Klassifikationen von Social Media – Überblick

Im Kapitel 3.2 wurden die Begriffe *Social Web* und *Social Media* definiert. Der erste Terminus wird im Sinne einer allgemeinen interaktiven technischen Plattform verstanden, die soziales und kollaboratives Handeln ermöglicht und der zweite als konkrete Applikationen und Anwendungen, die in der Online-Umgebung zur Verfügung gestellt werden und vor allem der Kommunikation und dem Austausch von diversen Inhalten dienen. Einzelne soziale Medien können entweder als eigenständige Applikationen (z. B. eines der meistgenutzten Kommunikationsprogramme WhatsApp) oder als mehr oder weniger ausgebaute webbasierte Dienste funktionieren, die unterschiedliche Anwendungen, bzw. Kommunikationsformen auf einer gemeinsamen digitalen Plattform vereinigen (vgl. Facebook, Google+, Instagram). Allerdings muss man Kirchhoff et al. (2015: 225 f.) Recht geben, dass es zum einen unmöglich ist, alle Plattformen, Tools und Technologien der sozialen Medien zu nennen, weil es zu viele sind und andauernd neue dazukommen, zum anderen wäre jeder Versuch, die sozialmedialen Online-Plattformen

---

[100] Je nach der Online-Plattform heißen solche Schaltflächen anders. Bei Twitter/X ist es ein „Like“, bei Instagram oder Facebook „Gefällt mir“ (ein Zeichen eines Herzens). Bei Google+ dagegen wird die Bezeichnung „+1“ benutzt. Oft (besonders in vielen Diskussionsforen) sind es unterschiedliche Symbole (wie z. B. „Daumen hoch“ oder ein Herz). Im Prinzip handelt es sich allerdings um dasselbe: Unterstützung und Befürwortung (eine entgegengesetzte Bedeutung hat bspw. ein „Daumen nach unten“-Zeichen oder diverse Emoticons bei Facebook, die für negative Emotionen stehen).

anhand ihrer charakteristischen Merkmale zuzuordnen, zum Scheitern verurteilt. Das größte Problem im Falle der meisten Systematisierungsvorschläge scheint mir die Herangehensweise zu sein, nach der verschiedene Dienste/Anwendungen als getrennt betrachtet werden, obwohl sie meistens als digitale *Hybrid-Angebote* fungieren und Elemente unterschiedlicher Social Media sind: z. B. gibt es (neben dem Profil) meistens viele Möglichkeiten, die kommunikativen Optionen zu ergänzen, durch das Führen eines Blogs (wie im Fall einiger medialer AkteurInnen mit Behinderungen, die im vorliegenden Buch präsentiert werden), bzw. Aufrechterhalten einer multimodalen blogähnlichen kommunikativen Struktur (wie in Mikroblogs), private Gespräche in kleineren Gruppen (wie bei Messenger von Facebook) oder wenn den UserInnen Wiki-Funktionalitäten zur Verfügung stehen (vgl. viele thematische Blogs oder Kollaborationsplattformen).

Folglich wird versucht Social Media z. B. nach Art und Reichweite zu klassifizieren (vgl. Goderbauer-Marchner/Matausch 2015), nach Gattungen und Angeboten (vgl. Siever 2016 oder Schmidt 2017), bzw. nach Nutzertypen und Partizipationsmotiven (vgl. Altmann 2011 oder Blank 2017[101]). Es gibt auch AutorInnen, die diverse Social Media einfach nennen und nacheinander charakterisieren, wobei meistens unterstrichen wird, das es zu Überschneidungen und Kombinationen von Elementen verschiedener Anwendungen kommen kann (vgl. u. a. Rapp 2013 oder Schmidt 2017).

---

[101] Blank (2017: 77 f.) teilt diverse Kommunikationskanäle der sozialen Medien nach zwei Kategorien: „Beziehungs- und Kommunikationsnetzwerke“ und „Publikationsnetzwerke“. Zu der ersten Gruppe zählt er solche Social Media, deren Zweck v. a. Kommunikation und (private) Interaktion ist, die Basis der Vernetzung meistens Nutzeraktivitäten und Statusmeldungen sind und die Art der Vernetzung symmetrisch ist, wobei die Sichtbarkeit der Inhalte (wegen der Privatheitseinstellungen der Accounts) beschränkt ist (vgl. Facebook, Google+ oder StudiVZ). Zu „Publikationsnetzwerken“ (z. B. YouTube, Flickr, Twitter/X) gehören laut Blank (ebd.) eher solche, deren TeilnehmerInnen v. a. auf Publikation, Diskussion und Verbreitung von Inhalten eingestellt sind und die Sichtbarkeit der Inhalte (dank ihrer Öffentlichkeit) meistens unbeschränkt ist. Selbst der Autor bemerkt allerdings, dass „eine trennungsscharfe Kategorisierung weder theoretisch sinnvoll noch praktisch möglich“ ist (ebd.: 78), da bspw. Facebook (als ein Paradebeispiel von „Beziehungs- und Kommunikationsnetzwerken“) auch als „Publikationsnetzwerk“ bezeichnet werden kann (vgl. z. B. Foren-ähnliche Fanpages). Umgekehrt können auch „typische“ „Publikationsnetzwerke“ wie Instagram dem Anknüpfen und Aufrechterhalten von sozialen Beziehungen dienen usw.

Die Liste diverser Online-Angebote ist enorm und wird praktisch ständig erweitert. Wie der Abb. 2 zu entnehmen ist, ist nach wie vor Facebook das größte soziale Netzwerk online (mit über 3 Milliarden aktiver UserInnen weltweit[102]). Die Plattform wird von den zwei meistgenutzten Content Communitys[103] YouTube und Instagram und dem Instant-Messaging-Dienst WhatsApp gefolgt. Diese Daten und Angaben (so die Autoren des Berichts von Statista.com) sind selbstverständlich allgemeiner Natur. Es ist vor allem darauf zurückzuführen, dass in der Zusammenstellung sowohl weltweit bekannte Dienste wie Facebook, YouTube oder Instagram als auch lokale (aber trotzdem zahlenmäßig starke) SNS berücksichtigt werden. Dabei sind u. a. sozialmediale Plattformen aus einigen großen Entwicklungsländern gemeint oder Ländern, in denen (meistens aus politischen Gründen) allgemein zugängliche soziale Medien entweder verboten oder eingeschränkt werden (vgl. z. B. den chinesischen Instant-Messaging-Dienst auf Platz 6 der Zusammenstellung von statista.com mit über einer Milliarde aktiver NutzerInnen). Dazu kommen (wie gerade angedeutet) unterschiedliche Verwendungszwecke der SNS (von reiner Kommunikation unter Familienmitgliedern, Bekannten, Freunden, über Teilen und Weiterleiten von User-Generated-Content, kollaborative Projekte, sog. Social Games bis hin zu Formen des Personal Publishing wie Blogs oder persönliche Sites) und immer größerer Anteil von mobilen Anwendungen praktisch in der ganzen Welt.

Trotz der Unterschiede und unterschiedlicher Zahlen darf man an der Stelle wiederum die Feststellung wagen, dass die heutigen SNS einen erheblichen Einfluss auf das Leben ihrer UserInnen haben und (wie es die AutorInnen des Berichts von Statista.com unterstreichen): Im Falle von SNS hat man es heutzutage mit „constant presence in the lives of their users" zu tun. Darüber hinaus verschwindet auch die eindeutige Teilung *offline- vs. virtual life* (oder besser gesagt, diese zwei Sphären werden getilgt), worauf in dem vorliegenden Buch an mehreren Stellen verwiesen wird.

---

[102] Selbstverständlich ist es nur eine Momentaufnahme. Die Anzahl bezieht sich auf die ersten Monate von 2024. Vgl. https://www.statista.com/statistics/272014/global-social-networks-ranked-by-number-of-users/ (18.06.2024).

[103] Im Text bediene ich mich der Namen der einzelnen SNS, die in 3.6 vorgeschlagen werden.

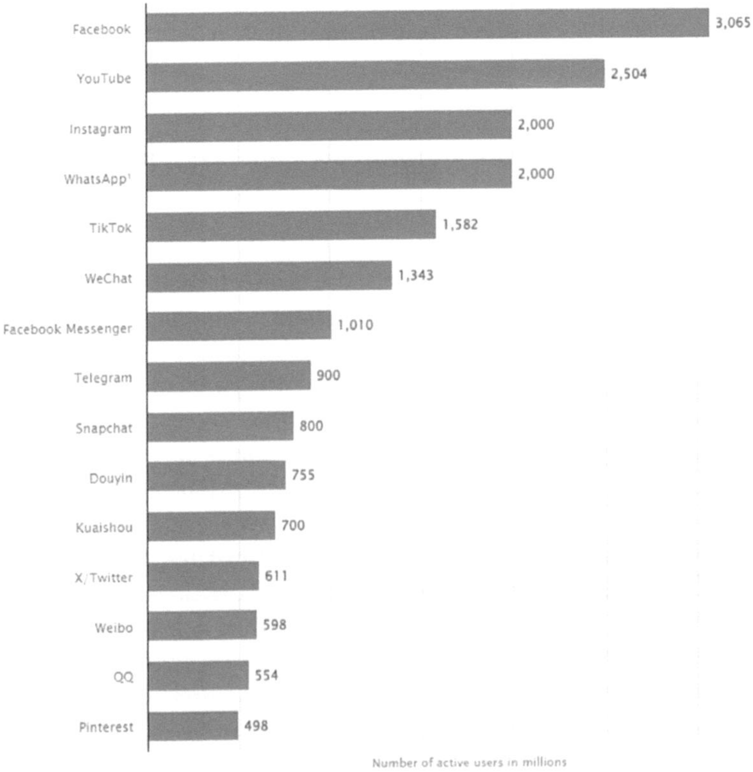


**Abb. 2:** Liste von populärsten Social Media nach der Anzahl der aktiven User [in Millionen] (Stand: April 2024, Quelle: statista.com, 18.06.2024).

Im Lichte der wachsenden Anzahl der aktiven UserInnen verschiedener SNS, sowie immer neuerer Anwendungen, ist es bedeutsam, ein solches Klassifizierungsschema zu erarbeiten, das sowohl bereits existierende als auch bevorstehende Prozesse sozialer, kommunikativer und technischer Natur berücksichtigen würde, die mit dem Funktionieren „alter“ und „neuer“ (bzw. in Zukunft ankommender) SNS einhergehen.[104] Eine gute Basis für

[104] Ich bin dabei mit Czetwertyński (2019: 98) einverstanden, der darauf hinweist, dass die Klassifizierung von Social Media nicht einfach ist, da es innerhalb dieses Bereichs dynamische Veränderungen gibt, insbesondere in Bezug auf nutzergenerierte Inhalte, Kommunikation und das Konzept des Social Web selbst.

eine Einteilung der sozialen Medien stellt m. E. der Klassifikationsversuch der sozialen Medien von Kaplan/Haenlein (2010: 61 ff.) dar, auf den im nachfolgenden Kapitel hingewiesen wird.

## 3.5 Klassifizierung von sozialen Medien nach Kaplan/ Haenlein (2010)[105]

Kaplan und Haenlein (2010) verweisen in ihrem Ansatz auf ausgewählte Elemente von zwei diversen Theoriensets: der Medienforschung (*social presence* und *media richness*) und der sozialen Prozesse (*self-presentation* und *self-disclosure*). Gerade diese Komponenten und ihre Gegenüberstellung werden als Ausgangspunkt für eine Klassifizierung von sozialen Medien betrachtet. Die ursprüngliche sozialpsychologische *Social Presence Theory* (dt. *Theorie der sozialen Präsenz*) von Short et al. (1976) bezieht sich im Großen und Ganzen auf „das Gefühl mit einem anderen zusammen zu sein" (Mühlenfeld 2004: 45), wobei die soziale Präsenz „refers to the degree to which one perceives the presence of participants in the communication" (Calefato/Lanubile 2010: 287). Die Hauptannahme der Theorie besagt, dass die einzelnen Medien unterschiedlich hohes Maß an sozialer Präsenz besitzen, d. h. Medien unterscheiden sich je nach der Möglichkeit der Übermittlung des psychologischen Empfindens der physischen Anwesenheit anderer Menschen, des akustischen, visuellen und körperlichen Kontakts (vgl. Kaplan/Haenlein 2010: 61), was besonders wichtig bei effektiver (medienvermittelter) Zusammenarbeit und gemeinsamer Wissenskonstruktion zu sein scheint. Darüber hinaus wird im Rahmen der Theorie vorausgesetzt, dass die einzelnen Medien die

[105] Ich bin mir bewusst, dass sich die von den Autoren vorgeschlagene Klassifizierung der sozialen Medien auf den Stand der Dinge vor 2010 bezieht, was angesichts des raschen technologischen Wandels von Bedeutung ist. Meiner Ansicht nach ist diese Einteilung dennoch ein guter Ausgangspunkt für weitere Überlegungen und stellt, unter Berücksichtigung der von mir vorgeschlagenen Änderungen, die aktuelle Struktur und Aufteilung der sozialen Medien genau dar – einschließlich der Ergänzung der Klassifizierung durch die von mir vorgeschlagene Größe der sog. Vernetzungsstärke. Außerdem verweisen auf die von Kaplan/Haenlein vorgeschlagene Typologie von sozialen Medien auch neuere AutorInnen (vgl. Dąbrowska 2019 oder Wasilewski 2022). Der zweite Autor unterscheidet folgende Haupttypen von Social Media: Soziale Netzwerke, Netzwerke zur gemeinsamen Nutzung von Medien, Diskussionsforen sowie Blogging- und Publishing-Netzwerke (vgl. ebd.: 56 f.). Gerade auf diese Gattungen der sozialen Medien wird weiter genauer hingewiesen.

unterschiedliche Fähigkeit der Übertragung von visuellen und verbalen Signalen/Zeichen besitzen (vgl. Calefato/Lanubile 2010: 287). Dabei wird also davon ausgegangen (so Blank 2017: 78),

> dass die soziale Präsenz eines Kommunikationsteilnehmers um so höher ist, je mehr nonverbale Reize durch das Medium übertragen werden können und je synchroner die Kommunikation verläuft. Vice versa bedeutet das, dass ein Medium einen umso höheren Grad an sozialer Präsenz aufweist, je mehr und besser es in der Lage ist, die Persönlichkeit und die nonverbale Kommunikation zu übermitteln.

Dabei hängt die soziale Präsenz einerseits von der Vertrautheit und Intimität des Mediums (*interpersonal vs. mediated*) und andererseits von seiner Unmittelbarkeit (*asynchronous vs. synchronous*) ab (vgl. Kaplan/Haenlein 2010: 61). Die Autoren konstatieren dabei, dass das Maß an sozialer Präsenz den *sozialen Einfluss* bestimmt, den die Kommunizierenden aufeinander haben.[106] Darüber hinaus bestimmt die Stärke des Gefühls der sozialen Präsenz, die durch ein Medium vermittelt wird, die Zufriedenheit der KommunikationsteilnehmerInnen (vgl. Gunawardena/Zittle 1997: 8). Es wird dabei angenommen, dass vermittelnde Medien (wie z. B. Telefon) eine schwächere soziale Präsenz als interpersonale Medien wie Face-to-Face-Gespräche aufweisen. Ähnliches gilt für digitale Medien wie etwa E-Mails (asynchron) und Chats oder Instant Messaging (synchron). Darüber hinaus kann angenommen werden, dass das Ergebnis einer bestimmten Interaktion von der Kapazität des gegebenen Mediums determiniert werden kann, je nachdem welcher Kommunikationstyp erwünscht ist. Calefato/Lanubile (2010: 288) konstatieren, dass z. B. Face-to-Face-Gespräche viel effektiver für relationale Kommunikationsformen sind als elektronische asynchrone Medien, die sich dagegen besser für eine „task-focused communication“ eignen.

Trotz der anfänglichen Kritik der Idee der Realisierung der sozialen Präsenz in elektronischen Medien (vgl. Sproull/Kiesler 1986; Kraut et al.

---

106 Den sozialen Einfluss verstehe ich im Sinne von Fischer et al. (2018: 164) als „die Wirkung einer Person oder einer Personengruppe auf die Gefühle, Gedanken und das Verhalten einer anderen Person (bzw. Personengruppe). Dabei kann die Wirkungsquelle eine tatsächlich anwesende, eine implizit anwesende oder nur eine vorgestellte Person sein.“ Der erste Typus bezieht sich auf das Individuum, das sich nach der Majorität richtet, nur um negative Sanktionen durch die Gruppe zu vermeiden. Der zweite Typus besagt, dass das Individuum in bestimmten Situationen, die unterschiedlich gedeutet werden können, andere Menschen als Informationsquelle benutzt.

1998) hat sich die Theorie in der Online-Umgebung durchgesetzt. So wie bei der typischen Social Presence geht man davon aus, „bei der Kommunikation über elektronische Medien als natürliche Person wahrgenommen zu werden“ (Katzlinger 2009: 192). Dies ist natürlich schwieriger zu erreichen, da es in der digitalen Kommunikation v. a. nonverbale und paraverbale Anteile fehlen, die häufig durch bestimmte Elemente kompensiert werden, damit das entsprechend hohe Maß an sozialer Präsenz erreicht werden kann. Die meisten AutorInnen verweisen (v. a. bezüglich diverser Praktiken des Online-Lernens bzw. Online-Kooperationen) auf solche Kompensierungselemente der Online-Kommunikation wie Emoticons und den Einsatz von Avataren, v. a. in sog. 3D-Welten oder virtuellen Spielwelten (vgl. Dunlap et al. 2016 oder Park 2016), Erhöhung des Grades an sozialer Präsenz durch das Einführen von „kompensierenden“ Kommunikationskanälen wie bspw. Videos oder Töne (vgl. Borup et al. 2012) und schließlich entsprechend große Aktivität und Interaktivität des gegebenen Users/der gegebenen Userin online, die den sozialen Kontext (hier im Sinne des Vertrauens und des Etablierens von relativ „strong ties“ innerhalb des Kernnetzes) gewährleisten (vgl. Hao 2016).

Eng verknüpft mit der Theorie der sozialen Präsenz ist die sog. *Media Richness Theory* (dt. *Medienreichhaltigkeitstheorie*, vgl. Abb. 3). Das ursprüngliche Konzept geht auf zwei Arbeiten von Daft/Lengel (1984 und 1986) zurück und basiert auf der Annahme, dass das Ziel jeder Kommunikation *Überwindung von Ambiguität/Unklarheit* (*ambiguity/equivocality*) und *Reduzieren von Ungewissheit* (*uncertainty*) ist (vgl. Kaplan/Haenlein 2010: 61[107]). Die Theorie zählt zu den Modellen der sog. rationalen Medienwahl und bietet daher eine der möglichen Erklärungen für die Mediennutzung. Nach dem Modell haben einzelne Kommunikationsformen unterschiedliche Kapazitäten zur Informationsübertragung (vgl. Blank 2017: 78). So unterscheiden Daft/Lengel (1986: 560) zwischen „armen“ und „reichen“ Medien. Demnach ist Face-to-Face-Kommunikation ein reiches Medium mit diversen parallel verlaufenden Kommunikationskanälen verbaler und nonverbaler Natur. Sie ermöglicht ein direktes Feedback und stellt eine breite

[107] Kaplan/Haenlein (2010: 61) vertreten den Standpunkt, dass „some media are more effective than others in resolving ambiguity and uncertainty“. Dabei werden beide Begriffe im Rahmen der Theorie folgendermaßen definiert: „Equivocality means ambiguity and reflects confusion and lack of common understanding, whereas uncertainty means the absence of sufficient data necessary and reflects the inability to process information properly“ (Calefato/Lanubile 2010: 289).

Palette an Ausdrucksmöglichkeiten zur Verfügung (vgl. Blank 2017: 79). Im Vergleich sind bspw. Brief oder E-Mail „ärmere" Kommunikationsformen mit geringerer Reichhaltigkeit. Daft/Lengel (1986: 560) nennen dazu Faktoren, an denen sich die Reichhaltigkeit eines gegebenen Mediums messen lässt und zwar: Möglichkeit der unmittelbaren Feedbacks, Anzahl der verfügbaren Kanäle, Personalisierung und Ausdrucksmöglichkeit/Sprachvielfalt. Darüber hinaus hängt der „Reichtum" eines Mediums (ähnlich wie in der Theorie der sozialen Präsenz) von der Komplexität einer Kommunikationsaufgabe ab, „die durch den Einsatz einer bestimmten Kommunikationsform gelöst werden soll" (Blank 2017: 80). Demnach erzielen „reiche" Medien ihre richtige Effektivität, wenn die gegebene Kommunikationsaufgabe entsprechend komplex ist, die Kommunikation über „arme" Medien wird demnach von der möglichst geringen Komplexität der Aufgabe bestimmt. Daft/Lengel (1986) sprechen dabei von einem Bereich der richtig effektiven Kommunikation, der zwischen *Overcomplication* (d. h. Mehrdeutigkeit oder Kommunikationssituationen, in denen zu viele Nebeninformationen produziert werden) und *Oversimplification* (wenn die Kommunikation allzu unpersönlich ist und es kaum oder kein Feedback gibt).

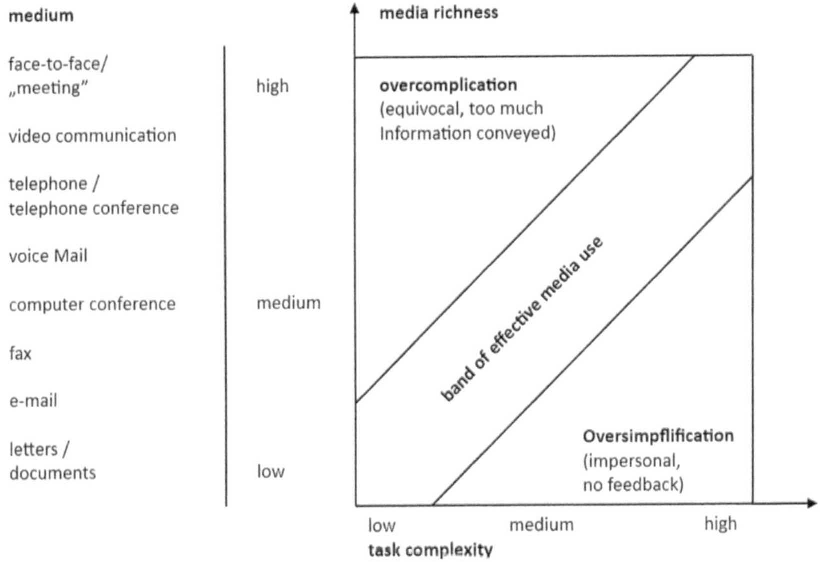


**Abb. 3:** Modell der Media Richness (erweitert und überarbeitet von Blank 2017: 79).

Die beiden besprochenen Theorien der Medienforschung (der sozialen Präsenz und der Medienreichhaltigkeit) sind, wie gerade angedeutet, eine erste Klassifizierung im Kontext der Social Media. Die zweite bilden in dem präsentierten Modell die in Untersuchungen sozialer Prozesse verankerten Begriffe der *Selbstpräsentation* (*Self-Presentation*) und der *Selbstoffenbarung* (*Self-Disclosure*, vgl. Tab. 3[108]). Einerseits wollen sich viele durch Medien präsentieren (so wie in digitalen Medien mittels unterschiedlicher Werkzeuge wie Pinnwand, Fotos, Informationen über sich selbst usw.), andererseits, sind sie mehr oder weniger bereit, Informationen über sich preiszugeben (in Bezug auf ihre Ansichten, Gefühle, Vorlieben sowie vorläufige Positionierung[109]). Beide Konzepte gehen auf die ursprüngliche Idee der *Selbstdarstellung* und des *Theaterspielens* von Goffman (2003, vgl. auch 5.2.3) zurück, nach der „in any type of social interaction people have the desire to control the impressions other people form of them" (Kaplan/Haenlein 2010: 62). Mit anderen Worten kann man sagen, dass es Sichtbarmachen der eigenen Identität (bzw. situative Hervorbringung bestimmter Identitäten durch Positionen oder Positionierungen im Diskurs) ist, das mehr oder weniger bewusste „Darstellen der eigenen Persönlichkeit" (Misoch 2004: 29), die Entwicklung des „discursive self" (Dayter 2016) oder „performing the self" (Dijck 2013). Laut Kaplan/Haenlein (2010: 62) hat der Wunsch nach der Steuerung/Kontrolle des Eindrucks, den man auf andere Menschen bei praktisch jeder Art sozialer Interaktion macht, zwei Gründe: Zum einen möchte man Belohnungen sammeln (bspw. Erwartung eines positiven Eindrucks auf den zukünftigen Schwiegervater in familiären Situationen), zum anderen will man ein solches Selbstbild von sich kreieren, das mit seiner persönlichen Identität übereinstimmt (bspw. viele Menschen kleiden sich modisch, um als jung und trendy wahrgenommen zu werden). Im Falle von sozialen Medien in der Online-Umgebung ist es sogar der Wunsch nach einer bewussten Selbstvermarktung, Impression Management oder sogar

---

[108] Nach einer der klassischen Definitionen von Wheeless/Grotz (1976: 338) bedeutet „self-disclosure" jede Information über das Selbst, die eine Person anderen Menschen mitteilen möchte.

[109] Gerade die im Buch thematisierten Social-Web-Formate begünstigen jegliche Prozesse der Selbstoffenbarung. Szpunar (2014 und 2016) vertritt die Ansicht, dass viele UserInnen sogar ein stark ausgeprägtes Bedürfnis haben, sich online zu „enthüllen". Darüber hinaus ist es ein Verlangen nach „Be- und Verarbeitung von Unsicherheiten bezüglich der eigenen Identität" (Goderbauer-Marchner et al. 2015: 39).

„Inszenierung eines erwünschten Selbst, mit dem Zweck, den sozialen Einfluss zu verstärken" (Blank 2017: 80; vgl. auch 5.2.3 im vorliegenden Buch).

**Tab. 3:** Klassifizierung von Social Media nach Social presence/media richness und self-presentation/self-disclosure von Kaplan/Haenlein (2010: 62)

| | **Social presence / Media richness** | | |
|---|---|---|---|
| | **LOW** | **MEDIUM** | **HIGH** |
| **Self-presentation / Self-disclosure HIGH** | Blogs | Social networking sites (e.g. Facebook) | Virtual social worlds (e.g. Second Life) |
| **Self-presentation / Self-disclosure LOW** | Collaborative projects (e.g. Wikipedia) | Content Communities (e.g. YouTube) | Virtual game worlds (e.g. World of Warcraft) |

Resümierend kann festgehalten werden, dass Kaplan/Haenlein (2010: 62 ff.) in ihrer Klassifizierung von Social Media (je nach den gerade besprochenen Größen sozialer Präsenz/Medienreichhaltigkeit und Selbstpräsentation/Selbstoffenbarung) folgende Typen vorschlagen: Blogs (in denen die AutorInnen sich gut präsentieren können, aber die soziale Präsenz eher schwach ist, d. h. ziemlich wenige Anwendungen konvergiert werden können), Social Networking Sites[110] (mit guten Selbstoffenbarungsmöglichkeiten und relativ starker sozialer Präsenz), kollaborative Projekte (deren sowohl soziale Präsenz als auch das Maß an „self-presentation" eher niedrig sind, da sie nicht im Zentrum des Interesses der UserInnen stehen) und Content Communities (mit niedrigen Selbstpräsentierungsmöglichkeiten und mittlerer sozialer Präsenz). Laut den Autoren kann man unter Social Media noch „virtual social worlds" sowie „virtual game worlds" unterscheiden. Die erste Gruppe (der virtuellen sozialen Welten) bilden laut Kaplan/Haenlein (ebd.) Anwendungen mit sowohl starker sozialer Präsenz/Medienreichhaltigkeit als auch hohem Maß an Selbstpräsentation, die zweite Gruppe (der virtuellen Spielwelten) wäre auch stark im Sinne der sozialen Präsenz, allerdings mit niedrigeren Möglichkeiten der „self-disclosure".[111]

---

[110] Wie gerade in 3.3 erwähnt, bezieht sich m. E. die Bezeichnung „Social Networking Sites" auf alle Online-Anwendungen, die ein kommunikatives und relationales Netz bilden können. Ich würde hier eher von „sozialmedialen Plattformen" sprechen.

[111] Das Phänomen der „virtuellen Welten" und ihrer vermeintlichen hohen Medienreichhaltigkeit/sozialer Präsenz versuche ich im nächsten Kapitel auszudiskutieren.

In einem nächsten Schritt möchte ich die präsentierte Klassifizierung spezifizieren und ergänzen. Darüber hinaus schlage ich ein paar Änderungen in der Nomenklatur in Bezug auf einzelne Anwendungen vor (v. a. in Anlehnung an die von Goderbauer-Marchner/Matausch 2015: 27 f. vorgeschlagene Typisierung von Social-Media-Typen) und bringe sie mit drei Größen in Zusammenhang: der Selbstpräsentation/Selbstoffenbarung, der sozialen Präsenz/Medienreichhaltigkeit und schließlich mit der in der Arbeit bereits vorgeschlagenen Größe der *Vernetzungsstärke*. Der letzte Begriff wird im kommenden Kapitel genauer definiert und charakterisiert.

## 3.6 Klassifizierung von Social Network Sites nach sozialer Präsenz, Selbstpräsentation und Vernetzungsstärke

Die in dem Buch geschilderte Klassifizierung der sozialen Medien berücksichtigt die gerade besprochenen Größen: der sozialen Präsenz sowie der Selbstpräsentation (vgl. Tab. 4). Im Falle des Maßes an sozialer Präsenz handelt es sich v. a. um die Anzahl der verfügbaren Kommunikationskanäle, d. h. je mehr Kanäle einer SNS in unterschiedlichen Modi-Konstellationen (v. a. nach Akteurskonfigurationen One-to-One, One-to-Many, Many-to-Many und der Zeitdimension synchron vs. quasi-synchron und asynchron mit möglichen Konvergenzen) zur Verfügung stehen, was gleichzeitig die „Interpersonalität" des gegebenen Mediums sowie seine Fähigkeit der Übertragung von sowohl visuellen als auch verbalen Signalen verstärkt, desto höher ist seine soziale Präsenz, bzw. Reichhaltigkeit (vgl. Plattformen des Personal Publishing wie Blogs mit einer relativ niedrigen technisch bedingten sozialen Präsenz vs. virtuelle 3D-Welten, in denen praktisch alle möglichen Online-Kommunikationskanäle zur Verfügung stehen). Die Möglichkeiten der Selbstpräsentation (bzw. der Selbstoffenbarung) dagegen hängen einerseits von der Anzahl der Mitwirkenden in einem sozialen Medium ab (vgl. allgemeine kollaborative Projekte mit eher geringen Selbstdarstellungsmöglichkeiten der einzelnen UserInnen versus private und personalisierte Blogs, Microblogs oder private Profile auf sozialmedialen Plattformen), andererseits von seinen Multimodalitätsmöglichkeiten (d. h. die zur Verfügung stehenden semiotischen Ressourcen, wie Texte, Videos, Fotos, Design, Grafiken usw.) sowie Anzahl der eingesetzten Werkzeuge des

Kommentierens und des Content-Kreierens. Ausschlaggebend ist selbstverständlich auch der Charakter der gegebenen Anwendung: Je persönlicher und auf die einzelnen InternetnutzerInnen bezogen, desto höher sind die Möglichkeiten der Selbstpräsentation.

Das der Klassifizierung der SNS zugrundeliegende Schema von Kaplan/Haenlein (2010) mit ihren zwei gerade besprochenen Größen vermittelt m. E. jedoch ein verzerrtes Bild von sozialen Medien als solche, deren NutzerInnen hauptsächlich durch immer raffiniertere technische Mittel nach dem möglichst starken Gefühl des psychologischen Empfindens der nahezu körperlichen Anwesenheit anderer streben. Der Alltag der heutigen sozialen Medien zeigt allerdings, dass die vermeintlich medial stärksten virtuellen 3D-Welten oder virtuelle Spielwelten, in denen sich der User/die Userin sogar selbst maskieren und eine beliebige Figur spielen kann, eher eine Randerscheinung sind[112] und nach wie vor typische, textbasierte SNS am populärsten sind (vgl. Statistiken in 3.4). Viele UserInnen erwarten dagegen die Möglichkeit einer Art der Ergänzung/Verlängerung ihres eigenen Offline-Lebens (vgl. auch 2.1), bzw. tendieren zur Herausbildung und Vernetzung von (mehr oder weniger stark individualisierten) Sozialräumen, die beide „Welten“ verbinden würden

---

[112] Laut der Online-Enzyklopädie Wikipedia ist die Anzahl der aktiven UserInnen der populärsten dreidimensionalen virtuellen Welt „Second Life“ eher fest und beträgt in den letzten Jahren zwischen 700.000 und 800.000 (vgl. https://de.wikipedia.org/wiki/Second_Life; 13.06.2023). Leider gibt es keine genauen Zahlenangaben auf der Seite des Produzenten. Der User/die Userin kann der Fantasie freien Lauf lassen und bspw. seine/ihre erwünschte virtuelle Welt mit seinem/ihrem eigenen Avatar konstruieren und weiterentwickeln. Second Life ist allerdings nicht nur ein Online-Spiel mit seiner eigenen Währung, sondern auch eine weit ausgebaute Kommunikationsplattform, auf der man z. B. sein eigenes Unternehmen gründen kann. Viele KünstlerInnen präsenteren dort ihre Werke; Städte und Regionen aus der ganzen Welt können sich online darstellen (obwohl seit Jahren kaum neue entstanden sind); zahlreiche Schulen und Institutionen bieten E-Learning-Kurse an usw. Darüber hinaus kann man dort selbst seine Objekte generieren, die realen Einfluss auf das Funktionieren im Spiel haben (vgl. Adler/Gassner 2007; Stillich 2007 oder Eck 2011). Trotzdem geht die Anzahl der UserInnen solcher Portale seit ein paar Jahren zurück. Laut Basic (2015) hängt es v. a. mit anderen Bedürfnissen und dem bereits genannten veränderten Mediennutzungsverhalten vieler InternetnutzerInnen zusammen – die meisten UserInnen bevorzugen die Kommunikation in typischen Social Media als die ständige Suche in eher geschlossenen Welten nach ihren als Avatare getarnten Freunden und Bekannten. Außerdem überlastet die oft zu raffinierte Grafik der 3D-Welten viele Rechner.

(vgl. den sog. *vernetzten Individualismus* bei Castells 2004). U. a. durch die Anzahl der vernetzten UserInnen („Freunde“, „Bekannte“), die Thematik der Postings, ihr persönliches Engagement sowie eingesetzte Strategien online kann man auch andere NutzerInnen prägen und beeinflussen.

Schließlich sind die populärsten SNS (gemeint sind dabei eher Werkzeuge des Personal Publishing, Mikroblogs, Content Communitys und sozialmediale Plattformen) ideale Orte, in denen immer wieder neue emergente Gruppen entstehen, deren Mitglieder nicht nur anschließend kommunizieren, bzw. selbst mit ihrem Content beitragen können, sondern auch mehr oder weniger spontane thematische (Ad-hoc-)Gemeinschaften bilden. Aus diesem Grund sollte die Klassifizierung der Social Media Sites meiner Meinung nach um die Größe der *Vernetzungsstärke* ergänzt werden. Unter dem Begriff *Vernetzungsstärke* wird das Vermögen der gegebenen Social Networking Site verstanden, mehr oder weniger ausgebaute („crossmediale“) Online-Netzwerke zu bilden, d. h. solche, die möglichst für jeden Internetnutzer/jede Internetnutzerin zugänglich sind und zur Informations- und Wissensvermittlung beitragen. Je stärker eine SNS vernetzt ist, desto häufiger unterstützt sie ihre *kommunikative Kontinuität*[113]. Der letzte Begriff bezieht sich auf die Fähigkeit der Bildung unterschiedlicher kommunikativer Faden über diverse Anwendungen. Das Aufbauen von Vernetzungsstärke erfolgt durch das Herausbilden und weiteres Entwickeln von Online-Verbindungen mit unterschiedlicher Reichweite, sozialer Kontrolle und Bindungsstärke (vgl. auch 2.1). Personen und Informationen in der Online-Umgebung lassen sich praktisch v. a. mittels sog. *Kommunikationsoperatoren* vernetzen (u. a. Links, Hashtags oder Trackbacks aber auch RSS-Feeds oder sog. Permalinks/permanente Links, vgl. 4.3.3).

Die generelle Regel lautet dabei: Die Vernetzungsstärke der gegebenen SNS ist umgekehrt proportional zu ihrer (technisch bedingten) sozialen Präsenz/Medienreichhaltigkeit. Dies bedeutet Folgendes:

- am einfachsten lassen sich Inhalte vernetzen, die in erster Linie im Rahmen von solchen (mobilen) Kommunikationsformen oder Angeboten vermittelt werden, deren *Kontaktmodellierung* (d. h. Modellierung der Beziehungen

113 Katzenbach (2010: 198) bezieht den Terminus der kommunikativen Kontinuität lediglich auf Weblogs. Meiner Ansicht nach lässt es sich ebenso in Bezug auf alle SNS mit hohem Maß an Vernetzungsstärke anwenden.

zwischen den UserInnen; vgl. Herwig 2011: 196) entweder auf dem meist einseitigen Abonnement oder auf dem sog. RSS-Feed[114] beruht, wie in Blogs. Genauso einfach lassen sich Personen und Inhalte in Microblogs und Content Communitys vernetzen, in denen die Modellierung der Beziehungen praktisch keiner Gegenseitigkeit bedarf (nach dem Muster „A kann B folgen, B muss A nicht folgen") damit die Kommunikation zustande kommt, ebenso wie in Rezensions- und Bewertungsplattformen oder diversen Kollaborationsplattformen (wie z. = B. thematische Wikis oder Diskussionsforen). Allerdings ist in der letzten Gruppe das Maß an Selbstpräsentation geringer als bei stärker personalisierten SNS, weil der besondere Wert eher auf Diskussionen und eventuelles Produzieren vom unterschiedlichen Inhalt gelegt wird.

- sozialmediale Plattformen (z. B. Facebook oder Google+), die die größten NutzerInnenzahlen verzeichnen, mobile Versionen unterstützen und praktisch alle Online-Dienste unter einem Dach vereinen, lassen sich m. E. schwieriger vernetzen. Dies resultiert vor allem aus ihrer meist beidseitigen Kontaktmodellierung. Herwig (ebd.) spricht in einem solchen Fall von dem Muster „A und B bestätigen den Kontakt". In dieser Gruppe würde ich auch weniger populäre SNS und zwar Personal Broadcasting (vgl. die Klassifizierung der SNS unten) platzieren, deren Selbstpräsentationsmöglichkeiten mittel oder geringer sind (je nachdem, welcher Kommunikationskanal eingesetzt wird, bzw. welche Kanäle und in welcher Konfiguration).
- die geringste Vernetzungsstärke weisen (wie gerade angedeutet) virtuelle 3D-Welten und Spielwelten auf, die eher geschlossene Kommunikations- und Spielsysteme darstellen und kaum Verbindungen zu anderen Anwendungen haben.

Selbstverständlich sind die Grenzen zwischen den einzelnen Medientypen bzw. -formen fließend. Zum Beispiel es kann passieren, dass trotz der allgemein herrschenden einseitigen Kontaktmodellierung und Unverbindlichkeit von Mikroblogs oder Content Communitys manche Profile privat sind. Um ihnen zu folgen, sollte man (ähnlich wie in sozialen Plattformen) eine Folgeanfrage

[114] RSS (Rich Site Summary oder Really Simple Syndication) sind Dateiformate für Web-Feeds. Im Allgemeinen zeigen sie Änderungen auf Websites, z. B. auf News-Seiten, Blogs, oder Audio-/Video-Logs (mehr dazu u. a. Jers 2012: 50).

schicken. Dies senkt natürlich die potentielle Vernetzungsstärke solcher Accounts. Dasselbe betrifft manche Kollaborationsplattformen (wie thematische Wikis), deren Bestände ausschließlich von registrierten UserInnen benutzt werden können. Die Praxis der erfolgreichen Online-Kommunikation sieht jedoch so aus, dass besonders viele einflussreiche BloggerInnen und mittlere mediale AnbieterInnen, z. B. Journalisten/Journalistinnen oder Personen des öffentlichen Lebens, wie die im vorliegenden Buch thematisierten AktivistInnen mit Behinderungen, sich für leicht zugängliche Accounts – meistens sog. Fanpages (vgl. 3.7.1) – entscheiden, die dann frei und unproblematisch vernetzt werden können (mit entsprechenden Linkverweisen), was natürlich ihre Rolle im gesamten medialen Informationskreislauf der Off- und Online-Medien erheblich erhöht. Um die Sichtbarkeit der einzelnen Postings zu steigern, kann man auch die Privatheitseinstellungen (bzw. Öffentlichkeitseinstellungen) ändern – bspw. von „nur für Freunde" auf „öffentlich" (am Beispiel von Facebook). Unten werden tabellarisch Typen von Social Network Sites unter der Berücksichtigung von drei besprochenen Größen präsentiert. In weiteren Schritten werden die ausgewählten Typen von SNS charakterisiert.

**Tab. 4:** Klassifizierung von sozialen Medien nach sozialer Präsenz/Medienreichhaltigkeit, Selbstpräsentation/Selbstoffenbarung und Vernetzungsstärke. Eigene Darstellung

<table>
<tr><th></th><th colspan="3">Vernetzungsstärke ←</th></tr>
<tr><th></th><th colspan="3">Maß an sozialer Präsenz / Medienreichhaltigkeit →</th></tr>
<tr><td rowspan="6">Maß an Selbstpräsentation/ Selbstoffenbarung ↑</td><td>Personal Publishing (v. a. thematische Blogs, oft auf sog. Publishing-Plattformen)</td><td rowspan="3">Sozialmediale Plattformen (z. B. Facebook, Google+, LinkedIn)</td><td rowspan="3">Virtuelle 3D-Welten (z. B. Second Life)</td></tr>
<tr><td>Mikroblogs (z. B. Twitter/X)</td></tr>
<tr><td>Content Communitys (z. B. Instagram, TikTok, Flickr, Pinterest, YouTube, Vimeo)</td></tr>
<tr><td>Rezensions- und Bewertungsplattformen (z. B. Web of Trust)</td><td rowspan="3">Personal Broadcasting (z. B. Ustream, Blog Talk Radio)</td><td rowspan="3">Virtuelle Spielwelten (z. B. World of Warcraft)</td></tr>
<tr><td>Kollaborationsplattformen (v. a. Online erstellte Enzyklopädien – Wikis aber auch Diskussionsforen)</td></tr>
<tr><td>Social Bookmarking Sites (z. B. Delicious oder Digg)</td></tr>
</table>

## 3.7 Charakteristika von ausgewählten Social Network Sites

Im Mittelpunkt der vorliegenden Arbeit stehen meistens zahlenstärkste Anwendungen von emergenten Online-Netzwerken, die sich einerseits durch mittlere bis hohe Vernetzungsstärke auszeichnen, andererseits gute Selbstpräsentationsmöglichkeiten anbieten. Ich möchte Aufmerksamkeit den folgenden drei Arten von SNS widmen, die besonders gut vernetzt sind, ihre kommunikativen Kontinuitäten unterstützen und deren NutzerInnen die Möglichkeit haben, sich mittels unterschiedlicher semiotischer Ressourcen zu präsentieren (bzw. zu präpositionieren). Darüber hinaus bilden die im Folgenden beschriebenen sozialen Medien den technischen, kommunikativen und sozialen Hintergrund für die Analyse der Positionierungspraktiken im Diskurs über und von Menschen mit Behinderungen. Im Folgenden werden soziale Plattformen (vgl. 3.7.1), Mikroblogs (vgl. 3.7.2), Content Communitys (vgl. 3.7.3) sowie Formen des Personal Publishing (vgl. 3.7.4) ausführlicher charakterisiert. Die Charakteristik umfasst jeweils den primären kommunikativen Zweck jeder Anwendung (samt der zugrundeliegenden Kommunikationsmodi sowie Kontaktmodellierung), ihre technisch und sozial bedingten Einschränkungen (engl. *Constraints*) und Herausforderungen/Möglichkeiten (engl. *Affordances*[115]) und schließlich Unterstützung der Identitätsarbeit bzw. des Identitätsmanagements. Bei der Besprechung der einzelnen Medientypen werden auch entsprechende Beispiele der SNS mit aktuellen Userzahlen angegeben.

---

115 Norman (2022) erklärt, dass die *Affordances* und *Constraints* der gegebenen Technologie beeinflussen, wie man sie nutzen kann. Nach dem Autor sind die *Affordances* „the perceived and actual properties of the thing that determine just how the thing could possibly be used" (ebd.: 9). *Constraint* ist dagegen etwas, das die Art und Weise, wie ein Artefakt verwendet werden kann, einschränkt. Norman räumt auch ein, dass Affordanzen und Einschränkungen zwar Teil des Designs des Mediums sein können, für den Benutzer/die Benutzerin jedoch nicht sofort sichtbar sind (vgl. ebd.: 82). Im Zusammenhang mit der multimodalen Kommunikation, die den Hintergrund der analysierten Positionierungspraktiken bildet, ist es sinnvoll hinzuzufügen, dass man es auch mit sog. modalen Affordanzen zu tun hat. Das Konzept bezieht sich vor allen Dingen „auf die semiotische Arbeit einzelner Zeichenmodalitäten [vgl. 4.3] für die Bedeutungskonstruktion, die immer auf den sozialen und historischen Kontext dieser Modalitäten zurückzubeziehen ist [...]" (Bender et al. 2022: 40).

### 3.7.1 Sozialmediale Plattformen

*Sozialmediale Plattformen*[116] sind mit Sicherheit die populärsten SNS weltweit (vgl. die Angaben laut statista.com in 3.4). Im Gegenteil zu Werkzeugen des Personal Publishing stellen Plattformen Angebote dar, „die einer Vielzahl von Nutzern eine gemeinsame Infrastruktur für Kommunikation der Interaktion bieten“ (Schmidt 2017: 25), wobei man auf dem Grundgedanken basiert, „Menschen mit ähnlichen Interessen über das Internet zu verbinden und mit diesen onlinebasiert zu kommunizieren“ (Rapp 2013: 20).

Die primären Zwecke von sozialen Plattformen würde ich generell in drei Gruppen aufteilen:

- je nach der Spezifik der Plattform handelt es sich v. a. um die entsprechende, KI-gestützte Selbstpräsentation, die sukzessive (mit ein bisschen „Ausdauer“ und Identitätsarbeit/Identitätsmanagement) zum Entstehen einer Online-Identität (je nach der SNS mit vielen „Freunden“/„Followern“ oder „Bekannten“) beitragen kann. Die Selbstoffenbarung ist möglich v. a. durch die Angabe von persönlichen Informationen im Rahmen des sog. *Nutzerprofils*, das sowohl öffentlich als auch semi-öffentlich sein kann. Zu solchen Informationen gehören u. a.: Name, Alter, Wohnort, Ausbildung oder Biogramm. Außer dem *Usernamen/(Be)nutzernamen* sind die anderen Felder nicht obligatorisch und können beliebig ergänzt und/oder geändert werden. Dazu kommen grafische Elemente, wie das *Profilbild* oder das sog. *Titelbild* (abhängig von der jeweiligen Plattform);
- „das Pflegen und Knüpfen von sozialen Kontakten“ (Fraas et al. 2012: 25) und das Sichtbarmachen der sozialen Beziehungen über Freundeslisten (durch die sog. *Freundschaftsanfrage*) und Gruppenzugehörigkeiten;
- weit ausgebaute Kommunikationsmöglichkeiten im Rahmen der vom User/von der Userin nach primären persönlichen Relevanzkriterien

[116] In der Fachliteratur werden für diese Gruppe von Anwendungen auch zahlreiche andere Namen benutzt, u. a. *Social Networks/Soziale Netzwerke* (vgl. Rapp 2013; Kirchhoff et al. 2015), *Plattformen* (vgl. Fraas et al. 2012), *Social Network Sites* (vgl. Sonnberger 2012), *Social Networking Sites* (vgl. Kaplan/Haenlein 2010), *Social Networking* (vgl. Goderbauer-Marchner/Matausch 2015), *Netzwerk-Plattformen* (vgl. Altmann 2011) oder *Soziale Netzwerkplattformen* (vgl. Jers 2012 oder Schmidt 2017). Es passiert auch, dass sie im alltäglichen Sprachgebrauch einfach mit sozialen Medien gleichgesetzt werden.

aufgebauten Community – zum einen sind es Kommentieren (auf der eigenen sog. *Pinnwand*, oder auf der Pinnwand eines Freundes, bzw. in unterschiedlichen mehr oder weniger abgeschlossenen Gruppen), das durch Statusmeldungen des Systems unterstützt wird, das Teilen von Inhalten (z. T. vom sog. User-Generated-Content durch Links) mit anderen UserInnen sowie sein eventuelles Kategorisieren (sog. *Tagging*; vgl. 4.3.3). Alle Aktivitäten anderer vernetzter UserInnen können dann auch entsprechend bewertet werden (mittels des sog.„Gefällt mir"-Buttons).

Dies alles ist unterschiedlichen Kommunikationsangeboten (bzw. Anwendungen) zu verdanken, die praktisch in allen Kommunikationsmodi (sowohl akteurs- als auch zeitbezogen) funktionieren. Zu nennen wären hier v. a. unterschiedliche integrierte Tools (z. T. dank ihnen sind sozialmediale Plattformen so beliebt, da sich viele Kommunikationswerkzeuge unter einem Dach befinden und leicht zu handhaben sind). Das wohl bekannteste ist *Facebook Messenger* – eine Kommunikationsapplikation, die auch außerhalb der Hauptplattform funktioniert und außer der Möglichkeit der Produktion von textuellen Beiträgen, das Verschicken von Links, (selbstgemachten) Videos, Bildern und Grafiken, bzw. Live-Streaming oder Video-Gespräche ermöglicht, sowie Bilden von unterschiedlich großen (eher privaten) Gruppen unterstützt.

Die Kontaktmodellierung der sozialen Plattformen funktioniert im Allgemeinen nach dem Muster „A und B bestätigen den Kontakt", was die Vernetzungsstärke vieler kommunikativer Ereignisse in solchen SNS teilweise beschränkt – der Fokus wird eher auf die persönlichen Ansichten der einzelnen UserInnen gerichtet und es wird dazu vorwiegend in geschlossenen Gruppen diskutiert, was mit besonders starker Personalisierung dieser Art der SNS einhergeht (man kann auch entsprechend die Privatheit der einzelnen Postings einstellen). Eine Ausnahme bilden allerdings sog. *offene Profile* (frei zugänglich für alle angemeldeten UserInnen). Es ist auch möglich auf vielen Plattformen, die Privatheit bzw. die Öffentlichkeit der einzelnen Postings zu ändern, damit sie nicht nur von Freunden/Bekannten gesehen werden können. Dazu kommen noch offizielle Seiten von kommerziellen oder nicht kommerziellen AnbieterInnen, von diversen Organisationen, Stiftungen usw. oder (private) sog. *Fanpages* (*Fanseiten/Fansites*), die sich meistens auch leicht vernetzen lassen, da ihre Kontaktmodellierung meistens auf einer Art

Abonnement beruht. Nach Martini/Fritzsche (2015: 1 f.) sind die letzteren entweder typische Websites oder Sites auf sozialen Plattformen, die gezielte Informationen über eine Person des öffentlichen Lebens präsentieren, bzw. einem bestimmten Hobby gewidmet sind. Sehr oft werden sie selbst von Fans gestaltet und mit unterschiedlichen Informationen gefüllt. Darüber hinaus bieten Fanpages (besonders im Rahmen von Social Media) entsprechend ausgebaute Chat-Möglichkeiten oder Verweise auf Foren, was für den weiteren Ausbau und kommunikative Kontinuität von entsprechenden Communitys sorgt.

### 3.7.2 Mikroblogs

*Mikroblogs* (bzw. *Microblogs* oder *Microblogging-[Dienste]*) werden (in Anlehnung an Goderbauer-Marchner/Matausch 2015: 28) als Online-Plattformen definiert, „die sich auf kurze (oft zeichenbegrenzte) Mitteilungen spezialisieren, die User abonnieren kann und die ihm automatisch zugestellt werden". Zu den bekanntesten Microblogs gehört Twitter/X[117] (laut statitsa.com mit 611 Millionen aktiver UserInnen im April 2024). Die App bildet ihre (Ad-hoc-)Community, die aus sog. *FollowerInnen* besteht und eine spezielle „Teil-Öffentlichkeit" bildet (vgl. Kirchhoff et al. 2015: 232[118]), deren kurze Beiträge (bei Twitter/X heißen sie *Tweets*) auf der eigenen *Timeline* erscheinen (vgl. Primbs 2016: 30 f.).

Primärer Zweck von Mikroblogs ist das Absetzen von kurzen telegrammartigen Kommentaren oder Nachrichten, was bei vielen besonders aktiven UserInnen zum Entstehen eines „Online-Tagebuchs" führen kann. Meist sind die Beiträge textueller Natur, allerdings oft mit Grafiken, Bildern bzw. Links oder anderen Kommunikationsoperatoren (v. a. Hashtags oder sog. Adressierungsoperatoren [@-Zeichen]) versehen. Im Falle von Twitter/X ist es u. a. das sog. Retweeten, bzw. Weiterleiten in anderen Social Media (vgl. Thimm et al. 2011, Autenrieth/Herwig 2011: 2018 f., Dang-Anh

[117] Ende Juli 2023 wurde der Kurznachrichtendienst Twitter in X umbenannt und hat sein Logo geändert. In vielen Online-Texten funktioniert die SNS als „X", „Twitter/X" oder „X/Twitter".

[118] boyd (2010: 47) spricht von „possibility of tremendous visibility, not the guarantee of it". Dies bedeutet im Prinzip, dass es sich um eine Art eines imaginären Publikums handelt, das der User oder die Userin auf den gegebenen Inhalt zuerst entsprechend vorbereiten muss (vgl. Scott 2015: 11).

et al. 2013a sowie 4.3.3 im vorliegenden Buch). Die möglichen Modi-Konstellationen umfassen v. a. asynchrone One-to-Many-Kommunikation[119] (mit weniger populären One-to-One-Formen in privaten Nachrichten). Trotz ihrer Asynchronität sind Microblogging-Dienste allerdings „ein radikal echtzeitliches Medium, das seine Nutzer einlädt, aktuelle Geschehnisse und Inhalte zu verbreiten" (Siri/Seßler 2013: 10). Aus diesem Grund werden Mikroblogs v. a. von PolitikerInnen und JournalistInnen aber auch zunehmend VertreterInnen von mittleren und kleineren Öffentlichkeiten (wie BloggerInnen oder Online-PublizistInnen) benutzt, die u. a. praktisch rund um die Uhr soziale und politische Lage kommentieren und ihre FollowerInnen auf dem Laufenden halten (vgl. 5.3.4). Darüber hinaus liefern Mikroblog-Netzwerke kurze Nachrichten und Informationen zu beinahe jedem anderen Thema nach dem Motto „hier und jetzt", d. h. die Kommunikation ist zwar asynchron aber die einzelnen Beiträge werden praktisch ununterbrochen aktualisiert, kommentiert und nicht selten weitergeleitet (vgl. Szews 2013: 278). Gerade diese Eigenschaft von Microblogging-Diensten, die Dayter (2016: 89) als „network for information distribution 'on the go'" bezeichnet, unterscheidet diese SNS von anderen Anwendungen (v. a. strukturell ähnlichen Blogs, vgl. 3.7.4).

Allerdings verdanken Mikroblogs ihre relativ einfache Gemeinschaftsbildung und Vernetzungsstärke nicht nur der Tatsache, dass sie vorwiegend eher mobile Applikationen sind, sondern auch, dass ihre Kontaktmodellierung den Regeln eines typischen Abonnements unterliegt. Ähnlich wie in Blogs funktioniert sie nach dem Prinzip „A folgt B. B folgt A (nicht)" (vgl. Herwig 2011: 196). Trotz ihrer Constraints (z. B. der Beschränkung auf lediglich 280 Unicode-Zeichen in jedem Beitrag bei Twitter/X) lassen sich Mikroblogs relativ einfach in kommunikative crossmediale Kontinuitäten verweben. Dies ist auch darauf zurückzuführen, dass praktisch alle Mikroblog-Beiträge (sowohl einzelne Postings als auch ganze Gesprächsstränge) als selbständig fungieren und entsprechend verlinkt (ggf. in beinahe jedem

---

[119] Theoretisch ist jeder Beitrag (besonders ein Tweet bei Twitter/X), der in einem öffentlichen Account eines Users/einer Userin veröffentlicht wurde, für alle potentiellen registrierten NutzerInnen sichtbar (ggf. auch nicht registrierten Gästen, z. B. via externe Links in anderen sozialen Medien) und kann kommentiert und weitergeleitet werden (vgl. Dayter 2016: 89 f.).

Hypertext benutzt) und weitergeleitet werden können, was eine mögliche Erklärung ihrer großen Popularität ist.[120]

Und schließlich gibt es in Microblogs eine Reihe von Tools, die den Aufbau und spätere Identitätsarbeit ermöglichen. Informationstechnologisch gesehen werden den UserInnen eindeutige Identifikatoren durch einen *Benutzernamen* sowie eine entsprechende *E-Mail-Adresse* zugeordnet, die das gegebene Profil authentifizieren. So wie in nahezu allen Social-Media-Typen verfügen Mikroblogs über eine *Profilseite* mit typischen Repräsentationspraktiken wie der Name des Users/der Userin, das Profilbild (bei Twitter/X ist noch das Einrichten des sog. *Header-Bilds* möglich, das im Hintergrund des Profils zu sehen ist) sowie soziodemographische Angaben (wie Geschlecht, Alter oder Wohnort). Im Prinzip kann man sein Profil beliebig gestalten, die kurze Beschreibung zu jeder Zeit verändern und sie um entsprechende Schlüsselwörter (oft in Form von Hashtags) und einfache Grafiken (z. B. Emoticons) ergänzen. In den letzten Jahren ist es auch möglich, unterschiedliche Designs (bis hin zur Schriftfarbe für Markierungen) zu nutzen (vgl. Dyer 2020). Darüber hinaus kann man noch prägnanter als in anderen Social Media zwei Modi der *KI-gestützten Identitätspräsentation* (besonders auf der populärsten Microblogging-Plattform Twitter/X) unterscheiden: Einerseits ist es „eine tendenziell statische Repräsentation in Form der Profilseite“, andererseits handelt es sich um eine prozessuale Identitätspräsentation, „die sich in Form der Aktivitäten über den Zeitraum der Nutzung vollzieht“ (Autenrieth/Herwig 2011: 216) und sofort von anderen UserInnen gedeutet,

[120] In den letzten Jahren ist eine Reihe von soziologischen sowie linguistischen praxisbezogenen Beiträgen besonders zu Twitter/X entstanden. Zu nennen wären hier u. a. Arbeiten, die Nutzungsmotive und Nutzungsmuster von MicrobloggerInnenn erörtern (vgl. Schiep 2022); Analysen, in welchen Twitter/X als multimodales System beschrieben und mit anderen Anwendungen in Verbindung gebracht wird (vgl. Mejova et al. 2015 oder Zappavigna/Ross 2025) sowie Beispiele von konkreten Einsatzmöglichkeiten von Microblogging (vgl. u. a. Kollektivwerke von Davis et al. 2016 über die Rolle von Twitter/X-Kampagnen in der Weltpolitik oder Galdieri et al. 2018 über die Rolle von Twitter/X während der US-Präsidentenwahlen im Jahre 2016). Das Potenzial (aber auch mögliche Gefahren – besonders in Bezug auf Kinder und Jugendliche) von Twitter/X werden genauer von Szews (2013) und Eichenberg/Auersperg (2024) erörtert. Swasy (2016) oder Oswald (2019) beschreiben dagegen neue Einsatzmöglichkeiten von Twitter/X für JournalistInnen oder Content-ManagerInnen.

ausdiskutiert und entsprechend (re)kontextualisiert werden kann (vgl. Dang-Anh et al. 2013a).

### 3.7.3 Content Communitys

Den Schwerpunkt und den primären Zweck von Content Communitys[121] bilden (selbstgemachte, z. T. professionelle) Fotos, Grafiken oder Videos, die registrierte Mitglieder online verbreiten, sowie fremde Inhalte, die sie rezipieren und entsprechend bewerten können (vgl. Goderbauer-Marchner/Matausch 2015: 28 oder Schmidt 2017: 26[122]). Darüber hinaus ist es auch möglich, eigenen oder fremden Content zu veröffentlichen/zu teilen oder ihn (je nach der Plattform) in andere Webseiten einzubinden (wobei nicht immer verknüpfte Verwendungsrechte zu finden sind – besonders auf YouTube).

In der Regel konzentrieren sich Content Communitys auf spezifische Medienformen bzw. -formate. Zu den populärsten gehören allgemein Instagram und Pinterest – mit jeweils 2 Milliarden und ca. 500 Millionen aktiver UserInnen und die weniger „microblog-mäßige" Video-Plattform YouTube mit 2,5 Milliarden UserInnen.[123] Die Kontaktmodellierung von solchen Anwendungen beruht entweder auf Abonnements (z. B. YouTube oder Flickr) oder auf dem Prinzip „A folgt B. B folgt A (nicht)" auf Instagram oder Pinterest (vgl. Herwig 2011: 196), was bestimmt die Vernetzungsstärke aller solcher SNS erhöht.

Die Kommunikation in Content Communitys ist (wie im Falle von Mikroblogs) v. a. eine „One-to-Many-Kommunikation". Zwar unterstützen solche Applikationen auch andere Kommunikationsmodi („Many-to-Many" oder „One-to-One" in privaten/direkten Nachrichten), aber diese

---

[121] In der einschlägigen Literatur kann man auch andere Namen finden, je nach der zugrundeliegenden Ressource bzw. überwiegenden Dateitypen, u. a. *Bilder- und Videoplattformen* (vgl. Jers 2012), *Multimediaplattformen* (vgl. Schmidt 2017, Altmann 2011) oder *Foto-Sharing/Video-Sharing* (vgl. Goderbauer-Marchner/Matausch 2015), wobei man in der letzten Kategorisierung die Kategorie des Online-Teilens diverser Inhalte hervorheben möchte.

[122] Im Mittelpunkt solcher Anwendungen steht mit anderen Worten das sog. „Social Sharing", bei dem „das Publizieren und Rezipieren von multimedialen Inhalten zentral ist" (vgl. Jers 2012: 57).

[123] Alle Zahlenangaben siehe: https://www.statista.com/statistics/272014/global-social-networks-ranked-by-number-of-users/ (April 2024).

sind nicht so ausgeprägt wie in typischen sozialmedialen Plattformen. Gegebenenfalls kann jeder User/jede Userin seine/ihre Beiträge entsprechend „beschriften"; meistens ist es ein kurzer textueller Teil, der durch Kommunikationsoperatoren (v. a. Hashtags und At-Zeichen) ergänzt werden kann (vgl. auch 4.3.3). Kommentarfunktionen sind im Vergleich zu Mikroblogs und sozialmedialen Plattformen eher bescheiden, was m. E. zu den besonderen Constraints der Content Communitys gehört. Jeder Beitrag kann zwar kommentiert werden (es gibt auch entsprechende Schaltflächen, meistens populäre „Gefällt-mir-Buttons") und jede Interaktion wird durch (ausschaltbare) Status Updates des Systems unterstützt, aber technisch gesehen beschränken sich Kommentare lediglich auf Texte mit möglichen Links und weiteren Kommunikationsoperatoren.[124] Eine Ausnahme bildet hier jedoch YouTube (und andere Video- oder Bilder-Sharing-Plattformen), weil sie meistens eine Möglichkeit anbieten, dass die UserInnen nicht nur in Form von Texten antworten, sondern auch in Form eines Videos, sodass sogar „ganze Dialoge in Form von Videos entstehen können" (Jers 2012: 58[125]). Nichtsdestotrotz bilden Userkommentare in Content Communitys eher mittlere oder schwache kommunikative Anschlusshandlungen im Sinne richtiger Referenzen, die in weitere Online-Diskurse verwoben werden könnten (im Gegensatz z. B. zu Twitter/X oder anderen Microblogging-Diensten).

Zu besonderen Affordances von Content Communitys kann man dagegen weit ausgebaute Selbstpräsentationsmöglichkeiten zählen. Außer dem Selbstpräsentationsmodul in jedem Account (der registrierte User/die registrierte Userin kann sein/ihr Profilfoto auswählen sowie kurze Informationen über sich preisgeben) steht den NutzerInnen eine breite Palette an Kommunikationskanälen/Ressourcen (v. a. Bilder und Videos) zur Verfügung, durch die sie sich entsprechend präsentieren können (und zumindest einen

[124] Dies schließt die zukünftige Implementierung neuer Kommentierungswerkzeuge nicht aus. Es sollte noch einmal betont werden, dass die Diskussion der Affordanzen einer bestimmten SNS immer eine Art Momentaufnahme ist.

[125] Jers (vgl. ebd.) verweist in ihrem Beitrag ebenso auf den kommunikativen Charakter vieler Kommentare in Video/Bilder-Sharing-Plattformen. Dank der Kommentierungs- und Bewertungsfunktionen können in vielen Fällen sogar gewisse multimodale Communities of Interest oder sogar Communities of Practice entstehen (vgl. Rybszleger 2014 sowie 5.3.7 im vorliegenden Buch), die sich relativ einfach verlinken und somit vernetzen lassen (z. B. in diversen thematischen Foren).

Teil ihrer Identität bildlich vorstellen), was viele Content Communitys zu richtigen Video- oder Bilder-Blogs macht (vgl. die im vorliegenden Buch präsentierten und analysierten typischen Selbstdarstellungsmodule in 8.2). Darüber hinaus ist es seit 2016 möglich sog. *Stories* zu veröffentlichen.[126] Instagram Stories sind Bilder oder Videos, die jeder User/jede Userin seinen/ihren „Freunden", bzw. „FollowerInnen", für 24 Stunden teilen kann, ohne dass diese auf seinem/ihrem Profil auftauchen.[127] Dazu kommen sukzessiv eingeführte Filter, dank denen Community-Mitglieder ihre Fotos und Videos entsprechend ändern können (z. B. unterschiedliche Farben, Töne, Schattierungen, spezielle Effekte usw.). Besonders interessante Filter sind sog. *Augmented-Reality-Filter* (dt. *erweiterte Realität*), die es ermöglichen, Fotos und Videos mit einer virtuellen Maske und Effekten (Tracking- und Raumerkennungstechnik) zu versehen, was aus kommunikativer Sicht zu diversen Praktiken der (Re-)kontextualisierung des präsentierten/geteilten Inhalts führen kann (vgl. Rybszleger 2018; Dörner et al. 2019 sowie in 4.2.3 und 4.2.4 im vorliegenden Buch). Ein Paradebeispiel für eine Content Community, die die neueste IT-Technologie besonders gut nutzt (und z. T. dadurch zu den am schnellsten wachsenden sozialen Netzwerken gehört), ist die chinesische Video-Sharing-Plattform TikTok (Douyin) mit über 1,5 Milliarden aktiver NutzerInnen im April 2024. Ihre steigende Popularität verdankt TikTok nicht nur der eingesetzten Technik, mit der der Nutzer/die Nutzerin spielen kann (u. a. erlaubt die App die Funktion der Lippensynchronisation von Musikvideos und anderen kurzen Videoclips und dazu bietet sie typische Funktionen eines sozialen Netzwerks mit „Likes" und Kommentaren anderer

---

[126] Ähnlich funktioniert bis heute ein kostenloser Instant-Messaging-Dienst, der auf Smartphones und Tablets genutzt wird – Snapchat. Die Applikation ermöglicht es, Fotos und andere Medien, die nur eine bestimmte Anzahl von Sekunden sichtbar sind, an andere UserInnen zu versenden bevor sie automatisch entfernt werden. Es ist jedoch mit relativ einfachen Mitteln möglich, versendete Dateien innerhalb der Ordnerstruktur des genutzten Gerätes zu finden und wiederherzustellen (vgl. https://www.schau-hin.info/grundlagen/snapchat-einfach-erklaert, 29.01.2023).

[127] Inzwischen haben solche Funktionen auch die meisten sozialmedialen Plattformen (bei Facebook und Google+ sind es auch *Stories*), Kommunikationsapplikationen (bei Facebook Messenger heißt eine solche Funktion *Day* Messenger) sowie Mikroblogs (sog. *Moments* bei Twitter) (vgl. https://www.horizont.net/medien/nachrichten/Instagram-Snapchat-Twitter-und-Co.-Die-Stories-Funktionen-der-.Social-Media-Giganten-im-ueberblick-164819, 29.01.2021).

UserInnen), sondern auch der Tatsache, dass sie vielen (besonders angehenden) Popstars oder SchauspielerInnen zur Bekanntheit verhilft, was besonders Jugendliche und junge Erwachsene anspricht.

### 3.7.4 Formen des Personal Publishing

Die vermeintlich schwierige Situation vieler BloggerInnen und AutorInnen von diversen *Formen des Personal Publishing*[128], die Schmidt (2006: 70) als „marginalisiert" bezeichnete und Rosenberg (2010) als solche beschrieb, die u. a. Mikroblogs nicht mehr standhalten können oder sogar eine Gefahr für typische Blogs darstellen würden, hat sich inzwischen erheblich verbessert. Trotz der Konkurrenz seitens der Microblogging-Dienste und sozialmedialer Plattformen kann man einen positiven Trend unter persönlichen Sites beobachten. Seit der Zeit der „2.0-Revolution" steigt auch die Bedeutung diverser Formen des Personal Publishing, v. a. *Blogs* bzw. *privater Homepages*[129]. Nicht nur werden viele BloggerInnen oder Aktivisten allmählich von den größeren medialen AnbieterInnen „anerkannt", sondern es arbeiten auch immer mehr freie und unabhängige BlogautorInnen mit Redaktionen von Zeitschriften, Zeitungen, Fernsehsendern sowie Online-Portalen zusammen (vgl. User-Generated-Content in 5.3.5). Technisch gesehen ist diese Tendenz auch z. T. damit verbunden, dass sich Formen des Personal Publishing online zum einen leicht vernetzen lassen (Verlinkungsmöglichkeiten mit praktisch allen Typen von SNS sowie einseitige Kontaktmodellierung, die meistens

---

[128] Schmidt (2017: 24) zählt zum sog. Personal Publishing auch Microblogging oder diverse Podcasts bzw. Videopodcasts. Diese Formen sind m. E. eher als sog. Content Communitys zu bezeichnen, da sie zum einen immer im Plattform-Format erscheinen (im Gegenteil zu manchen Blogs oder Homepages, die eher unabhängige Seiten sind, ggf. sich mehr personalisieren lassen) und zum anderen viel stärker Gemeinschaftsbildung hervorheben. Das Bilden von Gemeinschaften ist natürlich ebenso ein Teil unterschiedlicher Formen des Personal Publishing, allerdings werden sie immer häufiger Teil von kommunikativen Kontinuitäten und unterliegen daher oft einer weiteren Verlinkung, wodurch auch BloggerInnen oder andere AutorInnen von Personal Publishing ihre Gemeinschaften bilden können. Dies bedeutet auch, dass ein Blogautor/eine Blogautorin nicht unbedingt eine Gemeinschaft bilden muss, die nur in einer bestimmten Online-Plattform verankert ist, worauf auch im vorliegenden Buch verwiesen wird.

[129] Allerdings stimme ich Kaplan/Haenlein (2010: 63) zu, dass Blogs „are the Social Media equivalent of personal web pages and can come in a multitude of different variations [...]". Tatsächlich haben heute sogar private Homepages meistens eine tagebuchartige Blogstruktur (vgl. weiter in diesem Kapitel).

auf Abonnements, z. B. RSS-Feed beruht) und zum anderen relativ gut in Suchmaschinen aufzufinden sind.

Personal Publishing gehört somit bestimmt zu den am stärksten *personalisierten* SNS, in denen, im Gegensatz zu den gerade charakterisierten Mikroblogs oder Content Communitys, dem Autor/der Autorin praktisch keine Grenzen gesetzt werden (wenn es sowohl um die Thematik geht, die nach bestimmten persönlichen Relevanzkriterien gewählt wird, als auch um die Länge der veröffentlichten textuellen bzw. multimodalen Beiträge). Darüber hinaus haben Sites des Personal Publishing noch eine wichtige Eigenschaft (besonders gegenüber Mikroblogs mit ihrer Zeichenbegrenzung und dem ständigen Gefühl des Up-to-date-Seins), die Schildhauer (2016: 258) als *sharing experience* bezeichnet; d. h. der Autor/die Autorin erzählt oder reflektiert die für ihn/für sie subjektiv relevanten Erfahrungen, meistens ohne auf die Textlänge oder eventuellen Einsatz von anderen semiotischen Ressourcen zu achten.

Die populärste Form des Personal Publishing stellen nach wie vor ohne Zweifel *Blogs/Weblogs* dar.[130] Im Allgemeinen sind sie als Webseiten zu bezeichnen, „auf denen Autoren oder Autorengruppen regelmäßig etwas veröffentlichen“ (Kirchhoff et al. 2015: 230). Darüber hinaus sind es oft auch „tagebuchartig organisierte Homepages eines oder mehrerer Autoren“ (Jers 2012: 49), die „eine Tendenz zum charakteristischen ‚Blogger Look‘ und zu blogtypischem Content besitzen“ (Andree/Thomsen 2020: 232). Dazu präsentieren Blogs den Inhalt „aus subjektiver Anschauung, aus der Perspektive einer spezifischen Meinung oder (politischen) Ausrichtung [...]“ (ebd.). Ihr Wesen stellen textbasierte *Posts* dar (jeweils mit dem entsprechenden Datum versehen), die (meistens automatisch) chronologisch erscheinen (die neuesten Einträge erscheinen dabei als erste). Moderne Blogs haben bereits standardisierte Funktionen, die neben textuellen Teilen auch Bild- oder Videoelemente zulassen. Entweder werden sie dann mit der gegebenen Site integriert oder, was bezüglich der begrenzten Speicherkapazitäten der WWW-Server häufiger praktiziert wird, u. a. mit YouTube oder Google verlinkt. Außerdem ist es technisch auch möglich, sozialmediale Schaltflächen zu errichten, die dann ggf. auf das persönliche Profil

---

[130] Zu den größten AnbieterInnen und BetreiberInnen von Blogging-Plattformen in Deutschland gehörten im Frühjahr 2024 jimdo.com, wix.com sowie weebly.com (vgl. www.blog.de). In Polen waren es blogspot.com, wordpress.com und blox.pl (vgl. https://www.wirtualnemedia.pl/artykul/platformy-blogowe-na-czele-blogspot-mocno-w-dol-wordpress-i-blox-pl-tumblr-com-przyciaga-najdluzej, 13.03.2024).

des Autors/der Autorin in einem der anderen sozialen Netzwerke verweisen, bzw. freies Referenzieren auf die gegebene Site ermöglichen (durch Links oder sog. Trackbacks; vgl. 4.3.3). Viele Blogs bieten zudem die Gelegenheit, Kommentarfunktionen einzuschalten (vgl. Anschlusskommunikation in 5.2.1). Die meisten beschränken sich wie gesagt auf persönliche Meinungen, die Interessen oder Ansichten des Autors/der Autorin entsprechen.

Zu besonderen technischen Affordanzen von Personal Publishing gehört bestimmt die Einfachheit ihrer Erstellung, die heutzutage keine Kenntnisse der Hypertext Markup Language (HTML) voraussetzt (im Gegenteil zu vielen, besonders kommerziellen, Internetauftritten). Viele solche Online-Veröffentlichungsformen können auch auf speziellen Plattformen funktionieren und dank diversen Content-Management-Systemen ständig aktualisiert werden. Meistens sind sie kostenlos und ermöglichen dem Autor/der Autorin freies Veröffentlichen von textuellen bzw. textuellen und bildlichen Beiträgen, die teilweise mit multimedialen (z. T. fertigen) Elementen verbunden werden können. Vor allem Blogging-Plattformen stellen zugleich eine mediale Hybride dar: Theoretisch jeden Tag aktualisierte Blogs und sich wieder neu bildende Diskussionen (zwischen BloggerInnen und ihrem Publikum) tragen zusätzlich zum Entstehen von alternativen Informationsquellen bei. Solche Informationen (zu diversen Themen) können dabei auf einfacher Quellenangabe beruhen; es ist allerdings auch möglich, als UserIn einen Beitrag zu schreiben, der – je nach der Plattform – einem typischen journalistischen qualitätsbezogenen Vorgang unterliegen kann (vgl. unten). Nichtsdestotrotz bilden die Antriebskraft solcher Plattformen die ganze Zeit vor allem Blogs und BloggerInnen selbst, die sich beliebig kommentieren und aufeinander Bezug nehmen können. Die immer häufiger entstehenden Diskussionen in Blogs, welche ihre Fortsetzung nicht selten in verlinkten Accounts des Autors/der Autorin z. B. in sozialmedialen Plattformen oder Mikroblogs finden, führen ebenfalls dazu, dass auch das Publikum teilweise den Inhalt mitbestimmt, indem es ihn kommentiert, seine Kommentare ändert oder wieder löscht (vgl. Eisenlauer 2014: 75[131]).

---

[131] Eisenlauer (2014: 76) behauptet, dass es u. U. sogar zu einer Verschmelzung der Rezipienten- und Autorrolle kommen kann. Die individuellen Affordanzen von Blogs (besonders im Rahmen von Blogging-Plattformen) „gradually dissolve the distinction between blog authors on the production side and blog recipients on the reception side" (ebd.). Immer häufiger kommt es dabei zum Mitmachen vieler Co-Autoren und Entstehen diverser Formen des User-Generated-Content (vgl. 5.3.5).

Charakteristisch für jegliche Formen des Personal Publishing ist ebenso die meist starke Identitätsarbeit des Autors/der Autorin (bzw. des Autorenkollektivs). Besonders ausgeprägt ist mit Sicherheit das Identitätsmanagement in solchen Blogs oder anderen Formen des Personal Publishing, in denen von den AutorInnen Texte in Form von persönlichen *Tagebüchern* verfasst werden (vgl. Sonnberger 2012: 93 f.). Den AutorInnen stehen zwar meistens nicht alle Kommunikationsmodi zur Verfügung (es überwiegen Konstellationen One-to-Many und asynchrone Zeitdimension) sowie eher bescheidene Online-Kommunikationsformen (die man allerdings ergänzen kann), durch die Ausdrucksfreiheit und oft persönlicheren und nahen Stil können sich BloggerInnen und NetzaktivistInnen aber viel genauer präsentieren, als es in Mikroblogs oder Content Communitys der Fall ist (auch die KI-gestützte Identitätspräsentation erweist sich oft als voller als in anderen SNS).

Trotz der Versuche die Formen des Personal Publishing online zu den professionellen journalistisch produzierten Inhalten abzugrenzen (vgl. Schmidt 2017: 26), wird in der Fachliteratur der letzten Jahre immer häufiger die Aufgabe vieler BloggerInnen in dem medialen Kreislauf thematisiert. Es handelt sich dabei um sog. *(laien-)journalistische Blogs* oder *Homepages* (vgl. Sonnberger 2012: 94), „mittels derer sich meist individuelle Kommunikatoren an den Funktionen des Journalismus orientieren und deshalb in der Regel keine wirtschaftlichen Eigeninteressen verfolgen" (ebd.). Darüber hinaus bauen sie auf künstlerischer Freiheit des Autors/der Autorin auf und ermöglichen ihm/ihr jegliches Abweichen von existierenden (journalistischen) Normen. Allerdings stellen viele BloggerInnen und BesitzerInnen von privaten Internetauftritten durch ihre kommunikativen Handlungen ein wichtiges Gegengewicht zu Angeboten der Big Media dar: Zum einen heben sie immer häufiger „weniger wichtige" Themenbereiche hervor, die nicht immer auf der Agenda der Mainstream-Medien stehen (vgl. Problembereiche, die im Mittelpunkt der im vorliegenden Buch präsentierten MmB-Gemeinschaft stehen), zum anderen übernehmen sie teilweise die Rolle der sog. „Gatewatcher", d. h. es wird den MachthaberInnen (also großen Medien, RepräsentantInnen politischer Parteien sowie regierenden PolitikerInnen) auf die Hände geschaut (was auch in diesem Text an vielen Stellen zum Vorschein kommt). Es kommt dabei zur Verschiebung der Relevanz, wobei kleinere Öffentlichkeiten immer häufiger „hochgepuscht" werden (vgl. auch 5.3.4 im vorliegenden Buch). Dies macht BloggerInnen oft zu „Laien-Akteuren“, welche „die Interessen eines einzelnen bzw. einer kleineren Gruppe abbilden“ (Hofmann/Riedel 2024: 64).

## 3.8 Internet und soziale Medien. Zwischenfazit

Kapitel 3 konzentrierte sich auf das Wesen der heutigen Internets und sozialer Netzwerke online, die neben ihrer technischen (bzw. technisch-medialen) Struktur v. a. entsprechend sozial strukturiert sind. Die beiden Strukturen ergänzen und bedingen sich gegenseitig, was in unterschiedlichen Online-Kommunikationsmöglichkeiten resultiert: Entsprechenden Basiskommunikationsformen von der Uni-Kommunikation, über die interpersonale bis zur Gruppenkommunikation sowie Kommunikationsmodi v. a. in sozialer und zeitlicher Dimension. Überdies sind soziale Netzwerke im Internet Teil bzw. Ergänzung der existierenden Kommunikations- und Sozialräume und bilden emergente, dezentralisierte und mehr oder weniger individuell geprägte Strukturen mit unterschiedlicher Vernetzungsstärke.

Trotz der allgemeinen kommunikativen Constraints der einzelnen SNS, wie z. B. beschränkte Anzahl von Kommunikationskanälen, überwiegend asynchrone Kommunikationsformen oder tatsächliche räumliche Distanz unter KommunikationspartnerInnen, die gleichzeitig oft auf nur wenige gemeinsame Elemente Bezug nehmen können, haben sich in sozialen Netzwerken im Internet praktisch alle Ebenen der (u. U. stark symbolisierten) Kommunikation und sozialer Interaktion entwickelt; mit entsprechender Machtstrukturierung, Ritualen und sozialen Konventionen (vgl. Hickethier 2010: 38), worauf detaillierter im analytischen Teil der vorliegenden Arbeit aufmerksam gemacht wird.[132]

Wie in 3.1 festgestellt, ist das Internet ein technisches, digitales und konvergentes Medium der Kommunikation. Darüber hinaus gehört das Internet sowohl zu *Medien erster Ordnung* (d. h. zu solchen, die eine physikalische Infrastruktur zur Verfügung stellen, die u. a. Speicherung, Bearbeitung und Übertragung von Daten ermöglichen) als auch ist es Bestandteil von *Medien zweiter Ordnung* (hier im Sinne solcher, die auf Web-Interfaces oder Medientechniken basieren und sich diverser

[132] Auf unterschiedliche Handlungskomponenten von Social-Web-Praktiken (Informations- sowie Beziehungs- und Identitätsmanagement online) wird im Kapitel 5.2 hingewiesen.

semiotischer Modi bedienen[133]). Trotz seiner „Massen"-Orientierung und nahezu unbegrenzten technischen Möglichkeiten ist das Internet kaum als klassisches Massenmedium zu bezeichnen, da es zum einen eher an kein disperses Publikum gerichtet ist und zum anderen zu konvergenten Medien gehört. Der Konvergenz in dem Medium Internet unterliegen v. a. verschiedene Medientypen/-formen, Kommunikationsformen sowie Kommunikationsmodi. Die in weiteren Unterkapiteln beschriebenen sozialen Medien werden im vorliegenden Buch als Internet-Anwendungen betrachtet, die außer einer allgemeinen Vernetzung v. a. einer multimodalen Kommunikation und Unterhaltung sowie einem Austausch von Informationen dienen und auf interaktiven und kollaborativen technischen Plattformen (Social Web) basieren. Charakteristisch für praktisch alle sozialen Medien sind ein entsprechendes mehr oder weniger öffentliches Nutzerprofil, das Identitäts- und Beziehungsmanagement ermöglicht (je nach dem Schwerpunkt der gegebenen SNS) und diverse Werkzeuge des öffentlichen Kommentierens

[133] In Anlehnung an Kubicek et al. (1997) unterscheide ich nämlich zwischen *Medien erster* und *Medien zweiter Ordnung*. Erstere sind laut AutorInnen allgemeine „technische Systeme mit bestimmten Funktionen und Potentialen für die Verbreitung von Informationen" (ebd.: 220) bzw. von Daten, die mittels eines kognitiven Prozesses zur Konstruktion von Informationen dienen können. Darüber hinaus erlauben sie „auf der Basis bestimmter Techniken die Speicherung, den Abruf oder den Austausch von Mitteilungen, die thematisch oder inhaltlich nicht eingegrenzt sind" (ebd.: 32). Medien erster Ordnung besitzen also lediglich bestimmte technische Potenziale, allerdings fehlt ihnen „Hintergrund oder Organisation [...], um einen intersubjektiven Austausch in größeren sozialen Zusammenhängen zu ermöglichen" (Sonnberger 2012: 25). *Medien zweiter Ordnung*, zu denen vor allem institutionalisierte Kommunikatoren gehören, nutzen die Medien erster Ordnung (d. h. technische Mittel) zur Herstellung und Verbreitung von bestimmten Inhalten. Darüber hinaus sind sie „soziokulturelle Institutionen zur Produktion von Verständigung bei der Verbreitung von Informationen" (Kubicek et al. 1997: 220) und setzen die Medien erster Ordnung zur Selektion, Strukturierung und Präsentation von Aussagen im Hinblick auf ein Publikum. Mit anderen Worten könnte also konstatiert werden, dass die Medien zweiter Ordnung nicht nur bestimmte Inhalte für einen bestimmten Nutzerkreis wählen, strukturieren und präsentieren, sondern es auch in einer gewissen technischen und symbolischen Form machen (vgl. Sonnberger 2012: 25). Beide Typen von Medien stehen zudem in einem komplexen Wechselspiel: „Technik, Anwendungen und Nutzungsmuster beeinflussen sich gegenseitig und entfalten permanente Dynamik" (Beck 2006: 13) was auch im Laufe der Jahre dazu führte, dass Kommunikation vereinfacht, der Austausch vervielfältigt und das Spektrum kommunikativer Möglichkeiten erweitert wurde.

und Informationsmanagements (mit Unterstützung des gegebenen Systems durch Systemmeldungen, Schaltflächen und Kommunikationsoperatoren) sowie Erstellung des User-Generated-Content.

Soziale Medien online werden in dem vorliegenden Buch in Anlehnung an die Klassifikation der SNS von Kaplan/Haenlein (2010) klassifiziert. Die von den Autoren beschriebenen Größen der sozialen Präsenz/der Medienreichhaltigkeit und der Selbstpräsentation/der Selbstoffenbarung wurden durch eine zusätzliche Größe ergänzt und zwar Vernetzungsstärke. Die letzte Kategorie wird im Sinne einer technischen und kommunikativen Möglichkeit des gegebenen SNS definiert, mehr oder weniger ausgebaute (crossmediale) Online-Netzwerke zu bilden. Je stärker ein soziales Medium vernetzt ist, desto häufiger wird seine kommunikative Kontinuität (d. h. die Fähigkeit der Bildung unterschiedlicher kommunikativer Fäden über diverse Anwendungen) unterstützt. Dabei wird angenommen, dass sich Online-Anwendungen mit relativ einfacher Kontaktmodellierung (Abonnement, keine oder kaum Gegenseitigkeit) und entsprechenden (öffentlichen) Privatheitseinstellungen am schnellsten vernetzen lassen und somit eine breite Kommunikation sowie verschiedene Diskurs- und Positionierungspraktiken ermöglichen. Zu solchen Social Network Sites gehören demnach Formen des Personal Publishing (v. a. Blogs), Microblogging-Dienste (wie Twitter/X), Content Communitys (bspw. Instagram oder YouTube) sowie sozialmediale Plattformen (z. B. Facebook).

Schließlich sollte nicht vergessen werden, dass sich das heutige Social Web – obwohl es zunehmend von Algorithmen, KI, neuen Technologien und fortschreitender Plattformisierung dominiert wird – nicht mehr auf einzelne Programme und Anwendungen konzentriert, sondern auf „die sozialen Prozesse des Zusammenwirkens und Austausches, also die Resultate der so unterstützten Tätigkeiten und die Beziehungen zwischen den Nutzern“ (Fraas et al. 2012: 15). Es werden nach wie vor Informationen ausgetauscht, aber viel wichtiger als früher scheint der Community-Gedanke zu sein: kollaborative Zusammenarbeit sowie Aufbau und Aufrechterhaltung von Beziehungen. Es werden daher nicht nur Inhalte vernetzt, sondern auch (oder vor allem) Menschen, die hinter ihnen stehen und ihre „Schatten“ im Cyberspace werfen[134],

---

[134] Ich beziehe mich dabei auf die von O'Reilly/Battelle (2009: 8) genannten „information shadows“ sowie die Denkweise, nach der Social Media als eine „digitale Parallelgesellschaft“ zu betrachten ist (vgl. Goderbauer-Marchner et al. 2015: 15)

z. B. in Weblog-Einträgen, auf digital gespeicherten und geteilten Fotos oder in textuell geäußerten Aussagen (vgl. das Problem der Online-Identität(en) weiter im Buch). Darüber hinaus bestimmen gerade die NutzerInnen (durch aktive Gestaltung der Inhalte) den Aufbau von sozialen Netzwerken, in denen sie sowohl offline als auch online funktionieren, die Vernetzung untereinander vertiefen und schließlich zur Konstruktion und Distribution von Wissen und Informationen beitragen (vgl. Rybszleger 2016).

In dem Kapitel wurde das Augenmerk auf die Charakteristik der sozialen Netzwerke online sowie die wichtigsten Eigenschaften der Online-Kommunikation sowie Social Media gelegt. An mehreren Stellen habe ich darauf verwiesen, dass es nicht nur (wie früher) kommuniziert, bzw. passiv konsumiert wird. In den letzten 20 Jahren ist es technisch möglich geworden, dass theoretisch alle UserInnen aktiv an der Erstellung des neuen Contents, sowie an seiner Weiterleitung bzw. Reproduzierung teilnehmen können. Darüber hinaus entstehen immer bessere Möglichkeiten der entsprechenden Selektion, Filterung, Verwaltung oder Evaluierung diverser Objekte, Selbst- und Fremdpositionierung sowie der Selbstdarstellung und der Präsentation der eigenen Online-(Teil)-Identitäten.

Im nächsten Kapitel werden Online-Diskurse sowie die multimodale Netzwerkkommunikation näher charakterisiert. Zuerst wird auf die prototypischen Merkmale von Hypertexten der sozialen Medien hingewiesen, die bestimmte Social-Web-Praktiken und die sie begleitende multimodale Positionierung ermöglichen. In einem nächsten Schritt konzentriere ich mich auf die Bestimmung von multimodalen Elementen der Online-Kommunikation (u. a. Text-Bild-Relationen, Funktionalitäten der einzelnen SNS sowie semiotische Kommunikationsoperatoren).

# Multimodale Netzwerkkommunikation. Online-Diskurse[135]

## 4.1 Online-Diskurse. Einführung

Mit einer Vielzahl disziplinübergreifender Diskussionen (vgl. Spitzmüller/ Warnke 2011 oder Heinemann 2011) bildet der Begriff *Diskurs* ein Thema für sich. In der Fachliteratur wird der Terminus generell zweierlei verstanden und äußert sich in zwei miteinander konkurrierenden „Traditionen" (vgl. Keller 2005: 229 f.).

Die erste bezieht sich im Allgemeinen auf verschiedene Aspekte von Texten und ihrer Produktion (primär bezüglich der gesprochenen Sprache in typischen Face-to-Face-Situationen). Vor allen Dingen handelt es sich um Diskurse als „Ethnographie des Sprechens" (im Unterschied zu Texten als formale grammatische Strukturen), als Konversation, bzw. konversationnelle Interaktion, und schließlich Diskurse als „Prozesse" und nicht nur „Produkte". Adamzik (2004: 46) spricht in ihrer klassischen Diskursdefinition (hinsichtlich linearer gedruckter Texte, die gewisse Diskussionszusammenhänge bilden) von einer „Gesamtheit der Texte, die [...] miteinander verbunden sind" und stellt in weiteren Worten fest, dass es sich natürlich „bei der Gesamtmenge um eine prinzipiell offene Größe handelt, denn jeder Diskurs kann ja durch

[135] In der Fachliteratur zum Diskurs in digitalen Medien haben sich verschiedene Begriffe etabliert. Im vorliegenden Buch verwende ich in den meisten Fällen den wahrscheinlich gebräuchlichsten Terminus, und zwar „Online-Diskurs" (vgl. Meier 2018: 431).

neue Texte fortgesetzt werden". Eine solche Betrachtungsweise findet sich v. a. in den Arbeiten der angelsächsischen *Discourse Analysis* sowie der Gesprächs- und Konversationsanalyse (vgl. u. a. Garfinkel 1967, Goffman 1983, Henne/Rehbock 2001 oder Brinker/Sager 2006).

In der zweiten Tradition dagegen bezeichnet Diskurs im Allgemeinen „eine Menge von inhaltlich zusammengehörigen Texten oder Äußerungen, die [...] ein interkulturelles ‚Gespräch' in einer Kommunikationsgemeinschaft bilden" (Bußmann 2008: 141). In dieser Hinsicht konstituieren und differenzieren die Äußerungen des Diskurses ein bestimmtes Thema und „sind verknüpft durch thematische und begriffliche Beziehungen, durch gemeinsame Werthaltungen oder [...] durch Zitate und andere Formen der Reformulierung" (ebd.). Darüber hinaus betont diese Diskurstradition „die damit verbundenen übersubjektiven Wissensordnungen und diskursiven Praktiken" (Fraas et al.: 2013a: 12). Die sozialen AkteurInnen spielen ihre „festen" Rollen und stellen gegenseitige Beziehungen her, was in einem nächsten Schritt ihre jeweiligen interaktionalen Rollen und Positionierungen determinieren kann sowie auch ihre Beiträge in dem gesamten Diskurs (vgl. Johansson 2014: 33). Ein so verstandener Diskursbegriff rekurriert an vielen Stellen auf die *analyse du discours* von Foucault (1991). Weedon (1997: 108) beschreibt die Foucaultsche Diskursbetrachtung folgendermaßen:

> ways of constituting knowledge, together with the social practices, forms of subjectivity and power relations which inhere in such knowledges and relations between them. Discourses are more than ways of thinking and producing meaning. They constitute the „nature" of the body, unconscious and conscious mind and emotional life of the subjects they seek to govern.

Beim genaueren Einblick in die einschlägige Literatur kann man zu dem Schluss kommen, dass sich im Falle der *Online-Diskurse* im Prinzip Elemente von zwei oben umrissenen „Traditionen" der Diskursforschung niederschlagen. Je nach theoretischer und methodischer Perspektive können Online-Diskurse unterschiedlich definiert werden. Einerseits als Hervorbringen von textuellen aber stark multimodal-geprägten Produkten und Online-Gesprächen, andererseits Diskurse als themenbezogene Online-Praktiken (die sowohl auf andere Online- als auch Offline-Diskurse rekurrieren, vgl. Dorostkar/Preisinger 2013: 316), in denen, nachdem es zu einer „diskursiven Bindung" (Pędzisz 2013: 206) zwischen einzelnen UserInnen gekommen war (bspw. zwischen einem Blogger/einer Bloggerin und TextautorIn und mehreren Facebook- und Twitter/X-NutzerInnen, die Kommentare schreiben), ein Prozess der gemeinsam ausformulierten Wissensordnungen in die Wege geleitet wird (vgl. Teubert 2019: 25 ff.).[136] Auf beiden Ebenen zeigen sich allerdings *musterhafte Regelmäßigkeiten* – „einerseits die des diskursiven Verfertigens und andrerseits die der diskursiven Strukturzusammenhänge" (Fraas et al. 2013b: 102).

Nimmt man als Ausgangspunkt die bereits thematisierten tiefgreifenden Mediatisierungsprozesse in heutigen Gesellschaften, den Wandel der Funktionen von bestehenden Medien (durch Digitalisierung und Vernetzung) sowie die Entstehung und Entwicklung von immer neueren Anwendungen im digitalen, konvergenten Medium Internet mit seinen umfangreichen Konvergenzebenen, sind *Online-Diskurse* (bzw. *digitale Diskurse*) vor allen Dingen als thematisch von den Beteiligten gemeinsam profilierte[137], nicht lineare, multilinguale und multimodale „diskursive Praktiken und Strukturen zu verstehen, die in konvergierenden, transmedial vernetzten Medienarrangements realisiert werden" (Fraas et al. 2013a: 10). Dabei wird *Transmedialität* im Sinne von Wolf (2015: 459 f.) verstanden, als spezifische „Wanderphänomene" von diversen Inhalten oder Formen zwischen verschiedenen Medien (z. B. das Auftreten einer

[136] Im Rahmen der Historischen Semantik sowie der Linguistischen Diskursgeschichte wird ebenso nach dem „durch die Analyse herauszustellenden kollektiven Wissen einer konkreten Diskursgemeinschaft" gefragt, „das die Form diskursiver Weltbilder annimmt" (Smykała 2018: 229). Czachur (2011: 174) definiert das „diskursive Bild" als „ein subsumiertes, idealisiertes Modell der Wirklichkeitsinterpretation (eine Menge der in einem konkreten Diskurs erzeugen Wissensbestände bezüglich eines Sachverhaltes einer Person), aus dem die werte- und interessengeleiteten kulturspezifischen Sichtweisen einer Gemeinschaft zu rekonstruieren sind" (dazu vgl. auch Niewiara 2019: 19 ff. oder Skowronek 2013: 108).

[137] Nach Pędzisz (2012: 244) kommt es in jedem Diskurs zum Entstehen eines „thematischen Profils". Die jeweiligen Diskursakteure einer Kommunikationsgemeinschaft profilieren einen Diskursstrang, d. h. „eine Menge [der] thematisch einheitlichen Wissensflüsse durch die Zeit, die als Basis zu betrachten ist". Auch in der Online-Kommunikation (mit weit ausgebauter Struktur semiotischer Ressourcen textueller und nichttextueller Natur) können die Diskursbeteiligten relativ schnell ein zu profilierendes thematisches Netz aufbauen und gemeinsam entscheiden, welche Themen die dominierenden sind und im Endeffekt zum „Profil des Diskursstranges" werden (Busch 2007: 144).

bestimmten Ästhetik oder eines bestimmten Diskurstyps von einem Medium in Bezug auf andere, ohne dass man oft einen konkreten Ursprung solcher Wanderungen bestimmen kann vgl. Rajewsky 2002: 13). *Medienarrangements* (vgl. weiter im Kapitel) werden als eine spezifische *multimodale Orchestrierung* im Sinne von Bucher (2013) definiert. Hierfür ist die Annahme eines bestimmten Ursprungsmediums nicht erforderlich. Dies bedeutet selbstverständlich eine solche Vorgehensweise, dass man in der eventuellen Analyse sowohl Off- als auch Online-Inhalte berücksichtigt, da die Online-Kommunikation sich lediglich (v. a. aus rein technischen Gründen) „auf einen spezifischen diskursiven Teilbereich" beschränkt (ebd.: 11).

Darüber hinaus verstehe ich digitale Diskurse als „transmediale Verfertigungen und regulierte wie regulierende Praktiken des Zeichengebrauchs durch Diskursbeteiligte" (Fraas et al. 2013a: 10). Diese Definition knüpft an die klassische wissenssoziologische Diskursdefinition von Keller (2005: 230) an, nach dem Online-Diskurse als „Komplex[e] von Aussageereignissen und darin eingelassenen Praktiken" verstanden werden können, „die über einen rekonstruierbaren Strukturzusammenhang miteinander verbunden sind und spezifische Wissensordnungen der Realität prozessieren". In dieser Hinsicht bezieht sich der Diskurs

> auf die Ebene zeitlich und sozial formierter Wissensordnungen, die ihre situative symbolische Gestalt von Diskursfragmenten [...] in Diskussionen, Texten, Bildern, audiovisuellem Material und anderen multimodalen Äußerungen und kommunikativen Veranstaltungen erhalten. (Fraas et al. 2013a: 11)

Resümierend werden Online-Diskurse in dem vorliegenden Buch zum einen als digitale, diskursive Praktiken (Handlungsweisen der Aussagenproduktion) verstanden und zum anderen als Manifestationen des mündlichen oder schriftlichen Sprachgebrauchs sowie des bildlichen und gestalterischen Handelns. Durch Online-Diskurse werden kollektives Wissen sowie symbolische Ordnungen hergestellt, indem man im Rahmen einer Diskursgemeinschaft unterschiedliche Themen[138] als Deutungs- und Handlungsprobleme

[138] Gardt (2007: 30) in seiner Diskursdefinition unterstreicht gerade die Auseinandersetzung mit einem Thema, „die sich in Äußerungen und Texten der unterschiedlichsten Art niederschlägt, von mehr oder weniger großen gesellschaftlichen Gruppen getragen wird [...] und dadurch handlungsleitend für die zukünftige Gestaltung der gesellschaftlichen Wirklichkeit in Bezug auf dieses Thema wirkt."

konstituiert und aushandelt. Darüber hinaus sollte nicht vergessen werden, dass als digitale Diskurse solche verstanden werden, „die – konstruktivistisch gefasst – in digitalen Medien und mit digitalen Methoden sichtbar gemacht werden können und in irgendeiner Form mit digitalen Daten zu tun haben" (Dreesen/Meier-Vieracker 2022: 1), was ihre Transmedialität (siehe oben) nicht ausschließt.

Für diskursive Praktiken und Strukturen, die im Netz stattfinden, sind konzeptionell gesehen zwei Aspekte entscheidend: erstens die in 3.1.2.2 definierten Kommunikationsformen und zweitens kommunikative und soziale Praktiken, auf die in folgenden Kapiteln genauer hingewiesen wird. Nimmt man Bezug auf die in der Arbeit angenommene Definition von Kommunikationsformen als „medial-kulturelle Settings" in medialer und sozialer Umgebung (Pentzold et al. 2013: 85), werden Online-Diskurse einerseits gerade durch „medial bedingte Praktiken" und „medial, historisch und kulturell verankerte Dispositive" geprägt, „die mit den online-medialen Kommunikationsformen ermöglicht werden und kulturell konventionalisiert sind" (Holly 2011: 155). Andererseits sind sie als eine Art Nebeneffekt der Herausbildung „modifizierter sozialer Bedürfnisse und Zwecke sowie Handlungs- und Sinnsysteme" zu betrachten, die einen wichtigen Beitrag zum technischen und kulturellen Wandel aller Kommunikationsformen online leisten (ebd.). Im Gegensatz zu typischen massenmedial vermittelten „Offline-Diskursen" sind Online-Diskurse nicht nur gesellschaftlich konstituiert (was bedeutet, dass die Kommunikation v. a. auf der Makro-Ebene verläuft), sondern auch sozial und interaktiv zugleich.

Im Folgenden möchte ich mich auf die von Bucher (2013: 58 f.) umrissene Perspektive der Online-Diskurse beziehen, die m. E. die zwei am Anfang genannten Diskursforschung-Ansätze besonders treffend verbindet – auf der einen Seite Diskurse als Texte mit bestimmter Charakteristik und ihrer Produktion und auf der anderen Diskurse als inhaltlich zusammengehörige Texte oder Äußerungen im Rahmen einer (Kommunikations)gemeinschaft, die durch thematische und begriffliche Beziehungen verknüpft sind sowie übersubjektive Wissensordnungen und diskursive Online-Praktiken ermöglichen. Bucher (ebd.: 58) betrachtet Online-Diskurse als „multimodale Netzwerk-Kommunikation". Hinter dieser scheinbar ungenauen und „armen" Begriffsbestimmung verbirgt sich allerdings ein ganzes Spektrum von bestimmten Eigenschaften der Online-Kommunikation, die für die im Buch angenommene Perspektive von Belang sind und mit der angewendeten differenzierten Methodologie im Einklang stehen. In dieser Hinsicht lassen sich zwei grobe Merkmale der sozial und kulturell verankerten digitalen Diskurse und der Online-Kommunikation nennen, die dann bestimmte Social-Web-Praktiken sowie multimodale Positionierung ermöglichen. Es sind ihre weiter im Text genauer charakterisierten *übergreifende Hypertextualität* und *multimodale Orchestrierung*. Ich teile somit die Ansicht von Johansson (2014: 34), die Folgendes feststellt:

> Digital discourse focuses on the social and cultural processes of contextualized language use. Digital texts are produced in situated practices that have multimodal and hypertextual characteristics.

Mit der Hypertextualität, mit ihrer multimodalen Kodiertheit, spezifischer Dynamik[139] und Interaktivität[140] sowie dem allgemeinen Netzwerk-Charakter der Online-Diskurse (in dem v. a. die soziale Dimension der Online-Kommunikation ihren Ausdruck findet), sind „die Strukturen der kommunikativen Verknüpfung von Kommunikationseinheiten beschreibbar" (Bucher 2013: 58). Dabei bin ich mit Rothkegel (2013: 226) einverstanden, die feststellt, dass Vernetzung ebenfalls ein strukturelles Merkmal von Hypertexten ist. Multimodale intertextuelle und intermediale[141] Orchestrierung dagegen (vgl. Bucher 2013: 59) sind m. E. eine Art Zusammenstellung mehrerer Anwendungen zu einem zusammengesetzten Service mit diversen semiotischen Ressourcen (wie Texte, Videos, Fotos, Logos, Design, Farben, statische und dynamische Grafiken usw.).

Im Folgenden wird das Hauptaugenmerk auf unterschiedliche Facetten der Hypertextualität und Multimodalität der Online-Kommunikation gelegt.

---

139 Thematische und soziale Kommunikationsdynamik schlägt sich einerseits in diversen Praktiken des gemeinsamen Zeichengebrauchs, andererseits in bestimmten (symbolischen) Ordnungen in der Informationsvermittlung und Wissenskonstituierung nieder. (vgl. 5.2.1).

140 Interaktivität wird von Bucher (2013: 59) als ein solches Merkmal der Online-Kommunikation bezeichnet, in dem „sich die dialogische Struktur der Online-Kommunikation manifestiert".

141 In Anlehnung an Meier (2008: 193 f.) setzte ich moderne digitale Diskurse mit Intertextualität und Intermedialität in Verbindung und zähle die zu der o. g. modalen Orchestrierung der Online-Kommunikation.

## 4.2 Hypertextualität von Online-Diskursen. Prototypische Merkmale von Hypertexten der sozialen Medien

Die Idee der Hypertexte[142] ist natürlich nichts Neues. Besonders ihre *Nicht-Linearität* (bzw. *Nonlinearität*) begann im Grunde genommen „mit dem Übergang von der Mündlichkeit zur Schriftlichkeit" (Bucher 2007: 58), als – mit der Erfindung des Drucks – die zeitliche Dimension der Kommunikation „um eine räumliche erweitert wurde" (ebd.). In einer der klassischen Definitionen von Nelson (1974: 28) werden Hypertexte als „non-sequential writing" bezeichnet. Die Nonlinearität und Multisequenzialität der Hypertexte blieb bis zu der Zeit der Verbreitung von sog. Mikrocomputern in Privathaushalten Anfang der 1980er Jahre ihr einziges typisches Merkmal, denn sie bezogen sich ursprünglich auf jegliche textuellen Netzwerke „aus einzeln zugänglichen, in einem Mediensystem [...] durch ‚Links' verknüpften Textbausteinen (‚Subtexten')" (Bußmann 2008: 271). Egal ob man mit einem Text-Cluster in Printmedien zu tun hat, in denen man entsprechend zwischen unterschiedlichen Elementen wählen kann (z. B. in wissenschaftlichen Texten zwischen Abstract, Haupttext und Fußnoten bzw. in Nachschlagewerken zwischen einzelnen Stichwörtern) oder es multimodale semiotische Computersysteme sind (wie heutige Hypertexte mit Hyperlinks), sind die einzelnen Informationseinheiten („Knoten") eines Hypertextes nicht-linear angeordnet, sondern „können von verschiedenen Seiten (entlang der vorgegebenen ‚Kanten') unabhängig angesteuert und nach Bedarf interaktiv kombiniert werden" (ebd.). Im Falle von Hypertexten in der Online-Umgebung handelt es sich um ein zweites obligatorisches Bestimmungsmerkmal der Online-Hypertexte und zwar *Computerverwaltung*, d. h. praktisch jedes *Modul* eines Hypertextes (z. B. WWW-Seiten, [mobile] Anwendungen und/oder interaktive Elemente wie einzelne Wörter, Grafiken oder Schaltflächen) können „durch im Computer gespeicherte Verknüpfungen verbunden sein" (Storrer 2008: 318), die als *Hyperlinks* oder *Links* bezeichnet werden.[143] Die jeweiligen AutorInnen sind daher imstande, viel breitere hypertextuelle

---

142 Zur Geschichte und zum Abriss der Idee der Hypertexte (besonders in den ersten Jahren des Internets) vgl. Storrer (2000 und 2004).

143 Ausführlicher zu einzelnen Typen von Links bzw. *Verweisen* in typischen Hypertexten vgl. in den letzten Jahren u. a. Jones/Hafner (2021: 46 f.) oder Lang/Baehr (2023: 52 f.).

Strukturen oder „non-linear und bild-textuell designte Medienprodukte“ (Wachter 2021: 122) herzustellen und mit ihren Publika viel effektiver zu kommunizieren, als es in typischen linearen Medien der Fall ist (vgl. auch Blustein/Graff 2016, Madej 2016 oder Meier 2018). Als EmpfängerIn dagegen kann man einfach per Mausklick von Modul zu Modul „springend lesen“ (vgl. Wachter 2021: 151) und „sich seinen[/ihren] eigenen Pfad durch ein nicht-linear organisiertes Angebot suchen“ (Storrer 2008: 319).

Während ein herkömmlicher Text, im Sinne einer sprachlichen und zugleich kommunikativen Einheit, als „eine begrenzte Folge von sprachlichen Zeichen [verstanden werden kann], die in sich kohärent ist und die als Ganzes eine erkennbare kommunikative Funktion signalisiert“ (Brinker 2010: 17[144]), werden Hypertexte als in einem (Online-)Netzwerk funktionierende, „nicht-linear organisierte Texte [definiert], die durch Computertechnik verwaltet werden“ (Storrer 2008: 319) und samt der morphologischen Ebene die Organisation der Kommunikation im Internet umfassen (vgl. Bucher et al. 2008: 45). Darüber hinaus stellen sie eine funktional-thematisch bestimmte kommunikative Ganzheit dar und werden für bestimmte kommunikative Zwecke produziert (vgl. Czachur 2008: 113), was mit der jeweiligen Textfunktion als das wichtigste und unentbehrlichste Element der Textualität von Hypertexten korreliert (vgl. unten). Wenn man dazu noch die Vielfalt der nicht-linearen Kommunikationsformen in der Online-Umgebung in Betracht zieht, können moderne Hypertexte mit *Hypermodalitäten* gleichgesetzt werden, wenn Bilder und/oder andere nichtsprachliche Elemente als Links fungieren (vgl. Marx/Weidacher 2014: 191). Lemke (2002: 300) stellt dabei Folgendes fest: „Hypermodality is more that multimodality in just the way that hypertext is more than plain text“.

Darüber hinaus, im Gegensatz zu sog. *elektronischen Texten* (*E-Texten*), die einfach elektronische Versionen von vielen Print-Publikationen sind (vgl. Storrer 2008: 323) und „keine Hypertextualität aufweisen“ (Marx/Weidacher 2014: 212), erfolgt die Rezeption von Hypertexten auf zwei Ebenen – der Inhaltsebene, auf der bestimmtes Wissen und diverse Meinungen verfügbar sind, und operationaler

---

[144] Trotz des Verweises auf die klassische Textdefinition von Brinker, muss an der Stelle festgestellt werden, dass besonders die heutigen Texte dazu tendieren, eher als „Komplexe von Zeichen verschiedener Art“ (Fix 2009: 121) betrachtet zu werden (vgl. auch weiter im Text).

Ebene[145] (z. B. Überschriften, Inhaltsverzeichnisse oder verschiedene Link-Verweise), „auf der sich die Zugänge zum Wissens- und Informationsangebot [...] erschließen" (Bucher 2007: 61). Demnach hat die Kohärenz der Hypertexte (auf die unten ausführlicher eingegangen wird) einerseits eine textliche Dimension (mit typischen sprachlichen Textmerkmalen wie z. B. Verweise, Substitutionen oder Thema-Rhema-Strukturen), andererseits eine operationale, „in der ein Zeichensystem aus Überschriften, Orientierungstexten, Logos, Verweisen, [...], Frames, Links, Buttons, Typografie oder Navigationsleisten für die Kohärenzsicherung non-linearer Kommunikationsangebote sorgen sollen" (ebd.).

In einem nächsten Schritt möchte ich auf die spezifische *Textualität* von Hypertexten sowie ihre typischen Merkmale verweisen. Dabei wird von dem Konzept des *Textes als Prototyp* ausgegangen (vgl. Sandig 2000: 93 f. und 2006: 310[146]), d. h. einer solchen Beschreibung von Texten und ihren Besonderheiten, nach der sie als vielfältige und variable Phänomene zu betrachten sind, die „nur unzureichend mit einem starren Merkmalskatalog erfasst werden" können (Spieß 2011: 140[147]). Texte werden, als ideal-typische Vertreter, mit bestimmten Eigenschaften beschrieben, wobei den einzelnen Merkmalen ein anderer Stellenwert zukommt (sie sind untereinander gewichtet, was bedeutet, dass sie mehr oder weniger wichtig sind für die Kategorisierung eines sprachlichen Gefüges als bestimmten Text). Für Sandig (2000: 108) steht im Kern des Konzeptes des Textes als Prototyp prinzipiell seine jeweilige *Textfunktion*, wobei es auch u. U. möglich ist, dass diese nicht das prototypische Kernmerkmal bildet, oder dass es bei wenigen typischen Textexemplaren dazu kommt, dass bestimmte Merkmale sogar ganz fehlen (vgl. Storrer 2008: 324). Sandig (2000: 108) zählt zu den wichtigsten

---

145 Die operationale Ebene ist auf spezifisches Mediennutzungsverhalten eines jeden Users/einer jeden Userin zurückzuführen, bzw. auf seine/ihre *Usability* (vgl. Kirchhoff/Harney 2015).

146 Dabei bedient sich die Autorin der in den 1970er Jahren im Rahmen der Kognitionspsychologie und Prototypensemantik entwickelten Prototypentheorie (vgl. Aitchison 1997).

147 Da es im Falle der Online-Diskurse mit ihrer gewissen Hypertextualität, Multimodalität und Interaktivität von keinem bestimmten Merkmalskatalog der ihnen zugrundeliegenden Gesamttexte die Rede sein kann, sollte m. E. ein solcher Textbegriff favorisiert werden, in dem die spezifische Dynamik und Flexibilität der Texte in der Online-Umgebung (mit ihren möglichen Entwicklungen) in Betracht gezogen werden.

prototypischen Textmerkmalen *Kohäsion, Kohärenz, Situationalität*[148] sowie das *Thema* selbst – wenn ein Text diese zentralen Kriterien erfüllt, kann von einem Prototyp die Rede sein. Weiter konstatiert die Autorin, dass es keinen „einheitlichen" Textbegriff gibt und stellt zu Recht fest, dass die Idee des Textes als Prototyp auch „der Vielfalt der gesellschaftlich relevanten *Textmuster*[149] und der noch größeren Vielfalt individueller Text-Realisierungen" entspricht (ebd.: 109). Demnach müssen nicht alle Textualitätskriterien realisiert sein, „damit von einem Text gesprochen werden kann" (Spieß 2011: 140; vgl. auch Adamzik 2004: 47 f.).[150] Auch diverse Hypertextsorten besitzen, als „knotenübergreifende Rahmenkonzeptionen" (Rehm 2006: 295) ihre kennzeichnenden prototypischen Eigenschaften. Rehm (ebd.) nennt hier,

---

[148] Ich stimme dabei Grucza (2013: 74) zu, der feststellt, dass die Kohärenz kein immanentes Merkmal von Texten ist, sondern eine ein ihnen zugeschriebenes Merkmal. Texte sind kohärent oder nicht kohärent nur für einen bestimmten Sprecher/Hörer. Auch in klassischen Werken, wie das von Heinemann/Viehweger (1991: 126) wird darauf hingewiesen, dass Kohärenz „vom Produzenten intendiert [ist], vom Rezipienten wird diese erwartet und im Prozeß des Textverstehens Äußerungsfolgen zugeschrieben". Situationalität, auf die nicht weiter eingegangen wird, verstehe ich im Sinne von Beaugrande/Dressler (1981: 3) als die Gesamtheit der „Faktoren, die einen Text für eine kommunikative Situation relevant machen". Ohne den Bezug auf die Situation „gibt es daher keinen Text, denn Bedeutung und Gebrauch eines Textes wird eben über die Situation bestimmt" (Heinemann/Viehweger 1991: 77).

[149] Ich stimme Sandig (2006: 487 ff.) zu, die die *Textmuster* als „typisierte und konventionalisierte Handlungsroutinen" beschreibt, „auf die Sprecher/Schreiber zur Lösung spezifischer Probleme zurückgreifen, wenn sie über das entsprechende ‚Musterwissen' verfügen" (Spitzmüller/Warnke 2011: 186). In diesem Sinne sind Textmuster mit *Handlungsmustern* gleichzusetzen (vgl. Einführung zum Kapitel 5).

[150] Bereits Heinemann/Viehweger (1991: 142) weisen in ihrem klassischen Werk darauf hin, dass „Wissen über globale Textstrukturen [...] ein prototypisches Wissen zu sein" scheint. Heinemann/Heinemann (2002: 104) dagegen begründen die Anwendung der Prototypentheorie auf Texte folgendermaßen: Es existiert „ein Kernbereich von Textphänomenen [...], für den das Texthafte in vollem Umfang zutrifft; daneben aber gibt es [...] eine Randzone, für die die Merkmale der Textualität nur in begrenztem Umfang gegeben sein müssen". Dies bedeutet, dass in die Prototypentheorie insbesondere diejenigen Texte bzw. Textsorten integriert werden können, „die von der traditionellen Textlinguistik als problematische Grenzfälle betrachtet werden" (Rehm 2006: 33). Darüber hinaus lassen sich Prototype als Kernbereiche praktisch auf allen Abstraktionsebenen abheben. Heinemann/Heinemann (2002: 104) nennen hier u. a. Prototype der Schrift-Texte, der Sprech-Texte, Repräsentanten von bestimmten Textmustern oder Textmuster-Varianten (z. B. Nachrichten versus Bildzeitungs-Nachrichten) usw.

ähnlich wie Storrer (2008: 324 ff.), u. a. Textfunktion, spezifische Thematik sowie Interaktion und konstatiert dabei, dass gerade Spezifikationen solcher prototypischen Eigenschaften die jeweilige Definition einer Hypertextsorte darstellen. Ein fester Bestandteil einer solchen Begriffsbestimmung sind die obligatorischen Module einer Hypertextsorte; die gegebene Definition kann allerdings „durch die Existenz optionaler Hypertextsortenmodule in einem Hypertextexemplar modifiziert werden" (Rehm 2006: 295). Solche optionalen Hypertextsortenmodule besitzen somit die Möglichkeit, „Varietäten auch inhaltlich, funktional und interaktional erfassen zu können" (ebd.). Geht man von der Definition von *Textsorten* von Brinker (2010: 12) aus, der sie „als komplexe Muster sprachlicher Kommunikation [versteht], die innerhalb der Sprachgemeinschaft im Laufe der historisch-gesellschaftlichen Entwicklung aufgrund kommunikativer Bedürfnisse entstanden sind", können *Hypertextsorten* als „hypertextuell realisierte kommunikative Muster [definiert werden], die medienspezifische Form und konkrete Funktion besitzen" (Czachur 2008: 113). Ähnlich wie typische Texte erscheint jeder multimodale digitale Text „als Exemplar einer bestimmten Textsorte" (Brinker 2010: 120).[151]

Das von Sandig (2000 und 2006) vorgestellte Konzept der prototypischen Merkmale unterstreicht, wie oben festgehalten, solche Eigenschaften des typischen Textes wie seine Kohärenz und Kohäsion, sein Thema sowie seine Situationalität. Außerdem nennt Sandig (2006: 310) solche prototypischen Textmerkmale wie Sprachlichkeit, überwiegende Monologizität sowie eine größere Vielfalt von möglichen individuellen Realisierungen von Texten. Weniger wichtig sind – ihrer Ansicht nach – u. a. jeweilige Textgliederung, Textdesign oder seine Rezipienten, was natürlich auf prototypische Hypertexte nicht immer zutreffen muss.[152] Im Folgenden möchte ich auf ausgewählte prototypische Merkmale von Hypertexten eingehen, die bezüglich der oben umrissenen Perspektive von Belang sind und sich besonders auf erweiterbare Hypertextstrukturen der sozialen Netzwerke mit hohem Maß an Vernetzungsstärke beziehen können.

---

[151] Zu einer genaueren Typologie von multimodalen Texten je nach ihren Modi-Kombinationen, Kommunikationsformen sowie Sorten vgl. Schmitz (2016).

[152] Besonders das hier genannte Textdesign ist im Falle von Hypertexten von Bedeutung und gehört zu ihren multimodalen Charakteristika (vgl. 4.2).

### 4.2.1 Textthema und Textfunktion

Wie jeder herkömmliche Text haben Hypertexte ihr *Thema* (also „den Kern des Textinhalts", Brinker 2010: 49), das weiter entfaltet wird, sowie ihre spezifische *Textfunktion* (bzw. mehrere Funktionen gleichzeitig[153]). Gerade Textfunktionen gelten in der Textlinguistik als Basiskriterium zur Differenzierung von Textsorten (vgl. Brinker ebd.: sowie 126 f.). Wegen der hohen *Dynamik* der Hypertexte, sowie ihrer nicht auf einem Träger fixierten Form und schließlich ihrer Nonlinearität, Multimodalität und Interaktivität, liefern oft das Textthema und die Textfunktion wichtige Anhaltspunkte bei ihrer Begrenzung und Klassifikation (vgl. Rehm 2006: 17 f. und Meier 2018). Wenn man Hypertexte plant und strukturiert, sind darüber hinaus ihre thematischen und funktionalen Aspekte von Belang, „weil sich die Planung nicht an einem festen Leseweg orientieren kann" (Storrer 2008: 327). So entsteht eine kommunikative und funktional-thematische Hierarchie (vgl. Jakobs/Lehnen 2005: 166) bzw. ein Grundgerüst, dem man obligatorische Module (z. B. Überschrift oder Haupttext) zuordnen und ggf. um weitere optionale Elemente ergänzen kann (z. B. im Falle von Online-Texten, Schaltflächen oder Kommentarbereiche). So wie im Falle von typischen Texten, können beim Gesamtverständnis des jeweiligen Hypertextes, das „durch die beim Emittenten vermutete Intention bestimmt" ist (Brinker 2010: 50), ebenso ihre nichtsprachlichen, bzw. grafisch-bildlichen Teiltexte verhelfen (vgl. Themenstruktur und Aufbauen von inhaltlichen Bezügen zu sprachlichen Teiltexten durch Bilder bei Stöckl 2011: 55).

Darüber hinaus ist es möglich, dass andere optionale hypertexttypische Textbausteine zum Gesamtverständnis beitragen. Es sind hier u. a. Kommunikationsoperatoren des Typs „Social Tagging" gemeint. Besonders Hashtags verhelfen nicht nur bei der Organisation und Verschlagwortung des Online-Content sowie bei der Suche nach entsprechenden Stichwörtern (vgl. 4.3.3), sondern können auch das Textverstehen kanalisieren, zur Kohärenz des jeweiligen Textes beitragen oder als Wegweiser dienen, indem auf wichtigste Inhalte in einem Text oder digitalen Diskurs verwiesen wird (vgl. Dang-Anh et al. 2013b: 84). In vielen Fällen (besonders bei kürzeren Hypertexten, wie beispielsweise Foren- oder Mikroblogs-Einträgen) können sie u. a. eine

---

[153] Brinker (2010: 126) nennt in seiner klassischen linguistischen Textanalyse fünf grobe Textklassen, die sich auf die Textfunktion als Hauptdifferenzierungskriterium beziehen. Es sind Informations-, Appel-, Obligations-, Kontakt- sowie Deklarationstexte.

bestimmte thematische Einstellung des Autors/der Autorin suggerieren und wichtige Hinweise auf ihre/seine zukünftige Positionierung und zu erzielende Position im Diskurs geben.

### 4.2.2 Kohärenz und Hyperkohäsion

Hypertexte sind, ähnlich wie andere Texte, untereinander verknüpft und können somit einen sinnvollen Zusammenhang bilden. Wegen der nicht-linearen Organisationsform ist allerdings ihre eventuelle *Kohärenz* (und somit *Kohäsion* bzw. *Hyperkohäsion*[154]) nicht eindeutig zu bestimmen (vgl. Storrer 2003: 290 oder Maciejewski 2009: 54 f.). Storrer (2008: 327, in Anlehnung an Haake 1991) schlägt die Differenzierung zwischen der *lokalen* und *globalen Kohärenz* der Hypertexte vor. Auf der Ebene der lokalen Kohärenz „werden [explizite oder implizite] Verbindungen zwischen einzelnen Sätzen oder Teilsätzen hergestellt" (Haake 1991: 121). So können sich zwischen den Satzinhalten diverse semantische Relationen etablieren. Als mentale Repräsentation sind solche Relationen als Mikrostruktur zu betrachten. Auf der Ebene der globalen Kohärenz dagegen, werden „ausgehend vom erkannten Thema des Textes lokal kohärente Einheiten zu allgemeinen Aussagen, sog. Makropositionen, zusammengefaßt" (Storrer 2008: 327[155]). Auf der obersten Ebene so einer

---

[154] Kohäsion verstehe ich im Sinne von Heinemann/Viehweger (1991: 76) als ein Merkmal der Textualität, das „die Zusammengehörigkeit von Oberflächeneinheiten eines Textes" reflektiert und „auf grammatischen Abhängigkeiten" beruht. In Bezug auf soziale Medien, in denen viele UserInnen (trotz der meistens von den jeweiligen Seitenbetreibern festgelegten Lesepfaden) ihre eigenen Lesepfade „anlegen", spricht man dagegen von *Hypercohasion*: „Instead of paragraphs and chapters prearranged in a fixed sequence, users find nodes or clusters of nodes that they can process according to their own choosing [...]" (Schubert 2017: 321). Die einzelnen Knoten (*nodes*) eines Hypertextes „stellen folglich Teiltexte [bzw. Textsegmente] dar, die zur Kohäsion des Textes beitragen. Darüber hinaus setzen sich die durch Knoten konstituierten Teiltexte aus unterschiedlichen Komponenten zusammen" (Glausch 2017: 57). Im Falle von Hypertexten können es z. B. typische Satzfolgen sein, aber auch Formulare, Bilder, Grafiken, Tabellen oder diverse multimediale Objekte (vgl. „semiotische Strukturierung" oder Sprache-Bild-Kohäsion bei Stöckl 2011: 55 f. oder Erweiterung von typografischen Ausdrucksmöglichkeiten durch sog. Bild-Texte bei Wachter 2021: 106 f.).

[155] Einer ähnlichen Ansicht ist auch Schwarz-Friesel (2006: 64), für die die Kohärenz „alle im Text enthaltenen Relationen expliziter und impliziter Art [bedeutet], die den inhaltlichen Zusammenhang und damit die konzeptuelle Kontinuität eines Textes konstituieren". Mit anderen Worten könnte man sagen, dass es sich bei der Kohärenz nicht nur um explizite Kohärenzmittel handelt, sondern auch um implizite Wissensbestände oder „Hintergrundwissen".

hierarchischen Makrostruktur[156] sind u. a. das Thema des Textes sowie seine Funktion angesiedelt. Andererseits muss die Kohärenz eines jeden Hypertextes entsprechend geplant werden, damit sie dann rezipiert werden kann. Vor allem handelt es sich m. E. um eine solche Ausarbeitung der Architektur der gegebenen modularen Hypertextstruktur, die unterschiedliche Lesepfade ermöglicht, weil die Abfolge, in der bestimmte Inhalte rezipiert werden, offensichtlich anders ist. Mit anderen Worten gibt es keinen klar vorgegebenen Weg. Stattdessen können „verschiedene Pfade erschlossen werden" (Wachter 2021: 30). Als lokale und globale Orientierungs- und/oder Navigationshilfen (und somit als kohärenz- und kohäsionsstiftende Elemente) bieten sich demnach vor allem Links, aber auch u. a. solche interaktiven Elemente des gegebenen digitalen Hypertextes wie Überschriften, Buttons, Navigationsleisten, Felder zur Eingabe von Suchwörtern oder fertige leicht zu handhabende (Text-)Schablonen auf vielen WWW-Seiten und in sozialen Medien (vgl. Rybszleger 2011 oder Eisenlauer 2016), die zu seiner „operationalen Dimension" gehören und einer multimodalen Weiterführung dienen (vgl. Bucher 2007: 61 sowie 4.3.2).

An dieser Stelle bin ich mit Góralska (2001) und Maciejewski (2009: 54) einverstanden, dass gerade das Sinngefühl eines jeden Empfängers/einer jeden Empfängerin die Grundbedingung ist, um den Text als mehr oder weniger kohärent betrachten zu können.[157] Schubert (2017: 321) fügt in der Diskussion hinzu, dass es in Social Media zwar oft vom jeweiligen Seitenadministrator vordefinierte Lesepfade durch den jeweiligen Hypertext gibt, aber UserInnen

---

[156] Der Terminus „Makrostruktur" wird unterschiedlich in der Forschung gebraucht. Im Buch bediene ich mir dem klassischen Konzept von „macro structures" von Van Dijk (1980), das in der generativen Transformationsgrammatik verankert ist. In der Idee von Makrostrukturen von van Dijk wird davon ausgegangen, dass die Textbeschreibung auf einer globaleren Ebene stattfinden soll, bzw. ist es die globale semantische Gesamtarchitektur eines Textes (van Dijk 1980: 184). Verwandt, und manchmal schwer eindeutig von der Makrostruktur abzugrenzen, ist die textuelle „Mesostruktur", also „Formen der Textgliederung" (Warnke/Spitzmüller 2008: 29), d. h. zum Beispiel diverse Abschnitte in Texten, Absätze, Zitate, Themen in Teiltexten usw.

[157] In diesem Sinne wird die Kohärenz vielmehr als „Ergebnis kognitiver Prozesse der Textverwender" (vgl. Heinemann/Viehweger 1991: 76) begriffen, als dass sie als eine der Texteigenschaften zu betrachten ist. Sie entsteht daher „erst durch die Verknüpfung von im Text aufbereitetem Wissen [...] mit gespeichertem ‚Weltwissen' der Kommunikationspartner".

viel häufiger ihre eigenen „self-selected paths“ finden, wodurch sie zu ihrer eigenen Hyperkohäsion beitragen.[158] Obwohl Internetbetreiber in den meisten Fällen dafür sorgen, dass die einzelnen Knoten bzw. Teiltexte eines gesamten digitalen Hypertextes kohärent und informativ genug sind, werden manche Internetauftritte von ihren UserInnen anders bewertet (vgl. Pisarski 2013: 17). Wenn aus der Perspektive des Empfängers/der Empfängerin zwei oder mehrere Module nicht adäquat verknüpft sind (z. B. der User/die Userin weiß nicht mehr, wie er/sie auf die nächste Seite „scrollen“ kann), kann es in Extremfällen dazu kommen, dass man sich im gegebenen Hypertext „verläuft“ und/oder die „Gefahr“ besteht, dass man die WWW-Seite (oder eine Anwendung) einfach verlässt, was natürlich sowohl jeglichen Regeln der *Akzeptabilität* (d. h. der Erwartung des Textrezipienten/der Textrezipientin, einen kohärenten und kohäsiven Text zu bekommen, vgl. Heinemann/Viehweger 1991: 76) als auch der Einstellung eines jeden Textproduzenten/einer jeden Textproduzentin widerspricht, „einen kohäsiven und kohärenten Text zu bilden“[159] (Heinemann/Viehweger 1991: 76).

Zu der allgemeinen Kohärenz und Kohäsion eines sozialen Netzwerkes als digitaler Hypertext kann schließlich der Einsatz diverser visueller Elemente des Gesamttextes beitragen, die zum allgemeinen Verstehen der jeweiligen – grundsätzlich durch Texte dargestellten – Sprachhandlungsstruktur verhelfen, z. B. in diversen Bedienungsanleitungen oder Tutorials, Listen oder Tabellen (vgl. Stöckl 2011: 55[160]), bzw. in Inhaltsverzeichnissen, die „ein visuelles Anordnungsschema in Texten“ darstellen (Bubenhofer 2020: 31[161]). In Anlehnung an Opiłowski (2024: 43–44) vertrete ich den Standpunkt, dass es im Fall von (digitalen) Hypertexten zu einer „multimodal erzeugten

[158] Zu Wahl und Ausprobieren von unterschiedlichen Pfaden in der hypertextuellen Struktur vgl. auch Wachter (2021: 152).

[159] Die zitierten AutorInnen beziehen sich dabei auf die *Intentionalität* als eine der Textualitätskriterien.

[160] Ich bin dabei mit Steinseifer (2013: 34) einverstanden, dass gerade „sprachlich kompakte, visuell geprägte Textformen wie Listen und Tabellen […] als visuelle Anordnungsschemata die für diagrammatische Phänomene charakteristische operativflexible Kohärenzbildung [erlauben]“.

[161] Ein anderes interessantes Beispiel für eine kohärente Textstruktur sind Comics, in denen die Kohärenz – die durch die visuelle Form entsteht – „auf dem Zusammenhang zwischen den einzelnen Panels und dem Ganzen bzw. der Seite“ beruht (Corti 2023: 117).

Kohärenz" kommt, weil „die multimodale Bedeutung und die jeweilige Botschaft in mehreren kognitiven Schritten des Wechselspiels zwischen Sprach- und Bildelementen hergestellt [werden können]" (ebd.: 43). Darüber hinaus können Links und multimodale Ressourcen „als digitale Kohärenzbildungshilfen [...] bei der Rezeption den Weg weisen und [den UserInnen] das Textverständnis erleichtern" (Wolfer et al. 2023: 186).

### 4.2.3 Intermedialität und Intertextualität

Damit überhaupt online kommuniziert wird und sich digitale Diskurse u. a. mit ihrer multimodalen Positionierung etablieren können, sollten Hypertexte in der sozialmedialen Umgebung bezüglich ihrer *intermedialen* und *intertextuellen* Strukturen charakterisiert werden.

Die *Intermedialität* bezieht sich auf die bereits besprochenen Begriffe der übergreifenden gesellschaftlichen Mediatisierung und Konvergenz, der Digitalisierung von Information und schließlich der zunehmenden Vernetzung von unterschiedlich großen Öffentlichkeiten.[162] Allerdings ist die Intermedialität, im Gegensatz zu der in der Einleitung zu diesem Kapitel erwähnten *Transmedialität*, die sich eher auf ganze mediale (oder medial vermittelte) Diskurse bezieht und medienunspezifische „Wanderphänomene" beschreibt, oder der *Intramedialität*, die mediale Besonderheiten umfasst, welche „nur innerhalb eines Mediums auszumachen sind" (Meier 2008: 199), als ein Mediengrenzen überschreitendes Phänomen zu betrachten, das mindestens „zwei konventionell als distinkt wahrgenommene Medien" sowie ihre möglichen Kombinationen involviert (Rajewsky 2002: 13). Darüber hinaus erfasst sie bestimmte „Dynamiken der Medienbegegnungen zwischen analogen und digitalen Kontexten", da (wie mehrmals in der Arbeit hervorgehoben) die einzelnen Medien nicht klar voneinander zu trennen sind, „sondern sie bilden in vielfältigen Medienbegegnungen ein prozessuales diskursives Netzwerk" (Lucke 2017: 76). In ähnlicher Weise verhalten sich

[162] In dieser Hinsicht könnte angenommen werden, dass je mehr Themen, Inhalte und AkteurInnen der typischen Medien „im Online-Bereich wieder auftauchen, und dort [...] mit alternativen Informationen, Meinungen und Primärinformationen von Betroffenen verknüpft werden" (Meier 2008: 197), desto intermedialer ist ein Hypertext.

Texte in verschiedenen technischen und institutionellen Medien, die durch ihre Interaktion miteinander „eine kohärente Vernetzung [...] bzw. einen thematischen Diskurs bilden" (Opiłowski 2024: 91).

Rajewsky (2005: 51 f.) schlägt drei allgemeine Subkategorien der Intermedialität vor und zwar „medial transposition" also *Medienwechsel* (z. B. Filmadaptationen), „media combination", d. h. *Medienkombinationen* (wie Oper, Theater, musikalische und szenische Veranstaltungen usw.), in denen „the intermedial quality [...] is determined by the medial constellation constituting a given media product" (ebd.: 51–52) und schließlich die Intermedialität im engeren Sinne, also *intermediale Bezüge*, die besonders in der Hinsicht der elektronischen Medien von Bedeutung sind, wenn z. B. in einem digitalisierten literarischen Text typische Filmtechniken (wie Zoomaufnahmen, Überblendungen, Montage o. Ä.) imitiert werden oder wenn man sich in Kinofilmen auf Malerei bezieht und in der Malerei auf Fotografie usw.[163] Im Fall von Social Media hat man es vor allem mit der Intermedialität in Form von Medienkombinationen zu tun, in denen verschiedene Medialitäten (Text, Bild, Ton, Video usw.) miteinander kombiniert oder aufeinander bezogen werden. Ein Paradebeispiel sind die im vorliegenden Buch analysierten Instagram-Postings, in denen oft ein Bild mit Musik hinterlegt und mit einem Text oder Zitat ergänzt wird. In einem solchen Fall hat man es mit der Intermedialität visueller, auditiver und sprachlicher Medien zu tun.

---

[163] Weiter in ihrem Text bemerkt Rajewsky (ebd.: 52 f.) zu Recht, dass intermediale Bezüge als sinnkonstituierende Strategien zu verstehen sind, die zur Gesamtbedeutung des gegebenen Medienprodukts beitragen: Jedes Medienprodukt verwendet seine eigenen medienspezifischen Mittel, um entweder auf ein bestimmtes, individuelles, in einem anderen Medium produziertes Werk („Einzelreferenz"), auf ein bestimmtes mediales Subsystem (z. B. eine bestimmte Filmgattung) oder auf ein anderes Medium im Sinne eines Systems zu verweisen („Systemreferenz"). Mit anderen Worten kann man konstatieren, dass das jeweilige mediale Produkt sich ganz oder teilweise in Bezug auf das Werk, System oder Subsystem konstituiert, auf das es sich bezieht. Natürlich (im Sinne einer „system reference", vgl. ebd.: 53) kann es auch dazu kommen, dass das gegebene Medium (z. B. das Internet) bestimmte Elemente oder Strukturen eines anderen Mediums evoziert oder imitiert, indem allerdings eigene medienspezifische Mittel eingesetzt werden (vgl. dabei ebenso das Konzept des Internets als digitales konvergentes Medium in 3.1.2).

Die prototypischen Hypertexte der sozialen Medien sind nicht nur intermedial, sondern zeichnen sich auch durch beinahe permanente *Intertextualität* aus. Unter diesem Stichwort werden alle „Formen und Funktionen expliziter und impliziter Bezugnahmen auf andere Texte" untersucht (Meier-Vieracker/Vögele 2023: 242), was immer eine explizite oder implizite *Markierung* entsprechender Textstellen, einen *Bezugstext/Prätext* und einen *Folgetext/Referenztext* in der Textbeziehung erfordert (vgl. Opiłowski 2006). Die Markierung kann explizit sein, indem v. a. Zitate oder unterschiedliche Verweise/Verknüpfungen benutzt werden. In geschriebenen Texten werden sie meistens durch Anführungsstriche oder Kursivdruck hervorgehoben und in der gesprochenen Sprache z. B. durch entsprechende Akzentuierung oder unterschiedliche prosodische Elemente (wie Tonhöhe oder Pausen). In Hypertexten dagegen kann die explizite intertextuelle Markierung sowie der Bezug auf den jeweiligen Prätext v. a. mithilfe von Links, Hashtags, @-Zeichen bzw. allen anderen interaktiven textuellen und grafischen Elementen erfolgen, die als jeweilige elektronische Quellenangaben dienen. Darüber hinaus wird in der Kommunikation auch implizit (bzw. nicht-explizit) verwiesen, indem nur bestimmte Strukturen oder einzelne Elemente des Bezugstextes in den jeweiligen Folgetext übernommen werden (vgl. Polajnar et al. 2022: 225 f.). Solche impliziten Referenzen charakterisieren sich auch dadurch, dass „sie im Text nicht deklariert werden und somit durch den Leser/die Leserin ‚entdeckt' oder gar konstituiert werden müssen" (Schomburg et al. 2011: 73[164]).

Darüber hinaus kann man sich im Rahmen jeder Online-Gemeinschaft, wie in allen anderen Textsorten und Kommunikationstypen, auf Einzeltexte (*Einzeltextreferenz*) sowie auf spezifische Textsortenmuster (*Mustertextreferenz*) beziehen (vgl. Broich/Pfister 1985). Zwar kann im Prinzip jeder „Textproduzent auf jeden beliebigen früheren Text zurückgreifen", allerdings sind es in der kommunikativen Praxis vor allem wohlbekannte Texte oder Textausschnitte (z. B. sog. Kultzitate und/oder unterschiedliche modifizierte Zitate/Modifikationen[165], diverse

---

[164] Zu der Gruppe nicht-expliziter intertextueller Referenzen gehören v. a. diverse Imitationen, Parodien aber auch Plagiate (vgl. ebd.).

[165] Mit „modifizierten Zitaten" meine ich Situationen, „in denen ein formal-strukturell identifizierbarer Prätext in veränderter Form verwendet wird" (Rybszleger 2010: 455 in Anlehnung an Wills 1989).

Parodien, Anspielungen[166] oder Nachahmungen), die meist leicht zugänglich und verständlich sind. Selbstverständlich können von jeder Gemeinschaft andere Texte als Prätexte verstanden werden (vgl. Rybszleger 2010: 454), was v. a. darauf zurückzuführen ist, dass „verschiedene soziokulturelle Gruppen ihre eigenen Wissensbestände und kulturellen Ressourcen auf gruppendistinktive Weise intertextuell verarbeiten können" (Androutsopoulos 1997: 339[167]). Darüber hinaus gibt es andere rein technische (aber trotzdem oft gruppenspezifische) Mittel des Entstehens intertextueller Bezüge; man muss u. a. entsprechende Zitate durch Suchmaschinen finden und sie dann richtig sprachlich und/oder nichtsprachlich markieren.

Die früher erwähnte „permanente" Intertextualität resultiert m. E. vor allem aus der omnipräsenten „Kultur des Teilens" oder eines „kulturellen Austauschs" bzw. *Sharing Economy* im Rahmen von vielen Online-Gemeinschaften (vgl. Lehmann 2017: 256 f. sowie Teilen von Inhalten, auf das genauer in 4.3.3 eingegangen wird). Im Internet, besonders in Social Media, wird gerne nicht nur zitiert (mit möglichen [Re-]kontextualisierungen und Veränderungen des Originals, wobei oft der originale Autor/die originale Autorin vergessen wird oder sogar unbekannt bleibt, vgl. Androutsopoulos

166 Zu Anspielungen vgl. Holthuis (1993: 92), der sie als semantisch organisierte und zur Tiefenstruktur gehörende Referenzstrategien definiert. Selbstverständlich sind Prätext und Referenztext, syntaktisch-strukturell gesehen, auf der Oberfläche nicht identisch, aber es gibt einen (mittelbaren) Bezug auf den Prätext. In den letzten Jahren ist auch eine Reihe von medienbezogenen linguistischen Analysen von Metaphern und Anspielungen entstanden. Ein gutes Beispiel ist der Beitrag von Snuszka (2015), in dem der Autor sich auf diverse Wortspiele, Anspielungen und Metaphern in ausgewählten Songs von einigen deutschen Rapbands bezieht.

167 Aus semantisch-funktionaler Perspektive sollte der Rezipient den Bezugstext bereits kennen oder verstehen, um die Intertextualität als solche anerkennen zu können (vgl. Rybszleger 2010: 453). Allerdings ist es auch möglich, dass die Intertextualität *latent* bleibt. Dies kann z. B. online passieren, wenn eine(r) der UserInnen sich eines weit verbreiteten Spruchs (oder einer „abgedroschenen" Phrase) bedient bzw. unbewusst auf bestimmte sprachliche Codes oder Zitate verweist. Die intertextuellen Bezüge werden dann von einem oder mehreren DiskussionsteilnehmerInnen erkannt, was z. T. dazu führen kann, dass der User/die Userin entsprechend positioniert wird (z. B. ausgelacht oder verspottet). Mehr zu intendierter und latenter Intertextualität vgl. Pfister (1985: 23).

2014: 6 f.[168]), sondern – je nach persönlichen Präferenzen – auch auf eigene und fremde Inhalte bezogen, wobei natürlich entsprechende Technik helfen kann (vgl. u. a. Teilen-Buttons oder Redistributionsoperatoren). Darüber hinaus gibt es auch andere technische Elemente auf praktisch allen SNS, und zwar Kommunikationsoperatoren (vgl. 4.3.3), sowohl des Typs „Teilen" (Links) als auch des Typs „Social Tagging" (Hashtags, ggf. auch At-Zeichen). Alle Formen können m. E. intertextuelle Bezüge durch die direkte Vernetzung mit Informationen oder Bildern vereinfachen. Außerdem wird die Intertextualität in der Online-Umgebung mithilfe von praktisch allen semiotischen Ressourcen realisiert, über die die gegebene Anwendung verfügt. Nach wie vor sind es vor allem sprachliche, aber auch multimodale Elemente, die alleine ggf. in unterschiedlichen intermedialen Konstellationen vorkommen können (vgl. Eisenlauer 2016 oder Schmitz 2016). Vor allem sind es (außer in multimodalen Texten) Bilder oder diverse Grafiken, zwischen denen sich auch intertextuelle, oder *interbildliche* (vgl. Rybszleger 2013 und 2018) bzw. *interikonische Relationen*[169] etablieren können (vgl. Grampp 2024).

Schließlich ist hinzuzufügen, wie Opiłowski (2024: 34) anmerkt, dass man es im Internet mit einem Netz von „multilateralen Beziehungen" zu tun hat. Dies bedeutet, dass der Rezipient/die Rezipientin einerseits viele intertextuelle Bezüge erkennen muss. Andererseits ist es auch meistens der Fall, dass weitere Texte hinzukommen, die „in formaler, semantischer, argumentativer oder historischer Hinsicht verknüpft" sind, was das Etablieren diskursiver Beziehungen bedeutet. Opiłowski kommt daher zu Recht zu dem Schluss, dass „der Diskursivität [...] ein Mechanismus der Intertextualität zugrunde" liegt (ebd.).

### 4.2.4 Prototypische Merkmale von sozialmedialen Hypertexten. Zwischenfazit

Die gerade umrissenen prototypischen Merkmale der digitalen Hypertexte unterscheiden sich natürlich von denen der herkömmlichen textuellen Strukturen (vgl. Tab. 5).

---

[168] Digitale Texte können intra- und intertextuell rekontextualisiert werden (vgl. Rybszleger 2018: 259, angelehnt an Linell 2009). Dabei sind intratextuell alle Online-Bezüge „auf das vorher Gesagte, bzw. es wird ein neues Element eingeführt" (Rybszleger 2018: 259), z. B. ein Schlüsselausdruck, der einen neuen Kontext schafft. Alle Einzel- oder Mustertextreferenzen beziehen sich dagegen auf das Intertextuelle (vgl. ebd.).

[169] Grampp (2024: 127) definiert Interikonizität als „Relation zweier oder mehrerer Bilder bzw. Bildeinheiten".

**Tab. 5:** Gegenüberstellung der Kennzeichen von prototypischen Texten und Eigenschaften von prototypischen Hypertexten auf SNS. Eigene Darstellung

| **Bestimmung des prototypischen herkömmlichen Textes** | **Bestimmung des prototypischen digitalen Hypertextes** |
|---|---|
| Unterschiedlich ausgedrückte Textfunktion(en) | Unterschiedlich ausgedrückte Textfunktion(en) |
| Textthema mit bestimmter meist linearer Hierarchie | Textthema mit nicht-linearer Hierarchie |
| Kohärenz und Kohäsion | Kohärenz und Hyperkohäsion mit unterschiedlichen Lesepfaden und multimodaler Architektur |
| Überwiegende Monologizität | Überwiegende Dialogizität und Interaktivität |
| Sprachlichkeit/Schriftlichkeit | Sprachlichkeit/Schriftlichkeit, allerdings meist multimodal ergänzt und ausgedrückt |
| Begrenzte Intermedialität und Intertextualität | Starke Intermedialität und Intertextualität |
| Relative Stabilität des schriftlichen oder des mündlichen Textes | Fluidity |

Nichtsdestotrotz handelt es sich immerzu um „mehr oder weniger komplexe Gebilde, die kohärent sind, eine Funktion haben [und] einer Textsorte zugerechnet werden können" (Marx/Weidacher 2014: 195). Hypertexte als solche Strukturen, die erstens nicht-linear organisiert sind und zweitens durch die Computertechnik verwaltet werden (was das Entstehen und Funktionieren von allen Rahmen der CVK überhaupt ermöglicht), beziehen sich in erster Linie auf die in der vorliegenden Arbeit thematisierten sozialen Netzwerke. Social Media zeichnen sich natürlich v. a. durch viel stärkere Dynamik und Interaktivität der Kommunikation aus. Darüber hinaus wird ihre Sprachlichkeit/Schriftlichkeit (bzw. konzeptionelle Mündlichkeit bei sowohl synchronen als auch asynchronen oder quasi-synchronen Online-Kommunikationsangeboten[170]) viel häufiger multimodal ergänzt, indem verschiedene semiotische Modi verwendet werden (vgl. 4.3.2). Dies schließt allerdings ihre eventuelle *Monologizität* nicht aus. Storrer (2008: 324) spricht von der Interaktivität im Sinne eines Merkmals der Hypertexte, das ihre

170 Allgemein zum Begriff der „konzeptuellen Mündlichkeit und Schriftlichkeit" vgl. Koch/Oesterreicher (1986 und 1994).

Rezeption als (metaphorisch konstituierten) „Dialog zwischen Nutzer und Hypertextsystem beschreiben" lässt. Demnach können hypertextuelle Strukturen, je nach der sozialmedialen Anwendung als mehr oder weniger interaktiv[171] bezeichnet werden und sich somit durch ihre spezifische synchrone/quasi-synchrone oder asynchrone *Dialogizität* auszeichnen (vgl. Marx/ Weidacher 2014: 193 f.).

Zu definitiv obligatorischen prototypischen Merkmalen von Hypertexten in Social Media gehören (je nach dem Typ der SNS) unterschiedlich ausgedrückte Verweise auf ihre mögliche(n) Textfunktion(en) und das jeweilige Thema, da sie (angesichts ihrer besonders hohen Dynamik sowie der nicht auf einem Träger fixierten Form) wichtige Anhaltspunkte bei ihrer Klassifikation und eventueller Begrenzung darstellen. Das ganze textuelle Gerüst solcher Texte (mit mehr oder weniger obligatorischen Elementen) lässt eine kommunikative, funktionale und thematische Hierarchie entstehen, die (besonders für aktive und erfahrene UserInnen) leicht zu handhaben ist.

Darüber hinaus etablieren sich hier trotz der nicht immer eindeutig zu bestimmenden Kohärenz und Kohäsion der Hypertexte auch bestimmte Verknüpfungen, die meistens einen sinnvollen Zusammenhang bilden können (besonders auf dem Niveau der sog. lokalen Kohärenz). In 4.2.2 wurde allerdings festgestellt, dass die Kohärenz und Hyperkohäsion im Lichte der Nichtlinearität der Hypertexte, entsprechend geplant werden müssen, damit für jeden User/jede Userin eine Möglichkeit besteht, seinen/ihren eigenen Lesepfad zu beschreiten. Dabei sind unterschiedliche Tools notwendig (von fertigen Schablonen in vielen Social Media, über Navigationsleisten, Felder

---

171 Als Ergänzung zu der in 3.2 beschriebenen Interaktivität bzw. Nicht-Interaktivität der Online-Kommunikationsangebote (vgl. Neuberger 2007: 43 f.) gehören meiner Meinung nach zu der ersten Gruppe eher längere Einträge in thematischen persönlichen Blogs, besonders wenn der Blogger/die Bloggerin sich lediglich auf Tools des typischen Personal Publishing konzentriert und (zumindest teilweise) auf Verweise auf sozialmediale Plattformen verzichtet. Durch eine mittelbare Interaktivität charakterisieren sich dagegen Content Communitys wie Instagram oder Flickr mit eher bescheidenen Möglichkeiten der Anschlusskommunikation. Als besonders interaktiv würde ich schließlich Mikroblogs (vor allem Twitter/X), sozialmediale Plattformen (wie Facebook oder Google+) sowie thematische Foren bezeichnen, die meistens besonders gut entwickelte Tools der Anschlusskommunikation und somit des Teilens der eigenen und fremden Inhalte besitzen. Auf diesem Wege steigt auch die Möglichkeit der entsprechenden Selbst- und Fremdpositionierung.

zur Eingabe von Suchwörtern, bis hin zu diversen interaktiven Elementen, die einer multimodalen Weiterführung dienen usw.). Zu den obligatorischen prototypischen Merkmalen von Hypertexten in sozialen Medien gehören schließlich die (technisch bedingten) Möglichkeiten der Bildung von intermedialen und intertextuellen Bezügen. Besonders die Zweiteren fügen sich m. E. in die allgegenwärtige medienübergreifende „Politik des Teilens" von unterschiedlichen (fremden) Inhalten, die dann meistens nicht nur weitergeleitet werden, sondern entsprechend (von einem oder mehreren UserInnen) kommentiert, bewertet und kontextualisiert werden können, was u. a. zur entsprechenden Positionierung der einzelnen SprecherInnen beiträgt. Selbstverständlich (so wie in allen anderen Textsorten) werden in digitalen Hypertexten der sozialen Medien manche Textstellen mit intertextuellen Bezügen explizit und/oder implizit markiert. Dabei kommt es, wie in 4.2.3 festgestellt, (je nach der Online-Gemeinschaft) zur eventuellen intertextuellen Verarbeitung von bestimmten Prätexten. Überdies sind eigene und fremde Inhalte, die von vielen UserInnen als persönlich wichtig eingestuft werden, gewisse „Katalysatoren" von Prozessen der eventuellen weiteren Aushandlung oder sogar der diskursiven Wissenskonstituierung (vgl. Warnke 2009, Spitzmüller/Warnke 2011, Rybszleger 2016 oder Opiłowski 2018a).

Die oben genannten prototypischen Merkmale von vielen Texten im heutigen Internet, können noch um ein wichtiges Element ergänzt werden, das unter dem Motto „unsichtbare Medienpraktiken" subsumiert werden kann (vgl. Dang-Anh et al. 2017) und an mehreren Stellen im Buch thematisiert wird. Im Kontext der Hypertexte und ihrer Bestimmung kann man solche kommunikativen und medialen Praktiken als sog. *Verflüssigung* (engl. *Fluidity*) bezeichnen. Marx/Weidacher (2014: 191 f.) bemerken zu Recht, dass Texte im Internet (und/oder ihre einzelnen Elemente) einerseits leicht gelöscht werden können, andererseits einfach überarbeitet und/oder verändert werden, was ihre Stabilität als „zuverlässige" Textstrukturen erheblich verringert. Zwar passiert es häufig, dass UserInnen ihre eigenen oder kollektiven Online-Beiträge verändern (vgl. u. a. Zusammenarbeit auf sog. Kollaborationsplattformen wie Wikipedia), aber es in vielen sozialen Medien für andere NutzerInnen möglich ist, den jeweiligen Bearbeitungsverlauf anzusehen (z. B. auf sozialmedialen Plattformen wie Facebook), was u. a. Quelle einer Reihe von (meist negativen) Fremdpositionierungen sein kann. Die eigenen Inhalte können auch, aus unterschiedlichen Gründen, entfernt werden. Zu solchen kommunikativen und textuellen Handlungen (bzw. Texthandlungen) kommt es oft u. a. auf Twitter/X, wenn z. B. bekannte PolitikerInnen, um ihr Gesicht zu wahren, manche von ihren Tweets entfernen. Dies muss allerdings nicht bedeuten, dass ihre Beiträge aus dem Internet verschwinden. Nicht selten kommt es dann zu Situationen, in denen pfiffige UserInnen z. B. Screenshots von besonders peinlichen politischen Tweets machen, um sie dann in ihren Postings zu veröffentlichen und bekannte Persönlichkeiten bloßzustellen. Natürlich ist Fluidity kein obligatorisches Merkmal von allen Texten im Internet, sie „ist aber Ausdruck der Nutzung einer sehr internetspezifischen Affordance des Mediums" (ebd.: 192).

Digitale Hypertexte (wie herkömmliche Texte) sind nicht nur sprachlich, sondern auch *multimodal kodiert*, d. h. sie bestehen aus „schriftlich fixierten Textpassagen" (Storrer 2008: 324), die um andere Elemente bzw. semiotische Ressourcen (wie Bilder, Design, Grafiken, Töne oder Videoobjekte) ergänzt werden können. Aus textlinguistischer Sicht etablieren sich somit sog. *multimodale digitale Gesamttexte* (vgl. Eisenlauer 2016: 452) mit gewissen Teiltexten mit überwiegenden textuellen oder bildlichen Elementen. Gleichzeitig entstehen spezifische, sich wiederholende Medienarrangements (vgl. Bucher 2013), in denen (je nach der Anwendung) unterschiedliche miteinander verflochtene Codes und Symbolsysteme mit typischen Kommunikationsoperatoren und jeweiligen Handlungsoptionen überwiegen.[172] So ist bspw. die *multimodale Kodierung* auf der Microblogging-Plattform Twitter/X, die nach wie vor auf Texten basiert, anders als in vielen Content Communities (wie YouTube oder Instagram), in denen Bilder oder Videos die Kommunikation prägen. Um die Netzwerkkommunikation

---

[172] Mit „typisch" sind die sich in spezifischen Medienarrangements in bestimmten sozialen Medien wiederholenden Medienpraktiken gemeint. Gewollt möchte ich an der Stelle auf die von Plaga (2011) aufgegriffene Idee der „prototypischen Bilder" verzichten, denn (im Gegensatz zu prototypischen Texten) greifen sie nicht „auf eine mehr oder weniger verbindlich geregelte Sprache zurück" (Schmitz 2011: 31). Darüber hinaus gibt es auch „keinen systematischen Unterschied zwischen bedeutungsdifferenzierenden und bedeutungstragenden Elementen" (ebd.). Es gibt dagegen gewiss bestimmte Stile, Konventionen oder Nutzungsweisen der einzelnen UserInnen bezüglich der Bilder (vgl. Schmidt 2013: 37). Gesamte multimodale Konstruktionen sind dagegen auf jeden Fall „als Kategorien mit einer Prototypenstruktur zu modellieren" (Bülow et al. 2018: 14) und werden weiter im Text erörtert.

(und Textualität als solche) in Social Media vollständig zu präsentieren und in weiteren Schritten einzelne Mittel der multimodalen Positionierung bestimmen zu können, bedarf es einer Ergänzung, und zwar um die Multimodalität, auf die im nächsten Schritt hingewiesen wird.

## 4.3 Multimodalität und multimodale Zeichenhandlung in Online-Diskursen

Es liegt auf der Hand, dass die Anzahl von Texten, die in vielen (alltäglichen) Kommunikationssituationen gleichzeitig aus mehreren Zeichensystemen bestehen, zunimmt. Insbesondere mediale (Hyper-)Texte zeichnen sich seit Jahren durch hohe semiotische Komplexität aus[173] oder präsentieren sich als „ein potenziell offenes Raster mit den semiotisch belegbaren Stellen" (Opiłowski 2013: 14). Dies bedeutet, dass man immer mehr Texte einfach nicht mehr als lediglich monomodale Strukturen[174] abtun kann, die eine begrenzte kohärente Folge von sprachlichen Zeichen mit erkennbarer Sprachfunktion beinhalten, so wie es der klassischen Definition von Brinker (2010: 17) zu entnehmen ist. Vielmehr sind sie immer häufiger als „Komplexe von Zeichen verschiedener Art" zu betrachten (Fix 2009: 121[175]), die wichtige Bestandteile von zahlreichen medialen Angeboten darstellen, welche auch nonlinear rezipiert werden können (vgl. Bucher 2013: 64) und Teil der weit aufgefassten

[173] Man denkt an der Stelle u. a. an die von Mitchell Anfang der 1990er Jahre in einer Reihe von Veröffentlichungen angekündigte *Wende zum Bild* (engl. *Pictorial Turn* oder *Iconic Turn*). Der Autor versuchte in seinem Beitrag, das Denken in Bildern und über Bilder zu rehabilitieren. Dabei orientierte er sich an der sog. „Materialität des Bildes" (vgl. u. a. Mitchell 1995). An Überlegungen Mitchells knüpft unter anderem Krämer (2006: 80) an, der zu Recht darauf hinweist, dass das Bild und der Text einen gemeinsamen Ursprung haben. Holly (2013: 2) bemerkt dagegen, dass auch Sprache als Bild immer sichtbar war, obwohl der Gedanke nach wie vor „kaum im Bewusstsein verankert" ist.

[174] Zur Abgrenzung monomodaler von multimodalen Texten sowie zur Typologie typischer multimodaler Texte nach Modi-Kombination vgl. Schmitz (2016: 333 ff.).

[175] Allerdings ist das Sprachliche doch das dominante Funktions- und Formelement von jeglichen Texten (vgl. Titzmann 2010: 215 sowie die weitere Diskussion unten), zum anderen darf der Zeichenstatus den einzelnen Elementen nur dann zugeschrieben werden, „wenn die Rezipienten bereit sind, ihnen Bedeutung zuzusprechen" (Makowska 2014: 229).

*Visual Culture* (vgl. Stöckl 2004a oder Sturken/Cartwright 2009) bzw. *Visual Studies* sind (vgl. Larsen/Sandbye 2013).

Auf solchem Wege sind unterschiedliche Typen von Bildern, Grafiken, Tabellen, Typografie und Layout (aber auch auditive Modi wie Töne) immer häufiger konstitutive Textbausteine, deren Bedeutung sich oft nicht aus einer einzelnen Zeichenressource konstituiert und die „in ihrem Zusammenwirken kohärente Gesamttexte als Realisationen bestimmter Textsorten zustande bringen" (Opiłowski 2013: 12). Mit anderen Worten könnte man konstatieren, dass die heutigen Texte durch die beinahe allgegenwärtige *Multimodalität* (bzw. multimodale Kodiertheit) geprägt sind. Laut Stöckl (2011: 45) bezeichnet die Multimodalität viele „Texte und kommunikative Handlungen, die mehrere verschiedene Zeichensysteme (Sprache, Bild, Ton) beinhalten", was eigentlich „über parallele Kanäle und mit mehreren Sinnen" seit Jahren „der Standardfall" ist (Schmitz 2011: 24). Darüber hinaus können gerade Sprache, Bild und Ton als *zentrale Modalitäten* erfasst werden, die „die Bildungen von eigenständigen Formen, Bedeutungen und Funktionen im Text [ermöglichen] und [...] grundsätzlich durch *periphere Modalitäten*[176] begleitet [werden]" (Opiłowski 2024: 37). Zu peripheren Modalitäten zählt Opiłowski (ebd.: 36) u. a. Typografie und Topografie (in Bezug auf die geschriebene Sprache); Linien, Farben oder Figuren (in Bezug auf statische oder animierte Bilder) und Musik oder Geräusche (in Bezug auf gesprochene Sprache). Als Verknüpfungen zentraler und peripherer Modalitäten dienen schließlich sog. *Makromodalitäten*, zu denen das *visuelle* und *das auditive Textdesign* sowie Beziehungen von Sprache, Bild und Ton gehören (vgl. ebd.[177]).

Dazu bezeichnet Multimodalität „eine solche zweckorientierte Form des Rückgriffs auf Zeichen unterschiedlicher semiotischer Natur im Rahmen der Kommunikation, die auch, aber eben nicht ausschließlich auf der Basis des sprachlichen Zeichensystems vollzogen wird. [...]" (Klug/Stöckl 2015: 242). Czachur (2020a: 157) stellt dabei zu Recht fest, dass „Język w użyciu we współdziałaniu z innymi zasobami semiotycznymi staje się praktyką

---

[176] Hervorgehoben in Kursivschrift von P.R.

[177] Mehr zum individualisierten Textdesign und prototypischen Elementen der visuellen Gestaltung vgl. 4.3.4.

komunikacyjną, która może przybierać formę praktyki multimodalnej."[178] Dabei denke man an unterschiedliche visuelle und auditive Modi, die bereits vor Jahren ihren Eingang in die (Medien-)kommunikation gefunden haben und je nach der Kommunikationsform und Kommunikationsplattform unterschiedliche multimodale Konstruktionen entwickeln, die oft ihren spezifischen Charakter haben (vgl. Bülow et al. 2018: 12). Aus der Perspektive der Bild- und Medienlinguistik zählen also bildliche Elemente „neben der Sprache zu den wichtigsten zeichenvermittelten Instrumenten der Repräsentation, Interpretation und Aneignung von Welt" (Klemm/Stöckl 2011: 7). So wie bereits festgehalten, findet zwischen den kommunizierenden Individuen, egal für welche Kommunikationsform sie sich entscheiden, stets eine wechselseitige „Übermittlung von Informationen durch Zeichen/Symbole" statt (Bußmann 2008: 346).

Dies alles bleibt natürlich nicht ohne Auswirkung auf sozialmediale Inhalte und Online-Diskurse, die durch Texte ermöglicht werden. Im Rahmen vieler Anwendungen entstehen, wie oben angedeutet, *komplexe multimodale digitale Gesamttexte*, „die mit den individuellen Handlungszielen der Netzwerkmitglieder verknüpft werden" (Eisenlauer 2016: 452[179]) bzw. *Online-mediale Texte* in grafischen Interfaces (vgl. Pentzold et al. 2013: 87[180]).

---

178 „Sprache im Gebrauch in Zusammenarbeit mit anderen semiotischen Ressourcen wird zu einer kommunikativen Praxis, die die Form einer multimodalen Praxis annehmen kann" (übersetzt von P.R.). In einem anderen Beitrag definieren Czachur/Pappert multimodale Praktiken als die Gesamtheit der sprachlich-visuellen Handlungen, die durch die soziale Werteordnung bestimmt werden, und die Kenntnis wirksamer Strategien für deren Einsatz im sozialen Kommunikationsprozess (2019: 125 f.).

179 Wie bereits an vielen Stellen hervorgehoben wurde, gehört zu besonderen Affordances des Mediums Internet die Möglichkeit, verschiedene semiotische Ressourcen bzw. Modi zu verwenden (bzw. aus denen zu schöpfen), wodurch diverse multimodale Orchestrierungen oder Medienarrangements im Rahmen der Online-Kommunikation und digitaler Diskurse entstehen können (vgl. Bucher 2013 sowie Fraas et al. 2013a). Eisenlauer (2016) beschreibt in seinem Aufsatz die Online-Plattform Facebook. Zu solchen komplexen digitalen Gesamttexten können natürlich auch andere Anwendungen oder mediale Angebote gehören, in denen sprachliche und grafisch-bildliche Teiltexte mit ihren entsprechend ausgebauten Sehflächen unterschiedlich gewichtet werden.

180 Ich bevorzuge allerdings den Terminus „multimodaler Gesamttext", der m. E. besser die mehr oder weniger ausgebaute Struktur digitaler Texte wiedergibt (von kleineren kurzen Beiträgen bis hin zu ausgebauten Texten der ganzen sozialmedialen Plattformen).

Multimodale digitale Gesamttexte betrachte ich demnach als solche, „in denen verbale und bildliche [bzw. nichtverbale] Elemente synergetisch zusammenwirken“ (Makowska 2014: 232[181]). Obwohl Sprache und Bild unterschiedliche *Zeichenmodalitäten*[182] haben können (bspw. geschriebene oder gesprochene Sprache, statische und animierte Bilder usw.), stören sie einander in multimodalen Texten nicht und sind – bildlinguistisch gesehen – eher als sich ergänzende Elemente zu betrachten, was zugleich bedeutet, dass sie „analytisch kaum zu trennen sind“ (ebd.: 2014: 232). Demnach können *multimodale Texte*[183] folgendermaßen definiert werden:

> Zusammenschluss mehrerer unterschiedlicher Zeichenmodalitäten zu einem kohäsiven und kohärenten Ganzen [...], dessen musterhafte Inhalts- und Handlungsstruktur sowie Verwendungsweisen der Modalitäten typisierten Gebrauchssituationen entspringen und bestimmte kommunikative Funktionen erlauben. (Stöckl 2016: 20[184])

Darüber hinaus nehme ich an, dass typische multimodale (Gesamt-)texte einzelne *Sprache-Bild-Teiltexte* beinhalten (vgl. Stöckl 2004a und 2011). Jeder solche Text kann demnach sowohl aus *sprachlichen* als auch aus *grafisch-bildlichen*

---

[181] Zu sog. „semiotischen Synergien“ zwischen Text und Bild vgl. auch Schmitz (2011: 32 f.).

[182] Zum Begriff von „Zeichenmodalitäten“ vgl. Stöckl (2016a: 6). Der Autor betrachtet Zeichenmodalitäten nicht nur als „Zeichentyp [...], der durch die jeweilige Sinnesmodalität oder den Wahrnehmungskanal begründet ist, in denen die Zeichen prozessiert werden“, sondern als ein breiter gefasstes Konzept, „das Aspekte der Kodiertheit und der Medialität von Zeichen einschließt“. Darüber hinaus nehme ich an, dass das Wesen multimodaler Texte darin besteht, „dass zumindest zwei Zeichenmodalitäten strukturell und funktional integriert werden bzw. sich eine und dieselbe Modalität in verschiedenen Medien manifestiert“. (ebd.: 4).

[183] In der polnischen Fachliteratur stößt man auch auf solche Begriffe wie „gatunki medialne“ („mediale Gattungen“), vgl. u. a. zwei Sammelbände unter der Leitung von Hofman/Kępa-Figura (2017 und 2018).

[184] In diesem Sinne ist eine Zeichenmodalität auch „eine Verhaltenskonstellation innerhalb einer Gemeinschaft von NutzerInnen“ (Wildfeuer et al. 2020: 142). Dies bedeutet, dass die Art, wie Zeichen in einer bestimmten Gemeinschaft genutzt und verstanden werden, ist nicht zufällig, sondern beruht auf gemeinsamen Regeln, Routinen oder Gewohnheiten. Das Verhalten beim Kommunizieren mit bestimmten Zeichenformen ist also kulturell oder gemeinschaftlich geprägt, was in der Analyse, besonders in Bezug auf Sprachideologien (vgl. 6.1.2) und soziale Indexikalität unter Menschen mit Behinderungen (vgl. 6.1.3) ausführlicher dargestellt wird.

*Teiltexten* bestehen (vgl. Opiłowski 2013: 13).[185] Zu der ersten Gruppe gehören vor allem der Haupttext sowie sein Titel, diverse Kommentare oder Über- und Unterschriften (ggf. Linkverweise), zu der zweiten dagegen u. a. Tabellen, Grafiken oder Abbildungen (mit ihren eventuellen Hypermodalitäten). Allerdings, im Gegensatz zur eher absolutistischen Ansicht von Stöckl (2004a: 96 f.), der dafür plädiert, Bilder als Texte zu betrachten (indem er auf ihre vermeintliche Textualität hinweist), teile ich die Meinung von Opiłowski (2013: 13), der konstatiert, dass zwar grafisch-bildliche Elemente genauso wie Sprache zu wichtigen Bestandteilen vieler Texte gehören können, aber allein „als Zeichen des visuellen Systems" nicht als Texte zu betrachten sind, denn an jedem Text muss „die Sprache beteiligt sein, damit man von einer kommunikativ-funktionalen Textgröße sprechen kann" (vgl. auch 4.3.1).

In der einleitenden bildlinguistischen Diskussion über mögliche „Text-Bild-Partnerschaften" sollte ebenso nicht die Perspektive der aus der Literaturwissenschaft stammenden *Sehflächenforschung* fehlen. Schmitz (2011: 26) bemerkt, dass es immer mehr Text-Bild-Flächen gibt und dass der Mensch „von Sehflächen aller Art umgeben [ist], in denen Schrift und Bild durch ein beide Seiten verbindendes Design formal und inhaltlich untrennbar ineinander spielen." Als besonders vorteilhaft für die Analyse erweist sich die Perspektive der Sehflächenforschung im Falle von diversen Text-Bild-Gestalten wie Plakaten, Internet-Memes, Werbung, Informationsbroschüren, Fotografien, Titelseiten von Zeitschriften aber auch in kurzen textuellen Beiträgen mit entsprechenden Medienarrangements wie Tweets oder in multimodalen Beiträgen in Content Communitys (welche oft aus sprachlichen und nichtsprachlichen Teiltexten entstehen – wie die im analytischen Teil des vorliegenden Buches präsentierten Belege zeigen[186]). Es kommt dabei zu keiner bloßen Addition der einzelnen Komponenten solcher multimodalen Texte. Das heißt, dass Sehflächen nicht einfach sowohl Texte als auch Bilder enthalten. Überdies:

---

[185] Fix (1996: 116) bezeichnet den textuellen Rahmen des Gesamttextes als „Supertext", der zwar von nichtsprachlichen Elementen „mit ihren jeweils eigenen Zeichensystemen" begleitet werden kann, aber eine gemeinsame Textfunktion aufweist.

[186] In den letzten Jahren wurden diverse Text-Bild-Sorten-Analysen bezüglich der Sehflächen durchgeführt. Zu nennen wären u. a. Analyse von Filmplakaten als Text-Bild-Kombinationen (vgl. Badstübner-Kizik 2013), Analyse der Materialität und Medialität von Memes und *Image-Macros* am Beispiel von Memes (vgl. Osterroth 2015, Bülow et al. 2018 oder Zappavigna 2020) bzw. sog. Demotivatoren (vgl. Makowska 2013 und 2014).

> organisieren [sie] deren semiotische Interaktion (Inhalt) durch gezieltes Design (Ausdruck). Dabei nehmen Bilder einige Eigenschaften von Texten an [...] und Texte einige Eigenschaften von Bildern [z. B. durch Farbe und Typographie] (Schmitz 2011: 28).[187]

In diesem Sinne kann man nicht immer von Sprache-Bild-Texten und grafisch-bildlichen Teiltexten sprechen, sondern von spezifischen *Sprache-Flächen* und *Bild-Flächen* von multimodalen Gesamttexten. Die ersteren gelten als Ansammlung von sprachlichen Zeichen, „die den Regeln des sprachlichen Codes folgen müssen" (Makowska 2014: 233), die zweiteren analog als „Ansammlung von bildlichen Zeichen, die den Regeln des bildlichen Codes genügen" (ebd.).

In nächsten Kapiteln wird auf mögliche Text-Bild-Relationen sowie bestimmte Funktionen von Zeichen (sog. Funktionalitäten) in Online-Kontexten (hier: Positionierungen von und über Menschen mit Behinderungen) hingewiesen.

### 4.3.1 Text-Bild-Relationen

In Anlehnung an Burger/Luginbühl (2014) wird im vorliegenden Buch auf drei allgemeine Dimensionen von Text-Bild-Relationen verwiesen, für die es jeweils exemplarische Fragestellungen gibt. Das sind: *Formale Relationen*, *semantische Relationen* und *pragmatisch-funktionale Relationen*[188]. Unten werden die drei Dimensionen tabellarisch dargestellt und anschließend in den folgenden Unterkapiteln genauer besprochen (angelehnt an Spitzmüller/Warnke 2011: 170 und Burger/Luginbühl 2014: 420 ff. mit Ergänzungen, vgl. Tab. 6):

---

[187] Die sog. multimodale Theorie der Kommunikation unterscheidet grundsätzlich zwischen den semiotischen Ressourcen der Kommunikation, die typisch für bestimmte Modi und Mediengattungen sind, und kommunikativen Praktiken, „in diesen diese Ressourcen eingesetzt werden" (Bucher 2007: 54). Für jegliche kommunikative Praktiken wird also zwischen dem Inhalt (*content*) und dem Ausdruck (*expression*) unterschieden (vgl. ebd.).

[188] Zwar geht es bei den von Burger/Luginbühl (2014) präsentierten Text-Bild-Relationen hauptsächlich um die Verhältnisse beim Fernsehen und/oder (massenmedialen) Videos, aber die meisten unten geschilderten Beziehungen finden auch in der Online-Kommunikation Anwendung. Allerdings habe ich bei der Analyse von Text-Bild-Beziehungen bewusst auf Aspekte wie *syntop/asyntop* (die Frage, ob die Quelle der Stimme im Bild sichtbar ist oder nicht), *live/nicht-live* („der Zeitpunkt des Sprechens und/oder des im Bild Gezeigten", ebd.: 424) und *überlappend/nicht-überlappend* (die Frage nach der Deckung der Text- und Bildeinheiten im Fernsehen) verzichtet.

**Tab. 6:** Dimensionen, Aspekte und Fragestellungen zu Text-Bild-Relationen in medialen Texten (Burger/Luginbühl 2014: 420 ff.)

| Dimension | Aspekt | Exemplarische Fragestellung |
|---|---|---|
| **Formale Relationen** | Heterodiegetisch<br>Intradiegetisch<br>Autodiegetisch | Ist der Autor/die Autorin eines Textes Teil der bebilderten Welt? |
| | Synchron<br>Asynchron | Passen Bild und Text zeitlich zusammen? |
| **Semantische Relationen** | Skala zwischen „konvergent" und „divergent" (redundant, komplementär, rhetorisch) | Beziehen sich Text und Bild auf den gleichen oder nicht auf den gleichen Gegenstand? |
| **Pragmatisch-funktionale Relationen** | Textfunktion zum Bild | Welche Funktion hat der Text im Hinblick auf das Bild? |
| | Bildfunktion zum Text | Welche Funktion hat das Bild im Hinblick auf den Text? |

### 4.3.1.1 Formale Text-Bild-Relationen

In Anlehnung an Verstraten (1989: 61) werden drei Aspekte unterschieden, die sich auf die Anwesenheit oder Abwesenheit des Erzählers (des Autors/der Autorin) beziehen, bzw. wenn man der Frage nachgeht, ob der Autor/die Autorin eines Textes Teil der bebilderten Welt ist.[189] Wenn der Autor/die Autorin nicht zur erzählten/geschilderten Welt gehört, spricht man von *heterodiegetischen* Formen (z. B. der User/die Userin bezieht sich im Bildlichen auf etwas, was ihn/sie nicht direkt betrifft). Ist ein Aspekt *intradiegetisch*, handelt es sich um Situationen, in denen der Autor/die Autorin Teil der bebilderten Welt ist (z. B. ein Foto zeigt den User/die Userin mit seinen/ihren FreundInnen). Im Falle von *autodiegetischen* Formen dagegen, sind TextautorInnen zugleich ProtagonistInnen (das Paradebeispiel wäre hier ein sog. „Selfie"). Die Kategorien *synchron* und *asynchron* beziehen sich dagegen auf die zeitliche Anpassung des Bildes an den Text und umgekehrt. Wenn Text und Bild sich dem gleichen Zeitpunkt zuordnen lassen, sind sie synchron; wurden sie zu verschiedenen Zeiten gemacht, sind sie asynchron (vgl. Burger/Luginbühl 2014: 422). Besonders im Fall nichtbewegter Bilder kann es natürlich passieren, dass

[189] Burger/Luginbühl (2014: 421) sprechen in ihrem Werk lediglich von intra- und extradiegetischen Aspekten von formalen Text-Bild-Relationen und beziehen diese strikt auf Nachrichtendienste/Fernsehproduktionen.

der ihnen angepasste Text mit zeitlicher Verzögerung entstanden ist (oder umgekehrt). Nichtsdestotrotz wird in solchen Situationen von synchronen Aspekten der Text-Bild-Relation gesprochen. Wenn der Text mit einem historischen (bzw. archivierten) Text versehen wird, spricht man dann von asynchronen Aspekten der Text-Bild-Relationen.

#### 4.3.1.2 Semantische Text-Bild-Relationen

Im Fall semantischer Relationen wird der Frage nachgegangen, ob sich Text und Bild auf den gleichen Gegenstand (*konvergente* Relation) oder nicht auf den gleichen Gegenstand (*divergente* Relation) beziehen. Die beiden Begriffe sind dabei eher als Pole auf einer Skala zu platzieren: „Es gibt also stärker und schwächer konvergente/divergente Relationen" (ebd.: 426). Allerdings kommen typische konvergente Text-Bild-Relationen in Massenmedien sowie im Internet nicht so oft vor. Die Autoren bemerken zu Recht, „dass sich Text und Bild zwar auf den gleichen Gegenstand im weitesten Sinne beziehen [können], dass sie aber sehr unterschiedliche Aspekte thematisieren" (ebd.). Beispielsweise kann das Schlüsselwort „Inklusion [behinderter Personen]", das oft im analysierten Textkorpus vorkommt, auch bildlich (auf unterschiedliche Art und Weise) dargestellt werden. Auf der Abb. 4 zeigt ein Mädchen mit Down-Syndrom ihre mit verschiedenen Farben bemalte Hand, was zum Beispiel auf eine Situation hindeuten könnte, in der sie zusammen mit nichtbehinderten Kindern gespielt hatte.

Darüber hinaus sprechen Burger/Luginbühl (2014: 427 ff.) von einer Skala zwischen „konvergent" und „divergent" von *redundanten*, *komplementären* und *rhetorischen* Text-Bild-Beziehungen.

Im ersten Fall handelt es sich um Bilder und Texte, die „dieselbe" Information bieten. Selbstverständlich ist das, wie bereits festgehalten, aufgrund unterschiedlicher semantischer und semiotischer Qualitäten von Bild und Text nur annährend möglich.[190] Viel einfacher ist natürlich, eine „Redundanz" zwischen Texten und Bildern zu erreichen, wenn es Konkreta betrifft, normalerweise aber steckt in bildlichen Elementen meistens viel mehr Bedeutungspotenzial als in dem, was durch sprachliche Teiltexte geäußert

---

[190] So wie Stöckl (2011: 50) bemerkt, besitzen Bilder im Vergleich zur Sprache einen beschränkten semantischen Spielraum, zeichnen sich aber dagegen durch eine „semantische Dichte" aus.

**Abb. 4:** Beispiel einer Text-Bild-Konvergenz (mit dem Schlüsselwort „Inklusion behinderter Personen"). Quelle: https://www.campusnaturalis.de/magazin/bildung-fuer-menschen-mit-behinderung/ (21.10.2021).

wird (vgl. Stöckl 2004a: 21). Eine typische *komplementäre* Text-Bild-Beziehung dagegen besteht meistens darin, dass „das Bild konkrete Aspekte des Bereichs zeigt, während der Text abstrakte Informationen liefert" (Burger/Luginbühl 2014: 431). Beide beziehen sich also auf einen komplexen Gegenstand und ergänzen sich gegenseitig.

In *rhetorischen* Text-Bild-Beziehungen dagegen sind besonders *Metonymie* (im Sinn einer *Synekdoche*) und *Metapher* in medialen Texten und multimodalen digitalen Gesamttexten zu finden. Metonymische Text-Bild-Verhältnisse sind bspw. im angeführten bildlichen Beispiel des spielenden Mädchens mit Down-Syndrom zu finden. Der Begriff „Inklusion behinderter Personen" steht hier in einer Teil-Ganzes-Relation, weil natürlich nicht alle behinderten Personen gezeigt werden konnten.[191] Andere Beispiele der Ergänzung eines Begriffs/eines Schlüsselwortes um ein Bild mit engerer oder

[191] Burger/Luginbühl (2014: 431) bemerken dabei Folgendes: „Abstrakte Sachverhalte werden an einzelnen Personen exemplarisch festgemacht."

weiterer Bedeutung wären z. B. Beziehungen des „Ursache-Wirkungs-Typs" (Text über einen schweren Autounfall versus Bild, das ein in Flammen stehendes Auto zeigt) oder „Autor – Werk" (im textuellen Teil wird ein bekannter Graffiti-Autor genannt, im grafisch-bildlichen Teil dagegen seine bekanntesten Werke) usw. Sprachliche und grafisch-bildliche Textteile können sich auch metaphorisch ergänzen. Meistens wird im Bild jeweils die wörtliche Bedeutung visualisiert, „während der Text mit der übertragenen operiert" (Burger/Luginbühl 2014: 432). Auch die geschilderte Text-Bild-Relation kann metaphorisch gedeutet werden, z. B. die bemalte Hand eines Mädchens mit Down-Syndrom als Symbol der Integration und Inklusion von Kindern mit Behinderungen in die Welt von Kindern ohne Behinderung usw.

#### 4.3.1.3 Pragmatisch-funktionale Text-Bild-Relationen

Im Fall von pragmatisch-funktionalen Text-Bild-Relationen wird nach jeweiligen *Textfunktionen zum Bild* und *Bildfunktionen zum Text* gefragt.

Pragmatisch gesehen sind in der Regel in Social Media und im Internet nach wie vor sprachliche Teiltexte als relevant(er) intendiert, während grafisch-bildliche Elemente eher sekundär sind, obwohl wie in praktisch allen anderen Medien der Kommunikation „eine Interdependenz zwischen Bild und Text besteht" (Burger/Luginbühl 2014: 434). Da die meisten Bilder vieldeutig sind, besteht die Hauptfunktion des Textes darin, ihre Vieldeutigkeit entweder zu reduzieren oder durch den sprachlichen oder situativen Kontext zu *monosemieren* (eindeutig zu machen). Burger/Luginbühl (ebd.: 434 f.) nennen hier bspw. nähere Beschreibung dessen, was im Bild zu sehen ist, bzw. den Bezug auf bestimmte Teile/Aspekte des Bildlichen. Eine andere Ausprägung der Monosemierung des Bildes wäre etwa die metakommunikative Kommentierung des Bildes, wenn bspw. bei erzählenden Bildern/Filmfragmenten Schritt für Schritt erklärt wird, was auf den Bildern gezeigt wird (vgl. ebd.: 437 f.).

Im Fall von Funktionen des Bildes in Bezug auf den Text handelt es sich vor allem um Bilder, die die sprachlichen Teiltexte illustrieren. Burger/Luginbühl (2014: 438 f.) nennen hier folgende:

- *Referenzsicherung* (eher bei konvergenten Text-Bild-Beziehungen): Hier zeigt das Bild in bewegten Bildern oder einer Reihe von statischen Bildern einen konstanten Gegenstand, über den der Autor/die Autorin des Textes mit verschiedenen sprachlichen Mitteln und aus unterschiedlichen Blickwinkeln spricht.

- *Veranschaulichung*: Sie dient einer besseren Darlegung z. B. von abstrakten Zusammenhängen, die im Textuellen präsentiert werden. Hier sind bspw. Infografiken, Diagramme oder Tabellen gemeint.
- *Authentizität*: Dabei meinen die Autoren Situationen, in denen „das Bild [...] Beleg für das [ist], was im Text gesagt wird" (ebd.: 440). Diese Funktion von Bildern in Bezug auf Texte gilt für nahezu alle Bilder, Grafiken, Diagramme o. Ä. in Informationstexten. Darüber hinaus ist sie nicht einfach gegeben, sondern wird inszeniert, was besonders deutlich in vielen Social Media zu beobachten ist.
- *Aktualität*: Burger/Luginbühl (ebd.: 441) sprechen vom besonderen Maß an Aktualität bezüglich praktisch aller Bilder, „die als ‚live' gekennzeichnet sind und vom Ort eines Geschehens stammen". Die Aktualität lässt sich allerdings inszenieren, wenn z. B. eine Bloggerin in einem kurzen Video in ihrem Blog ein „Unboxing" (Auspacken) einer Packung Kosmetika präsentiert, ohne dass die Zuschauenden Ahnung davon haben können, ob sie diese Handlung nicht vorher geprobt hatte.
- *Weckung von Interesse*: Selbstverständlich geht es dabei um alle möglichen Arten von Fotos oder Fragmenten/Einzelheiten von diversen Bildern, die das Interesse an dem im sprachlichen Teiltext geäußerten Inhalt steigern können.

#### 4.3.1.4 Leistungspotenziale von Sprache und Bild

Natürlich können die einzelnen Leistungspotenziale von Sprache und Bild unterschiedlich sein und in multimodalen Texten, wie die in der vorliegenden Arbeit analysierten sozialmedialen Einträge von Menschen mit Behinderungen, kombiniert werden. Stöckl (2011: 48 f.) vergleicht die einzelnen Zeichenmodalitäten aus der Perspektive der Semiotik, Perzeption/Kognition, Semantik und Pragmatik. Auf dieser Basis kann man Folgendes feststellen:

- Im Prinzip sind Bilder besser für die Darstellung von Gegenständen geeignet (wahrnehmungsnahe Auskunft über das Aussehen und die Lage von einzelnen Elementen im Raum usw.). Dagegen ist es viel schwieriger und umständlicher, „denselben Gegenstand verbal zu beschreiben" (Marx/Weidacher 2014: 190). Auf der anderen Seite kann man semiotisch gesehen kaum von einer „Bildgrammatik" sprechen und somit „kann auch eine Bildbedeutung nicht klar eingegrenzt werden" (Stöckl 2011: 49). Im Vergleich zu Texten steckt in bildlichen Elementen viel mehr Bedeutungspotenzial, „das durch einen entsprechenden Kontext aktiviert und erschlossen werden muss" (ebd.), was trotz einem starken Maß an Vagheit bei der eventuellen Interpretation (vgl. Stöckl 2004a: 21) oft zu vielschichtigen Prozessen der ikonischen und diskursiven Bedeutungskonstitution führt (vgl. Schreiber/Kramer 2016: 82[192]). Man denke dabei an sprachliche Begleittexte oder textuelle Abschnitte in Enzyklopädien, (Online-)Nachschlagewerken o. Ä.

- Aus der kognitiven Perspektive erfolgt jegliche simultane und ganzheitliche Rezeption von Bildern meistens schneller als die der textuellen, meist linearen Einheiten, was einerseits auf die „Priorität des Sehsinns in unserer psychischen Disposition" (ebd.) und andererseits auf das Verzichten auf „eine Umkodierung von wahrnehmungsfernen Zeichen (Phonem- oder Graphemfolgen") (ebd.) und eine direktere Emotionsverbundenheit des Bildes zurückzuführen ist.
- Bilder haben im Vergleich zur Sprache einen beschränkten semantischen Spielraum. Es ist beispielsweise viel einfacher mittels der sprachlichen Teiltexte etwas detaillierter zu erzählen, zu argumentieren und Beweise anzuführen. Darüber hinaus lassen sich mit der Sprache viel einfacher Äußerungen modalisieren, Aussagen logisch verbinden oder Negationen ausdrücken usw. Andererseits hat man es mit einer „semantischen Dichte" von Bildern zu tun. Stöckl (ebd.: 50) spricht in solchen Fällen von einem „Bedeutungsüberschuss"[193]: „Die Botschaft eines Bildes ist daher schwer festzumachen, sie kann aus vielen aktivierbaren Einzelaussagen und beobachteten Wahrnehmungen bestehen."
- Schließlich eignen sich Bilder aus kommunikativ-funktionaler Perspektive viel besser für eine merkmalsreiche Präsentation von Objekten oder bestimmten Handlungsanweisungen als die Sprache, mit deren Hilfe bspw. viel deutlicher logische Bezüge zwischen Elementen erklärt oder Illokutionen und Sprechakte ausgedrückt werden (vgl. ebd.: 49).

### 4.3.2 Funktionalitäten

In einem nächsten Schritt möchte ich mich auf die von Bucher (2013: 65 ff.) vorgeschlagene Typologie von einzelnen *Funktionalitäten* (Funktionen von Zeichen) in Online-Diskursen beziehen, die durch den Einsatz von

---

[192] Auf die Prozesse der ikonischen Bedeutungskonstitution wird ausführlicher im Kapitel 4.2.3 eingegangen.

[193] Man denke hier u. a. an starke Symbolhaftigkeit des Bildes und seine Polysemie (vgl. u. a. die Problematik der sog. Kollektivsymbole in der Analyse von Präpositionierungen von MmB im Kapitel 8).

bestimmten semiotischen Ressourcen realisiert werden können. Meines Erachtens lässt sich diese Einteilung sehr gut gerade bezüglich der multimodal realisierten Positionierungshandlungen anwenden. Da die unten vorgeschlagene Zeichentypologie nicht nur auf sozial-semiotischen Ansätzen fußt, sondern auf „einer Systematisierung der Grundfunktionen der Online-Kommunikation" (ebd.: 65) sowie der in 3.1.2.2 besprochenen Kommunikationsmodi und -formen des Mediums Internet, können auf dieser Basis die einzelnen Elemente der beiden Flächen von multimodalen digitalen Gesamttexten genauer bestimmt werden. Die einzelnen Funktionalitäten werden in der Tab. 7 (oder: in der Tabelle 7) dargestellt (jeweils der Zeichentyp, allgemeine Funktion sowie Beispiele von semiotischen Ressourcen, die die Realisierung von einzelnen Funktionalitäten ermöglichen):

**Tab. 7:** Typen von Funktionalitäten in Online-Diskursen (vgl. Bucher 2013: 65 f. und Meier 2016: 415 mit eigenen Ergänzungen)

| Zeichentyp | Allgemeine Funktion der gegebenen semiotischen Ressourcen | Beispiele von semiotischen Ressourcen (leicht ergänzt) |
|---|---|---|
| **Repräsentationale Zeichen** | Übermittlung von Informationen, Inhalten und Einstellungen der UserInnen | Typische sprachliche Teiltexte (Sprache-Flächen) sowie grafisch-bildliche Teiltexte (alle Grafiken, Infografiken, Fotos sowie sog. Standardisierungsformen[194]) des Informationsmanagements, die häufig im Rahmen der interpersonalen Anschlusskommunikation verwendet werden und ein wichtiger Teil des User-Generated-Content sind. |
| **Identifikatorische Zeichen** | Markierung oder Identifizierung des (kollektiven) Autors bzw. des Betreibers der gegebenen Website | Grafisch-bildliche-Teiltexte und Bild-Flächen (u. a. Design, Farbe, Typografie oder Profilbilder), aber auch sprachliche Teiltexte des Typs „Kommunikationsoperatoren" (Sharing und Social Tagging) |

*(Forts.)*

[194] Zu sog. *Standardisierungsformen* gehören v. a. diverse ASCII-Bildobjekte wie unterschiedliche Emoticons, aber auch Akronyme, Sound- oder sog. Aktionswörter (mit denen Gesten, innere Zustände oder fiktive Handlungen beschrieben werden), die besonders populär in älteren Online-Chats waren (vgl. Teplan 2005: 47 ff.).

**Tab. 7:** (Forts.)

| Zeichentyp | Allgemeine Funktion der gegebenen semiotischen Ressourcen | Beispiele von semiotischen Ressourcen (leicht ergänzt) |
|---|---|---|
| **Ordnungszeichen** | Allgemeine Ordnung des Informationsangebots | Semiotische Ressourcen zur Oberflächenstrukturierung (z. B. diverse Linien oder Flächen) und Navigationsstruktur (z. B. Linkpfade, Verlinkungen und sog. Sitemaps) |
| **Operationale Zeichen** | Markierung von Navigationsinstrumenten, die den Adressaten ermöglicht, Informationen zu erschließen/zu nutzen sowie sich den bereitgestellten Kommunikationsinhalt anzueignen | Vor allem grafisch-bildliche-Teiltexte wie Linkunterstreichungen, Buttons (z. B. Teilen-Button, Like-Button o. ä.) und diverse Eingabefelder und Webformulare (z. B. bei der Suche nach Informationen, Stichwörtern usw.) |
| **Partizipatorische Zeichen** | Markierung von interaktiven Angeboten, die den Adressaten die Teilhabe an der Kommunikation ermöglichen | Neben Verlinkungsbuttons, Links zu anderen Sites und Social Media sowie diversen Eingabefenstern sind es auch andere Affordances, die Kommentierungsmöglichkeiten sichern (u. a. Anschlusskommunikation, Chats usw.) |
| **Appellative Zeichen** | Einladung, weitere Produkte und/oder Dienstleistungen zu besuchen | Banner oder unterschiedliche Anzeigen, aber auch Einladungen des Typs „Folge dem User X" oder „Abonniere die Seite Y". |

Die präsentierten Funktionalitäten von Online-Diskursen sind immer von der jeweiligen Kommunikationsform geprägt, was dann immer entsprechende Online-Textsorten beeinflusst. Manche von den in der Tabelle charakterisierten Funktionen von Zeichen werden selbstverständlich auch in anderen Typen von Medien realisiert (wie z. B. repräsentationale Zeichen in Form von Sprache- und Bild-Flächen in Werbung oder Musik im Hörfunk, das Bild und das Visuelle im Fernsehen, identifikatorisches Design und Layout in Printmedien usw.). Es ist auch durchaus möglich, dass den einzelnen semiotischen Ressourcen gleichzeitig verschiedene Zeichentypen zugeordnet werden können. Zum Beispiel, so wie es der Tabelle zu entnehmen ist, können viele partizipatorische

Zeichen auch als operationale Zeichen fungieren, „da sie ebenfalls auf die Nutzungsmöglichkeit [...] (Interaktivität) der Website“ oder des gegebenen sozialen Mediums hinweisen (Meier 2016: 415). Besonders charakteristisch für die Online-Kommunikation und somit für jegliche Online-Diskurse ist allerdings der Einsatz von *operationalen* und *partizipatorischen Zeichen*. Beide Gruppen werden von Bucher (2013: 66) folgendermaßen definiert:

> Sie bilden das semiotische Korrelat der Interaktivität der Online-Diskurse und machen diese überhaupt erst möglich. Diese Zeichentypen erweitern das bisher in der Medienkommunikation verwendete Repertoire um eine weitere Dimension: Zeichen werden nicht nur als Repräsentationen verwendet, sondern sind – als Links, Buttons, Icons, Eingabefenster – auch Werkzeuge, mit deren Hilfe der repräsentationale Teil der Kommunikation erst erschließbar wird.

In diesem Sinne bin ich mit Bucher (ebd.: 67) einverstanden, dass die Interaktivität der Online-Diskurse gerade durch die operationalen und partizipatorischen Zeichen konstituiert wird, ihre mediale Konvergenz dagegen „durch die Multimodalität der Zeichentypen.“ Darüber hinaus sind Online-Angebote etwas mehr als nur komplexe multimodale Zeichenensembles; vielmehr sind sie „eine komplexe multimodale Handlungsstruktur, die verschiedene dialogische Anschlusshandlungen eröffnet“ (ebd.: 69[195]).

---

[195] In seiner Theorie der Funktionalitäten verweist Bucher (2013) u. a. auf Keller (1995: 106) und seine pragmatische Zeichentheorie, nach der Zeichen als Hinweise definiert werden, die der Sprecher dem Adressaten „an die Hand“ gibt, um ihn dazu zu bringen und in die Lage zu versetzen, zu erschließen, in welcher Weise der Sprecher den Adressaten zu beeinflussen beabsichtigt.“ Solche Hinweise können zweierlei sein, je nachdem, wie sie von dem jeweiligen Adressaten/Empfänger rekonstruiert werden: symbolisch (sprachliche Ausdrücke oder visuelle Zeichen, die durch Regeln kodifiziert sind) oder ikonisch (die als gewisse Assoziationsimpulse dienen und deren Interpretation in hohem Maße kontextabhängig ist). Dazu gibt es noch Symptome, die mittels kausaler Schlüsse interpretiert werden (z. B. technische Defekte); sie spielen allerdings keine große Rolle, weil sie nicht intendiert sind. Die Grenzen zwischen Ikonen und Symbolen sind allerdings (besonders im Kontext der Online-Diskurse) verschwommen: z. B. kann für eine(n) der KommunikationspartnerInnen ein und dasselbe Zeichen ein Icon sein, für den anderen ein Symbol, besonders in Situationen, wenn ein wiederkehrender Einsatz eines ikonischen Zeichens zu seiner Kodifizierung führt usw. Kress (2010: 62) bemerkt zu Recht, dass „signs are made – not used“. Dies ist besonders gut aus den kommunikativen Schritten der TeilnehmerInnen im Rahmen der Online-Diskurse ersichtlich, denen oft nicht nur die Rollen des Redners und/oder des Empfängers zukommt, sondern auch die eines Designers/einer Designerin (vgl. 4.3.4).

Obwohl praktisch jede Kommunikationsform (sowie jede Anwendung in der Online-Kommunikation) „im Zuge ihrer Verwendung [bestimmte] Konventionen der Oberflächenstrukturierung ausgebildet“ hat (Meier 2016: 415), die sich in einzelnen Online-Gemeinschaften herausbilden (vgl. Bülow et al. 2018: 12), weisen viele SNS eine ähnliche multimodale Architektur bzw. „verbalvisuelle Textarchitektur“ (Beck 2019: 344) auf (vgl. Abb. 5). Vor allem ist es die blogähnliche Struktur vieler sozialer Medien (vgl. Kirchhoff et al. 2015: 230 f.). Es handelt sich in erster Linie um eine solche innere Architektur von Social Media – besonders der Anwendungen mit hohem Maß an sozialer Präsenz und Selbstpräsentation (vgl. 3.6) – die alle UserInnen ihre Einträge in chronologischer Abfolge veröffentlichen lässt, so dass die neuesten (nach dem Prinzip der Aufmerksamkeitsfokussierung) als erste erscheinen.

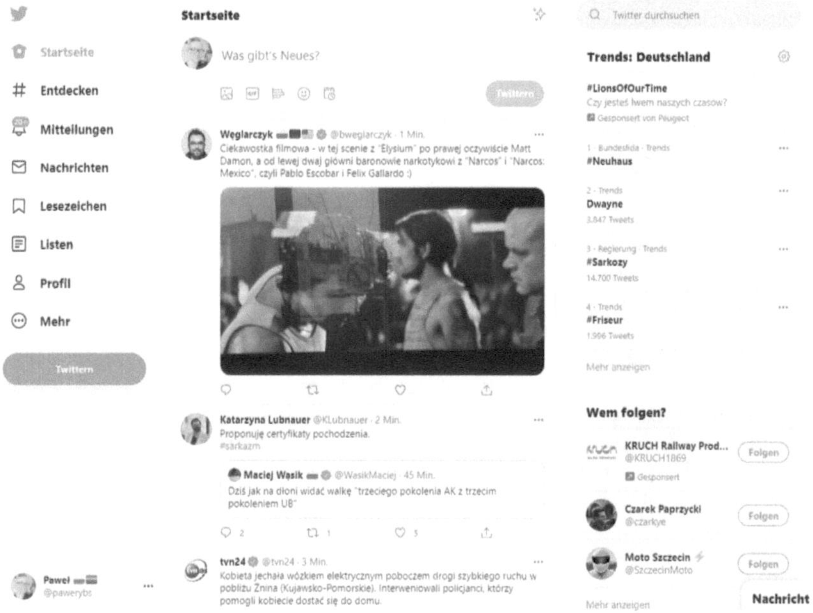


**Abb. 5:** Funktionalitäten (am Beispiel der Startseite auf Twitter/X).

Wie der Abbildung 5 zu entnehmen ist, unterliegen die meisten Webseiten und Soziale Medien einer „Zwei- oder Drei-Säulen-Struktur“ (vgl. Meier 2016: 415). In der linken Säule befindet sich meistens das jeweilige Navigationsmenü

(v. a. sind es operationale Zeichen). In der mittigen (oder rechts anschließenden) Säule kann man dagegen diverse Inhalte finden oder seinen eigenen Beitrag verfassen (was v. a. durch den Einsatz von diversen operationalen Zeichen ermöglicht wird). Dabei kann man meistens aus unterschiedlichen repräsentationalen und identifikatorischen Ressourcen schöpfen (v. a. sind es Texte, aber auch Grafiken, GIFs, Infografiken, Fotos oder Standardisierungsformen wie diverse Emoticons und/oder Emojis[196] usw.). Die wichtigste mittlere Säule fokussiert ebenso Postings anderer UserInnen mit ihren sprachlichen und grafisch-bildlichen Teiltexten. Alle anderen kommunikativen Möglichkeiten der gegebenen Anwendung werden dagegen meistens in der rechten Säule angezeigt (im Falle von Twitter/X sind es sog. „Trends", also die häufigsten Suchanfragen nach Hashtags geordnet und die Vorschläge bezüglich neuer möglicher Kontakte). Darüber hinaus sollte man die identifikatorischen Zeichen und Ordnungszeichen nicht vergessen, die für die Identifizierung und Einheitlichkeit der gegebenen sozialmedialen Plattform und ihrer Unterseiten sorgen. Die ersteren sind vor allem Logos und Farben des Corporate Designs[197] oder Betreibernamen der gegebenen Seite. Im präsentierten Beispiel (Diskurssystem Twitter/X) sind es das charakteristische Logo mit dem zwitschernden Vogel sowie das blaue Design dieser Anwendung. Die Ordnungszeichen verteilen sich dagegen über die Gesamtfläche (vgl. die genannte Säulen-Struktur) und dienen der allgemeinen Zuordnung und Abgrenzung von einzelnen Elementen des Service (auf Twitter/X sind es v. a. graue Linien, die die einzelnen Säulen und Tweets voneinander trennen, sowie blau markierte Flächen, welche die UserInnen auf weitere Elemente verweisen).

Einen wichtigen Teil jeglicher Online-Diskurse bilden, wie gerade präsentiert, unterschiedliche multimodale Bestandteile von (Hyper-)Texten, in denen nicht nur rein sprachlich, sondern auch mittels anderer text- oder bildbasierter semiotischer Ressourcen gehandelt wird. Im Falle von mehr oder weniger ausgebauten hypertextuellen Strukturen tragen gerade die einzelnen semiotischen Modi zu ihrem Gesamtverständnis sowie ihrer Kohärenz und Kohäsion bei, was bedeutet, dass sie in jeglicher linguistischen Analyse des Inhalts sowie der

---

[196] Nach Grannan (2022) sind Emoticons Satzzeichen, Buchstaben und Zahlen, die zur Erstellung von Bildsymbolen verwendet werden, die im Allgemeinen eine Emotion oder ein Gefühl darstellen. Emoji (im Japanischen bedeutet „e" „ein Bild" und „moji" „ein Zeichen") sind dagegen Piktogramme von Gesichtern, Objekten und Symbolen.

[197] Es handelt sich dabei um grafisch-bildliche Elemente, die für ein einheitliches Erscheinungsbild einer Marke sorgen und zu ihrer Identität beitragen (vgl. Siebert 2021).

Kommunikation und online entstehender Diskurse berücksichtigt werden sollten. Wie oben veranschaulicht, bilden sowohl sprachliche als auch grafisch-bildliche Teiltexte gemeinsam die spezifische *multimodale Textualität* solcher Gesamttexte (vgl. Stöckl 2016a: 19 ff. sowie Opiłowski 2018b: 85 ff.). Die Tatsache, dass sich die einzelnen Zeichenmodalitäten aufeinander beziehen und im Text intentional verwendet werden (vgl. Stöckl 2016a: 19 f.), trägt zur besagten „multimodalen Orchestrierung" von Online-Diskursen bei, welche dadurch ihr besonderes Interaktionspotenzial aufweisen können (vgl. Bucher 2013: 78).

In einem nächsten Schritt werden näher ausgewählte sprachliche und nichtsprachliche semiotische Ressourcen charakterisiert, die zu Bestandteilen der einzelnen Handlungskomponenten von Social-Web-Praktiken gehören und gleichzeitig soziale und kommunikative Selbst- und Fremdpositionierung in Social Media ermöglichen. In weiteren Unterkapiteln wird auf Kommunikationsoperatoren und einzelne Elemente des individualisierten Designs in Online-Diskursen hingewiesen.

### 4.3.3 Kommunikationsoperatoren

Die sog. *semiotischen* (bzw. *Kommunikations-*)*Operatoren* gehören zu textbasierten operationalen, partizipatorischen und identifikatorischen Zeichen, die die wichtigsten technisch unterstützten Formen der Selektion und Aggregation von Informationen online beschreiben lassen (vgl. Thimm et al. 2011 sowie Androutsopoulos/Weidenhöffer 2015). Zwar bezieht sich die ursprüngliche Idee der Kommunikationsoperatoren auf die Online-Plattform Twitter/X, aber beim genaueren Betrachten kann leicht erschlossen werden, dass die sie praktisch in allen anderen Social Media ihre Anwendung finden. Thimm et al. (2011: 269 f.) charakterisieren folgende Typen von Kommunikatoren: Links, Retweets, @-Zeichen sowie Hashtags. Dazu bestimmen sie Beispiele von konkreten kommunikativen Handlungen, die gleichzeitig vollzogen werden (vgl. Tab. 8).

Alle semiotischen Online-Operatoren sind im Prinzip Teil von zwei wichtigsten Mechanismen der Selektion und Aggregation von Informationen unterschiedlichen Typs online, deren Einsatz gewisse Veränderungen sowohl auf der *Text-* als auch auf der *Handlungsebene* bedeutet (vgl. Rybszleger 2020: 88 f.). Es ist das *Teilen* (engl. *Sharing*) von bestimmten Inhalten (realisiert v. a. durch solche operationalen Zeichen wie Hyperlinks und diverse Redistributionsoperatoren wie „Teilen"-Button auf Facebook oder „RT" auf Twitter/X) sowie ihre entsprechende Kategorisierung (engl. *Social Tagging*).

Im zweiten Fall handelt es sich eher und identifikatorische Zeichen, v. a. um sog. Adressierungsoperatoren (@-Zeichen) sowie sog. Hashtags (themensetzende Doppelkreuze), die im vorliegenden Buch um die Funktion „Ort hinzufügen" ergänzt werden. Je nach der Online-Plattform heißen solche GPS-Tags unterschiedlich – im Allgemeinen handelt es sich um die Bezeichnung des Ortes (entweder einer Stadt/eines Orts oder eines öffentlichen Platzes), an dem sich der User/die Userin (angeblich) befindet oder befunden hat. Alle Typen von Kommunikationsoperatoren werden in weiteren Schritten genauer erläutert.

**Tab. 8:** Operatoren und Handlungen in sozialen Medien (die ursprüngliche Idee vgl. Thimm et al. 2011: 269 f.). Zum Teil eigene Darstellung

| **Kommunikationsoperatoren** | **Bezeichnung** | **Kommunikative und textuelle Handlungen** |
|---|---|---|
| Kommunikationsoperatoren des Typs „Teilen"/„Sharing" | | |
| http:// | Link | Referenzierung, Sequenzierung, multimodale Weiterführung |
| RT (Abk. von *Retweet*) oder andere Redistributionsoperatoren | Retweet | Diffusion, Redistribution, Zitation |
| Kommunikationsoperatoren des Typs „Social Tagging" | | |
| @ | At-Zeichen | Adressierung, Bezugnahme, Erwähnung, gerichtete Interaktionssequenzen (einfach- oder mehradressiert) |
| # | Hashtag[198] (anders: ein Schlagwort, das themensetzende Doppelkreuz) | Organisation des Inhalts, Strukturierung, Verschlagwortung, Tagging (Folksonomies) |
| GPS-Tags[199] | Ort-hinzufügen-Option | Markierung des Aufenthaltsortes des Users |

[198] Hashtags können eventuell noch um sog. *Trackbacks* ergänzt werden, d. h. „Links, die andere Blogger auf den eigenen Post gelegt haben und die über einen automatischen Benachrichtigungsmechanismus zwischen den betreffenden Blogs festgehalten werden" (Hassler 2023: 240).

[199] Sie werden in den heutigen Social Media durch keine konkreten Kommunikationsoperatoren realisiert, sondern (je nach der Plattform) als automatische Ort-hinzufügen-Option (vgl. Brantner/Rodríguez-Amat 2015).

Das sog. *Teilen* (*Sharing*) von Inhalten von persönlicher Relevanz[200] ist m. E. eine der wichtigsten und beliebtesten Funktionen der Social Media. Ich bin dabei mit der Ansicht von Meikle (2024: 27) einverstanden, der das Teilen als „the heart of social media" bezeichnet. Weiter konstatiert der Autor u. a., dass „Sharing is part of what's social about social media". Darüber hinaus bezieht sich *Sharing* direkt auf das Wissensmanagement und indirekt auf das Identitätsmanagement (vgl. 5.2) und verläuft u. U. unwillkürlich und routiniert. Gerade das Teilen von Informationen (auch Postings anderer UserInnen, in Form von Texten, Links, Bildern, Grafiken, Videos oder Musikdateien) trägt zu weiter Verbreitung von (z. T. von anderen NutzerInnen produzierten) Inhalten bei und wird meistens durch technische Möglichkeiten der gegebenen Anwendung unterstützt (u. a. von entsprechenden Algorithmen und KI-Tools). In diesem Sinne ist Teilen eine vor allem technisch bedingte Distribution. Den Hyperlink zu einem interessanten Text kann man natürlich direkt kopieren und beliebig einfügen. Allerdings gibt es heutzutage auf praktisch allen Internetsites sog. *Teilen-Buttons* oder *Redistributionsoperatoren*, die das Kopieren und Einsetzen von interessanten Linkverweisen direkt in den gegebenen Beitrag in sozialen Medien mit einer Referenzierungs- und Sequenzierungsfunktion ermöglichen. Darüber hinaus ist Teilen von interessanten Online-Inhalten als soziale routinierte Praxis im Alltag zu verstehen, die m. E. ein wichtiges Element einer neuen *Kultur des Teilens* ist (vgl. Lehmann 2017: 255 f.). Durch das Online-Teilen wird nicht nur zitiert. Dang-Anh (2019: 134) bemerkt zu Recht, dass – kommunikativ gesehen – jegliche Redistributionshandlungen vor allem gerade dem Zitieren dienen, sondern auch kommuniziert (John 2013: 175 spricht hier von der Kommunikation im Sinne „sharing is telling"). Indem man eine solche kommunikative Handlung vollzieht, regt man oft seine eigenen FollowerInnen zum Lesen

[200] Mit Teilen von Inhalten von persönlicher Relevanz meine ich auch das Teilen von sozialen Praktiken, die sich auf sog. *significant moments* beziehen (vgl. Wei 2011). Es wird damit auf solche Momente im Leben des Menschen fokussiert, die folgendermaßen bezeichnet werden können: „spontaneous, impromptu and momentary actions and performances of the individual" (ebd.: 1224). Bezüglich der Online-Kommunikation konstatiert Androutsopoulos (2014: 8), dass solche geteilten Momente nicht nur dadurch zu signifikanten Momenten werden, weil sie von dem Autor/von der Autorin (u. a. stilistisch) hervorgehoben werden, sondern auch von anderen UserInnen entsprechend interaktiv ausgehandelt werden können. Durch Sharing will man auch „etwas Wichtiges sagen" (ebd.: 5).

an; dies passiert oft z. B. bei spannenden und besonders informativen Einträgen (vgl. Huber 2013: 99). Das Teilen von unterschiedlichen Inhalten wird nicht immer geplant und die Entscheidung, welcher Content weitergeleitet wird, hängt von einer Reihe von Faktoren ab. Zu nennen wären hier u. a. eigene Interessen, die aktuelle „Agenda“ in den beobachteten Medien, aber auch antizipierte Interessen des jeweiligen Publikums. Ein wichtiger Aspekt des Teilens (von praktisch jedem Typ von Dateien) ist schließlich der Bezug zum Identitätsausdruck, da gerade geteilte Medieninhalte, neben Profil und Statusmeldungen, oft zur Selbstpräsentation und entsprechender Selbst- und Fremdpositionierung beitragen. Durch das Teilen bestimmter Texte, Bilder und Videos mit ihren Kontakten offenbaren Menschen, welche Themen für sie von Bedeutung sind, welche Quellen sie als vertrauenswürdig erachten und welche Meinungen und Weltanschauungen sie unterstützen oder ablehnen.

Der Prozess des Teilens als Kommunikation (praktisch im Falle von jedem User/jeder Userin) kann dann einer weiteren *Rekontextualisierung*[201] unterliegen, wenn konkrete Inhalte (nachdem sie „dekontextualisiert“, d. h. aus ihrem ursprünglichen Kontext isoliert worden waren, vgl. Linell 2009: 248) in einen neuen Kontext „eingebettet“ werden.[202] Dies bedeutet, dass der (ursprüngliche) Inhalt so gestaltet wird, dass er aus sich selbst heraus weitere Kontexte schafft (vgl. Feilke 2002: 116 f. sowie Androutsopoulos 2014: 6 f.). Die einfachste Form wäre dabei ein Kommentar. Es kann aber auch passieren, dass das originale

---

[201] Selbst den Prozess der *Kontextualisierung* verstehe ich als eine interaktive Konstitution des gegebenen relevanten Kontextes innerhalb eines Kommunikations- und/oder Interpretationsprozesses. In seinem klassischen Beitrag definiert Auer (1986: 24) die Kontextualisierung als Herstellung einer Verbindung zwischen beobachtbaren Daten, die „der kontextualisierende Teilnehmer aus einem Zeichenvorrat sprachlicher und nichtsprachlicher Art auswählt“ (einen solchen Vorrat nennt er Kontextualisierungshinweise [engl. *contextualization cues*]). Zu solchen Kontextualisierungshinweisen gehören in der typischen Kommunikation bspw. die Wahl eines bestimmten Wortes, formelhaften Ausdrucks oder Dialekts, diverse Akzent- und Intonationsmuster, Abtönungspartikeln, Code-Switching oder prosodische Elemente. Kontextualisierungshinweise werden mit dem Hintergrundwissen in Beziehung gesetzt, dass in zusammenhängende soziokulturell gebundene Frames/Schemata organisiert ist.

[202] Problematisch beim Sharing von Inhalten bleibt nach wie vor u. a. das Problem der Autorenschaft und der Verletzung der eventuellen Urheberrechte durch viele UserInnen, die sich auf fremde Inhalte beziehen, sie ggf. weiterleiten (vgl. McGonagle 2020: 481 bezüglich der Urheberrechtsgesetze der EU oder Czetwertyński 2019, der u. a. auf die „Internet-Piraterie“ als ökonomisches und kulturelles Phänomen hinweist).

Bild oder der originale Text entsprechend weiter verändert werden, was ihre weitere Rekontextualisierung bedeutet. Der Prozess wird u. U. durch andere semiotische „visuelle" Ressourcen der gegebenen Plattform unterstützt. Es ist z. B. das Hinzufügen von visuellen Elementen, entsprechendes Editieren oder sogar nachträgliches Löschen von bestimmten Inhalten. Der letzte Prozess wird von Dang-Anh et al. (2017: 59) „unsichtbare Medienpraktik" genannt, die sogar dazu führen kann, dass bereits existierende Beziehungen oder Kontexte nicht (mehr) sichtbar sind oder (u. U. von vielen AutorInnen) verändert werden.[203] Leider lässt sich ein solcher Vorgang nur schwer verfolgen und ist daher problematisch für eine eventuelle Inhaltsanalyse der Online-Materialien. Zwar können sich Rekontextualisierungsmöglichkeiten im digitalen Diskurs „auf verschiedenen Ebenen bewegen" und oft beziehen sie sich auf gezielte und „strategisch [eingesetzte] Umordnungen und Umdeutungen", aber es ist auch durchaus möglich, dass sie algorithmisch bedingt sind und „auf Nutzeroberflächen und in Timelines" mehr oder weniger intransparent bleiben (Bender/Meier-Vieracker 2022: 266).

*Kategorisierung von Inhalten* im Social Web dagegen stellt viel mehr als nur Werkzeuge zur intuitiven Online-Kategorisierung; vielmehr ermöglicht sie beliebige Inhaltsbeschreibungen mit frei erfindbaren bzw. wählbaren Stichworten (vgl. sog. *folksonomy* oder *social tagging* bzw. *social bookmarking* bei Nusser et al. 2007). Dazu ermöglicht Tagging Veränderung von Metadaten, was bedeutet, dass Tags auch als Metainformation im Hintergrund funktionieren und es ermöglichen, diverse Websites als Netzwerke zu organisieren. Dies resultiert darin, dass viele Inhalte und/oder gemeinsame Themen einfacher gefunden werden (vgl. Soeldner 2020: 81[204]), was oft dazu führt,

---

[203] Marx/Weidacher (2014: 191) zählen solche medialen und kommunikativen Praktiken online zur sog. *Fluidity* (vgl. auch 4.2.4).

[204] Es gibt auch bestimmte Portale, die es möglich machen, markierte Seiten an einem zentralen Ort zu speichern. Zu einer solchen technikbedingten Selektion und Aggregation von Informationen dienen bspw. Del.icio.us – eine kostenlose Webanwendung für sog. *Social Bookmarking*. Der Dienst gilt als Pionier der Social-Bookmarking-Anwendungen und war für lange Zeit einer der meistgenutzten in diesem Bereich. Zu den bekanntesten Open-Source-Anbietern gehört u. a. der Online-Service Joomla (https://www.joomla.org/). Möglichkeiten der Social Tagging gibt es allerdings inzwischen auch auf praktisch allen sozialmedialen Plattformen. Dazu kommt noch der schon erwähnte *PageRank-Algorithmus* bei Google oder anderen Suchmaschinen. Im Rahmen dieses Verfahrens werden zahlreiche verlinkte Dokumente anhand ihrer Struktur bewertet, was in den entsprechend hohen Positionen der einzelnen Sites beim Aufrufen eines bestimmten Schlüsselwortes resultiert.

dass es vielen UserInnen einfacher ist, „Threads zu bestimmten Themen zu bündeln“ (Autenrieth/Herwig 2011: 221) bzw. bestimmte Nachrichten wiederzufinden. Nach Stephens (2010: 204) beschreibt *social tagging* „the collaborative activity of making shared online content with keywords or tags as a way to organize content for future navigation, filtering or search“ und ist (so Autenrieth/Herwig 2011: 221) das Auszeichnen „von (informatischen) Objekten mit beschreibenden Schlagwörtern“. Social Tagging wird heute in Social Software (wie Twitter/X, Facebook oder Instagram) durch semiotische Operatoren At-Zeichen (@) Hashtags (#) sowie GPS-Tags ermöglicht. Die ersteren werden auch *Adressierungs-Operatoren* genannt (vgl. Rybszleger 2016: 94). Dank ihnen werden vor allem andere AkteurInnen direkt in die gegebene Nachricht (Kommentar oder Post) einbezogen. Eine solche Bezugnahme kann Unterschiedliches bedeuten. Ich bin hier mit Schreiber/Kramer (2016: 85) einverstanden, dass At-Zeichen aus soziologischer und soziolinguistischer Perspektive v. a. zur Erzeugung einer kommunikativen Nähe zwischen den Interagierenden beitragen können.[205] Darüber hinaus ist es möglich, den markierten User/die markierte Userin z. B. über ein wichtiges Ereignis zu informieren (was auch eine Erweiterung des gegebenen Rezipientenkreises bedeuten kann).

*Hashtags* dagegen erlauben eine freie vielseitige und schließlich häufig überlappende Assoziierung (vgl. O'Reilly/Battelle 2009), z. B. gehört ein einziges Foto von einem Haus somit nicht nur zur Kategorie „Haus“, sondern kann von unterschiedlichen Internetnutzern auch als „art“, „building“ oder „streetart“ verschlagwortet werden. Dann kann es durch diverse User-Aktivitäten wiederaufgefunden und mit anderen Objekten, die nicht unbedingt zur Kategorie „Haus“ gehören, in Verbindung gebracht werden.[206] Dabei sind Hashtags nicht nur als einfache „Search Tools“ zu verstehen. Ihre Hauptaufgabe beruht m. E. vor allem darauf, das Teilen von Informationen von persönlicher Relevanz

[205] Selbstverständlich gibt es in der digitalisierten Kommunikation auch andere sprechsprachliche Elemente, die schrift-sprachlich umgesetzt werden können, um die kommunikative Nähe zu äußern. Zu solchen Elementen gehören u. a. die in Asteriske eingefasste Akronyme (z. B. *g* für Grinsen; vgl. Teplan 2005: 53) oder diverse Handlungsbeschreibungen (wie *wink* für winken o. Ä., vgl. Lyons 2018 zu sog. *Kineticons*). Auch systemgenerierte Informationen oder Meldungen können u. U. zur Erzeugung der kommunikativen Nähe beitragen (vgl. 5.2.1).

[206] Autenrieth/Herwig (2011: 221) nennen solche Hashtags „konnotatives Hashtaggen“: „wenn […] durch das Vergeben des Tags der Nachricht zusätzliche Bedeutungsebenen bzw. Nebenbedeutungen hinzugefügt werden.“

zu organisieren und zu strukturieren und somit persönliche Öffentlichkeiten aufzubauen und zu pflegen (vgl. auch Rybszleger 2016: 94 f.), was teilweise auch mit dem Aufbau von Online-Teil-Identitäten einhergeht. Darüber hinaus tragen Hashtags zum häufigen Etablieren und zur Weiterentwicklung von sozialen Indexikalitäten oder indexikalischen Ordnungen bei (vgl. 6.1.3). Es werden dank Hashtags unterschiedlich große *Ad-hoc-Öffentlichkeiten* gebildet, die häufig diverse AkteurInnen zusammenschließen, die sich meistens persönlich nicht kennen[207], aber durch das gemeinsame kommunikative und soziale Handeln kann man nicht nur eine Art *kollektiver Verschlagwortung* (*Folksonomies*) herausbilden (vgl. Schmidt 2017: 169 f.), sondern sich auch gewissen (meistens zeitweiligen) Diskursgemeinschaften oder Teil-Öffentlichkeiten anschließen (vgl. Kirchhoff et al. 2015: 232 sowie 5.3.6). In solchen spontan gebildeten Online-Öffentlichkeiten können Hashtags sogar „ganze politische Diskurse oder Wahlkämpfe prägen“ oder Geschichten „prägnant und pointiert [...] inszenieren“ (Klemm 2017: 20). Somit sind Hashtags als „Zugriffsobjekte auf digitale Diskurse“ zu verstehen (Gredel/Mell 2022: 50), denen die Funktion „diskursbündelnde[r] Instanz[en]“ zukommt (vgl. Marx 2019: 250). Überdies können sie auf eine bestimmte Wertewelt hinweisen, die von einer bestimmten Person anerkannt wird, und bestimmte Diskurse aufbauen. In dieser Hinsicht wären zwei ganz aktuelle Paradebeispiele nennenswert. Das erste ist das Hashtag #metoo, das gerade ab dem 15. Oktober 2017 (im Zuge des sog. Weinstein-Skandals[208]) Verbreitung im Internet erfuhr (vgl. Wuth

---

[207] Besonders auf Twitter/X und Instagram wird der Content recherchiert, der sich auf konkrete Themen bezieht. Statt nach Personen wird nicht selten nach konkreten Inhalten gesucht (die u. a. mittels Hashtags organisiert werden, vgl. dabei Scott 2015). Es ist v. a. der Tatsache zu verdanken, dass die meisten Accounts leicht zugänglich und besser vernetzt sind (vgl. 3.7.2).

[208] Es handelte sich dabei um den Filmproduzenten Harvey Weinstein, der von mehreren Frauen sexueller Belästigung oder sogar Vergewaltigung beschuldigt wurde. Die Phrase „me too“, die zum ersten Mal 2006 von der afroamerikanischen Aktivistin Tarana Burke in dem sozialen Netzwerk MySpace verwendet wurde (um die Frauen zu fördern, die Erfahrungen mit sexuellem Missbrauch gemacht haben), ist dann als Hashtag von der Schauspielerin Alyssa Milano popularisiert worden. Dadurch wollte sie betroffene Frauen ermutigen, mit Postings in Social Media (insbesondere auf Twitter/X) auf das Ausmaß sexueller Belästigung und sexueller Übergriffe aufmerksam machen und Menschen für das Problem sensibilisieren. Selbst im Diskurssystem Instagram wurde das Hashtag #metoo bis 20024 über 2,2 Millionen Mal benutzt und mehrmals (meistens positiv) kommentiert.

2019: 269 ff.). Auf ein anderes besonders populäres Hashtag verweist in ihrer Analyse Wagner (2019: 86). Das Hashtag #BlackLivesMatter (Dt. „Schwarze Leben zählen") bezieht sich auf eine internationale Bewegung, die innerhalb der afroamerikanischen Gemeinschaft in den USA entstanden ist und sich gegen Probleme mit Polizeigewalt und Rassenungleichheit einsetzt.

Im Übrigen kann jeder veröffentlichte Content mit einem (meist automatischen) sog. GPS-Tag versehen werden, was bedeutet, dass die AutorInnen imstande sind, auf ihre Aufenthaltsorte zu verweisen.[209] Meistens werden Tags von der gegebenen Plattform „zugeflüstert" (dank dem GPS-Signal „weiß" die App, wo sich der User/die Userin befindet), aber sie können auch direkt von dem gegebenen Internetbenutzer/der gegebenen Internetnutzerin gewählt werden. In Anlehnung an Szyszko (2017: 157 f.) werden vier allgemeine Typen von leicht herunterzuladenden mobilen Applikationen unterschieden, die auf GPS-Dateien bauen. Neben Apps, die die Fortbewegung im öffentlichen Stadtverkehr erleichtern, die Entwicklung von Interessen oder Hobbys fördern (Sport, Touristik – bspw. Ermöglichung der Trainingsaufzeichnung bzw. Streckentracking) oder sonstige (wie Spiele, die GPS-Signal benutzen), funktionieren natürlich auch Anwendungen, dank denen soziale Beziehungen aufgebaut und gepflegt werden. Neben typischen Social Media, in denen der Content geteilt und veröffentlicht wird (wobei meistens gerade auf den Aufenthaltsort der UserInnen verwiesen wird), gibt es auch sog. *Check-in-Applikationen* (wie Foursquare oder Google Places), die es ermöglichen, sich an einem bestimmten Ort zu melden und gleichzeitig den Aufenthaltsort öffentlich zu machen. Durch Online-Plattformen werden dabei Informationen zu den gesuchten Orten (Restaurants, kulturellen Einrichtungen, Städten usw.) gesammelt, was den gesamten Prozess von Verweisen und User-Empfehlungen noch erleichtert (vgl. ebd.: 158). Die dritte Untergruppe bilden schließlich sog. *Mobile-Dating-Apps* (wie bspw. Tinder oder Grindr), die das Kennenlernen von Menschen in der näheren Umgebung erleichtern und meistens Flirts oder lose Bekanntschaften anbahnen, wofür auch das GPS-Signal erforderlich ist.

---

[209] Wenn die gegebene Applikation es erlaubt, kann es im Prinzip in jeder verfügbaren Version (sowohl am PC als auch auf mobilen Geräten) der entsprechende Ort getaggt werden. Darüber hinaus ist es möglich, auf beliebige Orte hinzuweisen, unabhängig davon, ob sich der User/die Userin tatsächlich an ihnen befindet oder nicht.

### 4.3.4 Individualisiertes Design und prototypische Elemente der visuellen Gestaltung

Die zweite Gruppe von semiotischen Ressourcen in Online-Diskursen, die besonders stark zur multimodalen Textualität der digitalen Gesamttexte beitragen, bilden in erster Linie repräsentationale, identifikatorische, appellative und Ordnungszeichen, die grob als *visuelles* oder *Kommunikationsdesign* bezeichnet werden können (vgl. Beck 2019: 333 ff.). Das heutige Social Web funktioniert nach wie vor fast ausschließlich als Datenbank, d. h. alle Inhalte (Texte, Bilder, Filme oder Töne) werden von zuständigen Design- und IT-Spezialisten getrennt, je nach festgelegten Mustern der gegebenen App, als sog. „Style Sheets", „Gestaltungsraster" oder fertige „Schablonen" visuell formatiert und später archiviert (vgl. Vogelgesang 2011: 294 und Rybszleger 2011: 154 f.). Zu solchen fertigen Elementen des Designs gehören vor allem grafisch hervorgehobene Überschriften der einzelnen strukturellen Elemente der gegebenen SNS (Layout), Text-Bild-Konglomerate in Form von Logos, Betreibernamen sowie das gesamte Corporate Design mit entsprechenden erkennbaren Farben und Elementen der Architektur der Seite (u. a. unterschiedlichen Linien, Flächen, Pfeilen usw.), die meistens um ältere Elemente des Webdesigns ergänzt werden, wie Icons bzw. Piktogramme, dank denen eine Information durch eine vereinfachte grafische Darstellung vermittelt wird. Das Aussehen der fertigen Seite wird dabei dynamisch generiert, und – was vielleicht noch wichtiger ist – sprachliche Teiltexte tauchen in verschiedenen Kontexten auf und können auch auf unterschiedliche Art und Weise dargestellt und später von anderen Kommunikationsmitgliedern gedeutet werden (vgl. Rybszleger 2018: 254 f.). In diesem Sinne impliziert das Design die sog. *Intermodalität* (vgl. Chernyshova 2021: 133), d. h. in vielen hypertextuellen Strukturen haben die textuellen oder bildlichen Elemente einerseits und die Designelemente andererseits keine Bedeutung für sich oder, wie es Bucher (2013: 73) auf den Punkt bringt, sie „kontextualisieren sich gegenseitig und konstituieren so den Gesamtsinn der semiotischen Arrangements". Sie können sowohl auf einer mikro- als auch auf einer makrostrukturellen Ebene gefunden werden (bspw. stellt eine intermodale Mikrostruktur ein Suchfenster dar, während eine makrostrukturelle Funktion das Design der Navigationshilfen oder Buttons erfüllt).

Die Menge verschiedener Plattformen, Anwendungen, Technologien und somit möglicher Beispiele von Funktionalitäten im Social Web, die sich auf

Design und visuelle Gestaltung des jeweiligen Angebots beziehen, ist heute vollkommen unübersichtlich und kann lediglich als Momentaufnahme der gegenwärtigen Lage betrachtet werden. Um die UserInnen unterschiedlichen Alters und mit unterschiedlichen kommunikativen und sozialen Bedürfnissen zufrieden zu stellen, werden ihnen diverse semiotische Ressourcen angeboten, die immer neuere Praktiken des Zeichengebrauchs ermöglichen. Der User/die Userin selbst besitzt die Möglichkeit, mannigfaltige semantische Arrangements seiner/ihrer Online-Beiträge zu gestalten. Meistens schöpft man dabei natürlich aus fertigen Elementen, die entsprechend kombiniert werden können. Dies bedeutet, dass viele „performative" Design-Elemente oder „Benutzerschnittstellen" (Bender et al. 2022: 37) dem User/der Userin erlauben, einerseits zu kommunizieren und andererseits sich selbst zu präsentieren, zu positionieren sowie die eigene Meinung unterschiedlich zu äußern. Darüber hinaus ist das Design „der Modus zur Kontextualisierung von Kommunikationselementen in der jeweiligen kommunikativen Umgebung, die dafür das entsprechende ‚Material' liefert" (Bucher 2013: 69).

Das alles zeigt, dass den heutigen NutzerInnen von sozialen Medien nicht nur die Rolle „herkömmlicher" SenderInnen und/oder EmpfängerInnen zukommt. Er oder sie kann auch, wie in der Einleitung zu diesem Kapitel angedeutet, als *Designer/Designerin* fungieren und selbst festlegen, nicht nur was kommuniziert werden soll sondern wie. Mit anderen Worten gibt der jeweilige Designer/die jeweilige Designerin „dem zu kommunizierenden Ausdruck und Gestalt in Abhängigkeit von den verfügbaren semiotischen Ressourcen" (Bucher 2013: 68). In dieser Hinsicht ist an die Worte von Kress (2010: 62) zu erinnern, dass „signs are made – not used" und „the inner constitution of each sign reveals the interest of the maker of the sign" (ebd.: 65). Das heißt, dass man im Falle der kommunikativen Schritte vieler UserInnen im Rahmen der digitalen Kommunikation nicht unbedingt von der typischen Arbitrarität der Zeichen sprechen kann, sondern eher von ihrer Motiviertheit. Darüber hinaus ist nicht die Ähnlichkeit mit dem Bezeichneten das entscheidende Merkmal für die kommunikative Tauglichkeit eines Zeichens, sondern vor allem seine Durchschaubarkeit für den jeweiligen Adressaten bzw. die Möglichkeit einer weiteren Aushandlung des gegebenen Zeichenensembles. Dies bedeutet, dass jede Zusammenarbeit oder Austausch zwischen Online-KommunikationspartnerInnen nicht nur durch die Transparenz von Zeichen erklärt werden kann, sondern durch die „mit dem Zeichengebrauch vollzogenen Handlungen“ (ebd.: 69). Auf dem Interface des Users/der Userin kann also eine individuelle Komposition von unterschiedlichen sprachlichen und grafisch-bildlichen Teiltexten entstehen. Ihre lokale und globale Kohärenz (vgl. 4.2.2) wird dann nicht nur durch eine entsprechende sequentielle textuelle Strukturierung sichergestellt, sondern auch durch die sog. „räumliche Anordnung“ von Elementen eines „simultan präsentierten Kommunikationsangebotes“ (Bucher 2013: 70). Die InternetnutzerInnen können daher selbst diverse Modi (wie Texte, Grafik, verschiedene Abbildungen oder ganze Webseiten) „designen“ und im Endeffekt entscheiden, nach welchen Elementen aus den zur Verfügung gestellten semiotischen Ressourcen sie greifen möchten. Es passiert z. B. je nach kommunikativen Bedürfnissen des Users/der Userin, den technischen Affordances und Constraints der gegebenen Anwendung, dem Charakter des Accounts (ggf. des einzelnen Beitrags), den jeweiligen Publikumserwartungen oder schließlich bezüglich des antizipierten Diskurses. Kress (2010: 23) spricht hier vom Design im Sinne einer Methode des Projizierens der individuellen Interessen des Users/der Userin „into their world with the intent of effect in the future“.

Unter den wichtigsten und sich besonders häufig wiederholenden Zeichentypen des *individualisierten Designs* in heutigen Social Media können m. E. folgende allgemeine Gruppen von prototypischen Elementen genannt werden:

Die erste Gruppe bilden v. a. repräsentationale, identifikatorische und seltener appellative Funktionalitäten (die letzten z. B. „Follow me – Buttons“), die viele UserInnen gerne nutzen, um sich entsprechend darzustellen und zu positionieren (Identitäts- und Beziehungsmanagement) sowie um eigene und fremde Inhalte zu präsentieren (Informationsmanagement). Es sind in erster Linie verschiedenartig ausgestaltete Profilbilder (meistens in Form von sog. *Selfies*, also digital aufgenommenen Selbstporträts), die zu wichtigen Bestandteilen der Selbstdarstellung, Positionierung und jeglicher „Portfoliostrategien“ geworden sind, denn sie „provide an opportunity to position ourselves [...] to gain recognition, support and ultimately interaction from the targeted social circle“ (Tifentale 2014: 1). Dabei wird meistens entsprechender Bildhintergrund gewählt und eventuelle Darstellungsstrategien während und nach der Bildproduktion. Zu solchen Praktiken gehören Herstellungsart (z. B. Selbst- oder Fremdporträt), Darstellungshandeln (u. a. entsprechende Posen, Mimik oder Gestik) oder eventuelle Bildbearbeitungstechniken (wenn dem Bild bspw. grafische Elemente oder textuelle Teile hinzugefügt werden, vgl. Wolf/Tschudin 2022: 229 ff.[210]). Dazu kommt, je nach der Anwendung, die Möglichkeit der Erstellung von unterschiedlichen Fotoalben, Fotosammlungen oder Relationen/Storys.

Zu der zweiten Gruppe von typischen sich wiederholenden Funktionalitäten der digitalen Diskurse gehören meiner Ansicht nach diverse Foto-Filter und je nach der Online-Plattform zur Verfügung gestellten Tools der Foto- und Inhaltsbearbeitung, nach denen gerne besonders die jüngere Generation der UserInnen greift (vgl. 3.7.3). Es sind sowohl repräsentationale, identifikatorische als auch Ordnungszeichen (von diversen GIFs, sog. Sticker und leicht platzierbare Grafiken, über selbsterstellte Memes und andere Text-Bild-Konglomerate bis zu Mitteln des semantischen Arrangements des Typs „augmented reality" (vgl. Peddie 2023). Alle diese Online-Werkzeuge dienen im Prinzip dem entsprechenden Re-Arrangement und der Kontextualisierung und Rekontextualisierung des veröffentlichten multimodalen Content. Als Beispiel kann der Einsatz von sog. „Rahmen" in Profilbildern auf Facebook genannt werden (vgl. Abb. 6), dessen Dauer entsprechend eingestellt werden kann (wenn der User/die Userin nicht anders entscheidet, wird der Rahmen nach 7 Tagen automatisch gelöscht und das Profilbild auf das Original zurückgesetzt). So wie bereits in 4.3.1 festgestellt, lassen sich Bilder, im Gegensatz zu den meisten Texten, nur schwer interpretieren. Allerdings, wenn bspw. Profilbilder um entsprechende grafische und/oder textuelle Elemente des Designs ergänzt werden (ggf. durch den Einsatz von Kommunikationsoperatoren verstärkt), können bei der Interpretation bestimmte Frames evoziert werden. Somit verleihen die multimodalen Elemente dem Bild eine viel konkretere Bedeutung[211] und lassen sich einfacher interpretieren (vgl. Rybszleger 2018: 256).

---

210 Astheimer et al. (2011: 103) nennen unter möglichen Klassen von Profilbildern auch sog. *Dummys*, d. h. solche Profilbilder, auf denen – statt der Abbildung des jeweiligen Benutzers – entweder die von dem System der gegebenen SNS generierten „Platzhalter" (meistens Schattenbilder einer Person) zu sehen sind, oder beliebige andere Bilder oder Grafiken. Autenrieth (2011 und 2013: 121 ff.) dagegen spricht von drei allgemeinen Gestaltungsstrategien von Fotoalben auf SNS. Sie können entweder personen-, anlass- oder objektzentriert sein.

211 Selbstverständlich wird durch die Sprache die bildliche Polysemie nicht gänzlich aufgelöst. Sie „nimmt allerdings großen Einfluss auf den Sinnbildungsprozess bei der Rezeption" (Bülow et al. 2018: 11).

**Abb. 6:** Beispiel eines temporären Rahmens auf Facebook. Quelle: privat.

Fraas et al. (2013b: 113) sprechen in solchen Fällen von dem sog. *Visual Framing*, wenn „durch die jeweils unterschiedlichen kommunikativen Funktionen der Zeichensysteme (Sprache und Bild) unterschiedliche Framings zustande kommen“[212]. Auf solchem Wege kann sich also die Wahrnehmung des gegebenen Profilbildes – mit relativ wenigen Mitteln – weitgehend ändern.

[212] In der sog. Frame-Semantik ist die Annahme entscheidend, dass das Weltwissen in *Frames* organisiert ist. Demnach sind es Wissensrahmen, die sich auf der Grundlage von Erfahrungen gebildet haben. Frames haben innerhalb des Verstehensprozesses die Funktion, verstehensrelevantes Wissen einzuspeisen und zu organisieren (vgl. Ziem 2008: 247 ff.).

Und schließlich bilden die dritte Gruppe prototypischer Zeichentypen in digitalen Diskursen (aus der Perspektive des Users/der Userin) sprachliche sowie grafisch-bildliche Flächen, als Bestandteile multimodaler Gesamttexte, die auch entsprechend *typografisch* einander angepasst werden können. *Typografie* gilt dabei als „visuelle Dimension schriftlicher Texte“ (Steinseifer 2013: 13). Nicht nur IT-Spezialisten, die für einzelne Anwendungen zuständig sind, sondern auch UserInnen haben die Möglichkeit, u. a. an dem *Layout* (oder *Makrotypografie*) zu arbeiten, d. h. „geschriebene Sprache ist automatisch an die grafische Fläche gebunden“ (Stöckl 2011: 64). Somit lässt sich der Text sinnvoll für den Leser/die Leserin organisieren und gestalten, u. a. durch Textblöcke, Überschriftenhierarchien oder Hervorhebungen. Überdies bedeutet Typografie die Komposition der Sehfläche sowie ihre Gesamtgestaltung (vgl. Spitzmüller 2016: 102) in unterschiedlichen Formen von Text-Bild-Konglomeraten wie Diagramme oder Infografiken.[213] Dazu lassen sich *mikro-* und *makrotypografische* Elemente der gegebenen Seite oder der Anwendung nennen. Angelehnt an Stöckl (2004b: 22 f.) kann man hier von drei groben linguistischen Kategorien der Typografie sprechen: *Mikrotypografie* (Gestalt von einzelnen Schriften auf der gegebenen Seite), *Mesotypografie/Typopiktoriales* (Gestalt des Schriftbilds auf der bestimmten Sehfläche[214]) und schließlich *Makrotypografie/Layout* (Anordnung und entsprechende Gestalt von einzelnen Teiltexten[215]).

---

213 Diagramme (oder diagrammatische Bilder, vgl. Stöckl 2004a: 23 ff.) verstehe ich im Sinne von Steinseifer (2013: 9) als „Darstellungsformen, die Beziehungen und Verhältnisse anschaulich werden lassen“. Infografiken sind dagegen visuelle Repräsentationen von Informationen, die „mehrere Modi (mindestens zwei), wie z. B. Bild/Bewegtbild, gesprochene oder geschriebene Sprache, Ton, Layout etc., wovon der Bildmodus konstitutiv ist, zu einem kohärenten Ganzen“ integrieren (Weber/Wenzel 2013: 21).

214 Das vor allem aus der Werbesprache bekannte Verknüpfungsmuster von Sprache und Bild des Typs *Typopiktoriales* bzw. *typopiktoriale Zeichenspiele* (vgl. Janich 2013: 249) bedeutet mit anderen Worten, dass sprachliche Zeichen als Bild fungieren und umgekehrt, wodurch die Schriftart ikonischen Charakter hat, da sie zum Beispiel die Schrift einer anderen Sprache imitiert oder „aufgrund von Ähnlichkeitsbeziehungen zu assoziativen Schlüssen führen soll“ (ebd.).

215 In der obigen Klassifizierung der typografischen Elemente von Stöckl (2004b) wurden absichtlich sog. *paratypografische* Elemente (bzw. Herstellungstechnik, vgl. Stöckl 2011: 65) außer Acht gelassen, da sie sich eher auf Materialität und Haptik beziehen und daher keine Anwendung in der Online-Kommunikation finden können. Alle Kategorien werden von Stöckl (2011: 64 f.) als grundlegende Muster der Bildlichkeit von Schriftsprache bzw. Text verstanden.

In dem letzten Schritt möchte ich die oben umrissenen prototypischen Merkmale des individualisierten Designs mit einem Selbstdarstellungsmodul im Diskurssystem Twitter/X exemplifizieren (vgl. Abb. 7). Bereits auf den ersten Blick sieht man, dass den UserInnen auf jeder Online-Plattform ein visuelles Raster mit bestimmten semiotischen Ressourcen (welche entsprechende kommunikative Handlungen ermöglichen) zur Verfügung gestellt wird. Solche Raster können dann von dem jeweiligen Nutzer/von der jeweiligen Nutzerin entsprechend semiotisch belegt werden.

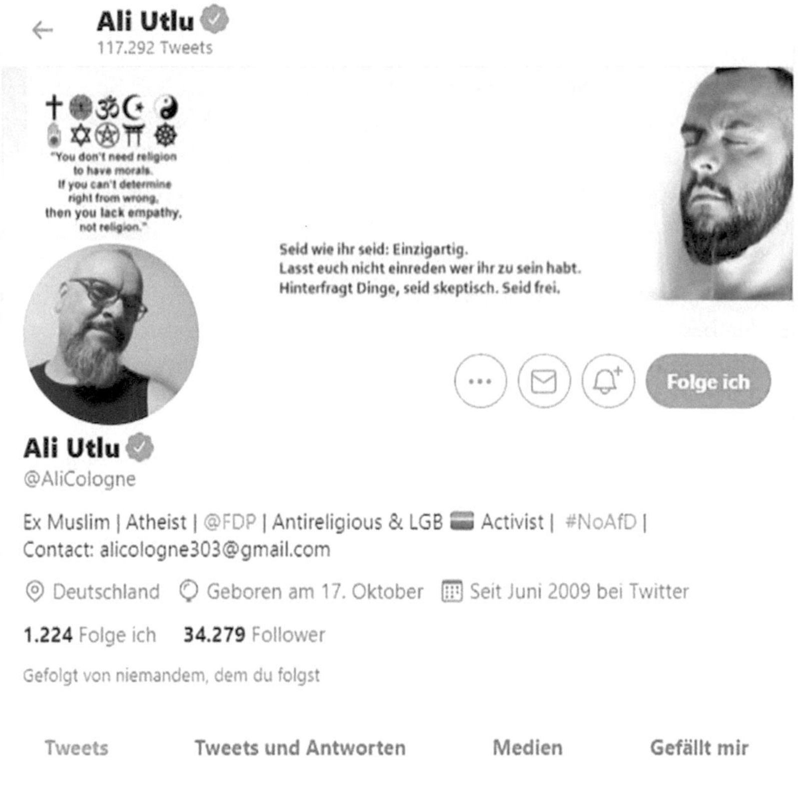


**Abb. 7:** Beispiel eines Selbstdarstellungsmoduls auf Twitter/X. Quelle: https://x.com/AliCologne.

In dem Selbstdarstellungsmodus des LGBT-Aktivisten und aktuellen Mitglieds der FDP Ali Utlu hat man es mit einer von Makowska (2014: 232) erwähnten synergetischen Zusammenwirkung von verbalen und bildlichen Elementen zu tun, die einen multimodalen digitalen Teiltext ausmachen. Zwar ist das gesamte Layout in Mikroblogs stark konventionalisiert (festes grafisches Raster), aber viele von AnbieterInnen zur Verfügung gestellte Ordnungszeichen (in Form von Linien, Linkpfaden und schließlich grafischen und textuellen Flächen) können benutzt werden, um das Profil entsprechend zu designen und sich dabei auf bestimmte Art und Weise darzustellen und zu positionieren. Ali Utlu hat sich für ein Hintergrundbild (sog. *Header-Bild*) entschieden, auf dem er repräsentationale Funktionalitäten von sowohl Sprache-Flächen (anonyme Sprüche auf Deutsch und Englisch) als auch von Bild-Flächen (durch spezielle Filter verschönertes Selbstporträt mit geschlossenen Augen auf hellem Hintergrund sowie unterschiedliche religiöse Symbole) miteinander kombiniert. In der „Biografie" (dieser sprachliche Teiltext kann auf Twitter/X lediglich mit 160 Zeichen ausgefüllt werden) wird dagegen v. a. nach typischen repräsentationalen Zeichentypen in Form von kurzen stichwortartigen Informationen gegriffen. Darüber hinaus werden in seiner kurzen, meist textuellen Selbstdarstellung identifikatorische Zeichen gebraucht (@-Zeichen mit dem Namen der politischen Partei, der der Autor angehört, sowie das Hashtag, das auf die Abneigung des Autors gegen eine andere politische Option verweist) und ein repräsentationales/identifikatorisches Zeichen (hier in Form einer Regenbogenfahne – des internationalen Symbols der LGBT-Gemeinschaft). Das gesamte Design des Selbstdarstellungsmodus wird durch identifikatorische Funktionalitäten ergänzt, die durch das jeweilige System generiert werden (hier Geburtsort und -datum, die E-Mail-Adresse des Nutzers sowie andere systemgenerierte Angaben – zu der aktuellen Anzahl von FollowerInnen und gefolgten Personen).

Das obige Beispiel zeigt, wie einfach sich sowohl Sprache- als auch Bild-Flächen individuell gestalten lassen und wie wichtig das Design bei dem Informations-, Beziehungs- und Identitätsmanagement und schließlich der Präpositionierung eines jeden Users/einer jeder Userin ist.[216] Somit lassen sich vor allem bestimmte *bedeutungsschaffende Potenziale des Designs* in

[216] Vgl. die praktische Anwendung der obigen Theorie, insbesondere im Kapitel 8.

digitalen Diskursen aussondern. In erster Linie können sich die UserInnen als AutorInnen ihrer Kommunikationsangebote identifizieren. Dazu rahmt das Design seine einzelnen Elemente funktional und thematisch sowie strukturiert die verschiedenen Kommunikationsebenen (auf der Oberfläche durch repräsentationale und operationale Funktionalitäten und bezüglich der gesamten inneren und äußeren Verweisstruktur – wenn z. B. Ordnungszeichen in Form von Links benutzt werden, die den Rezipienten bestimmte Lektürepfade oder Rezeptionsstrategien anbieten). Und schließlich orientiert es die anderen UserInnen über sowohl die soziale Position des jeweiligen Account-Designers/der jeweiligen Account-Designerin und über seine/ihre Identität als auch die antizipierte Position im Kommunikationsangebot (gemeint sind dabei v. a. repräsentationale und identifikatorische Zeichen des Typs Social Tagging).

### 4.3.5 Multimodalität der Online-Diskurse. Zwischenfazit

Die heutigen sozialen Medien sind zu einer wichtigen „cross-medialen" Brücke zwischen den off- und online agierenden VertreterInnen unterschiedlicher Öffentlichkeiten geworden (vgl. 5.3.6). Dank ihrer überschaubaren technischen Architektur und leichter Zugänglichkeit (vgl. vor allem Social Media mit hoher Vernetzungsstärke wie Personal Publishing, Mikroblogs, Content Communities sowie sozialmediale Plattformen) verbinden sie erfolgreich größere mediale AnbieterInnen, wie JournalistInnen oder VertreterInnen von politischen Parteien, mit BloggerInnen, diversen AktivistInnen und schließlich „einfachen" UserInnen und ermöglichen diskursive Praktiken, die in „konvergierenden, transmedial vernetzten Arrangements realisiert werden" können (Fraas et al. 2013a: 10). Im Gegensatz zu Diskursen, die in typischen Massenmedien vermittelt werden, „werden Online-Diskurse nicht nur gesellschaftlich oder sozial, sondern auch interaktiv und multimodal konstituiert" (Rybszleger 2017: 193).

Wie oben gezeigt, zeichnet sich die „multimodale Netzwerk-Kommunikation" (Bucher 2013: 58) durch ihre weit ausgebaute Hypertextualität, einen Netzwerkcharakter, eine hohe Interaktivität sowie ihre bestimmte thematische (und soziale) Kommunikationsdynamik aus. Darüber hinaus werden durch Diskurse im Internet symbolische Ordnungen hergestellt und mögliche kollektive Wissensbestände etabliert (vgl. auch 6.1.3). Unterschiedliche Deutungs- und Handlungsprobleme werden dabei in größeren und kleineren (Ad-hoc-)Diskursgemeinschaften ausgehandelt und konstituiert.

Wenn man dazu Funktionalitäten in Betracht zieht, durch die besonders grafisch-bildliche Teiltexte realisiert werden, sind die Prozesse der Bedeutungskonstitution in der Online-Kommunikation nicht nur diskursiv, sondern auch mehr oder weniger *ikonisch*. Schreiber/Kramer (2016) zeigen (am Beispiel von kommunikativen und bildlichen Praktiken auf Instagram), dass soziale Medien, durch ihre „programmierte Prozesshaftigkeit" (ebd.: 100) das (oft ambivalente) Bildliche stark unterstützen. Praktisch alle Softwares steigern das ständige Aktualisieren der Selbstdarstellung. Das Abgebildete wird somit häufig durch textsprachliche Teiltexte (z. B. Beschreibungen, Zitate oder andere intertextuelle Bezüge) mit ihren entsprechenden Modalitäten (z. B. Kommunikationsoperatoren) gerahmt, wodurch „bestimmte Sinnschichten der Bilder" verstärkt oder hervorgehoben werden (ebd.). In diesem Sinne kommt es in medial vermittelten (u. a. auch digitalen) Diskursen zur sog. *ikonischen Diskursverknüpfung* (vgl. Meier 2008: 150 ff.). Geht man von „diskursverknüpfender Intertextualität von Sprachtexten" aus (ebd.), kann man beobachten, dass auch in multimodalen digitalen Gesamttexten Einzeltexte v. a. durch ihr gemeinsames Thema zu Bestandteilen eines Diskurses werden. So wie in anderen Diskursen nehmen die Einzeltexte Bezug aufeinander sowie auf vorige Texte desselben Diskurses und stehen „in einem Quasidialog miteinander" (ebd.: 150). In der Hinsicht der Dialogizität und Interaktivität kann man auch von bereits in 4.2.3 erwähnten *bildlichen Intertextualität* (ebd.: 144 ff.) bzw. von *Interbildlichkeit* (vgl. Rybszleger 2013 und 2018) oder *Interikonizität* (Grampp 2024) sprechen, die sich besonders in vielen *Virals* oder *Memes*[217] niederschlägt. Schließlich markieren die einzelnen Texte (mit Hilfe von ihren grafisch-bildlichen Teiltexten) „diskursive Positionen innerhalb des Diskurses" (Meier 2008: 145). Gemeint sind dabei durch das Kollektiv verwendete Kommunikationsstile, bestimmte Kollektivsymbole (soziale Embleme) oder Argumentationsmuster, auf die näher in der Analyse hingewiesen wird.

---

[217] Angelehnt an Bülow et al. (2018: 5) haben sog. *Virals*, im Gegensatz zu Memes, einen sich nicht verändernden Inhalt. Es sind besonders populäre Bilder oder Grafiken, die zwar durch zusätzliche Kommentare der einzelnen UserInnen kontextualisiert werden können, aber ihre Sehfläche bleibt unversehrt.

# Soziales und kommunikatives Handeln online

## 5.1 Soziales und kommunikatives Handeln. Begriffsbestimmung

Die im vorliegenden Buch angenommene Netzwerkperspektive lässt eine Doppelstruktur der sozialen Netzwerke online und der in ihren Rahmen hergestellten sozialen Ordnungen zeigen (vgl. auch Kapitel 3). Jede solche Struktur bedeutet gleichzeitig sowohl überindividuelles (statisches) als auch dynamisches Arrangement (individuelle sowie prozessuale Sprachhandlungen) (vgl. Bucher et al. 2008: 42). Dadurch wird möglich, versteckte Regelhaftigkeiten des Online-Diskurses zu erkennen. In allen Formen der zwischenmenschlichen Kommunikation und Interaktion (u. a. im Internet), wird *sozial und somit kommunikativ gehandelt*[218]. Dabei verstehe ich die in sozialen Medien stattfindenden *Interaktionen* als „digitale, mediatisierte Kommunikationspraktiken"[219] (Schreiber/Kramer 2016: 84).

[218] In Anlehnung an Fraas et al. (2012: 6) wird das soziale Verhalten bzw. das soziale Handeln als „das Verhalten von Lebewesen im Hinblick aufeinander, also die Reaktion auf das Verhalten anderer" verstanden. Darüber hinaus ist es ein individueller Ausdruck überindividueller sozialer Zugehörigkeiten, wie z. B. „Geschlecht, soziales Milieu, Generation" (Schreiber/Kramer 2016: 87). Der Begriff des Sozialen bezieht sich daher auf solche Handlungen von AkteurInnen, die sich auf andere AkteurInnen beziehen bzw. von diesen beeinflusst sind. Dazu funktionieren beide Gruppen immer in einem gewissen Sozialraum (vgl. 2.3).

[219] Mit Kędzior (2019: 8) nehme ich an, dass alle sozialen Praktiken, verstanden als Handlungen (bewusst und mit einem bestimmten Zweck) und Verhaltensweisen, sind Beispiele für kommunikative Praktiken.

Sprachliche und kommunikative Handlungen dagegen werden im Sinne von Holly (2001: 12) charakterisiert, der sie – aus pragmalinguistischer Sicht – wie folgt definiert:

> Handlungen sind interpretationsabhängige, sinnhafte, d. h. gerichtete, kontrollierbare und zu verantwortende komplexe Tätigkeiten oder Unterlassungen, die durch Zuordnung zu Handlungsmustern verstanden werden können, weil sie durch soziale Regeln eingespielt sind.

Dies bedeutet, dass Handlungen einen „verändernden Einfluss auf einen Zustand, eine Situation haben [...]" (Meier 2008: 83). Darüber hinaus lassen sich *Handlungen* (im Gegensatz zum *Verhalten*) generell kontrollieren und ihre Ausführung ist ferner durch bestimmte Regeln strukturiert, „die im sozialen Leben erlernt werden und zur Verständigung, Kooperation und Vergemeinschaftung beitragen" (ebd.: 84). Was außerdem typisch für (kommunikative) Handlungen ist, ist ihr häufiges *Abweichen von Regeln*. In solchen Fällen folgt man nicht mehr gängigen Mustern, denen erwartbare Handlungen zugrunde liegen, sondern anderen alternativen Mustern (vgl. Holly 2001: 12 f.), „die modifizierend auf gängige Handlungsfelder einwirken können" (Meier 2008: 84). Somit kann man feststellen, dass Regeln keine starren Strukturen sind, sondern sich durch gemeinschaftliches Handeln verändern lassen, „was durch die Etablierung neuer kollektiver Handlungsmuster[220] bewirkt wird" (ebd.). Praktisch durch jede sprachliche Handlung (v. a. argumentativer Natur) positioniert man sich und wird gleichzeitig von Anderen positioniert, was u. a. bedeutet, dass man sich auf die Reaktionen anderer Interagierenden bezieht, Bedeutung oder Sinn vermittelt und schließlich eine entsprechende Reaktion erwartet, die dann weitere kommunikative Schritte nach sich ziehen kann (was ausführlicher in der Analyse gezeigt wird). Eine solche Vorgehensweise erleichtert den AkteurInnen vor allem sozial angemessen zu handeln (vgl. Goffman 1996a: 274 f.).

[220] *Handlungsmuster* oder *Handlungsschemata* verstehe ich dabei im Sinne von Sandigs (2006: 487 ff.) Konzept der Textmuster (vgl. auch 4.2) als „typisierte und konventionalisierte Handlungsroutinen, auf die Sprecher/Schreiber zur Lösung spezifischer Probleme zurückgreifen, wenn sie über das entsprechende ‚Musterwissen' verfügen" (Spitzmüller/Warnke 2011: 186).

Wie in 3.1 festgelegt, ist das Internet ein weit ausgebautes konvergentes Medium, das diverse Kommunikationsmodi und -formen zulässt sowie die Kommunikation auf praktisch allen ihren Ebenen ermöglicht. Allerdings braucht man, um sich in diesem Medium bewegen und kommunizieren zu können, bestimmte mediale Angebote/Anwendungen (in dem vorliegenden Buch sind es weit verstandene Social Media), mit denen bestimmte *Gebrauchs-* oder *Nutzungsweisen* verbunden sind. Einzelne partizipative *Praktiken der Social-Web-Nutzung* verstehe ich (in Anlehnung an Schmidt 2013: 37) als Nutzungsweisen, „die Personen miteinander teilen und die in einer Vielzahl von Situationen relativ ähnlich ablaufen“[221]. Der bereits an mehreren Stellen im Text genannte Begriff *Praxis* bezieht sich dabei einerseits auf die Mikro-Ebene der einzelnen AkteurInnen, andererseits sind solche Praktiken immer in „kollektiv geteilte Wissensordnungen, Symbolsysteme, kulturelle Codes [und] Sinnhorizonte“ eingebettet (Reckwitz 2003: 288), d. h. sie spielen sich zum Beispiel in unterschiedlich großen Online-Gemeinschaften ab. Dies bedeutet, dass sie auch auf der Meso- und Makro-Ebene sozialer Strukturen analysiert werden können und sollen.

In folgenden Schritten werden sowohl einzelne Handlungskomponenten von Social-Web-Praktiken sowie die Online-Öffentlichkeiten und -Gemeinschaften genauer charakterisiert. Im nächsten Kapitel wird zudem betont, dass die individuellen diskursiven Praktiken im Rahmen des Informations-, Beziehungs- und Identitätsmanagements von Positionierungshandlungen begleitet werden.

## 5.2 Handlungskomponenten von Social-Web-Praktiken

Der Begriff *Management* wird (in Anlehnung an Schmidt 2017: 74) im Sinne einer Strategie, eines Plans bzw. eines „rational Zwecke und Mittel“

[221] Praktiken der Social-Web-Nutzung sind Teil von allgemeinen *Medienpraktiken*, die (laut Dang-Anh et al. 2017: 7) nicht nur das bedeuten, „was Menschen im Alltag mit Medien tun, sondern ebenso wie sie dies in unterschiedlichen Situationen und Kontexten tun und wie sie dadurch auf andere, größere Kontexte und Sinnzusammenhänge verweisen“.

abwägenden Handelns verstanden. Es wird ebenso eine Art „Verwaltung von sich selbst", im Sinne von „Handhaben", „Praxis/Praktizieren" oder „Bewerkstelligen" begriffen, d. h. „Varianten des Handlungsvollzugs, die sehr viel stärker auf praktischem statt auf diskursivem Bewusstsein basieren" und oft sogar habitualisiert stattfinden (ebd.).[222] In Anlehnung an Schmidt (2013) und Schmidt (2017) sowie Paus-Hasebrink et al. (2009) zähle ich zu den genannten Handlungskomponenten (Handlungsweisen) prinzipiell drei Typen von *Managements*: *Informations-, Beziehungs- und Identitätsmanagement* (vgl. weitere Unterkapitel).

Darüber hinaus haben jegliche Social-Web-Praktiken v. a. ihre spezifischen *Regeln* (im Sinne von Routinen oder Normen), die aus unterschiedlichen Gründen im Rahmen der Mediennutzung befolgt werden (Wertvorstellungen, strategische Überlegungen o. Ä.). Dazu kommen auch „kommunikative Verknüpfungen oder Konnektivitäten" (Schmidt 2013: 39 nennt sie *Relationen*) also bestimmte Verknüpfungen zwischen Texten oder Symbolen (bspw. unterschiedliche kommunikative Anschlusshandlungen wie Kommentare, Referenzen, Verlinkungen usw.), aber auch bestimmte Netzwerke von sozialen Beziehungen zwischen KommunikationspartnerInnen, also gewisse soziale Verknüpfungen, die in Verbindungen zwischen Texten bzw. Symbolen verwoben sind. Jegliche Social-Web-Praktiken werden schließlich durch die technologische Grundlage der onlinebasierten Kommunikation strukturiert, auf der bestimmte Anwendungen und Dienste basieren. Es sind *Codes*, die das bestimmte Nutzerhandeln prägen (z. B. solche Elemente der „softwaretechnische[n] Architektur") wie diverse Einstellungen, Bestimmung der Geschlossenheit oder Offenheit einer Online-Gruppe usw. (vgl. auch ebd.: 40). Das allgemeine Schema von Social-Web-Praktiken von Schmidt (2017) kann folgendermaßen grafisch dargestellt werden (vgl. Abb 8.):

[222] In diesem Sinne kann jeder User/jede Userin zu einem *Content-Manager/Content-Managerin* werden. Üblicherweise sind es Fachleute, die sich um Planung und Erstellung von Online-Portalen kümmern, Inhalte von Webseiten pflegen, diverse Content-Management-Systeme einrichten ggf. Produktdaten erfassen und analysieren (vgl. Goderbauer-Marchner/Matausch 2015: 23).

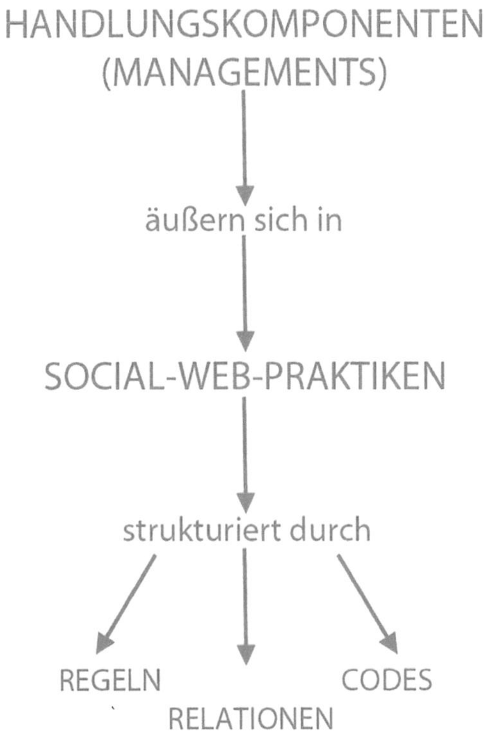


**Abb. 8:** Prozess der Social-Web-Praktiken (vgl. Schmidt 2017). Eigene Darstellung.

Dabei wird in der vorliegenden Arbeit betont, dass alle Social-Web-Praktiken durch *Positionierungshandlungen* und individualisierte *Positionierungspraktiken* begleitet werden (zu genaueren Definitionen beider Begriffe vgl. 7.1.1.1). Ihr Ausgangspunkt ist zudem immer der User/die Userin ist: Mit seinen/ihren Erfahrungen, Wünschen, Fähigkeiten, bestimmten (temporären) Rollen und Positionen, gewissen Rechten und Pflichten, sowie Erwartungen in Bezug auf die anderen NutzerInnen und die Kommunikation selbst (vgl. Abb. 9). Das Individuum *handelt* einerseits im Sinne des Sich-In-Beziehung-Setzens oder Positionierens zum Selbst und zu anderen in seiner Welt, andererseits gestaltet es aktiv und explizit (oft routiniert oder gewohnheitsmäßig) seine Umgebung in diversen Online-Gruppen oder -Gemeinschaften. Eine so verstandene *individuelle Ebene* (vgl. Michelis 2012: 19 ff.) aller Online-Aktivitäten wird daher „gemanagt", was folgendermaßen dargestellt werden kann:

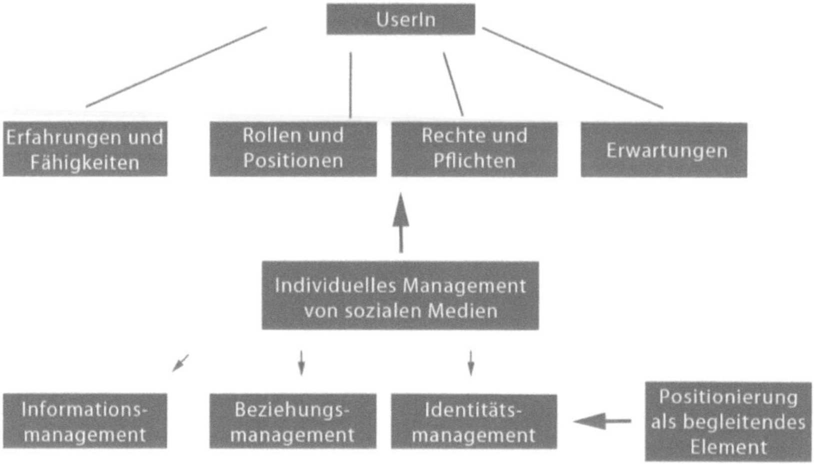


**Abb. 9:** Positionierung als begleitendes Element bei diskursiven Praktiken in sozialen Medien. Eigene Darstellung.

Mögliche Tätigkeiten und Social-Web-Praktiken bezüglich der einzelnen Handlungskomponenten werden in der Tabelle 9 geschildert. Selbstverständlich sind es nur einzelne Möglichkeiten und das Schema wird in weiteren Schritten erweitert.

**Tab. 9:** Handlungskomponenten von Social-Web-Praktiken mit Beispielen (Schmidt 2017: 73)

| Handlungskomponente (-weise) | Tätigkeiten | Beispiele von Social-Web-Praktiken |
|---|---|---|
| Informationsmanagement | Selektieren, Filtern, Bewerten und Verwalten von Informationen | „Taggen" einer Website; Bewerten eines Videos durch Punktevergabe; Abonnieren eines RSS-Feeds |
| Beziehungsmanagement | Pflegen bestehender und Knüpfen neuer Relationen | Eintrag auf der Pinnwand eines Kontakts; Aussprechen oder Annehmen von Kontaktgesuchen; Verlinken von Weblog-Einträgen |
| Identitätsmanagement | Zugänglich-Machen von Aspekten der eigenen Person | Ausfüllen einer Profilseite; Erstellen eines eigenen Podcasts; Hochladen eines selbst erstellten Videos |

Alle Managementtypen werden in der vorliegenden Arbeit lediglich als analytische Kategorien eingestuft, „um bestimmte Facetten der onlinebasierten Kommunikation erfassen und einen breiteren sozialtheoretischen Rahmen der Selbst-, Sozial- und Sachauseinandersetzung einordnen zu können" (Schmidt 2013: 39). Solche Praktiken gehen also über die interpersonale Kommunikation hinaus, d. h. man zeigt, dass man in seiner öffentlichen Kommunikation da ist, andererseits deutet man darauf hin, dass nicht alle veröffentlichten Inhalte notwendigerweise als „gesellschaftlich relevant" angesehen werden müssen. Es heißt zudem, dass die einzelnen Handlungskomponenten sich oft überlappen (besonders hinsichtlich des Beziehungs- und Identitätsmanagements, vgl. 5.2.2 und 5.2.3). Manche von ihnen können in konkreten Nutzungsepisoden häufiger auftreten, bzw. von dem User/der Userin sprachlich oder nichtsprachlich hervorgehoben werden. Wird beispielsweise eine Website „getaggt" und derselbe Beitrag mit einem entsprechenden Kommentar oder Emoticon versehen, dann liegt die Vermutung nahe, dass es sich (je nach der Aussagekraft und der Anzahl der sprachlichen und nichtsprachlichen Mittel) eher um Identitätsmanagement, bzw. Beziehungsmanagement handelt (und intentionale Positionierungen zugleich), als dass es ein reines Informationsmanagement ist.

Trotz der immer raffinierteren Technik (vgl. die u. a. in 3.1 genannten Algorithmen, KI-gesteuerte Prozesse oder LLMs) bin ich der Ansicht, dass alles, was online passiert, „an den Körper gebunden" ist (Schmidt 2017: 75). Eine solche *körper- und subjektbezogene Perspektive* bietet m. E. einen spannenden Kontrast zur Faszination für KI und Automatisierung und bedeutet, dass auch heutige Medienpraktiken *verkörpert* sind: Jede digitale Handlung (z. B. Posten, Liken, Recherchieren im Netz) ist eine menschliche Praxis, die von Körpern/Menschen ausgeführt wird – mit ihren eigenen Erfahrungen, Emotionen, Intentionen. Selbst wenn Technik immer smarter wird, bleiben Zugänge zum Internet körperlich (Smartphone, Tippen, Sehen, Sprechen) und jegliche Bedeutungen werden *sozial konstruiert* – also durch Menschen in sozialen Kontexten, worauf im vorliegenden Buch an vielen Stellen hingewiesen wird. Die zugrundeliegende Technik ist nie „neutral" oder „autonom" – sie wird von verkörperten Subjekten gemacht, genutzt und interpretiert. Wenn man dann die einzelnen Handlungskomponenten und die ihnen innewohnenden Social-Web-Praktiken genauer betrachtet, ist es offensichtlich, dass sie auf die reale Welt rekurrieren: Das Identitätsmanagement bezieht sich meistens auf den eigenen Körper und die Aspekte des eigenen Selbst (vgl. Elemente der Online-Selbstdarstellung wie

Profilfoto, Beschreibung des eigenen Profils usw.); das Beziehungsmanagement ist (zumindest teilweise) auf die Pflege der bereits existierenden „Offline-Kontakte" zurückzuführen und schließlich bezieht sich das onlinebasierte Informationsmanagement meistens auf diverse Nachrichten, Informationen und Wissensbestände. Alle genannten Elemente besitzen ihre Wichtigkeit in der realen Welt und haben Einfluss auf mögliche Positionierungsverfahren.

Resümierend kann festgehalten werden, dass mit den in folgenden Unterkapiteln charakterisierten Werkzeugen von Social-Web-Praktiken, d. h. dem „Managen" von Informations- und Wissensvermittlung, dem Knüpfen und Aufrechterhalten von (bestehenden) Beziehungen und der Identitätsarbeit, die soziale und kommunikative Positionierung einhergeht. Durch das Hervorbringen (argumentativer) Sprechakte positioniert man sich selbst und andere UserInnen und wird gleichzeitig von ihnen fremdpositioniert (vgl. 6.2.2). Dabei wird in der vorliegenden Arbeit angenommen, dass es (besonders in argumentativen Diskussionen) praktisch ununterbrochen zu diversen Positionierungen der einzelnen Interaktanten kommt, unabhängig davon, welche *Handlungsweise* oder *-komponente* gemeint ist, die sich in diversen konkreten *Social-Web-Praktiken* eines jeden Users/einer jeden Userin äußern kann. In den nächsten Schritten werden die einzelnen Managementtypen, bzw. Handlungskomponenten von Social-Web-Praktiken genauer charakterisiert.

### 5.2.1 Informationsmanagement und interpersonale Anschlusskommunikation

Der Terminus *Informationsmanagement*[223] umfasst nicht nur das einfache Rezipieren von vorhandenen Informationen. Vielmehr bezieht er sich auf „alle Nutzungsweisen, mit denen Menschen Informationen über die Welt [...] erstellen, filtern, auswählen, alleine oder mit anderen bearbeiten, teilen und weiter verarbeiten" (Schmidt 2013: 38) und ist selbstverständlich stark mit anderen Handlungskomponenten verzahnt. Aus diesem Grunde beziehen sich die im Folgenden genauer charakterisierten Elemente der einzelnen

---

[223] Der Begriff selbst wird in der Fachliteratur (je nach dem Bereich) unterschiedlich definiert. Es ist wahrscheinlich darauf zurückzuführen, dass das Umfeld der informationstechnischen Entwicklung und die verschiedenen wissenschaftlichen Disziplinen (besonders der sog. Wirtschaftsinformatik, die sich mit Informations- und Kommunikationsmanagement befasst) recht dynamisch ist (vgl. Weck 2018). Im vorliegenden Kapitel beziehe ich mich ausschließlich auf die Definition und die Bedeutung des Informationsmanagements aus kommunikationssoziologischer Sicht in Bezug auf die Online-Praktiken.

Handlungskomponenten von Social-Web-Praktiken nicht immer strikt auf eines der Managementtypen (worauf mehrmals verwiesen wird). Überdies bezieht sich der Begriff des Informationsmanagements auf das (gemeinsame) Erstellen von Informationen und Wissensressourcen (vgl. die von Castells 2007 beschriebenen Diagnosen der Informations- oder Wissensgesellschaft). Solche gemeinsamen Tätigkeiten, die auf der Erstellung und/oder anschließender Verarbeitung von Informationen beruhen, werden immer häufiger als eine Art „immaterieller Arbeit" (engl. *immaterial labour*[224]) begriffen. Es handelt sich mit anderen Worten um Tätigkeiten, die „so genannte immaterielle Produkte [schaffen], also etwa Wissen, Information, Kommunikation, Beziehungen oder auch Gefühlsregungen" (Hardt/Negri 2004: 126), was natürlich bedeuten kann, dass eine solche Arbeit auch im gewissen Sinne Beziehungs- und Identitätsmanagement betrifft. Dabei könnte man, im Anschluss an Coté/Pybus (2011: 52) annehmen, dass Ideen der immateriellen Arbeit sich auch in Social Media verlagern: „alles, was in sozialen Netzwerken [...] artikuliert wird, [ist] eine besondere Form von immaterieller Arbeit".

In Social Media gibt es zur Zeit immer bessere Werkzeuge und Mechanismen, „mit denen eine größere Zahl von Akteuren Informationen bereitstellen, mit anderen teilen, bearbeiten und weiter verbreiten kann" (Schmidt 2017: 97). Einerseits bedeutet es, dass der User/die Userin selbst entscheiden kann, „welche Inhalte ihm[/ihr] in welcher Form präsentiert werden; er [/sie] kann auch Inhalte [...] selbst erstellen" (Rybszleger 2016: 93). Es geht dabei in erster Linie um das Produzieren (bzw. Bearbeiten) von nutzergenerierten Inhalten unterschiedlicher Natur (vgl. 5.3.5). Ein anderes Element der Online-Verwaltung von Informationen ist das *Teilen* (engl. *Sharing*) von Daten von persönlicher Relevanz, die sowohl als einfache Distribution von Inhalten als auch als Kommunikation begriffen werden kann. Einer effektiven Verwaltung von Informationen dient schließlich das Erstellen von „kollektiven

[224] Die Idee der immateriellen Arbeit bezieht sich auf drei wichtige Komponenten (vgl. u. a. Camargo 2024). Die erste ist das *begriffliche Arbeiten* (Problemlösen, analytische Aufgaben usw.): Die Produktion des Materiellen in einem Unternehmen verlagert sich zur symbolischen Produktion von Ideen; die zweite Komponente umfasst die sog. *Produktion von Affekten*. Die affektive Arbeit bezeichnen Coté/Pybus (2011: 53) als solche, die „Affekte wie Behagen, Befriedigung, Erregung oder Leidenschaft" hervorbringen, ebd.). Schließlich bezieht sich die dritte Komponente auf die Art und Weise, wie „die Kommunikationstechnologie in die ursprüngliche Industrieproduktion integriert wurde und diese verwandelte" (ebd.).

Ordnungsmustern" (Schmidt 2013: 38), die zu sog. „Folksonomies" / „Social tagging" verdichtet werden können (beide vgl. 4.3.3). Das „Endprodukt" des Informationsmanagements online kann v. a. Konstruktion von Informationen und eventuellem Wissen, Argumentation von einzelnen AkteurInnen sowie Distribution von Wissen sein (vgl. Wissenstransfer und Wissenskonstituierung in Online-Diskursen bei Opiłowski 2018a: 284 f.), die allerdings unterschiedlich stark durch die jeweilige Gruppe/Gemeinschaft oder den User/die Userin selbst geprägt sind.[225]

Die oben genannten technischen Online-Mittel der sozialen Selektion und Ansammlung von Informationen gehören zu wichtigsten Social-Web-Praktiken in vielen Online-Kommentaren, die im Allgemeinen die *interpersonale Anschlusskommunikation* (ggf. mehr oder weniger ausgebaute digitale Diskurse) bilden. Anschließende Diskussionen, z. B. unter einem Posting (bspw. in Form von einem dank Links geteilten und entsprechend kontextualisierten Text) oder einem User-Kommentar, sind oft nicht nur die erste Etappe der Bereitstellung und Publikation von Informationen im Netz, sondern auch die wichtigste Bedingung einer weiteren Aushandlung von Themen und Meinungen (vgl. Haim 2019: 38). Es entstehen häufig bestimmte erwartbare Positionierungsmuster/-schemata[226] und die Kommentierenden beziehen sich auf die Kommentare anderer UserInnen. Darüber hinaus hat man es mit einer kooperativen Informationsvermittlung und eventueller Erstellung von unterschiedlichen Inhalten (vgl. *User-Generated-Content*). Allerdings beschränkt sich die Rolle der interpersonalen Anschlusskommunikation im Social Web nicht auf bloßes Kommentieren und interpersonalen Meinungsaustausch. Vielmehr wird sie als eine Subkategorie der weit verstandenen interpersonalen Kommunikation bezeichnet, „die speziell Medieninhalte zum Gegenstand hat" (Ziegele 2016: 27) und einen „interpersonal-öffentlichen" Charakter hat (vgl. ebd.: 30).[227] Die Anschlusskommunikation betrifft in vielen Fällen sozial und politisch wichtige Gesprächsthemen, „die

---

[225] Das gesamte Modell der eventuellen Wissenskonstituierung wird um die Speicherung von Wissen in digitaler Form ergänzt, die praktisch auf jeder Etappe des Prozesses stattfindet (zu meinem Vorschlag der Ergänzung des Modells vgl. Rybszleger 2016: 97 f.).

[226] Zu dem Begriff der Positionierungsmuster vgl. 7.1.1.5.

[227] Ziegele (2016: 30 f.) definiert die Online-Anschlusskommunikation durch einige basale Kriterien, die für weitere Überlegungen von Bedeutung sind. Vor allem sind es Aussagen von

nicht für wenige, sondern für viele von Belang sind, weil sie unmittelbar die allgemeinverbindlichen Normen von Gesellschaften ansprechen“[228] (Porten-Cheé 2017: 17). Haas (2014: 222) erklärt dieses Phänomen dadurch, dass eine solche interpersonale Kommunikation nicht mehr privat ist, „sondern öffentlich (also quasi vor einem Publikum) abläuft“[229].

---

Privatpersonen. Es sind also nicht-institutionelle Beiträge, was natürlich eine gewisse Institutionalisierung einer solchen Online-Kommunikation nicht ausschließt. Auch erkennbare Reaktionen, z. B. durch professionelle JournalistInnen oder PolitikerInnen, werden nicht-explizit ausgeschlossen (vgl. Neuernbergk 2014: 194). Um als Element der Anschlusskommunikation betrachtet zu werden, muss allerdings eine synchrone oder asynchrone Aussage öffentlich „über einen beliebigen Kommunikationsdienst des (technischen) Mediums Internet“ vermittelt werden (Ziegele 2016: 31). Wichtig ist dabei auch, dass potenziell alle anderen NutzerInnen eine Möglichkeit haben, beliebige Kommentare zu lesen. Es ist v. a. durch entsprechend einfache Kontaktmodellierung möglich (vgl. 3.6), wenn interessierte UserInnen keine Zugangsbarrieren haben, bzw. sog. bedingte Öffentlichkeiten bestehen, die dann vorliegen, „wenn lediglich registrierte Nutzer[Innen] eines Kommunikationsdienstes im Internet vollständige Einsicht in die [verfügbaren] Konversationen erhalten oder daran teilnehmen können“ (ebd.). Jeglicher Zugang sollte dabei unentgeltlich und jedem Internetnutzer/jeder Internetnutzerin frei möglich sein (vgl. Diskussionsforen oder sozialmediale Plattformen).

228 Dies bedeutet natürlich nicht, dass das Ausdrücken von gegensätzlichen Vorstellungen oder Ansichten ausgeschlossen ist. Den normativen Rahmen der Online-Kommunikation bilden jedoch bestimmte Nutzungsbedingungen jedes Portals und jeder Plattform. Im Internet funktioniert seit Jahren auch die sog. *Netiquette*, also allgemeine Verhaltensregeln im Umgang mit anderen BenutzerInnen sowie mit dem Content. Allerdings können jegliche Verstöße gegen Nutzungsbedingungen (v. a. Hasssprache, beleidigende, rassistische oder homophobische Kommentare) selbst von betroffenen BenutzerInnen gemeldet werden (die meisten Betreiber von sozialen Medien stellen eine solche Möglichkeit zur Verfügung) und in den ernsteren Fällen werden besonders auffallende Beiträge sofort von den entsprechenden Netzwerkadministratoren entfernt und ihre AutorInnen benachrichtigt.

229 An dieser Stelle wäre das Konzept des *intendierten*, *adressierten*, *potenziellen* und *empirischen Publikums* der Online-Kommunikation von Schmidt (2017: 118) erwähnenswert. Das intendierte Publikum begreift er als einen allgemeinen vorgestellten Empfängerkreis. Das adressierte Publikum bezieht sich dagegen auf diejenigen Personen, die der User/die Userin in einer konkreten Situation erreichen möchte (man kann einen anderen User/eine andere Userin online entsprechend „aufrufen“). Wenn das Publikum potenziell ist, bedeutet es, dass es technisch erreichbar ist. Der Begriff des empirischen Publikums bedeutet schließlich die tatsächlich erreichten Personen, die bspw. entsprechend reagiert haben oder deren Aktivitäten (d. h. angekommene Nachricht) durch Systemmeldungen der gegebenen Plattform bestätigt wurden.

In diesem Sinne kann sie (in Anlehnung an Neuernbergk 2013: 209) folgendermaßen definiert werden:

> [...] die kommunikative Resonanz, die Aussagen in professionellen oder partizipativen Kommunikationsformaten in Form von manifesten Folgekommunikaten und Bezugnahmen unmittelbar oder zeitlich versetzt auslösen können.[230]

Global gesehen stellt die Anschlusskommunikation einen der wichtigsten Filter der individuellen *sozialen Selektion* und *Aggregation* von Informationen dar (vgl. Porten-Cheé 2017: 17 f.), auf die entweder von professionellen JournalistInnen oder von besonders aktiven UserInnen verwiesen wird. Die im Kapitel 5.3.6 beschriebene Verschiebung der Relevanz auf kleinere oder mittlere Öffentlichkeiten, und die für sie wichtigen Probleme oder Angelegenheiten, muss zuerst von bestimmten InternetnutzerInnen in Gang gesetzt werden. Dabei ist die Rolle von sog. *Opinion Leaders* (vgl. Lazarsfeld et al. 1968[231]) oder *Mikro-Gatekeeper* (vgl. Katzenbach 2008: 121) in der entsprechenden Kanalisierung von Aufmerksamkeit auf bestimmte Themen und Informationen unentbehrlich (worauf im analytischen Teil des vorliegenden Buches genauer hingewiesen wird).[232] Die relative Kommunikationsfreiheit im Internet verursacht, dass theoretisch jeder User/jede Userin zu einem solchen Opinion Leader (dt. *Meinungsführer*) werden kann (allerdings muss sich seine/ihre Rolle nicht unbedingt auf große Öffentlichkeiten beziehen, sondern eher kleinere Themenöffentlichkeiten betreffen). Man kann dabei annehmen, dass einst unbekannte InternetnutzerInnen in bestimmten kleineren

---

230 Die in der der Definition genannten „Kommunikationsformate" hängen in hohem Maße von den technischen Möglichkeiten der jeweiligen sozialmedialen Plattform ab, d. h. sie können auch multidiskursiv und multimodal sein (vgl. Volkwein-Mogel 2023: 26).

231 Im Rahmen der klassischen Studie von Lazarsfeld et al. (1968) wurden entsprechende *Opinion Leaders* (dt. *Meinungsführer*) ermittelt, die sich dadurch charakterisieren sollen, dass sie nicht nur überdurchschnittlich kommunikativ sind und ihre Kontakte pflegen, sondern auch intensiv Medien konsumieren, was zugleich bedeutet, dass sie als Experten in einem bestimmten Themenbereich gelten können. Es wurde angenommen, dass solche MeinungsführerInnen auch weniger aktive RezipientInnen erreichen können und die Informationen aus den Medien an Personen aus ihrem sozialen Umfeld weiterleiten (vgl. dabei auch das Konzept von *Ideology Brokers* mit starken *Voices* von Blommaert 1999 und 2007, auf das genauer in 6.1.2 hingewiesen wird).

232 Nicht zu unterschätzen ist in diesem Prozess auch das *secondary* oder *persönliches Gatekeeping* (vgl. 5.3.4).

Online-Öffentlichkeiten sich schnell als MeinungsführerInnen erkennen lassen können. Dazu entsteht durch ihre Handlungen (Bezugnehmen, Bewerten, Verlinken usw.) eine breite hypertextuelle Struktur, „die einzelne Inhalte besser auffindbar macht und dadurch zukünftige Rezeptionen beeinflusst" (Schmidt et al. 2006: 54). Singer (2014: 55) spricht in diesem Sinne von einer zunehmenden Rolle des Internetnutzers/der Internetnutzerin „facilitated by technology and enabled by digital news editors", der/die imstande ist, jede Information in sein/ihr eigenes soziales Netz hineinzuziehen, sie auf unterschiedliche Weise hervorzuheben (ggf. weiter zu veröffentlichen), was die Chancen für den ursprünglichen Autor/die ursprüngliche Autorin der Information erheblich vergrößert, von einem weiteren Publikum bemerkt und wahrgenommen zu werden.[233]

Darüber hinaus verhelfen begleitende Online-Gespräche alternativen medialen Angeboten (z. B. Blogs oder diversen themenbezogenen Internetauftritten, die in dem vorliegenden Buch thematisiert werden) zur *medialen Aufwertung* und *Integration*, was zugleich eine neue Perspektive und gemeinsame „Wirklichkeitsdeutung" eröffnet (Katzenbach 2008: 114). Informationen werden dann in der gegebenen Community (und oft unter mehreren Communitys gleichzeitig) von ihren UserInnen entsprechend kommunikativ ausgehandelt, was u. a. darin resultieren kann, dass sie einfacher in existierende Kommunikationszusammenhänge oder kommunikative Kontinuitäten verwoben werden (vgl. die Anschlussdiskussionen in der Community der MmB im vorliegenden Buch).

Schließlich gelten Beiträge der Folgekommunikation, die sich auf sowohl professionelle als auch partizipative Online-Angebote beziehen, als *Kontrollinstanzen*, die im Idealfall „Meinungsvielfalt und Toleranz gewährleisten" (Mirbach 2022: 77). Beispielsweise können themenbezogene (z. B. politisch engagierte) Online-Beiträge von BloggerInnen oder anderen MeinungsführerInnen in Sozialen Medien bezüglich ihres Inhalts und ihrer Qualität überprüft werden, indem entsprechende Kommentarfunktion eingeschaltet wird. Inzwischen wurden auch sogenannte „Community Notes"

---

[233] Der Internetnutzer/die Internetnutzerin ist demnach an dem Prozess einer fundamentalen medialen Verschiebung beteiligt, was bedeutet, dass seine/ihre Aktivitäten online nicht in die Leere gehen, sondern zunehmenden Einfluss darauf haben, welche medialen Inhalte auf sie zukommen.

eingeführt (die unter anderem auf Twitter/Plattform X funktionieren). Sie sind „Notizen, die Tweets, die als falsch oder irreführend bewertet werden, angeheftet werden können, um Kontextinformationen zur Verfügung zu stellen" (Hofmann 2025).

### 5.2.2 Beziehungsmanagement

Beim *Beziehungsmanagement* handelt es sich laut Schmidt (2013: 38) um alle Nutzungsweisen, „mit denen Menschen bereits bestehende Kontakte zu anderen pflegen oder auch neue Beziehungen aufbauen" sowie „‚Sozialauseinandersetzung', in der sich Menschen ihrer Position in der Gesellschaft vergewissern". Darüber hinaus sind das interpersonale Beziehungsmanagement, bzw. Beziehungsarbeit, in digitalen Interaktionen alle „Anstrengungen, die Individuen in die Konstruktion, Aufrechterhaltung, Reproduktion und Transformation der wechselseitigen Beziehung als Agierende in der sozialen Praxis investieren" (Locher: 2017: 83). Dabei werden soziale Beziehungen meistens explizit artikuliert. In der Regel geschieht das Knüpfen von Freundschaften im virtuellen Kontext dadurch, dass man (je nach der Plattform) eine sog. „Freundschaftsanfrage" sendet (vgl. Sonnberger 2012: 104). Wenn man den Status eines „Freunds"[234] erhalten hat, hat man meistens Zugang zu einem Profil. Man

[234] Absichtlich werden die Begriffe „Freund" oder „Freundschaft" in Anführungszeichen gesetzt. In Anlehnung an Autenrieth (2013: 179) möchte ich dadurch ausschließlich solche Situationen hervorheben, wenn die Begriffe „auf die eher technische Beziehung zwischen UserInnen auf Social Network Sites verweisen" und man nicht sicher sein kann, dass es sich um eine reine Freundschaft handelt. Wenn es sich um die Deutung des Begriffs „Freundschaft" in Bezug auf das Internet handelt, teile ich generell die Meinung von Autenrieth (2013: 179). Die Autorin bemerkt zu Recht, dass wir es mit der tiefgreifenden Amerikanisierung des Terminus zu tun haben. Mit Sicherheit liegt es an der Mehrdeutigkeit der anglo-amerikanischen Bezeichnung *Friend*, welches gerne in bekannten sozialen Medien verwendet wird und sich im Prinzip auf alle Stufen zwischen „enge Freunde" und „flüchtige(re) Bekanntschaften" bezieht (vgl. dazu auch Schneider 2021: 15 f. zu dem Begriff in der Kultur der Gegenwart). Die Auseinandersetzung mit dem Problem der „Freundschaft" wird auch nicht seitens der Anbieter von sozialen Medien erleichtert. Je nach der sprachlichen Version der gegebenen SNS (in den Beispielen beziehe ich mich auf Facebook) wird Friend entweder als „Bekannter" übersetzt (vgl. das Deutsche oder das Polnische „znajomy") oder der Begriff funktioniert als exakte Übersetzung der Hauptbedeutung des Begriffs (vgl. das Spanische „amigo" oder „друг" im Russichen). Dies bedeutet, dass der Terminus in den meisten Fällen von den UserInnen selbst unterschiedlich gedeutet und diskursiv ausgehandelt werden muss.

kann Nachrichten sehen, Kommentare schreiben, sich den Content ansehen usw. Darüber hinaus können die schon bestehenden Kontakte gepflegt werden, obwohl es auch zu Situationen kommen kann, dass ein „Freund" von der Freundschaftsliste entfernt wird (was allerdings eher selten passiert, da meistens erwartet wird, dass Beziehungen aufrechterhalten werden). Solche medialen Praktiken bezeichne ich (in Anlehnung an Dang-Anh et al. 2017: 59 f.) als „unsichtbar", da sie meistens nur von Betroffenen bemerkt werden und sich nur schlecht bemessen lassen. Zu solchen Strategien gehört, außer dem Entfernen von „Freunden", das Löschen von bestimmten Elementen des eigenen Beitrags oder Kommentars, bzw. von ganzen Einträgen. Nichtsdestotrotz gehören zur Praxis des Beziehungsmanagements vor allem solche Praktiken wie bspw. Erstellen von Einträgen in Blogs, Bewerten von Inhalten oder gerade Pflegen von Kontakten. Dabei sollte allerdings nicht vergessen werden, worauf in der Einführung zu dem vorliegenden Kapitel aufmerksam gemacht wurde, dass die einzelnen Handlungskomponenten von Social-Web-Praktiken, im Rahmen von vernetzten dezentralisierten und meist individuell geprägten Online-Öffentlichkeiten, sich häufig überlappen. Diese Anmerkung betrifft in besonderem Maße *Identitäts- und Beziehungsmanagement*, die laut Schmidt (2017: 86) sogar „untrennbar miteinander verbunden sind".

Das Online-Beziehungsmanagement hängt, sowie alle anderen „Managements", mit spezifischen technischen Affordances und Constraints jeder SNS zusammen (vgl. 3.7), was zum einen unterschiedliche Erwartungen sowie kommunikative und soziale Konventionen bedeutet (also im Sinne von Schmidt: Diverse Verwendungsregeln) zum anderen verschiedene Art und Weise wie Beziehungsaspekte ausgedrückt werden (vgl. Relationen). Nichtsdestotrotz werden Online-Beziehungen in praktisch allen möglichen Kommunikationsformen aufgebaut und gepflegt, was rein technisch unterschiedlich zuwege gebracht werden kann. Autenrieth (2013: 185 ff.) nennt unter Möglichkeiten zur Differenzierung von Freundschaftsbeziehungen auf SNS, die von „Userseite" etabliert sind, bspw. Nennungen des Namens der angesprochenen Person (die u. a. durch Werkzeuge des Social Tagging ermöglicht werden, sog. @-Zeichen), den Gebrauch von intensitätssteigenden Emoticons (bzw. von anderen Standardisierungsformen grafischer Natur) und schließlich das Einrichten einer Gruppe von „engen Freunden". Darüber hinaus nennt die Autorin andere bildzentrierte Strategien zur Differenzierung und Artikulation von Freundschaft und Gemeinschaft (vgl. ebd.: 189 ff.), zu denen sie u. a. die exponierte

Darstellung enger Freundschaf zählt (z. B. auf Profilbildern der einzelnen UserInnen, vgl. 4.3.4) oder Artikulation und Konstitution von Freundschaftsgruppen, in denen zusätzlich zur bildzentrierten Aushandlung gemeinsamer Erfahrungen oder Erlebnisse kommt (vgl. ebd.: 200 ff.). Dazu kann man seine Online-Kontakte entsprechend einteilen (z. B. Facebook oder Instagram ermöglichen ihren UserInnen, bestehende Bekannte oder „Freunde" diversen „Freundesgruppen" zuzuteilen: auf Facebook sind es bspw. Familienmitglieder, enge Freunde, flüchtige Bekanntschaften o. ä., vgl. Schneider 2021: 16).

Die Frage, inwiefern sich die Online-Kommunikation auf die Freundschaftsqualität auswirkt, kann natürlich nicht eindeutig beantwortet werden. Es gibt soziolinguistische Studien, deren AutorInnen beweisen, dass die Online-Umgebung eine sichere und angenehme Atmosphäre der Selbstenthüllung verschaffe und selbst (indirekt) zu einer Verbesserung der Freundschaftsstärke führen könne (vgl. Patulny/Seaman 2017 oder Desjarlais/Joseph 2017). Andere AutorInnen wiederum weisen darauf hin, dass die meisten UserInnen vor allem dazu tendieren würden, ihre persönlichen Netzwerke abzubilden, d. h. ihren bereits existierenden Freundes- und Bekanntenkreis zu erweitern und ebenso (teilweise neuentstandene) „weak ties" und eher „sachbezogene Bindungen" (Döring 2003: 470) zu pflegen (vgl. Leszczyńska 2019, Müller 2020 oder Vogt 2021). Dadurch hat die einzelne Person v. a. die Möglichkeit auf verschiedene Ressourcen anderer Personen zurückzugreifen, wie etwa Informationen aus ihren persönlichen Netzwerken und Öffentlichkeiten sowie z. T. von persönlichen Netzwerken ihrer „Freunde". Schmidt (2013: 43) spricht in diesem Sinne ebenso von einem solchen Publikum, in dem eher freundschaftliche Bindungen funktionieren; meistens ist es allerdings „das eigene erweiterte soziale Netzwerk, also das Geflecht von Personen, zu denen bereits Beziehungen [in der realen Welt] existieren"[235].

---

[235] Die obigen Ausführungen könnte man eventuell um solche Studien ergänzen, die belegen, dass Menschen es generell bevorzugen, ihre persönlichen Informationen und Probleme lieber in Face-to-Face-Interaktionen als online mitzuteilen (vgl. Knop-Huelss et al. 2016). Asendorpf et al. (2017) beweisen, dass sogar das Bilden von sozialen Netzwerken (offline und online) kaum kompensatorisch wirkt und dass sog. „Online-Freundschaften" weniger intim sind als Offline-Freundschaften, was schlussfolgern ließe, dass sie weniger qualitativ sein könnten. Es gibt außerdem AutorInnen, die die Meinung vertreten, dass das Internet sogar eine Gefährdung für die Entstehung von engen und richtig unterstützenden Freundschaften darstellen könne (vgl. Lima et al. 2017). Die Frage also inwieweit die mehrmals thematisierte mediatisierte Kommunikation Auswirkungen auf ihre Beziehungsqualität hat, bleibt offen und wird im vorliegenden Buch nicht weiter erörtert.

### 5.2.3 Identitätsmanagement

Laut Schmidt (2013: 38) geht es beim Identitätsmanagement um alle Nutzungsweisen und Strategien, bei denen Menschen „Aspekte ihrer selbst für andere zugänglich machen". Bezüglich der Online-Kommunikation nennt der Autor z. B. Ausfüllen von Profilseiten auf Netzwerkplattformen, Themenwahl eines Weblog-Eintrags oder Veröffentlichung eines selbstgedrehten Videos in einer Content Community. Schilling (2018: 35) fügt dabei noch einen wichtigen Aspekt hinzu, und zwar, dass „Nutzer jederzeit und von überall auf Informationen zugreifen können", was gleichzeitig bedeutet, „dass nur Nutzer Zugriff auf Informationen haben, für die eine Berechtigung zum Zugriff vorliegt."

So wie in „typischen" Interaktionen beinhalten solche Handlungen das Aussenden von bestimmten Hinweisen, die den jeweiligen KommunikationspartnerInnen Rückschlüsse sowohl auf die kommunikativen Absichten einer Person als auch auf ihre Interessen, Hobbys, Vorlieben, Kompetenzen, Erfahrungen, bestimmte Informationen oder Wissen erlauben. Jeder User/jede Userin betreibt somit (quasi unwillkürlich) eine Art von *impression management* (vgl. Leary 2019), leistet eine *Identitätsarbeit* (Brüggen/Schemmerling 2014) oder „spielt Theater"[236] (wenn man sich auf das klassische Identitätskonzept von Goffman 1959 bezieht), indem sie sich selbst online darstellt und mittels diverser Verfahren im Diskurs positioniert. Goffman spricht dabei von „cues given", d. h. von bewusst vermittelten Hinweisen, die meist auch routiniert sind, und „cues given off", also von unbewussten Hinweisen, die in der

---

[236] In diesem Kontext gilt es noch am Rande zu erwähnen, dass man seit Jahren von zwei ganz groben Typen des „Theaterspielens" mit Identitäten sprechen kann. Einerseits ist es die Tendenz zur „Selbstmaskierung", d. h. der Internetnutzer/die Internetnutzerin setzt immer neue „Masken" auf, spielt mit seinen/ihren Identitäten und ist imstande, sich in beliebige Rollen hineinzuversetzen (vgl. Ackermann 2011: 61 f.). Andererseits ist es eine Art der „Selbsterkundung", was bedeutet, dass man sich online selbst „entwirft" oder immer aufs Neue „erfindet". Es gilt allerdings zu betonen, dass beide skizzierten Visionen in diesem Zusammenhang von Bedeutung zu sein scheinen, weil sie, trotz Unterschiede, zwei wichtige Facetten der Darstellung der eigenen Identität(en) im Internet präsentieren. Einerseits zeigen sie, dass die Identität (besonders in der „Online-Ausführung") kein statischer Prozess ist und oft aus den Rollen entspringt, die dem Menschen im „Offline-Leben" zugeschrieben werden (vgl. zum Beispiel ein Vater im realen Leben schlüpft in die Rolle eines Experten in einem Forum für Amateurfotografen und somit wird er von anderen als „Experte" und nicht als „Vater" positioniert), andererseits kann sich das Individuum online präsentieren, indem es seine virtuelle Teil-Identität(en) entdeckt oder die existierenden (die es zeigen möchte) ins Netz verlagert (vgl. Fürstenau/Niedrig 2007: 248 f.).

typischen Face-to-Face-Kommunikation z. B. durch nonverbale Elemente oder räumliche Kontexte unterschiedlicher Interaktionen, vermittelt werden. In der CVK (trotz ihrer möglichen technischen Einschränkungen) ist es auch möglich, sich an solchen Hinweisen zu orientieren.

Wie bereits u. a. in Kapiteln 3.1 und 3.6 festgestellt, ist die z. T. KI-gestützte Identitätspräsentation vielschichtig, dynamisch und plattformabhängig. Sie ist ein Zusammenspiel aus dem, was NutzerInnen zeigen oder welche Aspekte der eigenen Persönlichkeit sie hervorgeben, ggf. neu gestalten möchten (vgl. Haller 2024: 24). Sie funktioniert m. E. prinzipiell in zwei unterschiedlichen Modi, auf die weiter im Buch an mehreren Stellen verwiesen wird. Es sind *statische* und *prozessuale Identitätspräsentation*:

- zu Elementen der *statischen Präsentation der digitalen Identität* gehören u. a. folgende „Identitätsrequisiten“ (vgl. Fraas et al. 2012: 75): eine vom User/von der Userin selbst erstellte Profilseite, eine Selbstbeschreibung in SNS mit einem entsprechenden *Nicknamen* oder *Pseudonym* oder ein Profilfoto. Dazu kommen noch sog. Systemmeldungen der gegebenen Plattform zu jeweiligen Beziehungsstatus-Kategorien (wie z. B. „single“ oder „verheiratet“ auf Facebook);
- die *prozessuale Identitätspräsentation*[237] dagegen vollzieht sich „in Form der Aktivitäten über den Zeitraum der Nutzung“ (Autenrieth/Herwig 2011: 216) und bedarf meistens einer weiteren Deutung durch andere InteraktionsteilnehmerInnen im Internet, deren Kommentare „eine laufende personelle und kollektive Bestätigung schaffen“ (Sonnberger 2012: 115).[238]

---

[237] Döring (2003: 342) bezeichnet eine solche Identitätspräsentation „konstruktive Identifikation“, bei der die Verhaltensspezifik einer Person zwischen individuell projizierten Eigenschaften und durch das jeweilige Kollektiv postulierter Erwartungen ausgehandelt wird.

[238] Problematisch bleibt dabei, dass vorliegende Online-Informationen sich oft nur in der Zeit ihres Erstellens auf bestimmte Identitätsmerkmale des Users/der Userin beziehen; in anderen Kontexten (zu anderen Zeiten) können sie u. U. anders interpretiert oder sogar missverstanden werden. Dies alles bedeutet, dass das Online-Identitätsmanagement nicht immer eine vollständige Kontrolle oder Strategie bedeuten kann. Nichtsdestotrotz bin ich der Ansicht, dass sogar im Internet bestimmte Leitlinien des Identitätsmanagements sich genauso gut wie in typischen Interaktionen realisieren lassen, worauf genauer im weiteren Text eingegangen wird.

Erving Goffman, einer der Klassiker der zeitgenössischen Soziologie, stellt in seiner „Rahmen-Analyse des sozialen Handelns" (vgl. 1996a) fest, dass jeder Interaktionsprozess entsprechend organisiert ist. Laut dem Autor (vgl. ebd.: 274 f.) ist jede beobachtbare Kommunikations- bzw. Handlungssituation mit bestimmten Regeln und Erwartungen verbunden, was den AkteurInnen erleichtert, sozial angemessen zu handeln. Die Rahmen strukturieren dabei durch Rollen und sog. Skripte das soziale Handeln. Wenn man sich auf die von Goffman beschriebenen Organisationsprinzipien jeglicher menschlicher Handlungen bezieht, kann leicht erschlossen werden, dass sie ebenso gut auf die Online-Kommunikation zutreffen. Erstens besitzt jeder Akteur/jede Akteurin seine/ihre kognitiven Orientierungen innerhalb eines bestimmten Kulturkreises. Zweitens bewegt man sich im Rahmen von realen Kommunikations- und Handlungssituationen, die jeweils mit bestimmten Regeln verbunden sind, d. h. das Verhalten von AkteurInnen in der Online-Umgebung ist immer (so wie im „realen" Leben) mit gewissen sozialen Erwartungen und Anforderungen seitens der Gruppe versehen. Die ersteren beziehen sich u. a. auf die Einhaltung bestimmter *Rituale*[239] im Alltag. In typischen Interaktionen werden z. B. gewisse Anredeformen, angemessene Gruß- und Abschiedsrituale oder Vermeiden von gewissen Gesprächsthemen in bestimmten Kreisen erwartet. In der Online-Kommunikation erhoffen sich viele, dass der User/die Userin beispielsweise sich regelkonform verhält (vgl. *Netiquette* bzw. bestimmte interne Regelungen in Foren oder anderen

[239] Interaktionsrituale dienen v. a. dazu, die Gesellschaftsordnung handlungsmäßig zu definieren und sie dann zu bestätigen (vgl. Goffman 2005 zur klassischen Definition von „interaction rituals"). Natürlich kann die Idee auf gemeinsame Handlungen übertragen werden, d. h. in der jeweiligen Gruppe gibt es bestimmte Rollen. Jede soziale Interaktion ist somit wie ein Ritual, das einerseits die Identitäten der einzelnen TeilnehmerInnen darstellt, andererseits sie dann festlegt (vgl. Trescher 2013: 305). Handlungen können dabei sowohl regelkonform als auch regelverletzend sein. Allerdings, unabhängig davon, wirken sie auf den Menschen zurück, d. h. jede Handlung wird durch den symbolischen Charakter der Interaktion ergänzt, weil ihr einerseits ein bestimmtes Bild von den Anderen zugeschrieben wird, andererseits versucht das Individuum ein gewisses Bild von sich zu projizieren und es in weiteren Schritten aufrechtzuerhalten. Dieses Bild soll schließlich für den Menschen akzeptabel sein und somit ihm Sicherheit, bzw. Identität bieten (vgl. Eiden 2004).

Social Media[240]), zumindest ein paar Informationen über sich preisgibt und sich entsprechend präsentiert. Das Letzte ist natürlich nicht obligatorisch und nicht alle folgen solchen ungeschriebenen Regeln. Trotzdem können sogar vereinzelte Kommentare/Reaktionen eines Users/einer Userin auf seine/ihre Identitätsmerkmale sowie ihre/seine Selbst- und Fremdpositionierung hinweisen. Erwartungen seitens der Gruppe dagegen beziehen sich (so wie in Offline-Interaktionen) auf das Engagement des Teilnehmers in den jeweiligen Interaktionsprozess, z. B. es wird in manchen Online-Gemeinschaften erwartet, dass man sich zu Wort meldet oder sich aktiv an gemeinsamen Projekten beteiligt usw. Manchmal beziehen sich regelhafte Erwartungen der Gruppe auf mögliche *Rolle(n)* und *Positionen*[241], die dem User/der Userin auf einer SNS zugeschrieben wird/werden (z. B. von „Profis" in thematischen Foren wird erwartet, dass sie ihr Wissen teilen und anderen UserInnen Ratschläge geben und/oder helfen). Einerseits ist jeder soziale (Online-)Akteur (anhand Informationen über seinen/ihren persönlichen Stil oder das Verhalten) „einzigartig", was bedeutet, dass er/sie über seine/ihre *persönliche Identität* (bzw. *personale Identität*) verfügt. Sie bezieht sich (im Sinne Goffmans) auf die Biographie der gegebenen Person und wird dem Individuum durch ihre InteraktionspartnerInnen zugeschrieben (vgl. Reichertz 2024).[242] Andererseits entwickelt jedes Individuum gleichzeitig seine *soziale Identität*, die aus Eigenschaften besteht, welche ihm von anderen in bestimmten Situationen zugeschrieben werden (vgl. oben genannte Rollenerwartungen, -repertoires oder „Rollenprofile" bei Goffman 1996b: 82).

Jegliches Identitätsmanagement ist gerade mit dem oben beschriebenen „Zusammenspiel" von persönlicher und sozialer Identität verbunden. Einerseits tendiert der Mensch zur immer stärkeren Individualisierung und Bildung von Personal Communitys on- und offline (vgl. Einführung zum

---

[240] Kritische Aspekte der modernen Netiquette werden u. a. von Campbell (2024) angesprochen. Die Autorin behandelt in ihrem Buch z. B. das Problem des Umgangs mit Konflikten im Internet, die Förderung von „digitaler Empathie" oder ethnische Fragen in der digitalen Kommunikation.

[241] Auf die Unterschiede und Gemeinsamkeiten zwischen Rollen und Positionen wird ausführlicher in Bezug auf Positionen und Positionierungen in 6.2.3 hingewiesen.

[242] Sowohl offline als auch online „entfaltet sich [demnach] ein komplexes Spielen mit und Abwehren von Identitätszuschreibung" (Reichertz 2024: 258; vgl. auch 6.2.4 im vorliegenden Buch).

Kapitel 3), andererseits besteht häufig in gegenwärtigen Gesellschaften ein überindividueller Zwang „ein starkes, stabiles und einheitliches Selbst [zu bilden], das allen Herausforderungen und Gefahren seiner Fragmentierung oder gar Auflösung zum Trotz stets mit sich identisch bleibt“ (Schroer 2006: 49). Man muss allerdings niemanden davon überzeugen, wie schwierig es heutzutage ist – in der ausdifferenzierten sozialen Welt, mit vielen möglichen Lebensentwürfen und Wertsystemen, unter „Bedingungen von beruflicher und biografischer Mobilität“ (Schmidt 2017: 77) – seine eigene einheitliche Identität zu bilden und zu präsentieren. Trotz der psychologischen Tradition im Sinne Eriksons (1997 und 1998), nach der die „volle Identität“ mit dem Übergang in die erwachsene Lebensphase abgeschlossen wird, wird sie heutzutage eher als ein lebenslanger Prozess begriffen, in dem einzelne Lebensphasen diversen Entwicklungsaufgaben gleichzusetzen sind, die bewältigt werden müssen (vgl. boyd 2007). Es wird daher ständig die bereits thematisierte Identitätsarbeit geleistet und seine Stellung und Position in der Gesellschaft erhält man nicht mehr zugewiesen, „sondern muss sie – innerhalb gesellschaftlicher Rahmenbedingungen – selbst erreichen“ (Schmidt 2017: 76). Der Prozess ist allerdings nicht immer leicht; besonders dann, wenn in der gegebenen Gruppe oder Gemeinschaft gewisse dominierende kulturelle Muster vorherrschen, mit denen das Individuum im Konflikt steht (z. B. Gebote hinsichtlich sexueller Orientierungen oder ethnischer Zugehörigkeit in manchen Gesellschaften).

Das heutige Social Web mit seiner weit ausgebauten technischen Architektur und somit weitem Spektrum von Kommunikationsformen und -modi, dient als perfektes Werkzeug des flexiblen Identitätsmanagements (vgl. Haller 2024: 24). Es resultiert daraus, dass das Medium Internet gewisse Ansatzpunkte für starke Individualisierung bietet – nicht nur im Sinne der Wahl der Online-Angebote oder Kommunikationsformen, sondern auch es ermöglicht dem Individuum eine Selbstreflexion oder -thematisierung und somit eine *Selbstdarstellung* und *Selbstoffenbarung*. Im Gegensatz zu typischen Massenmedien kann man sich im Netz einem selbstdefinierten Publikum präsentieren, das häufig relativ klein ist. Darüber hinaus kann man individuell entscheiden, welche Elemente der offenbarten Online-Identität wem präsentiert und welche Angaben im Profil eingestellt werden, was natürlich auch – wie gesagt – von der thematischen Spezifik einer bestimmten SNS, gewisser Erwartungen hinsichtlich der Identitätspräsentation auf bestimmten Plattformen und schließlich ihrer technischen Möglichkeiten abhängt.[243]

In der typischen zwischenmenschlichen Kommunikation präsentiert jede Seite sein Selbst, wobei anfangs die physische Erscheinungsweise, bzw. sofort erkennbare Rollen- oder Statusmerkmale bestimmte Indizien darstellen, damit man in einem nächsten Schritt in Bezug auf sein Gegenüber entsprechend handeln und anschließend eine gemeinsame Definition der Situation bestimmen kann. Wenn die Beziehung vorher nicht bricht, rückt nach einiger Zeit die Einzigartigkeit des Anderen in den Vordergrund. Das heißt, dass die anfänglichen Bezugnahmen auf das Alter und auf das Äußerliche oder diverse soziale Kategorien nicht mehr erstrangig sind, sondern (so Goffman 1996b: 73) die „einzigartige" persönliche Identität und ihre „Identitätsaufhänger". Ein solcher Kommunikationsprozess via Internet ist bis heute, trotz der Tendenz zur Verortung der bestehenden Offline-Identitäten (oder ihrer Teile) ins Netz und viel besserer technischer Möglichkeiten des Mediums, nach wie vor nicht hundertprozentig möglich. Besonders schwierig erweist er sich, wenn die Kommunizierenden losgelöst von primärkommunikativen Beziehungen sind und ihr Kontakt nur medial verläuft. Solche Online-Situationen, wenn nach wie vor vorwiegend mit Pseudonymen kommuniziert wird, müssen jedoch nicht immer persönliches Kennen voraussetzen (vgl. Höflich 2003: 56). Es ist auch möglich, dass man sein *multiples Selbst* aufbaut, indem er diverse *Selbstkonzepte des Selbst* in unterschiedlichen Online-Räumen präsentiert (vgl. De Toro 2019[244]). In der englischsprachigen Literatur hat sich dagegen der Terminus *identity cluster* durchgesetzt, den Sawyer (2013: 245) folgendermaßen erläutert:

> … we are portraying multiple aspects of our personal identity clusters. Some aspects of these may be highlighted more or less in any given interaction, but all are considered to be at work in identity construction through interaction.

In diesem Sinne könnte man annehmen, dass man es im Netz nicht mehr mit „Personen" zu tun hat, sondern eher mit ihren *medialen Präsentationen*,

---

[243] Vgl. Publikationen der letzten Jahre zur Selbstdarstellung bei Instagram und/oder Facebook (vgl. u. a. Rode 2017, Perdew 2017, Kuzior 2019 oder Franke et al. 2024).

[244] De Toro (2019: 22) nennt solche Identitäten, bezüglich unterschiedlicher Offline- und Online-Diasporen, „hybrid-performative-identities".

die Höflich (2003: 56) *Medienidentitäten* nennt. *Selbstdarstellungen* sind in diesem Kontext Formen der diversen Präsentierung des eigenen Selbst, also diverser *Online-Teil-Identitäten*. Online-Teil-Identitäten (auf die später im Buch eingegangen wird) sind m. E. eine Art erkennbarer *virtueller Körper* (vgl. Breil 2024: 61 f.) oder *digitaler Körper* (vgl. boyd 2007) zu begreifen, die (zunehmend in Social Media) eine stabilisierende Größe darstellen und jegliche Selbst- und Fremdpositionierung ermöglichen.

### 5.2.4 Handlungskomponenten digitaler diskursiver Praktiken. Positionierung als Begleitelement digitaler diskursiver Praktiken. Zwischenfazit

Das vorliegende Kapitel stellte zentrale Handlungskomponenten von Social-Web-Praktiken vor, die im Sinne analytischer Kategorien verstanden werden: Informationsmanagement, Beziehungsmanagement und Identitätsmanagement. Diese Komponenten erfassen verschiedene Dimensionen der onlinebasierten Kommunikation und dienen der Einordnung individueller und sozialer Auseinandersetzungen im Rahmen medialer Praktiken (vgl. Schmidt 2013, 2017). Im Zentrum steht das Verständnis von „Management" nicht nur als strategisch-planerisches Handeln[245], sondern auch als habitualisierte Praxis der Selbststeuerung und sozialen Orientierung in digitalen Räumen. Dabei sind die genannten Managementformen stets als miteinander verflochten zu begreifen; sie treten in konkreten Nutzungssituationen nicht isoliert auf, sondern überlappen häufig und bedingen einander funktional.

Das *Informationsmanagement* umfasst nicht nur die Selektion und Verarbeitung von Informationen, sondern auch deren kommunikative Distribution sowie die interpersonale Anschlusskommunikation. Letztere fungiert als zentrales Bindeglied zwischen individuellen Informationshandlungen (z. B. im Rahmen kleinerer [Teil-]Öffentlichkeiten, vgl. Haim 2019: 38) und kollektiv geteilten Diskursen.

Das *Beziehungsmanagement* dagegen betrifft Praktiken der Beziehungsaufnahme, -pflege und -strukturierung innerhalb sozio-technischer Netzwerke.

---

[245] Gemeint sind dabei solche Situationen, in denen die UserInnen nicht zufällig handeln, sondern bewusst entscheiden, wie, was, wann und wo er/sie online kommuniziert – etwa um sich zu positionieren, Beziehungen zu stärken, Informationen zu verbreiten oder die eigene Identität (bzw. ihre Aspekte) zu inszenieren.

Es manifestiert sich u. a. in Formen der sozialen Interaktion (z. B. Verlinkung, Kommentierung, „social tagging") und ist stark abhängig von technischen und sozialen Plattformbedingungen (vgl. technische Affordanzen und Einschränkungen).

Schließlich bezeichnet das *Identitätsmanagement* Prozesse der digitalen Selbstpräsentation, in denen InternetnutzerInnen Aspekte ihrer Person mehr oder weniger intentional zugänglich machen. Diese Praktiken werden nicht nur medial vermittelt, sondern sind stets kontext- und gemeinschaftsbezogen, wodurch sich statische und prozessuale Modi der Identitätsdarstellung ergeben.

In Bezug auf das Thema dieser Arbeit ist das zentrale Element aller drei Handlungskomponenten die Positionierung als *Begleitelement digitaler diskursiver Praktiken*. Dabei wird angenommen, dass Positionierungen in sozialen Medien kontinuierlich erfolgen – durch sprachliche, visuelle und interaktive Mittel. Sie verweisen auf ein sich permanent aktualisierendes Verhältnis zwischen Selbst- und Fremdwahrnehmung, zwischen individuellen Ausdrucksformen und kollektiven Kommunikationskonventionen. Dabei zeigen sich Positionierungen sowohl explizit (z. B. in Form argumentativer Beiträge) als auch implizit (z. B. durch Likes, Emoticons oder algorithmisch hervorgehobene Inhalte, vgl. den analytischen Teil der Arbeit).

Abschließend lässt sich festhalten, dass Social-Web-Praktiken wesentlich durch das Zusammenspiel dieser Handlungskomponenten geprägt sind. Ihre Ausführung erfolgt in einem Spannungsfeld zwischen technologischer Struktur, sozialer Erwartung und individuell verkörpertem Handeln. Damit sind sie integraler Bestandteil einer digital mediatisierten Gesellschaft, in der Identität, Beziehung und Information untrennbar miteinander verbunden sind.

Bevor im Kapitel 6 auf das Wesen der Online-Positionierung und seiner Kategorien eingegangen wird, wird das Augenmerk auf die interaktional-soziale Ebene der Organisation der Kommunikation im Internet gelegt. Auf dieser Ebene wird „das Internet unter dem Gesichtspunkt einer kommunikativen Ordnung" betrachtet (Bucher et al. 2008: 45) und wird zu einem Medium, dass öffentliche Kommunikation ermöglicht, d. h. es bildet somit einen Organisationsrahmen für alle sozialen und kommunikativen Handlungen im Internet. Damit sind unterschiedlich große Online- bzw. digitale Öffentlichkeiten gemeint, unter denen u. a. persönliche (bzw. personalisierte)

Öffentlichkeiten und unterschiedlich große Online-Gemeinschaften von Menschen mit Behinderungen tätig sind. Beide konstituieren sich aus den kommunikativen Handlungen der UserInnen und gleichzeitig bestimmen und ordnen sie ihr soziales und kommunikatives Handeln.

## 5.3 Digitale Öffentlichkeiten

### 5.3.1 Öffentlichkeiten. Einführung

Wenn man von einer allgemeinen Definition von *Öffentlichkeit* ausgeht, kann sie „als Gesamtheit gesehener Bereich von Menschen, in dem etwas allgemein bekannt [geworden] und allen zugänglich ist.“, bzw. „das Zugelassensein für die Öffentlichkeit“ verstanden werden.[246] Allerdings, wenn man die Grundprinzipien der wichtigsten *Öffentlichkeitsmodelle*[247] ergründet, erkennt man, dass die Öffentlichkeit, als zentrales demokratietheoretisches Konzept in den meisten Fällen normativ aufgeladen ist. Jedes der Modelle definiert Öffentlichkeit anders, je nachdem, wie es die Demokratie selbst versteht. Aus diesem Grunde fällt es nicht einfach, den Begriff eindeutig zu bestimmen. Wenn man jedoch von dem heutzutage in den meisten Demokratien der Welt funktionierenden Repräsentationsprinzip ausgeht (d. h. eine Gruppe von Menschen bekommt die Entscheidungsbefugnis von der wahlberechtigten Bevölkerung), dann kann man mit Sicherheit sagen, dass *Öffentlichkeit* (engl. *public sphere*) „der Ort [ist], an dem sich ‚Demokratie‘ in jeder Hinsicht zeigen und beweisen muss“ (Klier 1990: 23). Darüber hinaus bedarf sie Transparenz und Offenheit des politischen Systems, was einen ungestörten Austausch zwischen dem Volk und den politischen VertreterInnen bedeutet. Die wichtigsten Modelle der Öffentlichkeit sind sich darüber einig, dass sie von großer Bedeutung für moderne Demokratien ist. Es kommt jedoch zu Meinungsunterschieden, wenn es um normative Ansprüche geht, die an eine demokratische Öffentlichkeit gestellt werden, weil jedes der Modelle eine andere Vorstellung von Demokratie hat. Eins steht jedoch außer Frage:

---

[246] https://www.duden.de/rechtschreibung/Oeffentlichkeit [letzter Zugriff 13.07.2022].

[247] Da eine detailliertere Erörterung der einzelnen Modelle den Rahmen dieses Buches sprengen würde, beschränke ich mich in der Einleitung zu diesem Kapitel auf eine allgemeine Darstellung. Einen historischen Überblick über die einzelnen Öffentlichkeitsmodelle bieten u. a. Ferree et al. (2002).

Öffentlichkeits- und Demokratietheorien sind eng miteinander verbunden, was Ferree et al. (2002: 289) folgendermaßen erklären:

> Democratic theory focuses on accountability and responsibility in the decision-making process; theories of the public sphere focus on the role of public communication in facilitating or hindering this process.

In praktisch allen demokratietheoretischen Öffentlichkeitsmodellen wird die Öffentlichkeit als eine Art intermediären kommunikativen Systems dargestellt, das einerseits BürgerInnen und ihre politischen Repräsentanten, andererseits diverse kollektive AkteurInnen umfasst. Es wird dabei hervorgehoben, dass es einen freien Zugang für alle Akteursgruppen geben sollte (eine Ausnahme bilden jedoch repräsentativ-liberale Öffentlichkeitsmodelle, in denen die Öffentlichkeit in erster Linie den jeweiligen Eliten obliegen würde). Darüber hinaus sollte die Öffentlichkeit zum einen jegliche Willens- und Meinungsbildung ermöglichen, zum anderen Bedingungen schaffen, unter denen breite Gesellschaftsmassen die Behörden (Regierung, Politiker, Vereine) kontrollieren bzw. sogar überwachen können; dies erfordert jedoch einerseits Verantwortlichkeit der politischen AkteurInnen und andererseits die möglichst aktive Teilnahme der BürgerInnen.

Darüber hinaus wird aus allen präsentierten Modellen ersichtlich, dass im normativen Sinne die Bedingung eines unbeschränkten Zugangs sowie gleicher Bedeutung aller zu behandelnden Themen und Meinungen zwar notwendig ist, aber keine hinreichende Bedingung demokratischer Öffentlichkeit ist. Ich teile dabei die Meinung von Neidhardt (1994: 8 f.), der die Öffentlichkeit ebenso als gewisses Kommunikationssystem definiert, das das Sammeln, Verarbeiten und Weitergeben von Themen und Meinungen umfasst. Dabei nennt er drei normative Ansprüche an diese Prozesse: nicht nur sollte die Öffentlichkeit für alle gesellschaftlichen Gruppen und alle möglichen kollektiven Meinungen offen sein (*Transparenzfunktion*). Ebenso wichtig ist für den Autor die *Validierungsfunktion* der Öffentlichkeit, d. h. „Öffentlichkeitsakteure sollen mit den Themen und Meinungen anderer diskursiv umgehen und ihre eigenen Themen und Meinungen unter dem Druck der Argumente anderer gegebenenfalls revidieren“ (ebd.). Die dritte Funktion sollte nach Neidhardt (ebd.) eine *Orientierungsaufgabe* haben, d. h. durch diskursive „Verarbeitung“ werden „öffentliche Meinungen“ erzeugt, „die das Publikum als überzeugend wahrnehmen und akzeptieren kann“ (ebd.).

Problematisch bleibt jedoch die Frage, auf welche Art und Weise das Potenzial des Internets eingeschätzt werden kann, wenn es um mögliche Veränderungen der bestehenden Öffentlichkeit(en) geht, z. B. ob das Kriterium der Transparenz, bzw. des gleichberechtigten Zugangs für alle Akteursgruppen, überhaupt erfüllt werden kann (zumal das Herausbilden von Öffentlichkeiten in Social Media in starkem Maße bspw. von der jeweiligen technischen Infrastruktur [u. a. KI, Algorithmen] sowie der Kontaktmodellierung abhängen). Daher wird in den nächsten Schritten zuerst auf die deskriptive Ebene der Öffentlichkeit eingegangen (v. a. in Bezug auf das Drei-Ebenen-Modell von Gerhards/Neidhardt 1990 sowie Gerhards 1994); dann wird das Hauptaugenmerk auf die Strukturierung der medialen Öffentlichkeiten gelegt (Intentionen bzw. Strategien der einzelnen AkteurInnen) und schließlich digitale Öffentlichkeiten und ihre Typen.

### 5.3.2 Öffentlichkeiten auf analytisch-deskriptiver Ebene

In einer allgemeinen deskriptiven Perspektive kann man annehmen, dass die Öffentlichkeit zwei Hauptaufgaben erfüllt: zum einen Selbstbeobachtung, zum anderen Selbstbeschreibung von Gesellschaft mittels Veröffentlichung von unterschiedlichen Themen. In dieser Hinsicht kann sie folgendermaßen definiert werden:

> Öffentlichkeit besteht aus einer Vielzahl von Kommunikationsformen, deren Zugang prinzipiell offen und nicht an Mitgliedschaftsbedingungen gebunden ist und in denen sich individuelle und kollektive Akteure von einem breiten Publikum zu politischen Themen äußern. Das Produkt der Kommunikationen in der Öffentlichkeit bezeichnet man als öffentliche Meinung, die man von den aggregierten Individualmeinungen der Bürger unterscheiden kann. (Gerhards 2002: 694)[248]

Der besondere Vorteil des unten genauer dargestellten Drei-Ebenen-Modells von Gerhards/Neidhardt (1990) und Gerhards (1994) beruht darauf, dass es sowohl

[248] Die genannten Kommunikationsformen beziehen sich grundsätzlich auf „all locations, physical or virtual, where ideas and feelings relevant to politics are transmitted or exchanged openly“ (Bennett/Entman 2001: 2 f.). Der in der Definition benutzte Terminus öffentlicher Meinung ist (systemtheoretisch gesprochen) als „strukturelle Kopplung der Massenmedien und der Politik“ (Rhomberg 2007: 21) zu verstehen. Dabei ist der kommunikative Raum der Öffentlichkeiten (bzw. die genannten Kommunikationsforen), in dem mit Argumenten über öffentliche Belange diskutiert wird, „prinzipiell unabgeschlossen“ (vgl. ebd.: 37) und wird natürlich nicht ausschließlich massenmedial produziert.

das Publikum als auch sich spontan bildende Öffentlichkeiten mitberücksichtigt, was eine der zentralsten Eigenschaften von digitalen Öffentlichkeiten ist. Solche kleineren medialisierten (Online-)Öffentlichkeiten können dann existierende Medienöffentlichkeiten erheblich bereichern (z. B. weniger populäre Nischenthemen und/oder neue Sichtweisen). Gerhards/Neidhardt (1990) unterscheiden dabei drei allgemeine Ebenen von Öffentlichkeit, die sich je nach der Anzahl der KommunikationsteilnehmerInnen und dem Grad der strukturellen Festlegung unterscheiden lassen: (1) *Encounter-Öffentlichkeiten*, (2) *Themen-* oder *Versammlungsöffentlichkeiten* sowie (3) *Medienöffentlichkeiten.*

Mit *Encounter-Öffentlichkeiten* hat man es zu tun, wenn es zu kaum strukturierten, kurzlebigen, zufälligen und flüchtigen Interaktionen unter wenigen TeilnehmerInnen kommt, die einander an bestimmten Orten und zu einer bestimmten Zeit begegnen (z. B. in Geschäften, auf der Straße oder im Zug). Die Interaktanten haben ebenso keine festgelegten Rollen als SprecherInnen und kein richtiges Publikum, wobei es u. U. möglich ist (bezüglich der Voraussetzungslosigkeit und hoher Offenheit solcher Interaktionen), dass es zu konkreten Positionierungen kommt und eine relativ spontane Informationssammlung erstellt werden kann.

*Themen-* oder *Versammlungsöffentlichkeiten* dagegen bilden meist thematisch zentrierte, zwar nicht dauerhaft stabile aber orts- und zeitgebundene, klar strukturierte Interaktionssysteme mit konkreten Rollen und Positionierungsmöglichkeiten (als z. B. VeranstalterInnen, ReferentInnen, DiskussionsleiterInnen und -teilnehmerInnen). Ihre Anwesenheit trägt erheblich zur besseren Strukturierung aller Ereignisse (z. B. Versammlungen oder Demonstrationen) bei, obwohl der Vorbereitungs- sowie Organisationsgrad der jeweiligen Interaktion variieren können.

Auf der dritten Ebene hat man es mit sog. *Medienöffentlichkeiten* (oder *medialen Öffentlichkeiten*) zu tun, die strukturell gesehen die voraussetzungsreichste Form von Öffentlichkeit darstellen, auf typischer Massenkommunikation basieren und daher als komplexes Interaktionssystem zu verstehen sind. Im Gegensatz zu anderen Öffentlichkeiten setzen die Medienöffentlichkeiten eine technische mediale Infrastruktur voraus, d. h. sie sind nicht mehr Präsenzöffentlichkeiten, sondern werden erst durch Medien (Presse, Fernsehen, Rundfunk und Internet) als „professionell und institutionell eingebundene Kommunikatoren“ (Fraas et al. 2012: 33) hergestellt. Metaphorisch gesehen produzieren und verbreiten JournalistInnen auf der öffentlichen „Arena“ ihre Themen und Informationen, die das in der „Galerie“ sitzende breite und oft abstrakte

Publikum wahrnimmt (vgl. Gerhards/Neidhardt 1993: 32). Es bedeutet jedoch nur theoretisch seine passive Rolle im Prozess der Gestaltung der Medienöffentlichkeit, welches immer mehr Einfluss auf den Erfolg der ArenenakteurInnen hat. Katzenbach (2008: 59) bemerkt zu Recht, dass während JournalistInnen und andere große mediale AnbieterInnen ihre strukturierten massenmedialen Themen und Informationen veröffentlichen, werden in kleineren Öffentlichkeiten (z. B. vieler sozialer Medien) „Bewertungen und Interpretationen" vorgenommen. Bereits Mitte der 1960er stellten Lazarsfeld/Menzel (1964: 120) in ihrem klassischen Beitrag zum personalen Einfluss und Massenmedien fest, dass „Menschen in ihren [...] Entscheidungen mehr durch Kontakte von Mensch zu Mensch beeinflusst werden [...] als unmittelbar durch die Massenmedien", deren Aussagen man oft misstrauisch begegnet (vgl. ebd.: 124). Dazu kommen noch Argumente, die in Mensch-zu-Mensch-Diskussionen vorkommen, die für den Kommunikationspartner/für die Kommunikationspartnerin, viel häufiger als in massenmedialen Berichterstattungen, eine persönliche Bedeutung haben (vgl. ebd.: 120[249]). Ähnliche Mechanismen funktionieren laut Lazarsfeld/Menzel (ebd.) sogar in formalen Informationskanälen. Spätere Untersuchungen (vgl. Schenk 1989 oder in Bezug auf die Kommunikation in sozialen Netzwerken Wiesinger 2016) haben die These bestätigt, dass zwar potenzielle Rezipienten durch Massenmedien direkt (ohne eventuelle sog. *Opinion Leaders*, vgl. 5.2.1) erreicht werden können, aber nur bezüglich der Verbreitung von Informationen. Die Herausbildung von Meinungen „oder eine Beeinflussung (Persuasion) von Anschauungen und Handeln lassen sich jedoch nicht direkt auf den Einfluss von Massenmedien zurückführen" (Fraas et al. 2012: 35).

Demnach könnte resümierend festgestellt werden, dass zwar „Massenmedien [...] sich vor allem zur Wissensvermittlung, Aufmerksamkeitssteuerung und

---

[249] Ein solches soziales Verhalten würde noch das sog. *Social Proof Principle* (dt. *Prinzip der sozialen Bewährtheit*) von Cialdini (2013) bestätigen. Der Autor präsentiert u. a. die soziale Bewährtheit und stellt Folgendes fest: „Wir betrachten ein Verhalten in einer gegebenen Situation in dem Maß als richtig, indem wir dieses Verhalten bei anderen beobachten" (ebd.: 165). Laut Graber/Lindemann (2018: 60) ist dieser Grundsatz tief in der Psyche des Menschen verankert: „Menschen neigen dazu, sich der Mehrheitsmeinung anzuschließen. Das, was alle machen, kann schließlich nicht falsch sein". Die Erhöhung der Reichweite und Akkumulation von Aufmerksamkeit in Social Media können auch auf dem Prinzip der sozialen Bewährtheit basieren. Dazu kommen noch diverse technische Mittel der Vernetzung und entsprechende Algorithmen der gegebenen Plattform, die den ganzen Prozess begünstigen können.

Verstärkung von bestehenden Einstellungen und Meinungen [eignen]" (ebd.), aber ihre Position nicht ausreichend ist, wenn um eventuelle Änderungen bestehender Ansichten oder Einstellungen geht: „Während die massenmedialen Quellen Aufmerksamkeit und Interesse für Ideen, Themen und Innovationen wecken, tragen persönliche Quellen und Gruppenkommunikation zur Beurteilung und Einstellungsbildung bei" (Schenk 1989: 410). Die interpersonale Anschlusskommunikation sowie die MeinungsführerInnen in interpersonalen Netzwerken spielen daher eine besonders wichtige Rolle (vgl. begleitende Diskurse in Social Media bezüglich der MmB und der Problematik der Behinderung, auf die im Kapitel 5.2.1 verwiesen wurde). Eine solche Kommunikation stellt einen wichtigen Bestandteil der medialen Kommunikationsprozesse dar, da sie „die Aneignung und Verarbeitung von Themen sowie das Herausbilden von Meinungen" leistet (Fraas et al. 2012: 35).

Das als Grundlage für die weitere Diskussion über Online-Öffentlichkeiten und ihre Arenen dienende Drei-Ebenen-Modell von Gerhards/Neidhardt (1990) und Gerhards (1994) wurde später von Jarren/Donges (2006: 105) ergänzt und folgendermaßen dargestellt:

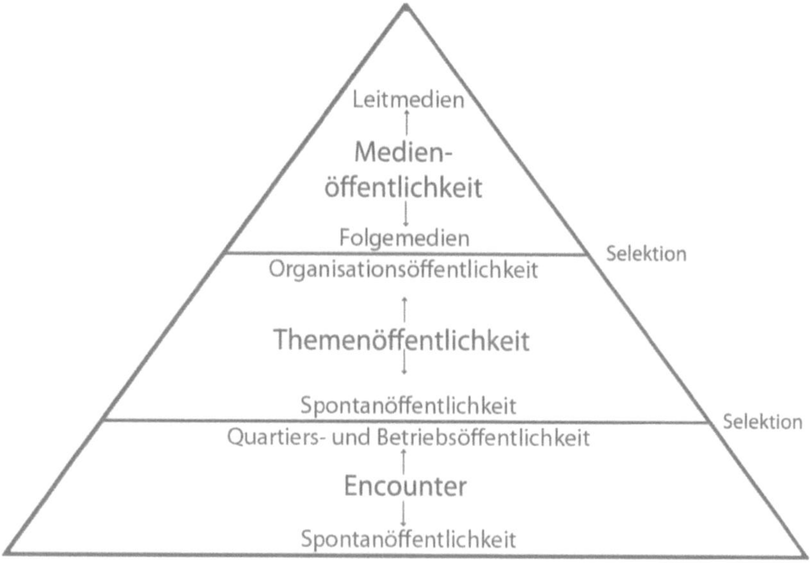


**Abb. 10:** Ergänzung des Drei-Ebenen-Modells der Öffentlichkeit von Jarren/Donges (2006: 105). Eigene Darstellung.

Die Autoren bemerken zu Recht, dass es in der medialen Umgebung zu einer andauernden Abnahme der Anzahl von potenziell kommunikativ zu verarbeitenden Themen vom unteren Bereich der Encounter-Öffentlichkeit bis zum oberen Bereich der Medienöffentlichkeit kommt. Es ist darauf zurückzuführen, dass sich zwischen den einzelnen Ebenen der Öffentlichkeit Selektionsstufen befinden. Dies bedeutet, dass u. U. ein Teil der im Bereich der Encounter- oder Themenöffentlichkeit verarbeiteten Themen tatsächlich auf die oberste Stufe gelangen kann, weil die niedrigsten Ebenen der Öffentlichkeit z. T. ausschließlich flüchtige Formen bilden und daher kaum miteinander vernetzt sind (vgl. Abb. 10).

In den nächsten Schritten werden die wichtigsten Eigenschaften und Bedingungen medialer und digitaler Öffentlichkeiten dargelegt, um dann Mittels des bereits dargestellten deskriptiv angelegten Drei-Ebenen-Modells Online-Öffentlichkeiten genauer spezifizieren zu lassen.

### 5.3.3 Medien-Öffentlichkeiten

Die massenmedial vermittelten Öffentlichkeiten spielen seit Jahren zwei wichtige gesellschaftliche „Vernetzungsfunktionen“ (vgl. Rosengren 1981: 49): Vertikal gesehen stellen die Massenmedien *vermittelnde AkteurInnen* dar, die zwischen ihren Quellen, aus denen entsprechend formatierte Informationen entstehen, den politischen AkteurInnen und dem jeweiligen Publikum tätig sind. In horizontaler Perspektive dagegen stellen Massenmedien *Kanäle* zur Verfügung, über die unterschiedliche gesellschaftliche Gruppen u. a. um Aufmerksamkeit für ihre Rechte und Anforderungen (z. B. Ressourcen, Macht oder Identitäten) kämpfen (vgl. ebd.). Wie die massenmedialen Öffentlichkeiten auf der horizontalen Ebene gestaltet werden, hängt in hohem Grade von drei Akteursgruppen ab: den unterschiedlich großen *medialen AnbieterInnen*, den *politischen AkteurInnen* sowie dem *Publikum*.

*Politische AkteurInnen* sind kollektive AkteurInnen, die einerseits zum jeweiligen politisch-administrativen System gehören können, andererseits bereit sind, dessen Prozesse zu beeinflussen. McNair (1995: 5) definiert sie als „those individuals who aspire, through organisational and institutional means, to influence the decision-making process“. Folgt man der Denkweise von Peters (1993: 340), kann man generell drei unterschiedliche Akteursgruppen je nach ihren politischen Einflussmöglichkeiten unterscheiden. Neben dem politischen Zentrum, (d. h. staatlichen AkteurInnen wie z. B. PolitikerInnen) sind es auch Mitglieder diverser Interessengruppen, Verbände oder Einrichtungen. Die letzteren sind zwar außerhalb des politischen Zentrums, können jedoch Handlungen der Behörden auch institutionell beeinflussen, was einen relativ direkten Zugang zur politischen Macht bedeuten kann. Die letzte Gruppe dagegen, allerdings mit beschränkter Verbindung zum politischen Zentrum und mit am wenigsten politisch einflussreichen AkteurInnen, bilden unterschiedliche soziale Bewegungsorganisationen oder diverse Bürgerinitiativen.

Die letzte Akteursgruppe, die die massenmedialen Öffentlichkeiten bestimmt, ist das *Publikum*, auf dessen Aufmerksamkeit seit Jahren sowohl die Medienstrategien der politischen AkteurInnen als auch diverse Auswahlstrategien der Medien selbst zielen. Das typische massenmediale Publikum war noch Mitte der 90er Jahre eher dispers und heterogen (vgl. Neidhardt 1994: 13 f.). Trotz des technischen Fortschritts bleiben bis heute die meisten MedienkonsumentInnen (u. a. viele InternetnutzerInnen) eher passiv, wodurch das typische massenmediale Publikum nicht die Organisationsbedingungen eines kollektiven Akteurs erfüllen kann und ihr Organisationsgrad nur schwach ausgeprägt ist. Allerdings wird das Publikum in den letzten Jahren immer häufiger zum bedeutenden politischen Akteur und kann (hinsichtlich der politischen Kommunikation) u. U. mit BürgerInnen gleichgesetzt werden. Dies passiert besonders dann, wenn dem Publikum eine Möglichkeit geboten wird, auch selbst verschiedene Vorgänge im politischen und sozialen Leben mitzugestalten (z. B. Teilnahme an verschiedenen Kundgebungen aber auch Online-Petitionen usw.), statt lediglich „als Empfänger politischer Botschaften" zu fungieren (Pfetsch 1998: 406[250]). Die Abgrenzung zwischen den einzelnen Akteursgruppen (Medien als Vermittler vs. politische AkteurInnen und Publikum vs. politische AkteurInnen) ist jedoch nicht ganz trennscharf, worauf im Folgenden genauer eingegangen wird. So wie es mit medialen AnbieterInnen der Fall ist (die u. U. auch als politische AkteurInnen tätig sein können), wird die Trennlinie zwischen politischen

---

[250] Nichtsdestominder zeigen auch viele aktuelle Studien, dass auf diesem Gebiet noch viel mehr getan werden muss. So zum Beispiel weisen Stier (2017: 29 f.) und Lies (2017: 24) auf die weiterhin bestehenden Diskrepanzen zwischen verschiedenen sozialen Gruppen und politischen Parteien in Bezug auf die aktive Internetnutzung hin. Leszczyńska (2019: 44) hingegen konstatiert, dass besonders jüngere Generationen das Internet passiv nutzen, obwohl ihr Leben immer stärker von der digitalen Welt abhängt.

AkteurInnen und dem Publikum innerhalb massenmedialer Öffentlichkeiten immer unschärfer.

Mit der in 3.1.2 thematisierten Konvergenz von verschiedenen Medien, geht der Prozess der *Inklusion von medialen Öffentlichkeiten* von unterschiedlicher Größe einher. Nichtsdestotrotz sollte am Anfang darauf hingewiesen werden, dass nach wie vor gerade die typischen Massenmedien (sog. Mainstream Media) entsprechende Voraussetzungen für die *medialisierte Öffentlichkeit* bilden, denn gerade auf sie „sind die politischen Akteure, politischen Organisationen und Institutionen angewiesen, weil ihre Angebote erst in dieser – gleichsam neutralisierten Form – für den Bürger Relevanz erlangen" (Jarren 1998: 34). Darüber hinaus haben sie weiterhin eine starke Position als sog. *Agendasetter* (vgl. Rhomberg 2007, Neuberger et al. 2014 oder Strobel/Paul 2015). Allerdings sind heutige mediale Öffentlichkeiten solche Bereiche, in denen sukzessiv unterschiedlich große mediale *AkteurInnen* tätig werden und immer häufiger imstande sind, durch öffentliches (durch Medien vermitteltes) Handeln und ständige Sich- und Andere-Positionierung, ihre Meinungen und Sichtweisen durchzusetzen und somit „bestehende Machtstrukturen zu verändern bzw. neue herauszubilden und sie in vielen Fällen aufrechtzuerhalten" (Rybszleger 2016: 90). Es handelt sich dabei um eine Vielzahl von kleinen oder mittleren medialen AnbieterInnen, die trotz ihrer Zugehörigkeit zu unterschiedlich großen (Online)-Öffentlichkeiten das Wort haben, z. B. besonders aktive TeilnehmerInnen von Foren, aber auch BloggerInnen oder (Online-)AktivistInnen. Mit anderen Worten möchte ich auf nächsten Seiten u. a. darauf hinweisen, dass sich die heutigen Online-Öffentlichkeiten (trotz vieler technischer Einschränkungen) praktisch auf alle Relevanzstrukturen beziehen können (vgl. 5.3.6).

Darüber hinaus ist es offensichtlich, dass die relativ niedrigen Zugangshürden zu Informationen (sowie zu Möglichkeiten, sie bereitzustellen) immer mehr Menschen weltweit dazu veranlassen, sich an der politischen und sozialen Öffentlichkeit zu beteiligen (vgl. u. a. sog. „Fridays for Future", d. h. die von Greta Thunberg 2018 initiierten globalen Klimaproteste, oder die internationale Bewegung und Protestaktionen gegen Rassismus unter dem Namen „Black Lives Matter" in den Jahren 2020–2022.). Die heutigen Enthusiasten der Online-Öffentlichkeit, bzw. der digitalen Öffentlichkeit, vertreten sogar die Ansicht, dass von Jahr zu Jahr ein immer intensiverer „direkter Draht" zwischen der Bevölkerung und der politischen und sozialen Szene bestehe, der dazu führe, „dass sich Bürgerinnen und Bürger mit ihren Anliegen durch die erweiterten Kommunikationsmöglichkeiten besser in politische Willensbildung- und Entscheidungsprozesse einbringen und diese beeinflussen könnten", was eine Inklusion immer größerer Gesellschaftsmassen bedeute (Fraas et al. 2012: 30). Es könnte jedoch die Frage gestellt werden, ob man heutzutage, trotz der Abschaffung der staatlichen oder kirchlichen Zensur in vielen Demokratien der Welt, tatsächlich mit einer unbegrenzten Öffentlichkeit zu tun haben kann (vgl. Auer 2019: 25 f.). Merkle (2019: 28) bemerkt, dass der Mensch im 21. Jahrhundert immer häufiger mit der Zensur des freien Marktes und somit der Interessen diverser politischer Gruppen oder MedienbesitzerInnen zu tun habe, die mit ihrem Verhalten auf der gesellschaftlichen, politischen und medialen Szene oft der Idee der Transparenz und richtiger Öffentlichkeit widersprechen. Man könnte demnach annehmen, dass heutzutage, u. a. in sozialen Netzwerken online, zwar viel für die Pluralität und Meinungsfreiheit getan wird, aber eine richtige demokratische Öffentlichkeit bis heute nicht gewährleistet ist. Die obige These bestätigen u. a. umfangreichere Studien zur Meinungsfreiheit im Netz von Möller (2019) und Juza (2019) oder bezüglich der sozialen Medien (vgl. Köstler 2021). Es mag daran liegen, dass es (nach wie vor) zum einen zu wenige alternative AkteurInnen gibt, die stark genug wären, die von den „Hauptmächten" (d. h. großen medialen AnbieterInnen oder offiziellen Medien der Parteien und Vereinen usw.) präsentierten Inhalte auszugleichen, zum anderen sind die kollektiven AkteurInnen allzu stark verstreut und in vielen Fällen politisch einfach inkonsistent.

Im Kapitel 3.8 wurde darauf hingewiesen, dass die Medien erster Ordnung bestimmte technische Potenziale besitzen. Medien zweiter Ordnung dagegen bilden den sozialen und institutionellen kommunikativen Rahmen und stellen somit sozial konventionalisierte „Realitätskonstruktionen" zur Verfügung. Darüber hinaus sind es auch „komplexe institutionalisierte Systeme" (Saxer 1999: 6). Die Medien der Kommunikation verbinden schließlich mehrere der medialen Formen und ermöglichen damit „eine komplexe Kommunikation zwischen den Menschen" (Hickethier 2010: 22). Dazu werden sie auch meistens akkumuliert, was bedeutet, dass die Möglichkeiten des jeweiligen Vorgängers (z. B. Speicherung, Bearbeitung, Vermittlung usw.) adaptiert und weiterentwickelt werden. Daraus erschließen sich u. a. neue Kommunikationsräume. Als *intermediäre AkteurInnen* innerhalb politischer Öffentlichkeit spielen die Medien eine andere Rolle. Sie stellen einerseits eine Art Bühne der in 2.2 besprochenen *Mediatisierung* von Politik dar, andererseits gelten sie selbst als (z. T. neutrale) Verstärker für politische und soziale Prozesse. Dabei handelt es sich um eher wünschenswerte Aspekte wie u. a. Sammlung und Selektion von politischen Informationen und ihre weitere Verbreitung an ein großes (theoretisch unbegrenztes) Publikum (wodurch Nachrichten entstehen), Entscheidung über den Zugang politischer AkteurInnen zur Öffentlichkeit, Interpretation und Bewertung des politischen Geschehens und schließlich Interagieren (im Rahmen der Berichterstattung) mit dem politischen Geschehen (vgl. Schulz 1976: 47).

Im Allgemeinen kann man von drei unterschiedlichen Forschungsrichtungen sprechen, die sich mit dem Selektionsprozess von Informationen in Massenmedien befassen. Erstens sind es *Media-* oder *News-Bias-Ansätze* (vgl. Rackaway 2014, Schiffer 2018 oder Hamborg 2023), die etwaige Einseitigkeiten, Unausgewogenheiten und politische Tendenzen in der Medienberichterstattung sowie ihre möglichen Ursachen unter die Lupe nehmen (der Terminus *News-Bias* oder *Media Bias* wird dabei immer häufiger mit sog. *Fake News* in Verbindung gebracht (vgl. Graber/Lindemann 2018 sowie Zimdars/McLeod 2020). Im Vergleich versuchen diverse *Nachrichtenwerttheorien* (vgl. Kepplinger/Rouwen 2000; Maier et al. 2010) spezifische Eigenschaften von Ereignissen zu erkennen, die ihre Berücksichtigung in der medialen Berichterstattung favorisieren (wie z. B. Reichweite, Konflikte, Kontroverse oder Aggression). Besonders interessant scheint mir allerdings die dritte Forschungsrichtung zu sein, und zwar die der *Gatekeeper-* und *Gatewatcherforschung*. Es liegt u. a. daran, dass sie zum einen mit zwei anderen komplementär ist (obwohl sie zur Klärung der jeweiligen Nachrichtenauswahl andere Variablen verwendet), zum anderen findet dieser Ansatz seine Fortsetzung und Ergänzung gerade im Rahmen der Online-Forschung.

### 5.3.4 Mediale AnbieterInnen und InternetnutzerInnen als (Secondary-)Gatekeeper und Gatewatcher

*Gatekeeping*[251] beschreibt den Prozess der Begrenzung von Informationsmengen (bzw. der Informationsfilterung) durch angemessene Selektion (vgl. Filipiak 2003: 33), was u. a. eventueller Informationsüberflutung (*Information*

[251] Der Begriff *Gatekeeper* bedeutet auf Deutsch so viel wie „Torwächter“ oder „Schrankenwärter“.

*Overload*[252]) entgegenwirken kann (vgl. Shoemaker/Vos 2009: 1). In Bezug auf die Informationsverarbeitung (sowohl in Off- als auch Online-Medien) sind Gatekeeper u. U. auch Instanzen, die „wichtige" Informationen von „unwichtigen" trennen, für Medienrezipienten Relevanzstrukturen schaffen und ihnen zur Sinnkonstruierung verhelfen, zu denen u. U. auch einfache UserInnen gehören können (vgl. Fraas et al. 2012: 39). Unerfreulicherweise kann der Gatekeeping-Prozess gleichzeitig ein mächtiges Mittel zur Kontrolle von Informationen und Ideen sein, zu denen die Gesellschaft zugelassen wird, so wie es in seinem klassischen Werk Bagdikian (2004: 226) formuliert: „the power of control the flow of information is a major level in the control of society"[253].

Erste Arbeiten zum Problem des Gatekeeping verwiesen auf äußere Zwänge oder redaktionelle Richtlinien sowie gewisse Routinen der Redaktion (vgl. White 1950 oder Giebert 1956). Spätere Beiträge nannten dagegen ideologische und kulturelle Faktoren (vgl. Hoare/Nowell Smith 1971) bzw. Machtverhältnisse auf dem Markt oder politische Bündnisse (vgl. u. a. Donohue et al. 1989). Der klassische Gatekeeping-Prozess in der medialen Arbeit wird also von Gatekeepern als VermittlerInnen gesteuert, die „are both strongly connected to internal colleagues and strongly linked to external domains" (Tushman/Katz 1980: 1071). Aus diesem Grund wird heutzutage nicht nur den politischen Machthabern auf die Hände geschaut. Vielmehr werden oft besonders große mediale AnbieterInnen von VertreterInnen kleinerer Öffentlichkeiten (z. B. einem Publikum) angeprangert und bewertet. Den Big Media wird oft Parteilichkeit, tendenziöse Bewertung des politischen Geschehens oder sogar Medien-Bias vorgeworfen (vgl. Lombardo 2021 oder Hamborg 2023). Obwohl in vielen Redaktionen Informationen besonders sorgfältig gesammelt und selektiert werden, kann sogar scheinbar neutrale Berichterstattung den politischen Prozess beeinflussen, v. a. je nach der Art

---

252 Der von Toffler (1983) verwendete Begriff *Information Overload* bezog sich ursprünglich auf massenmedial geprägte Situationen, in denen der durchschnittliche Mensch zu viele Informationen besitzt, um eine Entscheidung zu treffen.

253 Die neueste Ausgabe des Buches ist 2004 erschienen und um weitere Kapitel ergänzt (u. a. um solche, die sich dem Thema der Berichterstattung auch in „neuen" Medien widmen). Dem Autor nach gibt es sehr viele Regelwidrigkeiten in der medialen Berichterstattung, die nach wie vor v. a. den Interessen der mächtigen PolitikerInnen und Interessengruppen folgen, wovon auch die Blogosphäre nicht völlig frei ist. Das Zitat ist der wissenschaftlichen Bearbeitung von Darwish (2010: 76) entnommen.

und Weise, wie welche Informationen benutzt und auf welche Art und Weise sie als Nachrichten präsentiert werden (vgl. Schiffer 2018).

Trotzdem bleibt der typische Gatekeeping-Prozess natürlich auch jetzt ein nützliches Konzept, weil es in der Überfülle an Inhalten ermöglicht, „die Spreu vom Weizen" zu trennen. Viele InternetuserInnen (besonders in sozialen Medien) erstellen auch für sich selbst einen bestimmten Kriterienkatalog, nach dem sie entscheiden können, welche Art von Inhalten (je nach ihren Interessen, Vorlieben oder politischen Ansichten) ihnen zur Verfügung gestellt wird (z. B. durch die Abonnement-Funktion[254]). Somit bilden sie Strukturen einer *privaten* oder *persönlichen Öffentlichkeit*, in der individuell definierte Relevanzkriterien und persönliche Bedürfnisse handlungsleitend sind (vgl. Kirchhoff/Harney 2015: 73) sowie andere Selektionskriterien für Informationen, Inhalte und Themen gelten (vgl. 5.3.6). Singer (2014: 55) nennt einen solchen Prozess *Secondary Gatekeeping*[255] (was weiter im Buch synonym mit dem Terminus *Persönliches Gatekeeping* verwendet wird) und bemerkt zu Recht, dass praktisch jeder aktive User/jede aktive Userin in Social Media zuerst selbst entscheidet, was nicht nur für ihn/sie sondern auch für sein/ihr eigenes Publikum von Bedeutung wäre. Weniger wichtig sind eventuelle Regeln, die ihn ähnlichen professionellen Online-Öffentlichkeiten gelten würden (vgl. Kirchhoff/Harney 2015: 73 f.). Dadurch entsteht die sog. *User-Generated Visibility*, d. h. „the capability to make and implement what essentially are editorial judgments about what is worthy and what is less so, about what others should read and what they might as well ignore" (Singer 2014: 56).[256] Eine solche User-generierte Sichtbarkeit stellt zugleich

---

[254] Darüber hinaus (wie bereits in 3.1.1 erwähnt) werden KI und entsprechende Algorithmen verwendet, um Inhalte auf der Grundlage bestimmter wiederkehrender Verhaltensweisen von Social-Media-NutzerInnen anzuzeigen (vgl. Bender et al. 2022: 30).

[255] An der Stelle wäre allerdings anzumerken, dass in vielen Fällen der Prozess des Secondary Gatekeeping dem Prozess des Gatewatching ähnlich ist. Wenn z. B. entsprechende Informationen oder Nachrichten lediglich gefiltert und weitergeleitet werden (vgl. Sharing von Informationen), hat man es eher mit typischem Gatekeeping zu tun. Wenn aber bspw. der Inhalt eines veröffentlichten Textes (kollaborativ) verändert, editiert oder mit entsprechenden (kritischen) Kommentaren versehen wird (was natürlich den Prozess der Positionierung bedeutet), bzw. in einem nächsten Schritt von vielen UserInnen weiter geteilt wird, dann ist es eher Gatewatching.

[256] Singer (2014: 55) bemerkt zu Recht, dass die potenzielle Sichtbarkeit eines Users/einer Userin auch durch unterschiedliche nutzergenerierte Inhalte (den sog. User-Generated-Content, vgl. 5.3.5) erhöht werden kann.

eine Art „performative" intentionale Selbstpositionierung des Users/der Userin dar (vgl. 6.3.4).

Allerdings lässt sich in den letzten Jahren der Trend beobachten, dass das Gatekeeping nicht mehr besonders den steigenden Ansprüchen der kleineren und mittleren aktiven Online-AkteurInnen in Bezug auf die Relevanz der ausgewählten Themen entspricht. Außerdem wollen besonders viele BloggerInnen oder NetzaktivistInnen mehr Einfluss auf die Selektion, Filterung und Aggregation (bzw. das Entstehen) von Inhalten haben. Bereits in den 1990er Jahren haben viele AutorInnen (u. a. McQuail 1994 oder Kovach/Rosenstiel 1999) darauf hingewiesen, dass das Gatekeeping-Konzept zwar durch seine Filterfunktion bestimmte Relevanzstrukturen für Rezipienten schafft, aber gleichzeitig:

> the gatekeeping framework is largely based on the assumption [...] that there is a given, finite, knowable reality of events in the „real world", from which it is the task of the media to select according to appropriate criteria of representativeness or relevance (McQuail 1994: 214).

Deswegen werden typische Formen des Gatekeeping immer häufiger durch eine intensive horizontale Kommunikation unter Interagierenden derselben Online-Gemeinschaft ersetzt, was in vielen Fällen die Qualität der veröffentlichten Inhalte (vgl. z. B. Texte oder diverse Inhalte auf Kollaborationsplattformen wie Wikipedia oder thematischen Foren) sowie die Integration der gegebenen Gemeinschaften steigert (vgl. Kil 2012: 41). Dies führt zu diversen Prozessen des sog. *Gatewatching.*

Während der typische Prozess der Nachrichtenentstehung in der Presse oder im Rundfunk, in dem fast ausschließlich professionelle JournalistInnen für die Filterung und abschließende Selektion der Nachrichten verantwortlich sind, lediglich in geringem Maße alternative AkteurInnen berücksichtigt, beruht der Gatewatching-Prozess auf „collective intelligence and knowledge of dedicated communities" (Bruns 2008a: 175[257]). Wie den Abb. 11 und 12 zu

[257] Die beiden Konzepte des Gatekeeping und des Gatewatching ähneln der Gegenüberstellung *Top-down News model* versus *Bottom-up news* oder *Peer-to-Peer model* von Bowman/Willis (2003). Während es in dem ersten Model (je nach der Redaktion) lediglich einen festen Informationsfilter der gegebenen Medienorganisation gibt („all news is filtered through organization before getting to audience", ebd.: 10), nehmen an dem zweiten Prozess der Informations- und Wissensverteilung unterschiedliche AkteurInnen teil (u. a. JournalistInnen, PublizistInnen aber auch das Publikum). In ihrem Peer-to-Peer-Modell zeigen die Autoren zudem Möglichkeiten zur Demokratisierung der Medien sowie der *Neuverteilung von Kontrolle* (engl. *redistribution of control*).

entnehmen ist, können (im Gegensatz zum typischen Gatekeeping) auf allen Stufen des Gatewatching-Prozesses die jeweiligen UserInnen einer Community beteiligt sein, was bedeutet, dass sie nicht nur externe Tore beobachten und News einreichen, sondern auch Informationen kollaborativ veröffentlichen (ggf. editieren, ändern oder korrigieren) können. Anschließend besteht die Möglichkeit der entsprechenden Kommentierung bezüglich veröffentlichter Inhalte und es kann zu möglichen Repositionierungen der einzelnen Interaktanten kommen (vgl. 6.3.2). Mit anderen Worten kann man sagen, dass *Gatewatcher* nicht mehr *veröffentlichen* (im Sinne einer Erstellung von anscheinend vollständigen Berichten, die auf erhältlichen Quellen basieren), sondern *Nachrichten verbreiten*, indem sie u. a. auf originale Quellen verweisen (Bruns 2003: 35 nennt diesen Prozess *publicise news* statt *publish news*). Nach wie vor wird natürlich der Prozess der Nachrichtenfilterung in Gang gesetzt. Dies führt zur (zumindest theoretischen) Unabhängigkeit der Medienkonsumenten von JournalistInnen und Mainstream-KommentatorInnen. Die durchschnittlichen InternetnutzerInnen möchten deshalb immer häufiger „die möglichen ‚Zwischenhändler' von Information innerhalb des Mediensystems" (Nehrenberg 2007: 44) reduzieren oder sogar ausschalten, was mit einem fortschreitenden Prozess der sog. *Online-Disintermediation*[258] einhergeht:

> [...] online the gates are now located with the information providers (ultimately, with anyone who publishes a Website with potentially newsworthy information) as well as with the end user, who in navigating the Web constantly acts as their own gatekeeper – but no longer necessarily with the news media organizations (Bruns 2003: 32).

Welches verfügbare Material besonders hervorgehoben wird, hängt daher u. a. von den NutzerInnen selbst ab, die durch unterschiedliche Formen der Online-Beteiligung (z. B. an Weblogs oder kollaborativen Nachrichten-Websites)

[258] Ursprünglich kommt der Terminus *Disintermediation* aus dem Bereich der Wirtschaftswissenschaften und bezieht sich auf einen Bedeutungsverlust von sog. von „Intermediären", d. h. VermittlerInnen zwischen verschiedenen AkteurInnen, in einem Wirtschaftssystem. Auch die Möglichkeit der direkten Kommunikation von MarktteilnehmerInnen mittels des Internets in der Informationsgesellschaft fördert die Disintermediation digitalisierbarer und nicht digitalisierbarer Güter im weltweiten Informationsmarkt (vgl. Schneider 2013: 120). Allerdings kann sogar die Disintermediation der präsentierten Inhalte das typische Gatekeeping nicht ausschließen (vgl. Stasiuk-Krajewska 2010 und 2011).

selbst entscheiden, welche Informationen „gewichtiger“ sind und tatsächlich im Internet (und dem gesamten Nachrichtenkreislauf) funktionieren können.

**Abb. 11:** Drei Stufen des typischen Prozesses der Nachrichtenentstehung (vgl. Bruns 2009). Eigene Darstellung.

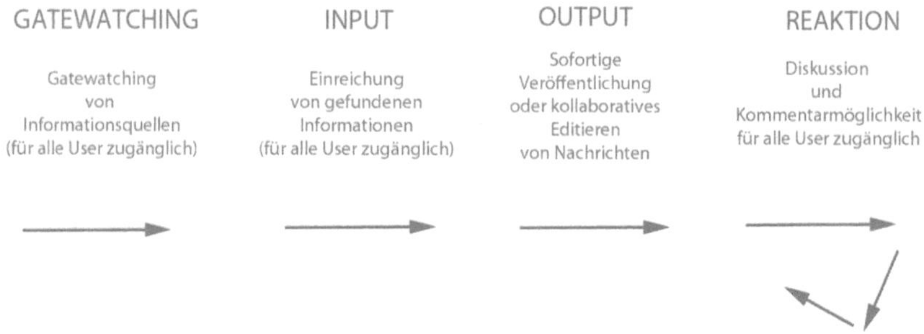


**Abb. 12:** Vier Stufen des Gatewatching (vgl. Bruns 2009). Eigene Darstellung.

Resümierend kann man konstatieren, dass *Gatewatching* eine Art Beobachtung von Ausgangstoren von externen Quellen darstellt, „through which a steady stream of information passes from these sources, and of highlighting from this stream that information which is of most relevance to one’s own personal interests or to the interests of one’s wider community“ (Bruns 2008a: 176). Gatewatching bedeutet also, dass NutzerInnen – und nicht Redaktionen – bestehende Inhalte beobachten, auswählen und weiterverbreiten, anstatt selbst Inhalte zu filtern oder zu produzieren. Es ist also mehr eine Beobachtung und Weiterleitung von „Gates“, nicht deren Kontrolle. Zu Realwerten von Gatewatching kann man bestimmt u. a. potenziell größere Informativität der zur Verfügung gestellten Materialien nennen, weil der Nutzer/die Nutzerin dieselbe Information aus unterschiedlichen Blickwinkeln explorieren kann. Darüber hinaus werden bestimmte Themen durch viele Interaktionen populär – sie „trenden“ und bekommen dadurch eine Art Nachrichtenwert, auch wenn keine Redaktion sie ausgewählt hat.[259] Statt einer zentralen Instanz gibt es viele „Beobachter“ – jeder kann seine eigene Sicht auf Themen posten oder teilen. Dadurch entsteht ein vielfältigerer Informationsfluss. Der Prozess der Informationssammlung ist daher – theoretisch – nicht nur schneller als in herkömmlichen Massenmedien, sondern auch transparenter.

Problematisch bleibt dabei jedoch die Frage der Offenheit und der oft völlig fehlenden Kontrolle über die generierten Inhalte. Wie Vincent/Gismodni (2021: 80) zu Recht bemerken, bieten viele Gatewatching-Funktionen der sozialmedialen Plattformen (wie z. B. Liken, Teilen/Distribution oder Kommentieren, die meistens durch entsprechende Algorithmen gefiltert werden) die Möglichkeit „to consume, create, and (re)post unverified information, thus instantaneously and often unknowingly spreading false information“. Darüber hinaus hat sich, wie Boberg et al. (2020: 18) feststellen, die traditionelle Rolle der JournalistInnen von Gatekeeper zu Gatewatcher gewandelt: „Despite the promise of increased user participation, participatory formats also allow for irrelevant or even uncivil content to be posted, such as attacks against other persons or social groups.“ Dies bedeutet natürlich nicht, dass JournalistInnen – auf der Suche nach Material für ihre Artikel und angesichts der erwähnten „Informationsüberflutung“ (engl. „information overload“) – nicht selbst Opfer ungenauer Informationsquellen oder einfacher Fake News werden können, was zu einer sog. „biased coverage“ führen kann (vgl. Hamborg 2023: 28).

Nichtsdestominder hat Gatewatching weiterhin Sinn, besonders als Ergänzung zu traditionellen Massenmedien. Es fördert vor allem Meinungsvielfalt (z. B. Positionierung in Bezug auf Nischenthemen oder das Äußern alternativer Perspektiven), Geschwindigkeit und Partizipation. Gleichzeitig dient es z. B. durch Faktenchecks als Korrektiv der Massenmedien – aber es braucht medienkritisches Denken, um mit Risiken wie Reizüberflutung,

[259] Die Gründe für ein solches Verhalten der größeren medialen AnbieterInnen können vielfältig sein, z. B. „zu geringe“ Popularität oder „Aufmerksamkeitsstärke“ bestimmter Themen oder deren Nischencharakter, was häufig von sozialen AktivistInnen im Internet ausgenutzt wird (wie z. B. die im vorliegenden Buch behandelte Thematik von Menschen mit Behinderungen).

algorithmischer Verzerrung, Falschinformationen und schließlich mit sog. *Filterblasen* oder *Echokammern*[260] umzugehen.

In einem nächsten Schritt wird auf die Technologien verwiesen, die es theoretisch jedem Internetnutzer/jeder Internetnutzerin ermöglichen, selbst diverse Inhalte zu erstellen und sie mit anderen zu teilen. An der Stelle kann angenommen werden, dass sich erst diejenigen UserInnen, die etwas zu sagen haben, stärkeres Verhör verschaffen können und ihre stabile persönliche und/ oder kollaborative Öffentlichkeit bilden.

### 5.3.5 User-Generated-Content (Social-Media-Content)

Praktisch jeder User/jede Userin kann seinen/ihren sog. *User-Generated-Content* (UGC; dt. *nutzergenerierte Inhalte*) bzw. *Social-Media-Content* anderen Mitgliedern zur Verfügung stellen. Dabei ist die Vielfalt der meist multimodalen „Produkte" praktisch unbegrenzt: Von fertigen digitalen (meist kostenlosen) Texten, Bildern, Filmen, Präsentationen und 3D-Objekten über multimodale Beiträge in Foren (z. B. zum Teil downloadbare Bedienungsanleitungen oder Tutorien) bis zu Formen von Personal Publishing (u. a. Blogs) oder Graswurzel-Journalismus (siehe unten in diesem Kapitel). Auch ihre Qualität unterscheidet sich immer weniger von Online-Produkten der klassischen Medien oder professioneller AnbieterInnen (Haarkötter 2019: 231 f. plädiert dabei für die Bezeichnung „Social Journalism"), was zum einen eine gewisse Ergänzung der professionell hergestellten (Online-)Öffentlichkeiten, zum anderen alternative Wege der Bereitstellung und Publikation von Content bedeutet (z. T. sog. Gegenöffentlichkeiten).

Mit UGC sind allerdings qualitativ wertige Inhalte in sozialen Medien gemeint – im Gegensatz zu dem sog. *Trash Content* oder *Billigcontent* (vgl. Luginbühl 2016) bzw. zu einfachen Kommentaren oder geteilten Inhalten (vgl. u. a. die Anschlusskommunikation), was Goderbauer-Marchner et al. (2015: 14) treffend formulieren:

---

[260] Eine „Echokammer" (engl. „echo chamber") ist ein Konzept aus der Soziologie, Medienwissenschaft und teilweise auch der Linguistik, das sich auf Kommunikationsräume bezieht, in denen Meinungen, Überzeugungen oder Ideologien durch ständige Wiederholung verstärkt werden – ohne dass widersprechende Ansichten ausreichend Gehör finden. Eng verwandt sind sog. „Filterblasen", die sich eher auf die technologische Filterung der Social Media beziehen und durch entsprechende Algorithmen gefördert werden (vgl. u. a. Rau/Stier 2019 oder Haim 2020).

> Social-Media-Content ist der Weg, hochwertige [...] Inhalte zu erstellen sowie zu verteilen, denn die wichtigste Währung ist die Aufmerksamkeit im Internet. Wer diese über Text und Bild, vor allem Bewegtbilder, über Besonderheit und Nicht-Beliebigkeit, über Qualität generieren kann, der wird letztlich an Bord bleiben [...] Exklusivität im Netz bedeutet nicht Singularität, sondern Wertigkeit des Inhaltes, Akzeptanz einer großen Menge, Bereitschaft zur Verbreitung durch eine Crowd.

Die Attraktivität der nutzergenerierten Inhalte liegt einerseits an einer Vielzahl von diverser Software (oft kostenlos und durch eine oder mehrere Communitys als sog. Open-Source-Projekte entwickelt[261]) andererseits an häufiger Einfachheit ihrer Benutzung. Ein Teil der Medienkonsumenten möchte sich von dieser Rolle verabschieden und selbst entscheiden, was sie produzieren, welche Inhalte und in welcher Form. Darüber hinaus wird der Online-Content aus unterschiedlichen motivationalen Gründen produziert und geteilt: etwa aus Vergnügen, persönlichem Bedürfnis von Informationsdistribution, persönlicher Dokumentation sowie Verlangen nach persönlichen Kontakten (vgl. Stoeckl et al. 2007: 399).

Obwohl die typischen InternetnutzerInnen bis vor ein paar Jahren alternative Online-Angebote nicht als „echten" Journalismus ansahen[262], werden die bestehenden Öffentlichkeiten und mediale Konstellationen in der letzten Zeit zunehmend durch diverse alternative Online-Formate von BloggerInnen oder

---

[261] Es gibt sehr viele Beispiele von solchen Online-Initiativen. Diese Tendenz kann man besonders gut auf dem Software-Markt beobachten. Seit Jahren werden viele Online-Gemeinschaftsprojekte (Open-Source-Projekte) entwickelt, die meistens mit sog. Payware im Wettstreit stehen. Ein Paradebeispiel ist „Blender" – eine Software für (Hobby-)DesignerInnen und 3D-GrafikerInnen, die seit 2002 durch die Gemeinschaft mitfinanziert wird und daher jedem User/jeder Userin kostenlos zur Verfügung gestellt wird. Dazu bietet die Community Unterstützung in Form von Tutorien, Videos oder Foren in vielen Sprachen.

[262] Noch vor ca. 10–15 Jahren zeigten die Untersuchungen zum Verhältnis professioneller Journalismus-Social Media, dass unter InternetuserInnen nach wie vor Presse und Rundfunk in ihrer herkömmlichen Form als Gatekeeper und Agendasetter fungieren, was den klassischen Funktionen des professionellen Journalismus entspricht (vgl. Bauer 2009, Neuberger 2012 oder Neuberger et al. 2014). In der Bewertung der Ergebnisse einer Online-Befragung zum Journalismus im Internet aus Nutzersicht bemerkte Neuberger (2012: 53), dass nach der Ansicht vieler InternetnutzerInnen der professionelle Journalismus die ganze Zeit „als Navigator und Moderator neue Vermittlungsleistungen im Internet erbringen" und dadurch nach wie vor „hochwertigen Content produzieren" sollte.

NetzaktivistInnen bis hin zu Formen des sog. *Graswurzel-* oder *partizipativen Journalismus* (engl. *Grassroots Journalism* oder *Citizen Journalism*) beeinflusst.[263] Bowman/Willis (2003: 9), in ihrer klassischen Begriffsbestimmung, definieren den partizipativen Journalismus als eine alternative, unabhängige, zuverlässige und z. T. präzisierende Informationsquelle, in der einfache Bürger eine wichtige Rolle spielen:

> The act of a citizen, or group of citizens, playing an active role in the process of collecting, reporting, analyzing and disseminating news and information. The intent of this participation is to provide independent, reliable, accurate, wide-ranging and relevant information that a democracy requires.

Eine ähnliche Definition des Graswurzel-Journalismus schlug vor ein paar Jahren Rosen (2008) vor: „When the people formerly known as the audience employ the press tools they have in their possession to inform one another." Engesser (2008: 66) vertrat dagegen die Ansicht, dass partizipativer Journalismus „die Nutzer[Innen] zumindest am Prozess der Inhaltsproduktion [beteiligt]" sowie „außerhalb der Berufstätigkeit ausgeübt [wird] und [...] die aktive Teilhabe an der Medienöffentlichkeit" ermöglicht.

Alle angeführten Definitionen unterstreichen zwar die zunehmende Geltung eines gewissen bürgerlichen *Empowerment* im Prozess der Berichterstattung sowie der alternativen Sammlung, Analyse und Verbreitung von Informationen und Nachrichten (vgl. Zhao et al. 2008 oder Herriger 2014). Was sie aber nicht berücksichtigen, ist die bereits geschilderte Wechselbeziehung zwischen den Mainstream Media und den alternativen Medien off- und online, die zunehmend voneinander schöpfen, wobei nach wie vor gerade die Big Media als Agendasetter fungieren (vgl. C.V. Narasimha 2021: 29). In diesem Lichte würde ich den sog. „partizipativen Journalismus" eher als eine (journalistische) Form bezeichnen, die traditionelle Medien mit diversen

---

[263] Es gibt immer mehr AutorInnen, die die moderne Nachrichtenberichterstattung als Zusammenarbeit zwischen der breiten Öffentlichkeit und professionellen Journalisten betrachten (vgl. die Studie von Ksiazek/Springer 2020 oder den Sammelband von Lithgow/Martin 2024). Darüber hinaus gibt es auch Untersuchungen zum Medienverhalten junger Menschen (vgl. u. a. großgelegte Studie von Schofield Clark/Marchi 2017, die die Medienpraktiken von Jugendlichen in sozialen Medien untersucht und das Konzept des sog. „connective Journalism" als VorläuferInnen kollektiver politischer Aktionen vorstellt).

Formen bürgerlicher Partizipation verbindet.[264] Dies kann natürlich sowohl offline als auch online geschehen (siehe unten). Dabei geht es um Formate, die Radsch (2013) folgendermaßen definiert:

> an alternative and activist form of newsgathering and reporting that functions outside mainstream media institutions, often as a response to shortcoming in the professional journalistic field, that uses similar journalistic practices but is driven by different objectives and ideals and relies on alternative sources of legitimacy than traditional or mainstream journalism.

Die heutige mediale Realität sieht allerdings so aus, dass sogar größere mediale SpielerInnen ohne kleinere mediale AkteurInnen nicht immer auskommen können (vgl. u. a. Schwaiger 2022: 52). Von einer solchen Zusammenarbeit und dem Hin-und-her-Fließen von Informationen zwischen verschiedenen Öffentlichkeiten profitieren offensichtlich alle Beteiligten, wobei man feststellen muss, dass die einfachen InternetnutzerInnen, obwohl sie (wie mehrmals im Text betont) unterschiedlich beitragen können, die ganze Zeit relativ wenig in den direkten redaktionellen Produktionsprozess involviert werden (vgl. Rybszleger 2016). Ihre Rolle begrenzt sich in den meisten Fällen auf die der Secondary-Gatekeeper, die ausgewählte und gefilterte Informationen weiterleiten oder in ihren persönlichen Öffentlichkeiten entsprechend kommentieren und mit anderen UserInnen deuten können.

Hinsichtlich des User-Generated-Content möchte ich noch auf zwei relevante Begriffe hinweisen. Der erste ist *Produtzung* (engl. *produsage*), d. h. Prozess des Produzierens diverser Inhalte, bzw. kollaboratives Tun in der Online-Umgebung, z. B. das gemeinsame Erstellen von Social-News-Plattformen,

---

[264] Es bedeutet allerdings nicht, dass jede Tätigkeit (z. B. von BloggerInnen oder NetzaktivistInnen im vorliegenden Buch) zum Bürgerjournalismus gehört. Ebenfalls sind jegliche Formen der bereits besprochenen Anschlusskommunikation (bspw. Kommentieren in einem Forum oder auf einer sozialmedialen Plattform) oder das Zur-Verfügung-Stellen von eigenen Kurztexten oder Bildern von privaten Personen auf redaktionellen Internetseiten (was zu immer häufigeren Praktiken vieler Redaktionen gehört), nicht unbedingt als Formen des Bürgerjournalismus aufzufassen. Ebenso Aktivitäten, die sich lediglich auf Social Media beschränken, können nicht mit dem Bereich „partizipativer Journalismus" gleichgesetzt werden. Nichtsdestotrotz sollte die Rolle der kleineren und mittleren Öffentlichkeiten in dem Prozess der Entstehung von unterschiedlichen Formen des partizipativen/alternativen Journalismus nicht unterschätzt werden (zu diversen Formen des partizipativen Online-Journalismus vgl. Haim 2019 oder Wasilewski 2022).

Strukturieren von Inhaltssammlungen von YouTube-NutzerInnen, soziales Filtern in Social Bookmarking Sites oder Mitwirken in Content Communitys (vgl. Abb. 13). Charakteristisch für den Prozess der Produtzung ist auch das ständige soziale Filtern des Content von unterschiedlichen Produtzern. Der zweite Begriff sind gerade *Produtzer* (engl. *produsers*), der sich auf die TeilnehmerInnen der Produtzung bezieht (vgl. Bruns 2008b).

**Abb. 13:** Prozess der Produtzung (vgl. Bruns 2007). Eigene Darstellung.

Der Terminus *Produtzer/produser* (bzw. *Prosumer*/dt. *Prosument*) ist eigentlich eine Hybride von den zwei Begriffen *Produzent* und *Konsument* und weist darauf hin, dass der User/die Userin nicht nur diverse Inhalte konsumiert, sondern gleichzeitig selbst zu einem (kollaborativen) Produzenten/ zu einer Produzentin werden kann (vgl. Basaraba 2022: 38). Im heutigen Internet funktionieren darüber hinaus zahlreiche Anwendungen. Zum einen Plattformen der Zusammenarbeit (Wikis), zum anderen typische sozialmediale Plattformen wie Facebook oder Mikroblogs wie Twitter/X u. v. a. m., die ein großes Potential des Engagierens der UserInnen besitzen, was Brown/ Adler (2008: 18) treffend zusammenfassen:

> [Social Web] [...] has blurred the lines between producers and consumers of content and has shifted attention from access to information toward access to other people. New kinds of online resources [...] have allowed people with common interests to meet, share ideas, and collaborate in innovative ways [...].

In diesem Zusammenhang sollte man ebenso einen anderen Terminus nennen, und zwar „harnessing collective intelligence“ (O'Reilly 2007: 22), d. h. die Stärke der effektiven Nutzung der sog. *Kollektiven Intelligenz der InternetnutzerInnen* (engl. *networked intelligence*, vgl. Tapscott 2015). Synonymisch zum obigen Begriff wird oft der von Surowiecki (2005) und Abercrombie (2021) geprägte Terminus *the wisdom of crowds* (dt. *die Weisheit der Vielen*) benutzt. Die Grundlagen einer solchen Intelligenz (bzw. Weisheit) bilden bestimmt eine kollaborative Arbeit (Weiss 2005: 16 bezeichnet sie als „aggregate knowledge“ also angesammeltes Wissen) und/oder den sog. *community-driven content* (dt. *durch die Gemeinschaft angetriebene Inhalte*), der als Summe aller Beiträge der UserInnen verstanden werden kann. Ein Paradebeispiel für die kollektive Intelligenz und die *Online-Partizipation* ist die thematische freie Online-Enzyklopädie Wikipedia, deren Wissensbestände theoretisch von jedem User/jeder Userin erweitert und verändert werden können. Auf solchem Wege entsteht jeweils eine Wissenssammlung enormen Ausmaßes durch Kollaboration in der virtuellen Umgebung.[265] Verschiedene Formen der (mehr oder weniger intensiven) Partizipation und Zusammenarbeit im Social Web werden in der Fachliteratur nicht nur in Bezug auf Wikipedia, sondern auch (oder vor allem) bezüglich anderer ausgewählter Partizipationsformate oder Angebote beschrieben.[266]

### 5.3.6 Vernetzte digitale (Gegen-)Öffentlichkeiten. Zwischenfazit

Das Problem von *Online-Öffentlichkeiten* (bzw. von *digitalen Öffentlichkeiten*, vgl. Lischka/Stöcker 2017 oder Baldauf-Quilliatre 2024) wird in der heutigen Fachliteratur aus unterschiedlichen Blickwinkeln betrachtet (vgl. u. a. Kollektivwerke von Antos et al. 2018 oder Hauser et al. 2019). Ich möchte mich auf die wichtigsten Charakteristika von (z. T. persönlichen) Online-Öffentlichkeiten, Bedingungen ihres Entstehens sowie eventuelle (technisch bedingte) Probleme konzentrieren. Resümierend wird auf das bereits thematisierte Drei-Ebenen-Modell von Öffentlichkeit von Gerhards/Neidhardt (1990) angeknüpft.

Besonders relevant im Falle von digitalen Öffentlichkeiten scheint mir v. a. die Tatsache zu sein, dass sie, im Gegenteil zu klassischen massenmedialen Angeboten, diverse Ebenen der Öffentlichkeit viel einfacher zu *integrieren* vermögen, was bedeutet, dass u. a. auch kleinere oder mittlere mediale

---

265 Ausführlicher zu Wikipedia aus linguistischer und stilistischer Sicht u. a. Myers (2010) oder Pentzold et al. (2013); diskursanalytisch Gredel (2016) sowie Lenk (2018); aus dem lexikographischen Blickwinkel Pentzold/Seidenglanz (2006); soziolinguistisch gesehen O'Sullivan (2016) oder aus ethnographischer Sicht vgl. Jemielniak (2013). Eine gute Übersicht über diverse Anwendungsbeispiele sowie linguistische, soziologische, ökonomische oder juristische Fragen bezüglich Wikipedia bietet außerdem das Autorenkollektiv unter der Leitung von Proffitt (2018) an.

266 Vgl. u. a. Partizipation und Produktion in Wikis und Blogs (Khosrowpour et al. 2020 oder Van Dijk 2021); Zusammenarbeit in YouTube (Dynel 2014; Bein 2023) oder Partizipation und gemeinsame Wissenskonstruierung und -aushandeln in Social Media (Reichertz/Bettmann 2018 oder Opiłowski 2018a).

Öffentlichkeiten (die in der klassischen Theorie von Gerhards/Neidhardt als Encounter- oder Versammlungsöffentlichkeiten fungieren) viel sichtbarer werden (vgl. auch Baldauf-Quilliatre 2024: 32 f.). Es bedeutet zum einen die Möglichkeit ihrer mehr oder weniger starken *Inklusion*, zum anderen die Verschiebung des Zusammenhangs von Öffentlichkeit und Relevanz, d. h. sogar einfache Öffentlichkeitsformen (persönliche Öffentlichkeiten) werden im Netz in mediale Umgebungen verschoben, was gewisses Hervorheben von Themen ermöglicht, die in klassischen Massenmedien oft nicht (oder seltener) auf der Agenda stehen (vgl. z. B. lokale Thematik oder eher Nischenthemenbereiche wie die in der vorliegenden Arbeit aufgegriffene Problematik von Menschen mit Behinderungen). Eine solche mediale und thematische Verschiebung (sowie der bereits besprochene soziale und digitale Öffentlichkeitswandel) bedeuten gleichzeitig, dass besonders in diversen „digitalen Gesellschaften" immer einfachere Ausdrucksmöglichkeiten für andere alternative Ansichten geboten werden, ggf. „generell Möglichkeiten, sich in Gegenöffentlichkeiten um einen Diskurs herum zu strukturieren" (Schwaiger 2022: 52[267]).

Wie bereits festgestellt, kann praktisch jeder im sozialen Netz gleichzeitig Rezipient und Produzent sein (im Unterschied zu typischen Massenmedien). Es sind dazu prinzipiell alle Kommunikationsformen möglich und private und öffentliche Kommunikation kann sowohl parallel als auch vermischt stattfinden. Dazu erstreckt sich auch die Reichweite des Mediums Internet von lokal bis global (vgl. Bevc 2012: 3). Somit ist auch der zentrale Unterschied zur „alten" Medialisierung sichtbar und das bereits genannte Medienmonopol der journalistischen Berichterstattung mit seiner Scheinpluralität (sowie mit entsprechender Medienmatrix) werden dadurch (zumindest teilweise) durch neue (Gegen-)Öffentlichkeiten – u. a. im Internet – abgelöst, in denen „die ideologische Geiselnahme der Gesellschaft durch Partikularinteressen" beendet werden kann (ebd.: 4).

[267] Dabei ist es erwähnenswert (wie von Schwaiger 2022: 81 hervorgehoben), dass beide Konstrukte der Öffentlichkeit und der Gegenöffentlichkeit relational zueinanderstehen. Dies bedeutet, dass „sie sich gegenseitig [bedingen] in dem Sinne, dass Gegenöffentlichkeit stets auf einen Gegenpart angewiesen ist; gleichzeitig ist es ein stark idealtypischer Gedanke, davon auszugehen, dass Öffentlichkeit in seiner Reinform tatsächlich existiert."

Den Terminus *Gegenöffentlichkeit*[268] verstehe ich im Sinne von Krotz (1998: 653), und zwar als „eine gegen eine hegemoniale Öffentlichkeit gerichtete Teilöffentlichkeit, die um einen spezifischen gesellschaftlichen Diskurs oder Standpunkt herum strukturiert ist". Dabei sind die Gegenöffentlichkeiten oft keine homogenen Gebilde. Das betrifft auch die Online-Umgebung, die, wie bereits erwähnt, die Bildung von Gruppen und „Gegen-Gruppen" begünstigt. Selbst die Verwendung geeigneter Hashtags oder die Wiederholung bestimmter Schlagworte (vgl. sog. „Hashtag-Aktivismus", vgl. Fielitz/Staemmler 2020: 431) in Beiträgen oder Kommentaren garantiert nicht, dass ein einheitliches Narrativ einer bestimmten „Gegen-Community" aufrechterhalten wird, was im analysierten Textkorpus deutlich zu sehen ist. Wie die Autoren zu Recht bemerken, kann ein Diskurs unter einem Hashtag in eine andere politische oder gesellschaftliche Richtung gelenkt werden als ursprünglich geplant (vgl. ebd.: 432).

Nichtsdestominder besteht zwischen professionell hergestellten Öffentlichkeiten, die sich auf typischen klassischen Journalismus beziehen, und unterschiedlichen kleineren und mittleren digitalen Öffentlichkeiten, die dank diversen partizipativen Formen zum Vorschein kommen, immer deutlicher ein komplementäres und integratives Verhältnis. Dies bedeutet, dass es zum einen zur weitgehenden Erweiterung und Ergänzung der von professionellen Journalisten hergestellten Öffentlichkeiten kommt (vgl. die Konzepte von Gatekeepern und Gatewatchern in 5.3.4), zum anderen entstehen (oft unabhängig von größeren medialen Spielern) partizipative Formen der Bereitstellung und Publikation von Informationen (u. a. interpersonale Anschlusskommunikation oder unterschiedliche Typen des User-Generated-Content), die u. a. entsprechende Positionierung der UserInnen im laufenden Diskurs ermöglichen. Damit solche Formen funktionieren können, bedienen sich viele InternetnutzerInnen v. a. diverser technisch unterstützter

[268] Der Begriff „Gegenöffentlichkeit" hat sich bereits in den 1970er-Jahren als Bezeichnung für Formen gesellschaftlicher Aktivitäten etabliert, die sich gegen die dominierende Öffentlichkeit richten und jenseits der Massenmedienöffentlichkeit Räume für gesellschaftspolitische (Gegen-)Narrative schaffen (vgl. u. a. das Konzept der sog. „proletarischen Öffentlichkeit" von Negt/Kluge 1972). Der historische Überblick über die unterschiedliche Wahrnehmung des Begriffs der Gegenöffentlichkeit seit den 1970er Jahren des 20. Jahrhunderts bis heute wird unter anderem von Pletz (2020: 145–149) oder Stein-Hinrichsen Stein-Hinrichsen (2022: 54 ff.) dargestellt.

Formen der Selektion und Aggregation von Informationen. Hierher zählen v. a. Teilen von persönlich relevanten Inhalten (das sog. Sharing) sowie Social Tagging, d. h. ihre entsprechende Kategorisierung (vgl. 4.3.2).

Ich habe bereits an mehreren Stellen in der Diskussion über kommunikative Praktiken im Netz auf ihre immer wichtigere Rolle im Prozess der Öffentlichkeitsbildung sowie das *Inklusionspotenzial* vieler digitaler Öffentlichkeiten hingewiesen. Demnach könnte man konstatieren, dass man es gleichzeitig mit einer Abkehr von herkömmlichen Massenmedien zu tun hat, die sich nach wie vor hauptsächlich auf eine typische Gatekeeping-Formel in der Selektion und Aggregation von Informationen stützen. Der traditionelle Journalismus hat demnach bestimmt „sein Informations- und Deutungsmonopol verloren" (Löffelholz 2004: 294). Ein solcher struktureller und sozialer Wandel der Medien resultiert zum einen in Entstehung mehrerer unterschiedlich großer (Gegen-)Öffentlichkeiten im Internet, zum anderen in veränderten Aufgaben des Journalismus selbst, der in den letzten Jahren tiefgreifenden Umstrukturierungen unterliegt, um mit der „Volksstimme" Schritt halten zu können, so wie es Meier (2008: 186) formuliert: „Das Internet bricht somit die Abhängigkeit von den etablierten Medieninstitutionen auf und installiert ein System von direkter, spontaner und anlassgebundener Medienkommunikation".

Demnach setzen auch typische massenmediale AnbieterInnen auf neue Online-Formate, die steigenden „partizipativen" Ansprüchen des Publikums gerecht werden. Neuberger (2009: 54 ff.) bezeichnet diese Erscheinung als eine Art Dreiecksbeziehung *Profession-Partizipation-Technik*. Dies bedeutet, dass mit dem immer einfacheren Zugang zu technischen Möglichkeiten der Selektion, Aggregation und Vermittlung von Informationen die Rolle der partizipativen Formen (wie Weblogs, kollaborative Websites, Einträge in Social Media usw.) in den letzten Jahren wesentlich gestiegen ist. Es gewinnt also das Verhältnis der unterschiedlichen Formen der *Laienkommunikation* zu professionell hergestellten journalistischen Praktiken an Bedeutung (vgl. Bosshart 2017: 158 f.). Darüber hinaus kommen gleichzeitig gewisse sozialbedingte Potenziale der öffentlichen Online-Kommunikation ans Licht, die sich früher (unter Web 1.0) nur beschränkt entfalten konnten. Vor allem ist es einfacher, sich durch seine eigene persönliche Öffentlichkeit zu positionieren (z. B. durch entsprechend ausgebaute Accounts in Social Media oder diverse Formen des Personal Publishing). Das heutige Internet wird dazu immer flexibler, d. h. es ist möglich, dass sich immer größere Kommunikationszusammenhänge oder kommunikative Kontinuitäten (die aus unterschiedlich großen Öffentlichkeiten bestehen können) mit beliebig großer Anzahl von TeilnehmerInnen bilden. Beteiligte können zudem flexibler zwischen der Kommunikator- und der Rezipientenrolle wechseln. Darüber hinaus gibt es immer mehr Angebote, die auf unterschiedliche Art und Weise selektiv abgerufen werden können (z. B. via Hyperlinks, Social Tagging, Suchmaschinen u. v. a.). Die von UserInnen auf solchem Wege hinterlassenen „digitalen Spuren" sind dann eine gute Informationsquelle über das Nutzerverhalten für diverse Online-Anbieter. Und schließlich gibt es diverse Rückkanäle der Kommunikation; hier ist vor allem die Anschlusskommunikation gemeint (vgl. 5.2.1), die einerseits „durch Angebote der Massenmedien angeregt wird" (Neuberger et al. 2014: 16), andererseits selbst eine Antwort diverser Online-Communitys auf zahlreiche Angebote darstellen kann.

Die gerade angedeutete Integration von unterschiedlich großen Öffentlichkeiten im Internet bedeutet ebenfalls das Entstehen einer *vernetzten Öffentlichkeit* (engl. *networked public sphere* oder *networked publics*), bzw. *Netzwerköffentlichkeit*, die Merle (2019: 383) folgendermaßen definiert:

> Man hat es also mit der Vernetzung kleinerer und größerer Öffentlichkeiten zu tun, die die Digitalisierung von Kommunikation ermöglicht, und die in ihrem Aufmerksamkeitsverlangen nicht nur die Subjekte adressieren, sondern auch Institutionen und Organisationen.

Darüber hinaus werden praktisch alle Produkte der Kommunikation im Rahmen von persönlichen Online-Öffentlichkeiten dauerhaft auf verschiedenen Servern in der ganzen Welt gespeichert. Eine solche Persistenz führt auch dazu, dass diverse digitale Materialien (in unterschiedlicher Form) sich ebenso leicht kopieren lassen, ohne dass man einen Qualitätsverlust befürchten muss. Dazu können persönliche Öffentlichkeiten (aus welchen Gründen auch immer) mit besonderer Vernetzungsstärke eine Vielzahl von Verlinkungen oder Zugriffen erzielen (sogar wenn sie anfänglich kleine Publika bzw. sog. *unsichtbare Publika*[269] haben) und schließlich ist es einfacher,

---

[269] Die sog. *invisible audiences* bedeuten, dass man, im Gegenteil zu dem nicht-medialen Kontext, (insbesondere am Anfang seiner Online-Tätigkeiten) nicht immer feststellen kann, wer Zeuge seiner Online-Äußerungen ist (vgl. boyd 2007: 9 f.).

Informationen im Internet zu finden, was u. a. erlaubt, „Inhalte aus unterschiedlichen Kontexten nebeneinander zu stellen, also beispielsweise unterschiedliche Selbstdarstellungen einer und derselben Person auf verschiedenen Plattformen miteinander zu vergleichen" (Schmidt 2017: 120). Wichtig in diesem Kontext ist ebenso die sog. Wiederherstellbarkeit der (persönlichen) Informationen – es ist mit anderen Worten einfacher, „Äußerungen zu vervielfältigen, ohne dass das Original von der Kopie unterschieden werden könnte" (Sonnberger 2012: 99).

Besonders kleinere persönliche autonome Öffentlichkeiten bedeuten auch eine Abkehr von typischen journalistischen Produkten, die meistens darauf abzielen, Informationen von gesellschaftlicher Relevanz und aus bestimmter Perspektive zu veröffentlichen. Viel wichtiger scheint den UserInnen, ihre individuellen Meinungen und Sichtweisen zu äußern, die dann von ihren EmpfängerInnen „öffentlich verhandelt werden" können (Katzenbach 2008: 106). Für viele Online-AutorInnen ist daher nicht mehr das typische massenmediale Schema „Öffentlichkeit = Massenkommunikation = publizistische Bedeutung" gültig, sondern ihre *individuell begriffene Relevanz* im Rahmen mehr oder weniger privater Öffentlichkeiten (oder „intimisierter" Öffentlichkeiten, vgl. Wagner 2019: 114). Schmidt et al. (2005: 5) erläutern diese Tatsache folgendermaßen:

> Die Öffentlichkeit ist dabei gewollt, aber es ist eine andere Öffentlichkeit als die der Massenmedien: Sie ist das Mittel zum Zweck, um andere Menschen zeit- und ortsunabhängig am eigenen Leben teilhaben zu lassen und die Chance zu eröffnen, bislang unbekannte Personen mit ähnlichen Interessen kennen zu lernen.

Eine solche Verschiebung der Relevanz (in Richtung eines in vielen Fällen eher spezifischen, kleineren Adressatenkreises in diversen Social-Media-Formaten) führt jedoch zur Situation, in der man nicht mehr von einem dichotomen Verhältnis von Öffentlichkeit und Privatheit sprechen kann (wie es u. a. Schmidt et al. 2005 suggerieren). Zum ersten Mal in der Geschichte der allgemein zugänglichen Medien hat man es mit einer potenziellen Hervorhebung von kleineren privaten/persönlichen (Gegen-) Öffentlichkeiten sowie von diversen Themen-/Versammlungsöffentlichkeiten und ihrer zunehmenden Mediatisierung zu tun. Nimmt man als Basis das bewährte Drei-Ebenen-Modell von Öffentlichkeiten von Gerhards/ Neidhardt (1990) und Gerhards (1994), so wie es von Jarren/Donges (2006) präsentiert wurde, lässt es sich m. E. bezüglich der Online-Öffentlichkeiten folgendermaßen darstellen:

**Abb. 14:** Mögliche Arenen von Online-Öffentlichkeiten (Vorschlag). Eigene Darstellung auf Basis des Schemas von Jarren/Donges (2006: 105).

Der Abbildung 14 kann entnommen werden, dass sich (Gegen-)Öffentlichkeiten online potenziell auf *alle Relevanzstrukturen* beziehen können. Natürlich ist der Weg von typischen persönlichen Online-Öffentlichkeiten bis zu massenmedialen Online-Öffentlichkeiten nach wie vor lang, aber – im Gegensatz zu typischen Medienöffentlichkeiten – sind alle potenziellen Selektionsstufen miteinander vernetzt. Sogar private Accounts von „einfachen" UserInnen können u. U. relativ leicht inkludiert werden und nicht unbedingt ausschließlich in Nebenbereichen oder Nischenthemen zur allgemeinen Informations- und Wissensvermittlung beitragen. Vieles hängt natürlich davon ab, welche (aussagekräftigen) Themen sie aufgreifen, wie gut sie vernetzt sind (wichtig sind dabei die Anzahl und die Vernetzungsstärke der Plattformen, auf denen sie gleichzeitig zu finden sind, vgl. 3.6) und schließlich, wie gut sie sich selbstdarstellen und positionieren können (Fähigkeit gut und pointiert zu schreiben, technisches und soziales Know-how bezüglich des Informations-, Beziehungs- und Identitätsmanagements usw.). Es ist also theoretisch möglich, dass man im Internet mit unterschiedlich komplexen Online-Öffentlichkeiten konfrontiert wird, die neben typischen *massenmedialen Online-Öffentlichkeiten* (z. B. von größeren medialen Anbietern), sowohl einfache Begegnungen im Rahmen von Encounter-Öffentlichkeiten (d. h. *persönliche Öffentlichkeiten* in Blogs oder diversen personalisierten Accounts) als auch thematisch zentrierte Versammlungen bedeuten (v. a. sind es *Experten- oder kollaborative Öffentlichkeiten* in Diskussionsforen oder Kollaborationsplattformen). Alle vier *Arenen der Online-Kommunikation* können relativ einfach in einen medialen Diskurs verwoben werden und stellen somit einen wichtigen Teil medialer kommunikativer Kontinuitäten dar. Den Begriff *Kommunikationsarena* (bezüglich der digitalen Kommunikation) verstehe ich dabei im Sinne von Schmidt (2013: 41) und zwar als

> eine spezifische Konstellation von Akteuren (Kommunikator und Publikum) [...], die auf Grundlage jeweils eigener Selektions- und Präsentationsregeln sowie spezifischer Software-Architektur Informationen bereitstellen.

So wie in typischen Massenmedien besitzt das konvergente Medium Internet u. a. die technische Basis für das Entstehen und Funktionieren von typischen *massenmedialen Online-Öffentlichkeiten*. Dabei handelt es sich vorwiegend um aktuelle und durch redaktionelle Autonomie gekennzeichnete journalistisch-publizistische Online-Angebote (vgl. ebd.), in denen vor allem gesellschaftlich relevante Themen einem (emergenten) Ad-hoc-Publikum[270] präsentiert werden, die dann weiter verbreitet/geteilt werden und eventuellen Repositionierungen unterliegen können. Schmidt (ebd.) stellt dabei fest, dass in massenmedialen Online-Öffentlichkeiten nach wie vor eine klare Trennung zwischen den SenderInnen und den EmpfängerInnen besteht, zumal das Publikum (vgl. Anschlusskommunikation) es erwartet, dass auch in Online-Ausgaben von Zeitungen oder Zeitschriften (bzw. in Accounts von Fernsehsendern o. ä.) bestimmte professionelle Standards eingehalten werden (d. h. gute und etablierte Nachrichtenquellen, richtige Darstellungsformen, bzw. richtige Vorbereitung von speziellen multimedialen Formaten).

---

[270] Schmidt (2013: 41) spricht von einem ‚dispersen Publikum'. Allerdings verfügen nach der von mir in 3.1.2 angenommenen Definition disperse Publika über kaum Rückkanäle, über die sie auf die von professionellen Produzenten hergestellten Medieninhalte reagieren könnten, was auf SNS nicht der Fall ist (auch vgl. Luhmann 1996: 10).

Zu typischen Online-Themenöffentlichkeiten hingegen gehören m. E. *Arenen der Expertenöffentlichkeit* sowie der *kollaborativen Öffentlichkeit* (vgl. ebd.: 42 f.). Im Falle der ersteren handelt es sich um Arenen, in denen an Kommunikatoren hohe Anforderungen gestellt werden (in der Regel ist es „eine spezialisierte wissenschaftliche Ausbildung", ebd.: 42). Schmidt nennt hier v. a. Open-Access-Journale, die auch als Gatewatcher oder (Secondary-) Gatekeeper dienen können. Meiner Ansicht nach wären es auch alle thematischen Blogs oder Online-Kollaborationsplattformen, in denen es zu Begegnungen von Experten (und Laien) kommt, und somit zu möglichen Auseinandersetzungen und Aushandlung von Informationen und Erfahrungen. Ähnlich sieht es auf der *Arena der kollaborativen Öffentlichkeit* aus, in der – im Gegensatz zu Expertenöffentlichkeiten – vor allem Laien ihre Beiträge schreiben und veröffentlichen (es sind u. a. praxisbezogene Öffentlichkeiten), die aber meistens nach strengen Richtlinien arbeiten und oft von SpezialistInnen überprüft/kontrolliert werden (vgl. u. a. bereits thematisierte Wikis oder thematische Foren mit konkretem multimodalem UGC).

Besonders interessant scheint in dieser Hinsicht die Arena der *persönlichen Öffentlichkeit* (vgl. ebd.: 43), die v. a. in diversen Formen der Personal Publishing (Blogs) oder/und personalisierten Accounts in Mikroblogs oder auf sozialmedialen Plattformen (wie Facebook oder Google+) realisiert wird. Solche Online-Öffentlichkeiten beziehen sich natürlich meistens nicht nur auf bestimmte persönliche Relevanzstrukturen (was selbstverständlich mögliche Bezüge des Autors/der Autorin auf gesellschaftliche Probleme nicht ausschließt), sondern auch auf die Erweiterung des jeweiligen „privaten" sozialen Netzwerkes, Beziehungspflege sowie „Vergewisserung über die eigene Identität und Position in sozialen Netzwerken" (ebd.: 43).

Natürlich bestehen zwischen den einzelnen Arenen in der Kommunikationspraxis komplexe Verbindungen (vgl. auch Selektionsstufen zwischen einzelnen Öffentlichkeitstypen bei Jarren/Donges 2006: 105). Informationen aus einer Arena werden (nach bestimmten Selektions- und Präsentationskriterien) aufgegriffen, ergänzt und schließlich eingeordnet. Über die entsprechende Selektion von Informationen, die eventuell weiter nach oben kommen können, entscheiden am Anfang v. a. entsprechende thematische Online-Gemeinschaften, später JournalistInnen und schließlich entsprechende (Online-)Redaktionen von größeren medialen Anbietern.[271]

---

[271] Zur neuesten Typologie alternativer Nachrichtenmedien und ihrer Vernetzung, am Beispiel der deutschsprachigen Medienanbieter, vgl. Schwaiger (2022).

Zum Schluss möchte ich noch auf ein potenzielles Problem hinweisen, das immer häufiger nicht nur digitale Öffentlichkeiten und Online-Communitys als Organisationsrahmen der CVK, sondern auch ganze Online-Diskurse mit bestimmten Positionierungsverfahren betrifft. Es handelt sich dabei um mögliche algorithmische Prozesse und genauer gesagt um algorithmische Regeln von Suchmaschinen. Szpunar (2019: 25) spricht sogar von einer *Kultur der Algorithmen*, die auf Reduktion, Vereinfachung und Aufbau von Modellen beruht, in der nur messbare Daten wichtig sind, die sich dann auf konkrete Profite vieler InternetanbieterInnen setzen würden. Lischka/Stöcker (2017: 11) führen eine Reihe von technisch bedingten Faktoren auf, die zu einem Wandel der Art und Weise geführt haben, wie digitale Öffentlichkeiten mittlerweile hergestellt werden können. Die Autoren nennen u. a. kostenpflichtige technische Positionierung von manchen Internetauftritten, die dazu führt, dass algorithmische Regeln von Suchmaschinen wie Google viel schneller bestimmte Informationen gewinnen, als es z. B. in kostenlosen sozialmedialen Accounts der Fall ist. Ein anderes Problem stellen die Kriterien dar, nach denen Algorithmen Relevanz bemessen. Oft decken sie sich nicht mit den Qualitätskriterien, die bspw. gute JournalistInnen, BloggerInnen oder WissenschaftlerInnen anlegen würden. Darüber hinaus arbeiten die Algorithmen meistens deskriptiv, d. h. es wird etwa abgebildet, „auf welche Links in der Vergangenheit besonders häufig geklickt wurde" (ebd.).[272] Auf solche Art und Weise können bspw. sehr umstrittene, oft emotionalisierte Inhalte (wie etwa das Thema des Zusammenhangs zwischen Autismus und Impfungen, das in den letzten Jahren gerne thematisiert wird) sehr gute Suchergebnisse erzielen, so dass „eine massive Divergenz zwischen inhaltlicher Qualität und algorithmisch ermittelter Relevanz" entstehen kann (Lischka/Stöcker 2017: 11). Dies kann zu rascher Eskalation unnötiger

[272] Dabei ist noch anzumerken, worauf Szpunar (2019: 60) hinweist, dass seit 2009 in der Suchmaschine Google (und inzwischen nicht nur dort) nicht mehr nur nach dem sog. *PageRank* gesucht wird, sondern den UserInnen eine personalisierte Suche angeboten wird, was u. a. dazu führt, dass praktisch jeder User/jede Userin in einer zwar personalisierten aber immerhin abgegrenzten, isolierten Online-Welt funktioniert. Die Autorin vergleicht diese Situation mit dem Konzept von *filter bubble* (vgl. Pariser 2011), nach dem es nicht mehr EIN Internet gibt, sondern viele Internetnetzwerke. Sogar wenn ein Internetnutzer/eine Internetnutzerin in einem Freundeskreis funktioniert, der ähnliche Ansichten und Interessen hat, bekommen alle ein jeweils anderes Set von personalisierten Informationen und Suchergebnissen.

Konflikte oder hitziger Debatten online, sog. Shitstorms[273], oder desinformierenden Falschmeldungen und Fake News führen (vgl. ebd.: 41). Breljak (2019: 51) nennt solche Situationen *Societal Heating* und stellt dabei Folgendes fest:

> Debatten und Protestaktionen geraten schneller in die Öffentlichkeit denn je, gerade dann, wenn sie provozieren. Zugespitzte Titel, schockierende Bilder, Falschnachrichten werden, je mehr Empörung oder Anteilnahme sie auslösen, je schneller sie geteilt und wiedergegeben werden, umso weitläufiger durch die Knoten des Netzes katapultiert.

Trotz vieler Probleme mit den oben genannten „algorithmischen Identifizierungstechniken" (Lehner 2017: 81), die die größten SpielerInnen unter InternetanbieterInnen dem durchschnittlichen Internetnutzer/der durchschnittlicher Internetnutzerin quasi aufzwingen, sollte nicht vergessen werden, dass der heutige Öffentlichkeitswandel forsch voranschreitet. Nach wie vor sind es zwar typische Massenmedien, die den Ton angeben und auf bestimmte Bereiche fokussieren, aber es werden immer häufiger gerade bestimmte Themenbereiche von kleineren medialen AkteurInnen aufgegriffen. Darüber hinaus bedeutet die heute im Netz stattfindende Inklusion von verschiedenen Öffentlichkeitsebenen bestimmt nicht eine von Habermas (2008: 162) geschilderte „Fragmentierung der Öffentlichkeit" bzw. „eine riesige Anzahl von zersplitterten, durch Spezialinteressen zusammengehaltenen Zufallsgruppen." Viele empirische Untersuchungen der letzten 10–15 Jahre zeigen gerade das Gegenteil (vgl. u. a. Antos et al. (2018) oder Hauser et al. (2019): Es gibt keine Anzeichen einer vermeintlichen gesellschaftlichen Fragmentierung durch webbasierte Prozesse oder einer oft in den 1990er Jahren befürchteten „Fragmentarisierung von gesellschaftlicher Öffentlichkeit" (vgl. Plake et al. 2001). Vielmehr hat man es heutzutage mit einer Vielzahl von dezentralen und wesentlich sichtbareren Kommunikationsformen im Netz zu tun, die neben den Formen der (eher zentralen) Massenkommunikation ihre kleineren alternativen vernetzten Öffentlichkeiten (ggf. Gegenöffentlichkeiten) bilden, die oft als „parallel discursive arenas" dienen können (Della Porta et al. 2020: 14).

---

[273] Laut duden.de bedeutet der Begriff lawinenartiges Auftreten negativer Kritik gegen eine Person oder ein Unternehmen im Rahmen von sozialen Netzwerken, Blogs oder Kommentarfunktionen von Internetseiten bis hin zur Schmähkritik.

Das Zwischenfazit könnte demnach lauten, dass die technischen und kommunikativen Strukturen des Netzes es ermöglichen, unterschiedlich große Öffentlichkeiten zu integrieren. Das heißt im Prinzip, dass sogar kleinere (private) (Gegen-)Öffentlichkeiten in Nischenbereichen (wie z. B. persönliche thematische Blogs, sog. Fanpages auf Facebook und andere Social Media oder Internetseiten lokaler Gemeinschaften), die oft das *Long Tail*[274] des Internets bilden, potenziell größere Chancen bekommen, sichtbarer zu werden, was in herkömmlichen Medien meistens nicht möglich ist. Das Medium Internet gehört zwar zu Medienöffentlichkeiten, aber (wie oben gezeigt wurde) wird in seinen Strukturen das Verhältnis zwischen Öffentlichkeit, Privatheit sowie gesellschaftlichem Diskurs anders organisiert als es in klassischen Massenmedien der Fall ist (vgl. auch Kapitel 4).

Anschließend wird auf die Definition(en), mögliche Typen und Bestimmung von Online-Gemeinschaften – als wichtige Elemente des Organisationsrahmens der Netzkommunikation – eingegangen. Gerade in diversen Online-Gemeinschaften entstehen Diskurse und es kommt dabei u. a. zur diskursiven Aushandlung von Positionierungen und Mikronarrative der einzelnen InternetnutzerInnen.

### 5.3.7 Online-Gemeinschaften

Obwohl das Problem von Gemeinschaften bereits thematisiert worden ist (vgl. u. a. 2.2), bedarf es m. E. einer Zusammenfassung und ausführlicher Ergänzung bezüglich der möglichen Positionierung in digitalen Öffentlichkeiten und des sozialen und kommunikativen Handelns im Internet. Gerade diverse Gruppierungen im Internet bilden sich in Rahmen unterschiedlich großer (meistens stark personalisierter) Netzwerköffentlichkeiten und ermöglichen gleichzeitig ihr Funktionieren. Somit stellen sie die wichtigste interaktional-soziale Ebene der Organisation der Online-Kommunikation

---

[274] Die Bezeichnung *Long Tail* (dt. *langer Schwanz*) bezog sich ursprünglich auf die Theorie von Gladwell (2000), die von Anderson (2007) aufgegriffen wurde, nach der AnbieterInnen im Netz eine große Anzahl von Nischenprodukten Gewinn machen könnten (als Beispiele nannte Anderson anspruchsvollere Bücher oder Musikalben, die sich im Netz, wegen Kostenreduzierung und einem einfacheren Zugang, besser und leichter verkaufen würden). Bezogen aufs Netz könnte es solche Online-Angebote betreffen, „die ein Massenpublikum weder anstreben noch erreichen, sondern gezielt spezifische und kleinere Nutzergruppen ansprechen“ (Fraas et al. 2012: 37).

dar. In diesem Sinne kann angenommen werden, dass praktisch jede Webpage gleichzeitig eine *latente Gemeinschaft* ist, die ihre spezifische Öffentlichkeit bildet und aufrechterhält (vgl. Shirky 2008: 102).

Wie in 2.2 angedeutet, versteht der moderne Mensch mögliche Gemeinschaften, in denen er funktioniert, nicht mehr im klassischen Sinne einer sozialen Struktur mit geographischem *sense of place* oder ethnischen Dimensionen (vgl. Boos 2017: 20) mit eher starken sozialen Beziehungen (und häufiger direkter körperlicher Nähe) bzw. eventueller Kontrolle. Seine *Vergemeinschaftung*, also den „Prozess der Produktion und Reproduktion von Gemeinschaften als eigenständige soziale Kommunikationssysteme in der Gesellschaft“ (Thiedeke 2008: 49) ist deshalb „im Spannungsfeld zwischen erwünschter sozialer Einbindung einerseits und erwünschter individueller Autonomie andererseits“ zu betrachten (Döring 2010: 172). Der heutige Mensch will also seine möglichen Sozial- und Interaktionsräume ausdehnen/pluralisieren und gleichzeitig individuell(er) gestalten, was bedeutet, dass sich „der Kern dessen, was Gemeinschaft ausmacht“ verschiebt (Autenrieth 2013: 176).

Demnach können Communitys aus heutiger Sicht eher als „social networks of interpersonal ties“ angesehen werden „that provide sociability, support, information, a sense of belonging and social identity“ (Quan-Haase/Wellman 2004: 114). Viel häufiger als früher sind es Netzwerke „miteinander verbundener Kommunikanten [...], die gewöhnlich kameradschaftliche und sozial unterstützende Beziehungen pflegen“ (Höflich 2003: 66).[275] Heute stehen in Communitys v. a. gemeinsame Interessen und Perspektiven ihrer Mitglieder im Mittelpunkt (über geographische oder ethnische Grenzen hinaus). Sie bedeuten für viele v. a. Kohärenz und Gruppenidentität (z. B. Teilen von gemeinsamen Aufgaben und Hilfe für die anderen Beteiligten)

---

[275] Über *soziale Unterstützung* (engl. *social support*) wird im Rahmen der angewandten Netzwerkforschung seit Jahren diskutiert (vgl. das Kollektivwerk von Keupp/Röhle 1987 oder Hollstein 2001). Der Begriff bezieht sich im Allgemeinen auf Bedingungen, Formen und Auswirkungen der sozialen Unterstützung, nicht nur auf Einzelne, sondern auch auf Gruppen und unterschiedliche Online- und Offline-Gemeinschaften. Soziale Unterstützung vollzieht sich somit bei jedem Menschen im gesellschaftlichen Alltag und gehört zu wichtigen Bedingungen der Sozialität. Diese Regeln sind gesellschaftlich (ggf. milieuabhängig), kulturell und oft auch historisch geprägt und verweisen u. a. auf das gesellschaftlich ungleich verteilte sog. soziale Kapital (vgl. 2.1).

sowie Stärkung sozialer Bande. Dazu kommt noch die Diversität, wobei sie sich nicht unbedingt auf ethnische Gruppen beziehen muss, sondern auf die soziale Komplexität im Rahmen der jeweiligen Community. Ebenso wichtig scheint den heutigen Gemeinschaften das „Wir-Gefühl" zu sein (vgl. Haverkamp 2008: 331), obwohl es anders als früher erzeugt wird und viel dynamischer als früher ist (d. h. es können sich z. B. Untergruppen leichter bilden, die meistens jedoch im engen Zusammenhang miteinander kooperieren). Unter möglichen Bedingungen, die viele Individuen dazu veranlassen, sich einer Gruppe anzuschließen, nennt Haverkamp (ebd.) u. a. die Attraktivität der jeweiligen Gemeinschaft (bezüglich unterschiedlicher Faktoren) sowie die Möglichkeit der Realisierung sowohl der individuellen Bedürfnisse der einzelnen Mitglieder als auch Gruppenstolz, wenn eine bestimmte Gruppenaufgabe mit Erfolg bewältigt wurde. Darüber hinaus hebt er noch eine wichtige Eigenschaft von heutigen Gemeinschaften hervor, und zwar, dass sie sich in jedem Moment und zu jeder Zeit neu definieren können.

Zu allen diesen konstitutiven Elementen von heutigen Gemeinschaften kommt die bereits erwähnte Technisierung und Mediatisierung von sozialen Gruppen (vgl. 2.2). Während manche Gruppierungen (wie etwa KollegInnen in diversen Arbeitsgemeinschaften in Unternehmen) Online-Gemeinschaften als eine der möglichen Fortsetzungen ihrer sozialen und sprachlichen Handlungen und Positionierungen betrachten, bilden wiederum andere Gruppen (unabhängig von ihrem geographischen Ort oder der jeweiligen Zeitzone) ausschließlich digitale Communitys, weil es keine andere Möglichkeit gibt.[276] Während bspw. Twitter/X sich deutlich weniger an „offline vorgelagerten Beziehungen" (Autenrieth/Herwig 2011: 229) wie Freundschaft oder Bekanntheitsgrad orientiert und sich v. a. anhand Interessen oder bestimmten Themen herausformt, basieren andere SNS (wie z. B. Facebook) – zumindest zum Teil – auf bereits bestehenden Offline-Kontakten und ihrer Aufrechterhaltung und Pflege.

Im Falle von Gruppen, die sich im Internet bilden, sind es prinzipiell die, „deren Mitglieder sich online zusammenschließen und in starkem

---

[276] Nichtsdestotrotz funktionieren im Netz ebenso sog. *place-based*-communities, d. h. solche Gemeinschaften, die sich auf einen konkreten realen Ort beziehen (vgl. Quigley et al. 2016: 479).

Maße computervermittelt kommunizieren" (Döring 2010: 172).[277] In der Internetforschung hat sich für solche Gruppen besonders der sozialpsychologische Begriff der *Online-Gemeinschaften*, bzw. der *Online-Communitys* oder *Web-Communitys* durchgesetzt (vgl. Trepesch 2010: 11).[278] Solche Communitys bedienen sich diverser Tools des Social Web, alle NutzerInnen haben ihre (mehr oder weniger ausgebauten) persönlichen Profilseiten sowie ihre Rollen und Positionen in der Kommunikation und nutzen des Weiteren unterschiedliche Funktionen, die typisch für eine SNS sind. Natürlich sind das Social Web oder soziale Medien noch keine Communitys an sich (vgl. 3.3). Aber sowohl das Internet (als technische Plattform) als auch Social Media (im Sinne unterschiedlicher Anwendungen) lassen diverse Online-Gemeinschaften problemlos entstehen.

Damit eine Online-Gemeinschaft sich etablieren und weiter funktionieren kann, müssen konkrete Bedingungen erfüllt werden. Diese lassen sich m. E. in folgenden Punkten subsumieren[279]:

1) Online-Communitys brauchen v. a. eine *technische Plattform* (einen technischen Rahmen), d. h. Medienbezug der Online-Communitys

---

[277] Trotz der Bedenken mancher AutorInnen der 2000er-Jahre (vgl. Stegbauer 2001), die das Entstehen und Funktionieren von richtigen Online-Gemeinschaften für fast unmöglich hielten und der Meinung waren, dass keine Community ohne den gemeinsamen physikalischen Raum oder geteilte Geschichte funktionieren könne, musste man später diese Ansicht recht schnell revidieren (vgl. Kitchin 1998, Wenger 1998 oder Lévy 2000).

[278] Ich vermeide allerdings den von Marotzki (2004) oder Autenrieth/Herwig (2011) geprägten Begriff *virtuelle Gemeinschaft* (ähnlich wie den Terminus *virtuelle UserInnen*, vgl. 2.2). Virtuell (d. h. nicht in der Realität existierend) bleiben für mich nur technische Strukturen des Netzes sowie Räume, in denen sozial gehandelt und kommuniziert wird, und nicht die UserInnen oder die Relationen zwischen ihnen, die (wie bereits festgestellt) materiell bleiben. Autenrieth/Herwig (2011: 228) unterscheiden zwischen „virtuellen" und „virtualisierten" Gemeinschaften. Ich würde eher sagen, dass es einfach typische Gemeinschaften gibt, die u. U. in die Online-Sphäre überführt werden und (zumindest teilweise) zu Online-Gemeinschaften werden. Etwas, was sich dagegen auf Menschen bezieht, kann in meinen Augen nicht „virtuell" sein oder sich „virtualisieren" lassen. Nach wie vor sind es zwar Online-Gemeinschaften aber mit realen Personen und realen Beziehungen zwischen ihnen. Virtuell bleiben die Strukturen (weil sie nicht in der Realität existieren), nicht die Menschen, die in ihren Rahmen agieren.

[279] Natürlich lassen sich einige von den genannten Bedingungen ebenso in Bezug auf typische Gemeinschaften einsetzen.

je nach technischen Möglichkeiten einer Anwendung. Beispielsweise verfügt Twitter/X über andere kommunikative Möglichkeiten als Instagram. Es wird anders in Gemeinschaften im Rahmen von Chat-Rooms und in virtuellen Spielwelten diskutiert usw. Es ist allerdings auch möglich Online-Gemeinschaften über diverse Plattformen hinweg zu bilden und aufrechtzuerhalten, was immer häufiger der Fall ist, z. B. mit Communitys, die sich um diverse Musikstile bilden und Fans zusammenschließen.

2) Jede Community wird entsprechend *organisiert*: Es wird hier nach eventuellen BesitzerInnen und/oder Organisatoren gefragt, die „großen Einfluss auf die sozio-technische, ökonomische und rechtliche Gestaltung" haben können (Döring 2010: 175). So können Online-Communitys kommerzieller Natur sein (was meistens ihre eventuelle Kundenbindung und konkrete Marketingstrategien bedeutet). Es sind oft auch Non-Profit-Organisationen (z. B. Online-Foren) aber sie werden auch immer häufiger von einzelnen Privatpersonen organisiert (z. B. Online-Selbsthilfegruppen usw.). Es ist in vielen Communitys üblich, dass die organisatorischen Regeln zusammen ausgehandelt werden (z. B. in einem getrennten Thread in einem Online-Forum) oder der angehende User/die angehende Userin muss die bereits existierenden Regeln akzeptieren und sie mit einem Klick bestätigen. In diesem Sinne haben Online-Gemeinschaften „eine selbstregulierende Kraft" (Höflich 2003: 70), d. h. es wird gemeinsam entschieden, was man als UserIn darf und was bereits als Regelverstoß gilt (in extremen Fällen können die NutzerInnen hinausgeworfen oder sogar auf Dauer verbannt werden). Darüber hinaus besteht die Möglichkeit einer (gemeinsamen) Einstellung der Privatheit der gegebenen Gruppe, bspw. in sozialen Medien wie Facebook. Sie kann z. B. für jeden frei zugänglich sein, privat oder sogar geheim bleiben.[280]

---

[280] Dies führt einerseits zur Kanalisierung der konkreten Thematik und der anschließenden Bildung von Wissensressourcen, andererseits bauen (besonders geschlossene Gruppen im Internet) „Wissensenklaven" auf, deren Mitglieder bestimmte Werte und Ansichten teilen, zu denen kein (oder kaum ein) „Fremder" Zugang hat. Nur die jeweiligen Gruppenmitglieder entscheiden dann, wer und in welchem Umfang bestimmte Nachrichten lesen und sie ggf. weiterleiten kann, was sich häufig natürlich auch als Nachteil erweisen kann.

3) Es gibt immer einen *inhaltlichen, thematischen*[281] und somit einen *identitätsstiftenden Fokus*, der jegliche Zusammenarbeit sowie wechselseitige Unterstützung (z. B. bezüglich eines gemeinsamen Ziels oder Interesses) ermöglicht. Es handelt sich hier v. a. um die Hauptthematik, die es erlaubt, Online-Communitys nach entsprechenden Handlungsfeldern einzuordnen (z. B. Politik, Kultur, Bildung, Sport, Unterhaltung, Selbsthilfe usw.). In dieser Hinsicht haben sich einige Begriffe als Typen von (Online-)Communitys eingebürgert, die inzwischen recht gut in der Fachliteratur beschrieben sind. Es sind u. a. *Diskursgemeinschaften*, die durch Beschäftigung mit einem gemeinsamen Thema konstituiert sind (vgl. Rothkegel 2013: 224). Sie werden von Pogner (2012: 86) folgendermaßen definiert: „Discourse communities affect the way in which their members define problems and formulate solutions, i. e., acquire, transform and produce not only language but also knowledge." Darüber hinaus werden sie als „Gruppierungen typischer Diskursträger" verstanden, die „durch eine gemeinsame Ideologie, eventuell eine gemeinsame Story-Line [zusammengehalten werden]" (Meszaros 2024: 98). Diskursive Gemeinschaften verfügen dabei meistens über „ein kollektives Inventar an Argumenten, Fahnenwörtern u. ä." (ebd.). Dazu kommen ergebnisorientierte *Communities of Practice* (dt. praxisbezogene Gemeinschaften bzw. Praxisgemeinschaften[282]) sowie *Communities of*

[281] Wichtig in diesem Kontext ist ebenso die Tatsache, dass diverse Themen „sich in der Kommunikation von Gruppen bzw. Gemeinschaften etablieren und fortsetzen […] So ist es der sich etablierende Diskurs selbst, der weitere Texte initiiert, oder es handelt sich um Probleme bzw. Aufgaben, zu deren Lösung Texte produziert werden" (Rothkegel 2013: 224).

[282] *Communities of Interest* werden von Wenger-Trayner/Wenger-Trayner (2015) als „groups of people who share a concern or a passion for something they do and learn how to do it better as they interact regularly" definiert. Die Grundlagen des Konzepts werden ausführlicher von Lave/Wenger (1991), Wenger (1998), Wenger et al. (2002) oder Beck/Maida (2018) erarbeitet. Auch die Online-Kommunikation wird in den letzten Jahren immer häufiger in dieser Perspektive dargestellt. So fragen Wasko/Faraj (2000) oder Ardichvilli et al. (2003) nach Motivationen oder möglichen Einschränkungen der Online-Partizipation in praxisbezogenen Gemeinschaften. Es gibt inzwischen auch Beiträge, deren Autoren sich mit konkreten praktischen Anwendungen von Communities of Practice in der Online-Umgebung befassen, vgl. Rybszleger (2014) zu Online-Foren, Mayer (2013) zu Wikis im Sinne kollaborativer Kommunikationssysteme oder O'Sullivan (2016), der Wikipedia als eine „neue" Community of Practice beschreibt.

*Interest* (dt. Interessengemeinschaften[283]). Trotz großer Fluktuation und dem formalen Fehlen von Mitgliedschaften von Online-Gemeinschaften, können sie entsprechend lange funktionieren und sich durch ihre bestimmte Dauerhaftigkeit auszeichnen (vgl. Dorostkar/Preisinger 2013). Dadurch sind sie imstande ihr Zugehörigkeitsgefühl sowie ihre Gruppenidentität zu steigern (es können bspw. geteilte Werte oder Meinungen sein, die das Zusammensein der jeweiligen Gruppe und ihre sozialen Bande stärken). In diesem Kontext sind viele Online-Öffentlichkeiten besondere *symbolische Kommunikationsgemeinschaften*, die Cohen (1985: 16) in seiner klassischen Begriffsbestimmung folgendermaßen definiert:

> The quintessential referent of community is that its members make, or believe they make, a similar sense of things either generally or with respect to specific and significant interests, and further, they think that that sense may differ from one made elsewhere.

Darüber hinaus sind symbolische *Gemeinschaften* soziale Einheiten, deren Mitglieder sich gemeinsamer Zugehörigkeit bewusst sind und die sich durch kollektive Identifikationen, Identitätsbestimmungen und/oder Interessendefinitionen auszeichnen (vgl. Peters 1993: 168).

---

[283] Henri/Pudelko (2003: 478) definieren den Begriff *Community of Interest* (CoI) folgendermaßen: „a community of interest is a gathering of people assembled around a topic of common interest. Its members take part in the community to exchange information, to obtain answers to personal questions or problems, to improve their understanding of a subject, to share common passions or to play." Im Gegensatz zu praxisbezogenen Gemeinschaften identifizieren sich die Mitglieder von Interessengemeinschaften eher mit dem gegebenen Thema als mit anderen Mitgliedern, d. h. wenn sie durch die Teilnahme an einer Community ihr Wissen konstruieren, wollen sie eher persönlich Gebrauch davon machen, statt an kollektiven Projekten teilzunehmen. Die Interaktivität von solchen Gruppen (gemessen an der Anzahl von Threads) hat einerseits einen positiven Einfluss auf ihre Größe aber führt andererseits auch dazu, dass viele Mitglieder „Multimembers" sind, d. h. sie surfen im Netz zwischen diversen Gemeinschaften, die ihren Interessen entsprechen. Es gibt dann kaum gemeinsame exklusive Wissensbestände einer Gruppe, die natürlich keine Basis der eventuellen Gruppenidentität sein können. Eine besondere Gruppe von Interessengemeinschaften bilden sog. *Goal-oriented Communities of Interest* (dt. zielorientierte Interessengemeinschaften), in denen „Experten" in einem Bereich ihr Wissen und Können mit anderen Mitgliedern einer CoI teilen (vgl. French 2017: 32).

Lisowska-Magdziarz (2006) spricht von einem verwandten Begriff, und zwar von *wspólnoty interpretacyjne* (*Interpretationsgemeinschaften*) und stellt dabei fest, dass die Realität, die wir kennen, Ergebnis einer Gemeinschaft ist, in der wir leben. Die Autorin konstatiert, dass der Mensch nicht außerhalb eines gewissen Begriffskontextes denken kann, den seine eigene Kultur liefert. Demnach sind Gemeinschaften (im Sinne einer Interpretation der Außenwelt) oft als solche zu verstehen, die den Standpunkt und die Art und Weise bestimmen, wie das Wissen über die Welt und Erfahrungen organisiert werden. Eine solche Denkweise wird in einer bestimmten Gruppe geteilt – mit gemeinsamen Begriffskategorien und Werthierarchien, wobei jede Person gleichzeitig zu unterschiedlichen Interpretationsgemeinschaften gehören kann (vgl. Markiewka 2013: 282). Die Angehörigen solcher Gemeinschaften (besonders in der Online-Umgebung) kennen sich oft nicht, deswegen spielen gerade technische Medien (wie das Internet) eine entscheidende Rolle bei ihrer Entstehung und Weiterentwicklung.

4) Die letzte Bedingung für das Entstehen und Funktionieren einer Online-Gemeinschaft sind schließlich Möglichkeiten einer ständigen unmittelbaren mediatisierten Kommunikation, unabhängig von Zeit und Raum (vgl. Döring 2010: 173). In diesem Sinne sind Online-Communitys eine Art *Kommunikationsgemeinschaften* bzw. *Wissensgemeinschaften* (vgl. Knoblauch 2008: 81 f.), die zwar einer unmittelbaren Kopräsenz ihrer Mitglieder beraubt sind, aber auf dem kommunikativen Handeln der z. T. anonymen Individuen aufbauen. Ähnlich wie in typischen Gemeinschaften werden bestimmte (mediale) Aktivitäten anderer Mitglieder erwartet (vgl. Höflich 2003: 68).

Das obige Kapitel bezog sich auf die Entstehung von Online-Communitys innerhalb digitaler Öffentlichkeiten und fokussierte mittelbar u. a. auf Prozesse der Positionierung, die im folgenden Kapitel detaillierter betrachtet werden. Anstelle geografischer Nähe in typischen Gemeinschaften treten hier die eher symbolische Kommunikation und Selbst- und Fremdpositionierung durch geteilte Interessen, Themen und Diskurse in den Vordergrund. Darüber hinaus wurde festgestellt, dass Gemeinschaften sich über kontinuierliche mediatisierte Kommunikation konstituieren, in der Zugehörigkeit, Identität und Abgrenzung aktiv verhandelt werden. Wie im analytischen Teil gezeigt wird, positionieren sich die Mitglieder symbolisch durch ihre Beteiligung an kollektiven Deutungsmustern und durch diskursive Abgrenzung gegenüber Außenstehenden. Sozialmediale Plattformen fungieren hierbei als infrastrukturelle Voraussetzung, die jegliche Kommunikativ- und Positionierungshandlungen sowie Kohärenzbildung ermöglichen. Identität wird in diesem Kontext nicht statisch verstanden, sondern als relationales und dynamisches Produkt kommunikativer Praktiken. Die Fähigkeit zur Positionierung innerhalb solcher Gemeinschaften würde ich als eines der zentralsten Elemente moderner Netzwerköffentlichkeiten hervorheben, wobei digitale Medien die Reichweite und Flexibilität dieser Prozesse maßgeblich erweitern.

# Soziale und kommunikative Positionierung

In dem vorliegenden Kapitel zu der *Positioning Theory* wird auf die wichtigsten Begriffe sowie Definitionen eingegangen. In den folgenden Unterkapiteln werden einzelne allgemeine Positionierungshandlungen erläutert, d. h. Positionierungsordnungen und -kategorien (mit entsprechenden Beispielen bezüglich der Handlungskomponenten von Social-Web-Praktiken). Dabei fügt sich die Positionierungstheorie in das umfassende Konzept des sog. *Stancetaking* ein. Aus diesem Grund sollte zuerst auf die Definition und die wichtigsten Elemente der *Stance*-Theorie eingegangen werden.

## 6.1 Stancetaking

Die Problematik der sprachlichen (und nichtsprachlichen) Mittel, die dem Ausdruck von persönlichen Evaluationen/Bewertungen und der Positionierung in einzelnen Äußerungen (ggf. Propositionen) dienen, wurde bereits Ende der 80er-Jahre des 20. Jahrhunderts thematisiert. Eine der ersten Definitionen von *Stance/Stancetaking*[284] (auf Deutsch etwa *Haltung*, *Standpunkt* oder *Position*) stammt von Biber/Finegan (1989: 92), die *stance* als „the lexical and grammatical expression of attitudes, feelings, judgements, or commitments concerning the propositional content of a message“

[284] In der vorliegenden Arbeit werden beide Begriffe (*Stance* und *Stancetaking*) synonym verwendet. Da sich in der Literatur bisher keine eindeutige deutsche Übersetzung des Begriffs durchgesetzt hat (sondern nur seiner Bestandteile, vgl. 6.1.1), wird in diesem Beitrag kein deutsches Äquivalent benutzt.

bezeichnen. In neueren Definitionen lassen sich zwei allgemeine Stance-Forschung-Entwicklungen beobachten (vgl. Glynn 2014: 353 ff.). Bezogen auf die *Modalitäts- und Evidentialitätsforschung* kann Stance als Prozess der „Bewertung von Eigenproposition der Sprecherinnen und Sprecher“ bezeichnet werden (Chowchong 2022: 35[285]), bzw. „the ways in which speakers and writers encode opinions and assessments in the language they produce“ (Gray/Biber 2012: 15[286]). Nach der *diskursbasierten Stance-Forschung* hingegen, die für die vorliegende Arbeit von besonderer Bedeutung ist, ist Stancetaking als eine allgegenwärtige kommunikative Aktivität zu definieren, bei der SprecherInnen diverse sprachliche Mittel einsetzen, um den Gegenstand/das Thema (engl. *Object*, vgl. 6.1.1) des laufenden Gesprächs zu bewerten/zu evaluieren. Eine solche Evaluation signalisiert gleichzeitig eine Beziehung zwischen den SprecherInnen und dem besagten Objekt der Aktivität und schafft zudem eine Ausrichtung an anderen GesprächspartnerInnen (vgl. Stone/Hart 2019: 74).[287] Stancetaking stellt also einen öffentlichen, mehrdimensionalen Akt sozialer AkteurInnen dar, „bei dem man eine Haltung bzw. *Stance* gegenüber etwas einnimmt“ (Chowchong 2022: 35), gleichzeitig das Stanceobjekt evaluiert/bewertet, eine Position einnimmt und sich an anderen sozialen AkteurInnen ausrichtet. Du Bois (2007: 163) spricht dabei von einer kommunikativen Situation, in der „I evaluate something, and thereby position myself, and

---

285 Pho (2013: 22) verdeutlicht den Untersuchungsgegenstand und führt dabei den Begriff von *authorial stance* ein: „„Writers‘ use of self-reference or self-mention words to claim their authority or identity.“

286 Nach Gray/Biber (ebd.) wird dabei zwischen dem pragmatischen Aspekt von Stance unterschieden, und zwar *affective stance*, d. h. dem Ausdruck persönlicher Einstellungen/Evaluationen, bzw. eine Stimmung oder Einstellung und eine Disposition sowie der Grad der emotionalen Intensität in Bezug auf ein bestimmtes Anliegen (vgl. Ochs 1996: 410), sowie der Bewertung des eigenen Wissensgehalts in einer Äußerung bzw. „degree of Certainty concerning the object of discussion“, d. h. *epistemic stance* (Chindamo et al. 2012: 619). Shoaps (2017: 24) spricht in dieser Hinsicht noch vom *deontic stance* (d. h. Selbstpositionierung der Referenten in Bezug auf die Begriffe Notwendigkeit, Verpflichtung und Verantwortung sowie moralische Positionierungen). Nichtsdestotrotz kann angenommen werden, dass es eine theoretisch unendliche Anzahl von Stance-Arten gibt. Auch Du Bois (2007: 139) plädiert gegen die bloße Kategorisierung von Stances: „Because the diversity of observable stances extends in principle without limits, it is necessary to go beyond merely cataloguing their contents or classifying their types“.

287 Zum Stance-Konzept als Evaluation und Positionierung im Diskurs zugleich vgl. auch u. a. das Kollektivwerk von Englebretson (2007) sowie Beiträge von Jaffe (2009) oder Spitzmüller (2013 und 2019).

thereby align with you". In einem nächsten Schritt wird auf die diskursbasierte Definition von Stancetaking sowie das sog. *Stance-Dreieck* von Du Bois (2007) eingegangen.

### 6.1.1 Das Stance-Dreieck von Du Bois

Du Bois (2007: 169) betrachtet Stancetaking als grundsätzlichen Bestandteil aller kommunikativen Akte[288] und definiert das Konzept folgendermaßen:

> I define stance as a public act by a social actor, achieved dialogically through overt communicative means (language, gesture, and other symbolic forms), through which social actors simultaneously evaluate objects, position subjects (themselves and others), and align with other subjects, with respect to any salient dimension of value in the sociocultural field.

Stancetaking wird dabei mithilfe des sog. *Stance-Dreiecks* (engl. *Stance-triangle*) erläutert:

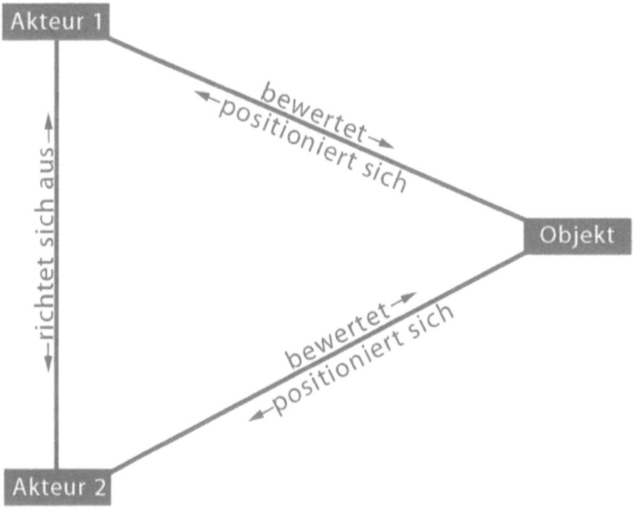


**Abb. 15:** Das Stance-Triangle von Du Bois (2007). Eigene Darstellung.

[288] In Anlehnung an Jaffe (2009: 3) wird in der vorliegenden Arbeit angenommen, dass es keine Stance-freie Kommunikation geben kann. Sogar Neutralität ist eine Art von Stance. Darüber hinaus ist Stance „keine Äußerung oder interpersonale Haltung [per se], sondern wird durch derartige soziale Interaktionen konstruiert" (Chowchong 2022: 50).

Das von Du Bois präsentierte Konzept besteht aus drei ineinandergreifenden (bzw. voneinander abhängigen) Bestandteilen. Es sind: *AkteurInnen*, ein *Stanceobjekt* (bzw. ein *Thema*) und drei Teilakte: *Bewertung/Evaluation*, *Positionierung* und *Ausrichtung*. Aus dem Modell ist Folgendes ersichtlich:

- Immer, wenn zwei AkteurInnen (SprecherInnen, bzw. Interagierende) über etwas kommunizieren (d. h. sich auf das jeweilige Stanceobjekt beziehen), präsentieren sie eine Haltung dazu (mit anderen Worten evaluieren sie die ganze Situation). Dies kann zum einen mittels linguistischer *stance markers* (wie typische sprachliche Zeichen) realisiert werden (vgl. Gray/Biber 2015: 219 ff.), zum anderen mithilfe anderer semiotischer Ressourcen (wie z. B. Körperhaltungen, Kleidung oder Gesichtsausdrücke). Auch im Falle der Internetkommunikation können diverse Handlungen Stance implizieren, wie z. B. die Verwendung eines passenden Emoticons in einem Facebook-Post, das Hochladen von Grafiken/Fotos bei Instagram oder das Drücken auf einen der Knöpfe der Sympathiebekundung.
- Die Evaluation (engl. *evaluation*) eines Stanceobjekts erfolgt durch einen oder mehrere AkteurInnen. Beim Stancetaking werden üblicherweise *Stanceobjekte* (Evaluationsobjekte) verschiedener Art bewertet (bzw. es wird zu etwas Stellung genommen). Zu solchen Objekten können sowohl konkrete Gegenstände (wie Bücher, Filme, Zitate/Aussagen anderer sozialer AkteurInnen und/oder ganze Gruppen usw.), als auch Ideen, diverse Sprachen oder Sprachformen (siehe: unten), Sachverhalte oder komplexe Zusammenhänge gehören, die (gemeinsam) in der kommunikativen Praxis konstruiert bzw. hervorgebracht werden.[289]
- Gleichzeitig beziehen sich die AkteurInnen „zustimmend oder ablehnend auf vorige oder in der Gesellschaft bereits bestehende Haltungen" (Chowchong 2022: 37). Ausrichtung (engl. *alignment*) ist mit anderen Worten eine mehr oder weniger explizite Abgleichung von Standpunkten verschiedener AkteurInnen, wobei wichtige Bezugsgrößen des Positionierens soziokulturell und z. T. historisch geprägt sind (z. B. geteilte Werte,

289 Mit Sicherheit kann konstatiert werden, dass das Stance-Dreieck von Du Bois (2007) eine wichtige Erweiterung des ursprünglichen Stance-Konzeptes ist, d. h. neben verbal realisierten Propositionen/Äußerungen kann praktisch alles Mögliche als Stanceobjekt aufgefasst werden.

gemeinsame Wissensbestände oder Positionen gegenüber bestimmten Themenbereichen).

- Schließlich weisen sich die AkteurInnen selbst (sowie anderen) eine bestimmte Position zu. Bei dem letzten Element des Modells handelt es sich gerade um Positionierung (engl. *positioning*) der AkteurInnen „in Relation zum Objekt (durch die Bewertung)“ (Spitzmüller 2013: 269). Wie Spitzmüller (ebd.: 270) zu Recht feststellt, werden in dem oben umrissenen Modell besonders zwei Aspekte der Positionierung hervorgehoben und zwar, dass es „ein sozialer und interaktiver Prozess ist“. Dies bedeutet zum einen, dass „Standpunkte stets interaktiv ausgehandelt werden“ und zum anderen, dass der jeweilige Standpunkt „relativ zu anderen ist“ (ebd.).

Wie oben erwähnt, können auch die Sprache oder ein konkreter *Sprachgebrauch* zum Stanceobjekt werden. Spitzmüller (2013: 270) bemerkt in seiner Erweiterung des Stance-Dreiecks zu Recht, dass unterschiedliche Sprachgebräuche besonders dann zu Stance-Objekten werden, „wenn Akteure diesen Sprachgebrauch explizit *metapragmatisch* bewerten“. Unter *Metapragmatik* wird in der klassischen Linguistik „the study of the metalinguistic dimension of language“ begriffen (vgl. Verschueren 2000: 441), d. h. es werden solche kommunikativen Handlungen unter die Lupe genommen, deren Objekt selbst wieder andere kommunikative Handlungen sind (Metasprache). Als Beispiele kann man solche expliziten Evaluationen nennen wie „Dialekte sind emotionaler und authentischer als Standardsprache“ oder „Anglizismen sind nichts als Imponiergehabe“ (vgl. Spitzmüller 2013: 270). Darüber hinaus schließt die Metapragmatik alle anderen kommunikativen Handlungen ein, die mit und ohne Sprache realisiert werden können. Ich schließe mich der Auffassung von Spitzmüller (2019: 18 f.) an, der von der *metapragmatischen Funktion* der Kommunikation spricht, und zwar von der „Fähigkeit kommunikativer Handlungen und Zeichen [...], reflexiv auf kommunikative Handlungen/Handlungsbedingungen zu verweisen“. Bezüglich der Internet-Kommunikation denke man dabei bspw. an solche metasprachlichen Handlungen (und Bewertungen) wie die Verwendung von „Likes“ (oder anderen außersprachlichen Mitteln der Sympathiebekundung) anstatt eines rein sprachlichen Ausdrucks der Zustimmung oder an den Emoticon-Gebrauch, der sich auf Emotionen und/oder unterschiedliche Gefühlszustände bezieht. Dabei kann die Verwendung von diesen sprachlichen und nicht-sprachlichen Zeichen einerseits das Verhältnis zwischen KommunikationsteilhaberInnen, andererseits ihre bestimmte (soziale) Identität implizieren. Auch im Diskurs von und über Menschen mit Behinderungen scheint die metapragmatische (reflexive) Positionierung von besonderer Bedeutung zu sein, wie z. B. in thematischen Bereichen wie sprachliche Ausdrücke und die Sprache begleitenden Elemente der Sehfläche bezüglich der Personen mit Behinderungen sowie die Evaluation der kommunikativen Mittel, mit denen Menschen mit Behinderungen sich selbst bezeichnen (vgl. 9.5).

In diesem Zusammenhang scheint es von Bedeutung zu sein, noch zwei wichtige Elemente der evaluierenden und positionierenden Kommunikation zu nennen. Im Sinne bestimmter Sprachgebräuche kommunizieren Stanceobjekte einerseits praktisch immer kollektiv geteilte Werte und Einstellungen einer sozialen Gruppe, d. h. gewisse *Sprachideologien*. Dazu tragen Sprachgebräuche bestimmte *indexikalische Bedeutungen* mit sich (bestimmte indexikalische Bedeutungen kommen dann zustande, wenn z. B. in einer Gemeinschaft immer mehr gleiche Stance-Arten verwendet werden). Auf beide Begriffe wird in den folgenden Kapiteln näher eingegangen.

### 6.1.2 Sprachideologien

Der ursprünglich von Silverstein (1979) geprägte linguistisch-anthropologische Begriff von *Sprachideologien* oder *Ideologien über Sprache* wird als Gesamtheit der kollektiv geteilten Werte und Einstellungen einer sozialen Gruppe, „diskursiv verankerte Werthaltungen“ (Spitzmüller/Warnke 2011: 110) bzw. „Werthaltungen und Einstellungen zu Sprache und Sprachgebrauch“ (Spitzmüller 2013: 264) verstanden, die von sozialen AkteurInnen im Diskurs ausgehandelt werden und die für ihr gesellschaftliches Verhalten und die soziale Positionierung grundlegend sind (vgl. Irvine/Gal 2000: 37). Es geht dabei um die Charakterisierung einer Reihe von Überzeugungen oder Gefühlen der SprecherInnen (bzw. ihrer Normvorstellungen) in Bezug auf Sprachen, wie sie in ihren gemeinsam ausgehandelten sozialen Welten verwendet werden.[290] Silverstein (1979: 193) definiert (in Anlehnung u. a. an Althusser 1977) Sprachideologien folgendermaßen:

---

[290] Es ist also „die Summe der Annahmen, mit deren Hilfe die Mitglieder eines Kollektivs soziale Wirklichkeit konstruieren“ (Spitzmüller 2005: 254).

> Ideologies about language, or linguistic ideologies, are any sets of beliefs about language articulated by users as a rationalization or justification of perceived language structure and use.[291]

Diesbezüglich wird im Rahmen der Sprachideologieforschung den zwei folgenden Fragestellungen nachgegangen:

- „welche sprachlichen Realisierungsformen [werden] durch ideologische Aufladung als Embleme[292] selektiert und etabliert […], um soziale Unterscheidungen und Kategorisierungen vorzunehmen und zu begründen" und
- „welche Auswirkungen [haben] solche Verknüpfungen von sprachlichen und nichtsprachlichen Phänomenen auf Sprachdynamik und -wandel." (Busch 2019: 109)

Darüber hinaus kann man von bestimmten einander überlappenden Dimensionen von Sprachideologien sprechen (vgl. Kroskrity 2010: 193 ff.) und zwar:

- Sprachideologien haben Einfluss auf „die Wahrnehmung sowie Herstellung von Verhältnissen zwischen Sprache und sozialer Struktur" (Chowchong 2022: 73), d. h. gerade durch sprachideologische Verbindungen können

---

291 Wie andere Arten von Ideologien werden auch Sprachideologien von politischen (bzw. moralischen) Interessen beeinflusst, in einem kulturellen Umfeld geformt und haben einen rationalisierenden und kollektiven Charakter (vgl. Woolard/Schieffelin 1994: 57).

292 Angelehnt an Agha (2007: 235) und Agha (2015: 27 f.) wird in meiner Arbeit auf sog. *soziale Embleme* hingewiesen, die mit sozialen Personen verbunden sind. Es können sowohl wahrnehmbare Objekte oder Symbole sein als auch andere soziale Personen, bzw. Personen, für die etwas als ein Emblem fungiert. In bestimmten sozialen Gruppen können Embleme sogar sprachliche Ausdrücke sein. Man denke dabei bspw. an Entlehnungen aus dem Englischen oder Modewörter, die je nach SprecherInnen mit mehr oder weniger positiv bewerteten Verhaltensweisen und Personentypen assoziiert werden. Darüber hinaus sind soziale Embleme Bestandteile von sog. *Registern*, d. h. „culture-internal models of personhood linked to speech forms" (ebd.: 135), bzw. „a linguistic repertoire that is associated, culture-internally, with particular social practices and with persons who engage in such practices" (Agha 2004: 24). Am Rande sei erwähnt, dass man es dabei gleichzeitig mit sog. *Kulturemen* zu tun hat (vgl. die ethnolinguistische Sichtweise von Bartmiński 2016).

bestimmte Sprechweisen zu (indexikalischen) Markern für eine soziale Gruppe werden, z. B. die gezielte Verwendung geschlechtergerechter bzw. inklusiver Sprache in vielen marginalisierten Gesellschaftsgruppen, wie etwa LGBTQ-Gemeinschaften oder unter Menschen mit Behinderungen o. Ä.;

- Sprachideologien dienen in der Regel bestimmten politischen oder ökonomischen Interessen sozialer oder kultureller Gruppen, damit ihre Ziele (leichter) realisiert werden können. Der Prozess des diskursiven Konstruierens der sprachlichen Wirklichkeit wird dabei besonders stark von sog. *Ideology Brokers* beeinflusst. Blommaert (1999: 9) definiert die sozialen AkteurInnen als solche, die versuchen, ihre Ziele zu erreichen, indem sie ihre eigenen Diskurspositionen affirmieren, ausbauen, mit Argumenten untermauern und ggf. andere TeilnehmerInnen zu schwächen versuchen.[293] Dabei handelt es sich im Allgemeinen um „Autoritäten", die allerdings nicht als etwas sozial Vorgegebenes funktionieren, sondern sich in Diskursen nur widerspiegeln und, was wohl noch wichtiger ist, stets im laufenden Diskurs verhandelt werden (vgl. Spitzmüller/Warnke 2011: 180). Manche dieser besonders „starken" sozialen AkteurInnen besitzen die Fähigkeit (bzw. gewinnen sie im Laufe des Diskurses), sich in bestimmten Kommunikationssituationen „Gehör" zu verschaffen, oder – auf der semiotischen Ebene – „die Zeichen adäquat zu nutzen" (ebd.: 112). Blommaert (2007: 68) nennt eine solche Kommunikationsfähigkeit *Voices* und betont dabei, dass die einzelnen AkteurInnen unterschiedlich starke Voices haben können und „damit aufgrund ihrer kommunikativen Ressourcen sozial unterschiedlich erfolgreich sind" (Spitzmüller/Warnke 2011: 111). Dies zeigt auch, dass Voices mehr mit Positionen und „Positionierungsfähigkeit" oder Selbstdarstellungsfähigkeit zu tun haben, als mit konkreten zu vermittelnden Inhalten, was besonders an der politischen Kommunikation,

[293] An der Stelle sei auch das pragmatische Konzept der *semantischen Kämpfe* von Felder (2010) zu erwähnen. Der Autor hält fest, dass jegliche Herrschaft oder Macht auch über Semantik ausgeübt wird. Man sieht dies besonders deutlich im Fall multimodaler Online-Diskurse, wenn Antagonisten z. B. über eine bestimmte Symbolik streiten). So wie es Felder (ebd.: 544) in seinem Modell darstellt, sind gerade Diskussionen die treibende Kraft der eventuellen Wissenskonstituierung (und Positionierung zugleich), denn durch sie werden „bestimmte sprachliche Formen als Ausdruck spezifischer, interessengeleiteter und handlungsleitender Denkmuster" durchgesetzt (zu der Theorie und Typologie von semantischen Kämpfen vgl. auch u. a. Smykała 2018 und Maciejewski 2025).

in der Werbesprache oder in vielen Beiträgen in Social Media beobachtet werden kann.[294]

- In der Gesellschaft herrschen praktisch immer unterschiedliche Auffassungen bezüglich des bestimmten Sprachgebrauchs (bzw. der Verwendung von bestimmten Sprachformen). Beispielsweise wird in der Analyse der vorliegenden Arbeit an vielen Stellen auf gewisse Sprachformen verwiesen, die sogar innerhalb der Gemeinschaft von Menschen mit Behinderungen für viele (auch negative) Emotionen sorgen und heftig diskutiert werden (vgl. z. B. die Gegenüberstellung „Behinderter" versus „Person mit Behinderung"). Während die Verwendung entsprechender Sprachformen gerade für die Gemeinschaft der Personen mit Behinderung oft von Relevanz ist und als identifizierendes Merkmal betrachtet wird, spielt sie für die breite Öffentlichkeit häufig kaum eine Rolle[295] (vgl. diverse *orders of indexicality* von Blommaert [2007] sowie 6.1.3).
- Schließlich werden Sprachideologien, je nach der sozialen Gruppe, „mit unterschiedlichem Bewusstheitsgrad wahrgenommen" (Chowchong 2022: 74). Dies bedeutet Situationen, in denen in einer sozialen Gruppe ein bestimmter Sprachgebrauch als dominant und unbestreitbar fungiert, während er in anderen Gemeinschaften hinterfragt und diskutiert wird (z. B. die oben erwähnte Verwendung der Gendersprache).

### 6.1.3 Soziale Indexikalität

Die zweite zu besprechende diskursorientierte Kategorie im Rahmen des *Stancetaking* ist die Sozialsymbolik und sog. *indexikalische Ordnungen* (engl. *indexical orders*). Auf die Symbolhaftigkeit der Online-Kommunikation wurde

---

[294] Am Rande sollte allerdings hervorgehoben werden, worauf Pędzisz (2016b: 162) in Anlehung an Spitzmüller/Warnke (2011: 179) aufmerksam macht, dass „die Hörbarmachung von Stimmen [...][oft] die Unhörbarmachung Anderer bedeutet". Die Autorin bemerkt zu Recht, dass *Voice* nicht selten eingeschränkt wird: „Die Stimmen einiger Online-Kommentierender erreichen nicht so viel Aufmerksamkeit wie die der Anderen" (Pędzisz 2016b: 162). Gleichzeitig etabliert sich in Online-Diskursen „eine Gruppe von Online-Kommentierenden, die quantitativ am häufigsten die Bezüge in den Diskussionen aufbaut" (ebd.).

[295] Dabei schließe ich mich der Auffassung von Irvine/Gal (2000: 36) an, dass im Prinzip kein Standpunkt (sowohl der jeweiligen SprachnutzerInnen als auch der Außenstehenden/Laien/Nichtbetroffenen, die jedoch am Diskurs teilnehmen und oft die Sprache als Stanceobjekt beurteilen) frei von Sprachideologien sein kann.

in dem vorliegenden Buch bereits mehrmals hingewiesen. Unter anderem wurde das Internet als technisches Medium der Kommunikation dargestellt, das (neben den Technisierungs- und Reproduktionsprozessen) auch bestimmte symbolische Interaktionsprozesse „moduliert". Darüber hinaus wurden das Social Web als Kommunikationsstruktur mit entsprechender Machtstrukturierung, bestimmten Ritualen und sozialen Konventionen (vgl. 3.8) und Online-Diskurse als Träger von symbolischen Ordnungen charakterisiert (vgl. 4.2.3). Schließlich lassen sich auch Online-Öffentlichkeiten als symbolische Kommunikationsgemeinschaften bezeichnen (vgl. 5.3.7). Mit sprachlichen und grafisch-bildlichen Teiltexten lassen sich also soziale Werte vermitteln, denn

> die Wahl bestimmter Ausdrucksweisen ist nicht nur eine rhetorisch-stilistische Entscheidung, sondern vor allem (auch) ein Symbol für soziale Zugehörigkeiten bzw. Zuordnungen (Spitzmüller/Warnke 2011: 192).

Blommaert (2007: 73) stellt zu Recht fest, dass es im Fall von vielen sprachlichen und nichtsprachlichen Zeichen nicht nur um die reine Denotation geht (also einen reinen sachbezogenen und kontextunabhängigen Bedeutungsanteil eines sprachlichen Ausdrucks, vgl. Bußmann 2008: 120[296]), sondern um ihre Fähigkeit, bestimmte soziale Werte zu *indizieren* (ggf. auf bestimmte sozialsymbolische Werte zu verweisen). Dies bedeutet die Fähigkeit sprachlicher Zeichen, „soziale Werte, Akteurstypen und Lebensformen zu evozieren bzw. zu kontextualisieren" (Spitzmüller 2013: 265). Zu solchen *indexikalischen Elementen* direkter und indirekter Natur gehören also die Lexeme oder Lexemgruppen (oft in Form von Schlüsselwörtern bzw. Hashtags in der Online-Kommunikation), deren „grundlegende Eigenschaft [...] der Mangel an einem direkten Bezug auf ein konkretes Denotat oder Designat [ist], sie erfüllen dennoch konkrete Funktionen in der Kommunikation" (Sulikowski 2016: 242). Demnach bilden

---

296 Es ist dabei natürlich auf solche klassischen Konzepte zu verweisen, wie die semiotische Trias von Peirce (1983) oder Indexikalität von Garfinkel (1967). Besonders Garfinkel (ebd.: 13 ff.) wies darauf hin, dass Kommunikation nicht auf die Bedeutung von Wörtern und grammatikalischen Regeln reduziert werden kann, da dies zu Fehlinterpretationen und einer erheblichen Reduzierung der übermittelten Informationen führt. Die Sprachregeln sind unvollständig und müssen von den Interaktionsteilnehmern ergänzt werden, indem sie auf den Kontext oder eine gemeinsame Definition der Situation bezogen werden.

indexikalische Elemente in jeder sozialen Gruppe oder Sprachgemeinschaft bestimmte „indexikalische Ordnungen“ (*orders of indexicality*) (vgl. Blommaert 2007), d. h. es wird angenommen, dass es diskursiv etablierte „Ordnungen“ gibt, die „den Wert kommunikativer Varianten jeweils vorgeben“ (Spitzmüller/Warnke 2011: 112) und dann entsprechend ausgehandelt werden.

Darüber hinaus findet man in den Begriffen „Indexikalität“ (*indexicality*) und „indexikalische Äußerung“ (*indexical expression*) die Vorstellung, dass Zeichensätze zwischen den Mitgliedern der Gesellschaft als Bestandteile praktischer Handlungen im Alltagsdiskurs funktionieren (vgl. Zarzecki 2015: 96). Mit anderen Worten kann konstatiert werden, dass indexikalische Ordnungen je nach der sozialen Gruppe bestimmen, „was im Diskurs wie gesagt werden kann“ (ebd.).[297] Darüber hinaus kann angenommen werden, dass bspw. die Verwendung von bestimmten Sprachformen in einer sozialen Gruppe ihre assoziierte soziale Identität hervorbringen oder projizieren kann (vgl. auch Spitzmüller 2013 mit seiner Erweiterung des Stance-Dreiecks von Du Bois). Bestimmte Sprachformen implizieren auch (durch die bereits vorhandene „indexikalische Aufladung“, vgl. Chowchong 2022: 53) eine bestimmte Vorstellung von ihren typischen SprecherInnen (vgl. auch Jaffe 2009).

Ein Beispiel von sozialen indexikalischen Ordnungen stellt auch der in der vorliegenden Arbeit präsentierte Diskurs dar: Indizierender Sprachgebrauch in Bezug auf das Leben und Funktionieren von Personen mit Behinderungen. Wie in der Analyse gezeigt wird, markiert also die Nutzung spezifischer Sprachformen (aber auch bestimmter Elemente der Sehfläche der jeweiligen Gesamttexte) auch mit einer kontextbezogenen Sozialsymbolik diskursive Positionen und Positionierungen der DiskussionsteilnehmerInnen und kann somit die geteilten (Sprach-)Ideologien ausdrücken.[298]

---

297 Blommaert (2007: 77 f.) weist auch darauf hin, dass die Art und Weise, wie eine kommunikative Praxis (bspw. verschiedene Dialekte einer Sprache) bewertet wird, von „jeweiligen sozialen Settings“ der gegebenen sozialen Gruppe (Spitzmüller 2013: 266) abhängt (vgl. auch 6.1.2 im vorliegenden Buch).

298 Wenn soziale Positionierungen implizieren, dass bestimmte Werte und Einstellungen (gegenüber einem „Objekt“) geäußert werden, bedeutet das, dass solche Positionierungen immer auch Ideologien kommunizieren. Spitzmüller (2013: 266) bemerkt dabei zu Recht, dass „sprachideologische Zuschreibungen [...] aus der Annahme eines musterhaften Sprachgebrauchs bestimmter sozialer Gruppen bzw. durch Zuschreibungen eines solchen Sprachgebrauchs“ entstehen.

## 6.2 Positioning Theory. Einführung und wichtigste Begriffe

Das Konzept der *Positionierung* (engl. *positioning*) bzw. der *Positioning Analysis* ist Mitte der 1980er Jahre im Rahmen der britischen Diskursiven Psychologie und der amerikanischen Linguistischen Anthropologie entwickelt worden. Termini wie „positioning oneself" oder „taking up positions" bezüglich der narrativen Konstruktionen von Subjektivität sind u. a. in Beiträgen von Hollway (1984), Davies/Harré (1999), Korobov (2001), Bamberg (2003) oder Lucius-Hoene/Deppermann (2004) erschienen. In den 1990er Jahren haben die Sozialpsychologen Harré und Van Langenhove (1991 und 1999) den Begriff aufgegriffen und zum Konzept der *sozialen Positionierung* als einer wichtigen Form kommunikativen und vergesellschaftlichenden Handelns entwickelt. In ihrer Ursprungsdefinition der *Positionierung* argumentieren die Autoren (vgl. 1991: 395), dass

> within the persons/conversations grid, positioning can be understood as the discursive construction of personal stories that make a person's actions intelligible and relatively determinate as social acts and within which the members of the conversation have specific locations.

Laut der Positionierungstheorie positionieren die einzelnen Personen stets sich selbst und gleichzeitig auch andere KommunikationsteilnehmerInnen, wobei sie gleichzeitig von anderen positioniert werden. Dabei entwickelt jede Person (meistens mit anderen Interaktanten) die sog. *Storyline* (weiter im Text als *Mikronarrativ* oder *Makronarrativ* bezeichnet), die in weiteren kommunikativen Schritten entweder angenommen, weiter entwickelt und unterstützt oder in Frage gestellt, ggf. abgelehnt werden kann (vgl. Chik 2015: 114 oder Hirvonen 2016: 2). Jedes Narrativ, beinhaltet die u. U. in der gegebenen Gruppe geteilte und kulturgeprägte Geschichte und den Background der einzelnen AkteurInnen sowie ihre laufende Interaktion.

### 6.2.1 Narrative

In Anlehnung an Leavy (2023: 215) bin ich der Ansicht, dass der in der ursprünglichen Positionierungstheorie von Davies/Harré (1999) vorkommende Terminus *Storyline* eher als „the sequence of events within the plot" verstanden werden kann. Es wird also eine gewisse Abfolge der Ereignisse innerhalb der Handlung bzw. einer Erzählung erwartet, was der typischen literaturwissenschaftlichen Auffassung von Narrativen (im Sinne von

Erzählungen) als „texts that recount events in a sequential order" (De Fina 2003: 11) ähnelt. Darüber hinaus bin ich der Ansicht, dass eine Storyline eher eine Geschichte innerhalb einer Geschichte ist, also ein Handlungsstrang und im Verlauf einer Handlung verschränken sich die einzelnen Storylines der sozialen AkteurInnen in der Regel mehrfach (vgl. ebd.).

In der vorliegenden Arbeit wird bevorzugt der Begriff *Narrativ* verwendet. Der Terminus wird als eine sinnstiftende und strukturierte Erzählform oder Deutung verstanden, die Ereignisse, Fakten und/oder Erfahrungen in eine verständliche, meistens kohärente Geschichte einer Gruppe oder Gemeinschaft einbettet. Ein Narrativ formt also nicht nur eine Geschichte, sondern auch eine *Gruppenperspektive auf die Wirklichkeit* – es strukturiert, welche Informationen hervorgehoben und welche Bedeutungen ihnen zugewiesen werden. Kuck (2021: 197) spricht in diesem Kontext von einem in einer „spezifischen Erzählgemeinschaft" etablierten und sinnstiftenden Erzählmuster.[299] Ich bin allerdings der Meinung, dass Narrative weniger Erzählmuster sind, sondern vielmehr aus bestimmten gemeinsamen Mustern oder normativ und ideologisch geprägten Sichtweisen der Gruppe schöpfen, was zu einer bestimmten Umsetzung im laufenden Diskurs führt. Mit anderen Worten kann man sagen, dass Narrative „Erlebtes in bekannte Kategorien überführen und vertraute Kontexte herstellen" (Kuck 2021: 197). Dies geschieht beispielsweise durch das Weglassen von Elementen, ihre Verknüpfung oder die Konzentration auf bestimmte Aspekte des Narrativs (vgl. Hülk 2013: 118). Shooman (2014: 24) bemerkt dabei zu Recht, dass Narrative in dieser Weise sinnstiftend sind, „da sie Erklärungen für ein Geschehen oder eine Handlung anbieten". Dies bedeutet, dass sie mehr darstellen als bloße Ketten von Motiven und/oder Ereignissen, was mit einer Erzählung oder Storyline im literaturwissenschaftlichen Sinn gleichzusetzen wäre. Überdies stellt die Autorin fest, dass Narrative vielmehr z. B. in einem kausalen Verhältnis zueinanderstehen müssen (vgl. ebd.). Schließlich ist für Narrative mehr oder weniger starke

---

[299] Erzählmuster werden im Sinne von Saupe/Wiedemann (2015) definiert, und zwar als „historisch wandelbare Phänomene kollektiver Wirklichkeitserzeugung und intersubjektiver Verständigung [...], die grundsätzlich von kulturellen und gesellschaftlichen Kontexten abhängen". Darüber hinaus werden durch Erzählmuster „kulturspezifische, individuelle und kollektive Denkmuster", Wahrnehmungen und Verhaltensweisen gebildet und ausgedrückt (Hülk 2013: 118). Gemeint sind dabei unterschiedlich große Formationen: Von Nationen, über Familien und/oder Peergroups bis zu diversen interessegeleiteten Kollektiven mit ihren unterschiedlichen „narrativen Reservoirs" (vgl. Kuck 2021: 197).

normative Aufladung charakteristisch. Darüber hinaus sind sie mit grundlegenden, manchmal umstrittenen und unterschiedlich interpretierbaren Werten verknüpft, so dass sie kollektive Identitäten formen können (Turowski/Mikfeld 2013: 13 f.). Ich bin in dieser Hinsicht mit De Fina (2003: 19) einverstanden, dass Kommunikationsmitglieder oft gleichzeitig ErzählerInnen sind, die eine Vielzahl von Bedeutungen konstruieren und artikulieren. Solche Bedeutungen gehen über die Manifestation ihres individuellen Selbst hinaus und umfassen ihre vielfältigen Bindungen an bestimmte soziale Gruppen und Praktiken. In diesem Sinn wird der Begriff *Narrativ* als eine diskursive Praxis betrachtet, d. h. als eine Form sozialer Praxis, die sich auf den Diskurs konzentriert und die sowohl soziale Überzeugungen und Beziehungen eines jeden widerspiegelt (vgl. persönliche oder individuelle Geschichten, sog. *Mikronarrative*) als auch dazu beiträgt, diese auszuhandeln und zu verändern (wodurch sog. *Makronarrative* entstehen können, vgl. 7.1.1.4).[300] Der Mensch schafft und verhandelt also nicht nur ein Verständnis der sozialen Wirklichkeit, sondern er verändert auch ständig die sozialen Beziehungen, die zwischen ihm und möglicherweise auch zu anderen bestehen, die nicht an der Interaktion beteiligt sind.

Resümierend kann man auf drei Ebenen der Beziehung zwischen Narrativen und Identität hinweisen, die mit den im Kapitel 6.3 besprochenen Positionierungsordnungen und -kategorien im Einklang stehen:

1) ErzählerInnen greifen auf gemeinsame narrative Ressourcen wie bestimmte Erzähl-, Handlungs- und schließlich Positionierungsmuster (vgl. 7.1.1.5), rhetorische und darstellerische Mittel und Stile zurück, die sie als Mitglieder bestimmter Gemeinschaften ausweisen, und bauen kreativ darauf auf.
2) Es kommt zur ständigen Aushandlung sozialer Rollen (sowohl lokal als auch global) von ErzählerInnen (vgl. Herzberger 2013: 58). Darüber hinaus werden ihnen von Gemeinschaften und Einzelpersonen bestimmte Rollen zugeschrieben, mit denen sie übereinstimmen oder sie ablehnen (vgl. Ackermann 2014: 5). Wichtig in diesem Kontext ist auch die Tatsache, dass die ErzählerInnen/ProtagonistInnen ihre Geschichten als Bühne für die Inszenierung, Reflexion oder Negation sozialer Beziehungen nutzen

---

[300] An dieser Stelle ist anzumerken, dass diese Herangehensweise an den Narrativ-Begriff im Geiste von Fairclough (2003) bleibt, d. h. die Behandlung der Sprache als eine Form der sozialen Praxis.

und dazu beitragen, diese aufrechtzuerhalten oder zu verändern, was in der vorliegenden Arbeit an zahlreichen Beispielen in der Analyse der Positionierungen von MmB präsentiert wird.

3) Schließlich „identity can be related to the expression, discussion and negotiation of membership into communities" (De Fina 2003: 19). Dies bedeutet, dass die einzelnen Mitglieder einer Gemeinschaft/Gruppe stets sich selbst und die anderen kategorisieren und Überzeugungen und Haltungen (*stances*) aushandeln (vgl. u. a. Chowchong 2022: 37). Dieser Prozess hilft den ErzählerInnen, sich zum einen als Mitglieder der Gruppe zu identifizieren und sich zum anderen auch von anderen in der Gemeinschaft zu unterscheiden.

### 6.2.2 Positionierungsdreieck

*Narrative* und *Storylines*, die zu erzielende(n) *Position(en)* sowie *Sprech- und andere Akte* sind Bestandteile des sog. *Positioning Triangle* (vgl. Harré/Langenhove 1999: 18):

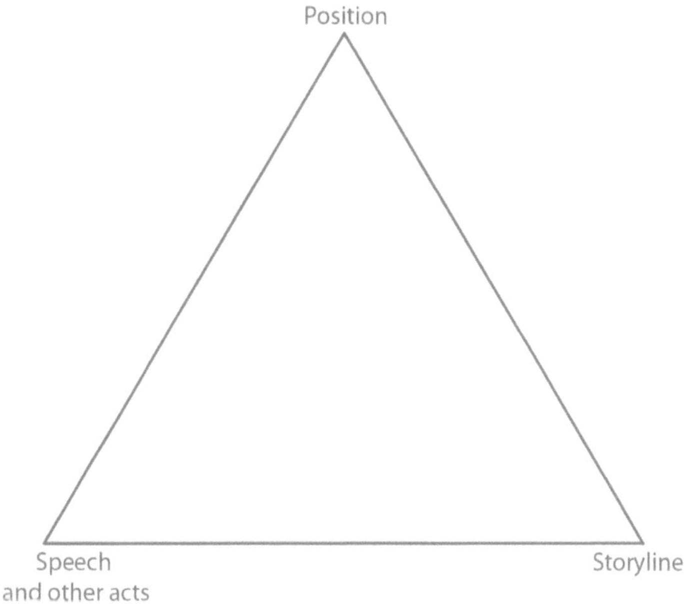


**Abb. 16:** Positionierungsdreieck (engl. Positioning triangle) in der Positioning Theory von Harré/Langenhove (1999). Eigene Darstellung.

Die Kategorie *Speech and other acts* bilden sprachliche und sie häufig begleitende nichtsprachliche kommunikative Handlungen, also *Positionierungshandlungen* (die Harré/Langenhove als *Speech and other acts* bezeichnen). Unter „nichtsprachlichen Handlungen" werden u. a. prosodische Elemente der gesprochenen Sprache, Kleidung, Haltung, Gesten o. Ä. gemeint, die im Rahmen von praktisch allen Online-Praktiken z. T. durch entsprechende Zeichenensembles ersetzt werden können. Wenn es sich dagegen um typische Sprechakte handelt, die mit jeglichen kommunikativen Positionierungen einhergehen, sind es v. a. assertive, direktive, expressive, kommissive und deklarative Sprechakte (vgl. Wise/James 2013: 332). Folgt man der Denkweise von Harré/van Langenhove (1999), beinhaltet jeder „Sprechakt des Positionierens" eine Position von sich selbst (engl. *self-positioning*) und Positionen von anderen Sprechern (engl. *other-positioning*), wobei es möglich ist, den aktuellen Handlungsablauf des Gesprächs zu ändern. Somit hat jeder Sprechakt einen *illokutionären* und einen *perlokutionären Effekt*. Während die illokutionäre Kraft von Sprechakten (die Autoren nennen sie *illocutionary force of speech*) sich auf den Sprechakt selbst als performative Handlung (z. B. Frage, Kommentar, Befehl) bezieht, verweist der perlokutive Effekt auf mögliche Konsequenzen von dem gegebenen illokutionären Sprechakt, z. B. Antwort, Ablehnung oder Gegenargument (vgl. Hirvonen 2016: 2). Somit entscheidet jeder Interaktant (bzw. jeder Vertreter/jede Vertreterin unterschiedlich großer medialer Öffentlichkeiten) selbst, mit welchen sprachlichen und nichtsprachlichen Mitteln er/sie sich in seinen/ihre Narrativen statisch und prozessual positioniert, sozial und kommunikativ handelt und schließlich welche Inhalte er/sie vermittelt.[301] Alle Ecken eines solchen Positionierungsdreiecks sind miteinander verflochten, d. h. wenn sich ein Element ändert, hat es gleichzeitig Einfluss auf alle anderen Elemente der dreipolaren diskursiven Struktur (vgl. ebd.: 25).

Darüber hinaus hat jeder solcher Handlungsablauf seine spezifische Struktur und vordefinierte Phasen, die auf der Geschichte der Gruppe/Gemeinschaft und vorigen (sozialen und/oder kulturellen) Erfahrungen der einzelnen Gruppenmitglieder basieren und sich jederzeit ändern können – je nach verwendeten konkreten Positionierungshandlungen der einzelnen

[301] Dabei nehme ich an, dass Positionierungen unabhängig vom Inhalt des Gesagten vorgenommen werden, d. h. nicht nur handelt jeder „sprachlich individuell" (Bendel 2004: 191) sondern auch „inhaltlich individuell" (ebd.).

Mitglieder (vgl. Hirvonen 2016: 6). Der Mensch handelt also, indem er mit anderen kommuniziert und seine Stellungnahme sowie eine entsprechende Argumentation präsentiert (vgl. Grundler et al. 2020: 103). In diesem Sinn dient die Positionierung vor allem der sprachlichen „Markierung der eigenen Meinung" (Gätje et al. 2012: 125). Darüber hinaus bezieht sich jeder Positionierungsprozess auf andere Ebenen. Einerseits sind es Positionierungen gegenüber anderen AkteurInnen/Personen (bzw. dem Publikum, dem die Geschichte erzählt wird) oder Objekten innerhalb der erzählten „Geschichte" (vgl. Kayı-Aydar 2019: 11). Harré/Moghaddam (2003: 5) erwähnen in diesem Kontext den Begriff der „fluiden Positionierungen", d. h. der Einzelne nutzt seine/ihre „fluide Positionierung", um die Situationen zu bewältigen, in denen er/sie sich befindet. Andererseits bezieht man sich auf diverse situationsübergreifende Themen und Diskurse, die im Zuge der Entstehung des gegebenen Narrativs entstehen (vgl. Bamberg 1997: 335 ff. und Bamberg/Georgakopoulou 2008). Überdies „gehört" das meiste von dem, was das Individuum äußert, nicht nur zu ihm/zu ihr, weil die Bedeutung der ausgedrückten Worte von allen Seiten der jeweiligen Kommunikation abhängen kann (vgl. Shotter 1999: 71). Im konstruktivistischen Sinne werden also Individuen als „kontinuierlich konstituiert und rekonstituiert" – durch die vielfältigen diskursiven Praktiken und Aktivitäten, an denen sie teilnehmen (vgl. Raisanen/Stenberg 2011).

### 6.2.3 Positionen vs. Rollen

Im Gegensatz zu *Rollen*[302] als eher stabile Entitäten (vgl. Goffman 1996a), werden soziale *Positionen* und *Positionierungen* in der *Positioning Theory* als dynamisch und flexibel konzipiert. Es wird nämlich davon ausgegangen,

[302] Dahrendorf (2006: 31) führt noch den Begriff von „Positionen" ein und zieht eine Trennlinie zwischen Positionen und sozialen Rollen in gegebenen Situationen. Die erste Kategorie betrifft nur „Orte in Bezugsfeldern" (ebd.: 35), die Rollen dagegen geben „die Art der Beziehungen zwischen den Trägern von Positionen und denen anderer Positionen desselben Feldes an" (ebd.). Darüber hinaus könnte angenommen werden, dass soziale Rollen Folgendes bedeuten: Sie sind „Ansprüche der Gesellschaft an die Träger von Positionen [...] die Ansprüche an das Verhalten der Träger von Positionen (Rollenverhalten) [und] [...] Ansprüche an sein Aussehen und seinen ‚Charakter' (Rollenattribute)" (ebd.). Soziale Rollen sind bestimmte Verhaltenserwartungen der gegebenen Gesellschaft (sie können durch die Gesellschaft zugeschrieben oder durch soziale Kontakte erworben werden). Sich ihnen zu entziehen ist in vielen Gesellschaften nicht einfach, aber nicht unmöglich (vgl. ebd.: 58).

dass man nicht das ganze Leben lang in einer und derselben Position ausharren kann (vgl. Zalewski 2004: 31). Überdies „people interacting with each other co-construct positions by their actions" (Deppermann 2015: 370). Aus diesem Grund wird der Begriff der *Position* eher als „loose set of rights and duties" verstanden (Harré/Moghaddam 2003: 5). Nichtsdestominder können soziale Positionierungen auch Rollen unterstützen, bzw. erlauben sie aus einer bestimmten Rolle kurzzeitig auszutreten oder „situativ eine bestimmte Facette davon hervorzuheben" (Ackermann 2014: 5). Auch in Online-Gesprächssituationen werden bestimmte Ausgangsrollen von Interaktion zu Interaktion „aktualisiert, adaptiert und differenziert" (vgl. Herzberger 2013: 58) wie bspw. das Rollenpaar „Leser von Online-Kommentaren" vs. „Autor des Kommentars" zu einem anderen, in dem „der Leser"/„die Leserin" zu einem „Kommentierenden" wird usw. Darüber hinaus sollte auch nicht vergessen werden, worauf Johansson (2014: 34) hinweist, dass „the participants are users who might have several simultaneous roles and positionings when they engage in activities."[303]

### 6.2.4 Positionierungen als Identitätszuweisungen

Schließlich ermöglichen bestimmte Positionen und Positionierungen den sozialen AkteurInnen die Möglichkeit einer gemeinsamen situativen Hervorbringung bestimmter Identitäten (vgl. Harré/Van Langenhove 1999: 9) oder „lokal ausgehandelte[n] Identitätszuweisungen" (Ackermann 2014: 5). Solche Identitätszuweisungen entstehen aus einer komplexen Ansammlung von persönlichen Eigenschaften, die in einer bestimmten Weise strukturiert sind und sich auf diverse Handlungsmöglichkeiten zwischen einzelnen AkteurInnen (als Einzelpersonen oder als Gruppen) auswirken. Außerdem wird durch Positionierungen das Konzept der Identität als *flexibles Profil* eines jeden unterstützt. Einerseits betrifft das die Vorstellung von sich selbst (*personale Identität*), andererseits das Bild, das andere Interaktanten situativ von anderen Menschen entwickeln können (*soziale Identität*) (vgl. Abels 2008: 509 sowie 5.2.3). Zur personalen Identität gehören in dieser Hinsicht persönliche

---

[303] Deswegen wird – in der Hinsicht der Positionierungstheorie – der Terminus „UserIn" lediglich als technischer Grundbegriff benutzt, der sich auf soziale AkteurInnen im digitalen Kontext bezieht. Ich bin dabei mit Bublitz (2012) einverstanden, dass der Begriff eher unscharf und verschwommen ist.

Merkmale, die vorwiegend durch mehr oder weniger explizite oder prozessuale (nicht immer bewusste) Handlungen präsentiert werden. In sozialen Medien könnten es einerseits selbstgenerierte Informationen sein, aber auch solche, die von anderen UserInnen und dem jeweiligen System generiert werden, vgl. sog. *Statusmeldungen* (vgl. 3.3). Es gibt nämlich (Online-)Situationen, in denen man sich selbst in erster Linie als ein Individuum betrachtet und sich auf seine Eigenart konzentriert, wodurch man gerade seine persönliche Identität hervorhebt.[304] Wenn aber der Interaktant gewisse Ähnlichkeiten mit Mitgliedern einer gegebenen Gruppe gefunden hat, indem auch diverse *kollektive Identitäten* aktiviert werden, dann wird besonders seine soziale Identität betont[305] (vgl. Tajfel/Turner 1979: 33 f. im Rahmen ihrer „Social Identity Theory" sowie Vilanova et al. 2017). Eine solche *Identitätsarbeit* beruht u. a. auf der sog. „Selbststilisierung" (vgl. Ackermann 2014: 5), mit dem Ziel, sich von anderen abzugrenzen und ggf. zu distanzieren, um darüber zu verdeutlichen: „Was bin ich für ein Mensch, als was für ein Mensch möchte ich von meinem Interaktionspartner betrachtet und behandelt werden?" (Lucius-Hoene/Deppermann 2004: 168). In Anlehnung an Spiegel (1997: 291) nehme ich an, dass Selbststilisierungen vor allem die „Präsentation von sozialen Kategorisierungen" bedeuten und sowohl durch Selbstaussagen als auch durch „Bündel" von beobachtbaren Handlungen erzielt werden können[306] (vgl. ebd.: 288).

Die Positionierungstheorie unterstreicht außerdem, dass sich die KommunikationsteilnehmerInnen in Abhängigkeit von anderen GesprächspartnerInnen und der jeweiligen Kommunikationssituation, kommunikativ unterschiedlich verhalten können – unabhängig von ihren eventuellen Rollen

---

[304] Harré (2006: 297) spricht in solchen Fällen von dem Aspekt des sog. „embodied self".

[305] Zu sprachlichen Realisierungen sozialer Identitäten in der Online-Umgebung würden bspw. Situationen gehören, in denen ein User/eine Userin sich selbst als „Linkversorger" oder „Profi" in einem thematischen Forum präsentiert und gleichzeitig erwartet, dass er auf ähnliche Art und Weise von anderen UserInnen wahrgenommen wird. Mit sozialen Identitäten sind auch bereits erwähnte Rechte und Pflichten verbunden (z. B. während „einfache UserInnen" lediglich kommentieren dürfen und sich nach gegebenen Richtlinien verhalten sollen, dürfen „Administratoren" UserInnen aus einer Gruppe entfernen oder ihren Zugang sogar blockieren, wenn sie gegen allgemein geltende Regeln verstoßen usw.).

[306] In der Online-Umgebung können es bspw. statische Selbstpräsentationen (Beschreibung in einem Online-Profil) und konkrete Handlungen, d. h. Kommentare in Social Media sein (vgl. 8.2).

in anderen sozialen und sprachlichen Kontexten. Du Bois (2007: 163) spricht im Rahmen seines *Stance-Dreiecks* von der *Ausrichtung* der sozialen AkteurInnen aneinander (vgl. 6.1.1). Die einzelnen AkteurInnen nehmen also eine bestimmte *Position* ein – in Relation zu bestimmten „Objekten", zu anderen und schließlich zu sich selbst („eine innere Position" bei Zalewski 2004: 26). Sie sind in der Interaktion quasi dazu gezwungen, anderen zu zeigen, wie sie sich selbst sehen, als wer sie gesehen werden möchten und wie sie selbst die anderen AkteurInnen empfinden (vgl. Lucius-Hoene/Deppermann 2004: 171). Mit anderen Worten fokussiert die *Positioning Theory* diejenigen Aspekte kommunikativer Handlungen, durch die ein(e) Gesprächsbeteiligte(r) eine bestimmte Position im sozialen Raum für sich in Anspruch nimmt. Sie liefert einen Rahmen, um die Ursachen zu verstehen, warum Individuen in bestimmten Kommunikationssituationen zu einem Set von bestimmten, ihnen bekannten Verhaltensweisen greifen.

Im Grunde genommen handelt es sich bei jedem Positionierungsakt um eine reflexive, eine interaktive und eine soziale *direkte* oder *indirekte*[307] *Selbst- und Fremdpositionierung* (vgl. „positioning of self and other"). Harré/Van Langenhove (1999: 22) stellen dabei Folgendes fest:

> Whenever somebody positions him/herself, this discursive act always implies a positioning of the one to whom it is addressed. And similarly, when somebody positions somebody else, that always implies a positioning of the person him/herself. In any discursive practice, positioning constitutes the initiator and the others in certain ways, and at the same time it is a resource through which all persons involved can negotiate new positions.

---

[307] Harré/Moghaddam (2003: 2) bemerken zu Recht, dass *indirekte Positionierung* als Verwendung von Merkmalen angesehen werden kann, wenn man eine Person in Bezug auf sich selbst und die eigenen Gruppenwünsche günstig oder ungünstig positionieren möchte. Ein Beispiel hierfür könnte die Positionierung als „dumm" sein, was diese Person daran hindern könnte, ihre kognitiven Leistungen (in Bezug auf bestimmte Aufgaben) über ein bestimmtes Niveau hinaus zu korrigieren. Dies könnte auch die Positionierung als „unverantwortlich" sein, was dazu führen könnte, dass diese Person von ihrer sozialen Gruppe von der Übernahme von Aufgaben ausgeschlossen wird, die ein bestimmtes Maß an Verantwortung erfordern. Harré und Moghaddam geben ein Beispiel für eine indirekte Positionierung in Bezug auf die Führungsperson einer Nation an, die dazu verwendet wird, die gesamte Nation zu positionieren, z. B. im Europa der 90er Jahre verwendete man den Ausdruck „The Cowboy President" in Bezug auf George W. Bush und positionierte gleichzeitig indirekt die Vereinigten Staaten als vermeintlich „ignorante Nation".

Dies bedeutet, dass Selbst- und Fremdpositionierung immer miteinander verwoben sind: Indem der Interaktant A bestimmte Identitätsaspekte für sich beansprucht (d. h. sich selbst positioniert), weist er auch seinem Gesprächspartner B bestimmte Aspekte zu; d. h. der Partner B wird fremdpositioniert, z. B. durch die Adressierung von B durch A oder durch die auf ihn bezogenen Handlungen wird B ebenso eine bestimmte Position zugewiesen (vgl. Lucius-Hoene/Deppermann 2004: 169). Selbstverständlich funktioniert dieser Prozess auch umgekehrt: SprecherInnen mit einer Fremdpositionierung treffen auch eine Aussage über sich selbst.

In weiteren Schritten wird auf allgemeine *orders of positioning/Positionierungsordnungen* (vgl. Harré/Van Langenhove 1999: 20) und *forms/modes of positioning* (vgl. Gonçalves 2013) also *Formen/Kategorien der Positionierung* eingegangen.

## 6.3 Positionierungsordnungen und -kategorien

### 6.3.1 Präpositionierungen

Bevor eigentliche Positionierungsakte realisiert werden (d. h. solche, im Rahmen derer es zu tatsächlichen Positionierungen als soziale interaktive Prozesse kommt), hat man es mit der sog. *pre-positioning* zu tun. Präpositionierungen bzw. anfängliche Positionierungen verstehe ich im Sinne Hirvonens (2016: 6) als die Art und Weise, wie die einzelnen KommunikationsteilnehmerInnen im Voraus, also vor der richtigen Interaktion, „ernannt" werden oder sich selbst „ernennen", d. h. sich entweder selbst präpositionieren oder z. B. in offiziellen Kommunikationssituationen von einer anderen Person direkt vorläufig positioniert werden. Im Falle von mehr oder weniger offiziellen Diskussionen ist oft der jeweilige Moderator/die jeweilige Moderatorin dafür zuständig, einem/einer der SprecherInnen das Wort zu erteilen und gleichzeitig eine bestimmte Rolle, z. B. des „Sprechers" bzw. des „Spezialisten", sowie entsprechende Rechte und Pflichten zuzuweisen. In der Online-Kommunikation dagegen kann es der/die höher in der sozialen Hierarchie stehende UserIn machen, z. B. ein/eine SeitenadministratorIn oder eine Person, die gerade eine Diskussion führt. Auf praktisch allen sozialmedialen Plattformen, auf denen viele Gruppen und/oder Gemeinschaften funktionieren, wird häufig explizit geregelt, wer in einem bestimmten Moment zu welcher Gruppe der UserInnen gehört (vgl. Statusbeschreibungen wie z. B.

„Administrator“, „Neuling“ oder „erfahrene(r) User(In)“[308]). Die einzelnen DiskussionsteilnehmerInnen werden je nach der Anwendung automatisch oder von den jeweiligen AdministratorInnen zugeteilt und haben Einfluss auf weitere Positionierungsprozesse, eventuelle Änderungen in dem gemeinsamen Narrativ, ggf. auch auf Rechte und Pflichten der einzelnen UserInnen. Bereits vor dem Beginn des eigentlichen Gesprächs verschafft es manchen UserInnen „Gehör“ sowie die Möglichkeit, ihren Standpunt klarzumachen und sich entsprechend selbst zu positionieren (z. B. als „Spezialist“ oder „Kenner“), bevor andere KommunikationsteilnehmerInnen ihre Schritte in der Diskussion unternehmen können.[309]

In den Social Media, die im Mittelpunkt meines Interesses stehen (d. h. in jeglichen Formen des Personal Publishing, auf Mikroblogs, auf Sozialmedialen Plattformen sowie in Content Communitys), kann man sich v. a. durch das entsprechende *Selbstdarstellungsmodul*[310] präpositionieren (vgl. die Analyse in 8.2) – sowohl auf der Sprache- (bzw. Text-) als auch auf der sie begleitenden Bild-Fläche. Eine solche Art der Selbstpräsentation betrifft in erster Linie diverse Formen des Personal Publishing (v. a. persönliche Blogs, vgl. 3.7.4), in denen u. U. individuell entschieden werden kann, wie und mit welchen Funktionalitäten der User/die Userin sich darstellt. Auf sozialmedialen Plattformen, Mikroblogs und in Content Communitys hat man es allerdings mit einem bestimmten Gestaltungsraster der visuellen Kommunikation zu tun, was bedeutet, dass man mit einer begrenzten

[308] Die Zugehörigkeit zu einer Benutzerkategorie kann sich u. U. ändern. Je nach der Online-Plattform gibt es oft eine „Aufstiegsmöglichkeit“ in eine höhere Kategorie. Dies gilt vor allem für Online-Themenforen, in denen besonders aktive BenutzerInnen oft mit zusätzlichen Privilegien „belohnt“ werden, z. B. können sie eigene Beiträge erstellen, andere UserInnen bewerten oder ausgewählte Themenbereiche mitverwalten.

[309] Dabei handelt es sich im Allgemeinen um ‚Autoritäten‘, die allerdings nicht als etwas sozial Vorgegebenes funktionieren, sondern sich in Diskursen nur widerspiegeln und (was wohl noch wichtiger ist) stets im laufenden Diskurs verhandelt werden (vgl. den bereits erwähnten Begriff von *Ideology Brokers* mit ihren unterschiedlichen starken Voices im Kapitel 6.1.2).

[310] Das jeweilige Selbstdarstellungsmodul ist kein völlig unveränderliches Element des betreffenden Profils. Bei einer solchen Präpositionierung geht es meistens um eine Momentaufnahme.

Anzahl von Designelementen und Elementen der visuellen Gestaltung konfrontiert wird. Ein gewisser, in jeder App vorgegebener grafischer Rahmen führt auch zu bestimmten Einschränkungen auf der Textfläche und damit zu der Möglichkeit einer eher kurzen Selbstdarstellung (vgl. bspw. Twitter/X mit lediglich 160 und Instagram mit 150 Unicode-Zeichen im Selbstdarstellungsmodul). Dies veranlasst viele NutzerInnen dazu, zu anderen Methoden der Selbstdarstellung und Vorab-Positionierung zu greifen. Dazu gehören diverse Funktionen, die eng an die Möglichkeiten der jeweiligen Plattform gebunden sind, wie „angeheftete"/„fixierte" Posts oder so genannte „Stories" (auf Instagram), die häufig zur Selbstdarstellung genutzt werden (vgl. den analytischen Teil der Arbeit in 8.2.2.3).

### 6.3.2 Positionierungen erster, zweiter und dritter Ordnung

Alle in dem Kapitel vorgestellten Positionierungsakte werden im vorliegenden Buch in drei grobe Kategorien – *Ordnungen der Positionierung* (*orders of positioning*) – eingeteilt, und zwar *Positionierungen erster, zweiter und dritter Ordnung* (vgl. *first-, second- and third-order positionings* bei Harré/Van Langenhove 1999: 20).

Die richtigen *Positionierungen erster Ordnung* (*first order positioning*) umfassen den anfänglichen (bzw. initiierenden) Positionierungsakt, der sich auf die Art und Weise bezieht, wie ein Individuum sich selbstpositioniert und gleichzeitig von anderen positioniert wird (vgl. Ghosten 2012: 12), indem es bestehende soziale Kategorien und Narrative benutzt (vgl. Chik 2015: 114). Ein solcher Sprechakt kann beispielsweise anfängliche Verhandlungen von Rechten, Pflichten oder Rollen unter zwei oder mehreren Personen betreffen. Wenn z. B. in einem thematischen Online-Forum ein User/eine Userin anderen mehr oder weniger explizit zeigt, dass er/sie sich in einem Bereich gut auskennt, positioniert er/sie sich als „Profi" und gleichzeitig werden andere UserInnen als potenzielle „Ratsuchende" fremdpositioniert. Kommt es in demselben Meinungsaustausch zu einem internen Konflikt oder wenn der anfängliche Positionierungsakt von anderen ausgehandelt, in Frage gestellt oder sogar abgelehnt wird (wenn z. B. dem User/der Userin mehr oder weniger explizit vorgeworfen wird, dass er/sie nur einen „Kenner" spielt), hat man es mit *Positionierungen zweiter Ordnung* (*second order positioning*) zu tun und der Akteur/die Akteurin muss dann versuchen, sich anders zu positionieren, da seine anfängliche Positionierung (erster Ordnung) von einem oder mehreren Interaktanten quasi zurückgewiesen wurde (vgl. ebd.: 13).[311]

*Positionierungen dritter Ordnung* (*third-order positioning*) dagegen sind *Repositionierungsakte* (*acts of repositioning*), die in einem neuen Kontext realisiert werden und (kritisch) auf den ursprünglichen Kontext rekurrieren.[312] Darüber hinaus bedeuten Positionierungen dritter Ordnung Situationen, in denen jemand sich außerhalb des laufenden sozialen Ereignisses (*positioning outside the original episode*) positioniert (und gleichzeitig von anderen positioniert wird), indem er oder sie auf das vorhergehende soziale Ereignis verweist (vgl. Hirvonen 2016: 2) oder wenn die Positionierung erster Ordnung „in einem neuen Gespräch über das erste Positionierungsgespräch wieder aufgegriffen" wird (Ackermann 2014: 9). Das wohl einfachste Beispiel einer Positionierung dritter Ordnung wäre in Social Media etwa das Teilen fremder Inhalte und ihre eventuelle Einbettung in neue Kontexte (z. B. durch einen neuen Kommentar oder sogar weitere Rekontextualisierungsmaßnahmen sprachlicher und nichtsprachlicher Art).

### 6.3.3 Allgemeine Positionierungskategorien: Stille, intentionale, moralische, personale und reflexive Positionierungen

Zu allgemeinen Positionierungskategorien bzw. -formen (engl. Forms/mods of positioning) gehören stille und intentionale Positionierungen (tacit and intentional positionings bei Harré/Van Langenhove 1999: 22 oder tacit and deliberate positionings bei Hirvonen 2016: 2 f.), moralische und

[311] Diesbezüglich könnte man feststellen, dass der Unterschied zwischen Positionierungen erster und zweiter Ordnung darin besteht, dass Positionierungen erster Ordnung durch die Handlung und deren Wirkung auf das Verhalten der Interaktanten entstehen (vgl. Ackermann 2014: 8). In dem angegebenen Beispiel betreibt der User/die Userin quasi eine Selbstwerbung und stellt sich als „Profi" vor; gleichzeitig erwartet er/sie von anderen UserInnen, dass sie sich als „Ratsuchende" positionieren und seine/ihre Rolle im Gespräch anerkennen (illokutionärer Akt), was im Endeffekt zu einem bestimmten Verhalten führen kann (perlokutiver Effekt), wenn z. B. konkrete Fragen gestellt werden. Wenn aber die Positionierung erster Ordnung „verhandelt oder revidiert wird" (ebd.), entstehen Positionierungen zweiter Ordnung und somit ein sog. „performativer Effekt".

[312] Chik (2015: 115) oder Warren/Moghaddam (2018: 322) sprechen im Falle von Positionierungen dritter Ordnung von „talk about the conversation". Ein solches Gespräch wird in einem neuen Kontext (in einer neuen Kommunikationssituation) meistens von einem Dritten geführt.

personale Positionierungen (moral and personal positionings bei Harré/Van Langenhove 1999: 21 und Harré 2012: 191 f.) und reflexive Positionierungen (reflexive positionings), die sich auf intentionale Positionierungen erster und zweiter (ggf. dritter) Ordnung beziehen. Harré/Van Langenhove (1999: 21) zählen hier performative und accountive positionings, zu denen u. a. deliberate (absichtliche, bewusste) und forced (erzwungene) self-positioning und positioning of others gehören (vgl. 6.3.4).

Die *stille Positionierung* ist wahrscheinlich eine der häufigsten Positionierungsformen der ersten Ordnung, da es sich meistens um implizite prozessuale Positionierungen handelt, die oft „von den involvierten Personen nicht bewusst vollzogen" und quasi automatisch oder unabsichtlich realisiert werden (Ackermann 2014: 9). Wenn z. B. in einem thematischen Forum der User/die Userin, dem/der die Rolle eines „Experten"/einer „Expertin" zugewiesen wurde, durch eine Positionierung erster Ordnung Schritt für Schritt erklärt, wie man eine Grafik in einem Bildbearbeitungsprogramm erstellen kann, hat man es mit einer stillen (Selbst- und Fremd-)Positionierung zu tun.[313]

Im Gegensatz dazu steht die explizite *intentionale Positionierung*, die Ackermann (ebd.) als „ziel- oder zweckgerichtet" bezeichnet. Zu einer solchen Positionierung kommt in der Online-Umgebung dann, wenn z. B. einer der UserInnen explizit bestimmtes Wissen aus seiner/ihrer eigenen Perspektive darstellt (bzw. thematisiert) und dabei bspw. seine/ihre „Verdienste" oder Handlungsfähigkeit/Wirkung unterstreicht (indem er/sie z. B. oft und gerne auf sich selbst verweist). Dabei bin ich mit Hirvonen (2016: 2) einverstanden, dass im Falle von stillen Positionierungen bestimmte Positionen präsupponiert werden, während man intentionale Positionierungen eher explizit ausdrückt. Darüber hinaus nehme ich an, dass in der Online-Kommunikation beide Positionierungskategorien gleichzeitig durch Prozesse der statischen (bei der intentionalen Positionierung) sowie der prozessualen Identitätspräsentation (bei der stillen Positionierung) unterstützt werden (vgl. 5.2.3). Jeglicher

[313] Mit stillen Positionierungen bezüglich der Informations- oder Wissensvermittlung ist auch der Begriff „implizites" oder „stilles Wissen" verbunden (engl. *tacit knowledge*) und das damit verbundene Wissensmanagement. Der Begriff implizites Wissen bezieht sich auf ein Wissen, das implizit in dem Können eines Menschen steckt. Im Gegenteil ist das explizite Wissen eindeutig kodiertes und mittels unterschiedlicher Zeichen kommunizierbares Wissen. Duguid (2005: 109) bezeichnet das implizite Wissen „knowing how" und das explizite Wissen „knowing what".

intentionaler oder stiller Positionierungsprozess kann auch u. U. sog. *bösartige Positionierung* (*malignant positioning*) bedeuten (vgl. Harré/Moghaddam 2003: 11). Zu einer solchen Positionierung kann es z. B. in kommunikativen Situationen kommen, in denen der gesamte Diskurs über eine bestimmte Person oder eine Personengruppe zur Folge hat, dass andere sie in ein schlechtes Licht stellen und sie im Endeffekt unpassend behandeln. Harré/Moghaddam (ebd.) bemerken dabei, dass man bspw. eine Person mit Behinderung aus einer negativen Perspektive betrachten kann, indem man sie oder ihn bösartig positioniert, ohne sich dessen bewusst zu sein, dass diese Perspektive auf gängigen Vorurteilen basiert.

Zu *moralischen Positionierungen* gehören dagegen solche Positionierungsformen, im Rahmen derer jemand sich durch die Art der sozialen Handlung in eine erkennbare soziale Rolle (z. B. einer Mutter oder eines Arztes, bzw. Kompetenzen, die auf eine bestimmte Rolle rekurrieren) platziert und gleichzeitig platziert wird (vgl. Moghaddam et al. 2008: 293[314]). Es sollte dabei hinzugefügt werden, dass moralische Positionierungen oft Skript-ähnlich sind (vgl. McVee 2011: 11, d. h. sie funktionieren in bestimmten Rollenpaaren wie Arzt – Patient, Student – Dozent oder Verkäufer – Kunde und sind eine Art „moralischer Ordnungen", die sowohl bestimmte Rollen als auch konkrete mit ihnen verbundene Handlungsweisen signalisieren. In diesem Sinn können moralische Positionierungen u. U. als „role-based positionings" begriffen werden (ebd.). In vielen Fällen bezieht sich die moralische Positionierung auf Situationen, in denen die agierenden Personen dazu verpflichtet sind, sich nach sozialen Rollenerwartungen zu verhalten, die besonders in institutionellen Strukturen funktionieren (d. h. auch in medienvermittelten Gesprächen jeder Art, vgl. Chik 2015: 115). Bestimmte soziale kommunikative Verhaltensweisen werden (je nach Rollenerwartungen) in dem sprachlichen Tun vieler Personen zum Ausdruck gebracht, z. B. „als Lehrer kann ich nur sagen" (in Lehrer-Schüler-Kommunikationssituationen) oder (in einer Online-Gemeinschaft) eher implizit ausgedrückte Rollen eines

---

314 McVee (2011: 11) bemerkt zu Recht, dass moralische Positionierungen oft script-ähnlich sind, d. h. sie funktionieren in bestimmten Rollenpaaren wie Arzt – Patient, Student – Dozent oder Verkäufer – Kunde und sind eine Art „moralischer Ordnungen", die sowohl bestimmte Rollen als auch konkrete mit ihnen verbundene Handlungsweisen signalisieren. In diesem Sinne können moralische Positionierungen u. U. als „role-based positionings" begriffen werden (ebd.).

Administrators wie z. B. „bitte keine Schimpfwörter benutzen und andere nicht anschreien, sonst …".

In anderen Fällen kommen *personale Positionierungen* ins Spiel „as the person has to make a personal account as to why she has not been able to act according to the social expectations" (Hirvonen 2016: 2 f.). Personale Positionierungen werden also „durch das Zeigen persönlicher Eigenschaften" hervorgerufen (Ackermann 2014: 8). Wenn ein User/eine Userin eines Online-Forums, dem/der durch die Gruppe (im Laufe der Interaktion) die Rolle eines „Spezialisten"/einer „Spezialistin" in einem Bereich zugewiesen wurde, sich nicht nur tatsächlich sozialen Erwartungen gemäß verhält (moralische Positionierung), sondern auch gleichzeitig (z. B. durch implizite und/oder explizite Selbstbeschreibungen) seine/ihre individuellen Attribute und Eigenschaften präsentiert (bspw. als „Besserwisser") oder seine/ihre eigene Meinung darstellt, dann betreibt er/sie zugleich eine personale Positionierung. Im vorliegenden Buch wird dabei angenommen, dass moralische und personale Positionierungsakte bezüglich der Online-Kommunikation sowohl in stillen als auch in intentionalen Selbst- und Fremdpositionierungen vorkommen können (u. a. je nach technischen Möglichkeiten und Charakteristika der gegeben sozialmedialen Plattform).

### 6.3.4 Positionierungskategorien des Typs „performative" und „accountive"

Die letzte zu besprechende Gruppe von Positionierungsformen stellen *reflexive Positionierungen* (*reflexiv positionings*) dar, die sich auf Positionierungen erster Ordnung und/oder ihre möglichen Aushandlungen in demselben Gespräch (Positionierungen zweiter Ordnung) oder Repositionierungen (Positionierungen dritter Ordnung) intentionaler Art beziehen. Im Einzelnen handelt es sich dabei um sog. *performative* und *accountive positionings* (vgl. Harré/Van Langenhove 1999: 21). Jede Positionierung erster Ordnung führt praktisch zu einer konkreten Handlung, d. h. sie hat einen perlokutiven Effekt (vgl. Kayı-Aydar 2019: 11) und ist in diesem Sinne „performative", dass sie von zumindest zwei Personen in einer Interaktion hervorgebracht wird (vgl. Warren/Moghaddam 2018: 321). Wenn z. B. ein Videoblogger in der Content Community YouTube, der sich mit 3D-Grafik beschäftigt und sich zeitweise implizit als „Profi" selbstpositioniert, von einer Userin um Hilfe bei der Erstellung eines komplexen 3D-Objekts gebeten wird, wird er von ihr gleichzeitig als „Spezialist" (oder als „jemand mit viel Erfahrung" bzw. „eine zuverlässige Person" usw.) fremdpositioniert. Die „moralischen" Annahmen auf der Seite der Userin könnten demnach lauten: der andere User als Spezialist habe „eine Pflicht" mir zu helfen und ich hätte „das Recht", um Hilfe zu bitten.[315] Wenn aber in derselben kommunikativen Situation der „aufgerufene" Videoblogger entweder die Antwort vermeidet oder es mehr oder weniger direkt gesteht, dass er der Userin nicht helfen kann, weil z. B. die Aufgabe ein komplexes 3D-Objekt zu erstellen, seine Fähigkeiten übersteigt, dann kann zu einer Situation kommen, dass die dem User von der Userin anfänglich zugewiesenen Identitätsmerkmale weitgehenden Änderungen unterliegen. Der angebliche „Profi" wird plötzlich z. B. zu einem „Angeber". Die ihm zugewiesene Identität wird dann selbstverständlich nur in einem bestimmten Moment von der Userin vorausgesetzt („assumed") und kann im Rahmen der jeweiligen Online-Community weiter ausgehandelt werden (was die vorübergehend gemachten Identitätszuweisungen des Bloggers „negotiable" macht, vgl. Pavlenko/Blackledge 2004: 21). In einer solchen Situation kommt es seitens der Userin zu einer sog. *accountive positioning*, die in praktisch allen kommunikativen Situationen eine Metasprache voraussetzt. Eine solche Positionierung kommt v. a. dann zustande, wenn anfängliche Positionen und die mit ihnen verbundenen Pflichten und Rechte der einzelnen Interaktanten in Frage gestellt, revidiert oder sogar zurückgewiesen werden (vgl. Warren/Moghaddam 2018: 321 oder Ackermann 2014: 9). Das Gesprächsthema kann sich z. B. wieder auf die anfängliche Handlung (oder die im Rahmen der Positionierungen erster Ordnung implizit ausgedrückten Positionen der einzelnen SprecherInnen) verlagern, die zu der Positionierung geführt hat (vgl. Ackermann 2014: 9). Es kommt also zu Positionierungen zweiter Ordnung im laufenden Gespräch oder dasselbe Positionierungsgespräch wird in einer neuen Interaktion aufgegriffen und ggf. hinterfragt (dann spricht man, wie früher angedeutet, von Positionierungen dritter Ordnung), wenn z. B. der Blogger in einem neuen Thread versucht, seine Position (und die neu zugewiesenen Identitätsmerkmale) zu verteidigen, oder seine Haltung

---

315 Neben typischen (eher selbstverständlichen) Rollenpaaren, wie die gerade erwähnten Arzt – Patient oder Kunde – Kellner (vgl. McVee 2011: 11), schafft auch die Online-Kommunikation mögliche Szenarien für andere „role-based positionings", wie z. B. Seitenadministrator – UserIn oder Profi – Fragende(r).

wird weiter (ggf. in neuen Gesprächen) diskutiert. Darüber hinaus sind Verhandlungen zwischen „performative" und „accountive" Positionierungen etwas, was das jeweilige Narrativ festlegt (vgl. Warren/Moghaddam 2018: 321), z. B. in dem gegebenen Beispiel kann der „Spezialist", dessen Rolle und Position infrage gestellt wurden, erwidern, dass die Aufgabe, die vor ihn gestellt wurde (Hilfe bei der Erstellung eines dreidimensionalen Objektes in einem grafischen Programm), einfach zu komplex ist, um es online erklären zu können, usw.

Schließlich unterstreichen Harré/Van Langenhove (1991: 400), dass jede Selbst- und Fremdpositionierung erster Ordnung intentionaler performativer Art in ihrem Wesen auch *deliberate* sein kann (d. h. absichtlich oder bewusst, vgl. Tab. 10). Wenn es dagegen zu accountive positionings zweiter oder dritter Ordnung kommt, kann es oft zu der gleichzeitigen sog. *forced positioning* (also zu erzwungener Positionierung) von sich selbst und von anderen Interaktanten führen. Eine solche Positionierung bedeutet im Prinzip „positioning someone in the eyes of others against the will of the person so positioned" (Moghaddam et al. 2008: 293).

Beide Kategorien sind dabei natürlich lediglich als mögliche Resultate von Positionierungsverfahren zu betrachten und daher rein analytisch, weil (was auch beide Autoren an mehreren Stellen in ihren Arbeiten unterstreichen) „whenever positioning occurs, several forms of positioning are likely to be occurring simultaneously" (Harré/Van Langenhove 1999: 24).

**Tab. 10:** Typen reflexiver Positionierungen intentionaler Art (intentional positionings) nach Harré/Van Langenhove (1991: 400 und 1999: 24)[316]

| Reflexive Positionierungen Intentionaler Art | „performative" Positionierung | „accountive" Positionierung |
|---|---|---|
| Selbstpositionierung | Absichtliche Selbstpositionierung | Erzwungene Selbstpositionierung |
| Fremdpositionierung | Absichtliche Fremdpositionierung | Erzwungene Fremdpositionierung |

[316] Da in der deutschsprachigen Literatur bis jetzt kein Versuch unternommen wurde, die Termini zu übersetzen, gelten die Begriffe ebenso als Vorschlag einer Taxonomie.

Zu einer *absichtlichen Selbstpositionierung* kommt immer in solchen Kommunikationssituationen, wenn eine Person ihre personale und soziale Identität anderen Interaktanten präsentieren möchte (vgl. Gonçalves 2013: 123). Darüber hinaus stellen Harré/Van Langenhove (2010: 115) Folgendes fest:

> When a person is engaged in a deliberate self-positioning process this often will imply that they try to achieve specific goals with their act of self-positioning. This requires one to assume that they have a goal in mind.

Diesbezüglich betrachte ich die absichtliche Selbstpositionierung als „strategic positioning with a specific goal" (Raisanen/Stenberg 2011). Der Begriff „strategische Positionierung" stellt eine deutliche Paraphrase der Goffmanschen „strategic interaction" dar (vgl. Goffman 1969). Der Begriff wird von Goffman verwendet, um spielähnliche Ereignisse zu beschreiben, bei denen die Situation einer Person vollständig von kommunikativen Schritten ihres Gegners/ihrer Gegnerin abhängt. Beide „SpielerInnen" sind sich dessen bewusst und besitzen die Fähigkeit, dieses Bewusstsein zu ihrem Vorteil zu nutzen. Harré/Van Langenhove (1999: 24 f.) nennen in ihrer Theorie ein paar Prinzipien, nach denen eine Person sich auf diese Art und Weise bewusst positionieren kann. Es sind entweder ein Bezug auf ihre eigenen Fähigkeiten und das damit verbundene Recht, Macht auszuüben, oder Bezüge auf jemandes einzigartige Meinung (Biografie/Mikronarrativ). Die dritte Gruppe dagegen kann auch Verweise auf solche persönlichen Erfahrungen oder Errungenschaften beinhalten, die nach der Meinung einer sich absichtlich selbstpositionierenden Person stark genug sind, damit sie bestimmte Ansprüche darauf hat, sich selbst z. B. als „Spezialist" in einer Online-Diskussion bezeichnen zu können. Selbstverständlich kann eine absichtliche Selbstpositionierung theoretisch auf jedem Niveau von „tri-polar structure of discourse" (ebd.: 25) des bereits präsentierten Positionierungsdreiecks (d. h. Positionen, Narrative und bestimmte Sprechakte) vorkommen.

Jeglicher Akt einer absichtlichen Selbstpositionierung zieht auch einen anderen – der *absichtlichen Fremdpositionierung* – nach sich (vgl. Harré/Van Langenhove 1999: 26). Dies passiert unabhängig davon, ob die fremdpositionierte Person anwesend ist oder nicht (vgl. Harré/Van Langenhove 2010: 117[317]).

[317] Im Fall der Abwesenheit einer fremdpositionierten Person kann es sich u. U. um das mögliche Verbreiten von Gerüchten über ihn/sie handeln, ohne dass die betroffene Person eine Möglichkeit hat, eventuelle Vorwürfe zurückzuweisen (vgl. ebd.).

Natürlich entsteht, wenn sie da ist, ein zusätzlicher kommunikativer Raum für weitere Aushandlungen der Positionierungen in dem jeweiligen (z. T. geteilten) Narrativ. Auch in zahlreichen Diskussionen in diversen thematischen Online-Communitys kommt es sehr häufig zu Akten der absichtlichen Fremdpositionierung. Als Beispiel könnte man die Anschlusskommunikation unter einem Thread einer der führenden überregionalen Zeitungen nehmen. Eine Userin versucht die Anzahl von Coronavirus-Infizierten mit der der Saisongrippe zusammenzustellen – mit der These, es gebe jedes Jahr mehr Grippe-Verstorbene als Todesfälle durch das Coronavirus. In fast jeder solchen Online-Diskussion findet sich bald jemand, der eine solche These, die entweder auf nicht bewährten Informationsquellen oder einfachen Fake News beruht, ohne Probleme widerlegen kann. Damit wird eine solche Kommentarautorin absichtlich fremdpositioniert und in diesem Fall einfach bloßgestellt (was allerdings weitere kommunikative Schritte ihrerseits nicht ausschließt, z. B. wird sie versuchen, sich zu verteidigen, indem sie weitere Links veröffentlicht, die ihre These bestätigen würden o. ä.).

Im Fall einer *erzwungenen Selbstpositionierung* dagegen schlagen Harré/Van Langenhove (2010: 116) vor, dass „the initiative […] lies with somebody else rather than a person involved." Solche Positionierungen können sich im Allgemeinen auf Situationen beziehen, in denen sich selbstpositionierende Personen auf bestimmte Art und Weise handeln, weil sie das Gefühl bzw. sogar einen inneren Zwang haben, dass von anderen Interaktanten oder zumindest einem Teil von ihnen ein bestimmtes Verhalten erwartet wird, welches auf mögliche Rollen oder Positionen im Gespräch rekurriert, z. B. wenn eine Instagram-Bloggerin, die gesunde Lebensweise fördert, einen inneren Zwang verspürt, sich online immer als fit und gesund zu präsentieren. Die erzwungene Selbstpositionierung passiert sogar in anscheinend einfachen kommunikativen (Online-)Situationen. Ein Paradebeispiel sind Fragen, die in vielen Social Media von dem jeweiligen System sogar automatisch generiert werden, wie z. B. „Wie geht es dir?" / „How have you been lately?". Solche Fragen können ebenso Akte der erzwungenen Selbstpositionierung hervorrufen (vgl. Harré/Van Langenhove 2010: 116). In institutionalisierten Gesprächen (d. h. zum Teil auch in Social Media) bedeutet *forced self-positioning* allerdings auch eine solche Position, die durch bestimmte institutionelle Strukturen definiert/festgelegt wird (vgl. Raisanen/Stenberg 2011), z. B. ist ein Administrator in einem Online-Forum oder einer Online-Gemeinschaft verpflichtet, seinen Aufgaben nachzugehen. Dies bedeutet, er/sie agiert in bestimmten Kontexten nicht als eine private Person (sogar wenn manche veröffentlichen Inhalte mit seinen/ihren persönlichen Ansichten im Konflikt stehen) sondern muss darauf aufpassen, dass andere UserInnen die jeweiligen Seitenregeln und die allgemeine Netiquette beachten. Gleichzeitig kann ein solches Positionieren in (besonders institutionellen) Kontexten zu *erzwungenen Fremdpositionierungen* führen, die so wie im Fall absichtlicher Fremdpositionierungen ohne Rücksicht auf die eventuelle Anwesenheit der fremdpositionierten Person zustande kommen können (vgl. Harré/Van Langenhove 2010: 117). Es kann bspw. passieren, dass einem oder mehreren UserInnen in der oben beschriebenen Kommunikationssituation das Verhalten eines anderen Users/einer anderen Userin nicht gefällt, weil er/sie schimpft und andere beleidigt. Der zuständige Administrator/die zuständige Administratorin wird dabei quasi gezwungen, entsprechend zu reagieren. Gleichzeitig wird ihm/ihr (unabhängig von seiner/ihrer personalen Identität oder eigenen Meinung) die Rolle eines Vermittlers/einer Vermittlerin zugewiesen, bzw. sogar einer Instanz, die den User/die Userin, der/die sich an allgemein geltende soziale Regeln nicht hält, aus einer Online-Gruppe entfernt. Raisanen/Stenberg (2011) sprechen hier von „positioning to bring people into order by using institutional power".

### 6.3.5 Positionierungsordnungen und -kategorien. Zusammenfassung

Die gerade dargestellten allgemeinen Kategorien/Formen von Positionierungen (als Bestandteile des Stancetaking) führen vor Augen, wie viele Positionierungsmöglichkeiten bestehen – sowohl in Offline- als auch in Online-Kommunikationssituationen. Selbstverständlich kommen viele Positionierungskategorien gleichzeitig vor und in seinen Möglichkeiten sich kommunikativ zu platzieren, bewegt man sich in einem Kontinuum expliziter und impliziter Positionierungen, „die komplex oder einfach hervorgebracht werden, durch konkrete Selbstaussagen oder Handlungen, welche [gleichzeitig] Identitätsmerkmale offenbaren" (Ackermann 2014: 9). Praktisch jeder sprachlichen Handlung ist also eine soziale Positionierung inhärent, ggf. kann jede sprachliche Handlung „zumindest positionierungsrelevant sein" (ebd.). Bezüglich der Kommunikation und Interaktion im Netz bin ich mit Dörings Auffassung (2010: 165) einverstanden, wenn sie Folgendes konstatiert: „Wenn Menschen im Internet agieren – und insbesondere wenn sie an sozialen Kontakten teilnehmen – stellen sie sich notgedrungen selbst dar und werden von anderen wahrgenommen".

Im Prinzip bedeutet jegliche Selbstdarstellung einen Positionierungsakt von sich selbst sowie eine mögliche Positionierung von anderen Personen und deutet zugleich auf eine mögliche Aushandlung von Identitäten hin, die in der Interaktion (immer aufs Neue) konstituiert werden können, wie es Abels (2008: 509) zum Ausdruck bringt: „die Erfahrung, wer wir sind und wie wir uns von den Anderen identifiziert sehen, [ist] abhängig von den konkreten Interaktionen mit Anderen".

Die allgemeinen Positionierungskategorien können folgendermaßen grafisch dargestellt werden (die Abkürzung SP bezieht sich auf Selbstpositionierung, FP dagegen auf Fremdpositionierung):

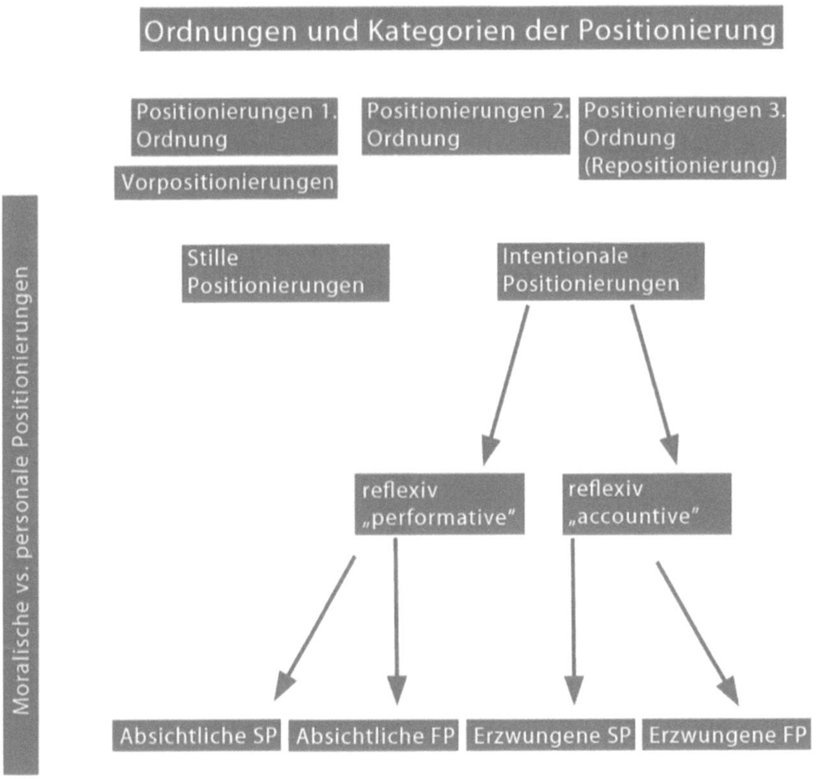


**Abb. 17:** Allgemeine Ordnungen und Kategorien der Positionierung. Eigene Darstellung.

Darüber hinaus betrachte ich soziale und kommunikative Selbst- und Fremdpositionierungen als eine übergreifende Kategorie in der diskursiven Konstruktion von eigenen (Mikro-) oder geteilten Narrativen (Makro-) und/oder der einzelnen Sprachgebräuche der AkteurInnen, die dann weiter gemeinsam in der gegebenen Community ausgehandelt werden können, wodurch im Lauf der Zeit bestimmte indexikalische Ordnungen der sozialen Gruppe entstehen. Eine solche Aushandlung kommt immer durch das Prisma gewisser Sprachideologien der Gruppe zustande. Indem die einzelnen DiskursteilnehmerInnen sich selbst und andere positionieren und gleichzeitig positioniert werden, äußern sie (z. T. metapragmatisch) nicht nur ihre eigene rollenabhängige Meinung und Position, sondern weisen auch anderen Interaktanten bestimmte lokal ausgehandelte und nicht selten ideologisch gebundene Identitäten, Attribute, Eigenschaften oder Verhaltensweisen zu, was natürlich auch bedeutet, dass ihnen bestimmte Identitätskategorien zugewiesen werden können. Positionierungen bedeuten schließlich bestimmte sich im Laufe des Diskurses verändernde Rechte und Pflichten der einzelnen SprachteilhaberInnen, die bei diversen Stanceaktivitäten durch sprachliche und nichtsprachliche Mittel Bezug aufeinander nehmen. Dabei bin ich mit der Auffassung von Völker/Spieß (2021: 136) einverstanden, die feststellen, dass „Stancetaking- und Positionierungsaktivitäten von Akteur*innen in Diskursen realisiert werden. Sie sind eingebunden in kommunikative Praktiken sowie situierte Kontexte und bringen zugleich Kontexte hervor".

# Soziale und kommunikative Positionierung im Online-Diskurs von und über Menschen mit Behinderungen. Untersuchungsdesign

Das vorliegende Kapitel fokussiert den theoretischen Rahmen der Untersuchung von sozialer und kommunikativer Positionierung im digitalen Diskurs von und über Menschen mit Behinderungen. Zuerst wird das multimodale Analysemodell von medialen Positionierungspraktiken (MAMP) mit seinen Analysekategorien (vgl. 7.1.1) präsentiert. In den nächsten Schritten wird auf genauere Forschungsziele und Forschungsfragen (vgl. 7.2) sowie auf die Bestimmung der Textkorpora und der einzelnen Analyseschritte (vgl. 7.3) eingegangen.

## 7.1 MAMP: Das multimodale Analysemodell von medialen Positionierungspraktiken

### 7.1.1 Analysekategorien

Vor der Darstellung der Charakteristik des MAMP-Modells und der Analyseverfahren in Bezug auf die einzelnen Ebenen ist es erforderlich, die für die weitere Analyse relevanten Kategorien zusammenzustellen – sowohl diejenigen, die bereits charakterisiert wurden, als auch diejenigen, die m. E. einer Systematisierung, Ergänzung oder Neudefinierung bedürfen. In allen Analyseschritten in der weiteren sprachlichen und multimodalen Beschreibung wird auf folgende Kategorien Bezug genommen: Positionierungshandlungen und Positionierungspraktiken, Rollen und Positionen, Sprachliche und nichtsprachliche Positionierungsmittel, Mikro- und Makronarrative sowie Positionierungsmuster.

#### 7.1.1.1 Positionierungshandlungen und Positionierungspraktiken

Der an vielen Stellen im vorliegenden Buch verwendete Begriff der *Positionierungshandlung* bezieht sich in der Analyse auf kommunikative (sprachlich und nicht-sprachlich ausgeführte), einzelne und intentionale Handlungen bzw. Aktivitäten, die Akte der Selbst- und der Fremdpositionierung (*self-positioning* und *other-positioning*) beinhalten.[318]

Wie alle üblichen Praktiken der Social-Web-Nutzung (vgl. 5.2.4), aber auch allgemeine Medienpraktiken, werden auch *Positionierungspraktiken* als solche Nutzungsweisen begriffen, die von Beteiligten miteinander geteilt werden und „die in einer Vielzahl von Situationen relativ ähnlich ablaufen" (Schmidt 2013: 37). Darüber hinaus bedeuten sie solche medialen Nutzungsweisen, in denen bestimmte sich wiederholende und etablierende, routinierte und „kollektiv geteilte Wissensordnungen" (vgl. Reckwitz 2003: 288) oder Symbolsysteme und -horizonte im Laufe des Diskurses entwickelt werden.

#### 7.1.1.2 Rollen und Positionen

Die in der Analyse verwendeten Begriffe der *Rolle* und der *Position* beziehen sich auf die Funktionen und Standorte einzelner *AkteurInnen* (SprecherInnen bzw. AutorInnen im Online-Diskurs), die im Mittelpunkt des Diskurses stehen (vgl. „Ebene der akteursorientierten Analyse" bei Spitzmüller/Warnke 2011: 172).

Jede handelnde Person hat im Diskurs ihre bestimmten *Interaktionsrollen*, die nicht unbedingt mit der allgemeinen personalen Rolle (z. B. eines Elternteils) übereinstimmen müssen. Dies zeigt sich besonders deutlich in der Kommunikation der untersuchten sozialen AkteurInnen in den sozialen Medien, die dazu neigen, über ihre „zugeschriebenen" sozialen Rollen hinauszugehen, indem sie sich beispielsweise als BehindertenspezialistInnen selbstpositionieren (vgl. Herzberger 2013 oder Ackermann 2014, die von der Hervorhebung bestimmter Facetten des Ichs oder ihrer Aktualisierung und Differenzierung je nach dem Verlauf des Diskurses sprechen). Rollen werden demnach als kontextabhängige[319], funktionale oder kommunikative Aufgaben definiert, die ein Akteur/eine Akteurin einem bestimmten Diskurs erfüllt.

---

[318] Wie bereits in 6.2.2 festgestellt, sind es – je nach den Absichten des Autors/der Autorin und der Institutionalisierung des jeweiligen Diskurses – solche Sprechakte wie Assertiva, Direktiva, Kommissiva, Expressiva oder Deklarativa (vgl. Wise/James 2013: 332) mit ihren jeweiligen illokutionären und perlokutionären Effekten (vgl. Hirvonen 2016: 2).

[319] Diskursrollen ergeben sich aus dem kommunikativen Setting und dem institutionellen oder sozialen Rahmen. In diesem Sinne sind sie kontextabhängig.

*Positionen* sind dagegen (so wie in 6.2.3 in Bezug auf die klassische *Positioning Theory* festgehalten wurde) dynamische und flexible Konzepte. Überdies sind sie meist ideologisch und normativ geprägt und umfassen bestimmte Werthaltungen, Perspektiven und/oder Interessen der einzelnen Interaktanten. Sie werden in bestimmten Momenten im (Online-)Diskurs eingenommen und sprachlich oder nichtsprachlich markiert.

Beide Konzepte betreffen TeilnehmerInnen eines Diskurses und deren Beiträge zur Bedeutungsproduktion. Auf den digitalen Diskurs bezogen, sind beide Entitäten nicht statisch. Diskursrollen und -positionen können sich im Verlauf eines Diskurses verändern. Beide werden zur Analyse von Machtverhältnissen und Sprecherautorität herangezogen (vgl. das *Voice*-Konzept in 6.1.2).

#### 7.1.1.3 Sprachliche und nichtsprachliche Positionierungsmittel

Jede Online-*Positionierungshandlung* und wiederkehrende *Positionierungsmuster* können sowohl mittels sprachlicher als auch nichtsprachlicher *Positionierungsmittel* ausgeführt werden. In der Analyse des multimodalen Textkorpus werden folgende *sprachliche Positionierungsmittel* berücksichtigt, die (wo erforderlich und möglich) kontrastiv in dem Sprachpaar Deutsch–Polnisch gegenübergestellt wurden:

- Einzelne Lexeme oder Lexemgruppen, Schlüsselwörter samt eventueller rhetorischer Mittel und Argumentationsweisen, die u. U. bestimmte Sammlungen von kontextbezogener Sozialsymbolik der Gruppe bilden können.
- *Positionierungsausdrücke*, d. h. typische und wiederkehrende lexikalische Elemente, die aus diversen Kombinationen von Lexemen bestehen und auf mögliche Typen von Positionierungskategorien hinweisen, bzw. solche markieren. Sie können in Texten auch in Form von gewissen, z. T. grammatischen, *Positionierungskonstruktionen* (bzw. *Stance-Konstruktionen*, vgl. Merten 2025)[320] vorkommen.

[320] Sowohl bei Positionierungsausdrücken als auch Positionierungskonstruktionen wird an das Konzept von „Prozedurausdrücken“ von Feilke (2017) angeknüpft. Bezüglich der typischen Positionierungsausdrücke und -konstruktionen wird in der Analyse u. a. darauf hingewiesen, dass viele Positionierungsausdrücke mit typischen argumentativen Handlungsschemata (wie z. B. Begründen und Schließen, Konzedieren oder Modalisieren) verschränkt sind. Feilke nennt dies „Positionierungsverfahren“. Somit bilden sich entsprechende „Textprozeduren“ also „textliche Handlungsmuster“ (Grundler et al. 2020: 104).

- In der Arbeit wird angenommen, dass sowohl einzelne Lexeme als auch Lexem-Kombinationen bzw. bestimmte Positionierungskonstruktionen gewisse Grundsteine für spätere *indexikalische Ordnungen* bilden, die in weiteren diskursiven Schritten entsprechend ausgehandelt werden können (d. h. in Frage gestellt, angenommen oder in neuen Gesprächssträngen entsprechend repositioniert). Darüber hinaus werden durch metapragmatische Verweise auf die verwendete Sprache diverse *Sprachideologien* (d. h. kollektiv geteilte Werte, Symbole und Einstellungen einer sozialen Gruppe) ausgedrückt ggf. kommuniziert.

Zu *nichtsprachlichen Positionierungsmitteln* gehören hingegen alle potenziell positionierenden Funktionalitäten auf der Bild-Fläche der einzelnen multimodalen Texte in jeder analysierten Sprache, z. B. grafische Zeichen, Logos, Bilder, Grafiken, Infografiken und alle anderen Zeichenensembles bzw. verschiedene Text-Bild-Konglomerate.[321]

Die Analyse macht auch auf besonders häufige und wiederkehrende Text-Bild-Beziehungen aufmerksam, die sowohl auf sprachliche als auch auf nichtsprachliche Positionierungsmittel hinweisen können.

#### 7.1.1.4 Mikro- und Makronarrative

Wie in 6.2.1 dargelegt, werden *Narrative* als übergeordnete Deutungsstrukturen definiert. Es handelt sich also um sinnstiftende Erzählungen, in denen bestimmte Ereignisse einer Community, gewisse Tatsachen oder gemeinsame Erfahrungen in eine meist kohärente Geschichte eingebettet werden. Darüber hinaus sind sie strukturierte Erzählformen, die komplexe Zusammenhänge vereinfachen, Sinn stiften und Orientierung für die Mitglieder der jeweiligen Gruppe bieten. Sie wirken dabei nicht nur beschreibend, sondern oft auch normativ und/oder ideologisch: Sie prägen Wahrnehmung, Denken und Handeln.

Bei der Analyse der Positionierungspraktiken von Menschen mit Behinderungen möchte ich mich jedoch auf zwei Arten von Narrativen konzentrieren, und zwar auf Narrative auf der *Mikro*- und auf der *Makro-Ebene*. Dabei gehe ich von der Annahme aus, dass ein Gesamtnarrativ sozusagen das

---

[321] Die Verwendung von potenziell positionierenden Elementen auf der Bild-Fläche wird ausführlicher im Kapitel 8.2 behandelt.

Produkt sowohl spezifischer, auf Details konzentrierter als auch allgemeiner (Makro-)Analysen ist (vgl. Kulas 2014: 119 in Anlehnung an Franzosi 1998).

*Mikronarrative* werden demnach als konkrete, kleine, oft lokale und individuelle Erzählungen begriffen, die meist sehr spezifisch und oft subjektiv sind. So wie Quinlan (2012) bemerkt „Micro-narratives come from people – they're the bits and pieces of story we tell each other each day". In vielen Fällen beschreiben sie konkrete Erlebnisse und Episoden oder persönliche Erfahrungen der einzelnen Menschen und bauen auf ihren Lebenserinnerungen oder Geschichten, die innerhalb eines bestimmten sozialen Kontexts oder Milieus entstehen. Oft sind dies, wie in der Analyse im vorliegenden Buch gezeigt, Erzählungen aus marginalisierten Perspektiven, die viele Formen annehmen können – darunter Tweets oder Instagram-Posts. Mikronarrative werden heute oft als Mittel gesehen, um Vielfalt und Komplexität, aber auch Widersprüche innerhalb gesellschaftlicher Entwicklungen sichtbar zu machen – nicht selten im Rahmen derselben Community oder Gruppe – und das Bewusstsein für soziale Themen zu schärfen, indem sie komplexe Themen in leicht verständliche und wirkungsvolle Botschaften verdichten (vgl. Franzen 2021: 6). Darüber hinaus sind sie kleinere Handlungsstrukturen, die innerhalb von Makro-Erzählstrukturen enthalten sein können (vgl. Basaraba 2022: 46).

*Makronarrative* sind dagegen als große, umfassende Erzählungen zu verstehen (vgl. sog. *Storyworlds* bei Basaraba 2022: 46), die kollektive Identitäten oder historische Entwicklungen beschreiben. Sie sind meistens universalisierend und ideologisch geprägt und versuchen, große Zusammenhänge zu erklären. Makronarrative dienen zudem häufig als Orientierungsrahmen für die gegebene Community.[322]

---

[322] Im Zusammenhang mit der Makronarrativen sollte auch das Konzept der sog. *Metanarrative* (bzw. *großer Narrative*) erwähnt werden. Der vom französischen Philosophen Jean-François Lyotard populär gemachte Begriff wird als umfassende Erzählung über die Geschichte und die Ziele der Menschheit verstanden, die bestimmte Kenntnisse und kulturelle Praktiken rechtfertigen und legitimieren (vgl. Lyotard 1997). Darüber hinaus liefern die Metanarrative der Wissenschaft oder der Gesellschaft als Ganzes ein glaubwürdiges Handlungsziel. Laut Lyotard haben insbesondere zwei Metanarrative besonderen Einfluss gewonnen: die Vorstellung, dass Wissen um seiner selbst willen produziert wird und dass Wissen für das Volk oder ein Subjekt produziert wird, das nach Emanzipation strebt (vgl. Zirk-Sadowski 2021: 138). Im Großen und Ganzen handelt es sich also um eine „große Erzählung", die vorgibt, die Geschichte, das Wissen oder gesellschaftliche Entwicklungen in einem umfassenden Zusammenhang zu erklären.

Resümierend kann festgehalten werden, dass Mikro- und Makronarrative konkrete Erscheinungsformen des allgemeinen Narrativbegriffs sind. Darüber hinaus wird Folgendes angenommen:

- Manche Makronarrative beeinflussen und strukturieren viele Mikronarrative – z. B. eine persönliche, schmerzhafte Erfahrung als Kind im Rollstuhl (vgl. 9.2) wird im Kontext des Makronarrativs „Häufige Diskriminierung und Stigmatisierung von MmB" erzählt. Darüber hinaus formen viele Makronarrative, welche Mikronarrative Aufmerksamkeit bekommen (vgl. Elemente des Mikronarrativs „Ausgrenzung hat viele Gesichter" der polnischen Bloggerin und Aktivistin Bogumiła Siedlecka-Goślicka in 9.3);
- Umgekehrt können viele Mikronarrative ein Makronarrativ bestätigen (vgl. das häufige Mikronarrativ des Typs „trotz der Behinderung bin ich erfolgreich" oder das Selbstpositionierungsmuster „Ich bin aktiver Gestalter/aktive Gestalterin trotz Barrieren") aber auch herausfordern, wie z. B. häufige Mikronarrative von Menschen ohne Behinderung, die Menschen mit Beeinträchtigungen als „Monolith" positionieren, indem sie sich nur auf ein gemeinsames Merkmal dieser Menschen beziehen, nämlich ihre Behinderung.

Im Rahmen der Mikro- und Makronarrative wird auf bestimmte Denk- und *Positionierungsmuster* zurückgegriffen, die im nächsten Schritt genauer erläutert werden.

#### 7.1.1.5 Positionierungsmuster

In der Analyse des multimodalen Textkorpus wird schließlich versucht, die Frage zu beantworten, welche potenziellen Makro- und Mikronarrative in der digitalen Kommunikation der MmB-Gemeinschaft, und in Bezug auf diese identifiziert werden können. Um dies zu erreichen, sollen in erster Linie die ihnen zugrundeliegenden Positionierungsmuster unterschieden werden.

Für die Zwecke der vorliegenden Arbeit werden *Positionierungsmuster* als typisierte und konventionalisierte „themenspezifische Gebrauchsmuster" (Merten 2021: 261) oder Schemata der Selbst- und Fremdpositionierung verstanden, auf die im Rahmen der *Positionierungshandlungen* zurückgegriffen wird und die Bestandteile von routinierten und kollektiv geteilten *Positionierungspraktiken* sind. Ähnlich wie die Handlungsmuster oder -schemata (vgl. Spitzmüller/Warnke 2011: 186) erfordern sie m. E. ein gewisses „Musterwissen" und werden von den Mitgliedern der gegebenen Gemeinschaft sowohl auf der

Sprache- als auch auf der Bild-Fläche mittels *sprachlicher* und *nichtsprachlicher Positionierungsmittel* realisiert.

Gesellschaftliche Positionierungsmuster sind also wiederkehrende Schemata, nach denen sich SprecherInnen in einer Erzählung oder in einem (Online-)Gespräch als bestimmte Art von Person präsentieren oder andere als solche darstellen. Dabei sind sie „eingebettet in konkrete Akteurs- und Deutungskonstellationen" (Leistner 2018: 506). Vor allen Dingen drücken sie auf einer Skala von implizit bis explizit Rollen, Identitäten, Haltungen (*Stance*) und Zugehörigkeiten aus; sie sind oft kulturell geprägt oder gesellschaftlich verankert (vgl. Scharf-Haggenmiller 2017, Merten 2021 oder Merten 2025). Überdies steuern sie, wie jemand im sozialen Raum wahrgenommen wird, z. B. als Opfer, Held, Experte, Außenseiter usw.

Im Vergleich zu eher inhaltlich-sinnstiftenden *Mikronarrativen*, die konkrete, kleine Erzählungen über persönliche Erfahrungen oder Episoden darstellen und meist zeitlich begrenzt und oft autobiografisch geprägt sind, versucht man im Fall von Positionierungsmustern der Frage nachzugehen, *wie über sich selbst oder andere gesprochen wird* (vgl. Tab. 11). Demnach sind sie diskursive Praktiken, durch die sich SprecherInnen selbst und andere in sozialen Rollen, Identitäten oder Machtverhältnissen verorten. Sie fokussieren also Identitäts- und Rollenbildung. Es geht darum, *wie* jemand sich selbst oder andere positioniert. Allerdings können Mikronarrative Positionierungsmuster enthalten. Zum Beispiel wird von vielen MmB erzählt, dass er/sie eine Barriere überwunden hat. Damit wird oft gleichzeitig implizit eine Rolle eingenommen, z. B. als aktiver Gestalter/aktive Gestalterin, Rebell/Rebellin, Opfer, Vorbild oder Ähnliches. In der Bestimmung der einzelnen Makronarrative und der Positionierungsmuster wird möglichst kontrastiv vorgegangen.

**Tab. 11:** Vergleich – Mikronarrative vs. Positionierungsmuster. Eigene Darstellung

| Aspekt | Mikronarrativ | Positionierungsmuster |
|---|---|---|
| Kurze Definition | kleine, konkrete und persönliche Erzählung | diskursives Rollen- oder Identitätsmuster |
| Funktion | Sinnstiftung, Erlebnisdarstellung | soziale Verortung, Rollen, Identität oder Stance mit evtl. Machtrelationen aufzeigen |
| Analysefokus | Inhalt, Ablauf, Struktur einer Geschichte | sprachliche Mittel, Ich-/Du-Zuweisungen, soziale Rollen |
| Beispielhafte Frage | „Welche Geschichte wird erzählt?" | „Wie stellt sich jemand dar? Wie spricht er über andere?" |

### 7.1.2 DIMEAN als methodologisches Grundgerüst der Analyse

Das methodologische Gerüst der Analyse stützt auf allgemeinen Annahmen des Modells der diskurslinguistischen Mehr-Ebenen-Analyse (DIMEAN) von Warnke/Spitzmüller (2008) und Spitzmüller/Warnke (2011). Die Autoren (2008: 23) bemerken zu Recht, dass trotz vieler diskursanalytischer Arbeiten, deren Forschungsgegenstand, theoretische Grundlagen sowie genauer bestimmte Terminologie in den letzten Jahren festgelegt worden sind, in vielen Fällen „eine praktische Operationalisierung [fehlt], die den methodologischen Vorannahmen der Diskurslinguistik entspricht“. Zugleich konstatieren sie, dass die letzten 20–30 Jahre der Forschung einen methodologischen Pluralismus mit sich brachten, was darin resultiert, dass ein einheitliches verfahrenspraktisches Modell vonnöten ist, welches eine Durchführung von linguistischen Analysen des z. T. multimodal realisierten Diskurses ermöglichen würde.

Das DIMEAN-Modell geht einerseits von den Grundüberlegungen Foucaults bezüglich der Diskursorganisation aus, sowie den Grundannahmen der *Ethnografischen Gesprächsanalyse* und der *Interaktionalen Soziolinguistik*[323],

---

[323] Die Ethnografische Gesprächsanalyse arbeitet mit typischen Mitteln der Gesprächsanalyse und der Ethnographie der Kommunikation bzw. des Sprechens (vgl. Hymes 1979 sowie Gumperz 1982). Nach Herzberger (2013: 52) handelt es sich dabei um „linguistische Beschreibungen von wiederkehrenden dialogischen Phänomenen und Strukturen, mit denen Mitglieder einer Gemeinschaft die soziale Ordnung herstellen, in der sie leben, und zwar aus deren Perspektive“. Es sind also Normalvorstellungen eines typischen gesellschaftlichen Umgangs miteinander – von gemeinsamen Werten, über die jeweilige Zugehörigkeit bis hin zu sozialen Rollen und Pflichten. Der Untersuchungsgegenstand der Ethnografischen Gesprächsanalyse sind also „natürliche“ Gespräche, wie sie im Alltag in diversen Kommunikationssituationen vorkommen. Die in den 80er Jahren des 20. Jahrhunderts etablierte und auf Konversationsanalyse aufbauende Interaktionale Soziolinguistik dagegen zielt vor allem auf den interkulturellen Aspekt der jeweiligen Untersuchungsgegenstände (vgl. Hinnenkamp 1989 oder Selting/Couper-Kuhlen 2001). Nach Gumperz (1999: 453) richtet sich ihr Interesse auf die Erfassung des Zusammenspiels zwischen Gesellschaft, Sprache, Kultur sowie kommunikativer Verschiedenartigkeit. Nach Keim (2008: 16) zielt die Interaktionale Soziolinguistik darauf, „wie die in Interaktionen verwendeten sprachlichen und kommunikativen Mittel bestimmte Aktivitäten und konversationelle Aufgaben erfüllen, wie im Verlauf der Interaktion Inferenzen ermöglicht und Interpretationen gefunden oder verworfen werden und welche interaktiven und sozialen Konsequenzen damit verbunden sind.“ Wichtig in der interaktionalen Sichtweise ist ebenso die Tatsache, dass die Sprache und die Gesellschaft nicht als einander getrennt gegenüberstehende Bereiche verstanden werden, was auch in der vorliegenden Arbeit mehrmals unterstrichen wurde

andererseits versucht es diverse spezifische sprachwissenschaftliche Ansätze der Diskurslinguistik nicht aus dem Blick zu verlieren. Die Autoren setzen dabei u. a. voraus, dass diverse multimodale Bestandteile von heutigen Diskursen sowie ihre sprachsystematische Heterogenität sich in den meisten Fällen nicht mit fixierten Verfahren untersuchen lassen. Dies bedeutet, dass den ForscherInnen, die nach dem DIMEAN-Modell arbeiten, methodische Tools zur Verfügung gestellt werden, die sie dann sinnvoll einsetzen können. Es bedeutet zudem, dass das Modell als methodologisches Vorgehen betrachtet wird, d. h. es wird nach bestimmten Kriterien dafür gefragt, welche Methode für eine bestimmte Art der Anwendung geeignet ist, bzw. warum eine konkrete Methode angewendet wird. Dem Forscher/der Forscherin wird also die Entscheidung überlassen, für welche genauen wissenschaftlichen Werkzeuge er/sie sich entscheidet. Darüber hinaus verliert man bei der Textanalyse auch nicht den Überblick über andere relevante Gegenstandsbereiche. Dabei können auch methodologische Gütekriterien wie *Objektivität* (d. h. Unabhängigkeit der Messergebnisse von privaten Ansichten des Wissenschaftlers/der Wissenschaftlerin, vgl. Schelten 1997: 125), *Reliabilität* (d. h. Zuverlässigkeit bzw. Messgenauigkeit einer Messung) und *Validität* (also Gültigkeit) möglichst eingehalten werden.

Das Gesamtlayout von DIMEAN umfasst drei miteinander verschränkte Hauptebenen (vgl. Abb. 18).[324] Erstens ist es die *Ebene der Akteure*, die immer im Mittelpunkt der handlungsorientierten Diskurslinguistik stehen (vgl. Spitzmüller/Warnke 2011: 172) und „als handlungsbezogene[r] Aspekt der Diskurspraxis" begriffen werden (Warnke/Spitzmüller 2008: 23). Die zweite Ebene ist die *intratextuelle Ebene* (d. h. die textorientierte, propositionsorientierte sowie wortorientierte Analyse) und die dritte Ebene, im Rahmen

(vgl. Kapitel 2). Darüber hinaus wird Gesellschaft als die von den Beteiligten in den Gesprächen hergestellte Wirklichkeit definiert (vgl. Keim 2008: 17). Die Interaktionale Soziolinguistik geht also über die Beschreibung von Sprechaktivitäten und -ereignissen in einer Sprachgemeinschaft hinaus. Es wird nämlich analysiert, wie bestimmte Aktivitäten gemeinsam interaktiv ausgehandelt werden und aufgrund welcher Strategien die Gesprächsbeteiligten zu welchen Interpretationen gelangen können.

324 Die Autoren unterstreichen zudem, dass „die Trennung von Ebenen analytisch zu verstehen [ist] und nicht als Abbildung von Diskurskomplexität" verstanden werden sollte (Warnke/Spitzmüller 2008: 24). Darüber hinaus sollte betont werden, dass die drei unten skizzierten Ebenen integriert erscheinen (Spitzmüller/Warnke 2011: 187).

derer sich eine „sprach- und wissensbezogene Analyse“ (ebd.) vollzieht, ist die *transtextuelle Ebene*, also die eigentliche Diskursebene:

**Abb. 18:** Hauptebenen von DIMEAN nach Spitzmüller/Warnke (2011: 136). Eigene Darstellung.

Wie die Autoren selbst betonen, ist DIMEAN keineswegs eine Zusammenfassung und bildet auch keinen Abschluss der Überlegungen zur Modellierung der Diskursanalyse (vgl. 2011: 199). Im Gegenteil ist DIMEAN ein integratives Modell, das ergänzt und modifiziert werden kann. Wie die neuesten Untersuchungen polnischer MedienwissenschaftlerInnen aus dem Bereich der Linguistik zeigen, wurden auch in den letzten Jahren andere Versuche unternommen, Modelle zur Analyse des Diskurses in den Medien zu entwickeln. Erwähnenswert sind hier u. a. MUKAM (das multimodalkontrastive Analysemodell von Printtexten von Opiłowski 2015), BIAN (das Modell der Blog-Interaktion-Analyse von Pędzisz 2016a) oder AMEG (das diskurslinguistische Analysemodell des medialen Gegendiskurses von Kaczmarek 2018). Alle hier genannten Analysemodelle erweisen sich als zuverlässig, transparent und gleichzeitig praktisch, weil sie nicht nur „auf die Komplexität der linguistischen Diskursanalyse hinweisen". Vielmehr „bieten sie bei jedem methodologischen Zugriff auf den interessierenden Diskursausschnitt eine Orientierungshilfe, welche Aspekte besonders hervorzuheben sind, während andere in dem gegebenen Fall in den Vordergrund treten müssen oder sollen" (Kaczmarek 2018: 190).

Das unten vorgestellte MAMP-Modell ist daher ein Versuch, die Forschung zum (digitalen) Diskurs fortzusetzen. In diesem Modell wurde der Versuch unternommen, neben den oben genannten Hauptebenen des DIMEAN-Gesamtlayouts auch Elemente herauszuarbeiten, die sich aus den Besonderheiten der Online-Kommunikation ergeben. Dabei handelt es sich einerseits um technische und institutionelle Rahmenbedingungen und andererseits um den netzwerkartigen Charakter der Kommunikation, ihre Multimodalität (die die Einbeziehung verschiedener semiotischer Ressourcen in den Kommunikations- und Positionierungsprozess voraussetzt), ihre Hypertextualität und schließlich die thematische und soziale Dynamik der Kommunikation.

### 7.1.3 MAMP: Beschreibung des Modells

Im vorliegenden Kapitel werden die einzelnen Analyseebenen zusammen mit den möglichen, beispielhaften Analyseverfahren im Rahmen des multimodalen Analysemodells von medialen Positionierungspraktiken vorgestellt. Zunächst ist anzumerken, dass die hier vorgestellten Analyseverfahren allgemeine Annahmen darstellen und sich auf den multimodalen Diskurs und Positionierungsprozesse in Bezug auf verschiedene Themen, unterschiedliche soziale Gruppen, diverse soziale AkteurInnen mit unterschiedlichen Merkmalen und in unterschiedlichen Medienumgebungen beziehen können. Das in diesem Kapitel vorgestellte Modell wird für die Analyse von digitalen Präpositionierungspraktiken der MmB-Gemeinschaft und Positionierungspraktiken von und über Menschen mit Behinderungen verwendet (vgl. Kapitel 8, 9 und 10). Die konkreten Ziele der Analyse mit den wissenschaftlichen Fragestellungen, den genauen Angaben zu den verwendeten Textkorpora und den einzelnen Analyseschritten werden in den Kapiteln 7.2 und 7.3 dargelegt.

**Tab. 12:** Analysematrix des multimodalen Analysemodells von medialen Positionierungspraktiken (MAMP)

| Ebenen der Analyse | Gegenstand der Analyse | Analyseverfahren |
|---|---|---|
| **Technisch-institutionelle Ebene** | **Beschreibung der möglichen technischen und institutionellen Einbettung** | – Bestimmung der zugrundeliegenden Medientechnologien (z. B. Internetplattformen oder Algorithmen),<br>– Charakteristik der Kommunikationskanäle, durch die jegliche Positionierungshandlungen vollzogen werden können (Radio, Internet, Streaming, soziale Netzwerke usw.),<br>– Charakteristik der Zugangsbedingungen und/oder internen Regulierungen (z. B. in Social Media),<br>– Bestimmung der Medieninstitutionen (d. h. Typen der institutionellen Akteure und [medialen] Öffentlichkeiten), die Positionierung in starkem Maße beeinflussen,<br>– Eventuelle Charakteristik der ökonomischen Strukturen der Medienproduktion. |
| **Diskursebene (Transtextuelle Ebene)** | **Diskursorientierte Analyse** | – Rekonstruktion der intertextuellen Verweise im Gesprächsverlauf zur Gewährleistung des thematisch-semantischen Zusammenhangs,<br>– Verweise auf Sozialsymbolik und indexikalische Ordnungen samt entsprechend ausgedrückten Werten und Einstellungen der Gruppe zu Sprache und ggf. Sprachgebrauch, also Sprachideologien der Community,<br>– Bestimmung und Charakteristik der einzelnen prozessualen Präpositionierungen (falls nötig),<br>– Beschreibung und Bestimmung der einzelnen Positionierungshandlungen und sich wiederholenden Positionierungspraktiken, |

| Ebenen der Analyse | Gegenstand der Analyse | Analyseverfahren |
|---|---|---|
| | | – Identifizierung und Beschreibung wiederkehrender Mikronarrative und oder Erzählmuster,<br>– Identifizierung der dominanten Makronarrative der sozialen AkteurInnen bzw. der Gemeinschaft im analysierten Diskurs,<br>– Identifizierung der den Makronarrativen zugrundeliegenden Positionierungsmuster. |
| **Ebene der Akteure** | **Interaktionsrollen** | – Charakteristik der Hauptakteure und ihrer jeweiligen Rollen im Diskurs,<br>– zusätzliche Charakteristik der Nebenakteure (sofern für die jeweilige Analyse der Positionierungen relevant),<br>– Bestimmung der antizipierten Diskursadressaten. |
| | **Diskurspositionen** | – Charakteristik der jeweiligen Gemeinschaft,<br>– Bestimmung der Machtverhältnisse und Sprecherautorität (Ideology Brokers/Voice) bezüglich der möglichen Positionierungshandlungen,<br>– Beschreibung der sich im Laufe des Diskurses verändernden Standpunkte der AkteurInnen (Stance),<br>– Bestimmung und Charakteristik der einzelnen statischen Präpositionierungen. |
| | **Medialität** | – Charakteristik des Mediums/der Medien, in dem/denen der Diskurs und ihn begleitende Positionierungsprozesse stattfinden,<br>– Bestimmung der positionierungsrelevanten Kommunikationsmodi und Kommunikationsformen,<br>– Im Falle des Internets: Charakteristik der technisch-medialen Struktur der gegebenen Anwendung, die potentielle Positionierungshandlungen ermöglichen. |

*(Forts.)*

**Tab. 12:** (Forts.)

| Ebenen der Analyse | Gegenstand der Analyse | Analyseverfahren |
|---|---|---|
| Intratextuelle Ebene | Textorientierte Analyse | – Charakteristik der thematischen Struktur der zu analysierenden Texte/Textkorpora (unter besonderer Berücksichtigung potenzieller, vielfältiger Narrative) mit eventueller Bestimmung der Mesostruktur (Themen in Textteilen, thematische Stränge usw.),<br>– Bestimmung der visuellen und multimodalen Textstruktur (z. B. Layout/Design, typografische Elemente oder Text-Bild-Beziehungen) und Hervorhebung von Elementen, die als potenzielle nichtsprachliche Positionierungsmittel dienen können. |
| | Wortorientierte Analyse | – Bestimmung und Charakteristik der sich wiederholenden positionierungsrelevanten Schlüsselwörter, Schlagwörter, Metaphern oder Ad-hoc-Bildungen (auch in Form von Hashtags),<br>– Hervorhebung potenzieller sprachlicher Positionierungsmittel, die bestimmte Positionen/Positionierungen markieren (z. B. Lexeme, Ausdrücke, grammatische Konstruktionen oder rhetorische Mittel). |
| | Propositionsorientierte Analyse | – Bestimmung der Mikrostruktur der analysierten Texte, d. h. der einzelnen Positionierungsakte, Implikaturen usw. |

Wie aus der obigen Matrix des multimodalen Analysemodells von medialen Positionierungspraktiken hervorgeht, basiert das Modell auf drei Hauptsäulen (vgl. Tab. 12). Diese sind die *Ebene der Akteure*, die *Diskursebene* und die *intratextuelle Ebene*. Da es sich um ein Modell handelt, das sich auf Medien bezieht, wurde es um eine vierte Säule ergänzt, nämlich die *technisch-institutionelle Ebene*.

In der Analyse der Medienkommunikation und der medialen Positionierungspraktiken verweist der Begriff der *technisch-institutionellen Ebene* auf die strukturellen und infrastrukturellen Rahmenbedingungen, unter denen u. a. medienbezogene Positionierungspraktiken stattfinden. Er kann sich bspw. auf folgende Aspekte beziehen: Medientechnologien (Welche technischen Mittel werden zur Produktion, Distribution, Rezeption und schließlich Bewertung von Medieninhalten und der Positionierung in Bezug auf diese verwendet?), Kommunikationskanäle (Über welche Kanäle verläuft die Kommunikation?, Inwiefern beeinflussen Informationskanäle die Positionierungs- und Bewertungsprozesse?) oder Zugangsbedingungen (Wer hat Zugang zu welchen Technologien, und wie beeinflusst das die Kommunikations- und Positionierungsprozesse?). Dazu kommen organisatorische und rechtliche Rahmenbedingungen. Von Bedeutung ist dabei besonders die Bestimmung der eventuellen institutionellen AkteurInnen wie Medienanbieter oder Institutionen, ohne die mediale Positionierungspraktiken nicht stattfinden können, oder die Charakteristik eventueller gesetzlichen, wirtschaftlichen oder ethischen Regulierungen wie z. B. der „Netiquette" oder Plattformregulierungen im Internet, die jegliche Positionierungshandlungen hinsichtlich dessen, was und wie gesagt werden kann, rahmen. Je nach Medium kann man mit Sicherheit feststellen (was mehrmals im vorliegenden Buch gesagt wurde), dass Technologien mit ihren Affordances und Constraints sowie institutionellen Rahmenbedingungen die Kommunikation strukturieren und den Verlauf von Mediendiskursen beeinflussen. Hinzu kommen die bereits mehrfach erwähnten „Logiken" der einzelnen Plattformen (v. a. Algorithmen), die unter anderem die Sichtbarkeit bestimmter Themen prägen, und damit potenzielle Positionierungshandlungen beeinflussen.

Wie auf der Abb. 18 ersichtlich ist, bilden die in den Mittelpunkt des Diskurses gestellten handelnden *AkteurInnen* eine Vermittlungsinstanz zwischen der intratextuellen und der transtextuellen Ebene. Dies bedeutet mit anderen Worten, dass die Vermittlung von intra- und transtextueller Ebene immer an soziale Prozesse (Ebene der AkteurInnen) gebunden ist. Gerade die sozialen AkteurInnen entscheiden (durch konkrete Diskursregeln), welche Texte/welche Aussagen „in einen Diskurs überhaupt eingehen" (Spitzmüller/Warnke 2011: 173) bzw. diskursiv ausgehandelt werden. Gleichzeitig haben sie Einfluss auf die Strukturen der Texte, die dann Teil der Diskurse werden können. Es handelt sich dabei um die sog. *Diskursprägung* (vgl. ebd.). AkteurInnen sind demnach keine kontextfreien SprachteilhaberInnen oder entscheidungsfreien Subjekte.[325] Wie im Kapitel 7.1.1.2 festgestellt wurde, haben einzelne AkteurInnen ihre spezifischen Interaktionsrollen, die in Bezug auf einen bestimmten Diskurs nicht mit den Rollen im Privatleben identisch sein müssen. Im Sinne der „Positioning Theory" sind die Rollen oft dynamisch und flexibel. Dies gilt insbesondere für MedienakteurInnen, die sich als VertreterInnen einer bestimmten Gemeinschaft, Organisation oder Behörde positionieren. Ein wichtiger Teil der Analyse auf der Ebene der Akteure ist die Bestimmung der sich verändernden Positionen im laufenden Diskurs, die oft eine bestimmte Ideologie einer Gruppe widerspiegeln, normativen Charakter haben und bestimmte Werte, Perspektiven und/oder Interessen der einzelnen InteraktionspartnerInnen umfassen. Je nach dem Medium werden die vorläufigen Positionen/Präpositionierungen bereits vor dem eigentlichen Kommunikationsvorgang signalisiert. Darüber hinaus kommt es insbesondere in den Medien häufig zu Auseinandersetzungen aufgrund unterschiedlicher Bewertungen und Positionierungen in Bezug auf die den Menschen umgebenden Gegenstände und Phänomene oder die Verwendung von Sprache (Stancetaking). Diesbezüglich werden oft Macht- und/oder Autoritätsverhältnisse der einzelnen SprecherInnen festgelegt (Voice). Der letzte Aspekt auf der Ebene der Medienakteure ist die Charakterisierung des Mediums selbst (z. B. der verwendeten Kommunikationsmodi, Kommunikationsformen oder der technischen und medialen Strukturen des jeweiligen Mediums, z. B. einer Social-Media-Anwendung, die jegliche Kommunikationshandlungen erheblich beeinflussen können, vgl. 3.1.2.2) in Bezug auf seine Medialität, also die Eigenschaft, als Medium zu dienen. Die Charakteristik des Mediums, in dem ein bestimmter Diskurs stattfindet, ist auch deshalb wichtig, da mediale AkteurInnen innerhalb medialer Strukturen und Logiken agieren. Ihre Handlungen (u. a. Positionierungen) sind

---

[325] Auf den Begriff des sozialen *Akteurs* oder *Handelnden* wurde im Buch bereits an vielen Stellen hingewiesen (besonders in Bezug auf Verbindungen, die zwischen einzelnen AkteurInnen in diversen sozialen Netzwerken entstehen). Allerdings, besonders hinsichtlich der Analyse der Kommunikationshandlungen in der medialen Umgebung, sollte nicht vergessen werden, dass AkteurInnen nicht nur (rein kommunikativ) als SprecherInnen, HörerInnen oder SenderInnen/EmpfängerInnen fungieren, besonders wenn man es mit Handelnden zu tun hat, die im medialen Kreislauf nicht unbedingt als einzelne Personen oder Individuen tätig sind. Viel mehr können es (sozialwissenschaftlich gesehen) auch Gruppen oder Netzwerke von Individuen sein, bzw. „nichtpersonale Handlungsinstanzen wie Institutionen, Parteien, Medien" usw. (Spitzmüller/Warnke 2011: 172), die in ihren medialen Öffentlichkeiten agieren.

also nicht neutral, sondern von den medialen Bedingungen geprägt, unter denen sie kommunizieren. Umgekehrt gestalten mediale AkteurInnen auch Medialität mit – etwa durch unterschiedliche Erzählformate, Mediennutzung oder Kritik an den Medien.

Das MAMP-Modell, ähnlich wie im DIMEAN, umfasst die *intratextuelle Ebene* „die Gesamtheit diskurslinguistisch relevanter Phänomene in Einzeltexten“ (Spitzmüller/Warnke 2011: 138) bzw. „die strukturierte Darstellung aller diskurslinguistisch wichtigen Elemente innerhalb von (Teil-)Texten“ (Warnke/Spitzmüller 2008: 45) – zum einen Morpheme und Wörter, zum anderen die Propositionen und die gesamte Textstruktur. In der ersten Phase der Analyse ist es besonders wichtig, geeignete Texte auszuwählen (z. B. multimodale Materialien, digitale Texte, Video- oder Audiomaterialien usw.) sowie die thematische Struktur der untersuchten Materialien im Hinblick auf ihre narrative Struktur festzulegen. Bei kontrastiven Analysen ist es von Bedeutung, thematisch ähnliche Texte/Textsammlungen mit ähnlicher technischer Struktur, z. B. innerhalb desselben Mediums, auszuwählen. In jeder Phase der in dieser Arbeit vorliegenden Analyse wird im Rahmen des MAMP auf die Merkmale der visuellen oder multimodalen Struktur des Textes geachtet (d. h. u. a. auf das Layout, typografische Elemente oder individuelles Design), die in Bezug auf den jeweiligen Diskurs auch als Positionierungsmittel dienen können. Im Rahmen der wortorientierten Analyse hängen die Analysepunkte von den Besonderheiten des jeweiligen Diskurses ab und betreffen u. a. wiederkehrende Schlüsselwörter, Schlagwörter oder Metaphern, die positionierungsrelevant sein können. Bei der Untersuchung des digitalen Diskurses sind in dieser Gruppe Kommunikationsoperatoren ein wichtiger Bestandteil, insbesondere in Form von Hashtags, die vor allem bei Selbstpräsentationsmodulen in sozialen Medien aufgrund ihrer starken (Gruppen-)Symbolik ein wichtiges Positionierungsmittel darstellen. Darüber hinaus kann auf der intratextuellen Ebene die propositionsorientierten Analyse durchgeführt werden, in deren Rahmen die Mikrostruktur der analysierten Texte und Diskurse bestimmt wird (u. a. Positionierungsakte oder Implikaturen). Der wichtigste Schritt im Rahmen der wortorientierten Analyse im MAMP-Modell ist schließlich die Hervorhebung potenzieller sprachlicher Positionierungsmittel, die bestimmte Positionen/Positionierungen markieren. Je nach den Besonderheiten des analysierten Diskurses kann es sich dabei um einzelne Lexeme, aber auch um Phrasen, rhetorische Mittel oder grammatikalische Konstruktionen handeln.

Der letzte und zweifellos umfangreichste Schritt des analytischen Prozesses ist die diskursive Analyse auf *transtextueller Ebene (Diskursebene)*. So wie beim DIMEAN-Modell geht es um eine Zusammenstellung verschiedener Texte, die „die strukturelle Übereinstimmung und Handlungsbezüge" aufweisen (Spitzmüller/Warnke 2011: 188). Auf dieser Analyseebene findet vor allem die Bestimmung der prozessualen Präpositionierungen statt, falls sie für die jeweilige Medienanalyse relevant sind und identifiziert werden können[326], sowie die Beschreibung/Charakterisierung der einzelnen Positionierungshandlungen, wobei das besondere Augenmerk auf wiederkehrende Positionierungspraktiken sprachlicher und nichtsprachlicher Natur gelegt wird. Darüber hinaus wird im Laufe der MAMP-Analyse auf der Diskursebene auf eventuelle Sozialsymboliken, indexikalische Ordnungen und/oder Sprachideologien der AkteurInnen, z. B. im Rahmen einer Gruppe oder Community, hingewiesen. Besonders typisch für Diskurse in (Massen-)Medien sind außerdem intertextuelle Verweise, die auch rekonstruiert werden können. Schließlich werden im Rahmen der diskursorientierten Analyse wiederkehrende Mikronarrative/Erzählmuster der einzelnen sozialen AkteurInnen identifiziert. Auf dieser Basis kann man dominante Makronarrative der gegebenen Gruppe/Community im analysierten Diskurs bestimmen sowie die den Makronarrativen zugrundeliegenden Positionierungsmuster identifizieren und beschreiben.

In den folgenden Kapiteln wird auf die multimodale Analyse der Positionierungspraktiken im Online-Diskurs von und über Menschen mit Behinderungen Bezug genommen. Zuerst werden detaillierte Forschungsziele und Forschungsfragen formuliert (vgl. 7.2) und dann die Textkorpora präsentiert (vgl. 7.3.1). Anschließend erfolgt die Darstellung der einzelnen Analyseschritte (7.3.3).

## 7.2 Forschungsziel und Forschungsfragen

Die im vorliegenden Buch durchgeführte Untersuchung setzt sich zum Ziel, das im Kapitel 7.1 dargestellte multimodale Analysemodell von medialen Positionierungspraktiken anzuwenden und am Korpus ausgewählter multimodaler digitaler Texte zu überprüfen und zu validieren.

---

[326] Im Gegensatz zu den statischen Präpositionierungen, die eher im Rahmen der Diskurspositionen (Ebene der Akteure) bestimmt werden, können prozessuale Präpositionierungen sowohl im Rahmen der entsprechenden Selbstdarstellungen als auch im laufenden Diskurs ermittelt werden.

Die Forschungsfrage in der Arbeit lautet demnach: Wie positionieren sich sprachlich und multimodal die einzelnen polnisch- und deutschsprachigen UserInnen mit Behinderung in analysierten sozialmedialen Anwendungen und wie werden sie von der nicht-behinderten Mehrheit positioniert?

Um dies bestimmen zu können, werden folgende detaillierte Forschungsfragen ausformuliert:

1) Welche Regelmäßigkeiten und ggf. Konventionen lassen sich im Gebrauch von den einzelnen sprachlich ausgeführten Positionierungshandlungen im Deutschen und im Polnischen beobachten?
   a. Welche Selbstpositionierungen können dabei unterschieden werden?
   b. Welche Fremdpositionierungen können dabei unterschieden werden?
2) Welche typischen sprachlichen Positionierungsmittel überwiegen im analysierten multimodalen Textkorpus im Deutschen und im Polnischen? Welche Ähnlichkeiten und welche Unterschiede können festgestellt werden?
3) Welche typischen nichtsprachlichen Positionierungsmittel werden im analysierten multimodalen polnisch- und deutschsprachigen Textkorpus verwendet?
   a. Zu welchen Ressourcen/Funktionalitäten wird dabei meistens gegriffen?
   b. Welche Rolle spielen jeweils Texte und bildliche Elemente in statischen präpositionierenden Modulen der einzelnen UserInnen und in Positionierungen im laufenden Online-Diskurs?
4) Welche Regelmäßigkeiten in metapragmatischen Verweisen auf Selbstbezeichnungen der einzelnen Mitglieder der Community lassen sich in beiden Sprachen beobachten?
   a. Welche Ähnlichkeiten und Unterschiede lassen sich zwischen den beiden Sprachen feststellen?
   b. Wie werden dabei eventuelle Sprachideologien als Bestandteile der indexikalischen Elemente ausgedrückt?
5) Welche potenziellen medialen Makronarrativtypen der MmB-Community (und in Bezug auf die MmB-Community) lassen sich im analysierten Textkorpus identifizieren und welche Selbst- und Fremdpositionierungsmuster liegen ihnen zugrunde?

## 7.3 Forschungsmaterial

Der Schwerpunkt dieses Kapitels liegt auf der Datenerhebung, der Beschreibung der einzelnen Textkorpora, die in der multimodalen Analyse verwendet wurden, sowie auf der Charakterisierung der einzelnen Analyseschritte.

### 7.3.1 Datenerhebung

In der Planungsphase der Untersuchung wurde die Liste der Internet-Accounts von besonders aktiven BenutzerInnen mit Behinderungen aus Polen und den deutschsprachigen Ländern erstellt. Bei der Auswahl der sozialmedialen Accounts für die Analyse wurden nur Konten in deutscher und polnischer Sprache berücksichtigt, was aber eventuelle Lexeme in englischer Sprache (u. a. in Form von Hashtags) oder ganze Zitate aus verschiedenen Quellen nicht ausschloss.

Die Erstellung der Account-Liste erfolgte sowohl anhand allgemein zugänglicher Online-Artikel in deutscher und polnischer Sprache[327] als auch mit Hilfe von ausgewählten Stichwörtern in Form von Hashtags, die in beiden Sprachen die häufigsten Assoziationen zu behinderten Menschen darstellten.[328] Dabei handelte es sich um #niepelnosprawnosc (über 38.000 Posts bei Instagram am 26.09.2022), #niepelnosprawna und #niepelnosprawny[329] (in beiden Kategorien ca. 1.430 Instagram-Posts am 07.11.2022), #Behinderung (über 78.000 Instagram-Posts am 28.09.2022) und #behindert (fast 52.000 Instagram-Posts am

[327] Beim Erstellen der Liste der UserInnen wurden folgende Online-Artikel berücksichtigt, in denen die besonders einflussreichen BloggerInnen mit Handicap erwähnt und beschrieben wurden:
https://socialpress.pl/2019/08/10-profili-osob-chorych-lub-z-niepelnosprawnosciami-ktore-musisz-obserwowac-w-social-media (23.09.2022)
https://aktywizuj.pl/niepelnosprawni-influencerzy/ (23.09.2022)
https://bezpiecznapodroz.org/2021/10/13/popularni-influencerzy-z-niepelnosprawnoscia/ (23.09.2022)
https://influencer.pl/298/4-inspirujace-blogi-prowadzone-przez-niepelnosprawnych (23.09.2022)
https://www.sunrisemedical.de/blog/inspirierende-behinderte-menschen (25.11.2023)
https://mitvergnuegen.com/2021/aktivistinnen-inklusion/ (28.09.2022)
https://raul.de/links/ (28.09.2022)

[328] Dabei bediente ich mich der Site displaypurposes.com, auf der jeden Monat je nach den gesuchten Stichwörtern eine Rangliste der populärsten Hashtags erstellt wird.

[329] Es geht um die weibliche und die männliche Form des Substantivs „niepełnosprawny" im Polnischen („Behinderte"/„Behinderter").

01.10.2022). Auf diese Weise konnten nicht nur die sozialmedialen Accounts der in den Medien bekannteren Personen mit Beeinträchtigungen berücksichtigt werden, sondern auch solche, deren InhaberInnen – trotz ihres womöglich eher geringeren Bekanntheitsgrades – auch als BotschafterInnen bzw. eine starke Stimme für Menschen mit Behinderungen angesehen werden können. Die Stichprobe wurde nach bestimmten Kriterien der Grundgesamtheit[330] zusammengestellt, wobei versucht wurde, systematisch solche Elemente mit ihrer allgemeinen Charakteristik aufzunehmen, „welche für die bereits bekannten Eigenschaften der Grundgesamtheit ‚typisch' sind" (vgl. Meier et al. 2010: 105). Um möglichst repräsentative Beispiele der zu untersuchenden Nutzerkonten liefern zu können, lag der Schwerpunkt auf den folgenden Charakteristika, die allen Accounts gemeinsam waren:

- Jede(r) in Betracht gezogene Blogger oder Aktivist/jede Bloggerin oder Aktivistin hat zumindest einen Account in sozialen Medien im Internet, das sich (technisch-medial gesehen) v. a. durch eine hohe Vernetzungsstärke (d. h. die Möglichkeit der thematischen Fortsetzung und Ergänzung der jeweiligen Blog-Inhalte durch Bildung von „crossmedialen" Online-Netzwerken in Form von weit ausgebauten kommunikativen Kontinuitäten in mehreren Online-Anwendungen gleichzeitig) und durch einseitige Kontaktmodellierung (Abonnement, RSS-Feed und/oder Schaltflächen des Typs „Like") charakterisiert. Ausschlaggebend war dabei auch die entsprechende Anzahl von Beiträgen, die in den weiteren analytischen Schritten als potenzielles Analysematerial dienen konnten (von 4.000 FollowerInnen in den verfügbaren sozialen Medien bis zu ca. 18.000 im September 2022[331]).

---

330 Der Begriff „Grundgesamtheit" wird demnach als diejenige Menge aller Objekte verstanden, über die eine Aussage getroffen werden soll (vgl. Kauermann/Küchenhoff 2011: 5).

331 Es ist dabei erwähnenswert, dass die Gesamtzahl der FollowerInnen oft je nach SNS variierte. Jüngere BloggerInnen oder AktivistInnen ziehen in der Regel mehr FollowerInnen auf Instagram an, während sie auf Facebook fast nicht vertreten sind. Ein gutes Beispiel hierfür ist die deutsche Moderatorin und Podcast-Autorin @Ninialagrande, die ca. 38.000 FollowerInnen auf IG hat, aber nur ca. 1.000 auf FB. AktivistInnen mittleren Alters ziehen zwar immer noch mehr FollowerInnen auf Facebook an, aber die Unterschiede in der Anzahl sind nicht so groß – vgl. @zaniczka, eine polnische Bloggerin und Journalistin, die auf IG etwa 37.000 und auf Facebook 13.000 FollowerInnen hat. Im Allgemeinen stammen die meisten Beispiele in der Analyse (siehe weiter im Text) von Instagram, das derzeit sehr viele VertreterInnen unterschiedlicher Minderheiten anzieht.

- Aus kommunikativer und medialer Sicht stellen die für die Analyse gewählten sozialmedialen Accounts hauptsächlich Formen der interaktiven, asynchronen oder quasi-synchronen (one-to-many) Uni-Kommunikation dar, die je nach Bedarf und Möglichkeiten der jeweiligen Autorin/des jeweiligen Autors um Formen der interpersonalen bzw. der Gruppenkommunikation ergänzt werden können.
- Die untersuchten Accounts stammen von erwachsenen UserInnen. In der Analysegruppe sind beide Geschlechter vertreten. Wie jedoch weiter unten im Text gezeigt wird, finden sich unter den zahlreichen Kommentaren zu den Beiträgen auch inklusive Geschlechtsformen, die sich auf beide Geschlechter beziehen oder unpersönlich sind.
- In allen analysierten Beiträgen beziehen sich die AutorInnen auf die Thematik im Zusammenhang mit Behinderung[332], was natürlich alle anderen möglichen Identitätsmerkmale der gegebenen Person nicht ausschließt, die er/sie mit anderen teilen möchte.

All dies bewirkt, dass solche Profile theoretisch von einem breiteren Publikum „entdeckt" und von VertreterInnen spezialisierter digitaler Öffentlichkeiten oder journalistischer Öffentlichkeiten weiter unterstützt werden können. Dabei wird davon ausgegangen, dass die einzelnen BloggerInnen sich je nach der technischen und kommunikativen Spezifik der einzelnen sozialmedialen Plattformen unterschiedlich sprachlich und multimodal positionieren können.

### 7.3.2 Multimodale Textkorpora in Zahlen

#### 7.3.2.1 Präpositionierende Online-Selbstdarstellungsmodule (Textkorpus A)

Auf der Grundlage von Suchmaschinenergebnissen, öffentlich zugänglichen Online-Artikeln und den populärsten Hashtags wurde der Versuch unternommen, eine Liste von sozialmedialen Accounts sowohl bekannter als auch weniger populärer UserInnen mit Behinderungen zu erstellen. Das Material für die qualitative Analyse der Präpositionierungen im Kapitel 8

[332] Mit anderen Worten wurden von der Analyse solche Accounts ausgeschlossen, deren EigentümerInnen sich in keiner Weise auf ihre Behinderung beziehen und sich nicht öffentlich damit identifizieren bzw. aus unterschiedlichen Gründen nicht damit identifizieren wollen. Überdies wurden auch private/geschlossene oder geschützte Konten nicht beachtet. Das betrifft besonders die diskursive Online-Plattform Twitter/X.

bilden 66 ausgewählte Social-Media-Accounts von erwachsenen Menschen mit Behinderungen aus Polen und den deutschsprachigen Ländern (v. a. aus Deutschland) – gleichmäßig in jeder Sprache – darunter 47 Frauen und 19 Männer. In den meisten Fällen wird das Alter der einzelnen UserInnen nicht angegeben. Nichtsdestotrotz wird angenommen, dass alle UserInnen, deren Accounts der Analyse unterliegen, zumindest 18 Jahre alt sind.[333] Die Altersspanne aller medialen AkteurInnen liegt zwischen 18 und etwa 65 Jahren. In der Studie wurden von Eltern geführte Social-Media-Accounts von behinderten Kindern oder Jugendlichen nicht berücksichtigt.

Die Daten für das gesamte multimodale Textkorpus (im Rahmen der präpositionierenden Module) wurden in der Zeitspanne zwischen dem 23. September und dem 24. Oktober 2022 gesammelt. Das gesamte Textkorpus A umfasst knapp 94.000 Zeichen und betrifft alle vier populären Typen von SNS: Formen des Personal Publishing in Form von typischen Homepages, Mikroblogs (Twitter/X), Content Communitys (Instagram) und sozialmediale Plattformen (Facebook).[334] 48 % der in der Analyse berücksichtigten medialen AkteurInnen haben ihre eigenen Homepages (genau 32 MmB). Alle dagegen haben ihre typischen sozialmedialen Accounts bei Instagram (66 Personen), 69 % bei Facebook (46 Personen), 29 % bei Twitter/X und lediglich 10 analysierte Accounts verfügen über einen YouTube-Kanal (im letzten Fall sind es 7 Personen aus Polen und 3 aus Deutschland). Die letztgenannte Anwendung ermöglicht die Erstellung längerer Selbstdarstellungstexte (derzeit auf 5.000 Zeichen begrenzt).[335] Nur 16 von 66 MmB haben schließlich sowohl ihre Homepages als auch Konten bei Instagram, Twitter/X und Facebook. Meistens handelt es sich um bestimmte (digitale) mittlere Experten- und/oder kollaborative Öffentlichkeiten

---

[333] Die Annahme der Volljährigkeit gilt nur für die HauptakteurInnen des untersuchten Online-Diskurses.

[334] Neben den Elementen der Selbstdarstellung auf den jeweiligen Websites der analysierten NutzerInnen umfasst das multimodale Textkorpus im Rahmen der Präpositionierung kurze „Steckbriefe" bei Instagram und Facebook mit Zeichenbeschränkung auf jeweils 150 und 101 Zeichen sowie „Biografien" bei Twitter/X mit 160 Zeichen (es sind insgesamt ca. 15.000 Zeichen). Dazu kommen andere potentielle Elemente der Selbstdarstellung: sog. „gepinnte" Posts und multimodale Postings im Q&A-Format (ca. 30.000 Zeichen, darunter 19.000 deutschsprachig).

[335] Neuere Social Media (wie z. B. die chinesische Content Community Tik-Tok) erfreuen sich unter MmB keiner großen Popularität (unter 66 Accounts fanden sich lediglich 3 „Tik-Toker", alle aus Polen). Aus diesem Grund wurden sie in der Analyse der Präpositionierungen und Positionierungen nicht berücksichtigt.

(PolitikerInnen, KünstlerInnen oder andere Personen des öffentlichen Lebens). Zu den analysierten sprachlichen und nichtsprachlichen Elementen gehören:

- 66 Accountnamen/Pseudonyme der einzelnen Personen mit Behinderungen, die für die Analysezwecke in drei Typen geteilt wurden (vgl. 8.1);
- Ausgewählte Profilbilder und Header-Bilder in Formen des Personal Publishing (es handelt sich dabei um 30 Personen mit Beeinträchtigungen);
- Diverse Titel, Ansprachen und Logos (mit der Analyse ausgewählter Text-Bild-Beziehungen, mit Hinweisen auf Logos und der Besprechung von 14 Ansprachen/Titeltexten auf Homepages von MmB);
- Ausgewählte Selbstpräsentationen des Typs „Über mich" auf Deutsch und auf Polnisch (mit einer genaueren multimodalen Analyse und Verweisen auf unterschiedliche Selbstdarstellungsstrategien auf der Sprache-Fläche am Beispiel von 23 Präsentationen);
- Ausgewählte Profilbilder und Hintergrundbilder in typischen sozialen Medien (es wird dabei genauer auf zwei Beispiele von Hintergrundbildern mit individualisiertem Design hingewiesen);
- Typische Selbstdarstellungsmodule in Social Media (es wird detailliert auf 6 von solchen eingegangen);
- Andere Social-Media-Formate mit potentieller Selbstdarstellungsfunktion (es wird v. a. auf zwei Beispiele von multimodalen „angehefteten" Postings im Story-Format [Q&A-Sektion] verwiesen);
- Elemente der Selbstdarstellung durch Kategorienlisten des jeweiligen Systems (es wird detailliert auf 2 von solchen Elementen eingegangen).

#### 7.3.2.2 Positionierungen (Textkorpus B)

Das Material für die qualitative Analyse der Positionierungen (Textkorpus B) wurde zwischen dem 21. März 2023 und dem 26. April 2024 gesammelt. Es wurden die folgenden ausgewählten Elemente der multimodalen Textkorpora in beiden Sprachen analysiert[336]:

- 7 Beiträge/Social Media-Posts in sozialen Medien von Menschen mit Behinderungen in deutscher Sprache (darunter 5 auf Instagram, 1 auf

[336] Für die quantitative Analyse in Bezug auf metapragmatische Verweise auf Selbstbezeichnungen werden die ausgewählten Beiträge des Textkorpus B um weitere 559 sozialmediale Kommentare ergänzt (zu genaueren Informationen vgl. 9.5.6).

Facebook und 1 auf Twitter/X) und 5 Beiträge/Postings in sozialen Medien von Menschen mit Behinderungen in polnischer Sprache (alle auf Instagram). In der multimodalen Analyse wurden auch 5 Bild-Flächen der ausgewählten Postings berücksichtigt[337];

- ausgewählte (teilweise multimodale) Kommentare oder Gesprächsstränge unterschiedlicher Länge (von einzelnen Kommentaren bis hin zu längeren Auszügen aus Mediendiskussionen mit 6–7 Kommentaren in einem Gesprächsstrang) sowohl in den Mainstream-Medien als auch direkt unter den Social-Media-Postings der einzelnen AutorInnen: 99 in deutscher Sprache und 75 in polnischer Sprache;
- (teilweise multimodale) Auszüge aus 11 Online-Pressetexten, auf die häufig Bezug genommen wird, mit eventuellen sozialmedialen Textverweisen. Es waren verschiedene Medienberichte, auf die sich Menschen mit Behinderungen in ihren sozialmedialen Beiträgen bezogen, und die als eine Art Katalysator für weitere Diskussionen und Aushandlung dienten.

Das gesamte Textmaterial stammt aus den folgenden Jahren: 2018 (zwei Postings mit Kommentaren und z. T. Auszügen aus Presseberichten), 2021 (zwei Postings mit Kommentaren), 2022 (sechs Postings mit Kommentaren und z. T. Auszügen aus Presseberichten), 2023 (ein Posting mit Kommentaren) und 2024 (ein Posting mit Kommentaren).[338]

### 7.3.3 Analyseschritte

Die multimodale Analyse im Rahmen der vorliegenden Arbeit umfasst drei allgemeine Schritte: die Analyse von Präpositionierungen, die Analyse von Positionierungen und die Identifizierung von wiederkehrenden Makronarrativen und Positionierungsmustern.[339]

---

[337] Darüber hinaus wird an vielen Stellen im Text auf grafische Elemente verwiesen, die aus Platzgründen nicht gezeigt werden konnten.

[338] Zu Auswahlkriterien und ausführlicher Charakterisierung der medialen Positionierungspraktiken von und über Menschen mit Behinderungen im vorliegenden Textkorpus vgl. 9.1.

[339] Eine genauere Beschreibung der Medientechnologien (Social-Media-Plattformen und alle technischen und institutionellen Aspekte) wurde bereits zuvor dargelegt (vgl. u. a. 3.1 und 3.7). Die übrigen Ebenen der Analyse (vgl. 7.1.3) sind in der linguistischen Beschreibung der Analyse enthalten.

Im Mittelpunkt des Positionierungsprozesses in sozialen Medien stehen die einzelnen sozialen AkteurInnen mit ihren (Anfangs-)Positionen, die sie in Relation zu verschiedenen Stanceobjekten und zu anderen AkteurInnen einnehmen, und mit ihren festen, aber auch variablen Rollen, auf die im Prozess der Positionierung praktisch ununterbrochen Bezug genommen wird. Die einzelnen UserInnen evaluieren/bewerten diverse Objekte, zu denen unterschiedliche Ideen, Sachverhalte aber auch entsprechende sprachliche Formen gehören können. Dabei positionieren sie sich kontinuierlich in Bezug auf sie und andere KommunikationsteilnehmerInnen. Gleichzeitig kommt es zur mehr oder weniger expliziten Abgleichung von Standpunkten der Akteurinnen (d. h. zur Ausrichtung). Darüber hinaus wird angenommen, dass es zugleich zur Hervorbringung unterschiedlicher mikronarrativer Handlungen durch die einzelnen AkteurInnen kommt. Gehören sie zu derselben Erzählgemeinschaft bzw. Community, ist die Wahrscheinlichkeit groß, dass sie spezifische kollektive Erzählmuster teilen und demzufolge zum Entstehen von gemeinsamen Narrativen (Makronarrativen) beitragen. Diese sind, wie im Kapitel 6.2.1 festgehalten, mit grundlegenden Werten der gegebenen Community verknüpft, so dass sie kollektive Identitäten formen können (mit entsprechender sozialer Symbolik und indexikalischen Ordnungen der Gruppe).

#### 7.3.3.1 Erster Schritt: Analyse von Präpositionierungen

In dieser Etappe der Untersuchung wurden die nach der ersten Internetrecherche ausgewählten Online-Selbstdarstellungsmodule von Personen mit Behinderungen (jeweils in jeder Sprache) unter die Lupe genommen. Im Prinzip handelt es sich um die Ebene der einzelnen medialen AkteurInnen und die KI-gestützte *statische Präsentation* ihrer Online-Identitäten sowie ihre entsprechende *Selbstdarstellung*, v. a. durch repräsentationale und identifikatorische Zeichen. Wie viel und in welcher Form sich die Person „zur Schau stellt", ist dabei ein anderer Punkt und muss nicht immer und nicht unbedingt völlig mit der Realität übereinstimmen. Der handelnde Mensch will meistens nicht nur das kontrollieren, was er oder sie selbst von sich zeigt, sondern vielmehr, welchen Eindruck andere von ihm/von ihr gewinnen. Es handelt sich dabei weniger um einen „guten" oder „schlechten", sondern eher um einen zielkonformen Eindruck, den man in der jeweiligen Situation bewirken möchte (je nach Adressaten, Größe der gegebenen Öffentlichkeit, Art des Kontakts, Intention, Inhalt usw.).

Die analysierten statischen Elemente der Online-Selbstdarstellung von BloggerInnen und AktivistInnen mit Behinderungen, im Sinne persönlicher Angaben im Profil und der sie begleitenden multimodalen Elemente, werden m. E. meistens strategisch ausgewählt und verwendet. Somit gehören sie eher zu bewussten Prozessen der Selbstdarstellung, die gewisse Aufmerksamkeit und manchmal eine sogar erhöhte Kontrolle erfordern. Dabei ist allerdings zu bemerken, dass besonders die Analyse von Elementen der Online-Selbstdarstellung lediglich eine Momentaufnahme darstellt. Die Texte im Internet sind „verflüssigt" (vgl. Marx/Weidacher 2014: 191 f.), d. h. es besteht immer die Möglichkeit, Teile des Textes umzuformulieren, zu ändern oder sogar zu streichen, was ihre „Zuverlässigkeit" als feste Textstrukturen erheblich verringert.

Trotz solcher „unsichtbaren Praktiken" (Dang-Anh et al. 2017: 59) wurden in den linguistischen Beschreibungen der einzelnen Präpositionierungspraktiken unten genauer charakterisierte Elemente im Sinne der mehr oder weniger expliziten *selbstgenerierten Informationen*[340] auf Nutzerprofilen (engl. *self-generated information*) in Betracht gezogen. Es wird jeweils auf Elemente und Social-Media-Formate mit einer potenziellen Selbstdarstellungsfunktion verwiesen, und zwar Usernamen, Profil- und Hintergrundbilder, Titel, Ansprachen, Logos sowie selbstpräsentierende Module in Formen des Personal Publishing. Sie werden in einem nächsten Schritt um präpositionierende Elemente in Social Media ergänzt: Außer Profil- und Hintergrundbildern sind es u. a. auch typische Selbstdarstellungsmodule sowie Selbstdarstellung durch Kategorienlisten des jeweiligen Systems.

### 7.3.3.2 Zweiter Schritt: Analyse von Positionierungen

An die Analyse der Selbstdarstellungsmodule der BloggerInnen und AutorInnen mit Behinderungen schließt sich eine qualitative Analyse an, die eine linguistische Beschreibung der Positionierungspraktiken in ausgewählten Posts in den sozialen Medien und in einigen wenigen Fällen auch in Diskussionen unter Artikeln in den Mainstream-Medien umfasst.

Erstens war es wichtig, thematische Schwerpunkte zu identifizieren, auf die in den präpositionierenden Modulen der einzelnen AktivistInnen besonders

[340] Zhao et al. (2008: 1826 f.) sprechen von einer Reihe implizit bis explizit reichender Strategien zur Identitätskonstruktion und Selbstdarstellung je nach der visuellen oder textuellen Ausgestaltung der jeweiligen Anwendung.

häufig verwiesen wurde. Dadurch wurde eine gewisse Eingrenzung der zu behandelnden Themenbereiche ermöglicht. Zu anderen Faktoren bei der Auswahl repräsentativer Social-Media-Postings kann man u. a. die Anzahl der Kommentare und „Reaktionen" oder die Typen sozialmedialer Postings nennen. Die Analyse konzentrierte sich hauptsächlich auf Beiträge, die die *Affordances* der betreffenden Anwendung voll ausschöpfen. Darüber hinaus ist es bei der Auswahl der geeigneten Online-Inhalte von Belang, dass auch „crossmediale" Online-Diskussionen zum Gegenstand der Analyse werden. Dadurch ergibt sich ein volleres Bild von medialen Selbst- und Fremdpositionierungshandlungen in Bezug auf die MmB-Community – ergänzt um sozialmediale Beiträge in Mainstream-Medien mit ihrer jeweiligen Anschlusskommunikation.

Im Verlauf der Analyse der Positionierungen wurde auf die einzelnen Analysekategorien hingewiesen, v. a. auf einzelne Positionierungshandlungen sowie Mikronarrative der einzelnen AkteurInnen mit besonderer Berücksichtigung der potenziellen sprachlichen und nichtsprachlichen Positionierungsmittel in jeder analysierten Sprache. Dies ermöglichte die schrittweise Herausarbeitung besonders häufig auftretender Positionierungsmuster. Nötigenfalls wird auf die jeweilige multimodale Architektur des gegebenen Postings aufmerksam gemacht.

#### 7.3.3.3 Dritter Schritt: Identifizierung von wiederkehrenden Makronarrativen und Positionierungsmustern

Auf der letzten Etappe der Untersuchung wurden, auf der Grundlage der Analyse von Präpositionierungs- und Positionierungshandlungen, kollektive Narrativtypen der Community mit konventionalisierten Mustern der Selbst- und Fremdpositionierung identifiziert. Dabei wurde auch auf die in dem analysierten multimodalen Material verwendeten sprachlichen und nichtsprachlichen Mittel der Positionierung verwiesen, die – wenn möglich – kontrastiv für das Sprachpaar Deutsch–Polnisch zusammengestellt wurden. Bei der Bestimmung der einzelnen Positionierungsmittel wurde den wiederkehrenden Elementen der sozialen Symbolik der Gruppe auf der Sprache- und Bild-Fläche besondere Aufmerksamkeit gewidmet.

# Präpositionierungspraktiken von Menschen mit Behinderungen in sozialen Medien

In der Analyse von Präpositionierungen wollte ich in erster Linie die recht große Bandbreite der verschiedenen Charaktere in der „Welt" der Personen mit Behinderungen zeigen und mich nicht nur auf bekannte Persönlichkeiten mit starken Voices konzentrieren. Es werden vor allem typische Selbstdarstellungsmodule (je nach der Plattform unterschiedlich lang mit eventueller Zeichenbeschränkung), Usernamen und ausgewählte zusätzliche Elemente mit potenzieller Selbstdarstellungsfunktion berücksichtigt (u. a. sog. „Story-Formate" sowie ergänzende Postings wie bspw. „angeheftete"/„gepinnte" Beiträge, vgl. 8.2.2.3). Darüber hinaus können MmB u. U. mittels systemgenerierter Kategorisierung positioniert werden, je nach der Plattform ist diese Kategorisierung allerdings unterschiedlich mit einigen Einschränkungen (vgl. 8.2.2.4). Wenn es um die Präpositionierung auf der Bild-Fläche geht, sind die Untersuchungsgegenstände einerseits Profilbilder[341] und (auf manchen SNS) Hintergrundbilder[342], andererseits viele potenziell positionierungsrelevante grafische Elemente (v. a. bilderbezogene Funktionalitäten der Visual Framing und/oder typografische Mittel).

---

[341] Gemeint sind entweder verschiedenartig ausgestaltete, digital aufgenommene Selbstporträts oder Portraitfotos (*Selfies*) oder andere beliebige Fotos, die der Account-Inhaber/die Account-Inhaberin präsentieren möchte.

[342] Es handelt sich dabei um eines der auffälligsten Elemente der Sehfläche in Selbstdarstellungsmodulen. Bei Twitter/X, Facebook oder in verschiedenen Formen des Personal Publishing stellen Hintergrundbilder sogar bis zu 60 % der gesamten Sehfläche dar.

Dazu muss berücksichtigt werden, was im vorliegenden Buch mehrmals betont wird, dass die einzelnen SNS jeweils unterschiedliche Eigenschaften und technische Infrastruktur haben (bestimmte Affordances und Constraints). Dies bedeutet, dass die Inhalte und ihre Präsentation sowohl thematisch als auch rein technisch/technologisch auf die Möglichkeiten einer bestimmten Plattform zugeschnitten werden müssen. Diese Beobachtung gilt auch für die Präpositionierung und Selbstdarstellungsmodule, worauf auch in der Analyse verwiesen wird.

## 8.1 Usernamen

*Usernamen*[343] sind ein unentbehrliches Element der statischen Präsentation der digitalen Identität. Bereits in den früheren Jahren der Internet-Ära galten Usernamen als „the beginning point of his or her virtual self" (Reid 1996: 329). Heute werden sie auch als integraler Bestandteil der Partizipation angesehen (vgl. Hornung/Engemann 2016 oder Lehner 2017). Daher wird in der Analyse untersucht, inwieweit Nutzernamen der einzelnen UserInnen auf ihre künftigen Interaktionsrollen und Diskurspositionen verweisen und als Mittel zur Positionierung dienen können. Das Augenmerk wird zuallererst darauf gelegt, ob und auf welche Eigenschaften, Bereiche oder Interessen des Users/der Userin sich die einzelnen Pseudonyme (Account-Namen) beziehen. Ein weiterer Punkt betrifft die Frage nach der möglichen Verwendung desselben oder eines ähnlich klingenden Namens oder Pseudonyms in allen sozialmedialen Accounts der gegebenen Person, was einerseits dazu beiträgt, dass er/sie von anderen UserInnen schneller „identifiziert" oder „erkannt" wird, andererseits effizienter kommunikative Kontinuitäten im Internet aufbauen kann.

Für die Zwecke der vorliegenden Arbeit wurden die analysierten Usernamen (bzw. Nutzer-/Benutzernamen) der medialen AkteurInnen, die einer potenziellen Präpositionierung dienen können, in drei Typen geteilt:

---

[343] Auf analysierten SNS in deutscher Version heißen sie jeweils „Benutzername" (bei Instagram) und „Name" (bei Twitter/X und Facebook). Bei Twitter/X wird allerdings zwischen dem sog. @Namen, d. h. dem eigentlichen Profilnamen unterschieden, unter dem der Nutzer/die Nutzerin gefunden werden kann, sowie dem „Namen" im Sinne einer kurzen „Profilbezeichnung" (mit Beschränkung auf lediglich 50 Zeichen). Die „Namen/Profilbezeichnungen" sind editierbar und können zu jeder Zeit beliebig geändert werden (vgl. Rybszleger 2022: 222).

1) Accountnamen, die sich auf echte Vor- und Nachnamen beziehen,
2) Pseudonyme/Nicknamen, die auf die Charakteristik (bzw. bestimmte Elemente) der gegebenen Krankheit/Behinderung verweisen, bzw. sich auf das Image/Erscheinungsbild oder die soziale Rolle (ggf. Online-Identität) der gegebenen Person beziehen,
3) Andere Pseudonyme (bspw. mit nur mittelbarem Bezug auf den echten Vor- oder Nachnamen, auf Hobbys und Interessen oder andere beliebige Namen).

Da ein erheblicher Teil der analysierten Profile mehr oder weniger bekannten Personen mit Behinderungen gehört, mag es scheinen, dass die meisten von ihnen ihre richtigen Namen als Profilnamen verwenden möchten. Das ist allerdings nicht der Fall. Zwar sind es sogar 42 MmB, deren Accountnamen[344] (zumindest auf einer der benutzten SNS) jeweils auf ihre echten Vor- und Nachnamen verweisen, aber lediglich bei 18 Personen beziehen sich die Namen aller sozialmedialen Accounts auf die bürgerlichen Namen (davon 13 aus Polen). Diese Regel ist vor allem bei Facebook zu beobachten, auf dem seit einigen Jahren Echtnamen erwartet werden. Da Accountnamen, so wie E-Mail-Profile, keine Leerzeichen enthalten dürfen (eine Ausnahme bildet hier nur Facebook), müssen die UserInnen ihre Echtnamen als Accountnamen in kombinierter Form präsentieren. Meistens sind es Zusammenschreibung von Vor- und Nachnamen[345] (z. B. @nataliabrzeszczynska oder @martinladstaetter, ggf. mit einer zusätzlichen Zahlenkombination, die nicht selten auf das Alter oder das Geburtstagsdatum verweist, wie @mateuszdura98) bzw. eine Verwendung von einfachen oder doppelten Unterstrichen oder Punkten entweder vor oder in der Mitte des Usernamens (z. B. @ola_petrus, @graf_fidi, @__alexjeanne__ oder @natalie.dedreux).

Nichtsdestotrotz herrscht in den Social Media von MmB nach wie vor das allgegenwärtige Prinzip der Pseudonyme (Nicknamen). Es wird wohl davon ausgegangen, dass nicht nur die Verwendung des richtigen Namens den Wiedererkennungswert erhöhen kann, sondern oft auch oder vor allem ein interessanter Spitzname, auf den sogar in Pressemeldungen (v. a. der

---

344 Darunter 11 analysierte Profile aus deutschsprachigen Ländern und 21 aus Polen.

345 Es wird dabei nach wie vor in praktisch allen Accountnamen auf eventuelle diakritische Zeichen verzichtet.

Leitmedien) gerne verwiesen wird.[346] Von den 66 analysierten Profilnamen sind sogar 43 Pseudonyme verschiedener Art bei zumindest einer sozialmedialen App. Bei mehr als der Hälfte dieser Namen handelt es sich um solche, die sich mehr oder weniger explizit auf eine Krankheit/Behinderung oder ein anderes Element im Zusammenhang mit dem Gesundheitszustand einer Person beziehen. In gewisser Weise gehören sie daher zur Gruppe der personalen Positionierungen und sind – bereits vor dem eigentlichen Interview – der erste Indikator für die Identität einer Person.

Die größte Gruppe von analysierten Accountnamen bezieht sich mehr oder weniger explizit auf die Behinderung oder deren charakteristische Elemente bzw. auffälligste Merkmale, wie zum Beispiel: @ida_ma_autyzm („Ida hat Autismus"), @zproteza („mit Prothese"), @meinblindesleben, @zaniczka (vom Polnischen Verb „zanikać" / „schwinden", eher impliziter Bezug auf Muskelschwund), @miniaturowa (auf Deutsch mehr oder weniger so was wie „Miniaturfrau" – eher expliziter Hinweis auf die Kleinwüchsigkeit der Person) oder @lifeonwheelz (aus dem Englischen „Leben auf Rädern").

Eine besonders interessante Untergruppe von Pseudonymen, die sich auf die Erkrankung/Behinderung oder ihre charakteristischen Elemente beziehen, sind m. E. umgangssprachliche Bezeichnungen von Geräten oder Gesundheitszuständen, die häufig in erster Linie von Menschen mit Behinderungen oder ihren Verbündeten verstanden und/oder verwendet werden. Beispielsweise haben sich unter analysierten Accounts zwei Usernamen gefunden, die auf RollstuhlfahrerInnen verweisen: @rollifraeulein („Rolli" steht für „Rollstuhlfahrerin") und @aniolnaresorach (dt. direkt übersetzt „Engel auf Federn", wobei „na resorach" eine umgangssprachliche Bezeichnung für „im Rollstuhl" ist). Dazu gibt es drei Usernamen, die umgangssprachliche Ausdrücke für ihren Gesundheitszustand verwenden. Das erste Beispiel bezieht sich auf das Online-Pseudonym eines der polnischen UserInnen @_ten_typ_tetrus_. Der letzte Teil des Namens („tetrus") weist auf das Wort „tetraplegik" („Tetraplegiker") hin und bezeichnet in der Umgangssprache von MmB alle Personen mit einer Halswirbelsäulenverletzung. Zwei andere

[346] In Profilbeschreibungen von 21 auf Nicknames/Pseudonymen basierenden Accounts fanden sich allerdings Informationen über den echten Namen des Users/der Userin, da dies z. B. ihre/seine Identifizierung in Medienartikeln und/oder anderen massenmedialen Beiträgen (Interviews, Informationen über eventuelle Teilnahme an Events usw.) erheblich erleichtern kann.

Beispiele sind @dziewczyna.na.baterie (dt. etwa „Akku-Mädchen“), was ein umgangssprachlicher Begriff für Menschen mit Hörverlust ist, und @nie. pelnosprytna (das Adjektiv „sprytny“ bedeutet „schlau“ oder „klug“, verneint durch „niepełno-“ / „unvollständig“, verweist [auto-]ironisch auf Menschen, die – sowohl im motorischen als auch im intellektuellen Sinne – den an sie gestellten Anforderungen nicht entsprechen).

Dazu kommen noch Personen, deren Usernamen gleichzeitig auf die bestimmte Thematik des Accounts und die Online-Identität der gegebenen Person verweisen wie z. B.: @wheelymum (aus dem Englischen „rollende Mutter/Mutter im Rollstuhl“), @niepelno_sprawny_tata (dt. „behinderter Vater“) oder @rebekkas_inklusions_blog (der Profilname enthält sogar drei Elemente: den Namen, die Hauptthematik und die Form des Internetauftritts). Manchmal erfordert es jedoch mehr Aufwand, die Botschaft, die sich hinter der Bedeutung bestimmter Profilnamen verbirgt, zu entschlüsseln – z. B. sollte man bestimmte medizinische Fachbegriffe (oft auf Englisch oder Lateinisch) kennen. So zum Beispiel präpositioniert sich eine deutsche Userin mit dem Pseudonym @nocolon.stillrollin. Der Accountname ist eine Wortkombination aus zwei englischen Phrasen: „no colon“ (dt. „kein Dickdarm“) und „still rollin“ (dt. etwa „ständig am Laufen“). Die Userin @deinechristinems dagegen verwendet in ihrem Pseudonym die Abkürzung MS, die für „Multiple Sklerose“ steht. In einem anderen Beispiel verweist eine Userin aus Deutschland mit ihrem Accountnamen @stoeckchen_mit_lhon sowohl auf einen Gegenstand (ein Stock [für Sehbehinderte]) als auch auf ihre Erkrankung. Die Abkürzung LHON bezieht sich auf eine seltene Erbkrankheit der Ganglienzellen des Sehnervs (die Lebersche Optikusatrophie, aus dem Englischen *Leber's hereditary optic neuropathy*). Zwei andere Userinnen präpositionieren sich dagegen durch ihre Accountnamen (@schmetterlingclara und @badbutterfly98) als Personen, die unter einer seltenen Erkrankung der Haut („Schmetterlingskrankheit“ [Epidermolysis bullosa, d. h. blasenförmige Ablösung der Haut]) leiden.

Die kleinste Gruppe (17 Accountnamen) bilden Pseudonyme, die entweder einen nur mittelbaren Bezug auf den Vor- und Nachnamen haben (z. B. @fraugehlhaar – Username von Laura Gehlhaar, einer deutschen Autorin, Aktivistin und Coach) oder auf beliebige Künstlernamen oder erfundene Namen verweisen (z. B. @graf_fidi – Username von einem bekannten Rapper oder @ninialagrande und @luisalaudace – beide sind Moderatorinnen, Autorinnen und Schriftstellerinnen, die unter fiktiven Namen schaffen).

Dazu kommen noch andere Pseudonyme, die wahrscheinlich auf Spitznamen der UserInnen verweisen[347] – wie @smerfowe_opowiesci („Schlumpfgeschichten"), @kati.gaensebluemchen, @sabineklementine – oder auf andere Bereiche (wie Hobbys oder Interessen), die keinen direkten Bezug auf das Thema „Behinderung" haben – z. B. @robimypodroze („wir machen Reisen"), @fragments_of_living oder @mike_macht_mut.

Schließlich ist zu erwähnen, dass nur weniger als die Hälfte der untersuchten MmB konsequent sind, wenn es um die Verwendung eines und desselben Usernamens geht. Dies hat bestimmt Einfluss auf die Identifizierung und Wiedererkennung dieser Personen im Netz und in den (sozialen) Medien und erschwert den Aufbau effizienter kommunikativer Kontinuitäten. Diese Bemerkung gilt vor allem für jene NutzerInnen, die sich nur auf Pseudonyme verlassen und in ihren Selbstdarstellungsmodulen aus unterschiedlichen Gründen nicht ihren richtigen Namen angeben. Dies erschwert die Suche nach ihnen im Web und die Verknüpfung mit ihren echten Namen und eventuellen Online-Beiträgen in den Massenmedien.

## 8.2 Multimodale Selbstdarstellungsmodule

*Typische Selbstdarstellungsmodule*[348] werden als meist explizit ausgedrückte selbstgenerierte Informationen definiert, die je nach dem Typ der Online-Plattform sowie der ihr zugrundeliegenden Kommunikationsmodi und Kontaktmodellierung unterschiedlich gestaltet werden können und leicht editierbar sind. In Content Communitys, auf sozialmedialen Plattformen und in Mikroblogs bestehen Selbstbeschreibungen aus kürzeren Texten (mit Zeichenbeschränkung von 101 bei Facebook, über 150 bei Instagram bis zu 160 bei Twitter/X[349]), die nicht selten mit unterschiedlichen Kommunikationsoperatoren oder Standardisierungsformen wie z. B. diversen Emoticons oder Emojis bzw. mit anderen multimodalen Elementen bereichert werden.

---

[347] Es handelt sich um Namen, bei denen schwierig zu bestimmen ist, worauf sie sich beziehen. Auch die AutorInnen selbst erklären es auf ihren SNS nicht immer.

[348] Auf Deutsch heißen Selbstbeschreibungen je nach App unterschiedlich: „Biografie" (auf Twitter/X) und „Steckbrief" (auf Instagram und Facebook). Um die Terminologie zu vereinheitlichen, wird dieser Teil der Online-Selbstdarstellung (unabhängig von der App) als „Selbstdarstellungsmodul" bezeichnet.

[349] Die Angaben zu den Zeichenbeschränkungen beziehen sich auf das Jahr 2023.

Textlinguistisch gesehen hat man es dabei mit sog. *Kleintexten* oder *Minitexten* zu tun.[350] Dabei stimme ich der Meinung von Balnat (2013: 91 f.) und Berdychowska (2020: 17) überein, dass der wichtigste Aspekt bei solchen Texten nicht quantitativ (Anzahl der Buchstaben), sondern qualitativ ist. Kurze Textformen zeichnen sich nämlich durch eine hohe inhaltliche Verdichtung und damit eine semantische und syntaktische Dichte aus.

In Anlehnung an Poprawa (2020: 208) wird angenommen, dass multimodale (Mini-)texte semiotisch komplexe Botschaften darstellen, die ein kohärentes, zusammenhängendes und dynamisches Ganzes bilden und deren primärer verbaler Code mit anderen z. B. visuellen Codes interagieren kann. Nicht selten sind Minitexte multimodale Flächen oder Wort- und Bildräume, in denen u. a. Layout eine wichtige Rolle spielt (vgl. auch Czachur 2020b: 30). Eventuelle Zeichenbeschränkungen in Kleintexten gelten nicht für Formen des Personal Publishing wie private Internetseiten oder persönliche Blogs. Eventuell sind sie viel höher als auf anderen SNS und ermöglichen es dem Autor/der Autorin, je nach Plattform, sich in ihrer Selbstdarstellung zu entfalten. Praktisch in allen Formen des Personal Publishing kann man sich durch persönliche Informationen (v. a. zu der Thematik des Blogs, dem Beruf, diversen Tätigkeitsbereichen usw.) auf Unterseiten oder unter übergeordneten Tabs der gegebenen Site präpositionieren. Auf vielen Blogs/persönlichen Seiten heißen solche Sektionen einfach „O mnie" / „Über mich" oder es gibt direkt auf der Homepage die ersten Informationen zu der Person, wobei meistens auf andere Unterseiten des gegebenen Blogs verwiesen wird, auf denen man mehr zu den einzelnen Themenbereichen lesen kann.

Aufgrund der von einzelnen App-Systemen auferlegten Zeichenbeschränkung in Selbstdarstellungsmodulen in Social Media versuchen viele UserInnen ihre Selbstpräsentationen um andere, teilweise multimodale Elemente zu ergänzen, die durch die gegebene App zur Verfügung gestellt werden. Meistens sind es *zusätzliche textuelle und/oder multimodale Elemente* mit potenzieller Selbstdarstellungsfunktion. Aus diesem Grund können

[350] Seit Jahren dauert in der Textlinguistik eine rege Diskussion, wie man kurze/kürzere Texte nennen sollte. In der einschlägigen Literatur stößt man auf solche Termini wie z. B. „kleine Texte" (Hausendorf 2009), „Kurztexte" (Berdychowska/Liedtke 2020), „Mikrotexte" (Chlebda 2018), „Augenblicktexte" (Antos/Lewandowska 2020) oder „minimale Texte" (Bartmiński/Niebrzegowska-Bartmińska 2009). Für diesen Beitrag habe ich das Konzept der multimodal zu ergänzenden *Minitexte* übernommen (vgl. Poprawa 2020).

der eventuellen Selbstpräsentation auch v. a. manche „fixierte" (Facebook), „angeheftete" (Twitter/X) oder „gepinnte" Posts (Instagram) und/oder Elemente der sog. Story (Instagram) dienen. Es handelt sich dabei um besonders wichtige Beiträge, die ganz oben auf dem Account angezeigt werden und eine weitere (z. T. auch multimodale) Selbstpräsentation ermöglichen.[351] Die Selbstdarstellung bieten dazu sog. „Story-Highlights" bei Instagram, d. h. hervorgehobene Story-Formate,[352] die im Profil des Account-Inhabers/der Account-Inhaberin zwischen Biografie und Bilder-Feed angezeigt werden und von BenutzerInnen entsprechend designt werden können.

Eine der besonders interessanten Formen von Minitexten stellen m. E. multimodale Postings im Q&A-Format (*Questions and Answers* – Fragen und Antworten) dar. Dies ist inzwischen eine sehr beliebte Methode, BloggerInnen persönlichere oder sogar intimere Fragen zu stellen.[353] Eine Person sammelt über einen bestimmten Zeitraum Fragen und beantwortet sie dann. Dies geschieht meistens in Form von multimodalen Folien, die dann als erste Beiträge in einem Profil sichtbar bleiben und jederzeit als Quelle für zusätzliche Informationen zur Person dienen können, z. B. zu ihren Ansichten, Hobbys oder auch Krankheit bzw. Behinderung.

### 8.2.1 Präpositionierende Elemente in Formen des Personal Publishing

Die Formen des Personal Publishing (auf die im Kapitel 3.7.4 näher eingegangen wird) sind typische Homepages – von Internetauftritten diverser Unternehmen (Werbung, Medien, Industrie usw.) über die von Personen des öffentlichen Lebens (MusikerInnen, SchauspielerInnen, SchriftstellerInnen,

---

[351] Als „gepinnte" Posts können seit Anfang 2020 bei Instagram auch sog. *Reels* funktionieren, d. h. kurze 60-sekündige „Multi-Clip-Videos", die von dem User/der Userin entsprechend bearbeitet werden können (Musikeffekte, Texte, Design usw.). Reels erscheinen dann im sog. *Feed* also unter anderen Beiträgen desselben Users/derselben Userin, die entsprechend gegliedert/gestaltet werden können und auf dem Bildschirm erscheinen.

[352] Die seit August 2016 möglichen „Instagram Stories" sind Bilder und/oder Videos, die man für 24 Stunden mit seinen Freunden und FollowerInnen teilen kann. Die eingestellten Fotos und Videos verschwinden nach 24 Stunden automatisch oder können früher von dem User/der Userin gelöscht werden.

[353] Fragen und Antworten (Q&A) sind eine Form des Dialogs zwischen der Gemeinschaft und dem Blogger/der Bloggerin. In der Regel sind die Fragen anonym, was beiden Parteien mehr Freiheit lässt und eine gewisse Intimität schafft.

PolitikerInnen oder JournalistInnen) bis hin zu denen von Organisationen aller Art, Stiftungen, AktivistInnen oder sozial engagierten Personen. In praktisch allen dieser Gruppen kann man natürlich auch Menschen mit Behinderungen finden. Typische Internetauftritte sind zwar nach wie vor eine wichtige und unverzichtbare Informationsquelle (sowie Teil des Aufbaus einer Online-Identität), aber ihre Beliebtheit – zugunsten der neueren Social Media – hat in den letzten Jahren sicherlich abgenommen. Wie bereits angemerkt, hat nur weniger als die Hälfte der untersuchten Online-Profile von MmB eine typische persönliche Website.[354] Traditionelle Formen des Personal Publishing enthalten meistens zwar viele Inhalte (die Anzahl der Zeichen oder der multimodalen Elemente ist praktisch unbegrenzt), aber sie sind heutzutage sicherlich nicht die wichtigste Form des Kontakts, des Aufbaus und des Aufrechterhaltens von Beziehungen/Kontakten mit der jeweiligen Gemeinschaft. Dies wird besonders deutlich, wenn man die geringe Anzahl der Kommentare direkt unter vielen Einträgen auf persönlichen Homepages betrachtet. Die vielleicht wichtigste Funktion privater Websites ist heutzutage – neben der Präsentation von oft umfangreicheren Inhalten wie eigenen Texten/Artikeln, Fotos oder Videos – gerade die adäquate Selbstdarstellung. Für viele MmB sind Homepages wie eine Art Visitenkarte. Typische interaktive Elemente (wie Kommunikation mit FollowerInnen und Anschlusskommunikation) wurden nun durch neuere soziale Medien übernommen, v. a. von Mikroblogs, Content Communitys und sozialmedialen Plattformen. Darüber hinaus verfügt praktisch jede Website über Verlinkungsmöglichkeiten mit anderen SNS derselben Person (partizipatorische Zeichen in Form von Verlinkungsbuttons). Wenn der Benutzer/die Benutzerin auf diese Schaltflächen klickt, gelangt er/sie zur ausgewählten App. Somit lassen sich typische Internetauftritte relativ einfach in kommunikative crossmediale Kontinuitäten mit guter Vernetzungsstärke verweben.

Die analysierten Internetauftritte von MmB können theoretisch unterschiedlich und u. U. ganz individuell gestaltet werden. Nichtsdestominder orientieren sie sich meistens an einer typischen Struktur, die sich längst

[354] Unter den untersuchten polnischen NutzerInnen mit Behinderung verfügen nur 12 von 33 Personen über eine eigene Website, während es unter den deutschsprachigen NutzerInnen 20 MmB sind.

bei vielen NutzerInnen im Internet bewährt hat.[355] In Anlehnung an Gabel (2021) unterscheide ich drei Hauptbereiche einer typischen Webseite, die den Inhalt in kleinere, meist übersichtliche Abschnitte gliedern lassen. Es sind:

- Der Kopfbereich (engl. *Header*): Er nimmt den obersten Rand der Seite bis zum unteren Rand des sog. *Header-Bildes* (des Profilbildes) ein. Zu obligatorischen Teilen des Kopfbereichs gehören der *Titel* der Webseite (bzw. eine *Ansprache*), ein auf unterschiedliche Weisen platziertes *Logo* (meistens verlinkt mit der Startseite), die divers verortete *Hauptnavigation* oder das *Hauptmenü*[356] (meistens oberhalb des Header-Bildes, unter ihm oder an der linken Seite), in der die wichtigsten Unterthemen der Webseite verlinkt sind, und das Header-Bild selbst. Meist handelt sich dabei um ein oder mehrere Fotos oder Videos, die je nach der multimodalen Orchestrierung der gegebenen Webseite sogar zu einer dynamischen Diashow (dem sog. *Slider*) werden können. In dem Header-Bereich scheinen besonders drei Elemente als potenziell präpositionierungsrelevant zu sein. Es sind Profilbilder, Titel/Ansprachen und Logos.
- Der Content-Bereich (engl. *Body*): Es handelt sich dabei um den Bereich, in dem der Hauptinhalt aller Unterseiten zu finden ist. Am Anfang kann der Nutzer/die Nutzerin in Form kurzer Texte bzw. Stichworte (ggf. Schlüsselwörter) oder Titel, manchmal mit Bildern untermalt, einen Überblick über die wichtigsten Themen der Webseite gewinnen. Der nächste Schritt besteht darin, bestimmte Unterseiten (Artikel) aufzurufen. Zu präpositionierungsrelevanten Unterseiten im Content-Bereich gehören „Über mich"-Sektionen, auf denen sich die AutorInnen vorstellen.
- Die Fußzeile (engl. *Footer*): Sie befindet sich in der Regel ganz unten auf der gegebenen Seite und kann unterschiedlicher Größe oder Farbe sein. Sie gehört eher zum Abschluss der Webseite. Es handelt sich vor allen Dingen um zusätzliche Informationen wie eventuelle Urheberrechte (bzw. Impressum), Kontaktdaten oder (E-Mail-)Adresse. Darüber hinaus können Fußzeilen das Hauptmenü (bzw. die gesamte Seitenstruktur, engl. *sitemap*) in einer verkürzten/vereinfachten Version wiedergeben.

---

[355] Technisch gesehen wird diese auch durch die Struktur des HTML-Codes vorgegeben (vgl. Gabel 2021).

[356] Gabel (2021) spricht dabei auch von einem anderen Typ des Menüs, der sog. *Topbar*, die eine Art zusätzlicher Topnavigation darstellt und in manchen Internetauftritten v. a. wichtige Links integriert (u. a. Buttons zu Social Media).

### 8.2.1.1 Profilbilder und Header-Bilder

Die untersuchten Homepages weisen natürlich unterschiedliche Grafiken und Farbschemata auf, allerdings überwiegen helle und kräftige Farben. Betrachtet man jedoch die grafische Gestaltung, so fallen vor allem die Porträts der AutorInnen in verschiedenen Größen (meistens zusammen mit Header-Bildern) besonders ins Auge.[357] Bei *Profilbildern* ist es schwierig, über eine bestimmte Art von sichtbaren Posen oder Designs zu sprechen. Es ist offensichtlich, dass die meisten Fotos, ob farbig oder schwarz-weiß, von professionellen Fotografen aufgenommen wurden und die Protagonisten in verschiedenen Lebenssituationen zeigen – allein oder als Teil einer Gruppe. Sogar 20 von 30 Porträts[358] von den Website-InhaberInnen sind Teil des Headers, die übrigen gehören zum Body der gegebenen Internetseite, meist in Form von anklickbaren interaktiven Kacheln mit entsprechend verkürztem Text der eigentlichen Selbstdarstellung/Selbstbeschreibung. Solche Selbstporträts sind daher formal gesehen autodiegetisch, d. h. die TextautorInnen sind zugleich ProtagonistInnen.

**Abb. 19 [Beleg 1]:** Internetauftritt (Startseite) des Politikers Constantin Grosch. Quelle: https://constantin-grosch.de/.

[357] Dies sollte natürlich nicht überraschen. Die zentrale Position von Profilbildern oder sogar die Tatsache, dass sie oft das Hauptelement des Headers sind, ist für verschiedene Homepages privater oder öffentlicher Personen typisch.

[358] Darunter 12 aus deutschsprachigen Ländern und 8 aus Polen.

So zum Beispiel präpositioniert sich der SPD-Politiker Constantin Grosch (inzwischen Landtagsabgeordneter für Hameln, Hessisch Oldendorf und Rinteln) visuell mit seinem Profilbild und Header-Bild zugleich als jemand, der für die Probleme anderer offen zu sein scheint: Er schaut direkt in die Kamera, lächelt, ist eher bescheiden gekleidet (vgl. Abb. 19). Andererseits zeigt er bereits auf dem „Start-Foto" seine Behinderung (er sitzt im Rollstuhl). Die Botschaft eines solchen Bildes könnte folgendermaßen lauten: „Trotz meiner Behinderung bin ich aktiv und als Politiker tätig"[359]. Gleichzeitig aber: „Ich bin zwar behindert, aber die Behinderung ist nur ein Teil meiner Identität und definiert mich als Menschen nicht". Es ist bemerkenswert, dass er sich, wie die meisten analysierten BloggerInnen mit Behinderungen, auf der Bild-Fläche nicht auf seine Behinderung als wichtigstes Thema konzentriert. Eine solche nichtsprachliche Präpositionierung ist daher eher still, was bedeutet, dass die richtige Position erst präsupponiert werden muss. Meistens handelt es sich um lächelnde Gesichter in verschiedenen Posen, deren Fotos keine gesundheitlichen Probleme oder Behinderungen verraten.[360] Nur auf ein Paar Internetseiten deuten Profilbilder mehr oder weniger explizit auf eine Behinderung hin (im analysierten Material waren es 10 Internetauftritte, jeweils 6 aus dem deutschsprachigen und 4 aus dem polnischsprachigen Korpus), z. B. ein Rollstuhl oder seine Elemente (robimypodroze.pl oder ladstaetter.at), sichtbare Wunden oder Defekte (imbutterflyclara.com oder harapinstory.blogspot.com), bzw. das allgemeine Erscheinungsbild (wie im Fall von Personen mit Down-Syndrom, z. B. nataliededreux.de). Die typische Mehrdeutigkeit der Profilbilder wird erst auf der Sprache-Ebene verringert. Vor allem handelt es sich dabei um Titel oder Ansprachen.

#### 8.2.1.2 Titel/Ansprachen und Logos

Im Kopfbereich von 70 % der analysierten Internetauftritte von MmB gibt es einen *Titel*, bzw. eine *Ansprache*, die nicht selten mit dem entsprechenden *Logo*

[359] Das Thema „Funktionieren trotz Behinderung" wird in Mediendiskussionen sehr oft von den Betroffenen selbst angesprochen.

[360] Ein weiterer Punkt ist, dass manche analysierten Profile Personen betreffen, die *nicht-sichtbare Behinderungen* haben (wie z. B. Multiple Sklerose oder Autismus, Herzfehler oder psychische Erkrankungen). Aus diesem Grund ist es manchmal nicht möglich, sich direkt auf der Bild-Fläche als MmB zu präpositionieren. Das Problem der Nicht-Sichtbarkeit mancher Personen mit Behinderung wird in vielen Kommentaren und medialen Diskussionen zur Sprache gebracht (vgl. 9.5).

bzw. mit dem mikrotypografisch hervorgehobenen Profilnamen verknüpft sind und Teil der typischen multimodalen Orchestrierung sind.

Bevor ich aber auf die Titel der einzelnen Homepages und/oder Ansprachen ihrer AutorInnen eingehe, möchte ich einige erwähnenswerte Beispiele eines gelungenen Zusammenspiels diverser semiotischer Ressourcen anführen, die gleichzeitig einer Präpositionierung dienen können. Im Beleg 2 (Abb. 20) hat man es mit dem Internetauftritt von Moritz Brückner zu tun. Der Autor, der sich sprachlich auf weiteren Unterseiten (Sektion „Über mich“) genauer präpositioniert, trägt die Behinderung seit einem schweren Surfunfall.

**Abb. 20 [Beleg 2]:** Text-Bild-Relationen auf der Homepage (Startseite) von Moritz Brückner. Quelle: https://moritzbrueckner.de/.

Die in Schwarz- und Orangetönen gehaltene Homepage zeigt einen jungen Mann, der zum Fenster blickt. Vielleicht ist er etwas traurig oder nachdenklich. Der Betrachter kann allerdings nicht ganz erkennen, was der Protagonist genauer macht. Diese Nichtoffensichtlichkeit des Header-Bildes wird durch den ausdrucksstarken und ziemlich klaren Text ergänzt („Querschnitt sehen – hören – verstehen Es hat nicht mal 1 Sekunde gebraucht, um mein Leben komplett zu verändern. Gib mir ein paar mehr und ich mache das gleiche mit Deinem!“). Das Lexem „Querschnitt“ bezieht sich in dieser eher konvergenten semantischen Text-Bild-Beziehung[361] auf die Querschnittslähmung, d. h. eine

[361] Gleichzeitig – in pragmatisch-funktionaler Hinsicht – gilt der textuelle Teil als ergänzend zum Bild und reduziert seine Vieldeutigkeit. Das Foto dagegen trägt zur Referenzsicherung und zum Eindruck von Authentizität bei.

Kombination von Symptomen aufgrund einer Schädigung der Nervenbahnen im Rückenmark. Durch den kurzen, stichwortartigen Text kommt es gleichzeitig zu einer intentionalen und moralischen Präpositionierung des Protagonisten. Dazu ist das textuelle Element absichtlich selbstpositionierend (nach dem Motto: „Ich bin behindert und deswegen fühle ich mich verpflichtet, euch vor riskantem Verhalten zu warnen"). Überdies wird die starke Botschaft des Titeltextes durch mikrotypografische Mittel verstärkt (z. B. das orangefarbene Wort „Querschnitt" und die besonders auffällige Liste von Verben: „sehen – hören – verstehen"). Die mikrotypografische Ebene scheint also auch für einen visuellen Akzent zu sorgen.

Ein anderer besonders bemerkenswerter Beleg des deutschen Rappers Graffidi präsentiert den Autor in einer entspannten Haltung (vgl. Abb. 21 / Beleg 3). Auf der Startseite seiner Homepage sieht man ihn laut lachen und oberkörperfrei. Im Hintergrund sind Alufolie, viele bunte Luftballons in verschiedenen Farben und eine Wassermelone zu sehen. Diesmal gibt es gleichzeitig zwei Elemente der Sprache- und Bild-Fläche, die die offensichtliche Vieldeutigkeit des Header-Bildes reduzieren. Vor allem ist es der stark autoironische Titel der Internetseite – „Angry Cripple" (was ins Deutsche etwa als „Wütender Krüppel" übersetzt werden kann). Das Wort „angry" wurde gestrichen, was ebenso typografisch hervorgehoben wurde, und durch „friendly" (dt. „freundlich") ersetzt. Zwar gilt die Bezeichnung „Krüppel" im Deutschen als stark diskriminierend und wird in offizieller Sprache nicht mehr verwendet, aber es gibt Gruppen (besonders von MmB), die dieses Wort gewollt als Selbstbezeichnung benutzen.[362] Das zweite monosemierende Element ist das Logo mit dem Namen des Künstlers, das wahrscheinlich eine Person symbolisiert, die in einem Rollstuhl tanzt, und sich eindeutig auf den Rapper selbst bezieht, der nicht nur singt, sondern sich bei seinen Auftritten auch in seinem Rollstuhl bewegt.

---

[362] Vor allem seit den 1980er Jahren gibt es Medien (heute hauptsächlich elektronische, wie z. B. die amerikanische Internetseite und Blog https://cripplemedia.com/ oder das deutsche online-Projekt https://www.angrycripples.com/), die von Menschen mit Behinderungen und ihre Verbündeten betrieben werden. Oft verwenden sie in Bezug auf sich selbst den Begriff „angry cripple", um ihre oft negative Haltung gegenüber der Gesellschaft und den Behörden zu betonen, die sie oft übersehen und schlechter behandeln als den gesunden Rest. Ich werde auf dieses Problem später in der Analyse zurückkommen (vgl. Selbstpositionierung von MmB in den Medien).

**Abb. 21 [Beleg 3]:** Text-Bild-Relationen auf der Homepage (Startseite) des Rappers Graffidi. Quelle: https://graffidi.de/.

Was Logos oder andere grafische Elemente im Zusammenhang mit der Begrüßung betrifft, sollten einige weitere Beispiele erwähnt werden. 11 von 30 MmB[363], die ihre eigenen Homepages besitzen, haben sich für ein Logo entschieden, das sich mehr oder weniger explizit auf ihre Behinderung bezieht. In Belegen 4-7 (Abb. 22) werden vier ausgewählte Logos präsentiert und beschrieben:

**Abb. 22 [Belege 4-7]:** Beispiele von ausgewählten Logos auf Homepages von Personen mit Behinderungen. Quellen von links: michelarriens.de, https://www.nataliededreux.de, dalszyciag.com.pl [Weronika Góra], https://zaniczka.pl/.

Es fällt sofort auf, dass jedes der vorgestellten identifikatorischen Zeichen in Form von Logos auf eine andere Selbstdarstellungsstrategie des Autors/der Autorin verweist. Der deutsche kleinwüchsige Aktivist Michel Arriens entschied sich dafür, ein Bild seines speziellen dreirädrigen Fahrrads als eine Art Markenzeichen in das Logo seiner Website einzubauen. Aus pragmatisch-funktionaler Sicht dient gerade das Bild der tatsächlichen Präpositionierung des Autors als eine Person mit Behinderung, nicht der Name als solcher.

[363] Darunter 5 aus Polen und 6 aus deutschsprachigen Ländern.

Bei dem zweiten Logo (von der deutschen Aktivistin und Schauspielerin mit Down-Syndrom Natalie Dedreux) hat man es dagegen mit einem typopiktorialen Zeichenspiel zu tun (vgl. auch 4.3.4). Dabei hat der Buchstabe „D“ (Verweis auf den ersten Buchstaben im Nachnamen der Autorin) mit dem Zusatz „xxx“ einen ikonischen Charakter. Die EmpfängerInnen sind quasi dazu gezwungen, bestimmte assoziative Schlüsse zu ziehen: Das Symbol XXX verweist nämlich auf die Erkrankung, die als Trisomie des Chromosoms oder Down-Syndrom bekannt ist. Zwei weitere Beispiele von Logos (von zwei polnischen Rollstuhlfahrerinnen: Weronika Góra und Renata Orłowska [@zaniczka]) beziehen sich so wie das bereits präsentierte Logo im Beleg 3 auf einen Rollstuhl und die darin sitzende Person. Die beiden Gestalten befinden sich in unterschiedlichen Posen, aber die Botschaft ist klar. Das Logo von Weronika Góra beinhaltet zusätzlich die textuellen monosemierenden Elemente: den Namen der Internetseite („Dalszy ciąg“ / „Fortsetzung“) und den Namen der Autorin. Das Logo von zaniczka.pl dagegen bezieht sich ganz auf das unverwechselbare Aussehen der Autorin, die für ihr üppiges rotes Haar bekannt ist. Das rote Haar ist zu einem ihrer Markenzeichen in den Medien geworden. Die Autorin ist eine der wenigen analysierten Personen mit Behinderungen, die über die sozialen Medien eine Art Corporate Design schaffen. Dies bedeutet, dass je nach Constraints und Affordances der gegebenen SNS, die grundlegenden Gestaltungselemente wie Farben, Logo oder Hintergrundbild (bei Facebook) beibehalten werden.

Anschließend möchte ich mich auf die Sprache-Fläche des Header-Bereichs der analysierten Homepages konzentrieren. Beim genaueren Betrachten der einzelnen *Titeltexte/Ansprachen* im Kopfbereich fällt einerseits ihre Kürze (sie stellen eine Art Einführung in die Website dar) und grammatische Vielfalt auf, andererseits die Art und Weise wie die eigene Behinderung versprachlicht wird.[364] Natürlich ist das Thema der eigenen Behinderung äußerst wichtig und kommt in allen sozialen Medien und bei allen medialen AkteurInnen mit Behinderung zur Sprache. Aber während einige ihre Behinderung mehr oder weniger explizit zum zentralen Thema des Titeltextes/der Ansprache machen, vgl. Belege 8–14, entscheiden sich einige MmB für einen solchen Titeltext, in

[364] Der Umgang mit der eigenen Behinderung ist eines der häufigsten Themen in Postings der einzelnen AutorInnen und in der medialen Anschlusskommunikation unter ihren Beiträgen.

dem die Behinderung nur als Hintergrund für die Darstellung bestimmter Aktivitäten und/oder Übermittlung gewisser Inhalte und Botschaften dient, vgl. Belege 15–21:

**Belege 8–14:** *Ansprachen/Titeltexte auf Homepages von MmB (eigene Behinderung in den Mittelpunkt gestellt)*
(8) ... mein altes, neues Leben mit MS ... (@deine christine ms)
(9) Expertin für Down-Syndrom (@natalie.dedreux)
(10) Willkommen auf meinem Blog. Hier möchte ich euch einen Einblick in mein Leben mit Epidermolysis bullosa geben und an meinen Erlebnissen teilhaben lassen. (@schmetterlingclara)
(11) Der Blog von und mit einer Mama mit Behinderung und chronischer Krankheit mit Familienleben (@Wheelymum)
(12) NA DWÓCH NOGACH | CZTERECH KOŁACH[365]
Cześć!
Jesteśmy Goha i Kamil (@RobiMyPodroze)
*(AUF ZWEI BEINEN / VIER RÄDERN. Hallo! Wir sind Goha und Kamil)*
(13) Motywacja i przemyślenia, Wsparcie, Z życia na wózku
Cieszę się, że mogę być – 2 lata od wypadku (@weronika_goraa)
*(Motivation und Überlegungen, Unterstützung, Vom Leben im Rollstuhl. Froh da zu sein – 2 Jahre seit dem Unfall)*
(14) Blog niepełnosprawnej, niskorosłej kobiety i matki (@Miniaturowa.pl)
*(Blog einer behinderten, kleinwüchsigen Frau und Mutter)*

**Belege 15–21:** *Ansprachen/Titeltexte auf Homepages von MmB (eigene Behinderung nicht im Mittelpunkt)*
(15) Schauspielerin und Aktivistin. Als Schauspielerin und Aktivistin engagiere ich mich vor allem für Inklusion. (@carinakuehne)
(16) Aktivistin & Beraterin FÜR INKLUSTON & ANTIDISKRIMINTERUNG (@Luisalaudace)
(17) MARTIN LADSTÄTTER JOURNALIST. INTERESSIERT AN GLEICHSTELLUNG UND INNENPOLITIK. ENGAGIERT IM BEREICH DER MENSCHENRECHTE. (@martinladstaetter)
(18) Aktivist für Inklusion und Barrierefreiheit. (@raulkrauthausen)
(19) Inclusion. Laura berät, coacht und gibt Vorträge zur Diversität, Gerechtigkeit und Inklusion. (@lauragehlhaar)
(20) Dzień dobry, Jak mogę pomóc? Nazywam się Ania Brzosko. Jestem trenerką, doradcą, coachem i badaczką. Fascynuje mnie różnorodność i jej odkrywanie. (@annabrzosko.pl)

---

[365] Bei polnischen Beispielen wird jeweils die deutsche Übersetzung angegeben.

> *(Hallo, wie kann ich Ihnen helfen? Mein Name ist Ania Brzosko. Ich bin Trainerin, Beraterin, Coach und Forscherin. Ich bin fasziniert von Vielfalt und deren Erforschung.)*
> (21) PROGRAMISTKA
> DZIENNIKARKA TECHNOLOGICZNA
> Dowiedz się więcej! (@sylwiablach.pl)
> *(PROGRAMMIERERIN, TECHNIKJOURNALISTIN. Erfahre mehr!)*

In Bezug auf die grammatische Form der kurzen Selbstdarstellung im Bereich der Titeltexte/Ansprachen, werden sogar 8 von 14 ausgewählten Belegen in Form von Nominalsätzen mit kurzen stichwortartigen Informationen zu den einzelnen Personen formuliert (vgl. Belege 8, 9, 11, 14 und 16, 17, 18, 21). Die übrigen sind kurze Sätze des Typs „ich bin …" oder „wir sind …" (vgl. Belege 10, 12, 13, 15 und 20), bzw. Sätze in der 3. Person Singular (vgl. Beleg 19). Die meisten Titeltexte/Ansprachen sind kurz (stichwortartig) gehalten. Es wird meist der Name samt wichtiger Schlüsselwörter angegeben. Nur in ein paar Beispielen gab es typische Begrüßungsformeln wie „Willkommen", „Hallo" oder „ich freue mich …". Bei näherer Betrachtung des Textkorpus zeigt sich außerdem, dass es im Prinzip keine einheitliche Strategie der Präpositionierung auf der Sprache-Fläche im Kopfbereich gibt. Einige BloggerInnen verweisen direkt auf ihre Erkrankung und/oder Behinderung und stellen sie gleichzeitig in den Mittelpunkt (vgl. Belege 8–10: Moralische Präpositionierung als MmB). Andere wiederum gehen der Strategie einer intentionalen Präpositionierung nach: Entweder als jemand, der trotz der Behinderung eine aktive Person ist, die bspw. zum Elternteil wurde (vgl. Belege 11 und 14), ihre Hobbys ausüben kann (12) oder andere nicht-behinderte Menschen motivieren möchte (13). Schließlich gibt es auch solche BloggerInnen mit Behinderung, die sich intentional (zumindest auf der Sprache-Fläche des Headers) nicht als Behinderte präpositionieren, weil sie aus verschiedenen Gründen nicht die Behinderung als solche in den Mittelpunkt des Interesses stellen wollen. Diese Personen präsentieren sich bspw. als AktivistInnen bzw. Menschen, die sich für Inklusion und/oder Menschenrechte einsetzen (vgl. Belege 15–19). Gleichzeitig ist es ihnen wichtig, ihre ausgeübten Berufe zu präsentieren statt von ihrer Behinderung zu sprechen, wie z. B. SchauspielerInnen (15), BeraterInnen (16, 19, 20) JornalistInnen (17, 21) oder ProgrammiererInnen (21).

#### 8.2.1.3 Selbstpräsentation des Typs „Über mich“

Das wichtigste, wenn auch nicht das sichtbarste Element der Selbstdarstellung auf privaten Websites/Blogs sind zweifellos statische Selbstpräsentationen des Typs „Über mich“, in denen sich BloggerInnen mit Behinderungen praktisch ohne Zeichenbeschränkungen präsentieren können. Die sich im *Body* (Content-Bereich) jeder Homepage befindenden Unterseiten, auf denen sich ihre AutorInnen vorstellen, sind daher unterschiedlicher Länge: von einem allgemeinen (Begrüßungs-)Satz bis zu genaueren, längeren Beschreibungen bezüglich der eigenen Person.[366] Die meisten Unterseiten dieses Typs werden multimodal ergänzt; die Sprache-Fläche wird nicht selten um Eigenbilder (Porträts) und ein identifikatorisches Design ergänzt. Zum Beispiel im Beleg 22 (Abb. 23) sind die für den Autor charakteristischen Merkmale des individualisierten Designs zu sehen (u. a. das Logo mit der roten Schirmmütze, die zum Markenzeichen des Autors – Raul Krauthausen – geworden ist) und partizipatorische Zeichen (u. a. Verlinkungen zu anderen SNS des Autors usw.). Meistens ist der Text so wie hier interaktiv und ermöglicht durch hypertextuelle Verlinkungen den Kontakt mit dem Autor/der Autorin, die Unterbreitung von eventuellen Kooperationsangeboten oder das Stellen weiterer Fragen.

Die meisten Selbstpräsentations-Unterseiten heißen einfach „Über mich“ / „O mnie“ oder kurz „Über“ / „About“ (mit möglichen Abweichungen wie z. B. „über Graf Fidi“ oder in der 3. Person Singular formuliert: „über Ninia“ [@Ninialagrande]). Andere mögliche Bezeichnungen sind bspw. „Wer ich bin“ (@Raulkrauthausen), „Poznaj moją historię“ / „Lerne meine Geschichte kennen“ (@weronika_goraa) oder „Kim jest Pani Miniaturowa?“ / „Wer ist Pani Miniaturowa?“ (@Miniaturowa.pl) usw. Nicht selten befinden sich Selbstpräsentationsmodule direkt auf der Startseite, ohne dass der Gast auf eine der Unterseiten/Tabs klicken muss. Darüber hinaus funktionieren „Über

---

[366] Das Textkorpus von Selbstpräsentationen des Typs „Über mich“ umfasst ca. 50.000 Zeichen, darunter sogar ungefähr 37.000 auf deutschsprachigen Homepages. Dieser Unterschied lässt sich m. E. auf zwei Aspekte zurückführen: Erstens stammen von den 32 analysierten Homepages immerhin 20 von deutschen NutzerInnen. Zum anderen ist in deutschen Internetauftritten eine Tendenz zu beobachten, sich gerade auf Homepages stärker auf die Selbstdarstellung zu konzentrieren. Polnische Homepages werden dagegen von kurzen Selbstdarstellungen dominiert und es wird gerne auf andere Social Media hingewiesen.

**Abb. 23 [Beleg 22]:** Unterschiedliche semiotische Ressourcen in der „Über mich"-Sektion auf der Homepage des deutschen Aktivisten mit Behinderung Raul Krauthausen. Quelle: https://raul.de/zur-person/.

mich"-Sektionen bei einigen analysierten Homepages als vertikales Dropdown-Menü, d. h. es gibt mehrere thematische Bereiche, z. B. diverse Hobbys, Zusammenarbeit oder privates Leben, die jeweils angeklickt werden können.

Auch auf der sprachlichen Ebene lassen sich ebenso verschiedene Selbstdarstellungsstrategien beobachten. Meistens wird häufig in der 1., seltener in der 3., Person Singular formuliert, vgl. Beleg 25. Dies ist natürlich die einfachste Art, sich zu präsentieren und auf seine späteren Diskurspositionen hinzuweisen:

(23) Mam na imię Weronika. Z wykształcenia jestem inżynierem logistyki, a w najbliższym czasie rozpoczynam studia na kierunku psychologia. Uwielbiam aktywność fizyczną i to ona nauczyła mnie samodyscypliny. Jestem fajterką i należę do #chodagang. (@weronika_goraa) (*Mein Name ist Veronika. Ich bin gelernte Logistik-Ingenieurin und beginne demnächst mein Psychologiestudium. Ich liebe körperliche Aktivität und habe dadurch Selbstdisziplin gelernt. Ich bin eine Fighterin und gehöre zu #chodagang*)

(24) Mein Name ist Alex Jeanne. Ich bin Moderatorin, Podcasterin & Sinnfluencerin. (@__alexjeanne__)

(25) Ninia LaGrande ist Moderatorin, Autorin, Podcasterin, Sprecherin und Schauspielerin. Sie lebt in Hannover und arbeitet im gesamten deutschsprachigen Raum. (@Ninialagrande)

Darüber hinaus versuchen viele AutorInnen, eine Art Nähe zu ihren LeserInnen herzustellen. Aus diesem Grund setzen sie stilistische Mittel ein, um ihre potenziellen FollowerInnen zum Besuch der Homepage oder einer anderen SNS, zum genaueren Lesen und Nachdenken oder zum Kommentieren der Inhalte zu animieren. Am häufigsten werden daher, neben typischen Begrüßungsformen, der Imperativ oder Sätze bzw. Fragesätze mit Modalverben („du solltest", „möchtest du?" / „chciałbyś?", „czy zastanawiało Cię kiedyś ...?" / „hast du dich einmal gefragt ...") verwendet. Häufig sind auch Konditionalsätze mit „wenn", vgl. Beleg 28:

(26) Miło mi Cię gościć w mych skromnych progach, mojego małego świata. (@Aniolnaresorach) (Ich freue mich, Dich in meiner bescheidenen Behausung, meiner kleinen Welt, begrüßen zu dürfen.)

(27) Ich hoffe Du begleitest mich ein Stück auf meinem Weg und hast Freude an meiner Herzensangelegenheit, diesem Blog. Alles Liebe, Deine Christine! (@Deinechristinems)

(28) Wenn du mehr über mich und meine Arbeit erfahren möchtest, besuche mich gerne auf meinem Instagramprofil fragments_of_living und wenn du Fragen an mich hast oder mit mir zusammen arbeiten möchtest, findest du ein Kontaktformular unter „Contact" und „Work with me". (@fragments_of_living)

Eine Ausnahme bilden Homepages von PolitikerInnen, auf denen zwar meistens in der 1. Person erzählt wird, aber der Stil ist eher distanziert, was u. a. aus einer anderen Agenda resultieren kann. Die AutorInnen machen es sich zur Aufgabe, ihre Profile als AktivistInnen und/oder PolitikerInnen darzustellen. Das bedeutet jedoch nicht, dass die Frage der Behinderung in den Hintergrund tritt, so wie bei Martin Ladstätter, einem anerkannten Journalisten und Menschenrechtler aus Österreich:

(29) Obmann von BIZEPS, Mitglied des Menschenrechtsbeirates der Republik und ORF-Publikumsrat.

Journalist aus Wien. Interessiert an Gleichstellung und Innenpolitik. Tätig im Bereich der Menschenrechte. (@Martinladstaetter)

Überdies dreht sich die Thematik der „Über mich"-Selbstpräsentationsmodule meistens um die kurze Vorgeschichte, den (erlernten oder ausgeübten) Beruf und die sozialen oder beruflichen Aktivitäten der Person. Daher wird häufig nach typischen präpositionierenden sprachlichen Mitteln intentionaler Natur gegriffen, indem viele AutorInnen ihre Leistungen erwähnen und ihrer Handlungsfähigkeit rühmen, bspw. durch die Nennung verschiedener Auszeichnungen, Kooperationen mit Institutionen oder Unternehmen, bzw. Interviews für mehr oder weniger bekannte Medien. Dazu verwenden sie nicht selten typische Ausdrücke oder ganze Konstruktionen, durch die sie sich noch vor dem eigentlichen Diskurs in erkennbare und erwartbare Rollen als Behinderte platzieren, die trotz des gesundheitlichen Zustands in vielen Bereichen aktiv sind und u. a. viel für ihre Communitys leisten. Wenn man genau hinschaut, kann man drei grobe Themenbereiche (und zugleich anfängliche oder vorläufige Selbstpositionierungsmuster bzw. Mikronarrative) erkennen, die in praktisch allen Texten auf Unterseiten des Typs „Über mich" vorkommen:

*„Ich bin behindert"/„Ich habe eine Behinderung"*

Die meisten der AutorInnen sprechen direkt über ihre Behinderung. Dabei geben sie oft einen medizinischen Namen an oder erzählen von der Diagnose und/oder der kurzen Krankheitsgeschichte[367]:

(30) Für die möglicherweise entstehenden Fragen, möchte ich an dieser Stelle erzählen, dass ich aufgrund einer Muskelerkrankung (Spinale Muskelatrophie, genannt auch SMA, Kugelberg Welander, Typ 3 – für Google hier so ausführlich geschrieben) mit einem elektrischen Rollstuhl unterwegs bin. Und dass ich meinen Alltag mithilfe der persönlichen Assistenz gestalte. (@anastasia.umrik)

(31) Willkommen auf meinem Blog. Hier möchte ich euch einen Einblick in mein Leben mit Epidermolysis bullosa geben und an meinen Erlebnissen teilhaben lassen. (@Schmetterlingclara)

(32) 12 października 2019 roku ucierpiałam w wypadku spowodowanym przez pijanego i będącego pod wpływem narkotyków kierowcę. Wskutek tego zdarzenia

---

[367] Es muss dabei zugegeben werden, dass das Wort „Krankheitsgeschichte" in diesem Kontext lediglich als Schlüsselwort verwendet wird, ich mir aber dessen bewusst bin, dass seine Verwendung nicht immer ganz korrekt und gerechtfertigt ist. Viele Menschen mit Behinderungen betonen, besonders in ihren Beiträgen und in zahlreichen Anschlussdiskussionen, dass eine Behinderung nicht immer mit einer Krankheit gleichzusetzen ist (vgl. 9.5).

doznałam uszkodzenia rdzenia kręgowego na poziomie C5. Mam porażenie czterokończynowe (tetraplegia). (@weronika_goraa) *(Am 12. Oktober 2019 erlitt ich einen Unfall, der von einem betrunkenen und unter Drogen stehenden Fahrer verursacht wurde. Infolge dieses Vorfalls erlitt ich eine Rückenmarksverletzung in Höhe C5. Ich bin querschnittsgelähmt (Tetraplegie).)*

Einigen gelingt es, die Kraft der Botschaft abzuschwächen, indem sie sich für ironische Selbstaussagen und/oder verbale Scherze entscheiden. In den Belegen 33 und 34 passen die Autorinnen diesen besonders schmerzhaften Teil des Selbstdarstellungsmoduls an die Stilistik und Umgangssprache des restlichen Moduls an.

(33) Wenn mich jemand darauf anspricht, was für eine Behinderung ich habe, antworte ich meist, dass ich vor meiner Geburt einfach zu lange die Luft angehalten habe. Diese Entscheidung hat mein Gehirn nicht für die beste Idee gehalten und ist daraufhin beleidigt in einen lebenslangen Streik im Sachen Motorik getreten. In der medizinischen Fachsprache klingt das etwas langweiliger: Celebralparese mit Tetraspastik (@Rollifraeulein)

(34) Moim znakiem rozpoznawczym jest wzrost. Nie zobaczysz mnie, ale z pewnością usłyszysz. Chodzące logo, marka sama w sobie [...] Jako osoba z niepełnosprawnością jestem szamponem 2 w 1. No wiesz, niepełnosprawna, a na dodatek niskorosła. (@ Miniaturowa.pl) *(Mein Markenzeichen ist Wachstum. Du wirst mich nicht sehen, aber du wirst mich sicher hören. Ein wandelndes Logo, eine Marke für sich. Als Mensch mit Behinderung bin ich ein Shampoo 2-in-1. Du weißt es schon, behindert und dazu kleinwüchsig.)*

*„Trotz meiner Behinderung funktioniere ich gut“*

In den meisten Beiträgen heben die AutorInnen die Tatsache hervor, dass sie trotz der Widrigkeiten gut funktionieren können und dass die Erkrankung sie als Menschen nicht unbedingt definieren muss, vgl. Belege 35 und 36. Für einige dagegen ist beispielsweise ein Rollstuhl eine Herausforderung, aber gleichzeitig zeigen sie, dass sie lernen, trotz ihres Gesundheitszustands das Leben in vollen Zügen zu genießen, vgl. Beleg 37. Ein weiteres interessantes Stilmittel ist die Gegenüberstellung der eigenen Behinderung mit der Darstellung der eigenen Tätigkeit, sei es im Beruf (z. B. als Aktivist und/oder Experte, vgl. Beleg 38) oder in einer sozialen Rolle (z. B. als Elternteil, vgl. Beleg 39).

(35) Ich bin mehr als meine Erkrankung und Behinderung, aber ich bin auch chronisch erkrankt und behindert. Es geht darum, angenommen zu werden mit der Erkrankung, nicht wegen oder trotz ihr. (fragments_of_living)

(36) Uważam, że sama niepełnosprawność nie czyni nikogo wyjątkowym, ale jest mnóstwo niepełnosprawnych osób, które robią rzeczy wyjątkowe, ponadprzeciętne i warto je pokazać i zainspirować innych. (@zaniczka) (*Ich glaube, dass eine Behinderung allein niemanden zu etwas Besonderem macht, aber es gibt viele Menschen mit Behinderungen, die außergewöhnliche, überdurchschnittliche Leistungen erbringen, und es lohnt sich, sie vorzustellen und andere zu inspirieren.*)

(37) Staram się żyć na 150 %, ciesząc się każdym dniem, nawet gdy nie jest kolorowo. Moje motto życiowe jest proste: „ogranicza nas tylko nasz umysł". Dla wielu to, że jeżdżę na wózku jest przeszkodą, dla mnie codziennym wyzwaniem i lekcją. (@Aniolnaresorach) (*Ich versuche, das Leben mit 150 % zu leben und jeden Tag zu genießen, auch wenn er nicht bunt ist. Mein Lebensmotto ist einfach: „Wir sind nur durch unseren Verstand begrenzt". Für viele ist die Tatsache, dass ich im Rollstuhl sitze, ein Hindernis, für mich ist es eine tägliche Herausforderung und Lektion.*)

(38) Graf Fidi tritt als Inklusionsbotschafter, Singer & Songwriter, Moderator, Speaker und Experte für Leichte Sprache auf. Er beweist, dass man nicht trotz – sondern gerade wegen körperlicher Einschränkungen alles wollen kann. (@graf_fidi)

(39) Hier schreibt Wheelymum über das Leben und den Alltag mit Kind, chronischer Krankheit und Rollstuhl. (@Wheelymum)

*„Ich bin BotschafterIn von Personen mit Behinderungen"*

Zirka die Hälfte der analysierten BloggerInnen präpositioniert sich intentional und moralisch als „BotschafterInnen" oder „Sprachrohren" für MmB. Das am häufigsten vorkommende Lexem ist dabei im deutschen Sprachkorpus „Inklusion"[368] und die Hervorhebung des Kampfes für die Gleichstellung von Personen mit Behinderungen:

(40) Auch wenn er sich als Sprachrohr für Menschen mit Behinderung versteht und Inklusion auf und hinter der Bühne lebt, ist sein musikalisches Repertoire dabei vielseitig und nicht nur auf seine Behinderung fokussiert. (@Graffidi)

---

[368] Interessanterweise taucht der Begriff „Inklusion" im polnischen Korpus überhaupt nicht auf. Entgegen den Erwartungen hat er sich noch nicht durchgesetzt – auch nicht bei MmB. Vielmehr wird er durch polnische Äquivalente ersetzt wie „włączenie" („Einbeziehung"), „dostępność" („Barrierefreiheit") oder „równouprawnienie" („Gleichberechtigung").

(41) Mein Thema ist Inklusion. Als Speakerin referiere bei Fachkonferenzen, Workshops und Seminaren und halte Vorträge an Hochschulen vor Studenten zu dem Thema Down – Syndrom und Inklusion. (@carinakuehne)

Darüber hinaus wird von MmB gerne von Projekten und diversen sozialen Aktionen erzählt, die die gesamte Community unterstützen. Das geschieht in beiden Sprachen entweder in der 1. oder in der 3. Person Singular:

(42) Michel ist einer der bekanntesten Aktivisten und Blogger für Inklusion, Digitale Teilhabe, Barrierefreiheit und gegen (mediale) Diskriminierung. (@michelarriens.de)

(43) Als Inklusions-Aktivist und Gründer der SOZIALHELDEN, studierter Kommunikationswirt und Design Thinker arbeitet Raul Krauthausen seit über 15 Jahren in der Internet- und Medienwelt. (@Raulkrauthausen)

(44) Stworzyłam projekt „Poznaj niepełnosprawność", w którym to blogerzy odpowiadają na pytania na ten temat.

Drugi projekt to „Ponadprzeciętni." (@zaniczka) (*Ich habe das Projekt „Lerne die Behinderung kennen" ins Leben gerufen, bei dem Blogger Fragen zu diesem Thema beantworten. Das zweite Projekt ist „Überdurchschnittliche".*)

(45) Wzięłam udział w różnych projektach fotograficznych, między innymi projekcie „Pełnosprawni w miłości" (promującym seksualność osób z niepełnosprawnościami. (@Vamppiv) (*Ich habe an verschiedenen Fotoprojekten teilgenommen, unter anderem an dem Projekt „Leistungsfähige in Liebe" (Förderung der Sexualität von Menschen mit Behinderungen).*)

### 8.2.2 Präpositionierende Elemente in populären Social Media

Es wurde bereits mehrfach erwähnt, dass die Möglichkeiten der Präpositionierung und Selbstdarstellung in typischen Social Media (Content Communitys, Mikroblogs und soziale Plattformen) eher bescheiden und streng auf die Begrenzung der Anzahl der Zeichen bezogen sind. Auch die eventuelle multimodale Ergänzung sowie das individualisierte Design sind im Vergleich zu Formen des Personal Publishing beschränkt. Allerdings, so wie u. a. in 4.3.4 festgehalten, werden den UserInnen der sozialen Medien bestimmte „Gestaltungsraster" oder „Schablonen" zur Verfügung gestellt, die – neben der Veröffentlichung von multimodalergänzten Inhalten in diverser Form sowie der Möglichkeit des Kontakts mit der gegebenen Community – auch die entsprechende Selbstdarstellung und Präpositionierung ermöglichen. Vor allem sind es der textuelle Teil des kurzen Selbstdarstellungsmoduls (Minitext mit der eventuellen multimodalen Ergänzung) mit entsprechendem Usernamen, das Profilbild und, mit Ausnahme von Instagram, das Hintergrundfoto bzw. Titelbild.

Darüber hinaus sind in den letzten Jahren andere Formate entstanden, die einer potenziellen Präpositionierung dienen können. Im Rahmen der Analyse wurden ausgewählte „angeheftete" bzw. „gepinnte" Posts und Story-Postings (bei Instagram) berücksichtigt. Dabei wird ein besonderes Augenmerk auf multimodale Postings im Q&A-Format gelegt. Solche Beiträge stellen eine Art Dialog zwischen den AutorInnen und ihren Communitys dar (man kann den BloggerInnen anonym Fragen stellen) und sind in vielen Fällen ein interessantes Beispiel des Zusammenspiels oder semantischen Arrangements mehrerer semiotischer Ressourcen. Ergänzt wird die gesamte Selbstdarstellung durch die durch das gegebene System der jeweiligen Anwendung zur Verfügung gestellte Kategorisierung, die von UserInnen beliebig ergänzt werden kann. Wie bereits erwähnt, kann es sich dabei um bereits vorgegebene Kategorien handeln (bei Facebook heißt dieser Teil „Info"), oder der User/die Userin kann selbst die Option nutzen, sich der entsprechenden Kategorie zuzuordnen. Dies gilt allerdings nur bei Instagram und Facebook für sog. *Business-Accounts* oder solche von Personen des öffentlichen Lebens.

#### 8.2.2.1 Profilbilder und Hintergrundbilder

Die InhaberInnen aller 66 analysierten Instagram-Accounts haben Profilfotos. Darunter sind es 59 autodiegetische (Selbst-)Porträts (farbig oder schwarzweiß): 32 in deutschsprachigen und 27 in polnischsprachigen Accounts. So wie auf Internetseiten oder Blogs sind die Protagonisten in unterschiedlichen Posen und Situationen zu sehen. Darunter haben sich InhaberInnen von 10 analysierten Accounts dafür entschieden, ihre Profilfotos entweder in einem Fotobearbeitungsprogramm zu ändern oder eine der Möglichkeiten von Facebook zu nutzen (z. B. durch das Hinzufügen von Elementen des semantischen Arrangements, wie „Rahmen"). Das Erstellen eines solchen individualisierten Designs ist u. a. dadurch möglich, dass Instagram- und Facebook-Accounts auf Wunsch des Nutzers/der Nutzerin verknüpft werden können (v. a. bezüglich der Profilbeschreibung, Freundesliste oder veröffentlichter Inhalte). 18 UserInnen (gleichmäßig aus jedem Sprachraum) verweisen bereits auf der Bild-Fläche mehr oder weniger direkt darauf, dass sie eine Behinderung haben, indem sie sich z. B. selbst im Rollstuhl sitzend präsentieren. In dieser Gruppe wurden vier Personen gefunden, die anstelle ihres Profilbildes eine Grafik oder ein Logo verwenden, die ebenso direkt auf eine Behinderung verweist.[369] Nur eine Person hat sich für ein beliebiges Foto entschieden (ein sog. *Dummy*). Bei Facebook haben sich 44 von 46 Personen für ein typisches autodiegetisches (mehr oder weniger bearbeitetes) Profilfoto entschieden (26 aus Polen, 20 aus deutschsprachigen Ländern), wobei 11 Personen mit ihren Bildern explizit auf ihre Behinderung hinweisen (jeweils 6 und 11[370]). Interessant ist dabei, dass mehr als die Hälfte (ca. 55 %) derjenigen, die ihre Accounts auf mehr als einer SNS haben, das gleiche Profilbild verwenden (ggf. ein ganz ähnliches Foto, z. B. aus derselben Fotosession), wodurch sie ihre kommunikative Kontinuität und Online-Wiedererkennung steigern. Auf Twitter/X (bei dem 18 analysierte UserInnen ihre Accounts haben) wiederholen sich die meisten Profilbilder von Instagram und/oder Facebook (bei 11 Personen), wovon 4 mehr oder weniger explizit auf die Behinderung des Kontoinhabers/der Kontoinhaberin verweisen.

Zu potenziell präpositionierenden Elementen auf der Bild-Fläche gehören bei Facebook und Twitter/X auch Hintergrundbilder. Auf etwa 30 % aller Profile auf FB ist der Autor/die Autorin in verschiedenen Lebenssituationen zu sehen, z. B. im Urlaub oder bei der Ausübung eines Hobbys, wobei die Behinderung meistens sichtbar ist. Dazu kommen auch Text-Bild-Konglomerate mit dem wiederholten Profilbild und Informationen zu sozialen Medien des Autors/der Autorin, wodurch nicht selten in visueller Hinsicht die Botschaft des Profilbildes ergänzt und verstärkt wird. Eine besonders erwähnenswerte Strategie besteht darin, verschiedene Slogans oder Schlüsselwörter, mit denen sich die Person identifiziert, manchmal unter Verwendung von Hashtags wie im Beleg 46, bzw. aktuelle Informationen zu nächsten Treffen oder neuesten Veröffentlichungen, in das Header-Bild zu integrieren.

---

[369] Es sollte auch am Rand erwähnt werden, dass aufgrund der technischen Beschränkungen (Constraints) der jeweiligen Plattform Profilbilder bei Instagram nicht vergrößert werden können, wie es bei den persönlichen Websites und anderen Social Media der Fall ist. Für die NutzerInnen bleiben sie daher lediglich ein Wiedererkennungsmerkmal.

[370] Auf Facebook ist es oft einfacher, das Profil einer Person mit Behinderung auf der Bild-Fläche zu erkennen; dazu trägt in der Regel das Hintergrundfoto bei.

**Abb. 24 [Beleg 46]:** Das individualisierte Design des Twitter/X-Accounts von @idatym (@ida_ma_autyzm bei Instagram).

So entschied sich beispielsweise die polnische Aktivistin und Bloggerin Ida Tymina für ein Hintergrundfoto, das sich auf eines der von ihr oft verwendeten Schlüsselwörter bezieht (#ActuallyAutisticPL). Sie platzierte den Slogan auf einem rosa Hintergrund, der einerseits auf ihr Corporate Design (Rosatöne) und andererseits auf die ähnlich gefärbten Icons und das Profilbild auf Instagram verweist (vgl. 1bb. 24 / Beleg 46). Das kurze Selbstdarstellungsmodul („Jestem autystyczną kobietą" / „Ich bin eine autistische Frau"), der Slogan selbst und seine typografische Hervorhebung bilden ein kompaktes, zusammenhängendes Ganzes.

Einerseits kann man annehmen, dass viele besonders aktive Personen mit Behinderungen, darauf bedacht sind, auch auf medialer Ebene Wiedererkennbarkeit zu schaffen (z. B. durch die Verwendung desselben Logos, der Farbkombination oder verschiedener Designelemente), doch andererseits muss man sich darüber im Klaren sein, dass die sozialen Medien (insbesondere die auf Plattformen) in dieser Hinsicht einige Einschränkungen aufweisen. Vermutlich aus diesem Grund kann man ein anderes Verfahren beobachten und zwar die Verwendung ausgewählter Corporate-Design-Elemente in allen verfügbaren sozialen Medien einer Person. Dies betrifft allerdings nur 8 von 66 untersuchten Profilen (jeweils 4 in jedem Sprachraum). Es handelt sich v. a. um das sich wiederholende Logo oder Markenzeichen des Bloggers/der Bloggerin und/oder andere identifikatorische Zeichen wie Typografisches oder Profilbilder, aber auch typische sprachliche Teiltexte wie ein sich wiederholender Slogan oder Spruch. Ein bemerkenswertes Beispiel einer solchen statischen multimodalen Positionierungsstrategie kann man in sozialmedialen Accounts (Homepage, Twitter/X, Facebook und teilweise Instagram) der polnischen kleinwüchsigen Bloggerin und Aktivistin @PaniMiniaturowa beobachten (vgl. Abb. 25 / Beleg 47). Gleichzeitig bedient sie sich ein paar gemeinsamer Motive, die sie, u. a. je nach den Constraints und Affordances der jeweiligen SNS verwendet. Alle Elemente des Corporate Designs lassen sich als Hintergrundbild bei ihrem Facebook und Twitter/X-Account betrachten:

**Abb. 25 [Beleg 47]:** Das Hintergrundbild von @PaniMiniaturowa bei Facebook und Twitter/X.

Auf dem Hintergrundfoto hat sich die Autorin für ein konvergentes semantisches Arrangement grafischer Elemente entschieden: links ein Bild, das eine Lupe mit einem großen Buchstaben M zeigt, rechts eine weibliche Figur, deren Schatten an der Wand zum Teufel wird. Zu den sprachlichen Elementen gehört, neben dem Profilnamen, auch der Slogan der Bloggerin, der als einer Art Markenzeichen in allen sozialen Medien wiederholt wird: „Gdyby poczucie humoru i cięty język były nielegale … Odsiadywałabym dożywocie!" („Wenn ein Sinn für Humor und eine scharfe Zunge illegal wären … würde ich eine lebenslange Haftstrafe verbüßen!"). Zwei dieser Elemente finden sich in allen sozialen Medien der Autorin wieder. Es sind das Motiv der Lupe auf der Bild-Fläche sowie der Slogan, der allerdings auf der Homepage typografisch anders gestaltet wird.

### 8.2.2.2 Typische Selbstdarstellungsmodule

Aufgrund der Kürze der eigentlichen Selbstdarstellungsmodule in den meisten Apps sind die AutorInnen gezwungen, sich in ihren Social Media kompakt vorzustellen (bei Instagram sind es max. 150 Zeichen, bei Facebook 101 Zeichen und bei Twitter/X max. 160 Zeichen). Anders als bei der Selbstdarstellung auf persönlichen Websites entscheiden sie sich selten für längere Sätze.

Es überwiegen daher entweder kurze Hauptsätze, Nominalsätze und/oder die Nennung von Schlüsselwörtern wie in den beiden folgenden Belegen unten. Beide Autorinnen präpositionieren sich, so wie die meisten in solch kurzen Selbstdarstellungsmodulen, eher intentional und, wie von der Community erwartet, moralisch (vgl. „prawa człowieka" / „Menschenrechte", „niepełnosprawność" / „Behinderung" oder „Inklusion&Antidiskriminierung"):

(48) Malwina (ona/jej) 😆
~ codzienny skrót wiadomości z Polski i reszty świata
~ niepełnosprawność
~ prawa człowieka
iii dużo miłości do piesków ♡🐶. (@nie.pelnosprytna)
*(Malwina (sie/ihr). Tägliche Zusammenfassung der Nachrichten aus Polen und dem Rest der Welt. Behinderung. Menschenrechte. Viel Liebe für Hunde)*
(49) Luisa L'Audace (sie/ihr)
Nicht deine Inspiration. ♿🏳🌈 #BehindertUndStolz
📢Aktivistin & Beraterin
für Inklusion & Antidiskriminierung
♿🏳🌈#DisabledAndProud Aktivistin & Beraterin für #Inklusion | Speakerin für Vorträge & Workshops (@Luisalaudace)

In 86 % aller analysierten Selbstdarstellungsbeschreibungen (57 von 66) verwenden die AutorInnen anstelle von typischen Sätzen eher kurze, stichwortartige Slogans, um auf ihr Leben, soziale Rollen, Hobbys usw. hinzuweisen und/oder den Inhalt ihrer sozialen Medien kurz und prägnant zu beschreiben. Die einzelnen Schlüsselwörter oder Slogans werden meistens entsprechend markiert, um pragmatisch-funktional gesehen das Interesse der potenziellen EmpfängerInnen zu wecken und den Inhalt visuell attraktiver zu machen. Die einfachste Form sind unterschiedliche mesotypografische Maßnahmen wie Bindestriche oder (seltener) der Zeilen- oder Wortabstand, bzw. Asteriske[371], vgl. Beleg 48. Darüber hinaus wird auch nach anderen semiotischen Ressourcen gegriffen, die meistens relativ einfach gedeutet werden und möglichst eindeutig sind, v. a. Emojis oder Emoticons. So zum Beispiel verwendet eine Autorin (@Deinechristinems) ein Pin-Symbol, das man einfach auf der Telefontastatur finden kann:

(50)📌 Multiple Sklerose Blog
📌 Hilfe, Tipps, Tricks, Motivation💪
📌 Rollstuhlmodel 📌Reisen
📌 Inkluencer / 📌Influenzer
Mein altes, neues Leben mit MS! (@Deinechristinems)

Besonders gerne wird allerdings zu Hashtags gegriffen, so wie im Beleg 49.[372] Auf der Handlungsebene dienen Hashtags nicht nur der Diskursorganisation oder ihrer Indexierung/Verschlagwortung. Im Falle des Diskurses über und um Behinderung erfüllen sie noch eine weitere wichtige Funktion, und zwar verweisen sie auf bestimmte gemeinsame soziale Symbole (Embleme) und das Etablieren eventueller späterer indexikalischer Ordnungen der Gemeinschaft. Besonders wichtig scheint dabei die Tatsache zu sein, dass Hashtags – als interaktive Elemente – nicht nur einer multimodalen Weiterführung

---

371 Der Asterisk ist (nach Duden Universalwörterbuch [Online-Ausgabe]) „Sternchen als Hinweis auf eine Fußnote bzw. als Kennzeichnung von erschlossenen, nicht belegten Wortformen".

372 Interessanterweise werden im deutschen Textkorpus viel mehr Hashtags verwendet als im polnischen (46- versus 17-mal). Die polnischen BloggerInnen tendieren eher dazu, Nominalsätze, Schlüsselwörter und/oder kurze Slogans zu verwenden – allerdings meistens ohne Hashtags. Themensetzende Doppelkreuze werden dagegen gerne in beiden Sprachen in Postings verwendet (besonders bei Instagram und Twitter/X).

des Contents dienen, sondern auch konnotativ wirken und zur besseren Vernetzung bestimmter Ideen beitragen (vgl. auch 4.3.3). Im Beleg 51 hat man es mit einem Zusammenspiel verschiedener semiotischer Ressourcen zu tun. Zum einen stellt sich der Autor vor (auf der Sprache-Fläche sind es v. a. Nominalsätze), zum anderen verweist er auf bestimmte Begriffe. Das sind sowohl Schlüsselwörter, die für ihn selbst und seine Überzeugungen wichtig sind – wie Einhaltung der demokratischen Grundsätze (#Demokratie) oder Abneigung gegen rechtsradikale Ansichten (#NazisRaus) – als auch für viele Menschen mit Behinderungen (#Inklusion, #Barrierefreiheit). Ergänzt wird das Ganze durch repräsentationale und zum Teil identifikatorische Zeichen in Form von allgemein zugänglichen und meist verständlichen Emojis:

> (51)📢 Social Media
> 💪 Aktivist & Speaker für #Inklusion 💬
> ♿ #Kleinwuchs | #Vanlife mit „PUKY“ 🌍🚌
> Aktivist & Speaker für #Inklusion 💬 #Barrierefreiheit #Demokratie #NazisRaus
> Moin! Ich bin Aktivist für Inklusion & #Barrierefreiheit, gebe Workshops, halte Vorträge & arbeite (@michelarriens.de)

Zu den populärsten Lexemen in Selbstdarstellungsmodulen in beiden Sprachen gehören alle ich-bezogenen Wortformen (d. h. Personal- und Possessivpronomen), was in diesem Kontext nicht besonders überraschend ist. Außerdem überwiegen z. T. in Form von Hashtags im deutschsprachigen Textkorpus die beiden Schlüsselwörter „Inklusion“ (mit 12 Belegen) und „AktivistIn“ mit insgesamt 11 Belegen. Beide werden meistens in Verbindung mit weniger populären Lexemen wie „Barrierefreiheit“ oder „Antidiskriminierung“ in Verbindung gebracht, vgl. Beleg 51. An dritter Stelle steht das Lexem „Leben“ (8 Belege). Die meisten Kollokationen (Positionierungsausdrücke) mit „Leben“ beziehen sich auf Krankheiten und die ggf. Behinderung der Account-InhaberInnen, wie z. B. „Leben mit Behinderung“ (@Wheelymum) oder „Leben mit halbem Herzen“ (@Drcaesarhh). Interessanterweise präpositionieren sich lediglich acht deutschsprachige BloggerInnen direkt durch das Lexem „behindert“ (bzw. „Behinderung“).

Im polnischsprachigen Textkorpus hingegen ist das Schlüsselwort „Życie“ / „Leben“ mit allen Deklinationsformen das am häufigsten vorkommende Lexem (15 Belege). Meistens bezieht sich das Wort so wie im deutschsprachigen Korpus mehr oder weniger explizit auf die Behinderung selbst, z. B. „moje życie na wózku" / „mein Leben im Rollstuhl" (@smerfowe_opowiesci) oder „Chcę opowiedzieć Ci moją historię i to, jak wygląda życie, kiedy jesteś pozbawiony jednego z najważniejszych narzędzi w Twoim ciele – rąk." / „Ich möchte dir meine Geschichte erzählen und wie das Leben aussieht, wenn man eines der wichtigsten Werkzeuge seines Körpers beraubt wird – seiner Hände" (@niepelno_sprawny_tata). Allerdings wird mit dem Lexem auch darauf hingewiesen, dass das Leben von MmB trotz Hindernissen möglich ist, z. B. „Kreatywność to coś, co burzy bariery! Dzięki niej życie osób niepełnosprawnych jest aktywne, a nawet ciekawe na wielu płaszczyznach" / „Kreativität ist etwas, das Barrieren abbaut! Dank ihr ist das Leben von Menschen mit Behinderungen auf vielen Ebenen aktiv und sogar interessant" (@na_biezniku) oder „Dostałam najpiękniejszy dar od życia: mogłam robić to co kocham, pracując z tymi, których uwielbiam" / „Mir wurde das schönste Geschenk des Lebens zuteil: Ich konnte das tun, was ich liebe, und mit den Menschen arbeiten, die ich liebe" (@smerfowe_opowiesci). An zweiter Stelle befindet sich das Lexem „niepełnosprawność" (mit den Adjektiven „niepełnosprawny/niepełnosprawna"), das in 11 Belegen vorkommt, v. a. in Beschreibungen des gesundheitlichen Zustands („mam znaczny stopień niepełnosprawności" / „Ich habe eine Schwerbehinderung", @Czlowiek_skuter), in Selbstaussagen (personale Präpositionierung), in denen sich die AutorInnen auf ihre Lebenssituation beziehen („niepełnosprawność dużo mi odebrała, ale też wiele dała i jeszcze więcej nauczyła" / „Die Behinderung hat mir viel genommen, aber sie hat mir auch viel gegeben und mich noch mehr gelehrt", @Zaniczka) oder bezüglich der Thematik des Blogs („Piszę o niepełnosprawności" / „Ich schreibe über Behinderung", @Aniolnaresorach).

Im Prinzip konzentrieren sich kurze Selbstdarstellungsmodule, so wie „Über mich"-Sektionen in Formen des Personal Publishing, auf ähnliche thematische Bereiche. Es wird meistens mehr oder weniger explizit, oft mittels Hashtags auf die eigene Person und die Behinderung verwiesen. Als Gegengewicht gibt es jedoch Informationen bezüglich des privaten Lebens und/oder sozialer/beruflicher Aktivitäten (ggf. durch Links zu anderen Medien ergänzt, was eine weitere Vernetzung ermöglicht) und erwartungsgemäß nicht selten Schlüsselwörter, die sich auf Probleme/Angelegenheiten von MmB beziehen und zusätzlich zum Weiterlesen animieren.[373] Nichtsdestominder wäre eine solche Informationsdichte der selbstdarstellenden Kleintexte ohne die bereits erwähnten Emojis bzw. Emoticons kaum zu erreichen. Sie sind nicht nur bezüglich der auferlegten Zeichenbeschränkung ein wichtiges Element. Vielmehr stellen sie als eher leicht zu deutende Zeichen einen wichtigen Teil der symbolischen Kommunikation und des gesamten Diskurses über und rund um Personen mit Behinderungen dar. Bei 18 Accounts im gesamten Textkorpus (11 im Deutschen, 7 im Polnischen) kann man zum Beispiel das allgemein erkennbare identifikatorische Zeichen eines Rollstuhlfahrers/einer Rollstuhlfahrerin ♿ finden.[374] Dieses Emoji wird in unterschiedlichen semantischen Arrangements verwendet. Meistens dient es jedoch dazu, zusätzlich das Interesse zu wecken und das Problem der Behinderung zu veranschaulichen.[375] Die AutorInnen fügen dieses Zeichen in der Regel in Kombination mit Hashtags oder Verweisen auf relevante soziale Aktionen ein oder als zusätzliches Element, das der Verstärkung der Botschaft und der Aufwertung des visuellen Teils der Selbstdarstellung dient, vgl. Belege 52 und 53:

> (52) Autor | Moderator | Medienmacher.
> Aktivist für #Inklusion & #Barrierefreiheit ♿ @SOZIALHELDEN, @dieneuenorm
> (He/Him) Sent from my wheelchair.
> -Aktivist:
> #BarrierenBrechen ♿ 🤟 #inklusion
> Gemeinnütziges und AktivismusBerlinraul.de
> Aktivist & Autor, der sich mit den www.sozialhelden.de für behinderte Menschen einsetzt. (@Raulkrauthausen)

---

[373] Eine erwähnenswerte Ergänzung, die allerdings vor allem bei Instagram zu finden ist, ist die Verwendung von englischen Pronomen, meistens in Paaren wie „she/her" oder „he/him", in der Beschreibung der eigenen Person in dem kurzen Steckbrief (Selbstdarstellung). Damit wird darauf hingewiesen, welchem Geschlecht sich die Person zugehörig fühlt und mit welchen Pronomen sie gerne angesprochen werden möchte. In beiden Sprachen scheinen diese Informationen vor allem für Personen von Bedeutung zu sein, die ihre nicht-heteronormative Orientierung betonen.

[374] Bei manchen Accounts kann man ähnliche allgemein zugängliche Zeichen finden, wie z. B. die Silhouette einer Frau oder eines Mannes im Rollstuhl, die sich allerdings auf dieselben Sachverhalte beziehen.

[375] Es ist jedoch zu vermuten, dass viele AutorInnen davon ausgehen, dass diese Art der Selbstdarstellung (durch zusätzliche grafische Elemente „aufgepeppt") für den Rezipienten einfach attraktiver wird. Dies ist besonders wichtig in solchen sozialen Medien wie Instagram, wo ein großer Teil der Kommunikation auf dem visuellen Kanal basiert.

(53) 32 kraje 🌍 na dwóch nogach 🦶🦶 i czterech kołach ♿
Jesteśmy Goha i Kamil, małżeństwo 💜 które kocha podróże. Nasze Podróże RobiMy na dwóch (@Robimypodroze)
(*32 Länder auf zwei Beinen und vier Rädern. Wir sind Goha und Kamil, ein Ehepaar, das das Reisen liebt. Wir machen unsere Reisen zusammen*)

#### 8.2.2.3 Andere Social-Media-Formate mit potentieller Selbstdarstellungsfunktion

Ein interessantes Element der Selbstdarstellung, und eine mögliche Ergänzung zu den typischen Selbstdarstellungsmodulen, sind sog. „gepinnte" Posts und multimodale Postings im Q&A-Format. Obwohl insbesondere multimodale Frage-und-Antwort-Posts vor allem bei Instagram eine recht beliebte Kommunikationsform sind, handelt es sich dabei meistens um ein eher flüchtiges Format. In der Regel verschwinden solche Posts aus sogenannten „Stories" nach 24 Stunden. Einige davon werden allerdings von den AutorInnen „angeheftet" und sind ständig unter dem Modul „Selbstpräsentation" verfügbar, was bedeutet, dass sie u. U. als Präpositionierung dienen können.[376] Fast 90 % aller zusätzlicher multimodaler Formate im analysierten Textkorpus, die einer meist intentionalen und moralischen Präpositionierung dienen können, sind entweder Frage-Antwort-Strukturen (der Autor/die Autorin gibt seinen/ihren FollowerInnen die Möglichkeit vorher anonyme Fragen zu stellen) oder kurze Statements zur Selbstpräsentation. Die Thematik der Beiträge dreht sich in der Regel um die eigene Krankheit oder Behinderung und ermöglicht es dem Verfasser/der Verfasserin, sich der eigenen Community und deren Erwartungen zu öffnen. Ihre stilistische Form ähnelt der von Beiträgen zur Selbstdarstellung in Blogs oder auf persönlichen Seiten.

Ich möchte mich daher auf gewisse Tendenzen und wiederkehrende Handlungsstrategien im Rahmen solcher potenziellen Präpositionierungen konzentrieren. Besonders bei ergänzenden selbstdarstellenden Postings werden „Begrüßungsnachrichten" oder ermutigende Phrasen wie „masz pytania?" / „hast du Fragen?" eingesetzt, um eine freundliche und einladende Atmosphäre zu schaffen und die potentiellen LeserInnen mit der Thematik vertraut zu machen:

---

376 Absichtlich werden in diesem Kapitel Medienformate besprochen, die das Potenzial zur Selbstdarstellung und somit Präpositionierung haben. Bei „gepinnten" Beiträgen hat man es thematisch gesehen oft mit eher zufälligen Beiträgen zu tun, die nicht unbedingt die Anforderungen der typischen Selbstdarstellung erfüllen. Der Autor/die Autorin kann es auch beliebig wechseln. Solche Beiträge wurden in der Analyse nicht berücksichtigt.

(54) Hi!
Darf ich mich vorstellen?
Ich bin Vanny und möchte mit meinen Posts, Reels und Stories meinem Teil zu einer Inklusiveren Gesellschaft beitragen? (@Meinblindesleben)
(55) Masz pytania, chętnie odpowiem. Oto ja Ania 😉 Nazywam się Ania Brzosko jestem -trenerką, -doradcą, -coachem, -badaczką. (@Brzoskoanna) (*Hast du Fragen? Ich beantworte sie gerne. Ich bin es, Ania* 😉 *Mein Name ist Ania Brzosko Ich bin -Trainerin, -Beraterin, -Coach, -Forscherin.*)

In der populärsten Form von „angehefteten“ Postings (meistens im Story-Format) werden ausgewählte Fragen der FollowerInnen präsentiert, die den Autor/die Autorin direkt betreffen. Solche Beiträge werden meistens in mehrere Folien aufgeteilt und fungieren z. B. für Instagram als Bilder, bzw. linguistisch betrachtet als grafisch-bildliche Teiltexte, was auch bedeutet, dass sich die VerfasserInnen nicht um eventuelle Zeichenbeschränkung kümmern müssen. Darüber hinaus können solche Postings problemlos auf der entsprechenden Instagram-Pinnwand gefunden werden und zu jeder Zeit abgerufen. Sie befinden sich unterhalb der Profilbeschreibung als runde interaktive Icons, die von den AutorInnen beliebig designt und benannt werden können. Im Beleg 56 (Abb. 26) wird ein Ausschnitt einer solchen „gepinnten“ Story (des Typs Q&A) der Bloggerin Rebekka (@rebekkas_inklusions_blog) präsentiert:

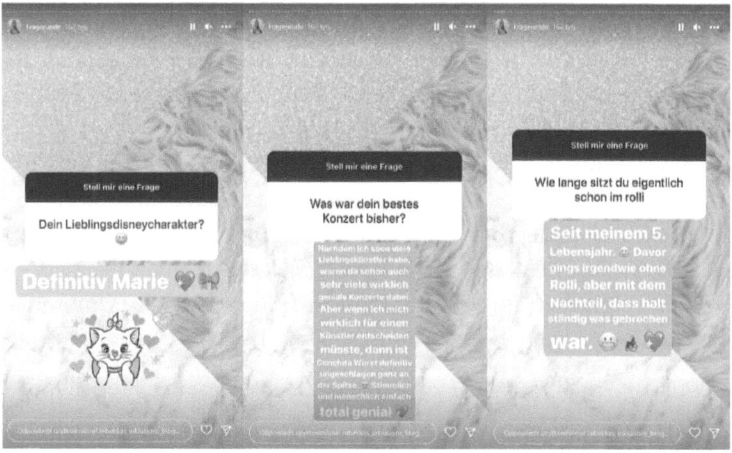


**Abb. 26 [Beleg 56]:** Beispiel von ‚angehefteten‘ Postings im Story-Format (Q&A-Sektion) bei Instagram (@rebekkas_inklusions_blog).

Diese Art der Beiträge stellt sowohl auf der Sprache- als auch auf der Bild-Fläche ein relativ häufiges Verfahren dar. In diesen konkreten Beispielen entschied sich die Autorin für ein einheitliches Hintergrundfoto für alle Folien: Auf dem Bild sieht man ein Stück rosa Teppichboden und ein Kunstfell in derselben Farbe.[377] Auf jeder folgenden Folie wird eine Frage angezeigt (in Form eines Chat-Fensters mit dem sich wiederholenden Imperativsatz „Stell mir eine Frage") und die Antwort gegeben. Das gesamte semantische Arrangement und das Zusammenspiel von sprachlichen und visuellen semiotischen Ressourcen werden um Emojis und ein GIF ergänzt. Darüber hinaus sind solche Formate, wie am Beispiel ersichtlich, interaktiv, d. h. man kann als EmpfängerIn auf jeden einzelnen Beitrag entsprechend reagieren. Es stehen partizipatorische Zeichen in Form von Eingabefenstern oder operationale Zeichen (rotes Herz zur Sympathiebekundung) zur Verfügung. Die Sprache- und Bild-Fläche sind in diesem Beispiel jedoch eher divergent. Das heißt, dass das Bildliche lediglich als Hintergrund dient und der Text nicht unbedingt mit dem Thema des Bildes in Verbindung stehen muss. Diese Tendenz der Divergenz der Text-Bild-Beziehung in solchen Postings wird durch ein weiteres Beispiel bestätigt. Im Beleg 57 (Abb. 27) beantwortet die Bloggerin und YouTuberin @aniolnaresorach die anonym gestellten Fragen der UserInnen zu ihrem Leben und Gesundheitszustand. Die Autorin verwendet eine der populärsten Selbstpräsentationsstrategien, Fragen mittels kurzer Videos zu beantworten. Der Text der Antwort wird in einer manchmal leicht gekürzten Version gleichzeitig mit dem Video angezeigt. Wie das folgende Beispiel zeigt, können die EmpfängerInnen, ermutigt durch die direkte Form und die Möglichkeit, anonym zu fragen, manchmal zu persönliche oder intime Fragen stellen (hier nach der Menstruation unter Frauen, die im Rollstuhl sitzen), was zu einer harschen Antwort führt[378]:

---

[377] Wie bereits festgehalten, gehört die Verwendung gleicher Farben oder Schattierungen bzw. einer relativ einheitlichen Schriftart mit mikrotypografischer Hervorhebung bei Selbstdarstellungsmodulen zu identifikatorischen Zeichen und dient nicht selten der Markierung der Identität des Autors/der Autorin. Story-Formate gehören – als grafisch-bildliche-Teiltexte – bestimmt dazu.

[378] Die Übersetzung des kurzen Textes im Posting ins Deutsche: „Manchmal kann ich nicht glauben, dass solche Fragen gestellt werden. Der Rollstuhl ist nicht an mich geklebt. Ich schaue niemandem in die Hose und frage nicht, was er oder sie dort hat und wie es ihm/ihr geht. Ich finde, eine solche Frage ist einfach unangebracht, denn es geht nicht um Behinderung, sondern um Taktgefühl."

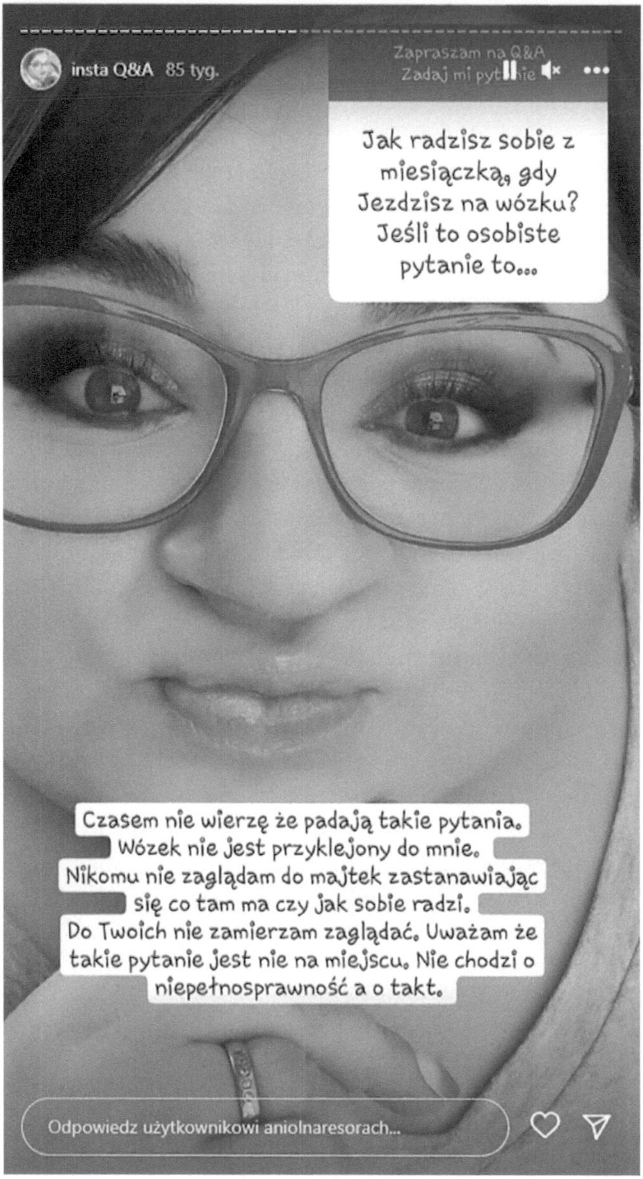


**Abb. 27 [Beleg 57]:** Beispiel von ‚angehefteten' Postings im Story-Format (Q&A-Sektion) bei Instagram (@aniolnaresorach).

Die von mir ausgewählten interaktiven „gepinnten“ Beiträge sind daher für einige AutorInnen ein wichtiger Teil der Selbstdarstellung und sozusagen eine Erweiterung davon. Einerseits haben die BloggerInnen Einfluss darauf, was präsentiert wird, andererseits lassen sie ihre FollowerInnen durch diese Art des Medienformats in ihr Leben. Es ist davon auszugehen, dass einige der eingereichten Fragen aus verschiedenen Gründen nicht präsentiert werden. Überdies kann zu jedem Zeitpunkt etwas hinzugefügt oder auch gelöscht werden, so dass die EmpfängerInnen den Eindruck haben können, den Blogger/die Bloggerin ständig kennen lernen zu können. Inwieweit es sich dabei lediglich um ein Verfahren der in der Einleitung zur Positionierungstheorie erwähnten „Selbststilisierung“ handelt oder um den Versuch, „Authentizität“ durch entsprechende Arrangements oder Text-Bild-Konglomerate herzustellen, ist schwer zu beurteilen. Auf jeden Fall aber sind solche Postings der Keim für weitere Diskussionen oder gar ganze Diskurse. Hier zeigen die AutorInnen oft, wie sie wahrgenommen werden wollen, welche Themen sie gerne ansprechen und welcher Meinung sie sind.

#### 8.2.2.4 Selbstdarstellung durch Kategorienlisten des jeweiligen Systems

Wie in 6.2.4 festgehalten, ist es auch möglich, dass sich der User/die Userin zusätzlich mit Hilfe des Systems der gegebenen Anwendung präsentiert und potenziell präpositioniert. Eine der Möglichkeiten einer solchen zusätzlichen Selbstdarstellung stellt die durch das gegebene System zur Verfügung gestellte *Kategorisierung* dar. Einerseits gibt es vorgegebene Kategorien, z. B. auf Facebook, die es dem Nutzer/der Nutzerin erlauben, Informationen über sich selbst zu ergänzen (u. a. „Arbeit und Ausbildung“, „Familie und Beziehungen“ oder „Lebensereignisse“ usw.[379]). Andererseits können die UserInnen selbst die Art ihres sozialmedialen Accounts der entsprechenden *Kategorie* zuordnen.[380] Besonders bei öffentlichen Personen wie PolitikerInnen, SchauspielerInnen und KünstlerInnen (aber auch BloggerInnen) besteht eine Möglichkeit sich selbst – noch vor dem eigentlichen Gespräch – zu „ernennen“, indem man sich persönlich mit Hilfe der vorgegebenen Systemkategorien präpositioniert.

---

379 Die Registerkarte „Info“ auf der „Pinnwand“ (engl. *Wall*) bietet ein Raster von vorgegebenen Fragen etwa nach der Ausbildung, Familie, Beziehungen oder den wichtigsten Lebensereignissen, die optional mit Inhalt gefüllt werden können.

380 Allerdings ist es nur im Falle von sog. *Business-Accounts* auf Twitter/X und Instagram und Unternehmensaccounts (oder als Konten von öffentlichen Personen) bei Facebook möglich.

Natürlich hängt viel davon ab, wie wichtig die Informationen für die betreffende Person sind und wie viel sie Anderen preisgeben möchte. Es gibt Menschen, die ihr öffentliches Image schützen – in dieser Gruppe kann man auch solche finden, die durch ihre Medienaktivitäten de facto zu öffentlichen Personen werden, aber sich auf ihre beruflichen Aktivitäten konzentrieren wollen. Mein Interesse galt hier jedoch nicht der Kategorisierung mittels Fragen. Viele AutorInnen der analysierten Accounts haben diese nicht vollständig oder gar nicht ausgefüllt, da sie sich wahrscheinlich dessen bewusst waren, dass sie nur von wenigen gelesen werden. Vielmehr schien es mir wichtig, im Zusammenhang mit der Präpositionierung, die Option *Kategorie* näher zu betrachten. Mittels dieser durch das System zur Verfügung gestellten Option können auch Menschen mit Behinderungen ihre Accounts entsprechenden Kategorien zuordnen.[381] Diese kann man bei Instagram unter dem Namen/Pseudonym finden. Im Beleg 58 (Abb. 28) hat sich die Autorin (@zaniczka) für die Kategorie „BloggerIn" entschieden. Die „Systemkategorisierung" wird von der Bloggerin auf ihrem Account mit dem sie zusätzlich beschreibenden Hashtag (#edukatorka) sowie einer weiteren Beschreibung ergänzt (*Ich bringe Dir eine Vielzahl von Kommunikationsmöglichkeiten mit Menschen bei. Ich werde Dir helfen, Deine Realität anzunehmen – willkommen in der Therapie*):

**Abb. 28 [Beleg 58]:** Beispiel einer Selbstdarstellung durch Kategorienlisten des Systems der gegebenen App (hier: Instagram, @zaniczka).

---

[381] Nichtsdestotrotz entschieden sich einige Menschen mit Behinderungen in der analysierten Gruppe nicht für eine solche Kategorisierung (12 Personen unter 66 haben auf keiner ihrer SNS eine System-Kategorisierung gewählt). Wahrscheinlich bevorzugten sie, sich mit den Mitteln ihrer Wahl zu präpositionieren, seien sie sprachlich oder nicht-sprachlich.

Die Kategorienzuordnung gilt im analysierten Material vor allem für Instagram- (von 66 Accounts haben sich 48 Personen für Kategorienzuordnung entschieden – von der Anzahl her identisch in Polen und in deutschsprachigen Ländern) und Facebook-Konten (insgesamt 46 Accounts und davon 30 mit Kategorienzuordnung, 13 aus Polen, 17 aus Deutschland).[382] Auf beiden Plattformen ist die Kategorie „Blogger/in" am häufigsten und populärsten (12 bei Instagram und 11 bei Facebook), gefolgt von „persönlicher Blog" (10 Personen bei Instagram und 3 bei Facebook) und „Person des öffentlichen Lebens" (7 bei Instagram, 5 bei Facebook).[383]

Weniger populär dagegen sind solche Kategorien wie „Digital Creator" bei Instagram (ggf. „Video-Creator" bei Facebook), „Sportler/-in", „Künstler/-in", „Politiker/-in", „Motivationsredner" oder „Schriftsteller/-in". Einerseits geht es um einige Accounts von Personen, die in ganz bestimmten Berufen tätig sind, und das Thema „Behinderung" ist eines von vielen, die diese Personen ansprechen. Andererseits gibt es auch solche MmB, die je nach der Plattform sehr konkrete Kategorien auswählen und zwar solche, die sie am besten beschreiben. Dies ist oft schwierig, wenn man die Vielzahl von Interessen oder unterschiedlicher beruflicher und nicht beruflicher Aktivitäten der betreffenden Person in Betracht zieht. So zum Beispiel präpositioniert sich das polnische Profil @robimypodroze bei Instagram als „Digital Creator", während es sich bei Facebook als „Blogger/-in" präsentiert. Manchmal ist es schwierig zu erkennen, worauf solche Unterschiede zurückzuführen sind. Eine Möglichkeit ist, dass sich die AutorInnen in sozialen Medien entweder darauf konzentrieren, ihre Inhalte je nach technischen Möglichkeiten der SNS anders darzustellen, oder auf leicht unterschiedliche Aspekte ihrer eigenen Identität aufzuzeigen.

---

[382] Lediglich zwei InhaberInnen von 18 Twitter/X-Accounts, die in die Analyse einbezogen wurden, entschieden sich für die optionale automatische Kategorisierung durch das System der gegebenen SNS.

[383] Im Moment ist es schwer zu sagen, wie viele Kategorien für Business-Accounts beide SNS anbieten, da sich diese Zahl ständig ändert. Laut der Website social-media-herbst.de gehörten zu den beliebtesten Kategorien (Stand: September 2021) „Unternehmen", „Künstler/-in" und „persönliche Blogs" (bzw. „Blogger/-in"). Dabei ist es allerdings schwierig festzustellen, worin sich die Kategorien „persönlicher Blog" und „Blogger/-in" genauer unterscheiden.

Darüber hinaus kommt es bei der durch das System zur Verfügung gestellten Kategorisierung oft zu einer Art erzwungener moralischer Präpositionierung, da sich die Account-InhaberInnen gerade in einer erkennbaren und erwartbaren Rolle platzieren, was andere mögliche Identitätszuweisungen nicht ausschließt, die in weiteren kommunikativen Schritten ausgehandelt werden können. In einem der analysierten Accounts präpositioniert sich die Autorin (@brzoskoanna) als „Szkolenia“[384]. Sie vervollständigt die vom System zur Verfügung gestellte Kategorisierung u. a. durch einen makrotypografisch fett hervorgehoben kurzen Slogan: „Anna Brzosko-Business-Trainerin, Talent-Coach-Beraterin“ (vgl. Abb. 29 / Beleg 59). In den folgenden Aufzählungspunkten (in Form von kurzen, in der 1. Person Singular formulierten Sätzen) präpositioniert sie sich intentional und moralisch zugleich u. a. als eine Person, die „über Behinderung schreibt“. Hier hat man es mit einem weiteren Beispiel für eine Person mit Behinderung zu tun, die ihre eigene Behinderung nicht akzentuiert, sondern sich unter anderem auf Aktivitäten für die breitere Behindertengemeinschaft konzentriert:

**Abb. 29 [Beleg 59]:** Beispiel einer Selbstdarstellung durch Kategorienlisten des Systems der gegebenen App (hier: Instagram, @brzoskoanna).

[384] Genauer ins Deutsche übersetzt bedeutet das „Schulungen“. Bei dem deutschsprachigen Instagram gibt es die Kategorie „Trainer/-in“.

Wie oben erwähnt, ist die Kategorie „Blogger/-in“ die populärste in dem analysierten Material. Diese Strategie der Präpositionierung, sich durch eine eher allgemeine Systemkategorie zu „benennen“, scheint auch insofern interessant zu sein, als dass ein sehr breites Spektrum von Themen sozusagen in einen Topf geworfen wird, während gleichzeitig der persönliche Charakter eines bestimmten Accounts (persönliche/personale Identität) und die Individualität der Ansichten des Autors/der Autorin betont werden. Wahrscheinlich auch aus diesem Grund ist es die am häufigsten gewählte Kategorie.

Der zweite Grund, warum die Systemkategorie „Blogger/-in“ sich großer Popularität erfreut, ist m. E. die Tatsache, dass sich die Bedeutung des Begriffs „BloggerIn“ im Laufe der Zeit gewandelt hat (vgl. Schildhauer 2016). Am Rande sei zu erwähnen, dass die Bezeichnung bis in die 2010er Jahre ursprünglich verwendet wurde, um eine Person zu beschreiben, die regelmäßig Beiträge in ihrem eigenen Blog veröffentlicht. Ein Blog in seiner „alten“ Definition bedeutet eher eine Art Online-Journal, in dem Personen ihre Gedanken, Erfahrungen, Meinungen oder Informationen zu verschiedenen Themen teilen können. Typische BloggerInnen haben in der Regel eine engagierte Leserschaft und genießen eine gewisse Glaubwürdigkeit und Authentizität. Jedoch hat sich mit dem Aufkommen sozialer Medien und der Popularisierung von Plattformen wie Twitter/X, Facebook und Instagram die Art und Weise verändert, wie Menschen auch ich-bezogene Online-Inhalte teilen. Viele Personen nutzen nun die sozialen Medien auf Plattformen, um kurze Beiträge, Fotos oder Videos zu veröffentlichen und ihre Gedanken und Erfahrungen mit einem breiteren Publikum zu teilen. Dadurch hat sich der Fokus weg vom traditionellen Bloggen hin zu Mikroblogging (wie Twitter/X) und Content Communitys (wie Instagram oder YouTube) und dem sog. *Influencer-Marketing* verlagert. Daher kann man den Eindruck gewinnen, dass traditionelle Blogs immer unbeliebter werden und gewissermaßen gezwungen sind, ihre Accounts in den sozialen Medien zu unterhalten, um ihre Leserschaft zu halten. Wie die Praxis zeigt, entscheiden sich einige AutorInnen jedoch dafür, nur Konten in den typischen sozialen Medien zu pflegen und auszubauen, die im Vergleich zu Formen des Personal Publishing eine viel größere und sichtbarere Interaktivität ermöglichen (z. B. umfangreiche Möglichkeiten zur Erstellung und Bearbeitung von Kommentarbereichen, der sog. Anschlusskommunikation) und ziemlich leicht vernetzt werden können (hohe Vernetzungsstärke).

## 8.3 Sprachliche und nichtsprachliche Präpositionierungspraktiken. Zusammenfassung

Im Gegensatz zur Kommunikation in (Massen-)Medien wie Fernsehen, Presse, Rundfunk oder Online-Diskussionsforen, in denen die Präpositionierung eher optional ist und entweder mit Hilfe des Diskussionsleiters oder Moderators bzw. durch meist automatische sogenannte „Statusbeschreibungen" des gegebenen Online-Systems erfolgt, scheint es durchaus klar, dass im Fall von Social Media die Präpositionierung der einzelnen AkteurInnen vor allem durch Selbstdarstellungsmodule von besonderer Bedeutung ist.

Dies gilt vor allem für diejenigen UserInnen, die sich nicht auf die Rolle eines bloßen Beobachters oder Kommentators reduzieren lassen wollen. Im Fall der vorliegenden Analyse sind die einbezogenen Menschen mit Behinderungen nicht einfach nur BloggerInnen oder NutzerInnen, die bestimmte Mikronarrative schaffen, indem sie ihre Geschichte erzählen und sie mit anderen teilen. Vielmehr platzieren und präpositionieren sie sich selbst als solche Personen, die einen bestimmten Auftrag zu erfüllen haben, bspw. als AktivistInnen und BotschafterInnen für MmB. Darüber hinaus fungieren sie innerhalb ihrer persönlichen/spezialisierten Online-Öffentlichkeiten oft als eine Art *Agendasetter* (vgl. 5.3.3) und in ihrer spezifischen Thematik als Ausgleich zu den Mainstream-Medien, wie später in den Mediendiskussionen noch deutlicher beobachtet werden kann.[385] Die statische Darstellung ausgewählter Elemente ihrer Identität erfolgt oft in Form von moralischer (seltener intentionaler) und absichtlicher Selbstpositionierung. Das liegt m. E. vor allen Dingen daran, dass Menschen mit Behinderungen, die in den sozialen Medien besonders aktiv sind und relativ starke Voices haben, sich oft an die Rollenerwartungen ihrer Communitys anpassen möchten – unter anderem als AktivistInnen der Gemeinschaft, die die Anliegen der gesamten Gruppe häufig am Beispiel ihrer eigenen Erfahrungen ansprechen. Seltener fungieren sie als Privatpersonen, die sich unbedingt in die Mitte ihrer sozialmedialen Accounts stellen wollen. Im Hinblick auf das Identitätsmanagement könnte man dabei von einer Art Kampf zwischen persönlicher und sozialer Identität sprechen. Dies ist häufig bei UserInnen der Fall, die sich als Personen des öffentlichen Lebens oder AktivistInnen

---

[385] In einigen Fällen kann man meiner Meinung nach sogar von der Bildung spezifischer Gegenöffentlichkeiten sprechen.

positionieren – sie neigen dazu, bestimmte Eigenschaften und Aktivitäten zu betonen, die von der jeweiligen Online-Community erwartet werden.

Mit Gewissheit kann festgehalten werden, dass die präpositionierenden Module wie gesagt eine Art Visitenkarte für den Einzelnen und meist ein Ausgangspunkt für weitere mediale Diskussionen sind. Insbesondere bei Selbstdarstellungen in typischen sozialen Medien verweisen sie, wegen der Zeichenbeschränkung meistens schlagwortartig, auf bestimmte Themenbereiche, die nicht selten später in einzelnen Postings und der begleitenden Anschlusskommunikation entwickelt werden. Zu solchen Bereichen gehören v. a. einerseits die eigene Behinderung und das Leben trotz und mit Beeinträchtigungen, andererseits unterschiedliche Aktivitäten und Beweise für soziales Engagement der gegebenen Person.

Darüber hinaus bilden sich auf der Sprache- und der Bild-Fläche der Selbstdarstellungsmodule bestimmte kommunikative Grundsteine für weitere mediale Diskussionen über und um Menschen mit Behinderungen (oft initiiert von den UserInnen selbst). Meistens sind es bestimmte Schlüsselwörter und/oder Kombinationen von Lexemen sowie Symbole (z. B. Icons/Logos mit RollstuhlfahrerInnen oder solche, die auf sie verweisen), die von den einzelnen medialen AkteurInnen besonders häufig wiederholt werden (bezüglich ihrer Standpunkte oder geteilten Werte). Nicht selten werden sie in weiteren kommunikativen Schritten sowohl in allgemeinen Anschlusskommunikationen von massenmedialen Online-Öffentlichkeiten als auch in spezialisierten kleineren Online-Gemeinschaften der einzelnen AkteurInnen (hier: Personen mit Beeinträchtigungen) ausgehandelt und gedeutet. So wie in jeder Gemeinschaft handelt es sich vor allem um das Etablieren einer bestimmten sprachlichen und nichtsprachlichen sozialen Symbolik der Menschen mit Behinderung und ihrer Kommunikation mit festgelegten indexikalischen Ordnungen und gewissen sozialen Emblemen (vgl. Matyjasik 2018: 313 f.). Sprachideologisch betrachtet beruht sie auf einer Reihe von Überzeugungen oder Gefühlen. Offensichtlich ist das Lexem „Behinderung/behindert“ (Pl. „niepełnosprawność/niepełnosprawny/-a“) das zentrale Schlüsselwort in beiden Sprachen, das die meisten (weiter „verhandelbaren“) Kollokationen und spätere indexikalische Ordnungen der Gruppe von MmB bildet (vgl. 9.5.6).

Anhand des analysierten multimodalen Textmaterials im Rahmen von Präpositionierungen kann man m. E. fünf grobe Positionierungsmuster im

Rahmen der Präpositionierung unterscheiden, die den thematischen Kern des Weiteren medialen Diskurses von und über Menschen mit Behinderungen in sozialen Medien bilden und auf potenzielle Makronarrative der MmB-Gemeinschaft hinweisen können:

1) Betrachten der eigenen Identität als MmB und ihr Ausdruck durch Kommunikation und metapragmatische Bewertungen als ein mehr oder weniger „höheres" und bestimmendes Merkmal des Ichs[386], so wie es z. B. Laura Gehlhaar (@Fraugehlhaar) in der Sektion „About" ihrer Homepage auf den Punkt bringt: „Behinderter Mensch oder Mensch mit Behinderung – was sage ich denn jetzt? Sprache schafft Wirklichkeit und kleine Feinheiten in der Formulierung können große Auswirkungen auf die Wahrnehmung haben."
2) Definierung der eigenen Behinderung nur als eine der verschiedenen „Eigenschaften" oder „Merkmale" des Selbst, die die Person nicht unbedingt definieren müssen: „Nicht trotz Behinderung sondern MIT. Über das Familien – Leben mit Behinderung, Rollstuhl und Kindern" (@Wheelymum), „#queer, #behindert, #feministin" (@stoeckchen_mit_lhon), „Niepełnosprawność nie musi nas ograniczać" / „Eine Behinderung muss uns nicht einschränken" (@makowiecka.natalia), „Jak zaakceptować swoją niepełnosprawność? Nie wiem co mogę odpowiedzieć na to pytanie, żeby nie było zbyt banalnie, ale ja naprawdę myślę, że od wózka nie zależy to jakie będziesz miał/miała życie. Wózek tego nie definiuje." / „Wie soll ich meine Behinderung akzeptieren? Ich weiß nicht, was ich antworten kann, damit diese Frage nicht zu klischeehaft wird, aber ich glaube wirklich, dass der Rollstuhl nicht bestimmt, was für ein Leben man hat. Ein Rollstuhl definiert das nicht." (@Dominikabudzynska)
3) Behindertsein empfunden von den AutorInnen in vielen Lebenssituationen als eine stigmatisierende oder diskriminierende „Randgruppenerscheinung":

[386] Entgegen dem Anschein verwenden einige Menschen mit Behinderungen eine Reihe von Begriffen, um sich selbst zu bezeichnen, und nicht unbedingt nur die (z. B. von der Weltgesundheitsorganisation) empfohlenen „politisch korrekten", was sich teilweise bereits auf der Ebene der Präpositionierung zeigt, vgl. (3). Natürlich wird das Thema der metapragmatischen Positionierung noch in zahlreichen medialen Diskussionen auftauchen und in der vorliegenden Arbeit zur Sprache gebracht (vgl. 9.5).

„Wir leben in einer Welt, die nicht für chronisch erkrankte und/oder behinderte Personen gemacht ist.“ (@fragments_of_living), „Ich fühle mich nicht behindert, werde aber manchmal von meinen Mitmenschen behindert.“ (@Carinakuhne), „Piszę również o swojej niepełnosprawności i o trudnościach z jakimi się spotykamy na co dzień. Piszę również o nierównościach, które spotykają kobiety.“ / „Ich schreibe auch über meine Behinderung und die Schwierigkeiten, mit denen wir täglich konfrontiert sind. Ich schreibe auch über die Ungleichheiten, denen Frauen ausgesetzt sind.“ (@nie.pelnosprytna)

4) Selbstpositionierung und Wahrnehmung der eigenen Person als BotschafterIn für Menschen mit Behinderungen, z. B. aufgrund ihrer/seiner Ausbildung, besonders traumatischer diskriminierender Erfahrungen oder einfach als BloggerIn mit einer Behinderung, die/der über wichtige Themen spricht, bzw. als Experte/Expertin im Thema „Behinderung“, z. B. „Ihre angeborene Behinderung und die damit verbundenen Diskriminierungserfahrungen brachten sie schließlich zum Aktivismus und später auch zur beraterischen Tätigkeit.“ (@Luisalaudace auf ihrer Homepage), „Oswajam niepełnosprawność. Szkolę i konsultuję organizacje, które chcą stworzyć kulturę włączającą niepełnosprawność i zatrudniać osoby z niepełnosprawnością.“ / „Ich mache andere Menschen mit dem Thema Behinderung vertraut. Ich schule und berate Organisationen, die eine Kultur der Inklusion von Menschen mit Behinderungen schaffen und Menschen mit Behinderungen beschäftigen wollen.“ (@Brzoskoanna)
5) Auffordern zu Arbeit und dem weiteren Kampf für die Gleichstellung, zu Inklusion (auch inklusive Sprache), Normalisierung und den Rechten von Menschen mit Behinderungen; Abbauen von gängigen Stereotypen und Vorurteilen: „Dein Wunsch an Eltern eines behinderten Kindes. Was können wir besser machen? Behinderung normalisieren!“ (@Fraugehlhaar), „Wie möchte ich meinen Teil zu einer inklusiveren Gesellschaft beitragen? […] Durch Aufklärung. Durch eure Fragen und meine Antworten. Ich zeige euch meine Sicht auf das Leben und was es für mich als behinderte Frau bedeutet.“ (@Meinblindesleben).

Abschließend sei noch zu erwähnen, dass es neben den typischen grafischen Elementen wie Profil- und Hintergrundbildern, Selbstdarstellungsmodulen oder Beschreibungen einer Person (z. B. „Über mich" auf typischen Homepages) oft problematisch ist, genau zu bestimmen, welche anderen Elemente potenziell präpositionierend sind. Bei der Analyse wurde jedoch davon ausgegangen, dass es sich im Fall typischer Social-Media-Plattformen um alle Elemente handelt, die in gewisser Weise die eher „bescheidenen" Selbstdarstellungsmodule erweitern, d. h. um jene Elemente, die es den EmpfängerInnen ermöglichen, den Autor/die Autorin und seine/ihre Ansichten näher kennenzulernen (z. B. „gepinnte" Postings und/oder Storys). Oft genügt ein einziger Blick auf die hochgeladenen Inhalte, um zu erkennen, mit welchem Account und mit welchem Nutzer/welcher Nutzerin man es zu tun hat. Die letzte Bemerkung gilt insbesondere für die sog. Content Communities, deren Medialität in der ersten Phase ihrer Rezeption hauptsächlich auf der visuellen Ebene beruht.[387]

[387] Zum Beispiel auf Instagram, das hauptsächlich für mobile Geräte geeignet ist, sieht man beim Zugriff auf ein Profil dessen Struktur in Form von Fotos, die in Kacheln angeordnet sind.

# Positionierungspraktiken im Online-Diskurs von und über Menschen mit Behinderungen

## 9.1 Kriterien für die Auswahl des Analysematerials

Angesichts der großen Vielfalt der für die Analyse ausgewählten präpositionierenden Module von UserInnen mit Behinderungen war der nächste Schritt – die Auswahl repräsentativer Social-Media-Postings – keine einfache Aufgabe.

Eines der vorläufig geplanten Kriterien für die Auswahl des geeigneten Materials für die Analyse von Positionierungshandlungen im Textkorpus B war die Anzahl der Kommentare und „Reaktionen" (wie der Like-Buttons oder anderer Mittel der Sympathiebekundung). Dabei wurde davon ausgegangen, dass eine ausreichend hohe Anzahl von „Likes" und Kommentaren oft ein Indiz für die besondere Popularität eines Beitrags und damit eines bestimmten Themas ist.[388] Allerdings ist oft zu beobachten (besonders innerhalb von vielen persönlichen/spezialisierten Online-Öffentlichkeiten von MmB), dass sich bestimmte Beiträge trotz der Bemühungen des Autors/der Autorin keiner großen Popularität erfreuen. Dies betrifft auch vermeintlich attraktive und gesellschaftlich relevante Themen, die nicht selten auf der Bild-Fläche interessant dargestellt werden, indem z. B. Infografiken und/oder Bilder den jeweiligen Beitrag begleiten. Solche Situationen sind oft nicht auf ein mangelndes Interesse des Publikums zurückzuführen, sondern eher auf die früher thematisierten Faktoren technischer Natur wie die Algorithmen der betreffenden SNS, die beispielsweise die Reichweite eines bestimmten Beitrags einschränken, wenn nachfolgende Einträge zu häufig veröffentlicht werden o. Ä.

---

388 Mit „ausreichend groß" meinte ich zunächst etwa 1.000 „Reaktionen" und/oder etwa 100 Kommentare pro ein Posting.

Um die Vielseitigkeit der MmB-Gemeinschaft und die in zahlreichen Beiträgen in den sozialen Medien angesprochenen Themen zu zeigen und dabei die multimodale Vielfalt der potentiellen Positionierungsmittel nicht aus den Augen zu verlieren, wurden die zu analysierenden Beiträge sowohl anhand ihrer Thematik als auch in Bezug auf die Typen sozialmedialer Postings ausgewählt (vgl. auch genauere Angaben zu den Textkorpora in 7.3.2).

Auf der Grundlage der Analyse von sozialmedialen präpositionierenden Modulen (im Textkorpus A) wurden fünf grobe Positionierungsmuster der MmB-Gemeinschaft in den deutschsprachigen Ländern und in Polen unterschieden (vgl. 8.3). Auf diese Weise war es möglich, die am häufigsten vorkommenden allgemeinen Themenbereiche herauszuarbeiten. In den folgenden analytischen Schritten konzentriere ich mich auf die folgenden Themen[389], zwischen denen es zahlreiche Überschneidungen gibt:

1) Eigene Behinderung – es handelt sich dabei um Online-Beiträge, in denen die AutorInnen und Kommentierende ihre eigene Krankheit, Behinderung, Symptome, ihr Wohlbefinden und/oder ihren Gesundheitszustand thematisieren. Darüber hinaus beziehen sich die BeitragsautorInnen häufig auf das Funktionieren von Menschen mit Behinderungen in der Gesellschaft in deutschsprachigen Ländern (v. a. in Deutschland) und in Polen.
2) Diskriminierung und Stigmatisierung der Gemeinschaft der MmB – es handelt sich damit um den bei weitem meistdiskutierten Themenbereich in den sozialen Medien von Menschen mit Behinderungen, der in praktisch jedem analysierten Beitrag und in vielen Kommentaren auftaucht. Berücksichtigt wurden dabei u. a. die sozialmedialen Postings, in denen sich die AutorInnen mit solchen Problemen wie Mobilitätseinschränkungen (z. B. architektonischen Barrieren) oder ungleicher Behandlung an öffentlichen Orten durch Fachpersonal aber auch andere, nicht-behinderte Menschen auseinandersetzen. Diesbezüglich wurden auch Postings berücksichtigt, in denen sowohl die BloggerInnen als auch Kommentierende bestimmte Systemlösungen für viele Probleme vorschlagen und auszudiskutieren

[389] Die obige Thematik, die praktisch in allen Fällen eine Fortsetzung der Selbstdarstellung und der Präpositionierung von MmB in ihren eigenen Accounts ist, ist nicht selten sehr persönlich oder sogar intim.

versuchen, z. B. auf der Ebene einzelner Gemeinden, aber auch landesweiter Regelungen.

3) Sprachliche Formen – dieser Themenbereich ist eng mit dem vorhergehenden verknüpft und betrifft Diskussionen über Sprache und sprachliche Formen, die für Menschen mit Behinderungen im öffentlichen Raum verwendet werden. Es handelt sich dabei einerseits um verschiedene Ausdrucksweisen an öffentlichen Orten wie Arztpraxen, Ämtern, Bahnhöfen oder diversen Institutionen. Andererseits wird auch auf die Sprache in Medien verwiesen, u. a. in typischen massenmedialen Formaten wie Fernsehshows, Nachrichten oder Pressereportagen. Somit wird versucht, sich mit aufkommenden Stereotypen oder Vorurteilen gegenüber Personen mit Behinderungen auseinanderzusetzen und bestimmte Lösungen zu finden (z. B. durch die Forderung nach einer inklusiven Sprache o. ä). Bezüglich der sprachlichen Formen wird besonders viel Platz den metapragmatischen Verweisen auf Selbstbezeichnungen von Menschen mit Behinderungen gewidmet (vgl. 9.5).

Das zweite Kriterium, nach dem ich mich bei der Auswahl geeigneter, repräsentativer Materialien für die Analyse von Positionierungshandlungen und -praktiken in sozialen Medien gerichtet habe, war – wie bereits erwähnt – die Auswahl entsprechender Typen von sozialmedialen multimodalen Beiträgen, die jeweils den Ausgangspunkt der Analyse von Positionierungen bildeten. In beiden analysierten Sprachen waren es einerseits typische Posts, die in ihrer Form klassischen multimodalen Weblog-Einträgen ähneln (vgl. 9.2 und 9.5), in denen die BloggerInnen auf die sie umgebende Realität Bezug nehmen (nicht selten wird dabei auch kritisch auf unterschiedliche Medienberichte verwiesen), indem sie (eine Reihe) von bestimmten, meist autobiografisch geprägten Mikronarrativen konstruieren. Andererseits findet der Online-Diskurs über Behinderung und Menschen mit Behinderungen in allen Medien statt, einschließlich der Mainstream-Medien mit ihren unterschiedlichen Makronarrativen.[390] Daher gehören auch zwei umfangreichere „medienübergreifende" Diskussionen

[390] Wie im Buch mehrfach erwähnt, sind gerade die Massenmedien die richtigen „Agenda-setter" (vgl. 5.3.3), die trotz des zunehmenden Einflusses kleinerer Medienakteure (der sog. „Secondary-Gatekeeper", vgl. 5.3.4) weiterhin die Auswahl der behandelten Themen und damit die öffentliche Meinungsbildung beeinflussen.

zum Gegenstand der Analyse (vgl. 9.3 und 9.4), durch die gezeigt werden konnte, wie und mit welchen sprachlichen und nichtsprachlichen Mitteln sich MmB nicht nur in „ihren“ Social Media, sondern auch außerhalb der „behindertenfreundlichen Informationsblase“ positionieren und wie sie in ihren „accountive positionings“ mit Fremdpositionierungen der VertreterInnen der Massenmedien und der manchmal zufälligen, nicht-behinderten UserInnen umgehen.[391]

## 9.2 „Es gibt keinen richtigen oder falschen Weg, ‚behindert‘ zu sein“. Behinderung aus der Perspektive eines Kindes (@raulkrauthausen)

In einer Reihe von Postings auf Instagram bezieht sich der deutsche Autor und bekannte Inklusionsaktivist Raul Krauthausen (@raulkrauthausen) auf seine Behinderung aus der Perspektive eines Kindes. Der gemeinsame thematische Nenner aller Einträge (veröffentlicht im Juni 2021 und Oktober 2022) sind die Kindheit des Autors und die Probleme, die sich aus der Wahrnehmung anderer (nicht behinderter) Kinder und ihrer Eltern ergeben. Ein interessantes Verfahren auf der Bild-Fläche ist die Verwendung desselben Fotomotivs (als Image-Macro) in drei thematisch miteinander verbundenen Texten, von denen in diesem Kapitel auf zwei hingewiesen wird. Auf dem Foto, auf dem Raul Krauthausen vermutlich mit seinem älteren Bruder oder einem Betreuer auf dem Spielplatz zu sehen ist, fällt sofort die Behinderung des Protagonisten auf (vgl. Abb. 30 / Beleg 60). Man kann die Anzeichen einer sich entwickelnden Erkrankung (Glasknochenkrankheit) und der Behinderung (Kleinwüchsigkeit) erkennen. Formal gesehen ist das Bild autodiegetisch (es spielt gleichzeitig die Rolle eines identifikatorischen Zeichens) und soll im funktionalen Sinne das Interesse der EmpfängerInnen wecken. Aus semantischer Sicht hingegen hat das Foto eine eher metaphorische Bedeutung und erst die Sprache-Fläche ist ein kontextualisierendes Element in allen drei Gesamttexten (obwohl der Kontext ähnlich ist).

---

[391] Es wird dabei davon ausgegangen, dass man es einerseits mit JournalistInnen und typischen NutzerInnen populärer Websites und Social Media zu tun hat, und andererseits mit einer relativ großen, eher homogenen Gruppe von Menschen mit Behinderungen zusammen mit Personen, die sich als Verbündete von MmB positionieren.

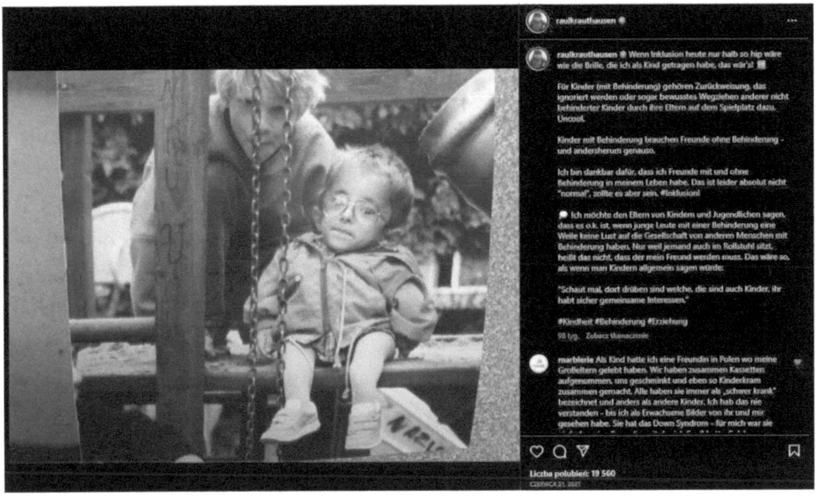


**Abb. 30 [Beleg 60]:** Bild-Fläche des Postings von @raulkrauthausen.

In dem ersten analysierten Beitrag bei Instagram vom 21. Juni 2021[392], vgl. Beleg 61, bezieht sich der Autor durch das Prisma von Kindern mit Behinderungen und deren Eltern vor allem auf das Problem der Inklusion von Behinderten, die seiner Ansicht nach in vielen Situationen nur theoretisch funktioniere. Er stellt fest, dass es trotz jahrelanger Aufklärungskampagnen immer noch Situationen gebe, in denen Kinder mit sichtbaren Beeinträchtigungen auf dem Spielplatz ignoriert, abgelehnt oder absichtlich von Kindern ohne Behinderung (und ihren Eltern) weggezogen werden. Im Rahmen einer solchen teils stillen und teils intentionalen und personalen Selbstpositionierung (auch mit moralischer Aufladung: „Ich möchte den Eltern von Kindern und Jugendlichen sagen, …") verweist der Autor ausdrücklich auf seine eigene, durch die Behinderung geprägte Kindheit, in der er glücklicherweise Freunde mit und ohne Behinderungen gehabt habe. Ein wichtiges Element des Beitrags von Raul Krauthausen ist auch die Aussage, dass es bei der Inklusion (und damit bei der Chancengleichheit für Menschen mit und ohne Behinderungen) nicht darum geht, Kinder mit Behinderungen zu „zwingen"', mit anderen ebenso beeinträchtigten Kindern zu spielen. Die Behinderung

[392] Quelle: https://www.instagram.com/p/CQYrmYpKTkH/ (19,5 Tausend Reaktionen und 199 Kommentare; Datum des Zugriffs: 12.05.2023).

ist nach dem Autor nämlich keine einzelne Eigenschaft, die einen dazu veranlassen würde, mit einer anderen Person zu sympathisieren oder nicht (sogar dann, wenn man selbst behindert ist) – nach dem Motto „alle MmB sind gleich, also versteht ihr euch gut". Der Eintrag, in dem sich der Autor der Symbolik eines „gemeinsamen Spielplatzes" bedient, ist daher gleichzeitig ein Beispiel der Selbstpositionierung und des Makronarrativs von MmB als kein Monolith oder keine homogene Gruppe.[393] Der ganze textuelle Teil des Postings wird um ein paar Hashtags ergänzt. In diesem Fall dienen sie einerseits der typischen interaktiven Indexierung der Inhalte als Schlüsselwörter, andererseits gelten sie als Verweis auf bestimmte gemeinsame Embleme der Gemeinschaft (vgl. #Inklusion oder #Behinderung).

> **Beleg 61:** *IG-Beitrag von @raulkrauthausen (Juni 2021)*
> raulkrauthausen
> Wenn Inklusion heute nur halb so hip wäre wie die Brille, die ich als Kind getragen habe, das wär's! 🆒
> Für Kinder (mit Behinderung) gehören Zurückweisung, das ignoriert werden oder sogar bewusstes Wegziehen anderer nicht behinderter Kinder durch ihre Eltern auf dem Spielplatz dazu. Uncool.
> Kinder mit Behinderung brauchen Freunde ohne Behinderung – und andersherum genauso.
> Ich bin dankbar dafür, dass ich Freunde mit und ohne Behinderung in meinem Leben habe. Das ist leider absolut nicht „normal", sollte es aber sein. #Inklusion!
> 🗨 Ich möchte den Eltern von Kindern und Jugendlichen sagen, dass es o.k. ist, wenn junge Leute mit einer Behinderung eine Weile keine Lust auf die Gesellschaft von anderen Menschen mit Behinderung haben. Nur weil jemand auch im Rollstuhl sitzt, heißt das nicht, dass der mein Freund werden muss. Das wäre so, als wenn man Kindern allgemein sagen würde:
> „Schaut mal, dort drüben sind welche, die sind auch Kinder, ihr habt sicher gemeinsame Interessen."
> #Kindheit #Behinderung #Erziehung

---

[393] Das Motiv, die eigene Vielfalt zu betonen, tritt bei Mitgliedern vieler Gruppen auf, die in unterschiedlichen Situationen mit sozialer Ausgrenzung konfrontiert sind. Ein häufiges Phänomen ist die Fremdpositionierung solcher Gemeinschaften als homogen, wobei davon ausgegangen wird, dass ein einziges „gemeinsames Merkmal" ausreicht, um sie zu einer Art „Monolith" zu machen. LGBT+-Gemeinschaften sind ein gutes Beispiel für diese Art der „pauschalen" Fremdpositionierung. LGBTQ+-Personen werden nämlich oft in „einen Topf geworfen". Obwohl sie „differente Lebenslagen" haben können (Kleiner 2015: 37). Darüber hinaus bedeutet „die Zusammenfassung dieser Gruppen unter dem Stichwort ‚LGBT' […] keineswegs, dass eine homogene LGBT-Kultur besteht" (Müller/Sander 2023: 98).

Noch persönlicher und emotionaler geht es in einem anderen Posting von Raul Krauthausen vom 16.10.2022[394] zu. Neben der Verwendung desselben Image-Macros ist ein wichtiges, wenn auch eher typisches, Verfahren die Selbstpositionierungsstrategie, verschiedene Modalitäten zu verwenden, die an die technischen Möglichkeiten von Instagram als Online-Plattform angepasst sind. In diesem Fall greift der Autor hauptsächlich auf eine Reihe von grafisch-bildlichen Teiltexten, in denen Merkmale des individualisierten Designs zu erkennen sind.[395] Eine andere typische nichtsprachliche (Positionierungs-)Strategie besteht darin, sowohl eine „richtige" Sprache-Fläche des Postings als auch „Folien" zu verwenden, um Inhalte zu vermitteln, die für den Autor von Bedeutung sind. Raul Krauthausen berührt das oft in sozialmedialen Accounts von MmB aufgegriffene Thema des internalisierten (verinnerlichten) Ableismus als sog. *Trigger Warning*[396]. In einem emotionalen und sehr persönlichen Stil nimmt der Autor erneut Bezug auf seine eigene Kindheit und Jugendzeit. Diesmal konzentriert er sich auf die negativen Gefühle, die ihn seit vielen Jahren begleitet haben (v. a. in der Schule oder im Freundeskreis). Auf einzelnen Folien listet er seine „Definitionen" von Scham, Schuldgefühlen oder Demütigung auf (gleichzeitig verbindet er diese Gefühle mit seinen eigenen, oft nicht einfachen Erfahrungen[397]). Darüber hinaus betont der Autor, wie viele andere MmB in ihren sozialen Medien, welch langen Weg er im Prozess der Auseinandersetzung mit seiner eigenen Behinderung zurückgelegt hat. Wichtig ist dabei jedoch, dass diese Art der intentionalen und personalen Selbstpositionierung als „Mensch, der sich mit

394 Quelle: https://www.instagram.com/p/Cjw9h4DK_3I/ (1.677 Reaktionen und 45 Kommentare; Datum des Zugriffs: 11.05.2023).

395 In diesem Fall u. a. das Logo mit der roten Schirmmütze, die zum Markenzeichen des Autors geworden ist, die entsprechende Farbgebung sowie die typografisch hervorgehobene Schriftart (vgl. auch 8.2.1.3). Aus Platzgründen wird auf die genaue Präsentation der einzelnen Folien verzichtet. Ihr Inhalt wird im Beleg 62 mit dem Vermerk „[FOLIEN]" präsentiert.

396 Eine Triggerwarnung (von englischem *trigger warning*) ist eine Warnung vor möglichen Auslösereizen (Auslöser oder *trigger*) von Traumata. Für „Triggerwarnung" ist in sozialen Medien die Abkürzung „TW" gebräuchlich.

397 Ein interessantes Stilmittel, das in dem konkreten Posting eine Bereicherung der Erzählung und der Selbstpositionierung als „stigmatisiert und diskriminiert" darstellt, ist hier die anaphorische Wiederholung „das Gefühl, …", dank derer den eigenen Worten Nachdruck verliehen wird und sinnverwandte Abschnitte des gesamten Textes verbunden werden.

seiner Behinderung abgefunden hat“, nicht „Aufgeben“ bedeutet, denn, wie der Autor selbst betont: „All diese negativen Gefühle haben sich in den letzten Jahren gewandelt“. Dabei unterstreicht er jedoch, dass es in verschiedenen Lebensabschnitten unterschiedliche Wege gibt, mit der eigenen Behinderung umzugehen: „Es gibt keinen richtigen oder falschen Weg, ‚behindert‘ zu sein“.

**Beleg 62:** *IG-Beitrag von @raulkrauthausen (Oktober 2022)*
raulkrauthausen
All diese negativen Gefühle haben sich in den letzten Jahren gewandelt.
TW: internalisierter Ableismus
Ich selbst habe im Laufe der Jahre eine schwierige Hassliebe zu meiner Behinderung entwickelt. Sie hat mir einige meiner dunkelsten Momente beschert, in denen ich mir wünschte, es wäre einfach alles anders.
Ich fühlte mich oft in meinem Leben schuldig für das, was meine Familie oder Freund_innen alles machen müssen, um mir zu helfen. Schuldig, wenn in meiner Klasse, die anderen gelangweilt warten mussten, während die Lehrer_innen mich unterstützten. Ich schämte mich dafür, wer ich war.
Heute weiß ich auch:
Es gibt keinen richtigen oder falschen Weg, „behindert“ zu sein. Für manche ist es eine Identität. Für mich war es anfangs eine Schande. Für viele von uns ist es beides – und eine Entwicklung.
Was würdest du deinem Teenage-Ich gern sagen?
[FOLIEN]:
NEGATIVE GEFÜHLE, DIE ICH BEIM AUFWACHSEN MIT EINER BEHINDERUNG EMPFAND:
Scham
(das Gefühl, unvollkommen zu
sein, der Liebe, Zugehörigkeit
und Verbundenheit nicht
würdig zu sein.)
SCHULDGEFÜHLE
(das Gefühl, etwas getan oder
versäumt zu haben, andere zu
benachteiligen, eine Unannehmlichkeit gewesen zu sein.)
DEMÜTIGUNG
(das Gefühl, herabgesetzt und
abgewertet zu werden) und
Verlegenheit (das Gefühl,
etwas getan zu haben, das
unangenehm war, aber eine
flüchtige und nachvollziehbare
Erfahrung ist.)

In typischen Reaktionen von FollowerInnen von Raul Krauthausen, die sich auf die zwei IG-Beiträge beziehen, hat man es, außer Stimmen von anderen MmB, in erster Linie mit einer Reihe von reflexiven Positionierungshandlungen des Typs „performative“ zu tun, in denen viele nicht-behinderte Personen sich selbst (eher still) als Verbündete von MmB positionieren. Der Modus Operandi in solchen Mikronarrativen sind meistens Verweise auf Kindheitserinnerungen, in denen eine Person mit Beeinträchtigungen im Leben der erzählenden Person aufgetaucht ist. Die Userin @marblerie bezieht sich im Kommentar auf ihre Kindheitserfahrungen (sie hatte eine Freundin mit Down-Syndrom, die sie als Kind jedoch nie durch das Prisma von Krankheit oder Behinderung betrachtete). Gleichzeitig wird von ihr die ganze Erwachsenenumgebung intentional als nicht selten intolerant und sogar feindselig gegenüber Menschen mit Behinderungen fremdpositioniert. Die Autorin unterstreicht dabei, dass es nicht die Kinder sind, die die Schuld tragen: „Solche Verhaltensweisen werden oft anerzogen, Kinder an sich sehen Andersartigkeiten nicht so sehr. Sie sind offener und unvoreingenommener.“. Interessant in diesem Kontext ist allerdings eine der Aussagen, die wie eine Art erzwungene Selbstpositionierung wirken mag, wenn die Autorin schreibt: „Alle haben sie immer als ‚schwer krank‘ bezeichnet und anders als andere Kinder. Ich hab das nie verstanden – bis ich als Erwachsene Bilder von ihr und mir gesehen habe.“ Eine solche Selbstpositionierung des Typs „Erst als Erwachsene habe ich die Behinderung meines Freundes/meiner Freundin erkannt, weil mein Umfeld sie mir quasi aufgezwungen hat“, ist in den Aussagen nicht-behinderter Menschen in Bezug auf das Thema „Behinderung“ recht häufig. Darüber hinaus stehe es ihrer Ansicht nach nicht im Widerspruch dazu, sich als Verbündeter von Menschen mit Behinderungen zu positionieren.

**Beleg 63:** *Kommentar unter einem der Postings von @raulkrauthausen*
marblerie
Als Kind hatte ich eine Freundin in Polen wo meine Großeltern gelebt haben. Wir haben zusammen Kassetten aufgenommen, uns geschminkt und eben so Kinderkram zusammen gemacht. Alle haben sie immer als „schwer krank“ bezeichnet und anders als andere Kinder. Ich hab das nie verstanden – bis ich als Erwachsene Bilder von ihr und mir gesehen habe. Sie hat das Down Syndrom – für mich war sie einfach meine Freundin, mit der ich Spaß hatte. Solche Verhaltensweisen werden oft anerzogen, Kinder an sich sehen Andersartigkeiten nicht so sehr. Sie sind offener und unvoreingenommener.

In einem anderen Diskussionsthread stellt der Nutzer @m.music.9999 fest, dass Kinder manchmal „egoistisch“ seien. Der Autor erklärt dies damit, dass aus der Perspektive nicht-behinderter Kinder ihre Altersgenossen mit Beeinträchtigungen aufgrund dieser bestimmte Dinge nicht tun können. Dabei fügt er hinzu (und positioniert damit gleichzeitig implizit die Eltern nicht-behinderter Kinder als verantwortlich für solche Verhaltensweisen), dass sie „ja eben noch Kinder“ sind. Die Nutzerin @viviens_username bringt ihre Unterstützung zum Ausdruck und fremdpositioniert absichtlich die Eltern solcher Kinder ebenfalls als solche, die kaum Akzeptanz für Kinder mit Behinderungen zeigen würden. Dabei bedient sich die Autorin einer gängigen Positionierungsstrategie und zwar eines „erfundenen“ Zitats, nämlich: „Da drüben sind andere (wildfremde) Kinder, geh mal mit denen spielen“. Ihre Worte finden Zustimmung bei einer anderen Userin @stellage_a_trois: „war das bei mir auch so, hat aber immer geklappt“. Somit hat man auch in diesem Diskussionsstrang mit einer (meist stillen) Selbstpositionierung aller drei UserInnen als Verbündete von MmB zu tun.

**Beleg 64:** *Kommentare unter einem der Postings von @raulkrauthausen*
m.music.9999
Leider ist das nicht ganz so einfach, wie es hier dargestellt wird. Kinder denken egoistisch. Kann ein anderes Kind z. B. aufgrund einer Behinderung gewisse Dinge nicht, wird auch nicht mit dem Kind gespielt. Das kann man Kindern nicht einfach so vorwerfen, sie sind ja eben noch Kinder.

viviens_username
Stimme ich voll zu, aber „Da drüben sind andere (wildfremde) Kinder, geh mal mit denen spielen“ wurde ziemlich oft zu mir gesagt. Hat aber auch nie funktioniert

stellage_a_trois
@viviens_username war das bei mir auch so, hat aber immer geklappt. 😂

Unter den Stimmen nicht-behinderter Erwachsener in der Diskussion gibt es auch solche, die versuchen, die intentionale und zugleich absichtliche Fremdpositionierung von Eltern gesunder Kinder als angeblich intolerant oder voreingenommen gegenüber Kindern mit Behinderungen zu verteidigen. Die Nutzerin @muirne_nic_brianag stellt fest, dass der Grund, warum sich Eltern in der Öffentlichkeit so und nicht anders verhalten würden, ein Gefühl der Verlegenheit oder Beschämung sein könnte, das sich aus der Offenheit vor allem jüngerer Kinder ergibt, die gerne Fragen stellen. Dies kann jedoch, wie die Kommentierende anmerkt, dazu führen, dass Kinder mit Behinderungen noch mehr isoliert würden.

**Beleg 65:** *Kommentar unter einem der Postings von @raulkrauthausen*
muirne_nic_brianag
Das große Problem dabei sind beschämte Eltern. Kinder sind generell neugierig und aufgeschlossen. Sie verurteilen nicht wenn jemand „anders" wirkt, sondern sie stellen Fragen und versuchen zu begreifen. Wenn das in einem gewissen Rahmen zugelassen wird ist alles ok. Viele Eltern beschämt das aber wenn ein Kind fragt: „warum hast Du so kurze Beine?" Oder „Darf ich das mal anfassen?" und damit wird das Kind mit Behinderung isoliert. Schlimmer wird es dann wenn der Spross Zuhause sagt: „ich will auch mit so einem Rollstuhl flitzen" und dann eine Bedauerungspredigt zu hören bekommt Tip an Eltern: „einfach mal lassen"

In vielen Aussagen nicht-behinderter Menschen in Bezug auf das Verhalten gegenüber Kindern und Erwachsenen mit Beeinträchtigungen finden sich auch Kommentare (was auch andere spätere Beispiele zeigen), in denen sich NutzerInnen intentional quasi als Menschen selbstpositionieren, die sensibel für die Bedürfnisse und Gefühle von Menschen mit Behinderungen seien und gleichzeitig ihre Bedenken gegenüber bestimmten Verhaltensweisen äußern, die gegen solche Personen gerichtet sind. Beispielsweise schreibt die Userin @alma.rom.rito von der Angst vor dem „Aufdrängen". Im weiteren Verlauf des Gesprächs gibt die Nutzerin auf die Nachfrage des Users @turbopiefke zu, dass sie gerne ein Kind mit Behinderung zusammen mit seinen Eltern kennenlernen würde, aber nicht den Mut habe „draufzugehen" (vgl. den Satz „Bei uns im Ort kenne ich niemanden und wenn ich bei Spaziergängen ausserhalb jmd treffe traue ich mich nicht, drauf zu zu gehen."). Diese Art von sprachlichem Verhalten ermöglicht es ihrem Gesprächspartner (@turbopiefke), die Userin als jemanden zu fremdpositionieren, der Menschen mit Behinderungen in seinen Aussagen stereotyp als „besonders" oder als „besonderes Verhalten benötigend/erwartend" darstelle: „Ich denke nicht, man sollte jetzt durch die Gegend laufen und nach Menschen mit Behinderung suchen um mit ihnen Bekanntschaft zu schließen. Das stellt die Behinderung über die Person.". Indem er sich gleichzeitig implizit als Verbündeter selbstpositioniert, stellt derselbe Nutzer dann fest, dass es so etwas wie ein „Etikett für Menschen mit Behinderungen" nicht gebe. Diese Art der unbewussten stereotypisierenden (oder beinahe bösartigen) Positionierung (wie im Fall der Userin @alma.rome.rito) taucht recht häufig in den Aussagen vieler nicht-behinderter Personen auf, die gerne als Verbündete von Menschen mit Behinderungen gesehen werden möchten. Es stellt sich jedoch oft heraus, dass solche Kommentierenden sich im weiteren Verlauf der Diskussion, wenn sie ihre Position verteidigen müssen (*accountive positioning*), sich als diejenigen selbstpositionieren (dabei kommt es zu einer erzwungenen Selbstpositionierung), die den Umgang mit Menschen mit Behinderungen erst lernen. Sie tun dies wahrscheinlich deswegen, weil sie das Gesicht nicht verlieren möchten: „ja, das weiss ich, bzw lerne gerade unbefangener umzugehen, angelernter ableismus, wie ich feststelle … ich suche auch nicht speziell".

**Beleg 66:** *Kommentare unter einem der Postings von @raulkrauthausen*
alma.rome.rito
ich würde gern, hab aber Angst mich aufzudrängen 🙈 oder irgendwas blödes zu sagen (hab Talent)

turbopiefke
@alma.rome.rito was würdest Du gern?

alma.rome.rito
@turbopiefke auf Eltern mit Kinder mit (sichtbar und/oder unsichtbar) Behinderung zugehen. Bei uns im Ort kenne ich niemanden und wenn ich bei Spaziergängen ausserhalb jmd treffe traue ich mich nicht, drauf zu zu gehen

turbopiefke
@alma.rome.rito ich denke nicht, man sollte jetzt durch die Gegend laufen und nach Menschen mit Behinderung suchen um mit ihnen Bekanntschaft zu schließen. Das stellt die Behinderung über die Person. So etwas ergibt sich, wenn man sich gut versteht. Besser man betrachtet es von der anderen Seite: einfach keine Begegnung ausschließen, nur weil man glaubt es könne aufgrund der Behinderung komisch sein. Weder für sich noch für die eigenen Kinder. Das reicht schon. Kinder sind da eh ganz anders als Erwachsene und gehen mit behinderten Menschen viel unbefangener um. Man sollte sich da auch nicht zu viele Gedanken machen. Menschen mit Behinderung sind nämlich vor allem eines: ganz normale Menschen. Da gibt es keine besondere „Behinderten Etikette" :)

alma.rome.rito
@turbopiefke ja, das weiss ich, bzw lerne gerade unbefangener umzugehen, angelernter ableismus, wie ich feststelle … ich suche auch nicht speziell

Die Fremdpositionierung der Eltern vieler nicht-behinderter Kinder und allgemein vieler Erwachsener als intolerant und oft voreingenommen gegenüber MmB findet sich auch in vielen Mikronarrativen sowohl in den Kindheitserinnerungen von Menschen mit Beeinträchtigungen (vgl. 67) als auch Eltern solcher Kinder wieder (vgl. 68). Der User @kabr63 betont in seiner Aussage, wie belastend und demotivierend das schulische Umfeld einschließlich des Lehrpersonals für ihn als MmB gewesen sei und wie es sich auf seine Psyche und Selbstwertgefühl ausgewirkt habe. Seine personale Selbstpositionierung als wegen der Behinderung diskriminiert wird von einer nicht-behinderten Person (@oilio0oilio) noch verstärkt („das ist so mies und ungerecht!"). Gleichzeitig versucht er aber, diese LehrerInnen in einem besseren Licht erscheinen zu lassen und die Stärke der Aussage von @kabr63 zu mildern, indem er solche stigmatisierenden Vorkommnisse in der Schule mit Situationen vergleicht, in denen einige Kinder von LehrerInnen böswillig als leistungsschwächer fremdpositioniert werden, nur aufgrund ihrer schwierigeren sozialen Herkunft: „Interessanterweise wird aber auch immer wieder nicht behinderten Hauptschüler*innen ähnliches gesagt."

**Beleg 67:** *Kommentare unter einem der Postings von @raulkrauthausen*
kabr63
Ich würde sagen: Lass dich nicht abwerten. In der Schulzeit hatten wir von den Lehrern, direkt und indirekt oft gesagt bekommen, dass wir taube Kinder nicht so viel schaffen können wie Hörende. Dass für uns maximal Handwerksberufe möglich ist. Kein Abi, kein Studium. Das hat das Selbstwertgefühl bei den meisten zerstört.

oilio0oilio
@kabr63 das ist so mies und ungerecht! Interessanterweise wird aber auch immer wieder nicht behinderten Hauptschüler*innen ähnliches gesagt. Oder Kindern von Arbeiter*innen beim Schulübergang. Ein Mädchen (mit ausschließlich guten und sehr guten Noten!) konnte ich retten. Die Grundschulklassenlehrerin, welcher die Mutter vertraute, empfahl die Realschule, „da die Noten ja nur aus Fleiß entstanden sind, nicht aber aus Intelligenz und gute Noten würde das Mädel dann auf dem Gymnasium nicht mehr so leicht erhalten. Außerdem muss es ja auch noch Handwerker und Verkäufer geben".

Im Beleg 68 schildert @katrin.johnston ihre Erfahrungen als Mutter eines Mädchens im Rollstuhl. Dabei bedient sie sich umgangssprachlicher Bezeichnungen wie „Rolliflitzer" gegenüber „Fußgänger-Kids".[398] Die Autorin erlebte nämlich eine Situation, in der ein anderes nicht-behindertes Mädchen

[398] In vielen Online-Beiträgen betonen MmB ihre „Besonderheit" oder „Einzigartigkeit" durch die Verwendung von spezifischem Vokabular und/oder Gegenüberstellung „wir-sie". Das muss natürlich nicht immer absichtlich gegen „normale" Menschen („Normalos") gerichtet sein (wie das Beispiel von @heino_ehlers__ zeigt), denn meist geht es darum, sich von der eigenen Krankheit oder Behinderung zu distanzieren oder zu versuchen, sie zu normalisieren (mehr auf die Rolle der „gemeinsamen" sprachlichen Mittel in Gemeinschaften von Menschen mit Beeinträchtigungen wird im Kapitel 9.5 verwiesen).

von ihrer Tochter weggezogen wurde, weil ihr Mutter Angst hatte, das die Erkrankung „ansteckend" sein könnte („Fass das Kind nicht an, das ist ansteckend!"). Die Autorin des Beitrags fügt hinzu, dass eine solche bösartige intentionale Fremdpositionierung gegenüber Menschen mit Behinderungen insbesondere gesunde und kranke oder behinderte Kinder trifft. Die Worte von @katrin.johnston provozieren eine sehr scharfe Reaktion von einem anderen Nutzer (@heino_ehlers__). Seine bewusste *malignant positioning* wird v. a. durch die Verwendung von beleidigenden Worten unterstrichen: „Je mehr wir das Straßenbild dominieren, umso mehr merken die bekackten Normalos, dass sie ihr Hirn umsonst durch die Gegend schleppen". Eine solche Hasssprache (Beleidigung des Gegenübers) findet, wie dieses und andere Beispiele im Textkorpus zeigen, nicht nur auf Seiten nichtbehinderter Menschen statt und trägt auch zum Aufbau einer Art spezifischer Gruppenidentität im Gegensatz zu den „Fremden" bei („Wir-sie-Beziehung").

**Beleg 68:** *Kommentare unter einem der Postings von @raulkrauthausen*
katrin.johnston
@raulkrauthausen DANKE🙏! Wieder einmal ins Schwarze 🎯 getroffen.
Wir hatten schon den Fall, dass eine Mutter ihr Kind von meiner Tochter (Rolliflitzer, damals 5 Jahre alt und in einem coolen Käpt'n Blaubär Rolli-knatschbunt und DIE Attraktion bei Fussgänger-Kids) wegzog mit den Worten: „Fass das Kind nicht an, das ist ansteckend"!
So was tut weh! Im Hirn, in den Ohren, sogar im großen Zeh! Aber vorallem im Herzen der Kinder!
Egal, ob mit oder ohne Behinderung ...

heino_ehlers__
@katrin.johnston ist doch gut, wenn wir ansteckend sind. Je mehr wir das Straßenbild dominieren, umso mehr merken die bekackten Normalos, dass sie ihr Hirn umsonst durch die Gegend schleppen

In der Anschlusskommunikation unter den beiden Beiträgen von Raul Krauthausen finden sich auch Belege einer positiven Positionierung gesunder Erwachsener in ihrer Haltung gegenüber Kindern mit Behinderungen (vgl. 69 und 70). Die Nutzerin @mikarockymai – eine jugendliche Musikerin mit einer sichtbaren Behinderung – gibt in ihrem sehr persönlichen Beitrag zu, dass sie sich anfangs schlecht gefühlt habe, als sie das Engagement der nicht-behinderten Menschen beim Helfen sah. Erst später habe sie gemerkt, wie wichtig es für einige dieser Menschen ist und wie viel sie dadurch lernen. Dadurch fremdpositioniert sie intentional gesunde Menschen als solche, die es erst lernen, mit Menschen mit Behinderungen umzugehen. In diesem Diskussionsstrang ist die Reaktion des Nutzers @oilio0oilio besonders erwähnenswert. Der User selbstpositioniert sich moralisch eindeutig als Verbündeter von MmB und betont, wie viel er durch seine Kontakte mit Menschen mit Behinderungen gelernt habe, wobei er besonders die Rolle des Humors in seinen Beziehungen zu MmB hervorhebt. Gleichzeitig unterstreicht er, wie wichtig es für ihn sei, ein „informierter Verbündeter" zu sein, der immer besser die Situation von MmB verstehen würde und helfen könne (vgl. „Darum möchte ich es besser machen. Z. B. indem ich nicht be_hindere und ein informierter Ally bin."[399]). Schließlich betont der User, dass niemand dafür verantwortlich sein kann, als was für ein Mensch er geboren wurde, und dass jeder respektiert werden sollte, wodurch er seine moralische und z. T. personale Selbstpositionierung als „Ally" / „Verbündeter" noch verstärkt (vgl. den letzten Satz).

**Beleg 69:** *Kommentare unter einem der Postings von @raulkrauthausen*
mikarockymai
Ich bin ja erst 13, habe mich aber noch nie schuldig mit meinen ganzen Behinderungen gefühlt. Meine Eltern haben mir beigebracht, dass es „die Leute ohne Behinderungen" lieber und geduldiger und offener macht, wenn sie sich um „Menschen mit Behinderungen" kümmern dürfen oder mal auf sie warten. Ist das nicht toll, dass wir das können?
[...]

oilio0oilio
@mikarockymai mich macht es nicht nur lieber, geduldiger und offener, ich werde auch geerdet, genieße die Entschleunigung, kann viel mehr im Hier und Jetzt sein und bin dadurch achtsamer für mich und andere. Auch kann ich ziemlich viel lernen. Z. B. einen gelassenen und humorvollen Umgang mit den oftmals kuriosesten Pannen. Manchmal weiß ich nicht, ob ich über die Be_hinderung Behinderter lachen oder weinen soll. Meist entscheiden wir uns beide fürs Lachen. Es ist angenehmer und man fühlt sich mit Humor und Gelassenheit weniger machtlos. Aber Humor und Gelassenheit reichen mir nicht, in mir ist auch Wut über die herrschende Normalität mit der Menschen be_hindert werden. Darum möchte ich es besser machen. Z. B. indem ich nicht be_hindere und ein informierter Ally bin. Es wäre traurig, wenn du dich schuldig für deine Behinderungen fühlen würdest. Dafür kannst du genauso wenig, wie andere Menschen für ihre braunen, schwarzen oder blonden Haare. Aber wofür man was kann ist der Respekt, den wir einander zollen.

---

[399] Ein interessantes Positionierungsmittel sind dabei wieder gleichzeitige implizite Verweise auf entsprechende Sprachformen bezüglich der MmB. Dazu werden die von @oilio0oilio verwendeten sprachspielerischen Formen wie „be_hindert" oder „Be_hinderung" auch im Sinne von „erschweren" oder „schwieriger machen" benutzt.

Schließlich umfasst die Diskussion auch Stellungnahmen, deren UrheberInnen anmerken, dass es selbst in Situationen, in denen es in der Kindheit keine Diskriminierung gibt, an echter Integration oft erst im Arbeitsleben fehlt. Im Beleg 70 verweist der User @jaci2404__auf seine eigenen Kindheitserinnerungen. Gleichzeitig erkennen die AutorInnen einerseits die häufige intentionale Fremdpositionierung nicht-behinderter Menschen als intolerant und oft voreingenommen gegenüber MmB an und stellen andererseits fest, dass das nicht-behinderte Umfeld, z. B. am Arbeitsplatz es häufig schnell lernt, toleranter zu werden. In der untenstehenden Aussage von User @jaci2404__ kann man die typische Positionierung von Menschen mit Behinderungen erkennen, die von ihren gesunden KollegInnen besonders anfangs nicht selten übersehen und unterschätzt und dadurch diskriminiert werden (vgl. „Dass man aber im Geist genauso fit oder manchmal noch fitter ist als ein gesunder Kollege – das fällt meist hinten runter."). Gleichzeitig werden mit demselben Satz MmB intentional als „trotz der Behinderung team- und arbeitsfähig" positioniert: In vielen Situationen am Arbeitsplatz würden sie schnell zu einem wichtigen Teil des gesamten Teams (vgl. auch: „Wir sind durch Sie wieder näher als Team zusammengerückt.").

**Beleg 70:** *Kommentar unter einem der Postings von @raulkrauthausen*
jaci2404__
Bei mir war das – zum Glück – nie so. Ich war immer akzeptiert bei den gesunden Kindern, habe mit Buden gebaut, bin auf dem Klettergerüst geklettert und deren Eltern haben das unterstützt. Ich bin aber auch im ländlichen Gebiet aufgewachsen. Ich könnte mir vorstellen, dass das in der Stadt anders ist. Da lebt man ja doch anonymer. Ich glaube, richtig schlimm wird es für behinderte Menschen erst in der Berufswelt. Denn gäbe es die finanziellen Förderungen für Arbeitgeber nicht, sähe es trübe aus für Menschen mit Handicap auf dem 1. Arbeitsmarkt. Das ist Tatsache. Man ist immer irgendwie ein Mensch 2. Klasse in vielen Köpfen der Kollegen und Chefs, weil man einfach nicht zu 1000 % belastbar ist, wenn man Krücken hat, eben keine 5 Ordner schleppen oder 4 Stunden am Kopierer stehen kann. Dass man aber im Geist genauso fit oder manchmal noch fitter als ein gesunder Kollege – das fällt meist hinten runter. Genauso, dass man als behinderter Mensch einen Mehrwert fürs Teambuilding geben kann. Das wurde mir selbst schon so gesagt. „Wir sind durch Sie wieder näher als Team zusammengerückt." Das ist das größte Lob, was man einem Menschen überhaupt geben kann.

### 9.2.1 Zusammenfassung

In den zwei analysierten Instagram-Beiträgen des deutschen Inklusionsaktivisten Raul Krauthausen, in denen er persönliche Erfahrungen aus seiner Kindheit als Mensch mit Behinderung teilt, liegt der thematische Fokus auf Inklusion, Ausgrenzung und gesellschaftlicher Wahrnehmung von Menschen mit Beeinträchtigungen, insbesondere im Kindesalter.

Raul Krauthausen selbstpositioniert sich in seinen Mikronarrativen vor allem dadurch, dass er sich auf persönliche Kindheitserfahrungen bezieht. Er beschreibt Erlebnisse auf dem Spielplatz und in der Schule, um aufzuzeigen, dass echte Inklusion oft an Vorurteilen und dem Verhalten nicht-behinderter Eltern und Kinder scheitere. Darüber hinaus wird von ihm betont, dass MmB keine homogene Gruppe seien und dass Sympathie nicht allein auf Basis gemeinsamer Behinderung entstehen müsse.

Der zweite analysierte Beitrag bezieht sich auf die emotionale Reflexion des Autors und seine Sorge, dass viele Menschen mit Behinderungen die gesellschaftlichen Vorurteile, Stereotype und Abwertungen über Behinderung übernehmen und gegen sich selbst richten (vgl. den häufig in vielen analysierten Beiträgen vorkommenden Begriff des „verinnerlichten/internalisierten Ableismus") und thematisiert negative Gefühle wie Scham und Schuld aus seiner Kindheit und seinen Umgang damit. Er plädiert für individuelle Wege im Umgang mit Behinderung ohne moralische Wertung. Viele seiner FollowerInnen – besonders nicht-behinderte – reagieren auf seine Worte, indem sie sich quasi automatisch als Verbündete von MmB positionieren. Häufig geschieht dies durch individuelle, intime Mikronarrative in Form von eigenen Kindheitserinnerungen oder durch das Eingeständnis, erst lernen zu müssen, wie man respektvoll mit Behinderung umgehe. Dabei treten sowohl bewusste Solidaritätsbekundungen als auch unbeabsichtigte stereotype Aussagen zutage.

Die analysierten Kommentare zeigen ein Spektrum von empathischer Unterstützung bis zu ungewollt paternalistischen oder beleidigenden Reaktionen. Die Diskussion illustriert zudem, wie Menschen mit und ohne Behinderungen ihre sozialen Rollen aushandeln.

Schließlich kann man in vielen Aussagen erkennen, wie sich die Erfahrungen vieler nicht-behinderter Personen durch den Kontakt mit MmB verändern: Einige Beiträge betonen, wie persönliche Begegnungen mit MmB Vorurteile abbauen und Teamgeist stärken können – insbesondere im Arbeitsumfeld.

## 9.3 „Ausgrenzung hat viele Gesichter". Bezüge auf Diskriminierung durch Mobilitätseinschränkungen (@aniolnaresorach)

Bogumiła Siedlecka-Goślicka (@aniolnaresorach) ist eine polnische Bloggerin, YouTuberin und Aktivistin für die Rechte von Menschen mit Behinderungen. Wegen ihrer Kleinwüchsigkeit und angeborenen Knochenbrüchigkeit ist sie auf einen Rollstuhl angewiesen. Den Ausgangspunkt des medialen Diskurses über mögliche Formen der Diskriminierung in sozialen Medien bilden mehrere Online-Presseberichte über die Preisverleihung von „Wiktory"[400] am 31.03.2022. Die Protagonistin nahm den Preis im Namen ihres guten Freundes, eines populären polnischen Schauspielers Marcin Dorociński, entgegen. Kurz danach hielt sie eine Rede, in der sie unter anderem auf die zahlreichen Probleme von Menschen mit Behinderungen in Polen aufmerksam machte – symbolisiert durch die fehlende Rampe zur Bühne während der Preisverleihung. Die Protagonistin erschien zusammen mit den Moderatoren vor der Bühne, von wo aus sie ihr Statement abgab.

### 9.3.1 Positionierungshandlungen in Massenmedien

An den drei folgenden Tagen wurden insgesamt zwölf Presseberichte (in Form von Online-Artikeln) über die Gala veröffentlicht.[401] Fast alle konzentrierten sich entweder auf die Veranstaltung, bspw. auf verschiedene Kategorien, in denen Preise vergeben wurden, oder sie lenkten die Aufmerksamkeit ihrer LeserInnen auf den Boykott des Events durch viele

---

[400] „Wiktory", die Preise der polnischen „Akademia Telewizyjna" (dt. „Fernsehakademie"), wurden zwischen 1985 und 2015 und dann wieder im Jahr 2022 verliehen. Damit ehrte man herausragende Fernsehpersönlichkeiten (Quelle: https://pl.wikipedia.org/wiki/Wiktory; letzter Zugriff: 10.01.2024).

[401] Es waren vorwiegend kurze Texte auf überregionalen polnischen Internetportalen (onet.pl und „Wirtualna Polska"/wp.pl), in Online-Versionen von Zeitungen und Zeitschriften (https://viva.pl/ und https://www.gazeta.pl/) und auf populären Boulevardportalen (https://www.pudelek.pl/). Alle Artikel sind in der Zeitspanne vom 31. März bis 2. April 2022 online veröffentlicht worden.

KünstlerInnen[402]. Die Protagonistin wurde in sieben Presseberichten erwähnt. In vier von ihnen bediente man sich ausgewählter Zitate und es wurden ihre Aktivitäten und Verdienste für Menschen mit Behinderungen hervorgehoben. Zwei Quellen bezogen sich auf den gesundheitlichen Zustand der Autorin und Bloggerin und konzentrierten sich auf ihr Privat- und Berufsleben. Allerdings fand sich eine Ausnahme, und zwar ein Pressetext auf dem Online-Portal Kobieceinspiracje.pl[403], in dem Anioł na Resorach lediglich im Zusammenhang mit der Preisverleihung erwähnt wurde. Die Behinderung und die Mobilitätsprobleme der Protagonistin, die doch im Mittelpunkt der Rede standen und somit den kontextuellen Rahmen bildeten, wurden von dem Textautor völlig ignoriert und vermutlich als „weniger wichtig" eingestuft. Auch wenn man davon ausgeht, dass sich das Thema des Artikels nur um die Preisverleihung selbst drehte, kann man ein solches kommunikatives Verhalten als eine Art böswillige Fremdpositionierung von Menschen mit Behinderungen betrachten, die nicht „medienaffin" genug seien, um im Text erwähnt zu werden:

> **Beleg 71:** *Textauszug aus dem Portal Kobieceinspiracje.pl vom 01.04.2022*
> W imieniu aktora statuetkę odebrała Bogumiła Siedlecka, działająca pod pseudonimem Anioł na resorach. / Im Namen des Schauspielers wurde die Statuette von Bogumiła Siedlecka abgeholt, die unter dem Pseudonym Anioł na resorach auftritt.

Nichtsdestominder hat man es in den meisten Presseberichten über die Preisverleihung der „Wiktory" mit einer typischen „journalistischen Fremdpositionierung" von BloggerInnen und/oder AktivistInnen mit Beeinträchtigungen zu tun (vgl. den am 01.04.2022 veröffentlichten Text in der Online-Ausgabe der Zeitschrift VIVA![404]). Die Protagonistin wird dort intentional als Aktivistin für Rechte der Gemeinschaft von MmB fremdpositioniert (u. a.

---

[402] Nach Ansicht vieler KünstlerInnen sei das öffentlich-rechtliche Fernsehen in Polen, nach dem Machtwechsel im Jahr 2015 parteiisch geworden, was viele zum Boykott der Veranstaltung veranlasste. Das sei, nach Ansicht vieler JournalistInnen der Grund dafür, dass so wenige Fernseh- und Filmpersönlichkeiten auf der Gala erschienen sind.

[403] Vgl. den Text auf https://kobieceinspiracje.pl/154412,wiktory-2022-zaledwie-garstka-gwiazd-odebrala-swoja-statuetke.html?fbclid=IwAR0Ihg3Lhrsy-glr1IE6Fp0r9CHe0tjHFkGnRPgXcDW4j9va71wmFWKLhsk vom 01.04.2022 (letzter Zugriff: 16.01.2024).

[404] Die Vollversion des Textes ist unter https://viva.pl/ludzie/newsy/wiktory-2022-bogumila-siedlecka-goslicka-odebrala-statuetke-dorocinskiego-wyglosila-poruszajaca-przemowe-138663-r1/ zu finden (letzter Zugriff: 16.01.2024).

wurde in diesem Text die textuelle Darstellung der Protagonistin auf der Bild-Fläche vervollständigt, vgl. unten in diesem Kapitel), wobei stets auf ihre eigene Behinderung hingewiesen wird (vgl. Beleg 72). Es wird jeweils zuerst auf ihre Krankheitsgeschichte sowie den Tätigkeitsbereich aufmerksam gemacht. In nächsten Schritten konzentrieren sich die TextautorInnen auf eine kurze Beschreibung des gesamten Ereignisses, d. h. die fehlende Rampe zur Bühne und die kurze Rede von Anioł na Resorach. Darüber hinaus werden die eigenen Worte der Protagonistin gerne zitiert (vgl. zwei Ausschnitte aus dem Online-Portal Plejada.pl[405]). Intertextuelle Bezüge sind natürlich ein wichtiger Teil der schriftlich vermittelten journalistischen Berichterstattung, denn sie tragen u. a. zur Erhöhung der Attraktivität und der Ausdruckskraft des Textes bei:

**Beleg 72:** *Auszug aus dem Text auf Viva.pl vom 01.04.2022*
„W sieci znana jest pod pseudonimem Anioł Na Resorach, od lat działa na rzecz osób z niepełnosprawnościami. Kobieta choruje na wrodzoną łamliwość kości, dlatego musi poruszać się na specjalnie przystosowanym pod jej przypadłość wózku. Aktywistka nie mogła jednak odebrać nagrody na scenie, gdyż jedyną drogą prowadzącą na nią były schody. Swoje przemówienie wygłosiła spod sceny." / *„Sie ist online unter dem Pseudonym Anioł na resorach bekannt und setzt sich seit Jahren für Menschen mit Behinderungen ein. Die Frau leidet an einer angeborenen Knochenbrüchigkeit, weshalb sie sich in einem speziell für sie angepassten Rollstuhl fortbewegen muss. Die Aktivistin konnte den Preis jedoch nicht auf der Bühne entgegennehmen, da der einzige Weg dorthin über eine Treppe führte. Sie hielt ihre Rede vor der Bühne."*

**Beleg 73:** *Auszug aus dem Text auf plejada.pl vom 31.03.2022*
„Spotkałam ludzi, którzy mówili, że miejsca dla osoby z niepełnosprawnością, czy niskorosłą nie ma. Porzuciłam marzenia aktorskie, ale nie poddałam się. Postanowiłam znaleźć inny sposób, aby odnaleźć siebie i pomagać innym, którzy stracili wiarę w możliwości normalnego życia. Którzy stracili wiarę w to, że mogą spełniać marzenia." / *„Ich bin Menschen begegnet, die gesagt haben, dass es keinen Platz für Menschen mit Behinderung oder für kleinwüchsige Personen gibt. Ich habe meine Träume als Schauspielerin verworfent, aber ich habe nicht aufgegeben. Ich beschloss, einen anderen Weg zu finden, um mich selbst zu finden und anderen zu helfen, die den Glauben an die Möglichkeit eines normalen Lebens verloren haben. Die den Glauben daran verloren haben, dass sie ihre Träume verwirklichen können."*

---

[405] Die Vollversion des Textes ist unter folgender Adresse abrufbar: https://plejada.pl/newsy/bogumila-siedlecka-goslicka-odebrala-wiktora-w-imieniu-marcina-dorocinskiego/xq5s1xz?utm_campaign=cb (letzter Zugriff: 15.01.2024).

**Beleg 74:** *Auszug aus dem Text auf plejada.pl vom 31.03.2022*
„To wykluczenie ma wiele twarzy, jedną z nich widzicie państwo teraz. Nie odebrałam nagrody jak każdy na scenie, bo dzielą nas schody. Takie schody napotykam w swoim życiu codziennie. Chciałabym zaapelować do osób, które decydują w branży filmowej, by nie zamykali oczu i serc na osoby z niepełnosprawnościami. Chciałabym też zaapelować do władz państwowych i samorządowych o rozpoczęcie debaty w sprawie wykluczeń osób z niepełnosprawnościami [...].“ / *„Ausgrenzung hat viele Gesichter, von denen Sie jetzt eines sehen. Ich habe den Preis nicht wie alle anderen auf der Bühne erhalten, weil uns die Treppen trennen. Das sind die Treppen, denen ich jeden Tag in meinem Leben begegne. Ich möchte an diejenigen appellieren, die in der Filmindustrie Entscheidungen treffen, ihre Augen und Herzen nicht vor Menschen mit Behinderungen zu verschließen. Ich möchte auch an die staatlichen und lokalen Behörden appellieren, eine Debatte über die Ausgrenzung von Menschen mit Behinderungen zu beginnen.“*

Dies alles passt selbstverständlich in die teils intentionale und teils stille (eher moralische) Selbstpositionierung der Protagonistin sowie die ganze Darstellung als eine äußerst aktive, starke und authentische Person, die zwar die eigenen Träume (u. a. die Schauspielkarriere) aufgegeben, aber trotzdem ihren eigenen Weg im Leben gefunden habe und sich jetzt ihrer täglichen Arbeit als Botschafterin für die gesamte Gemeinschaft widme. Interessant sind dabei eher implizit ausgedrückte Bezüge der Protagonistin auf den eigenen Aktivismus, z. B. die Worte „chciałabym zaapelować “/ „ich möchte appelieren“ in (74) oder typische rhetorische Werkzeuge wie Metaphern in (73) wie „wykluczenie ma wiele twarzy“ / „Ausgrenzung hat viele Gesichter“ bzw. „schody“ / „Treppen“ als Symbol der Einschränkung von Rechten der MmB oder sogar ihrer Ausgrenzung. Dazu kommen anaphorische Wiederholungen wie „którzy stracili wiarę“ / „die den Glauben verloren haben“ im Beleg 73, die ihren Worten Nachdruck verleihen.[406]

An dieser Stelle sei angemerkt, dass die zitierten Auszüge aus den Online-Pressetexten keine ausdrückliche Kritik an den VeranstalterInnen der Show oder jegliche Polemik darstellen, bzw. über mögliche Lösungen für die Verbesserung der Situation von Menschen mit Behinderungen in Polen

[406] Bestimmte Metaphern oder Schlüsselwörter werden im Diskurs, insbesondere innerhalb vieler Anschlussdiskussionen unter Menschen mit Behinderungen, gerne wiederholt und bilden gewisse Grundlagen von sozialen Ordnungen und sozialer Symbolik (Embleme) dieser vielfältigen Gemeinschaft.

und Europa zu diskutieren versuchen. Es ist jedoch zu bedenken, dass die (Online-)Tagespresse solche Artikel nur selten bereitstellt und die typischen EmpfängerInnen erwarten dies auch nicht. Vielmehr konzentrieren sich Online-Portale auf eine neutrale Berichterstattung, indem sie Schritt für Schritt über die Ereignisse berichten und gerne zitieren. In diesem konkreten Fall richteten JournalistInnen die Aufmerksamkeit ihrer LeserInnen eher auf die Beschreibung von Emotionen, die die Rede bei den ZuschauerInnen angeblich hervorgerufen hat. Gleichzeitig wollten sie auch das Interesse ihrer Leserschaft wecken:

**Beleg 75:** *Auszug aus dem Text auf Viva.pl vom 01.04.2022*
Swoją przemową wbiła obecnych w fotele, a na sali zapadła całkowita cisza … Nie zabrakło również gorzkich słów w stronę organizatorów! / *Mit ihrer Rede hinterließ sie einen großen Eindruck bei den Zuhörern und es herrschte völlige Stille im Saal … Auch gegenüber den Organisatoren gab es bittere Worte!*

**Beleg 76:** *Überschrift auf der FB-Fanpage von gazeta.pl mit Link-Verweis auf pudelek.pl vom 01.04.2022*
Jej przemowa sprawiła, że na sali zrobiło się cicho. / *Ihre Rede brachte den Raum zum Schweigen.*

Auf der Bild-Fläche der meisten Pressetexte überwiegte dazu das Bildmotiv[407], auf dem die Protagonistin festlich gekleidet im Rollstuhl sitzt und die „Wiktory"-Statuette in der Hand hält. Andere Fotos dagegen (wie das rechte Bild im Beleg 77 / Abb. 31) zeigen Anioł na Resorach bei ihrer Rede vor der Bühne, umgeben von JournalistInnen und Kameraleuten. Im Hintergrund oben ist die Bühne zu sehen, auf die die Protagonistin nicht gelangen konnte.

Formal gesehen hat man es bei den meisten Bildern mit einer intradiegetischen Text-Bild-Relation zu tun. Semantisch gesehen dagegen ist es eine konvergente Beziehung, wobei Bilder (hier eher metaphorisch) durch ihre Offensichtlichkeit das Interesse des Betrachters erwecken und gleichzeitig die z. T. inszenierte Authentizität der Protagonistin steigern

[407] Die meisten Medienberichte enthalten typische interaktive Fotogalerien. Aufgrund der begrenzten Anzahl professioneller Fotografen während solcher Events wiederholen sich die meisten Fotos in praktisch allen Medien.

**Abb. 31 [Beleg 77]:** Fotos zu dem Online-Text von Wirtualna Polska.
Quelle: https://www.wp.pl/https://www.pudelek.pl vom 01.04.2022.

sollen.[408] Die die Bilder ergänzende Sprache-Fläche wirkt praktisch in allen präsentierten multimodalen Digitaltexten stark monosemierend (v. a. durch ausgewählte Zitate der Protagonistin, vgl. unten).

[408] Dabei stellt sich häufig die Frage nach den Absichten der AutorInnen solcher Pressetexte: Ist in einem solchen Fall die Erwähnung der behinderten Aktivistin oder ein Artikel über sie sowie die Darstellung der Person auf Bildern ein unentbehrlicher Teil der journalistischen Arbeit (hier: Auseinandersetzung mit dem Problem der Mobilitätseinschränkungen vieler MmB) oder geht es vorwiegend um die Befriedigung der Sensationslust der LeserInnen? Die zweite These kann zumindest teilweise bezüglich der Boulevardportale, wie im Beleg 77 geschildert, durch die Schlagzeile unter dem Foto gestützt werden: „Youtuberka z kanału ‚Anioł Na Resorach' musiała odbierać nagrodę pod sceną!" / „Die Youtuberin ‚Anioł Na Resorach' musste die Auszeichnung vor der Bühne entgegennehmen!".

Eine Ausnahme unter allgemein zugänglichen Medientexten bildet das Internetportal für Menschen mit Behinderungen niepelnosprawni.pl[409]. In ihrem Text vom 1. April 2022 schildert die Autorin nicht nur detailliert den gesamten Vorfall vor der Bühne während der „Wiktory"-Gala, sondern bezieht sich auch ausführlicher auf die Geschichte der Protagonistin und ihre Worte während der Veranstaltung. Es werden dabei praktisch dieselben Fragmente der Rede von Bogumiła Siedlecka-Goślicka zitiert. Schon der Titel des Artikels hat einen polemischen Charakter (vgl. Beleg 78) und die rhetorische Frage in der Einleitung: „Wykluczenie wciąż obecne w TVP?" / „Ist die Ausgrenzung im polnischen öffentlich-rechtlichen Fernsehen noch präsent?". An mehreren Stellen des Textes kritisiert die Autorin die schlechte Organisation der Gala, was die Zugänglichkeit für Menschen mit Behinderungen angeht. Sie weist auch darauf hin, dass es in Polen Gesetze zur Gewährleistung des gleichberechtigten Zugangs gibt, die hier trotz der Bemühungen vieler AktivistInnen und Organisationen nicht angewandt wurden. Somit wird die gesamte Community implizit als dem staatlichen System ausgeliefert und dadurch diskriminiert fremdpositioniert (vgl. Beleg 79).

**Beleg 78:** *Schlagzeile des Artikels auf niepelnosprawni.pl vom 01.04.2022*
Wykluczenie wciąż obecne w TVP? „Dzielą nas schody …" – „Anioł na Resorach" odebrała statuetkę pod sceną na gali Wiktory 2022 *(dt. Ist die Ausgrenzung im polnischen öffentlich-rechtlichen Fernsehen noch präsent? „Wir sind durch Treppen geteilt …" – „Anioł Na Resorach" erhielt eine Statuette vor der Bühne bei der Gale von Wiktory 2022)*

**Beleg 79:** *Eine der kritischen Stellen im Artikel auf niepełnosprawni.pl vom 01.04.2022*
„Incydent na gali Wiktorów idealnie pokazuje, w jaki sposób środowisko tworzy bariery i narzuca ograniczenia osobom z niepełnosprawnościami. A gdyby spojrzeć na to głębiej – przykład ten obrazuje, że wciąż – mimo wieloletnich działań aktywistów, organizacji takich jak Integracja – o dostępności i równym korzystaniu z miejsc, usług czy produktów decydują jednostki. […] Nawet jeśli twórcy gali Wiktorów o dostępności nie pomyśleli, zapomnieli lub z innych przyczyn jej nie zapewnili – należy pamiętać, że obowiązują już od pewnego czasu przepisy, mówiące o dostępności. […]" *(dt. Der Vorfall bei der „Wiktory"-Gala veranschaulicht, wie ihr Umwelt Barrieren schafft und Menschen mit Behinderungen Einschränkungen auferlegt. Und wenn man genauer hinsieht, zeigt dieses Beispiel, dass über die Zugänglichkeit*

[409] Der Volltext ist unter folgender Adresse abrufbar: http://www.niepelnosprawni.pl/ledge/x/2000206?fbclid=IwAR2Q6n5eqhd3pqwlap_xNY0heD_KT1Ku6vPTWg63IP8saqPR5T0EXwzgw7U (letzter Zugriff: 22.01.2024).

*und die gleichberechtigte Nutzung von Orten, Dienstleistungen oder Produkten – trotz der langjährigen Bemühungen von Aktivisten und Organisationen wie Integracja – immer noch von Einzelpersonen entschieden wird. […] Selbst wenn die VeranstalterInnen der „Wiktory"-Gala nicht an die Barrierefreiheit gedacht haben, sie vergessen oder aus anderen Gründen nicht vorgesehen haben, sollte man es in Betracht ziehen, dass es seit einiger Zeit eine entsprechende Gesetzgebung (bezüglich der Barrierefreiheit) gibt. […])*

### 9.3.2 Positionierungshandlungen in der massenmedialen Anschlusskommunikation

In vielen der analysierten Kommentare in den Anschlussdiskussionen unter den analysierten Pressetexten wird vorwiegend ein Lob an die Protagonistin ausgesprochen.[410] Dabei werden oft gleichzeitig die VeranstalterInnen der Gala kritisiert. Es überwiegen eher kurze Kommentare mit Ausrufen wie „Skandal!", „Wie peinlich!" oder „Es ist eine Schande!" mit häufigen Vorschlägen bestimmter Vorgehensweisen bzw. Lösungen für diese Situation (vgl. Beleg 80):

**Beleg 80:** *Anschlusskommentar auf wp.pl (01.04.2022)*
Żenada i zwykłe chamstwo organizatorow … juz nie wspomne o osobach przygladajacych sie temu zachowaniu …. to takie proste trzeba bylo wniesc wózek ba scene i potraktowac czlowieka po ludzku a nikt na to nie wpadł … / *dt. Es ist so peinlich und unverschämt von den Veranstaltern … ganz zu schweigen von den Leuten, die dieses Verhalten beobachtet haben …. es war so einfach, man hätte den Rollstuhl auf die Bühne bringen sollen und diese Frau wie einen Menschen behandeln und niemand ist auf diese Idee gekommen …*

Darüber hinaus kommt es in solchen Aussagen zu typischen, eher stillen Selbstpositionierungen vieler Kommentierender als Verbündete von MmB. Im folgenden Beispiel wird die Protagonistin gelobt, aber gleichzeitig wird an ihrer Haltung die häufige Ausgrenzung und Diskriminierung vieler MmB exemplifiziert. Die Autorin des Beitrags im Beleg 81 stellt fest, dass es trotz umfangreicher massenmedialer Diskussionen an entscheidenden Schritten zur Verbesserung der Situation von Menschen mit Behinderungen mangele (vgl. „a jak co do czego przyjdzie to jest brak empatii" / „und wenn es darauf ankommt, fehlt es an Empathie."):

---

[410] In der Analyse wurden die ausgewählten Kommentare von insgesamt 373 Wortmeldungen unter die Lupe genommen (Stand im November 2023). Es waren FB-Kommentarsektionen von folgenden Fanseiten: niepelnosprawni.pl (23 Kommentare), wp.pl (249 Kommentare), onet.pl (33 Kommentare) und gazeta.pl (68 Kommentare).

**Beleg 81:** *Anschlusskommentar auf wp.pl (01.04.2022)*
Brawo dla Pani Bogusi za to co powiedziała. To wstyd, że scena nie była przygotowana dla tej Pani. Tyle się mówi na temat osób niepełnosprawnych a jak co do czego przyjdzie to jest brak empatii. / *dt. Bravo für Bogusia dafür, was sie gesagt hat. Es ist eine Schande, dass die Bühne nicht für diese Dame vorbereitet war. Es wird so viel über Menschen mit Behinderungen gesprochen, und wenn es darauf ankommt, fehlt es an Empathie.*

Weitere Beispiele von einem solchen deontischen Stance beziehen sich in erster Linie auf das Gefühl der Verpflichtung vieler UserInnen, bestimmte Verhaltensweisen und/oder organisatorische Mängel bezüglich der Menschen mit Behinderungen zu kritisieren sowie konkrete Systemlösungen vorzuschlagen, indem u. a. normative Argumente des Typs „man hätte es so machen können" verwendet werden:

**Beleg 82:** *Anschlusskommentar auf gazeta.pl (01.04.2022)*
Rampa dla wózka inwalidzkiego kosztuje jakiś 1000 zł zależy jaki podjazd można ją wypożyczyć nic nie trzeba remontować mogli rampę postawić i godnie wręczyć nagrodę. / *Eine Rampe für Rollstühle kostet je nach Art der Rampe etwa 1.000 Złoty und kann gemietet werden, ohne dass etwas renoviert werden muss. Sie hätten die Rampe aufstellen und die Auszeichnung überreichen können.*

Zwar wird in den meisten Kommentaren in sozialen Medien von massenmedialen Anbietern mehr oder weniger starke Kritik an den VeranstalterInnen der „Wiktory"-Gala ausgedrückt, aber gleichzeitig verweisen nur etwa 20 Prozent der Kommentierenden auf den breiteren gesellschaftlich-politischen und historischen Kontext, in den sich die schwierige Situation von Menschen mit Behinderungen einfügt. Die Facebook-Nutzerin im Beleg 83 stellt in ihrem Mikronarrativ fest, dass es im öffentlichen Raum einige sehr verletzende Stimmen von Menschen gebe, die behaupten, dass es früher nicht so viele Menschen mit Behinderungen gegeben habe. Die Autorin bemerkt dazu, dass sich die Situation von MmB in den letzten Jahren zwar verbessert habe, dass aber „ci którzy, powinni usłyszeć ten apel niestety nadal pozostaną głusi i ślepi" / „diejenigen, die diesen Appell hören sollten, leider weiterhin taub und blind bleiben".

**Beleg 83:** *Anschlusskommentar auf gazeta.pl (01.04.2022)*
Myślę że ci którzy, powinni usłyszeć ten apel niestety nadal pozostaną głusi i ślepi,w tej dziedzinie życia osób z niepełnosprawnościami nie wiele się zmienia,coś tam się próbuje,ale to tyko mała kropelka w oceanie potrzeb.Nieraz słyszę że kiedyś tylu ludzi z niepełnosprawnościami nie było,a to przecież nie prawda. Było i to

dużo, tylko byli zamknięci w czterech ścianach swoich mieszkań.Brak wózków, wind środków na rechabilitacje,braki materialne do normalnego życia,windy itd,zamykały tych ludzi na całe życie w domach, teraz to się poprawiło jednak nie na tyle aby ich życie, i ich rodzin było łatwiejsze 😢/ *Ich denke, dass diejenigen, die diesen Appell hören sollten, leider weiterhin taub und blind bleiben ... In diesem Bereich des Lebens von Menschen mit Behinderungen ändert sich nicht viel, es wird zwar etwas versucht, aber das ist nur ein Tropfen auf den heißen Stein. Ich höre oft, dass es früher nicht so viele Menschen mit Behinderungen gegeben habe, aber das stimmt nicht. Es gab sie, und zwar viele, aber sie waren auf die vier Wände ihrer Wohnungen beschränkt. Es gab keine Rollstühle, keine Aufzüge, keine Rehabilitationsmittel, keine materiellen Mittel für ein normales Leben. Fahrstühle usw. sperrten diese Menschen lebenslang in ihren Wohnungen ein. Jetzt hat sich die Situation verbessert, aber nicht genug, um ihr Leben und das ihrer Familien zu erleichtern.*

Eine solche klare intentionale Fremdpositionierung von Behörden und verantwortlichen öffentlichen Einrichtungen als zögerlich, zum Wohl von MmB zu kooperieren (aufgrund der vermeintlichen politischen „Unrentabilität" solcher Maßnahmen wie z. B. der Aufstockung von Mitteln für die Rehabilitation oder der Subventionierung von Pflegekräften) findet auch in den folgenden Belegen statt. In ihrem kurzen Kommentar (vgl. Beleg 84) positioniert die Nutzerin @ElżbietaPluta MmB eindeutig als stigmatisiert und diskriminiert, aber gleichzeitig wahrscheinlich zu schwach, um ihre Rechte lautstark einzufordern (vgl. „Jakoś z takiego powodu nikt na ulicę nie wychodzi i nie skanduje" / „Irgendwie geht niemand auf die Straße und skandiert aus so einem Grund."). Eine andere Nutzerin (@EmiBagnic) versucht in ihrem Gegenkommentar Menschen mit Behinderungen als vermeintlich passiv, schwach und ihrem Schicksal ausgeliefert zu repositionieren. Sie erinnert nämlich an die heftigen Proteste von MmB und ihren BetreuerInnen, die 2018 im polnischen Sejm stattfanden. Auch in ihrer Aussage werden die polnischen Behörden als mitschuldig an der Nichtverbesserung der Situation von Menschen mit Behinderungen dargestellt. Darüber hinaus schildert sie das Bild der PolitikerInnen, die ausschließlich an ihre WählerInnen denken und die Bedürfnisse der ganzen Bevölkerung Polens nicht berücksichtigen würden (vgl. typische Beispiele von Argumentum ad hominem[411]: „Teraz

[411] Es ist ein Scheinargument, in dem die Position oder These des Gegners durch Angriff auf dessen persönliche Umstände oder zugeschriebene/stereotypische Eigenschaften angefochten wird. Es wird dabei nicht auf die eigentliche Meinung des Opponenten eingegangen.

te fundusze się skończyły to okradaja część pracujących. Reasumując, PiS boi się tylko górników. I dba o żelazny ekektorat" / „Jetzt, wo diese Mittel aufgebraucht sind, rauben sie einige der arbeitenden Menschen aus. Kurz gesagt, die PiS hat nur Angst vor den Bergleuten. Und kümmert sich um ihre Wählerschaft."):

> **Beleg 84:** *Anschlusskommentare auf wp.pl (01.04.2022)*
> Elżbieta Pluta
> I to jest dopiero dyskryminacja. Jakoś z takiego powodu nikt na ulicę nie wychodzi i nie skanduje. / *Und das ist einfach nur Diskriminierung. Irgendwie geht niemand auf die Straße und skandiert aus so einem Grund.*
>
> Emi Bagnic
> @Elżbieta Pluta za poprzedniej kadencji PiS (2018) niepełnosprawni dorośli z rodzinami protestowali w sejmie to zostali siła usunięcie. Nie pozwolono im korzystać z toalet. A jak PO zostawił fundusz dla niepełnosprawnych to PiS użył na przekupienie emerytów i na 500+. Teraz te fundusze się skończyły to okradaja część pracujących. Reasumując, PiS boi się tylko górników. I dba o żelazny ekektorat. Reszta może spadać. Pozdrawiam / *Während der letzten Legislaturperiode von Recht und Gerechtigkeit (PiS) (2018) protestierten behinderte Erwachsene mit ihren Familien im Parlament und wurden dann gewaltsam entfernt. Sie waren nicht erlaubt, die Toiletten zu benutzen. Und als die Bürgerplattform den Behindertenfonds nicht mehr verwalten konnte, hat PIS diese Gelder verwendet, um Rentner zu bestechen und für 500+[412]. Jetzt, wo diese Mittel aufgebraucht sind, rauben sie einige der arbeitenden Menschen aus. Kurz gesagt, die PiS hat nur Angst vor den Bergleuten. Und kümmert sich um ihre Wählerschaft. Die anderen können sich verpissen. Ich grüße dich.*

Die Fremdpositionierung von Menschen mit Beeinträchtigungen als solche, die zwar oft in der Lage sind, zu protestieren, aber anscheinend zu schwach sind, um auf die Straße zu gehen und für ihre Rechte zu kämpfen, taucht auch in einigen Gesprächssträngen im Zusammenhang mit weltanschaulichen Diskussionen zur Abtreibung auf.[413] Im Beleg 85 bedient sich der Facebook-Nutzer @WitoldAdamski der in praktisch allen Presseberichten über die Gala zitierten Phrase „Ausgrenzung hat viele Gesichter", welche

[412] Die Bürgerplattform (PO) regierte in der vorherigen Legislaturperiode bis 2015. Die nächste Regierung (PIS) wurde unter anderem beschuldigt, öffentliche Gelder aus dem Behindertenfonds veruntreut zu haben.

[413] Diese Art der Fremdpositionierung ist nicht sehr häufig, aber im Zusammenhang mit der Diskriminierung von Menschen mit Behinderungen und dem Kampf für ihre Rechte ist sie in diesem Kontext erwähnenswert.

auch von der Protagonistin in ihrer Rede verwendet wurde. Allerdings versucht der Autor, Menschen mit Beeinträchtigungen als angebliche Opfer des liberalen politischen Systems fremdzupositionieren, durch das ihr „Recht auf Leben" verweigert werde. Somit selbstpositioniert er sich als „Sprachrohr für ungeborene Kinder". Eine solche Argumentationsart, wie das typische normative Argument des Typs „jeder hat das Recht auf Leben", wird besonders gerne von sog. Pro-Life-AktivistInnen[414] in verschiedenen Diskussionen verwendet und stößt auf Gegenargumente (so wie in diesem Beispiel). In dem unten präsentierten Auszug aus einem längeren Thread reagiert die Nutzerin @ZuzkaRybitwa auf die Worte ihres Gegners (@WitoldAdamski). Die Autorin ist der Ansicht, dass ausschließlich die Eltern für ihre Kinder verantwortlich seien, und nur sie sollten die richtigen Entscheidungen treffen, weil sie diejenigen sind, die dann „dźwigają trudy dnia codziennego" / „die Härten des Alltags ertragen". Weiterhin bemerkt sie, dass es ihrer Meinung nach den Eltern überlassen bleiben sollte, zu entscheiden, ob die Schwangerschaft abgebrochen werden solle oder nicht. Als Antwort darauf bezeichnet @Witold Adamski die Befürworter der Abtreibung als „Heuchler" (vgl. „z hasłami eksterminacji niepełnosprawnych w łonach matek" / „mit Parolen für die Ausrottung von Behinderten im Mutterleib"). In der *accountive positioning* betont @Zuzka Rybitwa, dass sie die Diskriminierung von MmB anders verstehe, und zwar, dass sie nicht selten „im Schatten" von nicht-behinderten Menschen leben würden. Sie betont auch, dass so wie andere Gruppen auch Menschen mit Behinderungen das Recht hätten, zu demonstrieren oder zu streiken, was jeder sozialen Gruppe zusteht. Gleichzeitig fremdpositioniert sie absichtlich diejenigen, die gegen die Abtreibung sind, als Heuchler, die nur einen Mund voll „leerer Parolen" hätten und das Leid ganzer Familien nicht wirklich sehen würden, welche oft sogar gezwungen seien, ihre behinderten Kinder in speziellen Therapiezentren abzugeben usw.

**Beleg 85:** *Auszug aus einer der Diskussionen unter dem FB-Posting auf wp.pl (01.04.2022)*
Witold Adamski
Wykluczenie ma wiele twarzy a zaczyna się już w momencie przyjścia na świat gdzie decyduje się kto ma prawo do narodzin a kto nie …. bo może być niepełnosprawny.

---

[414] Es handelt sich dabei um VertreterInnen von Gesellschaftsgruppen, die weltanschaulichen oder religiösen Überzeugungen verpflichtet sind, die den „Lebensschutz des Ungeborenen" absolut setzen.

O tym oczywiście nie usłyszymy i nie będzie apelu / *Ausgrenzung hat viele Gesichter, und sie beginnt bei der Geburt, wo entschieden wird, wer das Recht hat, geboren zu werden, und wer nicht .... weil sie möglicherweise behindert sind. Natürlich werden wir davon nichts hören und es wird keinen Appell geben*

Zuzka Rybitwa
@Witold Adamski Dzisiejsza medycyna pozwala na pewność, nie na „może.“ I taką decyzję powinni podejmować wyłącznie rodzice, nie obrońcy życia ponieważ później to ci rodzice dźwigają trudy dnia codziennego, nie obrońcy życia, ich nie interesuje już co dalej. Walka obrońców życia kończy się tam, gdzie tak naprawdę dopiero ona się zaczyna. By takie dzieci były kochane, zaopiekowanie, otoczone troską, powinny się rodzić dlatego, że chcę, a nie muszę. (*dt. Die heutige Medizin lässt Gewissheit zu, nicht „vielleicht“. Und eine solche Entscheidung sollten nur die Eltern treffen, nicht die Pro-Life-Aktivisten, denn später sind es die Eltern, die die Härten des Alltags ertragen, nicht die Pro-Life-Aktivisten, sie interessieren sich nicht mehr dafür, was als nächstes passiert. Der Kampf der Lebensschützer endet dort, wo das Leben eigentlich erst beginnt. Damit solche Kinder geliebt, umsorgt und von Fürsorge umgeben sind, sollten sie geboren werden, weil ich es will, nicht weil ich es muss.*

Witold Adamski
@Zuzka Rybitwa pewność czego? Zabicia czy walki o podest? Dzisiaj mówi się że niepełnosprawny jest wykluczony z życia a jutro ci sami będą maszerować z hasłami eksterminacji niepełnosprawnych w łonach matek. Hipokryzja / *Gewissheit worüber? Des Tötens oder eines Machtkampfs? Heute heißt es, Behinderte seien vom Leben ausgeschlossen, und morgen marschieren dieselben Leute mit Parolen für die Ausrottung von Behinderten im Mutterleib. Heuchlerei*

Zuzka Rybitwa
@Witold Adamski Pewność tego jakie dziecko ma wady, jak bardzo będzie chore, a nawet tego ile będzie żyło po porodzie. I trzeba mówić o tym, że niepełnosprawni są wykluczani z życia, ponieważ żyją wśród nas, a jakby w naszym cieniu. Mają prawo do manifestacji czy strajków, to każdemu obywatelowi czy grupie społecznej, itd ... gwarantuje Konstytucja. Wiesz co jest hipokryzją? To, że Wy wszyscy wielcy obrońcy życia poczętego układacie komuś życie, nie wspierając później tych rodzin, pozostawiając je samym sobie, skazując czesto na życie na granicy ubóstwa, to, że ograniczyliście swoją walkę do pustych sloganów, manifestacji i rozdawania ulotek. [...] / *Die Gewissheit, welche Defekte das Kind hat, wie krank es sein wird, und sogar, wie lange es nach der Geburt leben wird. Und es ist wichtig darüber zu sprechen, dass Behinderte vom Leben ausgeschlossen sind, weil sie mitten unter uns leben, und zwar sozusagen in unserem Schatten. Sie haben das Recht zu demonstrieren oder zu streiken, das ist das Recht, das jedem Bürger oder jeder gesellschaftlichen Gruppe etc. ... durch die Verfassung garantiert ist. Weißt du, was heuchlerisch ist? Die Tatsache, dass ihr alle, große Lebensverteidiger, das Leben anderer stark beeinflussen möchtet, ohne diese Familien zu unterstützen, so sind sie sich selbst überlassen sind und oft zu einem Leben an der Armutsgrenze verdammt. Ihr habt euren Kampf auf leere Parolen, Demonstrationen und das Verteilen von Flugblättern beschränkt. [...]*

Unter den übrigen Positionierungshandlungen in der Anschlusskommunikation in dem analysierten Diskurs über den Vorfall während der „Wiktory"-Gala lassen sich m. E. noch zwei Gruppen unterscheiden, die besonders häufig realisiert werden. Zu der ersten Gruppe von Kommentaren gehören solche, in denen viele NutzerInnen sich in ihren Mikronarrativen auf die eigene Geschichte bzw. eigene Erfahrungen als Mensch mit Behinderung oder Verbündete(r) beziehen. Beispiele einer solchen Selbst- und Fremdpositionierung findet man selbstverständlich in zahlreichen Anschlusskommentaren direkt unter Postings von Menschen mit Beeinträchtigungen. Die Belege in dem vorliegenden Kapitel zeigen jedoch, wie stark das Bedürfnis vieler NutzerInnen ist, die eigenen schmerzhaften Erfahrungen und Gefühle mit anderen zu teilen – unabhängig davon, ob es sich um die „sichere" Medienzone anderer Menschen mit Behinderungen handelt oder um Beiträge in den Mainstream-Medien, wo solche Bekenntnisse manchmal auf Unverständnis oder sogar verbale Aggression stoßen. So verweist die Nutzerin @Agnieszka Stachowicz (vgl. Beleg 86) kurz auf ihre eigenen Erfahrungen mit sozialer Ausgrenzung (hier: Die Nichtanpassung vieler öffentlicher Orte an die Bedürfnisse von Menschen mit Behinderungen, vgl. die intentionale und personale Selbstpositionierung als eine diskriminierte Person: die nachgestellte Feststellung „znam z autopsji" / „das kenne ich aus eigener Erfahrung"). Die These von öffentlichen Orten, die nicht immer für MmB geeignet sind, wird von einem anderen Nutzer (@Michał Zygmunt) bestätigt. Der Autor betont (durch eine typische implizite Positionierung durch Höreraktivitäten, vgl. „dokładnie!" / „Ganz genau"[415]), dass eine Situation mit fehlenden Einrichtungen für MmB in Altbauten möglich ist, nicht aber in neuen modernen Gebäuden:

**Beleg 86:** *Auszug aus einer der Diskussionen unter dem FB-Posting auf wp.pl (01.04.2022)*
Agnieszka Stachowicz
Mamy XXI wiek a niektóre miejsca nadal nie są przystosowane dla osób niepełnosprawnych. Znam z autopsji. / *Wir leben im 21. Jahrhundert und manche Orte sind immer noch nicht für Menschen mit Behinderungen geeignet. Das kenne ich aus eigener Erfahrung.*

---

[415] Durch solche Positionierungshandlungen vermeidet man auch eigene abweichende Positionen und sorgt für eine gemeinsame Konstruktion von Bedeutung (vgl. Grundler et al. 2020: 109).

Michał Zygmunt
@Agnieszka Stachowicz dokładnie! I potrafię zrozumieć XIX wieczną kamienicę, ale budowanie obiektów współcześnie bez udogodnieni w starzejącym się społeczeństwie to porostu imbecylizm. / *Ganz genau! Und* ich *kann es noch im Falle eines Stadthauses aus dem 19. Jahrhundert verstehen, aber moderne Gebäude ohne Einrichtungen in einer alternden Gesellschaft zu bauen, ist einfach schwachsinnig.*

Auch in den weiteren zwei Belegen (vgl. Belege 87 und 88) beziehen sich die Userinnen direkt auf ihre eigenen Erfahrungen als Eltern und/oder BetreuerInnen von Menschen mit Behinderungen und selbstpositionieren sich damit implizit als weitere „zusätzliche" Opfer von Diskriminierung (hier aufgrund unzureichender Einrichtungen in der städtischen Infrastruktur). Dabei wird sowohl zu typischen Positionierungsmitteln der personalen (Ausdruck von Gewissheit: „wiem co piszę" / „ich weiß, wovon ich schreibe" im Beleg 87 als auch der eher stillen und moralischen Positionierung gegriffen (im Beleg 88 unterstreicht die Userin @Agata Szewczyk ihre Rolle als Betreuerin/Mutter eines Mädchens mit Behinderung; gleichzeitig verweist sie auf die eigenen Erfahrungen mit baulichen Einschränkungen für MmB):

**Beleg 87:** *Auszug aus einer der Diskussionen unter dem FB-Posting auf wp.pl (01.04.2022)*
Renata Kacperczak
To jest właśnie Polska przyjazna ON, jak matka nie wniesie na rękach to nikt nie pomoże 😩😩😩28 lat borykam się z tym problemem wiem co piszę / *Das ist ja das behindertenfreundliche Polen, wenn die Mutter einen nicht auf den Armen trägt, wird niemand helfen 😩😩😩28 Jahre kämpfe ich mit diesem Problem und ich weiß, wovon ich schreibe*

**Beleg 88:** *Auszug aus einer der Diskussionen unter dem FB-Posting auf wp.pl (01.04.2022)*
Agata Szewczyk
Myślałam, że jest to problem małych miejscowości, ale jeżdżąc po Polsce z córką 5 letnią, która jest dzieckiem z rozszczepem kręgosłupa, cewnikowanym, wiele razy musiałam niestety robić to w warunkach urągajacych jej i mnie samej. Przewijaki w toaletach są do pewnej wagi a przy wadze 25kg są już po prostu niebezpieczne. / *Ich dachte, dies sei ein Problem von Kleinstädten, aber wenn ich mit meiner 5-jährigen Tochter, die an Spina bifida leidet und katheterisiert wird, durch Polen reise, muss ich dies leider oft unter Bedingungen tun, die für sie und mich einfach inakzeptabel sind. Wickeltische in den Toiletten sind nur bis zu einem bestimmten Gewicht zugelassen, und bei 25 kg sind sie einfach gefährlich.*

Die zweite und die letzte Gruppe unter den anschließenden Kommentaren in den Mainstream-Medien bezüglich dieses Themas bilden schließlich solche, in denen zu einer bösartigen und auf Stereotypen (oder sogar Vorurteilen) basierenden Fremdpositionierung von MmB kommt. Es handelt sich nämlich um die Darstellung solcher Menschen als Personen, die „besondere Rechte“ oder „Privilegien“ fordern würden.[416] Die folgenden Beispiele zeigen, wie oft MmB mit dieser Art von Fremdpositionierung und mit Versuchen, ein Mediennarrativ über „anspruchsvolle Menschen mit Behinderungen“ zu schaffen, konfrontiert werden. In den ersten beiden Beispielen für eine solche Fremdpositionierung (vgl. Belege 89 und 90) versuchen die kommentierenden Personen das geschilderte Problem der fehlenden Rampe zur Bühne herunterzuspielen, indem sie den Sinn der Verwendung des Begriffs „Ausgrenzung“ in diesem Zusammenhang in Frage stellen und die OrganisatorInnen der „Wiktory“-Gala verteidigen (vgl. den Kommentar der Userin @Małgorzata Hadała). Darüber hinaus hängt eine solche Art der Relativierung des Problems von Mobilitätseinschränkungen mit der impliziten bösartigen Fremdpositionierung der Protagonistin als einer solchen Person zusammen, die ihren medialen Ruhm ausnutze, wodurch ihre Popularität gefördert werde und die es quasi erwarte, dass sie wegen ihrer Behinderung bevorzugt behandelt wird (vgl. „w sumie podbije to oglądalność jej kanału.“ / „alles in allem wird es die Zuschauerzahlen ihres Kanals erhöhen.“). Gleichzeitig wird das Verhalten des Schauspielers Marcin Dorociński (in dessen Namen Anioł na Resorach die „Wiktor“-Statuette entgegennahm) in beiden Beispielen als „absichtlich“ und „peinlich für die VeranstalterInnen“ bewertet (vgl. Beleg 90):

**Beleg 89:** *Auszug aus einer der Diskussionen unter dem FB-Posting auf wp.pl (01.04.2022)*
Małgorzata Hadała
Od razu wykluczenie … Organizatorzy nie ogarnęli infrastruktury, dali ciała, ale w sumie podbije to oglądalność jej kanału. / *Ausgrenzung? Bitte nicht übertreiben … Die Veranstalter haben es mit der Infrastruktur nicht geschafft, sie haben es einfach verpfuscht, aber alles in allem wird es die Zuschauerzahlen ihres Kanals erhöhen.*

**Beleg 90:** *Auszug aus einer der Diskussionen unter dem FB-Posting auf onet.pl (01.04.2022)*
Wojtek Guzanowski

[416] Eine ähnliche bösartige (stille oder intentionale) Positionierung erfolgt häufig in Mediendiskussionen über andere soziale Gruppen, die wie MmB in vielen Situationen Opfer von Intoleranz, Diskriminierung oder Stigmatisierung oder sogar von sozialer Ausgrenzung bedroht sind (z. B. die Situation der LGBT+-Community, vgl. u. a. amerikanische wissenschaftliche Studien mit mehreren AutorInnen von Otto 2017 oder Pain 2022).

Czy Pan Marcin już nie miał kogo wysłać po odbiór statuetki? / *Hatte Herr Dorociński wirklich niemanden, der die Statuette in seinem Namen entgegennehmen könnte?*
Tylko się wytycza osobę niepełnosprawną i wprawia w zakłopotanie organizatorów? / *Musste er sich stattdessen wirklich für eine behinderte Person entscheiden und dadurch die Organisatoren in Verlegenheit bringen?*
Myślę że to było celowe ze strony Pana Marcina … / *Ich glaube, es war eine absichtliche Handlung seinerseits*

Wioleta Żeleńska
@Wojtek Guzanowski wszyscy doskonale zrozumieliśmy co Pan Dorociński chciał nam powiedzieć! I tak to było celowe … / *wir haben alle genau verstanden, was Herr Dorocinski uns sagen wollte! Und so war es auch beabsichtigt …*
Eine noch stärkere Verharmlosung und Relativierung des Problems der Behinderung findet sich im nächsten Beispiel (vgl. „Dla 5min, mieli co???? Zamontować dźwig dla wózka,?" / „Was hätten sie für diese 5 Minuten machen sollen???? Einen Rollstuhllift einbauen?" im Beleg 91). Die Autorin verteidigt nicht nur die OrganisatorInnen der Show, sondern bringt sogar Zuversicht zum Ausdruck, dass die „Verwirrung" um den Preis und die Rede von Bogumiła Siedlecka-Goślicka bloß ein „abgekartetes Spiel" gewesen seien und ein Angriff auf andere Stars und ihre Fans darstellen würden:

**Beleg 91:** *Auszug aus einer der Diskussionen unter dem FB-Posting auf gazeta.pl (01.04.2022)*
Maria Sroka
Czyli ustawka!!!!!! A ci co tak robią szum może niech spytają swoich ulubieńców co oni w swoich stacjach telewizyjnych zrobili dla niepełnosprawnych????[417] I czy

[417] Am Rand sei erwähnt, dass das öffentlich-rechtliche Fernsehen in Polen zwischen 2015 und 2023 (also in der Zeit, in der die Partei Prawo i Sprawiedliwość/Recht und Gerechtigkeit praktisch allein regierte) relativ stark politisiert war. Aus diesem Grund wurden die JournalistInnen der öffentlich-rechtlichen Anstalten oft der Parteilichkeit bezichtigt. Unter anderem aus diesem Grund kam es in zahlreichen Kommentaren bezüglich des Senders TVP (Telewizja Polska – das polnische öffentlich-rechtliche Fernsehen) zu häufigen Auseinandersetzungen unter AnhängerInnen und GegnerInnen der damaligen Regierung. Die Kommentare (wie im Beleg 72) zeigen deutlich einen der vielen Versuche, die OrganisatorInnen der Veranstaltung zu verteidigen, da die Gala durch das öffentlich-rechtliche Fernsehen organisiert wurde. Darüber hinaus werden implizit alle KritikerInnen der Preisverleihung, unter anderem die Protagonistin, als „aus politischen Gründen voreingenommen" und „negativ gegenüber dem polnischen Fernsehen eingestellt" präsentiert. Gleichzeitig verweist die Nutzerin ironisch auf „fremde" Fernsehsender. Sie meint damit die Privatsender, die besonders in den Jahren 2015–2023 in Opposition zur damaligen Regierung standen, u. a. den privaten Fernsehsender TVN, der der polnischen TVN-Gruppe und gleichzeitig dem US-amerikanischen Unternehmen Warner Bros. Discovery angehört.

we wszystkich przybytkach kultury jest dostęp dla niepełnosprawnych .... Dla 5min, mieli co???? Zamontować dźwig dla wózka,? Zrobić spotkanie w parku, na kortach???? Napluliscue w twarz wszystkim idolom i ich fanom .... Tyle z tego wyszło .... Zenada ... I mało mnie obchodzi, że to był ktoś na wózku, a anielica niestety nie jest / *Also das war alles gestellt!!!!!! Und diejenigen, die so einen Hype machen, sollten ihre Favoriten fragen, was sie in ihren Fernsehsendern für Behinderte getan haben???? Und ob es einen behindertengerechten Zugang in allen Kultureinrichtungen gibt .... Was hätten sie für diese 5 Minuten machen sollen???? Einen Rollstuhllift einbauen? Ein Treffen im Park, auf Tennisplätzen???? Ihr habt allen Idolen und ihren Fans ins Gesicht gespuckt .... So viel dazu .... So ich bin ... Und das interessiert mich überhaupt nicht, dass es jemand im Rollstuhl war, und leider ist sie keine Heilige*

Das letzte zu präsentierende Beispiel einer bösartigen (und in diesem Fall vorwiegend absichtlichen) Fremdpositionierung von MmB als „besondere Rechte einfordernd“ (vgl. Beleg 92), ist vor allem deshalb interessant, weil das Gespräch im Facebook-Kommentarbereich der Website niepelnosprawni.pl stattfand, die sich seit Jahren den Problemen von Menschen mit Behinderungen widmet. Der Tenor des Gesprächs, die besonders harschen Argumente und die beleidigenden Worte einer der kommentierenden Personen zeigen besonders deutlich, dass selbst in Diskussionen in behindertenfreundlichen Medien solche Menschen nicht immer vor unfairer und ungerechtfertigter Kritik oder sogar vor Hassreden geschützt werden. Schon zu Beginn der Diskussion fällt die Form auf, die die Nutzerin @Danuta Borowska in Bezug auf @aniolnaresorach verwendet. Die Ansprache in der 3. Person Singular (vgl. „ta pani“ / „diese Dame“) dient nicht nur dazu, Distanz zu schaffen, sondern unterstreicht auf implizite Art und Weise auch die Abneigung oder sogar die ablehnende Haltung der Sprecherin gegenüber der Protagonistin. Darüber hinaus kann sie als Beispiel eines Positionierungsausdrucks oder einer Positionierungskonstruktion in bösartigen und vor allem absichtlichen Fremdpositionierungen anderer gelten, die auf starker Ironie basieren (vgl. „Niech ta pani się cieszy, że w ogóle pozwolono jej odebrać tę nagrodę [...]“ / „Diese Dame möge froh sein, dass sie diesen Preis überhaupt entgegennehmen durfte [...]“). An verschiedenen Stellen in ihrem Beitrag versucht die Nutzerin nicht nur, die Protagonistin lächerlich zu machen, sondern verharmlost mehr oder weniger explizit die Probleme von Menschen mit Behinderungen, auf die @aniolnaresorach in ihrer Rede eingegangen ist (vgl. dabei die typischen Scheinargumente des Typs „(abusive) ad hominem“ oder „(circumstantial) ad hominem“[418] wie „Chlipu chlipu, ja codziennie się czuję wykluczona, bo zamiast samochodem muszę jeździć zbiorkomem [...]“ / „schluchz-schluchz, ich fühle mich jeden Tag ausgeschlossen, weil ich statt eines Autos die öffentlichen Verkehrsmittel nehmen muss“). Die ganze Aussage reduziert sich also auf sprachliche Mittel, durch die die Protagonistin absichtlich als ein „selbsternannter Star“ fremdpositioniert wird, der bewusst die Aufmerksamkeit auf sich ziehen würde, indem er seine Behinderung von der Bühne aus „zur Schau stelle“ und sie bei jeder Gelegenheit hervorhebe. Dazu wird die Protagonistin noch in dem anschließenden Positionierungsakt des Typs *accountive* als „kleinlich“ bezeichnet. Darüber hinaus wird wieder auf den Schauspieler Marcin Dorociński verwiesen, dem vorgeworfen wird, eine „falsche Person mit Behinderung“ gewählt und die ganze Situation arrangiert zu haben (ähnlich wie im Beleg 90). Diese intentionale und absichtliche bösartige Fremdpositionierung versucht die Userin @Danuta Borowska zusätzlich durch scheinbar analogisierende Argumente zu untermauern, indem sie auf eine TV-Show hinweist, in der eine der JurorInnen auch im Rollstuhl saß und „kein Theater gemacht“ habe (vgl. „nie robiła afery“).

Wenn man sich diese Art verbaler Angriffe, vor allem in Social Media-Kommentaren in den Mainstream-Medien, genau anschaut, muss man feststellen, dass die betroffenen Personen (in diesem Fall eine Nutzerin mit Behinderung, die auch Person des öffentlichen Lebens ist) nur selten auf solche Kommentare reagieren. Dies hat m. E. zwei Gründe: Erstens erzeugen besonders kontroverse Themen, bei denen es zudem zu verbalen Auseinandersetzungen über Politik und PolitikerInnen kommt, viele Kommentare, in denen man sich leicht „verlieren“ kann, und zweitens haben Personen des öffentlichen Lebens kaum technische Möglichkeiten und/oder begrenzte „Verarbeitungskapazitäten“, um auf jeden Kommentar reagieren zu können. Ein weiteres Problem ist, dass sie mit oft hasserfüllten

[418] Nach Wieczorek (2006: 196) handelt es sich um (Schein-)Argumente, die auf einem oft beleidigenden persönlichen Angriff beruhen, der direkt („abusive“) oder indirekt sein kann. Bei den indirekten (Schein-)Argumenten („(circumstantial) ad hominem“) bezieht man sich meistens auf bestimmte Situationen, die den Gegner/die Gegnerin diskreditieren.

Meinungen konfrontiert werden, die sie eher unbeantwortet lassen.[419] Eine der Positionierungsstrategien, die von Menschen mit Beeinträchtigungen, und generell durch soziale Ausgrenzung bedrohten Personen, in solchen Kommunikationssituationen eingesetzt wird, ist Ironie. Sie ist schon in den ersten Worten der Bloggerin zu spüren, als sie sich direkt auf die Worte ihrer Gesprächspartnerin („ta pani" / „diese Dame") bezieht, indem sie sie wiederholt. In ihren kommunikativen Repositionierungsschritten schildert die Protagonistin kurz den Ablauf der Ereignisse aus ihrer Sicht, u. a. verweist sie auf ihr Gespräch mit Marcin Dorociński, für den sie den Preis auf der Bühne entgegennehmen sollte, und die Tatsache, dass die OrganisatorInnen rechtzeitig über ihre Anwesenheit informiert wurden, was die Vorbereitung einer Rampe zur Bühne erforderte. Dazu rekurriert sie auf den Begriff „Treppen" („schody"), dessen sie sich an mehreren Stellen in ihrer Rede als Symbol bzw. soziales Emblem der Ausgrenzung von Rechten der MmB bedient (vgl. „Schody na gali to był namacalny symbol" / „Die Treppe bei der Gala war ein greifbares Symbol dafür"). Diese Mischung von der überwiegend implizit ausgedrückten personalen und moralischen Selbstpositionierung als Botschafterin für die ganze Gemeinschaft[420] wird durch ein analogisierendes Argument gestärkt (Bezug auf die Worte von @Danuta Borowska über eine Jurorin im Rollstuhl):

> **Beleg 92:** *Auszug aus einer der Diskussionen unter dem FB-Posting auf gazeta.pl (01.04.2022)*
> Danuta Borowska
> [...]
> 1. Niech ta pani się cieszy, że w ogóle pozwolono jej odebrać tę nagrodę, która w końcu nie była przeznaczona dla niej, a jedynie pojawiła się tam w zastępstwie aktora. Przecież TVP w ogóle mogła się na to nie zgodzić. Mogli powiedzieć „nie nie, nie zgadzamy się na panią na wózku, bo jak ona wjedzie na scenę". Jednak się

[419] Stattdessen besteht die typische Kommunikationspraxis und globale Positionierungsstrategie vieler BloggerInnen/Persönlichkeiten des öffentlichen Lebens darin, dass sie sich auf bestimmte Ereignisse (von denen zuerst in den Mainstream-Medien als Agendasetter berichtet wird) bzw. auf gewisse sprachliche Verhaltensweisen einzelner InternetnutzerInnen erst eher in ihren eigenen sozialmedialen Accounts beziehen.

[420] Die Selbstpositionierung als Botschafter oder Sprachrohr des Kampfes für die Rechte von Menschen mit Behinderungen taucht in der Analyse zum ersten Mal auf, ist aber sehr typisch und nimmt unterschiedliche Formen an. Sie erscheint also nicht nur als eine statische Präpositionierung.

zgodziła. Gdyby się nie zgodziła, to wtedy można by mówić o wykluczeniu. A gdyby jednak kilku silnych mężczyzn wniosło ją na scenę i przy okazji uszkodziło wózek, ooo, jaka byłaby afera! / *Diese Dame möge froh sein, dass sie diesen Preis überhaupt entgegennehmen durfte, der ja gar nicht für sie bestimmt war, sie ist doch im Namen eines Schauspielers erschienen. Immerhin hätte TVP dem gar nicht zustimmen dürfen. Sie hätten sagen können: „Nein, nein, nein, wir sind mit der Dame im Rollstuhl nicht einverstanden, denn wie soll sie auf die Bühne kommen". Sie haben aber zugestimmt. Hätten sie nicht zugestimmt, dann könnte man von Ausgrenzung sprechen. Hätten aber ein paar starke Männer sie auf die Bühne gebracht und dabei den Rollstuhl beschädigt, ooo, das hätte aber einen Aufruhr ausgelöst!*
2. Dlaczego p Dorociński poprosił akurat tę panią? Czy nie mógł poprosić o to jakąś osobę z niepełnosprawnością, która mogła o własnych siłach wejść na scenę, np osobę niesłyszącą? / *Warum hat Herr Dorociński ausgerechnet diese Dame gefragt? Hätte er nicht eine Person mit einer Behinderung fragen können, die aus eigener Kraft auf die Bühne kommen könnte, z. B. eine gehörlose Person?*
3. W jaki sposób należało dostosować scenę, żeby ta pani wjechała? Przypominam, że przecież w TVP swego czasu jurorką w programie „Bitwa na głosy"[421] była poruszająca się na wózku Monika Kuszyńska. Jakoś tam wjechała i nie robiła afery. / *Wie hätte man die Bühne vorbereiten sollen, damit diese Dame sie betreten könnte? Ich möchte Sie daran erinnern, dass Monika Kuszyńska, die im Rollstuhl sitzt, einmal Jurorin in der Sendung „Bitwa na głosy" war. Irgendwie gelangte sie auf die Bühne und hat kein Theater gemacht.*
[...]

Bogumiła Siedlecka-Goślicka
@Danuta Borowska odpowiadając na Twój komentarz ☺ 1. Ta Pani (Ja) zostałam poproszona o odebranie nagrody i fakt, bardzo się cieszę że mogłam być i powiedzieć o wykluczeniu, które dotyka osoby z niepełnosprawnościami KAŻDEGO DNIA. Schody na gali to był namacalny symbol. 2. To pytanie już trzeba zadać Marcinowi ☺ Taką podjął decyzję. 3. Wystarczyło zrobić podjazd od kulis. Da się to zrobić przykładem jest właśnie Bitwa na głosy i udział Moniki Kuszyńskiej. Scena była budowana we środę a we wtorek produkcja dostała informacje o wadze i wielkości wózka. Nie było zaskoczenia o mojej obecności. / *Als Antwort auf deinen Kommentar ☺ 1. Diese Dame (ich) wurde gebeten, einen Preis entgegenzunehmen, und tatsächlich war ich sehr froh, dort zu sein und über die Ausgrenzung zu sprechen, die Menschen mit Behinderungen JEDEN TAG betrifft. Die Treppe bei der Gala war ein greifbares Symbol dafür. 2. Diese Frage muss man Marcin stellen ☺ Das war seine Entscheidung. 3. Es hätte*

[421] „Bitwa na głosy" war eine polnische Talentshow, die vom 5. März 2011 bis zum 10. November 2012 auf TVP2 (dem zweiten Programm des polnischen öffentlich-rechtlichen Fernsehens) ausgestrahlt wurde und auf dem amerikanischen Format „Clash of the Choirs" basierte, das von NBC lizenziert wurde (Vgl. https://pl.wikipedia.org/wiki/Bitwa_na_g%C5%82osy; letzter Zugriff am 13.03.20224).

*gereicht, eine Rampe von der Hinterbühne aus zu machen. Das kann man machen, ein Beispiel ist gerade Bitwa na głosy und die Teilnahme von Monika Kuszyńska. Die Bühne wurde am Mittwoch aufgebaut und am Dienstag erhielt die Produktion Informationen über das Gewicht und die Größe des Rollstuhls. Es gab keine Überraschung wegen meiner Anwesenheit.*
[...]

Danuta Borowska
@Bogumiła Siedlecka-Goślicka Pani Bogumiło, Nie znam Pani, mój stosunek do Pani jest obojętny, jak więc miałam się o Pani wyrażać w komentarzu? Pani reakcja na to, w jaki sposób się o Pani wyraziłam pisząc „ta pani" świadczy o Pani małostkowości. Założę się, że gdyby faktycznie Pani weszła na scenę od kulis a nie z tego miejsca, z którego wchodzili wszyscy, też poczułaby się Pani wykluczona, bo weszła na scenę, ale zza kulis i też byłaby afera. Generalnie problem jest absurdalny [...] Chlipu chlipu, ja codziennie się czuję wykluczona, bo zamiast samochodem muszę jeździć zbiorkomem a zamiast jeździć rowerem albo na hulajnodze elektrycznej muszę chodzić piechotą.😂😂😂 / *Bogumiła, ich kenne Sie nicht, meine Einstellung zu Ihnen ist gleichgültig, wie soll ich mich also in einem Kommentar über Sie äußern? Ihre Reaktion auf die Art und Weise, wie ich mich über Sie geäußert habe, indem ich „diese Dame" schrieb, zeigt Ihre Kleinlichkeit. Ich wette, wenn Sie die Bühne tatsächlich von der Hinterbühne aus betreten hätten und nicht von dort, wo alle anderen hineingehen, hätten Sie sich auch ausgeschlossen gefühlt, weil Sie die Bühne nur von der Hinterbühne aus betreten haben, und es hätte auch einen Skandal gegeben. Generell ist das Problem absurd [...] schluchz-schluchz, ich fühle mich jeden Tag ausgeschlossen, weil ich statt eines Autos die öffentlichen Verkehrsmittel nehmen muss und statt mit dem Fahrrad oder dem Elektroroller zu fahren, muss ich zu Fuß gehen.*

### 9.3.3 Positionierungshandlungen in sozialmedialen Accounts von Menschen mit Behinderungen

Zwei Tage nach der „Wiktory"-Gala hat die Bloggerin und Aktivistin @aniolnaresorach auf das Event Bezug genommen. In ihrem Beitrag auf Instagram vom 2. April 2022[422] (vgl. Beleg 93) bezieht sich die Autorin auf die Veranstaltung, erinnert auch an die „Treppen" als Symbol der Ausgrenzung und kehrt zu ihren eigenen, oft wiederholten Worten „Ausgrenzung hat viele Gesichter" („Wykluczenie ma wiele twarzy") zurück. In dem Posting unterstreicht sie vor allem ihre (hauptsächlich implizit ausgedrückte) Positionierung als Botschafterin für Menschen mit Behinderungen, indem sie auf eines der

[422] Quelle: https://www.instagram.com/p/Cb2G83AD064/ (1.355 Reaktionen und 98 Kommentare; Datum des Zugriffs: 21.03.2023).

größten Probleme dieser sozialen Gruppe hinweist: häufige Schwierigkeiten, geeignete Kleidung zu kaufen. Bei dieser Rekontextualisierung bedient sie sich eines besonders interessanten Stilmittels, indem sie von ihrem eigenen Outfit bei der Gala ausgeht und diese Art von Veranstaltung dem realen Alltag vieler Menschen mit Behinderungen gegenüberstellt (vgl. „To były piękne gale, a co z codziennym życiem?" / „Das waren schöne Galen, aber was ist mit dem Alltag?"). Diese Art von Botschaft wird in der visuellen Struktur des Postings noch verstärkt: Ein privates Foto der Bloggerin und Aktivistin, auf dem sie während der Veranstaltung in ihrem Rollstuhl sitzt und sich in einem eleganten Kleid, mit deutlich gepflegten Händen und einer eleganten Handtasche präsentiert. Das autodiegetische Foto hat in dieser Text-Bild-Beziehung vor allem eine metaphorische Bedeutung, weckt aber auch Interesse. Der gesamte Textteil des Eintrags wird durch Hashtags auf Polnisch und Englisch ergänzt, die sich auf die Veranstaltung selbst beziehen, aber auch auf soziale Embleme, die für Menschen mit Behinderungen wichtig sind (vgl. solche indexikalischen Elemente wie #disability, #niepełnosprawność / #behinderung oder # wykluczenie / #ausgrenzung).

**Beleg 93:** *IG-Beitrag von @aniolnaresorach (02.04.2022)*
aniolnaresorach
Wykluczenie ma wiele twarzy – tak mówiłam w trakcie rozdania Wiktorów. Schody to był namacalny symbol, który mógł każdy zobaczyć. Kolejne nieoczywiste wykluczenie na które chciałabym zwrócić uwagę to ubrania. Pomyślisz „co? Wykluczenie przez ubranie – głupota." Nie! To codzienność osób z niepełnosprawnością i osób niskorosłych. Mam metr wzrostu, krótkie ręce i nogi, nietypową budowę ciała – takich jak ja jest wiele. Na gali byłam ubrana w piękną suknie którą na ślub przyjaciółki stworzyła @ela_piorun. Dobrze że ją miałam bo szczerze nie wiem w co bym się ubrała. Ogólnodostępne sklepy nie są gotowe na ludzi bardzo niskich, bardzo wysokich i z nietypową sylwetką – wiem to. Gdy film „Sukienka" był nominowany do #oscars2022 czekałam na to w co ubierze się @annadzieduszycka bo wiem jakie to wyzwanie. Pięknie się prezentowała w sukni @tomasz_ossolinski. To były piękne gale, a co z codziennym życiem? Zdaje sobie sprawę że nie zmienimy świata ale warto próbować. / *Ausgrenzung hat viele Gesichter – das habe ich bei der Preisverleihung von „Wiktory" gesagt. Die Treppe war ein greifbares Symbol, das jeder sehen konnte. Eine weitere nicht offensichtliche Ausgrenzung, auf die ich hinweisen möchte, ist die Kleidung. Du denkst wohl jetzt: „Was, Ausschluss durch Kleidung – albern". Nein! Es ist der Alltag von Menschen mit Behinderungen und von kleinwüchsigen Personen. Ich bin einen Meter groß, habe kurze Arme und Beine, einen atypischen Körperbau – es gibt viele wie mich. Bei der Gala trug ich ein wunderschönes*

*Kleid, das @ela_piorun für die Hochzeit einer Freundin entworfen hatte. Gut, dass ich es anhatte, denn ich weiß ehrlich gesagt nicht, was ich sonst angezogen hätte. Allgemein zugängliche Geschäfte sind nicht auf Menschen eingestellt, die sehr klein oder sehr groß sind oder eine ungewöhnliche Figur haben – das weiß ich. Als der Film „The Dress"*[423] *für die #oscars2022 nominiert wurde, war ich gespannt, was @annadzieduszycka tragen würde, denn ich weiß, was für eine Herausforderung das ist. In dem Kleid von @tomasz_ossolinski sah sie wunderschön aus. Das waren schöne Gelen, aber was ist mit dem Alltag? Mir ist klar, dass wir die Welt nicht verändern werden, aber es ist einen Versuch wert. #niepełnosprawność #disability #aniolnaresorach #wiktory2021 #suknia #elapiorun #wykluczenie #ubrania #niskorosłość #moda*

Im Großteil der Kommentare unter dem Beitrag bedanken sich die NutzerInnen bei @aniolnaresorach für ihre Rede und drücken Bewunderung über ihr elegantes Kleid aus. Gleichzeitig kommt es oft in solchen Stellungnahmen, in denen eine positive Meinung über Aktivitäten von AktivistInnen zugunsten von MmB geäußert wird, zur (meist stillen) Selbstpositionierung als Verbündete(r) von Menschen mit Beeinträchtigungen (vgl. die Aussage im Beleg 94: „Zawsze staram się kierować zasadą: traktuj innych, jak sam(a) byś chciał(a), żeby Ciebie traktowano." / „Ich versuche immer, den Grundsatz zu befolgen: Behandle andere so, wie du selbst behandelt werden möchtest."). Die Userin @olgatokarska8 weist außerdem darauf hin, dass man nicht nur über die Bedürfnisse von Menschen mit Behinderungen und deren Gleichstellung sprechen sollte, sondern dass jeder gesunde Mensch sich dessen bewusst sein muss, dass er selbst behindert werden kann:

**Beleg 94:** *Kommentar zum IG-Beitrag von @aniolnaresorach (02.04.2022)*
olgatokarska8
Przykre jest to, że o takich oczywistościach jak równe traktowanie osób z niepełnosprawnościami z osobami sprawnymi trzeba mówić głośno, ale tylko dzięki temu można ulepszać rzeczywistość OZN. Zawsze staram się kierować zasadą: traktuj innych, jak sam(a) byś chciał(a), żeby Ciebie traktowano. Nigdy

[423] Es handelt sich um einen polnischen Film aus dem Jahr 2020, der für die Oscarverleihugng 2022 in der Kategorie „Bester Kurzfilm" nominiert wurde. Der internationale lautet „The Dress". In einem Großteil der Kommentare unter dem Beitrag bedanken sich die NutzerInnen bei der Rednerin und bewundern die Kreation der Autorin und Bloggerin oder beziehen sich direkt auf das angesprochene Thema der Kleidung für Menschen mit Behinderungen.

nie wiemy, co nas czeka jutro, czy nie obudzimy się jako osoby niepełnosprawne. Choroby i wypadki nie wybierają. Nikt nie planuje zachorować czy ulec wypadkowi takie decyzje podejmuje za nas życie. Trzeba głośno mówić o równym traktowaniu OZN w życiu codziennym. Dzięki za ten ważny i odważny głos podczas Gali. / *Es ist traurig, dass man über so selbstverständliche Dinge wie die Gleichbehandlung von Menschen mit Behinderungen mit nicht behinderten Menschen sprechen muss, aber nur so kann die Realität von MmB verbessert werden. Ich versuche immer, den Grundsatz zu befolgen: Behandle andere so, wie du selbst behandelt werden möchtest. Wir wissen nie, was uns morgen erwartet, ob wir als behinderte Menschen aufwachen werden. Krankheiten und Unfälle kann man sich nicht aussuchen. Niemand plant, krank zu werden oder einen Unfall zu haben; das Leben trifft diese Entscheidungen für uns. Es ist notwendig, sich für die Gleichbehandlung von MmB im Alltag einzusetzen. Danke für diese wichtige und mutige Stimme bei der Gala.*

Die zweitgrößte Gruppe von Kommentaren unter dem Posting bilden solche, die sich direkt auf das angesprochene Thema der Kleidung für Menschen mit Behinderungen beziehen insbesondere bei kleinwüchsigen Personen. Bemerkenswert ist dabei die gleichzeitige vorwiegend stille Selbstpositionierung mancher Kommentierenden, unter denen die mit Abstand größte Gruppe Menschen mit Behinderungen bilden, auch in dieser Hinsicht (d. h. nicht immer passende Kleidung) diskriminiert und/oder ausgegrenzt (vgl. die Hyperbel im Beleg 95). Ein Thema, das in mehreren der Kommentare auftaucht, ist zum Beispiel die Selbstwahrnehmung, „nicht erwachsen genug" zu sein, die sich aus der Tatsache ergibt, dass benachteiligte Menschen sich gezwungen fühlen, einen Teil ihrer Kleidung in den Kinderabteilungen von Einkaufszentren zu kaufen (vgl. den Gesprächsstrang in (96)).

**Beleg 95:** *Kommentar zum IG-Beitrag von @aniolnaresorach (02.04.2022)*
refleksyjno_filmowa
Mój mąż porusza się na wózku, po ilu sklepach musimy się nachodzić i ile stron w necie przeszukać by znaleźć spodnie takich jakie potrzebuje, czyli na gumkę nie suwak, które nie są dresami🙈 / *Mein Mann sitzt im Rollstuhl, kaum zu glauben, wie viele Geschäfte wir aufsuchen müssen und wie viele Seiten im Internet durchsuchen, um die Hose zu finden, die er braucht, d. h. solche, die keine Trainingshose ist, sondern einen elastischen Bund hat und keinen Reißverschluss*

**Beleg 96:** *Kommentare zum IG-Beitrag von @aniolnaresorach (02.04.2022)*
blueberrry96
Jak wyglądać jak dorosły człowiek (a co tu mówić o jakimś stylu) skoro musisz się zaopatrzać w dziale dziecięcym a i to nie zawsze bo dziewczęce koszule, rozpinane bluzeczki nie uznają biustu. 🙂 Zostają t-shirty, sweterki o ile oczywiście nie są

usłane motylkami. 😏 Biorąc pod uwagę wszystkie te zmienne podczas zakupów nie ma opcji na satysfakcję a jedynie na mniejszy brak satysfakcji. / *Wie soll man wie ein Erwachsener aussehen (geschweige denn Stil haben), wenn man sich in der Kinderabteilung eindecken muss, und das auch nicht immer, weil bei Blusen für Mädchen, bei aufgeknöpften Blusen die Oberweite nicht berücksichtigt wird.* 🙂 *Es bleiben noch T-Shirts, Pullover, solange sie nicht mit Schmetterlingen übersät sind* 😏 *Wenn man all diese Variablen beim Einkaufen berücksichtigt, dann es ist unmöglich zufrieden zu sein, höchstens weniger unzufrieden.*

blueberrry96
@blueberrry96 czasem sobie tak słucham innych kobiet i zazdroszczę, że dla nich jedynym problemem ubraniowym jest to, że coś tam ma zły kolor. 🙄 / *Manchmal höre ich diesen anderen Frauen zu und beneide sie darum, dass für sie das einzige Kleidungsproblem darin besteht, dass etwas eine falsche Farbe hat.* 🙄

Ein anderes sprachliches Verhalten, das in den analysierten Kommentaren zu beobachten ist, basiert auf der typischen stereotypen Wahrnehmung und der meistens nicht intentionalen Fremdpositionierung dieser sozialen Gruppe als „außergewöhnlich" (vgl. Beleg 97) oder gar „hilfsbedürftig" und „leidend" (vgl. (98)). Man kann dabei den Eindruck gewinnen, dass der Inhalt der veröffentlichten Beiträge hier irrelevant ist, da jeder Mensch mit Behinderung sozusagen „per Definition" als Leidender kategorisiert werden könne und sein Leben auf bloßes Vegetieren reduziert sei.[424] Diese Art der Fremdpositionierung von MmB ist nicht immer eine vorsätzliche Handlung. Die Kommentierenden haben meist gute Absichten. So lobt der Nutzer @pogodne_stylizacje beispielsweise die Protagonistin für ihr Aussehen und ihre bedeutsamen Worte während der Gala und gleichzeitig positioniert er sich still als Verbündeter von Menschen mit Behinderungen (vgl. „Cieszę się, że walczymy z tym stereotypem" / „Ich bin froh, dass wir gegen dieses Klischee kämpfen" im Beleg 97). Gleichzeitig aber verwendet der User, entgegen den Wünschen und Erwartungen vieler MmB, die Bezeichnung „wyjątkowy" / „außergewöhnlich" in Bezug auf diese Gruppe und suggeriert damit, dass die spezifisch verstandene „Außergewöhnlichkeit" dieser Gemeinschaft nur in der Tatsache liege, dass sie behindert sind, wogegen sich die Betroffenen selbst in ihren Social-Media-Postings oft wehren (vgl. Beleg 98 und die Rückfrage

[424] Ein solcher Diskurs spiegelt in gewisser Weise die typischen Muster der Berichterstattung über Menschen mit Behinderungen in den Mainstream-Medien wider (vgl. 1.2).

der Betroffenen: „w cierpieniu? gdzie tu było cierpienie?“ / „Im Leiden? Wo war hier das Leiden?“).

**Beleg 97:** *Kommentar zum IG-Beitrag von @aniolnaresorach (02.04.2022)*
pogodne_stylizacje
Przepięknie Pani wygląda. Tak, czasem to trudne znaleźć właściwy strój, jednak jedno jest pewne każda z nas jest wyjątkowa. Zawsze zachwycam się osobami które pomimo swoich niepełnosprawności dbają o siebie na tyle na ile to możliwe. Ja jestem jeszcze z tego pokolenia gdzie bardzo często ludzie niepełnosprawni byli odrzucani przez społeczeństwo. Cieszę się, że walczymy z tym stereotypem i nazywam ludzi z niepełnosprawnością: wyjątkowymi. / *Się sehen wunderschön aus. Ja, manchmal ist es schwierig, das richtige Outfit zu finden, aber eines ist sicher, wir sind alle einzigartig. Ich bewundere immer wieder die Menschen, die sich trotz ihrer Behinderung so gut wie möglich um sich selbst kümmern. Ich stamme noch aus der Generation, in der Menschen mit Behinderungen sehr oft von der Gesellschaft abgelehnt wurden. Ich bin froh, dass wir gegen dieses Klischee kämpfen und ich bezeichne Menschen mit Behinderungen als außergewöhnlich.*

**Beleg 98:** *Kommentar zum IG-Beitrag von @aniolnaresorach (02.04.2022)*
Janinka Ewa
Wytrwałości w cierpieniu pozdrawiam serdecznie. / *Ich wünsche Ihnen viel Ausdauer im Leiden. Viele Grüße*

Bogumiła Siedlecka-Goślicka
@Janinka Ewa w cierpieniu? gdzie tu było cierpienie? / *Im Leiden? Wo war hier das Leiden?*

Abschließend möchte ich noch auf einen anderen Beitrag verweisen, und zwar ein repositionierendes Posting einer anderen Bloggerin und Aktivistin für Menschen mit Behinderungen, die selbst auch zu dieser Gruppe gehört. In ihrem emotionalen Eintrag bei Instagram[425] vom 01.04.2022 bezieht sich @Zaniczka direkt auf die Situation, die sich während der „Wiktory“-Preisverleihung ereignet hat. Zunächst kritisiert sie die OrganisatorInnen für die mangelnde Vorbereitung der Bühne (fehlende Rampe) und erinnert an die Tatsache, dass ihre Freundin (eine Bloggerin im Rollstuhl) den Preis während der prestigeträchtigen Veranstaltung nicht entgegennehmen konnte. Dabei kommt es zu einer klaren, absichtlichen Fremdpositionierung der Verantwortlichen als Mitschuldige an der ganzen Situation. Die rhetorischen Fragen im letzten

---

[425] Quelle: https://www.instagram.com/p/CbzWAuFguvu/ (620 Reaktionen und 25 Kommentare; Datum des Zugriffs: 21.03.2023).

Teil des Beitrags, in denen eine Entschuldigung von den für die Situation verantwortlichen Personen und Institutionen gefordert wird, können in diesem Zusammenhang als zusätzliches Positionierungsmittel betrachtet werden. Ihre kommunikative Kraft wird durch die spezifische Mikrotypografie des Textes (praktisch jeder neue Satz beginnt mit einer neuen Zeile) und die Verwendung von Adressierungsoperatoren (@-Zeichen) verstärkt.[426]

**Beleg 99:** *IG-Beitrag von @Zaniczka (01.04.2022)*
Zaniczka
To nie prima aprylis
To wydarzyło się wczoraj
BOGUSIA @aniolnaresorach odbierała nagrodę Wiktora 2021 w imieniu @marcindorocinski na gali rozdania wiktorów w TVP1
Wszyscy się uśmiechali, owacjom nie było końca i tylko jeden malutki a właściwie kilka większych stopni pokazało nam gdzie Polska i TVP1 ma osoby z niepełnosprawnością.
Bogusia odebrała nagrodę
POD SCENĄ
Nawet na tak ważnym, prestiżowym wydarzeniu nikt nie pomyślał o rampie, najazdach – o czymkolwiek.
To pokazuje nam, gdzie w rzeczywistości są osoby z niepełnosprawnością w Polsce [...]
Kto przeprosi Bogusię za narażenie na takie wykluczeni i brak szacunku?
Kto poniesie za to konsekwencje?
Czy ktokolwiek z @tvp.info @tvp_kultura ma w sobie na tyle godności?
*Das ist kein Aprilscherz*
*Es ist gestern passiert*
*BOGUSIA*[427] *@aniolnaresorach erhielt den Wiktor-Preis 2021 Preis im Namen von @marcindorocinski bei der Gala auf TVP1. Alle lächelten, die Ovationen nahmen kein Ende und nur ein kleiner oder eigentlich ein paar größere Schritte zeigten uns, wie Polen und TVP1 Menschen mit Behinderungen betrachten.*
*Bogusia erhielt den Preis VOR DER BÜHNE. Selbst bei einer so wichtigen, prestigeträchtigen Veranstaltung dachte niemand an eine Rampe, an Auffahrbretter – an irgendetwas. Das zeigt uns, wo Menschen mit Behinderungen in Polen tatsächlich sind [...] Wer wird sich bei Bogusia dafür entschuldigen, dass sie einer solchen Ausgrenzung und Respektlosigkeit ausgesetzt war? Wer wird die Konsequenzen dafür tragen? Hat jemand bei @tvp.info @tvp_kultura die Würde, dies zu tun?*

---

426 In den Kommentaren unter dem Beitrag überwiegen diejenigen, deren AutorInnen die Verantwortlichen kritisieren und eine Entschuldigung fordern.

427 Die Form „Bogusia" ist eine der möglichen Verkleinerungsformen des Namens Bogumiła.

### 9.3.4 Zusammenfassung

Die analysierten medialen und sozialen Reaktionen auf den Auftritt der polnischen Aktivistin für Rechte der MmB Bogumiła Siedlecka-Goślicka bei der Verleihung der „Wiktory"-Preise 2022 und den Vorfall mit der fehlenden Rampe zeigen, wie tief gesellschaftliche Vorurteile und Unsicherheiten im Umgang mit Behinderung verwurzelt sind. Gleichzeitig wird deutlich, wie wichtig mediale Sichtbarkeit und öffentliche Debatten für die Anerkennung und Gleichstellung von Menschen mit Behinderungen sind.

In den meisten Nachrichten versuchten die JournalistInnen, das Thema der Menschen mit Behinderungen zu vermeiden und die Rede der behinderten Aktivistin, in der sie auf viele Probleme der MmB-Gemeinschaft aufmerksam machte, wurde lediglich erwähnt. Stattdessen konzentrierten sich die meisten Presseberichte auf die Veranstaltung selbst oder auf prominente Gäste. Eine Ausnahme bildete das Portal *niepelnosprawni.pl*, das die fehlende Barrierefreiheit explizit kritisierte. Die Aktivistin positioniert sich in ihrer Rede und in sozialen Medien als Botschafterin für MmB. Sie nutzt Metaphern wie Treppen als Symbol für Barrieren und Ausgrenzung. Gleichzeitig wird sie medial unterschiedlich fremdpositioniert – teils positiv als engagierte Aktivistin, teils abwertend oder ignorierend.

Viele UserInnen loben @aniolnaresorach und kritisieren die Gala-VeranstalterInnen. Andere positionieren sich als Verbündete von Menschen mit Behinderungen oder teilen eigene Erfahrungen mit Diskriminierung. Es gibt aber auch feindselige Kommentare, in denen Menschen mit Behinderungen als „besonders anspruchsvoll" oder „aufmerksamkeitssuchend" dargestellt werden. Die Aktivistin reagiert auf feindliche Kommentare mit Ironie und versucht immer, ihre Position zu erklären. Ihre Selbstpräsentation (z. B. elegantes Gala-Outfit) wird ebenfalls als Teil der Botschaft verstanden: Menschen mit Behinderungen sind Teil der Gesellschaft – auch im Alltag.

Trotz der Kritik einiger NutzerInnen (vor allem in Kommentaren unter Beiträgen größerer medialer Anbieter) ist es erwähnenswert, dass der in den Medien beschriebene Vorfall bei der „Wiktory"-Gala viele Menschen zur Diskussion anregt. Zu den häufigsten Themen in Anschlussdiskussionen gehören: fehlende Barrierefreiheit im Alltag, die stereotype Wahrnehmung von Menschen mit Behinderungen (z. B. als „leidend" oder „außergewöhnlich"), Verknüpfungen mit politischen und ethischen Debatten, etwa zur Abtreibung oder Sozialpolitik, Verteidigung oder Relativierung der VeranstalterInnen.

## 9.4 „Da können Kurze auch Kurze verkaufen, wenn sie das SELBST WOLLEN!". Verweise auf potenziell diskriminierendes Verhalten und abwertende Sprache an öffentlichen Orten (@michelarriens)

Michel Arriens (bei IG und FB als @michelarriens.de aktiv) ist ein deutscher Inklusionsaktivist und Pressesprecher des Bundesverbands Kleinwüchsige Menschen und ihre Familien (BKMF). Er ist selbst eine kleinwüchsige Person und sitzt seit der Geburt im Rollstuhl. In zwei Postings in seinen sozialen Medien (auf Facebook und Twitter/X) verweist er auf die medialen Berichte über das Musikfestival Parookaville[428] am Niederrhein, und zwar auf die sog. „Minibar", die von kleinwüchsigen Personen betrieben wird und bei der u. a. „Kurze" (d. h. kleine Gläser Schnaps) verkauft werden. Bei den Bezeichnungen „Minibar" und „Kurze" geht es um Zweideutigkeit und um Anspielungen u. a. auf die umgangssprachliche und für manche SprachbenutzerInnen beleidigende Bezeichnung von kleinwüchsigen Menschen. Die Betroffenen selbst, die beim Festival anwesend waren, fühlen sich jedoch trotz ihrer Behinderung nicht angegriffen und halten dies für „eine kluge Art, mit Diskriminierung umzugehen"[429], während AktivistInnen ihre Empörung über die Situation nicht verbergen (außer Michel Arriens war es auch u. a. die bekannte Aktivistin und Buchautorin Laura Gehlhaar, die selbst eine Person mit Behinderung ist).

### 9.4.1 Positionierungshandlungen in Massenmedien („Der Spiegel")

Den Ausgangspunkt für die massenmediale Diskussion bildet der Artikel in „Der Spiegel" vom 21.07.2018[430], in dem sich der Journalist Peter Maxwill auf öffentliche Stellungnahmen von Michel Arriens bezieht. Einerseits erläutert der Autor eine der Leitideen des Parookaville-Festivals (vgl. „Dort gehören abwegige Ideen zum Konzept"), andererseits betont er, dass es auch etliche KritikerInnen des Konzepts und der bezüglich einiger Elemente des Festivals benutzten Sprache

---

[428] Parookaville ist ein dreitägiges Musikfestival im Bereich der elektronischen Tanzmusik, das seit 2015 jährlich Mitte Juli am Flughafen von Weeze, in Nordrhein-Westfalen, stattfindet (Quelle: https://de.wikipedia.org/wiki/Parookaville).

[429] Zitat aus dem Artikel bei „Der Spiegel" (vgl. 9.4.1).

[430] Die Vollversion des Textes ist unter folgender Adresse abrufbar: https://www.spiegel.de/panorama/gesellschaft/parookaville-in-weeze-streit-ueber-kleinwuechsigen-minibar-a-1219359.html?fbclid=IwAR07GdZneiB6MQjah-5K1VGrC5XlO1136wMGO08I-YUsqpQzZ1pdU42cSxA (letzter Zugang: 18.03.2024).

gegeben habe. Besonders problematisch an dem ganzen Medienkonflikt scheint die Tatsache zu sein, dass die von vielen InklusionsaktivistInnen kritisierte „Minibar“, die eine „Zurschaustellung“ und Diskriminierung befürchten, selbst von kleinwüchsigen Personen betrieben wird:

> **Beleg 100:** *Auszug aus dem Text auf https://www.spiegel.de/ vom 21.07.2018*
> „Minibar“ mit Kleinwüchsigen
> Witzig oder geschmacklos?
> [...] Wer das Parookaville-Festival kennt, weiß: Dort gehören abwegige Ideen zum Konzept. Auf dem Gelände des angesagten Elektromusik-Events in Weeze am Niederrhein steht an diesem Wochenende eine fiktive Kleinstadt. Zehn Bühnen, umringt von Rathaus, Kirche, Postamt, Gefängnis. Und es gibt eine Neuheit, die Wacky Shack. Da hört der Spaß auf – finden jedenfalls Kritiker.

Weiter bezieht sich der Text im „Spiegel“ u. a. auf die BetreiberInnen des Festivals, die die Idee der „Minibar“ verteidigen und erklären, dass das Konzept von den kleinwüchsigen Barkeepern selbst stamme. Sie sehen darin eine Form der Selbstrepräsentation und betonen die Freiheit der Persönlichkeitsentfaltung. Einige KritikerInnen, darunter der Bundesverband Kleinwüchsige Menschen (BKMF) und ihre Familien, argumentieren jedoch, dass solche Darstellungen und die verwendete Sprache die Menschen auf ihre Behinderung reduzieren und negative Stereotype verstärken könnten. Die Debatte spitzt sich weiter zu, als die Behörden eingreifen und der BKMF versucht, die „Minibar“ untersagen zu lassen. Letztendlich entscheidet das Ordnungsamt, dass die Aktion zulässig ist, doch die Diskussion über die Grenzen von Humor und Inklusion dürfte laut dem Autor weitergehen. Darüber hinaus versucht er, zwei Seiten des Konflikts zu zeigen: Auf der einen Seite stehen die VeranstalterInnen des Festivals und die kleinwüchsigen Barkeeper, auf der anderen dagegen InklusionsaktivistInnen, die wie der Autor selbst betont ihre Behinderung anders wahrnehmen und definieren. Diese Art der hauptsächlich explizit ausgedrückten Fremdpositionierung von Menschen mit Behinderungen als eine inhomogene Gruppe, auch was ihre Selbstwahrnehmung betrifft, wird in gewisser Weise auf der Bild-Fläche verstärkt – u. a. durch die Gegenüberstellung von Bildern, die einerseits die Besitzer der „Minibar“ während des Festivals in spielerischen Posen und Verkleidungen zeigen, und andererseits ein Foto des Aktivisten Michel Arriens in seinem elektrischen Rollstuhl.[431]

---

[431] Die Bilder können durch Anklicken des entsprechenden Symbols rechts neben dem Artikeltitel angezeigt werden.

### 9.4.2 Positionierungshandlungen in der massenmedialen Anschlusskommunikation

Schon auf den ersten Blick wird deutlich, dass das Thema der auf dem Parookaville-Festival von kleinwüchsigen Menschen geführten „Minibar" und der Kritik an ihr eine Vielzahl diverser Stellungnahmen unter dem am 21.07.2018 veröffentlichten FB-Posting von „Der Spiegel" hervorgerufen hat.[432] In einem kurzen Kommentar zum Beitrag, der mit einem Link zum vollständigen Artikel versehen wird, weisen die JournalistInnen von „Der Spiegel" selbst auf den klaren Antagonismus zwischen den beiden Konfliktparteien hin. Gleichzeitig betont die Redaktion, dass es sich bei den Beteiligten auf zwei Seiten des Konflikts auch um Menschen mit Behinderungen handele. Somit werden sie wiederum (in diesem kurzen Eintrag eher implizit) als eine heterogene Gruppe fremdpositioniert:

> **Beleg 101:** *Schlagzeile/Kommentar zum FB-Beitrag von https://www.stern.de/ vom 21.07.2018*
> Auf dem Parookaville-Festival wollen Kleinwüchsige an einer Minibar Kurze ausschenken. Das sei „Kunst". Inklusionsaktivisten wie Michel Arriens, der selbst kleinwüchsig ist, nennen es „Prostitution".

Generalisierend kann man von zwei entgegengesetzten Gruppen von Kommentaren sprechen. Wahrscheinlich entgegen den Erwartungen von Michel Arriens finden die meisten kommentierenden InternetnutzerInnen die Idee der „Minibar" interessant und witzig und unterstützen die Selbstakzeptanz und den angeblichen Sinn für Humor der Betreiber der „Minibar" im Umgang mit Stereotypen und Vorurteilen. Nur vereinzelte UserInnen sehen die Aktion kritisch, bezeichnen sie z. T. als geschmacklos und befürchten eine sprachliche und soziale Diskriminierung oder sogar die potenzielle Entwürdigung der ganzen sozialen Gruppe.

Die meisten Kommentierenden betonen in ihren Aussagen die Individualität und Selbstbestimmung eines jeden Menschen, unabhängig von Herkunft, Rasse oder Grad der Behinderung. Darunter überwiegen Stimmen, die die Betreiber der „Minibar" verteidigen und ihre angebliche unternehmerische Unabhängigkeit, Meinungsfreiheit und/oder ihren Sinn für Humor

---

[432] Quelle: https://bit.ly/3vn7Zjp (341 Reaktionen und 443 Kommentare; Datum des Zugriffs: 10.05.2023).

betonen und z. T. loben. Solche Positionierungshandlungen, Menschen mit Beeinträchtigungen mehr oder weniger intentional als heterogen zu fremdpositionieren, werden in der Online-Diskussion argumentativ unterschiedlich untermauert. Die Userin @Lisa Norden (vgl. Beleg 102) hebt in ihrer Aussage die Vielfältigkeit von Menschen mit Behinderungen hervor und stellt fest, dass die Barkeeper durch ihr Verhalten andere Menschen mit Beeinträchtigungen nicht dazu zwingen würden, sich genauso zu verhalten. Gleichzeitig wiederholt sich in ihrem Beitrag eines der gängigen normativen Argumente, dass die Behinderung kein ausreichendes „Merkmal" der Gemeinschaft sei, damit man von einer zweifelsfrei homogenen sozialen Gruppe sprechen könne (vgl. besonders die Worte „man muss sich nicht als Masse sehen nur weil man eine einzige Gemeinsamkeit hat"):

> **Beleg 102:** *Kommentar zum FB-Beitrag von https://www.stern.de/ vom 21.07.2018*
> Lisa Norden
> Wenn es Kleinwüchsige von sich aus so machen, ohne sich dabei diskriminiert zu fühlen, wie kann man das negativ darstellen? Das ist dann ja scheinbar den ihr Humor und wenn's gut ankommt, wieso nicht
> Andere Kleinwüchsige, die das nicht gut finden, müssen es ja nicht machen. Das gilt für alle ob groß oder klein, blond oder brünett, dick oder dünn – man muss sich nicht als Masse sehen nur weil man eine einzige Gemeinsamkeit hat.

An mehreren Stellen in der anschließenden Diskussion taucht überdies der Begriff „Inklusion" auf, der in diesem Kontext auch von MmB selbst unterschiedlich gedeutet wird. So fremdpositioniert die Userin @Manuela Ohana (vgl. Beleg 103) Menschen mit Behinderungen intentional als solche, die nicht als „besondere" Personen behandelt werden sollten (vgl. die Worte „nicht in Watte packen") und es auch nicht erwarten (vgl. „Menschen mit Behinderung sind nix besonderes, das wollen sie auch gar nicht sein."). Darüber hinaus hätten MmB das Recht, ihre Ideen umzusetzen und das Leben in vollen Zügen zu genießen. Die Inklusion, oder wie sie es selbst bezeichnet: „gelebte Inklusion", kommt laut der Nutzerin in solchen Situationen zustande, in denen Menschen mit Behinderungen nicht am Rand stehen würden, sondern im Mittelpunkt des Geschehens. Dazu würden sie Gespräche initiieren und zeigen, dass sie genauso sind wie alle anderen, wodurch Vorurteile gegenüber Menschen mit Behinderungen abgebaut oder reduziert werden könnten. Eines der Argumente, das auch in diesem Beispiel verwendet wird, bezieht sich auf die Selbstironie und die

Fähigkeit, Witze über ihre eigene soziale Gruppe zu erzählen, wodurch ihrer Ansicht nach auch die Integration gefördert werden könne. Als Beispiel für ein solches soziales Verhalten bezieht sich die Nutzerin auf ihren blinden Sohn, wodurch sie sich gleichzeitig als Verbündete von MmB still selbstpositioniert. Ein anderer User (@Rocky Beauregard) äußert sich humorvoll und skeptisch zu dem Geschehen. Mit der Metapher der „Bereitschaft, mit einer Torte beworfen zu werden" bringt er seine Zweifel an den reinen Absichten der behinderten Barkeeper zum Ausdruck und deutet an, dass jeder für Geld Vieles tun könne, selbst wenn er sich dem Spott der anderen aussetzt. Andererseits kritisiert er deutsche „Eliten", die viel von Inklusion sprechen würden, aber die richtigen Bedürfnisse von MmB oft nicht verständen und ignorierten:

**Beleg 103:** *Kommentare zum FB-Beitrag von https://www.stern.de/ vom 21.07.2018*
Manuela Ohana
Es wird immer und überall ein für und wieder geben. Jemand der etwas gut findet und jemand der es schlecht findet. Das gilt für Behinderte Menschen genau so wie bei Menschen ohne eine Behinderung. Wenn die Betreiber der Minibar es super finden, warum denn nicht denn für mich ist das gelebte Inklusion. Sie sind mitten drin und nicht nur dabei, genau das ist das Ziel der Inklusion. Viele Menschen scheuen sich davor in Kontakt mit Menschen mit Behinderung zu gehen aus Angst was falsch zu sagen oder aus oder einen anderen Grund. So kommt man auf sie zu. Sie sehen es nicht so ernst, so klein zu sein und so sollten es andere auch sehen.
Man sollte Menschen die ein Handicap haben nicht in Watte packen und es nicht alles negativ, traurig usw abstempeln. Menschen mit Behinderung sind nix besonderes, das wollen sie auch gar nicht sein. Wir sollten aufhören sie zu sehen als ob wir über sie wachen müssen, es sind eigenständige, mündige Menschen und sie haben ein Recht darauf ihre Geschäftsidee umzusetzen. Schliesslich gibt es auch Dinner in the Dark wo blinde Menschen einen im Restsaurant bedienen. Im Grunde ist es doch das selbe. Da hat jemand mit seinem Handicap eine Geschäftsidee gehabt und umgesetzt. Da sagt keiner was zu, aber nur weil etwas lustig ist regen sich die Leute auf. Da von Prostitution zu sprechen ist geschmacklos. Ich bin davon überzeugt das die Betreiber ganz viel Kontakte knüpfen und das Menschen ohne eine Behinderung viel viel leichter auf sie zugehen werden, da werden Vorurteile eher durch reduziert. Mein Sohn ist Blind, dadurch kenne ich einige blinde Menschen, sie nehmen vieles auch nicht ernst und machen witze über ihre Blindheit, alles nicht so ernst nehmen und auf die goldwaage legen. Mein Sohn ist wie gesagt unter anderem blind, dazu 100 % schwerbehindert und wir sehen unser Leben völlig normal an wie es ist, so sollte man uns auch behandeln und keinen sonderstatus daraus machen … Leben und Leben lassen

> Rocky Beauregard
> Also, wenn die Kohle stimmt, sehe ich kein Problem darin, mit Torten beworfen zu werden. 😂 Wieso müssen Leute immer über etwas reden, von dem sie offensichtlich keine Ahnung haben? Ist der selbe Unsinn, wie das Bestreben von Eliten, die Inklusion auf Biegen und Brechen durchzusetzen, wobei sie in ihrem Egoismus allerdings die Bedürfnisse anderer, z. B. im Bereich Schule, vollkommen ignorieren, oder gar nicht erfassen.

Das Motiv der Selbstironie als „unverzichtbares Moment des eigenen Umgangs" mit Krankheit und Beeinträchtigung kommt noch in weiteren Kommentaren vor (vgl. Belege 104 und 105). Der User @Tom Liesegang unterstreicht einerseits die Bedeutung der Ironie im Umgang mit seiner eigenen Behinderung, andererseits betont er, dass es eine eigene und unabhängige Entscheidung der Besitzer gewesen sei, ihre „Minibar" zu führen. Dies scheint angesichts der Anzahl ähnlicher Kommentare eine sehr verbreitete Meinung zu sein. Der User fügt hinzu: „Nennt man Diskurs", womit er implizite darauf hindeutet, wie wichtig es für ihn ist, über die Grenzen der Redefreiheit unter und über Menschen mit Behinderungen zu diskutieren. Die Idee der Inklusion durch (z. T. schwarzen) Humor oder die Selbstironie wird auch von einigen Kommentierenden unterstützt, von denen sich manche explizit als Menschen mit Behinderungen positionieren (vgl. @Ralph Tönnies im Beleg 105). Ein interessantes Stilmittel ist dabei der Verweis auf ein Zitat aus der populären französischen Tragikomödie „Ziemlich beste Freunde" aus dem Jahr 2012. In einer der Filmszenen bittet der querschnittsgelähmte Philippe (François Cluzet) seinen Pfleger Driss (Omar Sy) um ein Stück Schokolade. Als Antwort bekommt er „Keine Arme, keine Schokolade" zu hören. Im Kontext des Films schockiert der schwarze Humor, aber gleichzeitig unterhält er auch. Im Verlauf des Films freunden sich die Hauptfiguren an und der Behinderte Philippe lernt, über seinen eigenen Zustand zu lachen, was ihm unter anderem ermöglicht, sein Leben zu bewältigen. Der andere User im Beleg 105 (@Thorsten-Oliver Zimmermann) versteht den intertextuellen Bezug und erkennt die Absicht des Senders. Dabei merkt er an, dass der Humor des Films eher „derb" sei, aber ihm gefallen habe. Im Zusammenhang mit der (Selbst-)Ironie taucht der Begriff der „Inklusion" wieder in der Diskussion auf (vgl. die Worte von User @Rocky Beauregard).

> **Beleg 104:** *Kommentar zum FB-Beitrag von https://www.stern.de/ vom 21.07.2018*
> Tom Liesegang
> Selbstironie ist für viele Menschen mit Behinderungen / chronischen Erkrankungen ein unverzichtbares Moment des eigenen Umgangs damit. Da die Initiatoren der

„Minibar“ eben selbst von Kleinwuchs betroffen sind, kann man ihnen das nicht zum Vorwurf machen. Man kann es daneben, unangemessen, schrääääääcklich und noch vieles andere finden, aber am Ende läuft alles darauf hinaus, dass es ihre Sache ist. Nennt man Diskurs.

**Beleg 105:** *Kommentare zum FB-Beitrag von https://www.stern.de/ vom 21.07.2018*
Ralph Tönnies
Ich finde die idee super, ich sitze selber im Rollstuhl und finde es hervorragend wenn jemand einen guten Witze darüber macht. Keine Arme, keine Kekse … Mit ein bisschen schwarzem Humor geht alles im Leben ein bisschen leichter.
Thorsten-Oliver Zimmermann
„Keine Arme, keine Schokolade …“ – Ziemlich beste Freunde. Ist schon n bisl derb, aber gelacht hab ich trotzdem. Und er hat die Schoki ja auch bekommen.
Rocky Beauregard
Sehen ein paar meiner Schüler ebenso und wir schocken regelmäßig Kolleginnen mit diversen Wortspielen. DAS ist Inklusion und nich irgendein aufgezwungener Käse

Am Rand der Auseinandersetzung mit der Selbstironie und dem Sinn für Humor unter Menschen mit Behinderungen sind bezüglich der Selbst- und Fremdpositionierung der Gruppe als heterogen auch Beispiele für falsch analogisierende Argumente zu erwähnen, die von einigen UserInnen angeführt werden. Die zwei häufigsten verwendeten „Analogien“ beziehen sich auf den Vergleich der Situation kleinwüchsiger Menschen mit der von Personen, die extrem groß sind (vgl. Beleg 106) oder auf Witze, die viele Menschen bezüglich ihrer meist regionalen Herkunft erzählen (vgl. Beleg 107):

**Beleg 106:** *Kommentar zum FB-Beitrag von https://www.stern.de/ vom 21.07.2018*
Ralf Schweers
Menschen mit weit über 2 Meter Körpergröße stellen sich weltweit im Sport (z. B. Basketball, Volleyball, Hochsprung) zur Schau. Wieso sollen sie ihre persönlichen Eigenschaften auch nicht nach ihren Vorstellungen nutzen dürfen. Diskriminierung findet in den Köpfen der Betrachter statt – hier muss sich was ändern!

**Beleg 107:** *Kommentar zum FB-Beitrag von https://www.stern.de/ vom 21.07.2018*
Anja Lie
Ich kannte mal einen Saarländer, der machte ständig Saarländerwitze … fand niemand schlimm, aber alle nur lustig, weil er sich selbst auf die Schippe nahm! Da können Kurze auch Kurze verkaufen, wenn sie das SELBST WOLLEN! ☺

In der Gruppe der Kommentare, die die Idee der „Minibar“ während des Musikfestivals Parookaville unterstützen und somit das Recht auf Individualität und Selbstbestimmung von MmB betonen, finden sich schließlich solche, in denen gleichzeitig mehr oder weniger explizit Handlungen von Michel Arriens und/oder des BKMF kritisiert werden. So bezeichnet die Userin @Helen Maria Ray (vgl. Beleg 108) Michel Arriens als „extrem übergriffig" und kritisiert gleichzeitig seine Worte über die angebliche „Prostitution" und „Zurschaustellung" der Barbetreiber. Andere UserInnen dagegen bedienen sich eher diverser Positionierungsstrategien, die auf Anspielungen basieren (vgl. die Worte des Users @Rädas_erfordertMut. im Beleg 109, der GegnerInnen der von ihm individuell definierten Vielfalt unter MmB als „Meinungsdiktatoren" bezeichnet):

**Beleg 108:** *Kommentar zum FB-Beitrag von https://www.stern.de/ vom 21.07.2018*
Helen Maria Ray
Wenn die Kleinwüchsigen das selbst tun wollen warum nicht jeder Mensch sollte mit seinem Handicap umgehen dürfen wie er mag. In dem Fall finde den Inklusionsaktivist als extrem übergriffig, er kann das ja gerne für sich als „Prostitution" sehen, aber für die Minibar Betreiber ist es in Ordnung und das sollte respektieren.

**Beleg 109:** *Kommentar zum FB-Beitrag von https://www.stern.de/ vom 21.07.2018*
Carsten Lehmann
Coole und originelle Idee. Ein Handicap zu seiner Stärke machen und positiv umgehen.
Rädas_erfordert Mut.
Schade das sich wieder einige als Meinungsdiktatoren aufspielen.

Unter denjenigen, die die Haltung vieler Inklusionsaktivisten besonders stark kritisieren, gibt es ebenso Kommentare, die nicht nur ausdrücklich den Sinn vieler ihrer Aktivitäten in Frage stellen, sondern auch andeuten, dass solche Handlungen Menschen mit Behinderungen auf typische stereotype Rollen reduzieren würden, in denen sie einfache, unkomplizierte Tätigkeiten ausüben (vgl. die Worte von @Daniel Preuss im Beleg 110: „Er will also dass diese Leute sich lieber einen Bürojob suchen und nicht auffallen."). Gleichzeitig kann man dabei eine Art Widerstand einiger MmB erkennen, die nicht „gewaltsam" von InfluencerInnen in einer Art und Weise positioniert werden wollen, die von ihnen quasi aufgezwungen wird. Das folgende Beispiel zeigt daher erneut, wie unterschiedlich Menschen mit Behinderungen sich selbstpositionieren und wie inhomogen diese soziale Gruppe sein kann:

**Beleg 110:** *Kommentar zum FB-Beitrag von https://www.stern.de/ vom 21.07.2018*
Daniel Preuss
Manche Leute wie dieser Inklusionsbeauftragte zerdenken ein Thema scheinbar auch gerne so dermaßen bis nichts mehr übrig bleibt. Andere Lachen kurz weil sie

die Aktion cool finden, quatschen womöglich noch mit den Betreibern und gehen dann wieder feiern. Er will also dass diese Leute sich lieber einen Bürojob suchen und nicht auffallen. Ihm kann man also unterstellen, dass er Kleinwüchsige verstecken will. Ist zwar Schwachsinn, aber wenn man lange genug drüber nachdenkt sicher genau so gut möglich 😉

Die Besprechung der einzelnen Beispiele von Positionierungshandlungen in der massenmedialen Anschlusskommunikation unter dem Text von „Der Spiegel" möchte ich mit Verweisen auf relativ wenige Stimmen abschließen, die die ganze Aktion kritisch betrachten und diesbezüglich sprachliche und/oder soziale Diskriminierung von Menschen mit Beeinträchtigungen befürchten. Im Beleg 111 (es ist ein kurzer Auszug eines längeren Gesprächsstrangs) reflektiert die Nutzerin @Veronika Röder über die möglichen Auswirkungen und Hintergründe des sog. „Zwergenweitwurfs[433]" und stellt in diesem Kontext die Frage nach der Würde des Menschen. Darüber hinaus thematisiert sie die Möglichkeit, dass kleinwüchsige Menschen sich vielleicht aus Mangel an Alternativen und womöglich drohender Arbeitslosigkeit dazu entscheiden würden, derartige Rollen anzunehmen, und dass dies möglicherweise mit einem Verlust an Selbstachtung einhergehe (vgl. „Vielleicht ist es ja einfach so, dass ihnen einfach nichts anderes übrig bleibt, als gute Miene zum bösen Spiel zu machen."). Auf diese Weise fremdpositioniert sie manche Menschen mit Behinderungen (eher explizit) als dazu „verdammt" oder gezwungen, eine bestimmte Art von beruflicher Tätigkeit auszuüben – trotz des Risikos, lächerlich gemacht oder verspottet zu werden. Die Kommentierende bedient sich dabei einer Filmmetapher und bezieht sich auf die spezifischen Filmrollen, die eine Person mit Kleinwüchsigkeit spielen könnte. In ihrem *accountive positioning* weist die Userin @Mary Lou Loved Johnny darauf hin, dass Kleinwüchsige durch ihre Körpergröße möglicherweise keine beruflichen Perspektiven verlieren sollten (vgl. „Im Prinzip ist

[433] Der Brauch des „Zwergenwerfens" oder des „Zwergenweitwurfs" wird, trotz der heftigen Kritik, an vielen öffentlichen Orten auf der ganzen Welt weiterhin praktiziert (vgl. https://de.wikipedia.org/wiki/Zwergenwerfen). Darüber hinaus wurde das sog. „Zwergenwerfen", „bei dem sich Kleinwüchsige gegen Geld in Diskotheken oder auf dem Rummel zum Gegenstand des Weitwurfs machen" in vielen Ländern verboten (Quelle: https://mediendiskurs.online/data/hefte/ausgabe/71/gottberg_castendyk_036_tvd71.pdf). Auf diese Praxis wird von drei anderen Personen in ihren Kommentaren hingewiesen.

ein Kleinwüchsiger doch nur durch seine Körpergröße eingeschränkt, und die spielt in vielen Berufen überhaupt keine Rolle."). Meines Erachtens hat man es hier mit einer eher „naiven" Argumentation des Typs „Warum sollten behinderte Menschen nur wegen ihrer Behinderung Schwierigkeiten haben, einen Arbeitsplatz zu finden?" zu tun. Eine solche Argumentationsweise ist besonders in den deutschen Mainstream-Medien durchaus üblich.[434] @Nadin Alexander dagegen bringt in ihrer Antwort das Thema der Rollenbesetzung in der Schauspielbranche ein und betont, dass diese Entscheidungen alle SchauspielerInnen betreffen, unabhängig von ihren äußeren Merkmalen.

**Beleg 111:** *Kommentare zum FB-Beitrag von https://www.stern.de/ vom 21.07.2018*
Veronika Röder
Vielleicht ist das schon vor Urzeiten ergangene höchstrichterliche Urteil über Zwergenweitwurf, in dem es um die Würde des Menschen geht, nicht bekannt. Vielleicht weiß der ein oder andre auch nicht, was das ist. Würde! Keine Ahnung, was Alexa und Co. Dazu zu sagen haben. Vielleicht ist es auch einfach mal zu kurz gedacht, wenn man glaubt, sie tun es und es macht ihnen Spaß und sie haben es ja selbst gewollt. Vielleicht ist es ja einfach so, dass ihnen einfach nichts anderes übrig bleibt, als gute Miene zum bösen Spiel zu machen. Wie oft müssen sie sich behaupten, beschimpfen, auslachen lassen, sie können immer nur die Darsteller der 7 Zwerge sein, nie aber des Schneewittchens oder des Prinzen. Und vielleicht tut das alles sehr, sehr weh, ganz tief drinnen, wo es keiner sieht, weil es ja lustig ist und man ja lustig ist und man es ja selbst gewählt hat. Welche Wahl hat man denn? Wenn die Alternative Hartz IV oder der Clown im Zirkus ist, macht man sich vielleicht auch mal zum Affen. Und möglicherweise will man das alles auch nicht zugeben, denn irgendwie hat man sich auch ein wenig Stolz bewahrt. Und dann sagt man, es mache einem Spaß ... Vielleicht ...

Mary Lou Loved Johnny
Interessante Gedanken. Allerdings erschließt sich mir nicht, weshalb ein Kleinwüchsiger keine beruflichen Perspektiven haben soll. Im Prinzip ist ein Kleinwüchsiger doch nur durch seine Körpergröße eingeschränkt, und die spielt in vielen Berufen überhaupt keine Rolle.

Nadin Alexander
Und eine große blonde Hollywoodschauspielerin darf auch nicht einen Transgender spielen, weil sie keiner ist, und der 13 Jährige Nachwuchsstar nicht den Opa mit Alzheimer, ja, Martin Luther King wird auch eher nicht von Brad Pitt gespielt

[434] Soziologische Untersuchungen zeigen jedoch, dass Menschen mit Handicap, trotz des gesetzlichen Schutzes, in vielen Berufen benachteiligt sind (vgl. Müller 2018).

werden – ja, Rollen werden aufgrund von Merkmalen besetzt, aber das betrifft eben tatsächlich ALLE Schauspieler.
[…]

In einem anderen Beispiel für eine negative Bewertung der Handlungen der Betreiber der „Minibar“ werden Menschen mit Behinderungen als quasi dazu „verdammt“ fremdpositioniert, bestimmte Arbeiten zu verrichten, auch wenn dies mit möglicher Demütigung verbunden ist (vgl. die eher stille Fremdpositionierung von MmB und Anspielungen von Nutzer @Alexander MofSc Sagschnet auf einen Film, in dem eine kleinwüchsige Person nicht an der Show teilnehmen will, weil sie „begafft“ werde):

**Beleg 112:** *Kommentar zum FB-Beitrag von https://www.stern.de/ vom 21.07.2018*
Alexander MofSc Sagschnet
Ich denke dabei an ein Zitat aus dem Film „The greatest Showman“ …
Kommentar an einen Kleinwüchsigen, der nicht bei der Show mitmachen will, weil er nicht begafft werden will: „die Leute gaffen eh, dann immerhin dafür bezahlt werden!“

Schließlich gibt es auch jene Stimmen, die sogar von einem angeblich gescheiterten Prozess der Diversität in der deutschen Gesellschaft sprechen. Unter anderem gibt die Userin @Eva Koch (vgl. Beleg 113) einigen Menschen mit Behinderungen die Schuld daran, dass sie trotz ihrer „persönlichen Entfaltung“ angeblich die Arbeit vieler Aktivisten zerstören. Gleichzeitig wird hier erneut infrage gestellt, ob die Besitzer der „Minibar“ tatsächlich freiwillig eine solche Arbeit ausüben wollen.

**Beleg 113:** *Kommentar zum FB-Beitrag von https://www.stern.de/ vom 21.07.2018*
Eva Koch
Ich finde es falsch und geschmacklos. Solange Diversität in unserer Gesellschaft nicht normal ist, und davon sind wir Lichtjahre entfernt, setzt das nur falsche Signale. Schön für die 2 und ihre persönliche Entfaltung, aber sie treten damit die Arbeit von Inklusionsaktivisten mit Füßen. Ich frage mich ja auch, ob die beiden es wirklich wollen?

### 9.4.3 Positionierungshandlungen in sozialmedialen Accounts von Menschen mit Behinderungen

An demselben Tag (21.07.2018) bezieht sich Michel Arriens in seinen sozialmedialen Accounts (bei Facebook und Twitter/X) auf den in „Der Spiegel“

veröffentlichten Text.[435] Die einleitende rhetorische Frage (vgl. Beleg 114), die gleichzeitig einen intertextuellen Bezug auf den Originaltext darstellt, soll die LeserInnen auffordern, ihre Meinungen zu teilen (vgl. auch die abschließende Frage „Wie seht ihr das?"). Der Autor bedient sich weiter eines längeren Zitats aus „Der Spiegel" und argumentiert dazu, dass es seiner Ansicht nach keinen Unterschied mache, dass die betroffenen Personen ihre eigenen Handlungen verteidigen, und vergleicht dies mit typischem Rassismus oder Sexismus (vgl. u. a. „Wie wäre es, wenn da schwarze Menschen in Dschungelkostümen Schokoküsse verkauften?"). In seinem Beitrag kann man dazu die entsprechende Verlinkung zum Text finden.[436]

> **Beleg 114:** *FB-Beitrag von @michelarriens.de (21.07.2018)*
> Ist die „Mini-Bar" beim Parookaville, bei der Kleinwüchsige an einer kleinen Bar nur Kurze ausschenken, geschmacklos oder witzig? 👍👎
> Für mich keine Frage! Wie wäre es, wenn da schwarze Menschen in Dschungelkostümen Schokoküsse verkauften? Da könnte man ja auch mit Humor argumentieren. Nein, es wäre dummer Rassismus!
> „Am Beispiel von Rassismus und Sexismus zeigt sich laut Arriens auch, warum es irrelevant sei, dass die kleinwüchsigen Künstler ihre Aktion selbst verteidigen: ‚Wir müssen als Gesellschaft ja auch keinen Sexismus akzeptieren, nur weil einige Frauen sich freiwillig für Werbekampagnen ausziehen.'"
> Wie seht ihr das?

Die Konfliktachse, um die sich die Diskussion unter dem Beitrag entwickelt, sind die Meinungsunterschiede zwischen Michel Arriens und dem deutschen Schauspieler, Showman und Gründer einer Talentagentur, der ebenso kleinwüchsig ist – Peter Brownbill. Trotz des täglichen Kampfes mit der eigenen Beeinträchtigung und dem häufigen Erleben von diskriminierendem Verhalten nehmen beide ihre Behinderung, Inklusion, Gleichberechtigung und schließlich ihr Funktionieren in der Gesellschaft anders wahr. Im initialen Diskussionsstrang schließt sich der User @Fabian Werner der Gruppe der Kommentierenden an, die MmB am Beispiel der Barbetreiber absichtlich als solche selbstpositionieren, die alleine entscheiden können, wie sie sich selbst und ihre Behinderung

[435] Quellen: https://www.facebook.com/michel.arriens (61 Reaktionen und 162 Kommentare; Datum des Zugriffs: 10.05.2023) und https://twitter.com/RollerUndIch/status/1020623736427417601 (3 Retweets, 8 Reaktionen, 4 Kommentare).

[436] Durch die Verlinkung zum Originaltext entsteht automatisch die Bild-Fläche des Beitrags, die dabei einer typischen Referenzsicherung und Veranschaulichung dient.

wahrnehmen. Gleichzeitig äußert er Bedenken, dass die Beiträge von Michel Arriens zunehmend auf Reichweite ausgerichtet seien, anstatt dass er sich tatsächlich auf die wesentlichsten Probleme von MmB konzentriere.[437] Die Reaktion auf den kurzen Kommentar mag überraschen, denn Michel Arriens bedient sich der aus dem Marketing bekannten „Copy-and-Paste-Strategie", die – im Gegensatz zu Werbe- oder Marketingbeiträgen, die vorgefertigte Inhalte oder Vorlagen verwenden – vor allem Verärgerung mancher UserInnen hervorruft. Michel Arriens wiederholt nämlich Wort für Wort den Inhalt des gesamten Kommentars in den meisten Einträgen, die sich kritisch über ihn äußern.[438] In dem oft kopierten Kommentar kritisiert er die „Minibar" bei dem Festival Parookaville und argumentiert, dass es nicht nur um einen Gag gehe, sondern um eine Zurschaustellung ohne künstlerische Leistung. Darüber hinaus wird von ihm suggeriert, dass die Kleinwüchsigen keine Barkeeper-Profis seien. Die Benennung der Bar als „Minibar", das Tragen von Kostümen und der Fokus auf den Verkauf von sog. „Kurzen" hätten laut dem Protagonisten nichts mit Gleichberechtigung oder Inklusion zu tun. Die Kritik richtet sich auch an die VeranstalterInnen, die Stadt und die Rechtsprechung, die solche Praktiken tolerieren würden. Überdies betont er, dass eine Akzeptanz solcher Handlungen, sei es sexistisch, rassistisch oder behindertenfeindlich, nicht gerechtfertigt sei, auch wenn einzelne betroffene Personen sich dafür entscheiden, daran teilzunehmen. Der Kommentar verweist zudem auf historische Praktiken der „Präsentierung" von Kleinwüchsigen (vgl. den Bezug auf die sog. „Liliputaner-Stadt" mit entsprechender Quellenangabe[439]) und argumentiert, dass die Menschenwürde verletzt werde, wenn man solche Verhaltensweisen nicht anprangere. In seiner accountive Positionierung verteidigt Peter Brownbill (als einer der Eigentümer

[437] Eine solche intentionale bösartige Fremdpositionierung (z. B. Anspielungen auf die Reichweite, die angeblich wichtiger sei als die Hilfe für Andere, die oft durch euphemistische Aussagen mit Antithese realisiert werden) ist in vielen Online-Gesprächen in Bezug auf InfluencerInnen und bekannte AktivistInnen mit starkem Voice ganz typisch.

[438] Es geht um den etwas längeren Kommentar, der im Beleg 115 vollständig wiedergegeben wurde und mit den Worten „Sie sagen sogar selbst, dass sie gar keine Barkeeper-Profis sind" beginnt. In weiteren Belegen wird er in gekürzter Form präsentiert.

[439] Die sog. „Liliputaner-Stadt" existierte bis in die 90er Jahre in einem Freizeitpark in Rheinland-Pfalz. Kleinwüchsige Menschen wurden dort wie Märchenfiguren ausgestellt. Im Jahr 1992 hatte das Verwaltungsgericht Neustadt die Show als grundgesetzwidrig verboten. Daraufhin gab es viele Proteste, u. a. von Kleinwüchsigen, von denen einige klagten, „dass ihnen so ihre Lebensgrundlage entzogen wird". (Quelle: https://sz-magazin.sueddeutsche.de/gesellschaft-leben/besuch-in-der-kleinstadt-79783).

und Betreiber der „Minibar") die OrganisatorInnen der Veranstaltung und wirft Michel Arriens vor, die Aktionen der Gruppe zu diskreditieren und sie als schädlich für die Behindertengemeinschaft darzustellen (vgl. „Nö, Du versuchst uns in eine Schublade zu stecken, die dreckig ist."). In seinem abschließenden Kommentar verweist er ironisch auf Michel Arriens implizite Selbstpositionierung als Botschafter für MmB (vgl. die Worte von Michel Arriens: „In jedem einzelnen Beitrag schreibe ich, dass es mir um die Verantwortung der Veranstalter*innen, der Stadt und der Rechtsprechung geht."). Dabei spielt er auf dessen Arbeit als Moderator im Privatfernsehen und als Profi-Fotograf an und suggeriert, dass ihm diese gewinnbringenden Beschäftigungen wichtiger seien als die Hilfe für Menschen mit Behinderungen, von der er in seinen Beiträgen häufig spricht. Somit kommt es erneut zur absichtlichen bösartigen Fremdpositionierung von Michel Arriens – als angeblich „falschem" Verteidiger und Botschafter für/von Menschen mit Beeinträchtigungen, der in Wirklichkeit nur an Profit und Eigeninteresse denke und der ein „Wahrheitsmonopol" zu beanspruchen scheine:

**Beleg 115:** *Kommentare zum FB-Beitrag von @michelarriens.de (21.07.2018)*
Fabian Werner
Aller guten Dinge sind drei. Kleinwüchsige stellen sich selbst aus eigenem Willen und Überzeugung in ein lustiges Licht. Ich fürchte bei deinen Beiträgen geht es mittlerweile viel zu sehr um Reichweite als um das wesentliche.

Michel Arriens
Sie sagen sogar selbst, dass sie gar keine Barkeeper-Profis sind. Ich finde den Artikel gerade nicht. Aber sie meinten in einem Interview, dass sie keine Cocktails etc. mixen können. Es geht hier einfach nur um den Gag, nicht darum etwas besonders gut zu können. Sollen sie doch mit anderen Barkeeper*innen Getränke verkaufen. Kein Ding. Es aber Mini-Bar zu nennen, nur „Kurze" zu verkaufen, in Kostümen aufzutreten und letztlich ohne jegliche „künstlerische Leistung" (obwohl es als solche bezeichnet wird = wohl weil sie klein sind) auch noch aufzutreten. Hey, da kann mir niemand mehr sagen, dass es um ein geiles Miteinander oder Kunst geht, sondern um eine Form von Zurschaustellung. Eine Parallelwelt, die geschaffen wird, um das betrunkene, nichtkleinwüchsige Partyvolk zu amüsieren. „Gehen wir uns da mal unsere Shots kaufen, weil die Barkeeper so lustig aussehen." Das hat nichts, aber auch gar nichts mit Gleichberechtigung oder Inklusion zutun. Diese Erkenntnis erwarte ich nicht unbedingt von den kleinwüchsigen Menschen. Aber von den Veranstalter*innen, der Stadt und letztlich auch von der Rechtsprechung. Und nur weil sich einzelne Menschen sexistisch, rassistisch, frauenfeindlich, behindertenfeindlich oder weiß der Geier behandeln lassen heißt das doch nicht, dass

wir das akzeptieren müssen. Weil sich einige Frauen in der Autowerbung nackig zeigen oder als „Muschi" bezeichnen lassen, können wir doch nicht dann folglich mit allen Menschen wieder so umgehen und Sexismus einfach cool finden? Bis in die Neunzigerjahre wurden kleinwüchsige Menschen ausgestellt wie Märchenfiguren – in Deutschlands einziger „Liliputaner-Stadt". Die Menschen haben es damals natürlich freiwillig gemacht. Ist es damit ok Menschen so zu behandeln und sollte sich das Recht dann raushalten, obwohl die Menschenwürde hier massiv verletzt wird? https://sz-magazin.sueddeutsche.de/gesellschaft-leben/besuch-in-der-kleinstadt-79783

Peter Brownbill
@Michel Arriens Der Spam mit der Liliputaner-Stadt um unsere Aktion zu diskreditieren ist genauso dämlich wie die Argumentation mit dem Zwergenwerfen vom BKMF, die mehr als deutlich von der Gemeinde Weeze und allen beteiligten Institutionen abgeschmettert wurde.

Michel Arriens
@Peter Brownbill Das ist kein Spam, sondern leider so gewesen.
[...]

Peter Brownbill
@Michel Arriens Nö, Du versuchst uns in eine Schublade zu stecken, die dreckig ist.

Michel Arriens
@Peter Brownbill In jedem einzelnen Beitrag schreibe ich, dass es mir um die Verantwortung der Veranstalter*innen, der Stadt und der Rechtsprechung geht. Dass ihr es ok findet euch vorzuführen kann ich nicht ändern.

Peter Brownbill
@Michel Arriens jaja natürlich es geht Dir wie immer nur um die Veranstalter 😂 Das Ihr nebenbei Existenzen zerstört und ein Monopol aufbaut ist ein netter Nebeneffekt 😉 Lieber ein primitiver Barkeeper als ein sogenannter Moderator der sich für ein „Bauer sucht Frau" Format vor den Karren spannen lässt oder als „profi" Fotograf tolle Bilder für die Bildzeitung schiesst, und sich dafür gut bezahlen lässt und natürlich immer nur das wohl von 1000000 Kleinwüchsigen im Auge hat 😉 Du hast den Grimme Preis verdient 😘

Auch in den übrigen Beispielen der Anschlusskommunikation unter den zwei analysierten sozialmedialen Postings von Michel Arriens überwiegen, ähnlich wie in den Mainstream-Medien, solche Kommentare, die die ganze Aktion der „Minibar"-Betreiber unterstützen. Allerdings gibt es hier, im Vergleich zur Anschlusskommunikation unter dem FB-Posting von „Der Spiegel", definitiv mehr Kommentare anderer Menschen mit Beeinträchtigungen. Die Barkeeper fungieren in den meisten Einträgen als solche Stanceobjekte, die trotz ihrer Behinderung das Recht auf Individualität und Selbstbestimmung hätten und selbst über ihre Arbeit entscheiden sollten. Darüber hinaus wird den InklusionsaktivistInnen und einigen Behindertenorganisationen in vielen Kommentaren vorgeworfen, dass sie sich das Recht anmaßen würden, zu entscheiden, wie sich MmB selbst definieren und wahrnehmen und wie sie in der Gesellschaft funktionieren sollen. So zum Beispiel fragt rhetorisch die Nutzerin @Uli Gasper etwas provokativ: „Und wer sind diese Wir? Alle? Alle die Deiner Meinung sind?" (vgl. Beleg 116). Damit erfolgt erneut eine absichtliche Fremdpositionierung vieler AktivistInnen und Organisationen, die darauf den Anspruch erheben würden, zu definieren, was Behinderung sei, und zu entscheiden, wie MmB zu leben haben und wie sie sich selbst wahrnehmen sollten (vgl. Hinweise auf die Wir-sie-Gegenüberstellung auch unter den Menschen mit Beeinträchtigungen). Gleichzeitig wird in dieser Aussage wieder versucht, den Begriff „Inklusion" zu bestimmen. Die Nutzerin begreift sie als die Möglichkeit, sich selbst in jeder Weise zu definieren und allein zu entscheiden, ohne dass man sich unter der „Vormundschaft von Organisationen" fühlt, die zugunsten von Menschen mit Behinderungen arbeiten (vgl. die rhetorische Frage „ist das dann nicht auch irgendwie Bevormundung?"[440]).

> **Beleg 116:** *Kommentar zum FB-Beitrag von @michelarriens.de (21.07.2018)*
> Uli Gasper
> [...] Ich habe den Eindruck, das sich die Akteure eben nicht behindertenfeindlich behandelt fühlen sondern das ganz anders sehen als Du. Und wer sind diese Wir? Alle? Alle die Deiner Meinung sind? Das heißt, alle die nicht Deiner Meinung sind haben automatisch Unrecht? Weil Du und diese Wir (die offensichtlich nicht Alle sind, denn es regt sich ja Protest) der Meinung sind, besser zu wissen was für andere Kleinwüchsige gut ist – ist das dann nicht auch irgendwie Bevormundung? War Inklusion nicht eben das auch Leute mit Besonderheiten/Einschränkungen ein freies selbstbestimmtes Leben führen können? Beinhaltet das nicht auch, einen Lebensstil zu führen der anderen vielleicht nicht passt? Woher nimmst Du (und diese undefinierten „Wir") das Recht, anderen vorzuschreiben was sie zu tun haben?

[440] Laura Gehlhaar, eine bekannte Inklusionsbloggerin und behinderte Autorin, die sich in ihrem FB-Posting vom 21.07.2018 auf den Fall der „Minibar" und die Diskussion über die Akzeptanz von Menschen mit Behinderungen und ihre Gleichstellung in der Gesellschaft bezieht, spricht in diesem Zusammenhang sogar von einem „politischen Kontext" und in einem der Diskussionsstränge sagt sie: „Leider wird hier nicht verstanden, dass Behinderung im politischen Kontext gesehen und verstanden werden muss, um Diskriminierung nachhaltig abzubauen" (Quelle: https://www.facebook.com/lagehlhaar; 35 Reaktionen und 49 Kommentare; Datum des Zugriffs: 10.05.2023).

Das Thema der persönlichen Freiheit und Selbstbestimmung wird auch z. B. von der Nutzerin @Jacqueline Maslow aufgegriffen, die argumentiert, dass es ihrer Ansicht nach wichtig sei, sich nicht zu verstecken, sondern sichtbar zu sein, um Anderen (nicht-behinderten Menschen) zu zeigen, dass man genauso wie sie ist, auch wenn man anders aussieht (vgl. Beleg 117). In ihrer Kritik an dem Verhalten und den Ansichten von Michel Arriens zieht sie auch Parallelen zur Geschichte der Frauenbewegung und sieht die Aktion der kleinwüchsigen Personen als „künstlerischen Ausdruck" und eine Art Kampf um Gleichberechtigung:

**Beleg 117:** *Kommentar zum FB-Beitrag von @michelarriens.de (21.07.2018)*
Jacqueline Maslow
Wenn es darum geht das man sich nicht zur schau stellt. Dann dürfte niemand rausgehen der etwas anders aussieht. Sorry aber nur wenn ich neue Dinge zeige und mache können die Menschen sich an einen gewöhnen. Ich muss präsent sein um den anderen zu zeigen, ich bin genauso wie ihr nur kleiner oder sonst was. Ich kann nicht erwarten das die Gesellschaft mich so akzeptiert wenn ich selber anderen was vorschreibe. Jeder Mensch sollte das Recht haben, dass zu machen was er will. Gerade du Michel Arriens solltest es doch wissen was es bedeutet von jemanden anderen vorgeschrieben zu bekommen wozu du geeignet bist und wozu nicht. Ich kann nicht begreifen wie man es dann selber an anderen Menschen macht. Zudem war es mit den Frauen damals auch so. Man muss für etwas kämpfen und ich finde es steht sehr gut dafür zu sagen „Wir sind hier und wollen das machen wozu wir bock haben". Zudem ist es für mich etwas Künstlerisches. Auch wenn sie nur kurz auszuschenken. Das hat in meinen Augen gar nichts mit der größe zu tun. Vielleicht wollen sie einfach damit werben und nicht durch ihre Größe die Aufmerksamkeit auf sich ziehen. [...]

Ähnlich wie in der Anschlusskommunikation unter Beiträgen in den Massenmedien wird auch in diesem Kommentarbereich viel Wert auf Sarkasmus und (Selbst-)Ironie gelegt. Viele Menschen mit Behinderungen, oder ihre BetreuerInnen, positionieren sich in ihren Mikronarrativen mehr oder weniger explizit und oft unter Bezugnahme auf ihre eigene Geschichte und Erfahrungen als starke Personen, die imstande seien, mit der Behinderung und deren Auswirkungen umzugehen, was u. a. durch Selbstironie erreicht werden kann. So zum Beispiel wirft die Nutzerin @Eva Marie die Frage nach dem „Sprechen über Behinderung", dem Abbau von Schamgefühlen sowie der quasi „therapeutischen" Rolle von „Lachen über sich selbst" bei vielen Menschen mit Behinderungen auf:

> **Beleg 118:** *Kommentar zum FB-Beitrag von @michelarriens.de* (21.07.2018)
> Eva Marie
> Da sie es freiwillig und scheinbar auch als Aktionskunst machen, habe ich damit kein Problem. Es ist provokant, keine Frage. Aber mir ist es immer lieber, über Behinderung wird gesprochen, als wenn es beschämt und mit gesenktem Kopf totgeschwiegen wird. Mein Sohn ist geistig behindert und Autist und ohne eine gehörige Portion (Galgen-) Humor wäre ich bestimmt schon wahnsinnig geworden.

Gleichzeitig kommt es in einigen Kommentaren zur absichtlichen Fremdpositionierung von VertreterInnen vieler Behindertenorganisationen oder -verbände als Menschen, die nicht nur ein bestimmtes Makronarrativ über die Behindertengemeinschaft in den Medien durchsetzen würden, sondern auch versuchen, Einfluss darauf zu nehmen, worüber man lachen dürfe und worüber nicht. Im Beleg 119 dreht sich das Gespräch um die Themen Diskriminierung, Humor und persönliche Verantwortung. Die Userin @Julia Gruner argumentiert, dass Handlungen nicht als diskriminierend betrachtet werden sollten, solange sie freiwillig und mit Freude ausgeführt werden, selbst wenn sie von außen als befremdlich wahrgenommen werden. Um ihre Argumentation zu unterstützen, bringt sie ein Beispiel aus ihrer eigenen Erfahrung an und zwar erinnert sie sich an ihren Besuch in einem Freizeitpark mit einem „Riesen" und zwei „Zwergen", die laut der Kommentarautorin Spaß an ihren Rollen hatten. Ein anderes analogisierendes Argument der Benutzerin bezieht sich auf KomikerInnen in Kabaretts und/oder Comedy-Shows, die ihrer Meinung nach oft über alle denkbaren Unterschiede und „Unzulänglichkeiten zwischen den Menschen" scherzen, ohne dass sich jemand darüber aufregt oder sich beleidigt fühlt. Die Userin argumentiert weiter, dass es letztendlich darum gehe, wie man sich selbst behandeln lasse, und dass man nicht immer versuchen sollte, andere vor ihrem eigenen „Unglück" zu bewahren, was wiederum eine Anspielung auf die angeblichen Versuche vieler InklusionsaktivistInnen ist, die Lebenshaltung von Menschen mit Behinderungen zu beeinflussen. Auf die in der Diskussion wiederholten Argumente von Michel Arriens (vgl. die oben erwähnte „Copy-and-Paste-Strategie" von Auszügen seines eigenen Kommentars), in denen der Autor zur Nicht-Akzeptanz bestimmter Verhaltensweisen aufruft, die seiner Meinung nach die gesamte Community der Lächerlichkeit preisgeben würden, reagiert @Julia Gruner mit dem Argument, dass gewisse Einstellungen und Lebenshaltung eines Menschen seine persönliche Entscheidung seien (vgl. „Wer sich aber freiwillig so behandeln lässt, dem ist momentan nicht zu helfen.“) und solange dies ein freiwilliges Verhalten sei, könne man schwerlich von der von Michel Arriens suggerierten „Erniedrigung“ der ganzen sozialen Gruppe sprechen. Darüber hinaus kommt es in demselben Gesprächsstrang erneut zur absichtlichen bösartigen Fremdpositionierung von Michel Arriens als „falscher“ Botschafter für MmB (vgl. „Aber er steht innerlich überhaupt nicht dazu“), dessen Botschaften voller Widersprüche seien, der „an der Leine“ der Big Media geführt werde und nur solche „Witze über Kleinwüchsige“ mache, die von Medienmachern akzeptiert würden. @ Peter Brownbill, der oben erwähnte Behindertenaktivist und Schauspieler, argumentiert noch dazu, dass ein solches Verhalten seine Glaubwürdigkeit beeinträchtige und für viele eine „gnadenlose Angriffsfläche“ biete.

**Beleg 119:** *Kommentare zum FB-Beitrag von @michelarriens.de (21.07.2018)*
Julia Gruner
[...] Wenn jemand etwas freiwillig und mit Freude tut, auch wenn es für den anderen erstmal befremdlich erscheint, dann ist es für mich keine Diskriminierung mehr. Das ist wie in dem kleinen Mittelalter-Freizeitpark, den es kurzzeitig in unserer Nähe gab. Dort gab es einen „Riesen“ und zwei „Zwerge“. Die drei hatten einen Heidenspaß in ihrer Rolle. Also warum nicht? Wenn es danach ginge, dürften sämtliche Kabarettisten und Comedians nicht mehr auftreten. Wir beeumeln uns über Kaya Yanar, Mittermaier, David Jones und Co., aber dass sie mit ihren Scherzen genau auf den Unterschieden und teils Unzulänglichkeiten zwischen den Menschen rumreiten, daran stört sich niemand.

Michel Arriens
Aber nur weil sich einzelne Menschen sexistisch, rassistisch, frauenfeindlich ... [WIEDERHOLUNG]

Julia Gruner
@Michel Arriens es geht immer um einen selbst, wie man sich behandeln lässt, aber mitunter kann man nicht immer mit erhobenen Zeigefinger die anderen vor ihrem „Unglück“ bewahren. Nur weil es zarte Wesen gibt, die sich gerne im Pornogewerbe verausgaben und sich auch so behandeln lassen, so ist nicht grundsätzlich jede Frau ein Fickstück, keine Frage. Und vielleicht findet besagte zarte Dame in zehn Jahren ihre Pornokarriere nicht mehr ganz so doll. Vielleicht finden die Herren ihre Mini-Bar in fünf Jahren auch nicht mehr so doll. Aber das liegt dann an denen, nicht an dir. Ich finde toll, wofür du kämpfst, aber manchmal ist es es die falsche Baustelle. Wenn Menschen erniedrigt werden, die das nicht wollen, so ist das gerechtfertigt. Wer sich aber freiwillig so behandeln lässt, dem ist momentan nicht zu helfen.

Peter Brownbill
@Michel Arriens Der grösste Widerspruch in sich. Michel macht Witze über Kleinwüchsige, weil ihm Leidmedien ua. es vormachen. Aber er steht innerlich

> überhaupt nicht dazu. Eines Deiner grössten Fehler. Mach es dich nicht, wenn Du Magengrummeln dabei hast, nur weil ein Aktivisten-Mentor sagt, das es schick ist. Das macht Dich komplett unglaubwürdig und bietet insbesondere mir gnadenlose Angriffsfläche 😬

In eine ähnliche Richtung geht ein anderer Beitrag, in dem Peter Brownbill *affordances* der Facebook-Plattform ausnutzt und einen Screenshot von der Twitter/X-Plattform in einen der Gesprächsstränge einfügt. In seinem kurzen Eintrag macht er eine sarkastische Bemerkung über Arriens vermeintliches Monopol auf „Kurze" (vgl. Abb. 32 / Beleg 120). In dem Originalbeitrag, der von einem anderen bekannten Aktivisten Raul Krauthausen, ebenfalls einer kleinwüchsigen Person, veröffentlicht wurde, sind beide Aktivisten zu sehen, die wahrscheinlich in einer Berliner Bar lächelnd für ein Foto posieren. Die humorvolle Formulierung „Drei Kurze" ist dabei eine Anspielung auf die doppelte Bedeutung des Substantivs.

Obwohl, wie oben erwähnt, die Mehrheit der Kommentierenden die Möglichkeit der Selbstbestimmung und eigenständigen Entscheidungen der „Minibar"-Betreiber unterstützt, gibt es auch viele Zweifel am Verhalten der behinderten Barkeeper und am allgemeinen Sinn der gesamten Kampagne. Eines der Themen, bei denen man sich besondere Sorgen über ein mangelndes Verständnis seitens der nicht-behinderten Mehrheit macht, ist das bereits erwähnte Motiv der Selbstironie vieler Menschen mit Beeinträchtigungen und wie sie von gesunden Menschen wahrgenommen wird. Die Userin @Natalie Tholen (vgl. Beleg 121) betont in ihrem Kommentar, dass jede Form der Ausgrenzung gegenüber Anderen immer in den Köpfen der einzelnen Menschen entstehe. Gleichzeitig selbstpositioniert sie sich implizit als eine offene Person, die sich selbst als Verbündete von MmB wahrnimmt und in den Barkeepern „erst mal nur Menschen [sieht], die ihren Schnaps verkaufen wollen". Dabei glaubt sie, dass sie das Recht haben sollten, dies zu tun, ohne dass ihre eigenen Rechte und Möglichkeiten eingeschränkt werden. Einerseits versucht die Kommentarautorin die Tatsache zu schätzen, dass die Anwesenheit von Menschen mit Behinderungen bei großen Massenveranstaltungen dazu beiträgt, Barrieren abzubauen. Andererseits drückt sie ihre Besorgnis aus, dass es immer Menschen geben werde, die sich z. B. über kleinwüchsige Menschen lustig machen und die Botschaft der ganzen Aktion nicht verstehen, weil sie vermutlich keine richtige Zielgruppe sind (vgl. den Satz: „Wer seinen Auftritt

**Abb. 32 [Beleg 120]:** Kommentar zum Twitter/X-Beitrag von @michelarriens.de (21.07.2018).

Peter Brownbill
Sorry, mir war nicht klar das Du das Monopol auf „Kurze" hast.

also zur Antidiskriminierung nutzen möchte, tut gut daran, sich genau seine Zielgruppe anzuschauen."). Darüber hinaus seien solche Personen, wegen ihrer „emotionalen Einschränkung", nicht in der Lage, über äußerliche Merkmale hinauszusehen und „den Menschen im Menschen" zu erkennen. Der Kommentar kann in dieser Hinsicht als eine erzwungene Fremdpositionierung vieler Menschen mit Behinderungen betrachtet werden. Es ist nämlich oft der Fall, dass sie – nicht selten entgegen ihren eigenen Erwartungen – von der nicht-behinderten Mehrheit missverstanden werden und im Endeffekt sogar zum Opfer von Diskriminierung, Ausgrenzung oder Spott fallen können. Es kann besonders in Situationen passieren, in denen sie z. B. an öffentlichen Orten gewollt Selbstironie und Spaß zeigen mit dem Ziel, für Inklusion zu sensibilisieren und Hass oder Misstrauen abzubauen. Dieser Ansicht schließt sich die Mitrednerin @Iris Goldacker an, die ebenso ihre Besorgnis darüber ausdrückt, dass einige Menschen die Botschaft falsch verstehen könnten und annähmen, dass es für alle Kleinwüchsigen in Ordnung und lustig sei, sich selbst zur Karikatur zu machen. Darüber hinaus vergleicht sie dies mit anderen Situationen, in denen Personen sich selbst belustigen, aber betont, dass die Breitenwirkung einer solchen Bar größer sein könnte als die einer einzelnen Person mit einem unangebrachten T-Shirt. Auch in diesem Kommentar kann man die Sorge der kommentierenden Person spüren, dass die scheinbare Ironie solcher Darstellungen dazu führen könnte, dass andere Menschen die falschen Schlüsse ziehen oder unangemessene Einstellungen übernehmen.

**Beleg 121:** *Kommentar zum FB-Beitrag von @michelarriens.de (21.07.2018)*
Natalie Tholen
Rassismus, Sexismus oder Feindseligkeit gegen in irgendeiner Form besondere Menschen geht immer von den Köpfen der einzelnen Menschen aus. Ich z. B. sehe jetzt erst mal nur Menschen, die ihren Schnaps verkaufen wollen. Wieso sollen sie es auch nicht tun? Indem sie es nicht tun, schränken sie doch nur ihre eigenen Rechte und Möglichkeiten ein. Jeder, egal wie groß oder klein, krank oder gesund .... etc. hat doch das Recht sein Leben im Rahmen seiner Möglichkeiten so zu gestalten, wie er oder sie es möchte. Trotzdem möchte ich auch daran appellieren, im Interesse anderer Betroffener bei der Selbstdarstellung mit auf die Außenwirkung zu achten. Auch wenn hier im Grunde gerade nur drei Personen zu sehen sind, die Schnaps verkaufen, ein Großteil der Bevölkerung ist einfach nicht sensibel genug, den Menschen im Menschen zu sehen und wird sich unweigerlich auf die äußerlichen Merkmale konzentrieren. Wer seinen Auftritt also zur Antidiskriminierung nutzen möchte, tut gut daran, sich genau seine Zielgruppe anzuschauen. Ich persönlich glaube, dass bei einer Präsenz auf einem Festival sowohl Schranken und Berührungsängste

abgebaut werden können, während gleichzeitig andere sich darüber lustig machen. Es ist aber in erster Linie ein Problem dieser emotional eingeschränkten Menschen, dass sie nicht bis zum Kern des Menschen blicken können, quasi ein Spiegel ihrer eigenen emotionalen Behinderung.

Iris Goldacker
Also ich finde es problematisch, weil es bestimmt Menschen gibt, die von sowas die Message mitnehmen, dass es für alle Kleinwüchsigen völlig ok und witzig ist. Sich selbst zum Honk machen, joa, ich kann keiner Frau verbieten mit Häschenohren rumzulaufen oder einem Shirt, wo draufsteht „Tittenmäuschen“ (oder was weiß ich, hab da nicht so die Expertise). Selbst bei vorgeschobener Ironie ist das Problem, dass viele Menschen daraus die falschen Schlüsse ziehen. Und die Breitenwirkung einer solchen Bar ist sicher noch größer als die der einzelnen Frau mit einem dummen Shirt. [...]

Ähnlich sieht es in einem anderen Thread die Nutzerin @Anna Mendel (vgl. Beleg 122), die die Ansicht äußert, dass es nicht nur von Bedeutung sei, dass marginalisierte Gruppen überhaupt repräsentiert werden, sondern wie sie es machen (vgl. „Mag ich nicht. Representation matters. Und zwar nicht nur, das OB, sondern auch das WIE.“). Dazu betont sie, dass die ständige Darstellung dieser Gruppen in stereotypen Rollen wenig Veränderung bewirke und dazu führen könne, dass die nächste Generation dies als normal ansehen werde. Sie wünscht sich dazu, dass MmB, egal um welche Behinderung es sich handelt, in verschiedenen Bereichen des Lebens präsent sind, von der Politik bis zum Alltagsleben, um eine vielfältigere Darstellung zu erreichen.

**Beleg 122:** *Kommentar zum FB-Beitrag von @michelarriens.de (21.07.2018)*
Anna Mendel
Mag ich nicht. Representation matters. Und zwar nicht nur, das OB, sondern auch das WIE. Je öfter man marginalisierte Gruppen in vorgefertigte, seit Jahrzehnten gezeigte Bilder drängt, desto weniger ändert sich was. Dann kann die nächste Generation gar nicht anders als das als normal zu sehen. Ich will Kleinwüchsige als Moderatoren, als Schauspieler, im Alltag, an den Schulen, in der Politik sehen. Genauso wie Amputierte auf dem Laufsteg, Männer in den Hebammenschulen, Rollstuhlfahrerinnen in den Chefetagen. Solange Menschen (so wie hier) sagen „Haha, ist doch witzig, lass sie doch!“ werden Kleinwüchsige nur mehr solche Rollen einnehmen dürfen: Der Zwerg in der Märchenlandschaft, der Clown auf dem Mittelaltermarkt, der Mensch hinter der Minibar.

In der Analyse der Kommentarsektion unter den sozialmedialen Posting von Michel Arriens möchte ich mich noch auf den abschließenden Gesprächsstrang in der Diskussion bei Facebook beziehen (vgl. Beleg 123). Der User @Hawky Aequitas betont (in Form einer stillen Positionierung) seine Position als Verbündeter von MmB, indem er Verständnis für die Art und Weise äußert, wie die Barbetreiber mit ihren Lebensumständen umgehen. Dazu findet er ihre humorvolle Einstellung „absolut erfrischend". Er betont dabei, dass es wichtig sei, die Perspektive zu berücksichtigen und jedem Menschen das Recht zuzugestehen, mit seinem eigenen Schicksal auf seine eigene Art und Weise umzugehen. Diese erneute Anschuldigung gegen Michel Arriens, anderen MmB „vorzuschreiben", wie sie leben sollen, wird allerdings durch die Phrase „Nicht böse gemeint" abgemildert. Der Nutzer äußert jedoch auch Unbehagen darüber, wie sich das Publikum oft über die Betreiber amüsiere, obwohl sie ihren Job ernsthaft ausüben. Dies führt zur Diskussion darüber, ob eine solche Bar als Form der Unterhaltung akzeptabel sei oder ob sie als eine Art „Freakshow" betrachtet werden sollte, in der sich kleinwüchsige Menschen einfach zur Schau stellen. @Erika Scherwing bringt das Recht auf Gleichbehandlung und Humor ins Spiel und argumentiert, dass ihrer Meinung nach auch Menschen mit Beeinträchtigungen über ihre Behinderung Witze machen dürfen (vgl. die scheinbar analogisierenden Argumente wie „die härtesten Witze über Schwarze hat mir übrigens ein Nachbar erzählt der schwarz ist"). Gleichzeitig zeigt sie sich erstaunt über die Anzahl der gesunden Menschen, die sich über Witze empören würden, die von Menschen mit Behinderungen über ihre eigene Gruppe erzählt werden, weil sie sich wahrscheinlich zu stark an die Regeln der „politischen Korrektheit" halten. @Michel Arriens wirft jedoch in seiner *accountive positioning* erneut die Frage der „Zurschaustellung" von Menschen mit Beeinträchtigungen auf und stellt fest, dass seines Erachtens bestimmte Formen von Humor und Darstellungsgewohnheiten nicht gesellschaftlich akzeptiert werden sollten, selbst wenn sie von den betroffenen Personen stammen. Dabei kritisiert er nicht den Verkauf von Shots von MmB als solchen, sondern lenkt die Aufmerksamkeit der anderen GesprächsteilnehmerInnen auf die Sprache und die Namen, die in diesem Kontext absichtlich verwendet werden – die Benennung der Bar als „Minibar" sowie das damit verbundene Verkaufen von „Kurzen" – was in Verbindung mit den „Zirkus"-Kostümen, in denen die Barkeeper auftreten, unweigerlich dazu führen würde, dass diese Personen zwangsweise als Objekte des Spottes und des Witzes fremdpositioniert werden könnten (vgl. „Eine Parallelwelt, die geschaffen wird, um das betrunkene, nichtkleinwüchsige Partyvolk zu amüsieren."). Eine solche Situation habe, laut Arriens, nichts mit Gleichberechtigung oder Inklusion zu tun. Eine andere Userin (@Ria Matwich) schließt sich der Kritik an und stellt die Freiwilligkeit der Beteiligung infrage, indem sie den Vergleich zur Prostitution zieht und die Sensationslust des Publikums kritisiert.

**Beleg 123:** *Kommentare zum FB-Beitrag von @michelarriens.de (21.07.2018)*
Hawky Aequitas
Ich denke es ist ebenso das Recht jedes Menschen auf eben seine Art sein Schicksal zu bewältigen. Ich empfände es diskriminierend deren humorvolle Art, den alltäglichen Widrigkeiten zu begegnen, als nicht akzeptabel zu erachten. Ich persönlich empfinde diese Art absolut erfrischend. Ich verstehe den Wunsch einfach ganz normal angesehen zu werden ebenso, wie den Gedanken aus ihrem Schicksal ein Geschäft zu machen. Ich mag Menschen die auch über sich selber lachen können. [...] Ich glaube es kommt hier sehr auf die Perspektive an und ich finde es schade wenn Menschen sich nur dadurch schützen möchten, indem sie anderen mit selbem Schicksal, vorschreiben möchten wie sie damit umzugehen haben. Nicht böse gemeint aber jeder so wie er es für sich am besten empfindet. Ist meine Sicht auf die Dinge. Liebe Grüße.

Michel Arriens
Danke für deine ausführliche Meinung! ☺

Hawky Aequitas
@Michel Arriens ist echt ein schwieriges Thema, doch sollte es so sein das die „stars" der Show ihren Job gerne und mit Leib und Seele machen störte mich nur noch das sich darüber köstlichst amüsierende Publikum. Ich denke man könnte den beiden (wenn wie auf dem Foto zu sehen) die Wertschätzung ihrer Arbeit auch mit Worten und einem Händedruck bekunden. Dennoch offenbaren solche Gelegenheiten, allzu oft charakterliche Züge bei Menschen, von welchen man es nie gedacht hätte. [...]

Erika Scherwing
@Hawky Aequitas ... Du hast völlig recht! Es ist genau der gleiche Fall, wenn Nichtbehinderte sich darüber aufregen, wenn Behinderte Witze über ihre Behinderung machen .... schliesslich hat jeder das Recht, gleich behandelt zu werden. Und da gehört Humor auch dazu .... die härtesten Witze über Schwarze hat mir übrigens ein Nachbar erzählt der schwarz ist. Und die heftigsten Blondinenwitze habe ich von einer Blondiene. In manchen Fällen übertreibt die „political correctnes" einfach!

Michel Arriens
@Erika Scherwing Das ist ja auch okay wenn dir ein schwarzer Mann Witze erzählt. [...] Sollen die kleinwüchsigen Menschen doch mit anderen Barkeeper*innen Getränke verkaufen. Kein Ding. Es aber Mini-Bar zu nennen, nur „Kurze" zu verkaufen, in Kostümen aufzutreten und letztlich ohne jegliche „künstlerische Leistung" (obwohl

es als solche bezeichnet wird = wohl weil sie klein sind) auch noch aufzutreten. Hey, da kann mir niemand mehr sagen, dass es um ein geiles Miteinander oder Kunst geht, sondern um eine Form von Zurschaustellung. Eine Parallelwelt, die geschaffen wird, um das betrunkene, nichtkleinwüchsige Partyvolk zu amüsieren. „Gehen wir uns da mal unsere Shots kaufen, weil die Barkeeper so lustig aussehen." Das hat nichts, aber auch gar nichts mit Gleichberechtigung oder Inklusion zutun.

Ria Matwich
Das hat einfach etwas von „Freakshow" und zur Schau stellen zum Begaffen und da gehe ich davon aus, dass da die Freiwilligkeit ähnlich freiwillig ist wie bei Prostituierten die Prostitution. Die „Mini-Bar" gibt es, weil Menschen sowas witzig finden. Die Freakshows gab/gibt es auch weil Menschen andersartiges Anstarren wollen.

### 9.4.4 Zusammenfassung

Der Fall Michel Arriens und die präsentierte mediale und gesellschaftliche Debatte rund um die „Minibar" – eine Festivalbar, die von kleinwüchsigen Personen betrieben wird – zeigen exemplarisch, wie gespalten die öffentliche und gruppeninterne Wahrnehmung von Behinderung sein kann. Während manche dies als selbstbewussten Umgang mit Behinderung sehen, kritisieren andere – darunter Inklusionsaktivist Michel Arriens – die Aktion als diskriminierend und entwürdigend. Die Diskussion wirft also grundlegende Fragen zu Selbstbestimmung, (Selbst-)Ironie, medialer Darstellung und dem Umgang mit Stereotypen auf. Menschen mit Behinderungen werden als heterogene Gruppe sichtbar – mit verschiedenen Haltungen, Bedürfnissen und Strategien zur gesellschaftlichen Teilhabe.

Der Aktivist selbst schildert in seinem Mikronarrativ die „Minibar" als eine Form der Zurschaustellung ohne künstlerischen Mehrwert und vergleicht die Aktion mit rassistischen oder sexistischen Praktiken. Darüber hinaus betont er die Verantwortung von VeranstalterInnen und Behörden. Dabei wendet Arriens eine polarisierende Rhetorik und Wiederholungstechniken an, was Kritik an seinem Stil auslöst. Die Barkeeper selbst, die auch kleinwüchsige Personen sind, verstehen ihre Aktion als selbstbestimmte, humorvolle Selbstinszenierung und werfen Ariens Bevormundung und Selbstinszenierung vor.

In den Anschlussdiskussionen in sozialen Medien lassen sich zwei Lager beobachten. Einerseits sind es Befürworter der Idee der „Minibar", die in ihren Aussagen und oft persönlichen Mikronarrativen Selbstbestimmung, Humor und Inklusion durch Sichtbarkeit der MmB hervorheben. Andererseits finden sich auch Personen, die der Idee kritisch gegenüberstehen. Den Barkeepern wird u. a. Zurschaustellung oder strukturelle Diskriminierung vorgeworfen. Gleichzeitig ruft das Thema viele Diskussionen hervor, in denen solche Begriffe wie „Inklusion", „Menschenwürde" oder „Freiwilligkeit" zu Stanceobjekten werden.

## 9.5 „Sprache formt Realität, Sprache ist wichtig und bitte lasst uns anfangen, sie richtig zu benutzen"[441]. Sprache und Selbstbezeichnungen als Stanceobjekte in der kommunikativen Praxis der MmB-Community

Besonders seit den 1990er Jahren versuchen sowohl SpezialistInnen für inklusive Sprache als auch viele BloggerInnen und BehindertenaktivistInnen, die Verwendung von Sprachformen zu fördern, die den Betroffenen ein Gefühl von Vertrauen und Sicherheit vermitteln und keine weitere Quelle für Ausgrenzung oder Diskriminierung darstellen würden. Solche Sprachformen, die nach dem Online-Wörterbuch Diversity Arts Culture „von marginalisierten Gruppen als Eigenbenennung gewählt werden", gehören zu den sog. *Selbstbezeichnungen*. Im Gegensatz zu den oft nicht angemessenen oder sogar abwertenden *Fremdbezeichnungen* sollen sie „eine empowernde Funktion erfüllen und ein positives Zugehörigkeitsgefühl innerhalb der marginalisierten Gruppen erzeugen"[442]. Sowohl im deutschsprachigen Raum als auch in Polen werden in den letzten Jahren zahlreiche Leitfäden veröffentlicht, deren AutorInnen Ratschläge für die Verwendung behindertengerechter (bzw. neutraler) Sprachformen gegenüber MmB geben. Gleichzeitig wird in der Regel auf unangemessene und/oder veraltete Fremdbezeichnungen hingewiesen sowie auf Formulierungen, die von MmB als beleidigend oder diskriminierend empfunden werden könnten. Darüber hinaus befassen sich die meisten Leitfäden mit der Frage der angemessenen Benennung von nicht-behinderten Menschen, die im Zusammenhang mit Behinderung erwähnt werden. Dies betrifft vor

441 Das Zitat stammt aus einem der analysierten Postings (vgl. Beleg 135) und lautet im Original: „Język kształtuje rzeczywistość, język ma znaczenie i proszę zacznijmy go poprawnie używać."

442 Quelle: https://diversity-arts-culture.berlin/en/node/35 (Zugang: 06.05.2024).

allen Dingen die Situationen, in denen Menschen ohne Behinderung als „besser" oder „privilegiert" wahrgenommen werden könnten. Die folgende Übersicht basiert auf drei ausgewählten Online-Leitfäden für inklusive Sprache aus Deutschland, Österreich und Polen (vgl. Tab. 13).[443]

**Tab. 13:** Allgemeine Empfehlungen zur inklusiven Sprache in Bezug auf Menschen mit Behinderungen und ohne Behinderung. Eigene Ausarbeitung

| behindertengerecht/neutral | nicht (mehr) angemessen, mit beschönigenden Alternativ-Ausdrücken (u. U. veraltet) | pejorativ/ beleidigend oder diskriminierend |
|---|---|---|
| PL: osoba z niepełnosprawnością/z niepełnosprawnościami, osoba z niepełnosprawnością (z. B. słuchową, wzroku) | osoba niepełnosprawna, niepełnosprawny (-a); osoba ze specjalnymi/szczególnymi potrzebami, chory, zaburzony | inwalida/ inwalidka, kaleka, ułomny, sprawny inaczej, |
| PL: osoba bez niepełnosprawności/ osoba pełnosprawna (z. B. dziecko pełnosprawne) | normalny, zdrowy, sprawny fizycznie | |
| DE: Mensch mit Behinderung(en), Mensch mit Aktivitätseinschränkungen bzw. mit (Seh- oder Hör-) Beeinträchtigung[444] | behinderter Mensch, Behinderte(r), Mensch mit Handicap, gehandicapt, Mensch mit besonderen Fähigkeiten oder Bedürfnissen, gestört, krank | Invalide, Krüppel/ verkrüppelt, nicht normal, Pflegefall |
| DE: nichtbehindert/Mensch ohne Behinderung/nicht-behinderter Mensch | normal, gesund | |

[443] Quellen: https://takpelnosprawni.pl/wp-content/uploads/2022/03/Poradnik_S%C5%82owa-maja%CC%A8-moc.pdf, https://www.behindertenrat.at/wp-content/uploads/2017/11/Infos_Sprachgebrauch_Wording.pdf und https://leidmedien.de/begriffe-ueber-behinderung-von-a-bis-z/ (Zugang: 08.05.2024).

[444] Wenn es um die Bezeichnung „Menschen mit Beeinträchtigungen" geht, sind die Meinungen geteilt. Laut des Portals https://leidmedien.de ist die Beeinträchtigung „die körperliche Seite der Behinderung – das fehlende Bein oder die fehlende Sehkraft, die chronische Krankheit", während eine Behinderung eher mit der sozialen Dimension verbunden ist: „Barrieren behindern und schließen aus" (vgl. https://leidmedien.de/begriffe-ueber-behinderung-von-a-bis-z/).

In denselben Leitfäden finden sich auch Beispiele für neutrale, nicht angemessene oder beleidigende Fremd- und Selbstbezeichnungen in Bezug auf bestimmte Krankheiten oder Gesundheitszustände von MmB (vgl. Tab. 14).

**Tab. 14:** Beispiele von empfohlenen Bezeichnungen in Bezug auf Menschen mit Behinderungen mit bestimmten Erkrankungen oder Gesundheitszuständen

| behindertengerecht/neutral | nicht (mehr) angemessen, mit beschönigenden Alternativ-Ausdrücken (u. U. veraltet) | pejorativ/ beleidigend oder diskriminierend |
|---|---|---|
| PL: osoba niskorosła | | karzeł/karlica |
| PL: osoba z paraplegią (porażeniem dwukończynowym) | sparaliżowany/ sparaliżowana; osoba sparaliżowana | |
| PL: Osoba korzystająca z wózka inwalidzkiego / wózkowicz(-ka) | osoba przykuta do wózka inwalidzkiego | |
| PL: osoba głucha / osoba z niepełnosprawnością słuchu / osoba niewidoma | głuchy/głucha; ślepy/ślepa | |
| DE: kleinwüchsiger Mensch | | Liliputaner/ Zwerg/Kurze(r) |
| DE: der querschnittgelähmte Mensch (z. B. Sportler/-in) | der Querschnittgelähmte | |
| DE: auf einen Rollstuhl angewiesen / er oder sie benutzt einen Rollstuhl / er oder sie ist Rollstuhlfahrer/-in oder Rollstuhlbenutzer/-in | an den Rollstuhl gefesselt/ gebunden | |
| DE: der sehbehinderte Mensch (z. B. Lehrer/-in, Schüler/-in) | die/der Blinde; der/die Sehbehinderte | |
| DE: Mensch mit Lernschwierigkeiten | Mensch mit geistiger Behinderung | |

Die diskursive Praxis in den nachfolgend analysierten Social-Media-Beiträgen (vgl. 9.5.1–9.5.4) zeigt jedoch, dass die reflexive Bewertung u. a. der in zahlreichen Leitfäden vorgeschlagenen Sprachformen in Bezug auf MmB durch die Community selbst in vielen Fällen nicht offensichtlich und eindeutig ist. Viele Betroffene stehen den empfohlenen Formen kritisch gegenüber und machen in ihren Kommentaren und zahlreichen Mikronarrativen deutlich, dass sie selbst entscheiden wollen, wie sie über sich selbst sprechen und welche Bezeichnungen sie von nicht-behinderten Menschen erwarten. Unter den KritikerInnen gibt es solche, die sogar von einer „Auferlegung" bestimmter Selbstbezeichnungen durch die Gemeinschaft der Menschen mit Behinderungen selbst sprechen (und damit durch verschiedene Arten von Organisationen und Verbänden oder durch AktivistInnen selbst).

Das multimodale Textkorpus in den folgenden Kapiteln (vgl. 9.5.1–9.5.4) umfasst sechs sozialmediale Einträge von AktivistInnen/BloggerInnen mit Behinderungen (mit vier Beispielen von multimodalen Folien bei Instagram, die die textuellen Teile der einzelnen Postings ergänzen) und 77 ausgewählte Anschlusskommentare bzw. Gesprächsstränge unterschiedlicher Länge, die dem Gesamttextkorpus B entnommen wurden (jeweils 40 auf Deutsch und 37 auf Polnisch). Auf der Grundlage der Analyse der Namen der einzelnen teilnehmenden Nutzerprofile und einer allgemeinen Bewertung ihres Inhalts kann davon ausgegangen werden, dass 70–80 % der Kommentierenden, und damit gleichzeitig an der Thematik Interessierten, Menschen mit Behinderungen sind. Beteiligt an den Online-Gesprächen, die im Fokus der Analyse stehen, sind auch andere Personen, von denen die meisten sich moralisch als Verbündete von Menschen mit Behinderungen positionieren. Meistens sind es Eltern von Kindern mit Behinderungen, Freunde und Bekannte von MmB oder Familienmitglieder. In den Diskussionen unter zwei Postings der Aktivistin und Bloggerin mit Autismus-Spektrum-Störungen Ida Tymina (bei IG als @ida_ma_autyzm)[445] vom Oktober und November 2022 geht es um unterschiedliche Perspektiven und sprachliche Präferenzen der Betroffenen selbst im metapragmatisch ausgerichteten Diskurs (v. a. über Autismus und die ihn begleitenden Erscheinungen). Das zweite analysierte Fallbeispiel im polnischen Textkorpus (vgl. den Beitrag der Bloggerin und Aktivistin Malwina Łapińska/@nie.pelnosprytna sowie die Anschlussdiskussion vom Januar 2023) fokussiert dagegen die

[445] Auf der Plattform Twitter/X erscheint die Bloggerin unter dem Pseudonym @idatym (vgl. 8.2.2.1).

Problematik der Fremd- und Selbstbezeichnungen bezüglich der sog. sichtbaren und nicht-sichtbaren Behinderungen. Darüber hinaus thematisiert die Autorin verschiedene, oft als beleidigend empfundene und in der Regel veraltete Selbst- und Fremdbezeichnungen in Bezug auf die Community, die trotz zahlreicher Aufklärungskampagnen im öffentlichen Raum immer wieder auftauchen. Das deutsche Textkorpus bilden drei sozialmediale Beiträge mit ausgewählten Anschlusskommentaren. Luisa L'Audace/@luisalaudace, eine deutsche Behindertenaktivistin und Bloggerin, spricht in ihren Posts vom Februar 2022 und September 2021 unter anderem das Problem der Euphemisierung[446] vieler Begriffe an, die sich auf Menschen mit Behinderungen im öffentlichen Raum beziehen. Dies hängt nach Ansicht der Autorin mit der Auferlegung bestimmter sprachlicher Formen auf die Community zusammen, wodurch diese dazu gezwungen werde, nur „politisch korrekte" Formen zu verwenden. Darüber hinaus setzt sich die Bloggerin mit einer Reihe von englischsprachigen Begriffen auseinander, die sich auf Menschen mit Behinderungen beziehen. Einer der am häufigsten vorkommenden Termini im deutschen medialen Raum ist die Selbstbezeichnung „able-bodied". Das Problem der Euphemismen in der Kommunikation über und unter Menschen mit Behinderungen und der besonders populären Anglizismen wird auch von einer anderen Behindertenaktivistin und Expertin Jana Sophie/@nocolon.stillrollin in ihrem Beitrag vom Januar 2024 angesprochen.

### 9.5.1 „Ich persönlich sage, dass ich behindert bin". Autismus aus der Perspektive der Betroffenen (@ida_ma_autyzm)

In den ersten zwei analysierten IG-Beiträgen (vom 06.10.2022 und 23.11.2022[447]) wird u. a das Problem der Kommunikation über autistische Menschen

[446] Nach Rada (2021) bedeutet der Begriff „eine sprachliche Strategie, die den Einsatz von sprachlichen Mitteln mit verhüllender, verschleiernder, beschönigender, abschwächender Funktion im öffentlichen Sprachgebrauch meint."

[447] Quelle: https://www.instagram.com/p/CjXJVYtIn2w/ (1.064 Reaktionen und 103 Kommentare; Datum des Zugriffs: 16.05.2023) und https://www.instagram.com/p/ClS9Kb_oWZ0/ (618 Reaktionen und 48 Kommentare; Datum des Zugriffs: 16.05.2023).

thematisiert.[448] Die Autorin erörtert das Problem bestimmter Selbstbezeichnungen, die ihrer Ansicht nach für diese soziale Gruppe besonders geeignet wären. Am Anfang erklärt die Bloggerin, dass sie das Thema jahrelang vermieden habe, bis ein Artikel von australischen ForscherInnen veröffentlicht wurde, die konkrete sprachliche Empfehlungen vorschlugen. Darüber hinaus wird in dem Eintrag darauf hingewiesen, dass die Art und Weise, wie über Autismus diskutiert wird, in verschiedenen gesellschaftlichen Gruppen unterschiedlich sei und es selbst in der Medizin eine uneinheitliche Terminologie gebe. Sogar die neueste medizinische Klassifikation sei in Polen laut der Autorin noch nicht vollständig umgesetzt worden und es herrsche ein großes Chaos bei der Namensgebung. Die Bedeutung der individuellen Präferenzen autistischer Personen in Bezug auf ihr „Selbstdefinieren" wird ebenfalls hervorgehoben, aber gleichzeitig wird darauf hingewiesen, dass ForscherInnen den von der Mehrheit der autistischen Gemeinschaft bevorzugten Fachwortschatz nicht ignorieren sollten. Die Autorin schlägt dazu vor, dass die Terminologie inklusiv, nichtdiskriminierend und spezifisch sein und die Integrität der autistischen Personen berücksichtigen sollte. Abschließend ermutigt sie sowohl die ForscherInnen als auch ihre FollowerInnen dazu, freundlichere Fachtermini bezüglich autistischer Personen zu verwenden, was als stille Selbstpositionierung als Botschafterin von MmB gedeutet werden kann. Überdies kommt es in ihrem Beitrag zur vorwiegend stillen und moralischen Selbstpositionierung als Spezialistin in Sachen „Autismus und nicht-sichtbarer/unsichtbarer Behinderungen" (es wird u. a. zu Autoritätsargumenten in Form von wissenschaftlichen Quellen gegriffen). Dabei bezieht sich die Autorin auf eigene Erfahrungen mit dem entsprechenden Sprachgebrauch sowie intentional und eher explizit auf sprachliche Formen, für die ihres Erachtens sensibilisiert werden sollte, wodurch sie gleichzeitig eine moralische Positionierung als Spezialistin in Sachen Autismus betreibt. Ergänzt wird der gesamte Eintrag durch Hashtags, die hier v. a. als themensetzende Positionierungsmittel zu verstehen sind.

---

[448] Dabei gehe ich nicht weiter auf den zweiten Beitrag von @ida_ma_autyzm ein, da er sich praktisch mit dem gleichen Thema befasst. Darin analysiert die Bloggerin, wie und warum Autismus anders als eine Störung betrachtet werden könnte. Dabei fügt sie einige gängige stereotype Behauptungen über Autismus hinzu und versucht, ihr Publikum mit diesen zu konfrontieren. In der Analyse wird auf ausgewählte Kommentare aus beiden Postings verwiesen.

**Beleg 124:** *IG-Beitrag von @ida_ma_autyzm (06.10.2022)*
ida_ma_autyzm
Jest pewna sprawa, której poruszania do pory unikałam – chociaż jest ważna i często jestem o nią pytana. Unikałam, bo sprawa wydawała się zbyt zapalna i nie byłam pewna, czy to dobry moment, żeby coś twardo powiedzieć w tej kwestii. [...] Chodzi o to, jak mówić o osobach autystycznych, a właśnie ukazał się artykuł australijskich badaczy zawierający bardzo dobre rekomendacje dla innych naukowców. [...]

Do tej pory było tak, że sposoby mówienia o autyzmie bardzo różniły się w różnych grupach, w których zmiany zachodziły w różnym tempie. Wystarczy wspomnieć, że wielu z nas odrzuca już mówienie o autyzmie jako o zaburzeniu, podczas gdy wielka tegoroczna nowość w medycynie, klasyfikacja ICD-11, dopiero co zmieniła nazwę autyzmu na „autism spectrum disorder“. A do polskiej praktyki lekarskiej nawet ta ostatnia jeszcze nie weszła, bo nie ma jeszcze naszego tłumaczenia tego dokumentu.

Więc dla mnie obecna sytuacja z nazewnictwem to irytujący chaos. Oczywiście jest też kwestia indywidualnych preferencji, i tu trzeba powiedzieć jasno: jeżeli dana osoba autystyczna preferuje jakiś określony sposób zwracania się do niej i mówienia o niej, to wypada się tego trzymać. Jednak jak słusznie zauważają autorzy wspomnianego artykułu, nie powinno być to wymówką dla ignorowania przez badaczy terminologii preferowanej od dłuższego czasu przez większość autystycznej społeczności.

A o jaki sposób mówienia w ogóle chodzi? Włączający, niedyskryminujący, konkretny i uwzględniający fakt, że autyzmu nie da się oddzielić od osoby. Więcej na grafikach w poście.

Jeśli naukowcy, standardowo posługujący się językiem precyzyjnym i neutralnym, ale przez to też konserwatywnym, mogą zacząć stosować terminologię przyjazną osobom autystycznym, to dlaczego cała reszta społeczeństwa miałaby nie być w stanie tego zrobić? Spróbujmy, zachęcam!

#autyzm #psychologia #psychiatria #medycyna #neurobiologia #pediatria #pedagogika #oświata #nauka #actuallyautisticpl #actuallyautistic

*/ Es gibt ein Thema, das ich bisher vermieden habe anzusprechen – obwohl es wichtig ist und ich oft danach gefragt werde. Ich habe es vermieden, weil mir das Thema zu aufrührerisch erschien und ich nicht sicher war, ob es der richtige Zeitpunkt war, etwas Konkretes zu diesem Thema zu sagen. [...] Es geht darum, wie man über autistische Personen sprechen sollte, und ein Artikel von australischen Forschern[449] mit sehr guten Empfehlungen für andere Forscher ist gerade veröffentlicht worden. [...]*

---

[449] Bei der Übersetzung des Textes habe ich in der deutschen Version bewusst auf die weiblichen Formen verzichtet, da die Autorin sie selbst nicht verwendet.

*Bisher war es so, dass die Art und Weise, wie über Autismus gesprochen wurde, in den verschiedenen Gruppen sehr unterschiedlich war und sich in unterschiedlichem Tempo verändert hat. Es genügt zu erwähnen, dass viele von uns es bereits ablehnen, von Autismus als einer Störung zu sprechen, während die diesjährige große Neuigkeit in der Medizin, die ICD-11-Klassifikation, den Begriff Autismus gerade erst in „autism spectrum disorder" geändert hat. Und in der polnischen medizinischen Praxis ist sogar Letzteres noch nicht angekommen, weil unsere Übersetzung dieses Dokuments noch nicht vorliegt. Für mich ist die derzeitige Situation mit der Nomenklatur also ein irritierendes Chaos. Natürlich gibt es auch die Frage der individuellen Präferenz, und hier sollte klargestellt werden: Wenn eine autistische Person eine bestimmte Art und Weise bevorzugt, ihn oder sie anzusprechen und über ihn/sie zu sprechen, ist es angemessen, dabei zu bleiben. Wie die Autoren des oben genannten Artikels jedoch zu Recht betonen, sollte dies keine Entschuldigung für Forscher sein, die Terminologie zu ignorieren, die seit langem von der Mehrheit der autistischen Gemeinschaft bevorzugt wird. Und was für eine Art zu sprechen ist es überhaupt? Inklusiv, nicht diskriminierend, konkret und unter Berücksichtigung der Tatsache, dass Autismus nicht von der Person getrennt werden kann. Mehr zum Thema findet ihr auf den Grafiken. Wenn Akademiker, die standardmäßig eine präzise und neutrale, aber deshalb auch konservative Sprache verwenden, damit beginnen können, eine freundliche Terminologie zu verwenden, warum sollte der Rest der Gesellschaft nicht auch dazu in der Lage sein? Lasst es uns versuchen, ich ermutige euch dazu!*

Eine interessante Ergänzung zu den in dem Beitrag präsentierten Informationen sind die neun angehängten multimodalen Folien in Form von grafisch-bildlichen Teiltexten v. a. repräsentationaler und identifikatorischer Natur. Einige davon sind einfach wiederholte Auszüge aus dem textuellen Teil des Beitrags, die in einer farbigen (auffälligeren und besser lesbaren) Version wiedergegeben werden, während andere diverse ergänzende Infografiken darstellen.[450] Auf einer der Folien, die den Beitrag begleiten (vgl. Abb. 33 / Beleg 125), konzentriert sich @ida_ma_autyzm zum Beispiel auf eine grafische Darstellung ihrer Empfehlungen in Bezug auf „gutes" und „falsches" Reden über Autismus (vgl. die Gegenüberstellung von „te terminy mogą być obraźliwe" / „diese Begriffe können beleidigend sein" und „lepiej mówić tak" / „es ist besser, es so zu sagen").

450 Am Rand ist zu erwähnen, dass sich sowohl die relativ einheitliche Schriftart als auch die Farbgebung aller verwendeten Grafiken auf das etablierte Farbschema des Profils der Autorin beziehen (sozusagen ihr *Corporate Design*), das sowohl auf Instagram als auch auf Twitter/X erscheint und eine Art identifikatorisches Zeichenensemble darstellt (im Falle von @ida_ma_autyzm sind es Rosa- und Lila-Töne; vgl. auch 8.2.2.1).

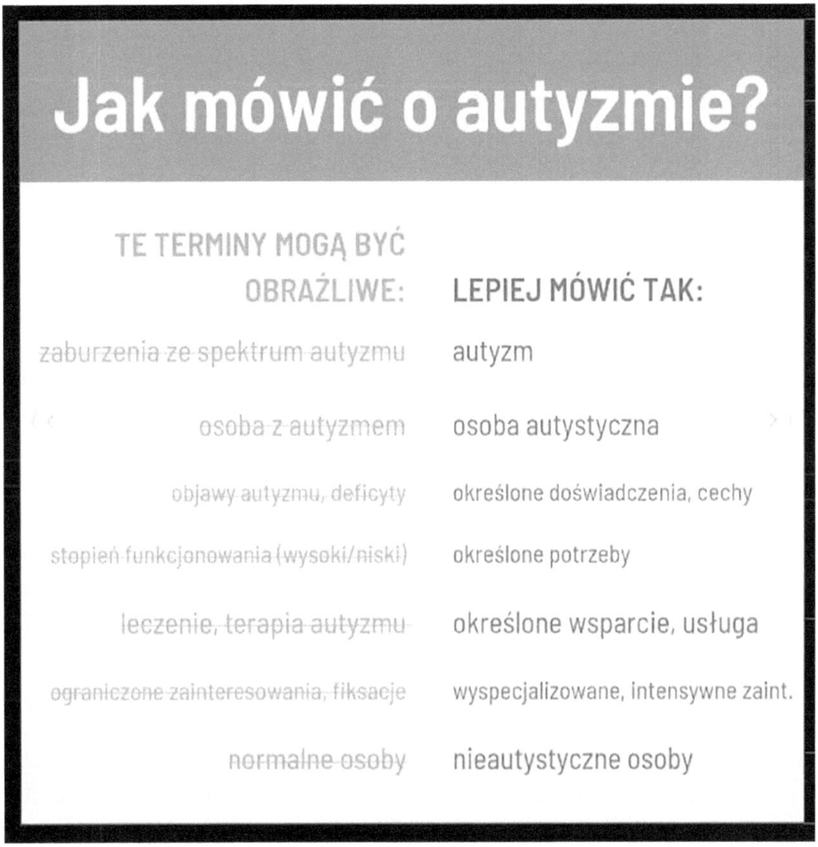


**Abb. 33 [Beleg 125]:** Bild-Fläche des Postings von @ida_ma_autyzm bei IG (06.10.2022).[451]

[451] Die deutsche Übersetzung der Grafik: Der Titel „Wie sollte man über Autismus sprechen?"; die Überschrift auf der linken Seite: „Diese Begriffe können beleidigend sein"; die Überschrift auf der rechten Seite: „Es ist besser, es so zu sagen/so zu sprechen". Die einzelnen Punkte, jeweils links und dann rechts: „Autismus-Spektrum-Störungen vs. Autismus", „Person mit Autismus vs. autistische Person", „Symptome von Autismus, Defizite vs. Bestimmte Erfahrungen, Eigenschaften", „Funktionsniveau (hoch, niedrig) vs. Bestimmte Bedürfnisse", „Behandlung, Therapie von Autismus vs. bestimmte Unterstützung, Dienstleistung", „Begrenzte Interessen, Fixierungen vs. Spezialisierte, ausgeprägte Interessen", „Normale Personen vs. nicht-autistische Personen".

Wenn man sich die analysierten Kommentare in der Anschlusskommunikation unter den zwei Postings genauer ansieht, wird deutlich, wie unterschiedlich Autismus von den Betroffenen selbst wahrgenommen und gedeutet wird. Es widerspiegelt sich unter anderem im unterschiedlich ausgeprägten reflexiven Sprachgebrauch. Gleichzeitig lässt sich aber an einigen Belegen beobachten, dass relativ viele MmB sich moralisch mehr oder weniger intentional als sprachlich bewusst selbstpositionieren, was diverse Fremd- und Selbstbezeichnungen anbetrifft.

Zu Beginn ist zu erwähnen, dass sich nur einzelne UserInnen in beiden Diskussionen ausdrücklich als „autistische Personen", „Personen mit Autismus", „Menschen im Autismus-Spektrum" oder als „Autisten/Autistinnen" bezeichnen. So zum Beispiel bringt der Nutzer @fingusfongus (vgl. Beleg 126) die Bezeichnung „Person/Mensch mit Autismus" nicht mit einer Form von Diskriminierung oder Ableismus seitens der nicht-behinderten Mehrheit in Verbindung. Gleichzeitig aber betont er, wie viele andere DiskussionsteilnehmerInnen und die Bloggerin selbst, die Notwendigkeit, die individuellen Präferenzen jedes von Autismus betroffenen Menschen zu berücksichtigen und zu respektieren. In dem nächsten Beleg (vgl. (127)) dagegen selbstpositioniert sich die Userin @_____polsky_____ noch direkter, indem sie sich selbst als „Autystka" / „Autistin" bezeichnet. Diese intentionale und personale Positionierung untermauert sie mit dem Argument, dass alle anderen reflexiven Bezeichnungen, die unter anderem von MmB benutzt werden, ihrer Ansicht nach einfache „Verkleinerungsformen" darstellten und dass sie einfach „zu alt" sei, um sich am Verhalten anderer Menschen zu stören, die ständig „Faxen machen" würden.

**Beleg 126:** *Kommentare zu IG-Beiträgen von @ida_ma_autyzm*
fingusfongus
Wobec mnie można mówić „osoba z autyzmem" bo to nie musi się zawsze równać z tym, że osoba jest ableistyczna i mówi tak bo sądzi że jestem „chory na autyzm". Ale oczywiście powinno się szanować, że ktoś nie lubi tak być nazywany. / *Für mich ist es in Ordnung, „autistische Person" zu sagen, denn das bedeutet nicht unbedingt, dass die Person ableistisch ist und das sagt, weil sie denkt, ich sei „autistisch-krank". Aber natürlich sollte es respektiert werden, wenn jemand nicht so genannt werden möchte.*

ida_ma_autyzm
@inlovewithnarcissist jak ktoś tak do mnie powie, to też się nie obrażę. Zresztą za dużo osób tak mówi, żeby się obrażać:D Natomiast nie chciałabym, żeby to zostało standardem na przyszłość / *Wenn jemand das zu mir sagt, werde ich auch nicht beleidigt*

*sein. Jedenfalls sagen es zu viele Leute, damit man sich beleidigt fühlt. Aber ich möchte nicht, dass es in Zukunft zu einem Standard wird.*

**Beleg 127:** *Kommentar zu IG-Beiträgen von @ida_ma_autyzm*
_____polsky_____
ja tez mowie o sobie autystka – ludzie lubia te rozne zmiekczenia i „zlodziejki" słowne, a ja za stara jestem na cudze fochy. love me or leave me 🤪 / *Ich bezeichne mich auch als Autistin – die Leute mögen alle Arten von Verkleinerungsformen und verbalen „Dieben", und ich bin zu alt für die anderen Leute, die Faxen machen. love me or leave me*

Weitere Belege zeigen jedoch, dass der „Konflikt" zwischen den BefürworterInnen diverser Selbstbezeichnungen immer noch nicht als beigelegt oder geschlichtet gilt. Das Problem wird durch die unterschiedliche Identifizierung mit der Behinderung noch komplizierter. Einige von Autismus betroffene NutzerInnen betrachten sich nämlich als „Menschen mit Autismus" bzw. „autistische Menschen", die nicht von jeglicher Behinderung betroffen seien. Es mag mehrere Gründe für diese Selbstwahrnehmung geben. Unter anderem die in vielen Kreisen (auch unter MmB) vorherrschende Auffassung, dass ein Mensch mit Beeinträchtigung ausschließlich eine Person sei, die Hilfe von der nicht-behinderten Umgebung benötigen würde, nicht frei laufen könne oder deren Hör- oder Sehsinn beeinträchtigt sei (vgl. Beleg 128). Die Nutzerin @kamix90 selbstpositioniert sich personal und explizit gerade als Gegenteil dieser Zuschreibung – als eine völlig fähige und autarke Person, die auf keine Hilfe Anderer angewiesen sei und gut in der Gesellschaft funktionieren könne. Darüber hinaus hält sie sich für einen überdurchschnittlichen Menschen, der stärker fühle und schneller lerne als ein „normaler" Mensch (vgl. den Satz „Nie zamieniłabym tego na normalność za nic w świecie." / „Ich würde die [die Hochsensibilität] um nichts in der Welt gegen Normalität eintauschen wollen."[452]). Interessanterweise nimmt sich eine andere Person (vgl. die Userin @kurol3k im Beleg 129) auf ähnliche Weise wahr, indem sie ihre Behinderung mit einer „Hochbegabung" vergleicht. Gleichzeitig selbstpositioniert sie sich aber intentional und personal als ein Mensch mit Behinderung. Im Gegensatz dazu äußern noch andere BenutzerInnen ihren Unmut über Meinungen, die Autismus mit Behinderung gleichsetzen. Die Kommentarautorin im Beleg 130 glaubt sogar, dass dies für Kinder im

[452] Als Ergänzung zu den Begriffen „normal" und „Normalität" vgl. auch den Beleg 165.

Autismus-Spektrum verletzend sein könne, besonders wenn sie von ihren eigenen Eltern in diese „Schublade" gesteckt würden (vgl. die Userin @szelinesz_malinowska – vermutlich die Mutter eines autistischen Kindes).

**Beleg 128:** *Kommentar zu IG-Beiträgen von @ida_ma_autyzm*
kamix90
Niepełnosprawny to ktoś, kto czegoś nie może – nie może chodzić, widzieć, słyszeć. Albo niepełnosprawny intelektualnie. Niepełnosprawny to ktoś, kto potrzebuje opieki drugiej, sprawnej osoby i pomocy nawet przy prostych czynnościach. Niepełnosprawny człowiek nie jest samodzielny. Ja jestem samodzielna, chodzę, widzę, słyszę, mówię i dla mnie to określenie jest krzywdzące. Ta nadwrażliwość właśnie jest darem. Dzięki niej właśnie widzimy więcej, czujemy mocniej. Nie zamieniłabym tego na normalność za nic w świecie. Do tego dochodzi fakt tego, jak do perfekcji potrafię się nauczyć sama czegoś, co mnie zainteresuje. Wkręcić się na maksa w temat i szukać, szukać, szukać, dopóki nie poczuję, że wiem już wszystko. To nie jest niepełnosprawność. / *Eine behinderte Person ist jemand, der etwas nicht tun kann – nicht laufen, sehen, hören. Oder er/sie ist intellektuell behindert. Eine behinderte Person ist jemand, der die Fürsorge einer zweiten, nicht behinderten Person und ihre Hilfe benötigt (selbst bei einfachen Tätigkeiten). Ein behinderter Mensch ist nicht unabhängig. Ich bin unabhängig, ich kann laufen, ich kann sehen, ich kann hören, ich kann sprechen und für mich ist der Begriff verletzend. Diese Hochsensibilität ist ein Geschenk. Sie lässt uns mehr sehen und stärker fühlen. Ich würde die um nichts in der Welt gegen Normalität eintauschen wollen. Hinzu kommt die Tatsache, dass ich selbst etwas lernen kann, etwas, das mich interessiert, perfektionieren. Ich vertiefe mich bis zum Äußersten in ein Thema und suche, suche, suche, bis ich das Gefühl habe, alles zu wissen. Das ist keine Behinderung.*

**Beleg 129:** *Kommentar zu IG-Beiträgen von @ida_ma_autyzm*
kurol3k
Ja postrzegam bycie autystyczną jako niepełnosprawność i czasami nawet nadsprawność[453] (zwłaszcza dodając synestezję) Czasami nienawidzę tego jak funkcjonuje mój mózg, tego jak intensywnie odbiera większość bodźców, a czasami to kocham. / *Ich betrachte Autismus als eine Behinderung und manchmal sogar als eine Hochbegabung (vor allem, wenn Synästhesie hinzukommt). Manchmal hasse ich es, wie mein Gehirn funktioniert, wie intensiv es die meisten Reize aufnimmt, und manchmal liebe ich es.*

---

[453] Die Nebeneinanderstellung dieser zwei Wörter ist ein interessantes Stilmittel im polnischen Text. Der Begriff „niepełnosprawność" (auf Deutsch „Behinderung" oder „Beeinträchtigung") bedeutet wortwörtlich „unvollständige/nicht volle Wirksamkeit". Der Neulogismus „nadsprawność" (als Gegenteil zu „niepełnosprawność") würde so viel wie „überdurchschnittliche Wirksamkeit" bedeuten und wurde von mir in diesem Zusammenhang als „Hochbegabung" übersetzt.

**Beleg 130:** *Kommentar zu IG-Beiträgen von @ida_ma_autyzm*
szelinesz_malinowska
Mnie traktowanie spektrum jako niepełnosprawności zwyczajnie wqurwia. I smutno mi, że najczęściej to rodzice dzieciaków w spektrum ładują je do tej szufladki, robiąc im przy okazji krzywdę. Ale, to moje zdanie. / *Die Behandlung des Spektrums als Behinderung macht mich einfach wütend. Und es macht mich traurig, dass es meist die Eltern von Kindern im Autismus-Spektrum sind, die sie in diese Schublade stecken und ihnen damit Schaden zufügen. Aber das ist meine Meinung.*

Ein zweiter Punkt in der Diskussion rund um „korrekte" Selbstbezeichnungen ist nun die Verwendung von Begriffen wie „Störung" oder „Krankheit" im Zusammenhang mit Autismus. Auch hier sind die Meinungen geteilt. Im Beleg 131 drückt die Nutzerin @aradia.phoenix ihre Unzufriedenheit über die angebliche Auferlegung von gewissen Begriffen im Zusammenhang mit Autismus und ADHS aus. Die Userin selbst glaubt, dass Autismus eine neurologische Entwicklungsstörung sei. Gleichzeitig kommt dabei erneut zu einer typischen absichtlichen Fremdpositionierung von UserInnen mit starkem Voice (wie hier von InklusionsbloggerInnen) als solche Personen, die angeblich bestimmte, oft „politisch korrekte" Sprachformen in Bezug auf Behinderungen aufzwingen würden und von sich selbst behaupteten, am besten zu wissen, welche reflexiven Sprachgebräuche für Menschen mit diversen Behinderungen am geeignetsten seien (@aradia.phoenix bedient sich absichtlich eines solchen Begriffs wie „identity police"[454]). Die Beitragsautorin verteidigt sich, indem sie die Tatsache unterstreicht, dass man unterschiedliche Bezeichnungen in Bezug auf Menschen mit Autismus und ADHS verwenden könne. Sie weist auch auf die Notwendigkeit des Respekts und der Akzeptanz von Vielfalt hin und betont gleichzeitig, dass jeder Mensch selbst entscheiden könne, wie er über sich spricht:

**Beleg 131:** Kommentare zu IG-Beiträgen von @ida_ma_autyzm
aradia.phoenix
Ja się z tym nie zgadzam, jest to dla mnie na siłę, autyzm tak samo jak ADHD jest zaburzeniem neurorozwojowym i nie podoba mi się to mówienie że tak zupełnie nie jest i że gdyby „społeczeństwo się zmieniło, neuroodmienne osoby nie miałyby żadnych problemów" byłoby na pewno dużo łatwiej ale plz no, wiele osób z ADHD

[454] Der Begriff „identity policing" wird von Lyons (2023) folgendermaßen definiert: „Identity policing is when a person tries to tell another person (usually one with a marginalized identity) that their identity is invalid or that they can't or don't belong to an identity group they claim to identify with."

podkreśla że ta narracja jest szkodliwa. Swoją drogą właśnie mówisz „person with adhd“ a nie jakieś „ADHD-er“ czy „adhd person“ więc dlaczego w przypadku autyzmu ma być inaczej? Może ja chce mówić że mam ADHD i ASD. Może chce się określać JAK CHCĘ i mam już dosyć tych postów identity police. Widziałam też wiele autystycznych osób piszących że już mają tego dość. / *Ich bin damit nicht einverstanden, es kommt mir aufgezwungen vor. Autismus ist genau wie ADHS eine neurologische Entwicklungsstörung und ich mag es nicht, wenn gesagt wird, dass dies überhaupt nicht der Fall ist und dass, wenn „die Gesellschaft sich ändern würde, neurodiverse Menschen keine Probleme hätten“, es wäre sicherlich viel einfacher, aber bitte nein, viele Menschen mit ADHS betonen, dass dieses Narrativ schädlich ist. Übrigens, du sagst doch einfach „Person with ADHD“ und nicht „ADHD-er“ oder „ADHD Person“, warum sollte es also bei Autismus anders sein? Vielleicht will ich sagen, dass ich ADHS und ASD*[455] *habe. Vielleicht möchte ich mich so definieren, wie ich es WILL, und ich habe die Nase voll von der identity police. Ich habe auch viele autistische Menschen gesehen, die schreiben, dass sie genug davon haben.*

ida_ma_autyzm
@aradia.phoenix oczywiście, że o sobie możesz mówić jak chcesz:) Podkreśliłam to w poście. Ja mówię i piszę, że jestem osobą autystyczną i ADHDową, a chciałabym też, żeby kiedyś było inne słowo na ADHD. Nie zgadzam się z tym, że to są zaburzenia. Myślę, że przetrwały dlatego, że były dla grupy ludzi ewolucyjną przewagą w którymś momencie. PS. Policja to by była jakbym wchodziła na twój profil i mówiła ci, że źle napisał_ś. Ty jesteś teraz na moim, dzień dobry / *Du kannst natürlich über dich selbst sprechen, wie du möchtest:) Das habe ich in dem Beitrag hervorgehoben. Ich sage und schreibe, dass ich ein autistischer Mensch bin und ADHD habe, und ich wünschte mir auch, es gäbe einmal ein anderes Wort für ADHS. Ich bin nicht der Meinung, dass es sich dabei um Störungen handelt. Ich denke, dass sie überlebt haben, weil sie irgendwann einmal ein evolutionärer Vorteil für eine Gruppe von Menschen waren. PS. Es wäre die Polizei, wenn ich dein Profil besuchen und dir sagen würde, dass du etwas falsch geschrieben hast. Du bist jetzt auf meinem Konto, guten Tag*

aradia.phoenix
@ida_ma_autyzm widzę coraz więcej takich postów zaczynających się od „you SHOULD …“ etc etc nawet udostępnianie w grupach autystycznych tego jak się powinno mówić gdzie większość grupy stwierdziła że odbiera to jako narzucające i na siłę bo sam_decydują jak o sobie mówić a tu przychodzi identity police i teksty w stylu „robisz to ŹLE“ / *Ich sehe immer mehr Beiträge wie diesen, die mit „you SHOULD …“ beginnen. usw. usw. Sogar in Online-Autismus-Gruppen wird empfohlen, wie man sprechen sollte, wobei die Gruppenmehrheit sagt, dass sie es als aufdringlich und zwanghaft empfinden, weil sie selbst entscheiden, wie sie über sich selbst sprechen und hier kommt die identity police und es wird so was mitgeteilt wie „du machst es FALSCH“*

---

[455] Aus dem Englischen: *autism spectrum disorder.*

Darüber hinaus zeigt dieser sprachreflexive Austausch, wie viele NutzerInnen, einschließlich derer, die direkt oder indirekt von Autismus betroffen sind, von den „ständigen“ Veränderungen in der Sprache und der Terminologie selbst schlichtweg verwirrt sind. So zum Beispiel stellt die Userin @urssko zwei gegensätzliche Tendenzen in der Art und Weise fest, wie stark sich die Sprache auf diese soziale Gruppe bezieht. Einerseits wird bevorzugt der Begriff „autistische Person“ verwendet, weil Autismus als eine der Person innewohnende Eigenschaft behandelt werde. Andererseits wird der „politisch korrektere“ Begriff „osoba z niepełnosprawnością“ / „Mensch mit Behinderung“ dem Begriff „osoba niepełnosprawna“ bzw. „niepełnosprawny“ / „ein behinderter Mensch“ bzw. „Behinderte(r)“ vorgezogen, weil in diesem konkreten Beispiel eine Behinderung nicht als bestimmendes Merkmal einer Person angesehen wird.[456] Die Kommentarautorin weist auf die widersprüchlichen Richtungen hin, die die Sprache in Bezug auf diese beiden sozialen Gruppen einschlägt:

**Beleg 132:** *Kommentar zu IG-Beiträgen von @ida_ma_autyzm*
urssko
Miałam właśnie ostatnio taką rozkminę językową, bo z jednej strony: nie „osoba z autyzmem“ tylko „osoba autystyczna“ bo autyzm jest nieodłączną cechą, a z drugiej jeśli chodzi o „osoby z niepełnosprawnością“ to jest dokładnie odwrotna tendencja: nie mówić „osoba niepełnosprawna“ bo to jej nie determinuje … więc jakby zupełnie odwrotny front w – jak dla mnie – analogicznych sytuacjach. Nie zrozumcie mnie źle: nie łączę tych dwóch tematów dlatego, że uważam autyzm za niepełnosprawność. Chodzi mi typowo o język, który akurat w tych dwóch przypadkach mam wrażenie że zmierza w przeciwnych kierunkach, a ja nie rozumiem dlaczego / *Ich hatte in letzter Zeit so ein sprachliches Dilemma, denn auf der einen Seite: nicht „ein Mensch mit Autismus“, sondern „eine autistische Person“, weil Autismus eine inhärente Eigenschaft ist, und auf der anderen Seite, wenn es um „Menschen mit*

---

456 Am Rand der Diskussion ist auch zu erwähnen, dass der ironische Profilname der Bloggerin („Ida ma autyzm“; auf Deutsch: „Ida hat Autismus“) an mehreren Stellen im Gespräch erwähnt wird. Dies ist ein Kritikpunkt einiger TeilnehmerInnen, dass die Bloggerin selbst die geeignete Terminologie nicht immer konsequent verwende. Einer der Nutzer fragt beispielsweise: „A tak z ciekawości – dlaczego nazwa profilu to ida ma autyzm, a nie autystyczna ida? Skoro w poście piszesz, że lepiej nie mówić osoba z autyzmem i że nie da się go oddzielić od osoby“ / „Und nur aus reiner Neugier – warum lautet der Profilname ‚Ida hat Autismus‘ und nicht ‚autistische Ida‘? Da du in deinem Beitrag schreibst, dass es besser ist, nicht ‚Mensch mit Autismus‘ zu sagen und dass es unmöglich ist, es von der Person zu trennen.“ Die Autorin erwidert in demselben Gesprächsstrang, dass der Accountname selbstironisch sein sollte.

*Behinderungen" geht, gibt es genau die entgegengesetzte Tendenz: nicht „eine behinderte Person" zu sagen, weil es sie nicht bestimmt .... also sozusagen eine völlig entgegengesetzte Tendenz in – für mich – analogen Situationen. Versteht mich nicht falsch: Ich verbinde die beiden Themen nicht, weil ich Autismus für eine Behinderung halten würde. Mir geht es konkret um die Sprache, bei der ich den Eindruck habe, dass sie gerade in diesen beiden Fällen in entgegengesetzte Richtungen geht, und ich verstehe nicht, warum*

Ähnlich verhält es sich im Beleg 133, in dem die drei Teilnehmerinnen die Dynamik und die ständigen Veränderungen in der Sprache betonen. Darüber hinaus bemerken sie, dass das Problem eines „angemessenen" oder „beleidigenden" Empfindens der sprachlichen Bezeichnungen subjektiv ist und sich je nach Kontext und Präferenzen einer bestimmten Gruppe ändern kann. Die Userin @zofijja äußert ihre Besorgnis darüber, dass die Regeln der „korrekten" Sprache ihrer Meinung nach manchmal nicht intuitiv und unlogisch zu sein scheinen. Gleichzeitig beklagt sie, dass die polnische Sprache „voller sprachlicher Fallen" geworden sei. Sie betont die Notwendigkeit eines kollektiven Leitfadens, der helfen würde, diese Unterschiede zu verstehen und die potenziell beleidigende Sprache zu vermeiden. Gleichzeitig kommt es dabei zur erzwungenen Selbst- und Fremdpositionierung vieler Menschen als solche, die dazu quasi gezwungen würden, sich ausschließlich der „politisch korrekten" Sprachformen in Bezug auf MmB zu bedienen (vgl. die implizite ironische Anmerkung „Napisz gdzies osoba niepełnosprawna to cię zjadą" / „Schreib irgendwo ‚eine behinderte Person', dann fressen sie dich"). Damit suggeriert die Nutzerin auch, dass die Autorin des Beitrags selbst andere dazu zwingen würde, bestimmte Sprachformen zu verwenden (ähnlich wie im Beleg 131). In ihrer *accountive positioning* erinnert die Bloggerin jedoch wieder daran, dass es diverse Ansichten gibt, was die Sprache in Bezug auf unterschiedliche Typen der Behinderung angeht. Dabei betont sie, dass sie sich selbst als „Behinderte" bezeichnet. Die Userin @sportsmenka_gawedziara stimmt zu, dass sich die Sprache verändert und es sinnvoll sei, mit diesen Veränderungen Schritt zu halten, um andere nicht zu belästigen. Dazu weist sie auch darauf hin, dass es schwierig sein kann, aktuelle (Online-)Informationen darüber zu erhalten, welche sprachlichen Ausdrücke korrekt seien, da sich Normen schnell ändern würden. Dabei handelt es sich gleichzeitig wieder um eine Stimme zur Unterstützung der Erstellung eines Sprachführers in Bezug auf MmB. Am Rande dieses Gesprächsstrangs wäre auch erwähnenswert, dass es hier und auch in anderen Threads oft zur vorwiegend stillen Selbstpositionierung der meisten

UserInnen als sprachbewusst kommt, was die Wahl bestimmter sprachlicher Formen in Bezug auf Behinderung angeht (mit Rücksicht auf Präferenzen der einzelnen Personen und ihre Selbstbestimmung als MmB).

**Beleg 133:** *Kommentare zu IG-Beiträgen von @ida_ma_autyzm*
zofijja
Ale serio, mozna sie już pogubić. Napisz gdzies osoba niepełnosprawna to cię zjadą bo to obraxliwe i poprawnie jest osoba z niepełnosprawnością. Ale z kolei osoba z autyzmem jest obraźliwe i masz mowic osoba autystyczna. Niech ktos mi zrobi jakiś wykres bo ja serio nie ogarniam / *Aber im Ernst, es ist irreführend. Schreib irgendwo „eine behinderte Person", dann fressen sie dich, weil es beleidigend sei und der korrekte Begriff ist „ein Mensch mit Behinderung". Aber auf der anderen Seite sei „ein Mensch mit Autismus" beleidigend und du sollst sagen „eine autistische Person". Kann mir jemand eine Grafik erstellen, denn ich verstehe es wirklich nicht.*

ida_ma_autyzm
@zofijja no zrobiłam tabelkę:) Jeśli chodzi o niepełnosprawność to tu rzeczywiście poglądy są różne, co jest trochę związane z tym, że to strasznie szerokie pojęcie, i może obejmować zarówno wrodzone i nabyte, trwałe i nietrwałe niepełnosprawności. Ja osobiście mówię, że jestem niepełnosprawna. / *ich habe doch eine Tabelle erstellt:) Was die Behinderung anbelangt, so gibt es hier in der Tat unterschiedliche Auffassungen, was ein bisschen damit zu tun hat, dass es sich um einen sehr weit gefassten Begriff handelt, der sowohl angeborene als auch erworbene, dauerhafte und nicht dauerhafte Behinderungen umfassen kann. Ich persönlich sage, dass ich behindert bin.*

zofijja
@ida_ma_autyzm [...] ostatnio mam wrazenie ze jezyk polski stal się pełen pulapek. Np sprzątaczka obraża i mam mowic pani sprzątająca, ale lakarka juz nie obraza i nikt mi nie karze mówić pani lecząca ... Dziwne rzeczy dzieją się ostatnio z językiem 🤷 / *In letzter Zeit habe ich den Eindruck, dass die polnische Sprache voller Fallen geworden ist. Zum Beispiel beleidigt „eine Putzfrau" und ich soll „Putzhilfe"*[457]

[457] Solche Bemerkungen sind Teil einer breiteren Diskussion, die seit einigen Jahren in Polen über die Verwendung der so genannten „feminatywy", d. h. der weiblichen Formen von Personenbezeichnungen, geführt wird. Es herrscht viel Verwirrung zu diesem Thema und, obwohl viele LinguistInnen die Verwendung der femininen Formen empfehlen (z. B. „lekarz-lekarka" / „Arzt-Ärztin"), gibt es Gegenstimmen, die behaupten, dass einige dieser Formen „mit Gewalt" eingeführt worden seien, oder dass sie „komisch" oder sogar ‚lächerlich' klängen (z. B. „pilot" versus „pilotka" – einerseits ist es die feminine Form für das Wort „pilot", andererseits bedeutet das Wort ebenfalls „Fliegermütze"). Die Gegner solcher Sprachänderungen beschuldigen LinguistInnen auch oft, im Sinne der ‚politischen Korrektheit' „unnötige Sprachfallen" einzuführen oder sogar „die Sprache zu verunreinigen" (vgl. dazu einen von wenigen Artikeln über „feminatywy" im Polnischen auf Englisch von Linde-Usiekniewicz 2022).

*sagen, aber „eine Ärztin" beleidigt nicht und niemand sagt mir, dass ich „eine verarztende Frau" sagen soll ... In letzter Zeit sind seltsame Dinge mit der Sprache passiert*

sportsmenka_gawedziara
@zofijja wiesz, język się zmienia, a nadążanie za tymi zmianami jest po to, żeby nie sprawiać ludziom przykrości. Rozumiem, że jest to pewien wysiłek, ale myślę, że się opłaca. Tak samo jak jeśli koleżanka woli być nazywana Katarzyną niż Kasią, to postaram się zapamiętać i stosować. / *weißt du, die Sprache ändert sich, und mit diesen Änderungen Schritt zu halten, bedeutet, die Menschen nicht in Verlegenheit zu bringen. Ich verstehe, dass das mit einigen Anstrengungen verbunden ist, aber ich denke, es zahlt sich aus. Wenn eine Freundin lieber Katarzyna als Kasia genannt werden möchte, versuche ich immer, es nicht zu vergessen und mich anzupassen.*

zofijja
@sportsmenka_gawedziara ale ja nie do konca o tym-jak pokazuje przyklad niepełnosprawność -autyzm, te zmiany jezyka i to co akurat dana grupa uważa za obraźliwe są nieintuicyjne i nielogiczne. Dlatego przydalby sie jakiś zbiorczy poradnik. / *aber das habe ich nicht wirklich gemeint – Wie das Beispiel mit Behinderung oder Autismus zeigt, sind diese Veränderungen in der Sprache und das, was eine bestimmte Gruppe als beleidigend empfindet, nicht intuitiv und unlogisch. Aus diesem Grund wäre eine Art kollektiver Leitfaden nützlich.*

@zofijja przepraszam, źle zrozumiałam. Masz rację, sama często szukam takich źródeł i jak trafię na takie sprzed kilku lat, to okazuje się już nieaktualne / *Entschuldigung, das habe ich falsch verstanden. Du hast Recht, ich suche selbst oft nach solchen Quellen und wenn ich auf eine von vor ein paar Jahren stoße, stellt sich heraus, dass sie bereits veraltet ist*

zofijja
@sportsmenka_gawedziara no dokładnie. [...] człowiek nie majac zlych intencji i starając się nikogo nie urazić – i tak zawsze wejdzie na minę. / *genau. [...] man hat keine schlechten Absichten und will niemanden beleidigen, trotzdem tritt man immer auf eine sprachliche Mine.*

Eine interessante Ergänzung der Diskussion über Selbstwahrnehmung und metapragmatische Selbstbewertung von Menschen mit Behinderungen am Beispiel von Personen mit Autismus ist schließlich einer der Diskussionsstränge (vgl. Beleg 134), der sich mit einem tieferen Verständnis für die Vielfalt der Erfahrungen dieser sozialen Gruppe und der Notwendigkeit für die Gesellschaft befasst, diese Unterschiede zu akzeptieren. Das Gespräch dreht sich um das soziale Modell eines neuen Verständnisses von Behinderung der Weltgesundheitsorganisation[458], insbesondere im Zusammenhang mit

[458] Genauer gesagt geht es um das im Kapitel 1.1 definierte bio-psycho-soziale Modell der Internationalen Klassifikation der Funktionsfähigkeit der WHO.

Menschen im Autismus-Spektrum. Die DiskussionsteilnehmerInnen sind sich einig, dass es ein Fehler wäre, Behinderung als ein „zu lösendes" Problem zu betrachten, statt als Vielfalt, die akzeptiert und verstanden werden sollte. @yes_i.m_person kritisiert das WHO-Modell und bemerkt, dass selbst in einer perfekt angepassten Gesellschaft eine autistische Person immer noch Schwierigkeiten haben könne, Beziehungen aufzubauen und zu pflegen. Sie betont jedoch als eine von vielen DiskussionsteilnehmerInnen, dass Menschen mit Autismus das Recht haben, sich so zu definieren und zu positionieren, wie sie es für richtig halten – z. B. als Mensch mit Behinderung oder als Mensch mit einer Störung, aber auch als diejenigen, die mit solchen Begriffen nicht einverstanden sind. @ida_ma_autyzm betont dagegen, dass das Ziel des angenommenen sozialen Modells von Behinderung nicht darin bestehe, Unterschiede zu „eliminieren", sondern eine Gesellschaft zu schaffen, die diese Unterschiede akzeptiert und versteht. Ein interessantes analogisierendes Argument, das die Beitragsautorin dabei verwendet, ist der Verweis auf die Gemeinschaft gehörloser Menschen, in der das bloße „Fehlen des Gehörsinns" nicht als Behinderung wahrgenommen wird, die Unkenntnis der Grundlagen der Gebärdensprache in einer Gruppe, die durch Gesten kommuniziert, hingegen schon.

**Beleg 134:** *Kommentare zu IG-Beiträgen von @ida_ma_autyzm*
yes_i.m_person
Problem jest taki, że ten społeczny model jest dosyć błędny, chyba, że patrzy się tylko na osoby z niską potrzebą wsparcia. Chociażby nawet najlepiej przystosowane społeczeństwo nie sprawi, że np. osoba nieposiadająca zupełnie znajomych, nie potrafiąca podtrzymywać znajomości nagle tę znajomość znajdzie. Tak, możliwe, że będzie jej łatwiej, ale to nie sprawi, że nie będzie miała zupełnie tego problemu. Tak samo z wieloma innymi rzeczami, akceptujące społeczeństwo poprawi jakość życia, ale nie sprawi, że OzN przestaną być OzN, no może kilka procent z nich. No i też warto pamiętać, że osoby autystyczne mają prawo określać siebie jak chcą (oprócz czegoś, co jest po prostu niewłaściwe, typu autyzm jako choroba) [...]. Całkiem sporo osób autystycznych nie lubi czy nienawidzi swojego autyzmu, część uznaje swój autyzm jako zaburzenie, część określa siebie jako nisko/wysoko funkcjonującą osobę, część uznaje swój autyzm jako niepełnosprawność. I nie ma nic w tym złego. [...] / *Das Problem ist, dass dieses soziale Modell ziemlich fehlerhaft ist, es sei denn, man denkt nur an Menschen mit einem geringen Bedarf an Unterstützung. Selbst die am besten angepasste Gesellschaft wird nicht dazu beibringen können, dass zum Beispiel eine Person, die absolut keine Freunde hat, die nicht in der Lage ist, Freundschaften zu pflegen, plötzlich eine Freundschaft findet. Ja, es ist möglich, dass es für sie einfacher wird, aber das wird sie nicht völlig von diesem Problem befreien. Das Gleiche gilt für viele andere Dinge. Eine akzeptierende Gesellschaft wird zur Verbesserung der Lebensqualität beitragen, aber sie wird nicht dazu führen, dass MmB aufhören, MmB zu sein,*

*na ja, vielleicht ein paar Prozent von ihnen. Und es lohnt sich auch, daran zu denken, dass autistische Menschen das Recht haben, sich so zu definieren, wie sie es wünschen (abgesehen von etwas, das einfach falsch ist, wie Autismus als Krankheit) […]. Ziemlich viele autistische Personen mögen oder hassen ihren Autismus, von manchen wird der Autismus als Störung anerkannt, manche bezeichnen sich selbst als niedrig- oder hoch-funktional, manche betrachten ihren Autismus als Behinderung. Und es gibt nichts Schlimmes daran. […]*

ida_ma_autyzm
@yes_i.m_person błąd tu jest w rozumowaniu. Ten „model" to sposób rozumienia, definiowania niepełnosprawności, nie sposób „zwalczania" jej. Nie chodzi o zmiany, które zmienią historię życia danej osoby. Chodzi o to, że teoretycznie mogłoby istnieć społeczeństwo (i może zaistnieje), gdzie osoba o autystycznym mózgu, w ogóle nie byłaby z powodu tego neurotypu zagrożona wykluczeniem. […] Ażeby może jeszcze dobitniej pokazać, o co chodzi w tym modelu: w społeczeństwie osób głuchych, porozumiewających się gestami, „brak słuchu" nie jest żadną niepełnosprawnością. Za to niepełnosprawna będzie osoba, która porozumiewa się tylko głosem, a nie zna języka migowego. / *Der Fehler liegt hier in dem Verständnis. Dieses „Modell" ist ein Weg, Behinderung zu verstehen und zu definieren, nicht aber eine Methode ihrer „Bekämpfung". Es geht nicht um Veränderungen in der Lebensgeschichte eines Menschen. Es geht um die Tatsache, dass es theoretisch eine Gesellschaft geben könnte (und vielleicht auch geben wird), in der eine Person mit einem autistischen Gehirn aufgrund dieser neurotypischen Erkrankung überhaupt nicht von Ausgrenzung bedroht wäre. […] Um noch deutlicher zu machen, worum es bei diesem Modell geht: in einer Gesellschaft von Gehörlosen, die mit Gesten kommunizieren, ist „nicht hören können" überhaupt keine Behinderung. Was eine Behinderung ist, ist eine Person, die nur mit der Stimme kommuniziert und die Gebärdensprache nicht beherrscht.*

### 9.5.2 „Wenn du mich nicht mit ‚Du Blondine' ansprichst, dann sage auch nicht ‚Du Behinderte'". Sichtbare und nicht-sichtbare Behinderungen (@nie.pelnosprytna)

Malwina Łapińska, die im Internet als @nie.pelnosprytna aktiv ist, ist Anwältin, Feministin und Aktivistin mit Behinderung. Sie hat angeborene Anomalien des Skelettsystems der oberen und unteren Gliedmaßen und lebt u. a. ohne Wadenbeine. In dem analysierten Beitrag vom 8. Januar 2023[459] (vgl. Beleg 135) wird die Frage nach der Verwendung abwertender oder abschätziger Begriffe bezüglich MmB aufgegriffen, die trotz vieler medialer Sensibilisierungskampagnen immer noch an vielen öffentlichen Plätzen zu finden sind. Der erste Punkt in ihrem Posting bezieht sich auf die Wichtigkeit der Verbreitung

[459] Quelle: https://www.instagram.com/p/CnKiwcIusks/ (1.846 Reaktionen und 113 Kommentare; Datum des Zugriffs: 21.02.2023).

der entsprechenden Terminologie (vgl. den ironischen Kommentar zur ausgehängten Information für ToilettenbenutzerInnen in Częstochowa unten). Dabei wendet sich die Aktivistin und Bloggerin gegen die Verwendung von solcher beleidigenden und oft als veraltet empfundenen Bezeichnungen in Bezug auf MmB wie „inwalida" / „Invalide"[460] oder „kaleka" / „verkrüppelt/Krüppel"[461] und weist darauf hin, dass Menschen mit Behinderungen oft selbst betonten, dass sie nicht so genannt werden wollen. Ihr Posting, das gleichzeitig eine eher stille und moralische Selbstpositionierung als Expertin für inklusive Sprache und als Botschafterin für die Gemeinschaft der Menschen mit Beeinträchtigungen darstellt, sowie die ganze Diskussion über metapragmatische Bewertungen von Selbstbezeichnungen ergänzt die Beitragsautorin um einen anderen wichtigen Aspekt, und zwar das Problem der sichtbaren und unsichtbaren (bzw. nicht-sichtbaren) Behinderung. Darüber hinaus verweist sie auf die alltäglichen Schwierigkeiten, mit denen Menschen mit Behinderungen oft konfrontiert werden, wie z. B. die Notwendigkeit, den Sicherheitsdienst in Einkaufszentren oder an anderen öffentlichen Orten rufen zu müssen, um die allgemein zugängliche Toilette benutzen zu können, was auch für viele Betroffene als Quelle einer Stigmatisierung und Diskriminierung angesehen wird. Im letzten Teil ihres Beitrags erinnert die Bloggerin an eines der Themen, die in allen Medien oft angesprochen werden, nämlich dass eine

---

460 Im Originalbeitrag wurde das Wort „inwalida" benutzt. Obwohl seine Etymologie wie im Deutschen auf das 18. und 19. Jahrhundert zurückgeht und Soldaten bezeichnete, die aufgrund erlittener Wunden nicht mehr in der Lage waren, weiter zu kämpfen, fungiert der Begriff im Polnischen vor allem als Bezeichnung einer Person, die eine schwere und irreversible Verletzung an einem Körperteil erlitten hat, die es ihr erschwert oder sogar unmöglich macht, am gesellschaftlichen Leben teilzunehmen (vgl. https://wsjp.pl/haslo/podglad/72682/inwalida). Im Gegensatz zum deutschen Textkorpus, in dem das Wort „Invalide" trotz der gleichen Bedeutung überhaupt nicht vorkam, taucht der Begriff im polnischen Textkorpus fünfmal auf – darunter auch im Sprachgebrauch von Menschen mit Behinderungen, die über sich selbst sprechen. Dennoch mehren sich in den letzten Jahren in beiden Sprachräumen die Stimmen, die dafür plädieren, den Begriff „inwalida" / „Invalide" nicht mehr zu verwenden – trotz der im Polnischen weit verbreiteten Bezeichnungen wie „wózek inwalidzki" / „Rollstuhl", was wortwörtlich übersetzt „Invalidenwagen" bedeutet.

461 Die Bezeichnung „kaleka", die im heutigen Polnisch zunehmend als diskriminierend und beleidigend angesehen wird, verfügt laut Wörterbuch über zwei grundlegende Bedeutungen, und zwar „eine Person, die von einer Behinderung betroffen ist" und „jemand, der unbeholfen oder inkompetent ist" (vgl. https://sjp.pwn.pl/slowniki/kaleka.html).

Behinderung nicht unbedingt ein definierendes Merkmal sein muss, sondern einfach ein Teil jeder betroffenen Person (vgl. „Niepełnosprawność nas nie definiuje, ona po prostu z nami jest" / „Eine Behinderung definiert uns nicht, sie gehört einfach zu uns."). Sie plädiert daher für eine vollständige Ablehnung sprachlicher Formen, die in irgendeiner Weise beleidigend, erniedrigend oder diskriminierend sein könnten.

**Beleg 135:** *IG-Beitrag von @nie.pelnosprytna (08.01.2023)*
nie.pelnosprytna

Konkurs na jak najgorsze sformułowanie dotyczące osób z niepełnosprawnościami na razie wygrywa Częstochowa. Dzisiaj rozbiła prawdziwy bank!

Zaczynamy od „inwalidzi" czyli słowa którego już od dawna nie powinniśmy używać. Ma ono pejoratywny wydźwięk, osoby z niepełnosprawnościami od dawna mówią, że nie chcą być tak nazywane. Może warto byłoby nas posłuchać? Tak jak nie używamy słowo „kaleka", tak też nie używamy słowa „inwalida".

Dalej – z widoczną niepełnosprawnością, nie wiem czy ktoś wie, istnieje wiele niepełnosprawności, które mogą nie być widoczne na pierwszy rzut oka. Dlaczego? A no bo żadna osoba z niepełnosprawnością nie nosi tabliczki na czole „jestem ozn" i nie tylko osoby poruszające się za pomocą wózka potrzebują dostosowań. Są osoby, które stojąc wydają się być osobami w pełni sprawnymi, a tak naprawdę mogą mieć trudność chociażby w stawaniu z toalety [...]

Następne – dzwonienie do ochrony, aby skorzystać z toalety. To tylko pokazuje jak życie ozn wymaga organizacji, przewidzenia dodatkowego czasu i zmagania się z przeszkodami. [...]

I ja wiem, że to problem złożony, bo ludziom zdrowym nie chce się iść do zwykłej łazienki, tylko sobie korzystają z toalet dla ozn, bo tak. Kto im zabroni? Notorycznie zdarza się, że stojąc z siostrą, która porusza się za pomocą wózka, czekamy aby ktoś łaskawie wyszedł, bo sobie wpadł pomalować powiekę albo wpadł do łazienki z całą rodzinką. Więc apel do Was – idźcie do zwykłej łazienki, a nie korzystacie z toalet dla ozn, bo w efekcie aby tego uniknąć powoduje ich zamykanie.

Język kształtuje rzeczywistość, język ma znaczenie i proszę zacznijmy go poprawnie używać.

Niepełnosprawność nas nie definiuje, ona po prostu z nami jest, więc nie nazywajcie nas kalekami, inwalidami czy niepełnosprawnymi. Jesteśmy osobami. Nie mówisz do mnie „ej blondyna", to nie mów i „ej niepełnosprawna". Jestem Malwina, miło mi. [...] / *Den Wettbewerb um die schlechteste Formulierung für Menschen mit Behinderungen hat bisher Częstochowa gewonnen. Heute haben sie den richtigen Jackpot geknackt!*

*Wir beginnen mit „Invaliden", einem Wort, das wir schon lange nicht mehr verwenden sollten. Es hat eine abwertende Konnotation und Menschen mit Behinderungen sagen seit langem, dass sie nicht so genannt werden wollen. Vielleicht lohnt es sich, auf uns zu hören? So wie wir das Wort „Krüppel" nicht mehr verwenden, verwenden wir auch nicht das Wort „Invalide". Außerdem – „mit sichtbarer Behinderung", ich weiß nicht, ob jemand weiß, dass es viele Behinderungen gibt, die auf den ersten Blick nicht sichtbar sind. Und warum? Nun, weil kein Mensch mit einer Behinderung eine Plakette mit der Aufschrift „Ich bin ein Mensch mit Behinderung" auf der Stirn trägt, und es sind nicht nur Rollstuhlfahrer, die Anpassungen benötigen. Es gibt Menschen, die ohne Probleme stehen können und dadurch völlig gesund zu sein scheinen. Aber in Wirklichkeit haben sie Probleme überhaupt von der Toilette aufzustehen. Der nächste Punkt – der Anruf beim Sicherheitsdienst, um die Toilette zu benutzen.*

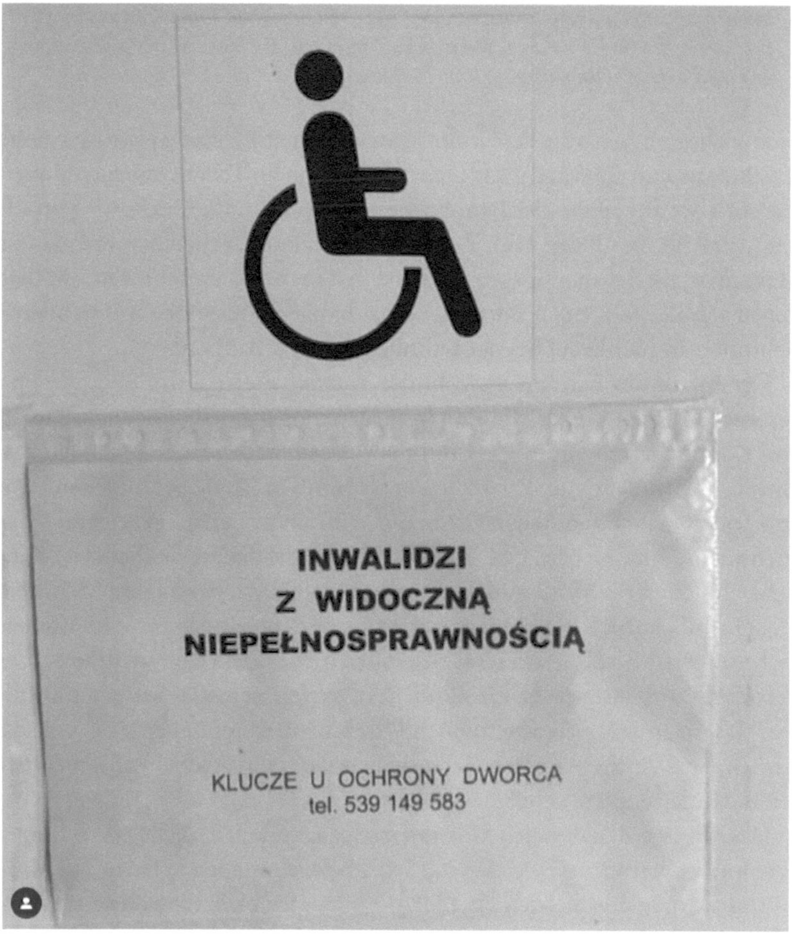


**Abb. 34 [Beleg 136]:** Bild-Fläche des Postings von @nie.pelnosprytna (08.01.2023).

*Das zeigt, wie sehr das Leben eines MmB eine richtige Organisation, Zeitplanung und die Bewältigung von Hindernissen erfordert. [...] Und ich weiß, dass es ein komplexes Problem ist, denn gesunde Menschen haben manchmal keine Lust auf eine normale Toilette zu gehen, anstatt dessen benutzen sie einfach die Toiletten für MmB, einfach so. Wer soll sie denn aufhalten? Es kommt ständig vor, dass wir mit meiner Schwester, die einen Rollstuhl benutzt, darauf warten, dass jemand freundlicherweise herauskommt, weil er sein Make-up in Ordnung bringen möchte, oder er ist dort mit seiner ganzen Familie. Also ein Appell an euch – geht bitte auf eine normale Toilette und benutzt nicht die Toiletten für Menschen mit Behinderungen, denn solche Situationen führen dazu, dass sie oft geschlossen bleiben. Sprache formt Realität, Sprache ist wichtig und bitte lasst uns anfangen, sie richtig zu benutzen. Eine Behinderung definiert uns nicht, sie gehört einfach zu uns. Nennt uns also nicht Krüppel, Invaliden oder Behinderte. Wir sind Individuen. Wenn du mich nicht mit „Du Blondine" ansprichst, dann sage auch nicht „Du Behinderte". Ich bin Malwina, freut mich, dich kennenzulernen.*

Eine wichtige Ergänzung des Gesamttextes ist ein symbolisches Foto der ausgedruckten und an die Wand gepinnten Information für ToilettenbenutzerInnen, das ein User auf einem der Bahnhöfe im polnischen Częstochowa gemacht hat (vgl. Abb. 34 / Beleg 136). Zusätzlich zu dem typischen Symbol, das auf Menschen mit Behinderungen hinweist, hat man sich entschieden, ein Blatt Papier mit der folgenden Botschaft auszuhängen: „Invaliden mit sichtbarer Behinderung. Schlüssel bei der Bahnhofswacht erhältlich".

Der Inhalt des Beitrags (sowohl der Textteil als auch das Bild, das eine veranschaulichende textuell-bildliche Ergänzung darstellt) löste eine Lawine von Kommentaren aus. Viele Kommentierende teilen ihre Gedanken und eigene, oft schmerzhafte Erfahrungen als MmB in Bezug auf die Benutzung von Toiletten an öffentlichen Orten mit, die sich wie unten gezeigt teilweise auch auf die Sprache beziehen. Das Hauptthema ist die Zugänglichkeit öffentlicher Toiletten für MmB und die Frage, ob auch nicht-behinderte Menschen (u. a. Familien mit Kleinkindern, schwangere Frauen oder ältere Menschen) sie benutzen dürfen. Bei dieser Gelegenheit gibt es auch Kommentare, deren VerfasserInnen Beispiele für ein ähnliches diskriminierendes Verhalten anführen, das sie an diversen öffentlichen Orten beobachtet haben, wie z. B. das Parken eines Autos auf einem öffentlichen Parkplatz, wobei widerrechtlich ein Behindertenplatz genutzt wird usw.

Überdies werden in vielen Mikronarrativen metasprachliche Bewertungen bestimmter Fremd- und gleichzeitig Selbstbezeichnungen in Bezug auf MmB ausgedrückt. In den meisten Threads, die dieses Problem thematisieren, ist zu erkennen, dass viele sich zwar mit der Unterscheidung zwischen sichtbaren und nicht-sichtbaren Behinderungen abfinden, aber es gibt auch relativ viele Personen, die eine solche Nomenklatur mit Ironie behandeln (vgl. den bissigen Kommentar im Beleg 137). Darüber hinaus finden sich solche Kommentierenden, die der Ansicht sind, dass eine solche Terminologie zur Vermittlung eines verzerrten Bildes der Community beitragen (vgl. „durne nazewnictwo" / „dumme Nomenklatur" im Beleg 138) oder, wie in Belegen 138 und 139, die Kluft zwischen nicht-behinderten und behinderten Menschen vertiefen und unnötige Spaltungen unter MmB schaffen könne, wodurch ein noch größeres Gefühl der Demütigung unter Betroffenen zu spüren sei:

**Beleg 137:** *Kommentar zum IG-Beitrag von @nie.pelnosprytna (08.01.2023)*
czykazdynickjestzajety
Widoczna niepełnosprawność czyli osoba że stomią najlepiej niech nosi woreczek na wierzchu, nawet jak ma kurtkę to musi mieć ją koniecznie rozpięta by było ja widać. A protez kończyn dolnych broń boże nie należy zasłaniać długimi spodniami … / *Eine sichtbare Behinderung, also z. B. eine Person mit einem Stoma sollte idealerweise einen Beutel über der Kleidung tragen, auch wenn sie eine Jacke hat, muss diese aufgeknöpft sein, damit man sie sehen kann. Und Beinprothesen sollten auf keinen Fall durch lange Hosen verdeckt werden …*

**Beleg 138:** *Kommentar zum IG-Beitrag von @nie.pelnosprytna (08.01.2023)*
list_of_things_to_do
To ja jako „niewidoczna" musiałabym chyba robić pod siebie. Brak słów 😢 Poza tym … co to ma niby być?? Czy ja nie będąc na wózku nie jestem czasem podwójnie dyskryminowana przez system i durne nazewnictwo, które sprowadza mnie do kategorii osoby „mniej niepełnosprawnej"?? Litości! / *Ich schätze, dass ich als „eine Unsichtbare" mich selbst anscheißen soll. Mir fehlen die Worte* 😢 *Außerdem … was soll das denn sein? Wenn ich also nicht im Rollstuhl sitze, bin ich vielleicht nicht doppelt diskriminiert durch das System und die dumme Nomenklatur, die mich auf die Kategorie der „weniger behinderten" Person reduziert? Ich bitte euch!*

**Beleg 139:** *Kommentare zum IG-Beitrag von @nie.pelnosprytna (08.01.2023)*
tak_to_czuje
No ja tez często stojąc pod toaleta w CH i galeriach obserwuje wychodzące z nich gwiazdy którym się nie chciało czekać i udające słodkie idiotki że niby nie zauważyły ze to TA ubikacja! […] / *Nun, ich stehe oft vor Toiletten in Einkaufszentren und -galerien und sehe Stars, die nicht warten wollen und so tun, als wären sie Tussis, die nicht gemerkt haben, dass es eine Behindertentoilette war!*

list_of_things_to_do
@tak_to_czuje Na pierwszy rzut oka nie widać, że mam mpd. Więc i ja mogła bym być dla Ciebie taką idiotką. Nigdy nie znasz całej historii. A nie raz ktoś chciał bym

pokazała legitymacje niepełnosprawności. Jak dla mnie to upokarzające, że muszę udowadniać przed kimś, że ta toaleta mi się należy, bo wyglądam „normalnie". / *Man sieht mir nicht auf den ersten Blick an, dass ich eine cerebrale Bewegungsstörung habe. Ich könnte also auch so eine Tussi für dich sein. Man erfährt nie die ganze Geschichte. Und mehr als einmal wollte jemand, dass ich meinen Behindertenausweis zeige. Für mich ist es demütigend, wenn ich jemandem beweisen muss, dass ich Anspruch auf diese Toilette habe, weil ich „normal" aussehe.*

Wie das Beispiel mit der scheinbar „sicheren" sprachlichen Trennung zwischen Menschen mit sichtbaren und unsichtbaren Behinderungen zeigt, empfinden sie manche UserInnen mit Beeinträchtigungen in bestimmten Situationen als eine Quelle der zusätzlichen Entwürdigung, so wie es die Nutzerin @list_of_things_to_do im Beleg 138 als „doppelte Diskriminierung" bezeichnet. Die Userin @newralgicznie dagegen zeigt in ihrem Kommentar (vgl. Beleg 140), wie verletzend und diskriminierend die Sprache für sie sein kann, auch wenn die TextproduzentInnen sich bestimmter sprachlicher Mittel nicht bewusst und daher nicht in der Lage sind, einen entsprechenden Wortschatz zu verwenden (vgl. das Wort „inwalida" auf dem beigefügten Foto). Dabei kann man annehmen, dass die Autorinnen der dargestellten Kommentare sich implizit gerade als Opfer einer unbewusst verletzenden Sprache positionieren, die zum Beispiel an öffentlichen Orten verwendet dazu führen kann, dass sich einige MmB unwohl und sogar diskriminiert fühlen, wenn zum Beispiel ein Mensch mit einer unsichtbaren Behinderung dazu gezwungen wird, dem Sicherheitsdienst zu erklären, warum er das Recht hat, eine Behindertentoilette zu benutzen oder wenn er oder sie noch dazu seine/ihre Behinderung nachweisen muss.

**Beleg 140:** *Kommentar zum IG-Beitrag von @nie.pelnosprytna (08.01.2023)*
newralgicznie
Co do osób wchodzących do toalet ozn. Po mnie nie widać, że zmagam się z wieloma chorobami (m.in. układu ruchu), więc ktoś może pomyśleć, że wchodzę do takiej toalety, bo mam takie widzimisie. Tak zupełnie nie jest. Ważną kwestią jest to, że wiele ozn ma tę niepełnosprawność niewidoczną. / *Was die Menschen betrifft, die auf eine Behindertentoilette gehen … so kann man mir nicht ansehen, dass ich mit vielen Krankheiten zu kämpfen habe (einschließlich Muskel-Skelett-Erkrankungen), so könnte denken, dass ich eine solche Toilette betrete, weil ich einfach Lust dazu habe. Das ist aber überhaupt nicht der Fall. Der wichtige Punkt ist, dass viele MmB diese unsichtbare Behinderung haben.*

Diesbezüglich wird in einem der Diskussionsstränge eine weitere schmerzhafte Geschichte präsentiert (vgl. Beleg 141), in der die Protagonistin (eine junge Frau, die im Rollstuhl sitzt) von einem Schaffner sprachlich gedemütigt wurde. Der Eisenbahnarbeiter hat nicht nur die Hilfe verweigert – trotz der vorherigen Anmeldung half er ihr nicht beim Einsteigen – sondern im Gespräch auch Bezeichnungen verwendet, die allgemein als beleidigend gelten. Dabei kombinierte er die scheinbar neutrale Bezeichnung „unsichtbare Behinderung" mit dem Wort „kalectwo" / „Verkrüppeltsein". In diesem Fall ist es jedoch schwierig, eindeutig zu beurteilen, ob die Worte des Schaffners beabsichtigt waren, nichtsdestotrotz wurden sie von der Autorin als eindeutig beleidigend empfunden.

> **Beleg 141:** *Kommentare zum IG-Beitrag von @nie.pelnosprytna (08.01.2023)*
> krolowa_dram93
> Mi ostatnio pan konduktor który wcześniej nie pomógł mi wejść do pociągu (mimo zgłoszenia) powiedział że nie będzie sprawdzał mojej legitymacji bo moje kalectwo jest widoczne …. / *Kürzlich sagte mir ein Schaffner, der sich zuvor geweigert hatte, mir beim Einsteigen in den Zug zu helfen (trotz meiner vorherigen Anmeldung), dass er meinen Behindertenausweis nicht überprüfen werde, weil mein Verkrüppeltsein sichtbar sei ….*
>
> nie.pelnosprytna
> @krolowa_dram93 cooooo??? Zgłosiłaś to? / *Was??? Hast du es gemeldet?*
>
> krolowa_dram93
> @nie.pelnosprytna oczywiście, ale wiadomo 30 dni na reklamacje a gbur mi popsul święta totalnie bo praktycznie potraktowal mnie jak śmiecia i kazał sobie znaleźć kogoś kto mnie wniesie albo nie jadę. Czekam na odpowiedź z pkp. […] / *Natürlich, aber man weiß ja, sie haben 30 Tage um auf meine Beschwerde zu reagieren, und dieser Rüpel hat mir Weihnachten komplett verdorben, weil er mich praktisch wie Dreck behandelt hat und sagte dazu, ich solle jemanden finden, der mich trägt, sonst fahre ich nicht. Ich warte auf die Antwort von der Bahn.*

In diesem Zusammenhang ist schließlich zu erwähnen, dass es in der Anschlussdiskussion unter dem Beitrag von @nie.pelnosprytna auch Versuche von Menschen mit Behinderungen gibt, sich auf bestimmte sprachliche Formen der Fremd- und Selbstbezeichnung zu beziehen oder diese im Zusammenhang mit sich selbst zu verwenden, obwohl diese von der Beitragsautorin und den meisten UserInnen scharf verurteilt werden. In den folgenden Beispielen möchte ich mich auf zwei Begriffe beziehen, die die Beitragsautorin als besonders beleidigend für viele Menschen mit Behinderungen definiert, und zwar „kaleka" („Krüppel") und „inwalida"

(„Invalide"). So versucht die Nutzerin @krolowa_chalupy_ (im Beleg 142) ironisch auf das dem Beitrag von @nie.pelnosprytna beigefügte Foto (vgl. Beleg 136) zu verweisen. In Bezug auf den Autor der an die Wand gepinnten Information für ToilettenbenutzerInnen in Częstochowa verwendet die Userin absichtlich den Begriff „kaleka", was sofort eine negative Reaktion eines anderen Users (@h4zfox) hervorruft, der die möglichen negativen Konnotationen dieses Wortes im Zusammenhang mit MmB betont. Dadurch wird die Nutzerin quasi automatisch implizit als der Verwendung der korrekten und nicht stigmatisierenden Bezeichnungen nicht bewusst fremdpositioniert. Die Autorin des Kommentars versucht sich in ihrem *accountive positioning* zu verteidigen. Um ihr Gesicht nicht zu verlieren, greift sie zu einer Relativierungsstrategie (vgl. die Worte „w tej sytuacji jakby tego nie nazwać to i tak będzie źle" / „in dieser Situation, egal wie man es nennt, ist es immer noch falsch") und versucht zu erklären, dass sie die Bezeichnung „kaleka/Krüppel" auf sich selbst bezogen habe (im Sinne „Tollpatsch" oder jemand, der „unbeholfen" ist).

**Beleg 142:** *Kommentare zum IG-Beitrag von @nie.pelnosprytna (08.01.2023)*
krolowa_chalupy_
Omg dopiero tam to kaleki pracują! Niby zdrowi na umyśle a klepki oderwane od rzeczywistości …. / *OMG dort arbeiten aber Krüppel! Angeblich geistig gesund, aber von der Realität losgelöst ….*

h4zfox
@krolowa_chalupy_ Ej, ale używanie słów, które mają obraźliwą historię wobec grupy marginalizowanej, jako słowa ogólnie obraźliwego wciąż jest złe. / *Mensch, aber die Verwendung von Wörtern, die in der Geschichte einer Randgruppe immer eine abwertende Bedeutung hatten, als Schimpfwörter, ist immer noch falsch.*

krolowa_chalupy_
@h4zfox tyle ze w tej sytuacji jakby tego nie nazwać to i tak będzie źle. Poza tym nie widzę powodu żeby się utożsamiać z takimi słowami. Poza tym u mnie w domu kaleka dotyczy fajtłapy, osoby niezdarnej, pierdoły chodzącej którą jestem całe życie. 🤯 / *Na ja … in dieser Situation, egal wie man es nennt, ist es immer noch falsch. Außerdem sehe ich keinen Grund, mich mit solchen Worten zu identifizieren. Bei mir zu Hause ist ein „Krüppel"*[462] *ein lahmer, ungeschickter Dummkopf, der ich mein ganzes Leben lang gewesen bin.*

---

462 Die Bezeichnung, derer sich diese Person bedient, bezieht sich auf die zweite Bedeutung des Wortes „kaleka" („jemand, der unbeholfen oder inkompetent ist"), auf die bereits am Anfang des Kapitel hingewiesen wurde.

Eine weitere erwähnenswerte Selbstpositionierungs- und Relativierungsstrategie zugleich in Bezug auf metapragmatische Bewertungen von Fremd- und Selbstbezeichnungen von MmB besteht darin, bestimmte sprachliche Verhaltensweisen nicht-behinderter Menschen zu rechtfertigen, die aus Sicht der rechtfertigenden Person versehentlich oder aus Unwissenheit (quasi unbewusst) Begriffe in Bezug auf Menschen mit Behinderungen verwendet haben, die im Allgemeinen als verletzend und beleidigend gelten. Ein interessantes Beispiel dafür ist die Aussage des Nutzers @Tomasz Socha (vgl. Beleg 143), der betont, dass die Verwendung von Wörtern/Bezeichnungen, die von Menschen mit Behinderungen oft als herabsetzend oder demütigend empfunden werden, ihn nicht beleidige. Gleichzeitig betont er, dass es in solchen Situationen auf die Absicht der Person ankomme, die bestimmte Begriffe verwendet (vgl. die vom Nutzer beschriebene Situation mit einem Fahrlehrer, der ihn „scherzhaft" als „deformiert/verkrüppelt" bezeichnet hat). Diese Art der Selbstpositionierung als Person, die sich zwar der sprachlichen Formen bewusst ist, aber gewisse Bezeichnungen in bestimmten Situationen „toleriert", wird jedoch von anderen BenutzerInnen in diesem Gesprächsstrang kritisiert. @Magdalena Rutkowska positioniert @Tomasz Socha absichtlich als eine Person, die zur Kategorie der Menschen mit Behinderungen gehöre, die sich aus Angst vor Ablehnung und um potenzielle Konflikte zu vermeiden, von Anderen beleidigen lassen, indem sie sozusagen „gute Miene zum bösen Spiel" machten. Dabei betont sie, dass Unwissenheit eher korrigiert als nachsichtig behandelt werden solle und dass die Verwendung von Begriffen wie „ułomny" / „Krüppel" einfach beleidigend sei. Der Benutzer @Tomasz Socha versucht sich in seiner *accountive positioning* zu verteidigen, indem er argumentiert[463], dass viele nicht-behinderte Menschen nicht wissen würden, wie MmB behandelt werden sollten. Somit kommt es dabei zur erzwungenen Fremdpositionierung vieler nicht-behinderter Menschen als solche, die erst lernen, wie man mit Menschen mit Behinderung umgeht.[464] Diese

[463] Argumente des Typs „Oft wissen sie nicht, wie sie Menschen mit Behinderungen behandeln sollen" beruhen meistens auf dem Schema, dass die Mehrheit der Öffentlichkeit diese Meinung vertrete, also typischen argumenta ad populum.

[464] Im analysierten Textkorpus konnten bereits Beispiele für umgekehrte Situationen gefunden werden, in denen es eher zu einer oft erzwungenen Selbstpositionierung der AutorInnen kam, als solche, die als gesunde Menschen erst lernen, wie man mit MmB umgeht (vgl. u. a. den Beleg (50)).

Art der „rechtfertigenden“ Argumentation und der Versuch, sich aus einer für den Verfasser des Kommentars unangenehmen Situation zu befreien, löst jedoch weitere kritische Anmerkungen aus (vgl. die rhetorische und ironische Frage in der Antwort der Nutzerin @Paula Lisia Zapasowa „od kiedy niepełnosprawności to ułomność?“ / „Seit wann ist eine Behinderung Verkrüppeltsein?“).

**Beleg 143:** *Kommentare zum IG-Beitrag von @nie.pelnosprytna (08.01.2023)*
Tomasz Socha
Hmmm … jako osoba niepełnosprawna nie poczułem się obrażony 🙂. Wszystko zależy od tego, czy osoba używająca danego słowa miała na celu cię obrazić 😊. Kiedyś przypadkiem mój nauczyciel jazdy autem nazwał mnie ułomny, a potem zaczął mnie strasznie przepraszać. A ja zacząłem się śmiać 😄. No wiedziałem, że nie chce mnie obrazić. / *Hmmm … als behinderte Person habe ich mich nicht beleidigt gefühlt 🙂. Es hängt alles davon ab, ob die Person, die das Wort benutzt, dich beleidigen wollte 😊. Einmal nannte mich mein Fahrlehrer zufällig deformiert*[465] *und entschuldigte sich dann lange bei mir. Und ich fing an zu lachen 😄. Ich wusste ja, dass er mich nicht beleidigen wollte.*

Magdalena Rutkowska
Niewiedzę można korygować, nie trzeba jej pobłażać. Zbyt często osoby z niepełnosprawnościami reagują na takie sytuacje uśmiechem, żartem, bo nie potrafią inaczej. Takich postaw nas niestety uczono. Miało to służyć lepszej komunikacji, integracji i zapewnić brak negatywnych stereotypów o czepialskich kalekach. Z wielu rozmów jednak wynika, że ludzie czują się obrażani, jest im przykro, lecz nie reagują odpowiednio. Boją się jak zachowa się ktoś, komu zwróci się uwagę, że używa pejoratywnych określeń. Obawiają się odrzucenia, chcą uchodzić za fajnych i wyluzowanych, z dystansem do siebie. Mnie słowa: ułomny, kaleki, upośledzony, ślepy obrażają. / *Mangelndes Wissen kann korrigiert werden, man muss ihm nicht nachgeben. Allzu oft reagieren Menschen mit Behinderungen auf solche Situationen mit einem Lächeln, einem Scherz, weil sie nicht anders können. Das ist die Haltung, die uns leider beigebracht wurde. Sie sollte der besseren Kommunikation und Integration dienen und sicherstellen, dass es keine negativen Stereotype über kleinliche Krüppel gibt. Viele der Gespräche, die ich*

---

[465] Im SJP (Online-Wörterbuch des Polnischen) wird das Wort „ułomny“ entweder als „verkrüppelt/deformiert/entstellt“ oder als „Fehler/Schwächen/Unzulänglichkeiten habend“ definiert. Die zweite Bedeutung kann sich sowohl auf Menschen als auch auf bestimmte Systeme beziehen (z. B. „ułomny system opieki zdrowotnej“ / „ein mangelhaftes Gesundheitssystem“). Obwohl die meisten Wörterbücher den eher pejorativen und beleidigenden Unterton des Wortes in Bezug auf Menschen nicht erwähnen, wird es von vielen MmB so wahrgenommen (Quelle: https://sjp.pwn.pl/slowniki/u%C5%82omny.html).

*geführt habe, zeigen jedoch, dass sich die Menschen beleidigt fühlen und es ihnen leidtut, aber sie reagieren nicht angemessen. Sie haben Angst davor, wie sich jemand verhält, der auf die Verwendung abwertender Begriffe hingewiesen wird. Sie haben Angst vor Ablehnung, sie wollen als cool und locker angesehen werden, mit einer gewissen Distanz zu sich selbst. Ich fühle mich durch die Worte verkrüppelt, behindert, blind einfach beleidigt.*

Tomasz Socha
@Magdalena Rutkowska [...] Często osoba nie wie, jak traktować mnie jako osobę niepełnosprawną. Nie widzę powodu, by pragnąć zabić wzrokiem osobę, która użyła słowa ułomny w niewiedzy, że to słowo może być nieprzyjemne. Tym bardziej że mnie akurat to słowo nie przeszkadza ☺. / *Oft weiß diese Person nicht, wie sie mich als behinderten Menschen behandeln soll. Ich sehe keinen Grund, die Person mit kalten Augen anzusehen, die das Wort Krüppel unbeabsichtigt verwendet hat, ohne sich dessen bewusst zu sein, dass dieses Wort unangenehm sein kann. Außerdem stört mich dieses Wort nicht.*

Paula Lisia Zapasowa
od kiedy niepełnosprawności to ułomność? dobrze wiedzieć, jakbym już nie miała wystarczających wyrzutów sumienia, że jestem „ciężarem" dla swych bliskich, to jeszcze jestem ułomna [...] / *Seit wann ist eine Behinderung Verkrüppeltsein? Gut zu wissen, als hätte ich nicht schon genug Gewissensbisse, weil ich meinen Nächsten eine „Last" bin, und dazu verkrüppelt [...]*

Unter den metapragmatischen Bewertungen der Verwendung von abwertenden Bezeichnungen für Menschen mit Behinderungen im öffentlichen Raum gibt es schließlich auch solche, deren AutorInnen ihre Verwendung zu rechtfertigen versuchen, indem sie auf die angebliche „aktuelle Bedeutung" solcher Begriffe verweisen (vgl. Kommentar von Benutzer @dworakowski_adrian unten). Somit werden im Beleg 144 erneut UserInnen mit stärkerem Voice (bspw. InklusionsbloggerInnen mit Behinderungen) implizit als solche fremdpositioniert, die zwar zum Prozess der Sensibilisierung für gerechte Sprache beitrügen, aber gleichzeitig bestimmte Formulierungen aufzwängen, was bspw. zu bestimmten „semantischen Spielereien" führen könne:

**Beleg 144:** *Kommentar zum IG-Beitrag von @nie.pelnosprytna (08.01.2023)*
dworakowski_adrian
Język jest tworem żywym, słowa zmieniają swoje zabarwienie znaczeniowe wraz z biegiem czasu, ale ... słowo ułomny funkcjonuje w słowniku języka polskiego w określonym znaczeniu. Podobnie jak słowo inwalida. Dlaczego ich używanie ma być czymś na kształt ciężkiego przestępstwa, bo to właśnie wynika z powyższego wpisu. Można ludzi zachęcać do używania innych określeń, próbować naświetlać

sytuację. Ale oburzać się i wściekać na to, że ktoś używa tych słów zgodnie z ich obowiązującym znaczeniem to takie nie do końca ok. [...] Stosowanie różnego rodzaju fikołków z zakresu semantyki jest tu pewnym nadużyciem. / *Die Sprache ist lebendig, Wörter ändern ihre Bedeutung im Laufe der Zeit, aber das Wort ułomny funktioniert im Wörterbuch der polnischen Sprache in einer bestimmten Bedeutung. Ähnlich wie das Wort inwalida. Warum sollte ihre Verwendung so etwas wie ein schweres Vergehen sein, denn das ist es, was der obige Beitrag impliziert. Man kann die Leute ermutigen, andere Begriffe zu verwenden, oder versuchen, die Situation zu verdeutlichen. Aber sich darüber zu entrüsten und wütend zu werden, dass jemand diese Wörter in ihrer aktuellen Bedeutung verwendet, ist nicht ganz in Ordnung. [...] Die Verwendung aller möglichen semantischen Spielereien ist hier ein bisschen ein Missbrauch.*

Die Analyse des polnischen Textkorpus in Bezug auf die metapragmatischen Bewertungen von Fremd- und Selbstbezeichnungen möchte ich mit dem Beispiel eines typischen Diskussions-Threads abschließen, in dem eine der GesprächspartnerInnen (@Ejlorczyk) einerseits zu dem typischen Argument und zugleich zur Positionierung des Typs „Jeder Mensch mit einer Behinderung hat das Recht, sich so zu nennen, wie er will“ (bzw. „Als MmB bin ich sprachbewusst“) greift, andererseits aber vorschlägt, dass für die Sprache über und gegenüber MmB bestimmte Standards gesetzt werden sollten (vgl. dabei die Kommentare vieler BenutzerInnen, die einerseits die Freiheit in der Selbstbezeichnung schätzen und andererseits von der Community eine Art Sprachführer oder Sprachratgeber erwarten. vgl. u. a. Belege 132 und 133). Dabei beruft sich die Nutzerin auch auf eine Analogie mit der von homosexuellen Menschen verwendeten Terminologie und suggeriert, dass es völlig in Ordnung sei, „intern“ im Rahmen der Gruppe bestimmte in der Öffentlichkeit häufig als beleidigend empfundene Bezeichnungen zu verwenden (vgl. den Satz „jeśli mężczyzna orientacji homoseksualnej mówi o sobie np. p*dał[466], to kim ja jestem żeby go pouczać, że ma tak o sobie nie

---

[466] Besonders im Internet dienen Asteriske (also *-Zeichen) häufig als Platzhalter für nicht ausgeschriebene Buchstaben in tabuisierten oder aus anderen Gründen nicht auszuschreibenden Wörtern/Begriffen. Sie werden vor allem in Situationen verwendet, in denen die Gefahr besteht, dass der Algorithmus einer Anwendung ein Wort als „verboten“ oder „gegen die Community-Regeln verstoßend“ einstuft, was dazu führen kann, dass der Beitrag gelöscht oder der Benutzer/die Benutzerin sogar gesperrt wird. Eine ähnliche Bedeutung haben in der Internetkommunikation XX-Zeichen, die hintereinander gesetzt werden (vgl. Beispiele in 145).

mówić" / „wenn ein Mann mit homosexueller Orientierung sich selbst als Schw*chtel bezeichnet, wer bin ich dann, ihn zu belehren, sich nicht als solcher zu bezeichnen"). Die Autorin des Beitrags (@nie.pelnosprytna) stimmt der Userin zu und betont dabei, dass es ihrer Meinung nach einen Unterschied zwischen der Verwendung von Begriffen von Menschen innerhalb einer bestimmten Gruppe, besonders wenn es eine von sozialer Ausgrenzung bedrohte Gemeinschaft ist, und von Menschen außerhalb dieser Gruppe gebe. Sie verweist auch auf ihr eigenes Elternhaus, in dem sie wegen ihrer geringen Körpergröße scherzhaft als „Pygmäe" bezeichnet wurde. Trotz der Gegenstimmen (vgl. den Kommentar von @zaniczka) wirft die Diskussion wichtige Fragen im Zusammenhang mit den oft sehr individuellen und von der gegebenen Gemeinschaft unabhängigen Selbstbezeichnungen, den Grenzen der Akzeptanz bei der Verwendung von gewissen Begriffen und dem Verständnis des Kontexts sowie der Bedeutung von Wörtern in verschiedenen sozialen Situationen auf.

**Beleg 145:** *Kommentare zum IG-Beitrag von @nie.pelnosprytna (08.01.2023)*
ejlorczyk
[…] Ja tu właśnie jeszcze nie mam przekonania, na razie jestem raczej na stanowisku że każdy może siebie nazywać jak chce – jeśli ktoś mówi o sobie że jest kulawy, kaleka, sprawny inaczej i in. to ma takie prawo. Kwestia, że nie wiadomo kto jak chce być nazywany, więc ustalamy jakieś standardy typu osoba z niepełnosprawnością […] A co do pełnosprawnych, to analogia – przykładowo, jeśli mężczyzna orientacji homoseksualnej mówi o sobie np. p*dał, to kim ja jestem żeby go pouczać, że ma tak o sobie nie mówić – ale to nie znaczy, że ja sama mogę używać takiego określenia wobec tej grupy. / *Ich bin noch nicht überzeugt. Im Moment bin ich eher der Meinung, dass sich jeder so nennen kann, wie er will – wenn sich jemand als lahm, Krüppel, gut funktionierend aber anders usw. bezeichnet, dann hat er Recht dazu. Das Problem ist, dass wir nicht wissen, wie wir uns selbst nennen wollen, also vielleicht sollten wir einige Standards festlegen, z. B. in Bezug auf Menschen Behinderungen […] Was Menschen ohne Behinderungen betrifft, gibt es eine Analogie – wenn ein Mann mit homosexueller Orientierung sich selbst als Schw*chtel bezeichnet, wer bin ich dann, ihn zu belehren, sich nicht als solcher zu bezeichnen, aber das bedeutet nicht, dass ich selbst einen solchen Begriff gegenüber dieser Gruppe verwenden kann.*

zaniczka
@ejlorczyk czyli rozumiem, że jeśli jakas osoba homoseksualna powie do ciebie że możesz używać słowa pedxx czy lesxx to wtedy można tak? / *Ich gehe also davon aus, dass es für dich in Ordnung ist, wenn eine schwule Person dir sagt, dass es in Ordnung ist, das Wort Schwuchtxx oder Lesxx zu verwenden?*

ejlorczyk
@zaniczka Do tej osoby można, skoro ona tak pozwala – nie trzeba, ale można. Nadal do innych nie. [...] Czy można nazywać osoby pracujące s*ksualnie dupami, skoro same siebie tak określiły – przeciętny człowiek może się pogubić. Ale właśnie, przyjmujemy jakieś określenia za standard kiedy mówimy o danej grupie, niezależnie od tego jak o sobie mówią pojedyncze osoby z tej grupy. Tak to czuję na ten moment, ale może jeszcze zmienię zdanie ☺ / *In Bezug auf eine solche Person kann man es machen, wenn sie es zulässt – man muss es nicht, aber man kann. Anderen gegenüber tut man es nicht. Ist es in Ordnung, Menschen, die s*xuell arbeiten, als Arschlöcher zu bezeichnen, wenn sie sich selbst als solche bezeichnet haben – der Durchschnittsmensch kann verwirrt werden. Aber das ist es ja gerade, wir nehmen einige Begriffe als Standard an, wenn wir über eine Gruppe sprechen, unabhängig davon, wie die einzelnen Mitglieder dieser Gruppe über sich selbst sprechen. So denke ich im Moment, aber ich könnte meine Meinung noch ändern.*

nie.pelnosprytna
@zaniczka w ogóle nie zgadzam się z tym co napisałaś i podzielam zdanie @ejlorczyk Czym innym jest, gdy o sobie tak powie osoba z niepełnosprawnością, a czym innym jak użyje takiego słowa osoba spoza. To tak jak z żartami w swoim kręgu towarzystwa. Ja potrafię z siebie zażartować, moi bliscy również, bo takie mamy granice umowne między sobą. Jednak jeżeli ktoś spoza tego kręgu powiedział do mnie np. „pigmejku", tak jak mówi do mnie w żartach tata, który sam ma 165 cm, to naprawdę nie byłoby mi miło. To tak jak osoby czarnoskóre np. w utworach mówią słowa „nigga", którego ja wobec nich powiedzieć bym nie powinna. / *Ich bin überhaupt nicht einverstanden mit dem, was du geschrieben hast, und ich teile die Meinung von @ejlorczyk Es ist etwas Anderes, wenn ein Mensch Behinderung so was über sich selbst sagt, und wiederum etwas Anderes, wenn ein Außenstehender ein solches Wort verwendet. Es ist so wie Witze, die man in seinem sozialen Umfeld macht. Ich kann Witze über mich selbst machen, und meine Nächsten auch, denn das sind die vertraglich festgelegten Grenzen zwischen uns. Wenn aber jemand von außerhalb dieses Kreises zu mir zum Beispiel „Pygmäe" sagen würde, wie mein Vater, der selbst 165 cm groß ist, scherzhaft zu mir sagt, würde mir das wirklich nicht gefallen. Das ist so, wie wenn Schwarze zum Beispiel in Liedern das Wort „Nigga" sagen, was ich ihnen gegenüber nicht sagen würde.*

### 9.5.3 „Es heißt ‚behinderte Menschen' oder ‚Menschen mit Behinderung'". Euphemisierung und „politische Korrektheit" in Bezug auf Behinderungen (@luisalaudace)

Die ersten analysierten Beiträge im deutschsprachigen Textkorpus, die die Problematik der metapragmatischen Verweise auf Selbstbezeichnungen von MmB thematisieren, stellen zwei Instagram-Postings von Luisa L'Audace dar. Die deutsche Influencerin und Bloggerin beschäftigt sich in ihren Posts oft mit dem Thema der Sprache über und gegenüber Menschen mit

Behinderungen. Zwei solcher Postings (vom 20.02.2022 und 11.09.2021[467]) wurden für die folgende Analyse ausgewählt.

In dem ersten analysierten Beitrag (vgl. Beleg 146) thematisiert Luisa L'Audace die Bedeutung der Fremd- und Selbstbezeichnung „behindert" und die Problematik ihres Gebrauchs. Ähnlich wie im polnischsprachigen Textkorpus gibt es auch in deutschen Online-Gesprächen keinen Konsens über die Verwendung des Begriffs „niepełnosprawny" / „behindert" unter MmB und nicht-behinderten Menschen. Trotz zahlreicher Empfehlungen in Online-Leitfäden oder Beiträgen vieler BloggerInnen über die Verwendung einer inklusiven Sprache (die Bezeichnung „behindert" wird meist als „nicht mehr angemessen" oder „veraltet" eingestuft) vertritt die Autorin die Ansicht, dass gerade das Wort „behindert" einer von vielen oft missbrauchten Begriffen sei. In ihrem Beitrag, der in einer Reihe farbiger Folien präsentiert und von einfachen Grafiken begleitet wird, bewertet sie den in öffentlichen Äußerungen oft absichtlich vermiedenen Ausdruck als „eine neutrale Selbstbezeichnung". Darüber hinaus bemerkt sie, dass manche nicht-behinderte Menschen den Begriff „behindert" als Schimpfwort nutzen würden, was dafür sorge, „dass sich viele unwohl fühlen, es für seine tatsächliche Bedeutung zu verwenden". Dies führe wiederum laut der Bloggerin zur Entstehung von Euphemismen, durch die das Thema „Behinderung" weiter tabuisiert werde. Außerdem impliziere die Verwendung von Euphemismen, dass die Behinderung etwas Negatives sei, „das nicht ausgesprochen werden darf", wodurch sich viele nicht-behinderte Menschen „über Behinderte" stellen würden. Neben dem eindeutigen Vorwurf, der sich zum Teil auch an andere AktivistInnen für Menschen mit Behinderungen richtet, kommt es zum ersten Mal im analysierten Textkorpus zur erzwungenen Fremdpositionierung nicht-behinderter Verbündeter von MmB sowie von vielen VertreterInnen der MmB-Community als vermeintliche „Opfer" zahlreicher Medien und SpezialistInnen für inklusive Sprache, die bestimmte „politisch korrekte" Formen aufzwängen.[468] Dies könne laut der Bloggerin u. a. viele MmB daran hindern, die Sprachformen zu verwenden,

---

467 Quelle: https://www.instagram.com/p/CaNXR5IoLK0/?img_index=1 (19.400 Reaktionen und 109 Kommentare; Datum des Zugriffs: 26.04.2024) und https://www.instagram.com/p/CTsFdNUoWYt/?img_index=1 (3.349 Reaktionen und 132 Kommentare; Datum des Zugriffs: 26.04.2024).

468 Auf dieses Problem wird besonders im deutschsprachigen Textkorpus an mehreren Stellen hingewiesen.

mit denen sie sich wirklich identifizieren (vgl. u. a. den Satz „Es heißt ‚behinderte Menschen' oder ‚Menschen mit Behinderung'"). Darüber hinaus greift die Autorin auf eine sich häufig in beiden Textkorpora wiederholende Positionierung des Typs zurück: „Es seien die Menschen mit Beeinträchtigungen, die das Recht haben zu entscheiden, welcher Begriff eine Selbstbezeichnung für sie wäre, obwohl sie auch selbst manchmal Euphemismen verwenden würden" – entweder wegen des angeblich negativen Rufs der Bezeichnung „behindert" oder aus Angst, von anderen missverstanden zu werden. Gleichzeitig rät die Autorin nicht-behinderten Menschen, bei den neutralen Bezeichnungen „behinderte Menschen" oder „Menschen mit Behinderung" zu bleiben. Dabei wird wiederum das Handlungsmuster „nicht-behinderte Menschen sollten zuerst fragen" realisiert. Schließlich geht die Autorin auf solche Sprachformen ein, die potentiell als wegen einer Beeinträchtigung diskriminierend angesehen werden könnten (vgl. den Satz „Aussagen, wie: ‚Bist du behindert?!' oder: ‚Das ist so behindert!', sind nichts anderes, als ableistisch"). Die Verantwortung, gegen den Missbrauch der Bezeichnung „behindert" als Schimpfwort vorzugehen und es in seiner neutralen Bedeutung zu verwenden (wodurch die „richtige" Bedeutung gefördert werde), kommt laut der Bloggerin auch auf die nicht-behinderten Verbündeten zu.

**Beleg 146:** *IG-Beitrag von @luisalaudace (20.02.2022)*
Luisalaudace
Behindert ist kein böses Wort!
[INHALT EINZELNER FOLIEN:]
„BEHINDERT" ist KEIN böses Wort. Im Gegenteil! Bei „behindert" handelt es sich nämlich um eine neutrale Selbstbezeichnung. Aber die Menschen, die es als Schimpfwort missbrauchen, haben dafür gesorgt, dass sich viele unwohl fühlen, es für seine tatsächliche Bedeutung zu verwenden. So haben viele Menschen kein Problem damit, „behindert" als Synonym für „scheiße" zu verwenden, aber sehr wohl, wenn es darum geht, tatsächlich behinderte Menschen als jene zu bezeichnen. Dies hatte zur Folge, dass sogenannte Euphemismen entstanden sind. Dabei bin nicht „besonders", denn damit entmenschlichst du mich. Ich habe keine „besonderen Bedürfnisse", denn ich möchte, genauso wie du, einfach in den ersten Stock, brauche dafür aber einen Aufzug. Und ich habe auch kein „Handicap", denn wir sind hier nicht beim Golf.
Euphemismen dienen dazu, sich mit einem Thema wohler zu fühlen, das man als unangenehm empfindet. Allerdings haben sie einen verheerenden Nebeneffekt:

- Das Thema Behinderung wird weiterhin tabuisiert.
- Es impliziert, dass Behinderung etwas Negatives ist, das nicht ausgesprochen werden darf.

- Du missachtest die Selbstbezeichnung behinderter Menschen und stellst dich über sie.

Aufgrund des negativen Rufs des Wortes, fällt es selbst behinderten Menschen manchmal schwer, sich damit zu identifizieren, weshalb es mehr als verständlich ist, dass manche von ihnen selbst Euphemismen verwenden.

Dies gilt es zu akzeptieren. Nicht-behinderte Menschen haben dahingegen keinen Grund, sich Euphemismen anzueignen. Es heißt „behinderte Menschen" oder „Menschen mit Behinderung".

Sprache ist im ständigen Wandel. Aber hier ist leider noch nichts passiert. Aussagen, wie: „Bist du behindert?!" oder: „Das ist so behindert!", sind nichts anderes, als ableistisch. Dennoch, sprechen dies die wenigsten Menschen an, wenn sie es hören. Selbst prominente Menschen missbrauchen unsere Selbstbezeichnung immer wieder in Videos, Büchern etc., ohne dass Konsequenzen folgten.

Gerade, wenn du nicht-behindert bist, solltest du dich nicht aus der Verantwortung ziehen und Menschen unbedingt darauf ansprechen, wenn sie „behindert" als Synonym für ein Schimpfwort nutzen. – Auch, wenn es unangenehm ist. Es gibt hunderte Worte, um etwas Negatives zu beschreiben. Aber dieses Wort gehört uns. Lasst es uns gemeinsam aus dem Schmutz ziehen und Bewusstsein dafür schaffen.

Ähnlich wie im polnischen Textkorpus wird auch in vielen Kommentaren von deutschsprachigen UserInnen mit Beeinträchtigungen deutlich, wie unterschiedlich die Selbstbezeichnungen wie „behindert" bzw. „mit Behinderung(en)" metapragmatisch bewertet und in der laufenden Diskussion gedeutet werden. Manche haben nichts dagegen, als „behindert" bezeichnet zu werden (vgl. Beleg 147), während andere betonen, dass sie sich mit den Bezeichnungen „behindert sein" oder „mit Behinderung" nicht identifizieren und sie nicht anerkennen. Besonders Personen mit nicht-sichtbaren Behinderungen (wie die Benutzerin im Beleg 148, die an Rheumatismus und Hypothyreose leidet) bevorzugen die Selbstbezeichnung „ich habe eine Behinderung"[469]. Die intentionale und moralische Selbstpositionierung als Mensch, der selbst entscheidet, wie er bezeichnet werden möchte, untermauert die Userin @lifeandmatters_ u. a. mit den Worten: „Also ist das Einfachste, nachzufragen welcher Wortlaut ok wäre, …":

---

[469] Eine solche intentionale Selbstpositionierung des Typs „ich habe eine Behinderung, bin aber nicht behindert" erinnert an typische Handlungsmuster von anderen Menschen mit nicht-sichtbaren Behinderungen, z. B. mit Autismus (vgl. einige Belege im Kapitel 9.3.4.1).

**Beleg 147:** *Kommentar zum IG-Beitrag von @luisalaudace (20.02.2022)*
michsens
Genau so ist es! Danke für die Klarstellung und deine unermüdliche Aufklärungsarbeit! 👏👏👏 Ich selbst habe kein Problem damit, mich als behindert zu bezeichnen.

**Beleg 148:** *Kommentar zum IG-Beitrag von @luisalaudace (20.02.2022)*
lifeandmatters_
@zeichnerinnenleben Manche mögen aber lieber zB. „Frau mit Behinderung". Ich identifiziere mich damit nicht, habe also diese Behinderung, bin aber nicht behindert. Also lieber vorher fragen. Es ist schwierig, keine Frage. Zumal Adjektive nicht nur in diesem Bereich sprachwissenschaftlich hinterfragt werden. Also ist das Einfachste, nachzufragen welcher Wortlaut ok wäre, zumindest sehe ich das als Betroffene so, da gibt es aber verschiedene Ansichten.

Eine weitere häufige Kollokation und zugleich Selbstbezeichnung ist im deutschen Textkorpus der Ausdruck „behindert werden" (statt „behindert sein"). Im Beleg 149 bewertet die Nutzerin @tinyfurryhelp den Begriff positiv und verweist auf die anderen Bedeutungen der Lexeme „behindert" oder „Behinderung" im Deutschen (im Sinne „Hinderung", „Hindernis" oder „Erschwerung"). Sie weist gleichzeitig darauf hin, dass viele MmB gerade „durch äußere Strukturen" oder gesellschaftliche Hürden behindert werden. Eine solche intentionale und moralische Selbstpositionierung bezieht sich zwar auf die bevorzugte Sprache, fügt sich aber gleichzeitig in die Selbstpositionierung von MmB als dem System und/oder baulichen Strukturen ausgeliefert sowie das gesamte Narrativ von „diskriminierten und stigmatisierten MmB".

**Beleg 149:** *Kommentar zum IG-Beitrag von @luisalaudace (20.02.2022)*
tinyfurryhelp
Was mir gut gefällt, ist die Bezeichnung „behindert werden". Also, ich bin nicht behindert, sondern werde durch äußere Strukturen (Treppen, fehlende Bildbeschreibung usw). Dabei bleibt immer noch „behindert" als Adjektiv, aber es deutet nicht auf den Körper/die Psyche als Hindernis, sondern gesellschaftliche Strukturen.

In der Diskussion unter dem Beitrag von @Luisalaudace wird besonders viel über das Problem der Euphemismen gesprochen, auf die sich die Autorin und Bloggerin in ihrem Beitrag eindeutig bezieht. So betont der Nutzer @daniel_petertools, dass er nichts dagegen habe, als „Behinderter" bezeichnet zu werden. Gleichzeitig unterstreicht er aber die Bedeutung einer klaren und einfachen Sprache im Kontext seiner Behinderung und weist darauf hin, dass Euphemismen oder komplexere Bezeichnungen ihm zusätzliche Mühe bereiten würden und von ihm als eine zusätzliche sprachliche Herausforderung empfunden werden. Mit seinen Worten und der Einschätzung der verwendeten Sprache stimmt der Benutzer @Gardenabbigail überein (vgl. die Worte „Kurze Wörter sind für mein Hirn sehr viel leichter").

**Beleg 150:** *Kommentare zum IG-Beitrag von @luisalaudace (20.02.2022)*
daniel_petertools
Ich hatte noch nie in Problem damit, mich als Behinderter zu bezeichnen. Mit all den Euphemismen habe ich hingehen Mühe, ich benutze diese nicht mehr, ich empfinde das für mich als ehrlicher.

Gardenabbigail
@daniel_petertools Das denke ich so oft … Kurze Wörter sind für mein Hirn sehr viel leichter. Mich selbst „ordentlich" zu benennen ist für mich so kräfteraubend. Neue Fremdwörter nimmt mein Hirn mit zusätzlichen Sprachstörungen garnicht mehr auf … so „lost" … 🙈

Darüber hinaus bringen einige NutzerInnen die Unsicherheit zum Ausdruck, die sowohl bei MmB als auch bei ihren Verbündeten herrscht, wenn es darum geht, bestimmte „blumige" Umschreibungen zu verwenden, aus Angst, andere MmB zu beleidigen oder von der Umgebung kritisiert zu werden. Durch eine solche metapragmatische Bewertung von bestimmten (oft von gewissen Gremien auferlegten) „neutralen" bzw. „gerechten Selbstbezeichnungen scheint der User @includein.design sowohl die gesamte Community von MmB als auch ihre Verbündeten als solche SprachbenutzerInnen zu fremdzupositionieren, die häufig quasi dazu gezwungen werden, Euphemismen zu verwenden. Dabei hätten viele Angst, nach gewissen Selbstbezeichnungen zu greifen, die besonders unter Verbündeten von MmB einen schlechten Ruf haben und daher möglichst oft in der Öffentlichkeit vermieden werden. Ähnlich wie in der polnischsprachigen Anschlusskommunikation gibt es daher viele Stimmen von verwirrten UserInnen, die nicht immer wissen, welche Selbstbezeichnungen „richtig" oder „korrekt" wären:

**Beleg 151:** *Kommentar zum IG-Beitrag von @luisalaudace (20.02.2022)*
includein.design
Sehr guter Beitrag! 👏Ganz viele Menschen sind verunsichert und wollen auf keinen Fall das gegenüber beleidigen und umschreiben mit vielen blumigen Worten … Dabei kann es so einfach sein …

**Beleg 152:** *Kommentar zum IG-Beitrag von @luisalaudace (20.02.2022)*
fallende_seiten
Danke für deine tolle Arbeit. Ich war mir auch immer unsicher, was ich wie sagen soll – „behindert"? „mit Behinderung?", danke für dieses Statement, darauf kann ich nun zurückgreifen ♡

Im Zusammenhang mit Euphemismen gibt es schließlich Kommentare, deren AutorInnen oft in Bezug auf konkrete Lebenserfahrungen betonen, dass der Begriff „behindert" an sich keine negative Selbstbezeichnung sei. Gleichzeitig führe die häufige öffentliche Euphemisierung des Lexems jedoch dazu, dass „behindert" als Schimpfwort in vielen Situationen verwendet werde. Beispielsweise erzählt der User @usa.4085 (vgl. Beleg 153) von eigenen Erfahrungen, wenn selbst in Gesprächen mit seinen Freunden sein Recht, die von ihm bevorzugten Selbstbezeichnungen zu verwenden, oft ignoriert werde. Gleichzeitig werde die Bezeichnung „behindert" häufig als Schimpfwort benutzt, wodurch viele MmB sich beleidigt fühlen und was für sie eine zusätzliche Quelle von Stress und Unbehagen sein kann:

**Beleg 153:** *Kommentar zum IG-Beitrag von @luisalaudace (20.02.2022)*
usa.4085
Mir tut es auch immer sehr weh, wenn Freunde, die über meine Behinderung bescheid wissen, in meiner Gegenwart zueinander Sachen sagen wie „Jetzt tu nicht so behindert." etc. Wenn ich dazu etwas sage, dann kommt „Du bist nicht behindert, du bist nur krank und dadurch beeinträchtigt.". Ständig wird ignoriert, wegrationalisiert und relativiert, dass es die Gesellschaft ist, die mich (be)hindert, mit meinen Erkrankungen normal leben zu können. [...]

Dabei kommt es zum Selbstpositionieren vieler UserInnen als solche, die andere für die korrekte Sprache sensibilisieren und Umdenken fördern:

**Beleg 154:** *Kommentar zum IG-Beitrag von @luisalaudace (20.02.2022)*
nettieslife
Super Beitrag, vielen Dank dafür! Ich spreche auch Kids/Jugendliche auf der Strasse oder im Bus an, wenn ich mitkriege, dass sie „behindert" als Schimpfwort benutzen. Manchmal hab ich den Eindruck, wenn es von einer Behinderten kommt, hinterlässt es größeren Eindruck. Darf ich deinen Post in meiner Story zeigen?

Andere wiederum beklagen sich in ihren Kommentaren über das fehlende Bewusstsein für die Verwendung bestimmter Sprachformen bei vielen SprachbenutzerInnen. Der User @jcf_chancengleichheit weist in seinem Kommentar auf häufige sprachliche Missverständnisse an öffentlichen Orten hin. Dabei nennt er das Beispiel einer universitären Einrichtung, in der neue MitarbeiterInnen gesucht wurden. In der offiziellen Anzeige hat man nämlich die Bezeichnung „behinderte Menschen" verwendet, was sehr viele negative Kommentare hervorgerufen hat. Eine solche stille Fremdpositionierung von vielen MmB und ihren Verbündeten als „Opfer der politisch korrekten Bezeichnungen" erhärtet der Nutzer, indem er im letzten Teil seines Kommentars gewollt den Begriff „behindert" verwendet (vgl. den Satz: „Falls ihr also behindert und Chemiker*innen seid und Vernetzung sucht – wir versuchen gerade ein solches Netzwerk aufzubauen.").

**Beleg 155:** *Kommentar zum IG-Beitrag von @luisalaudace (20.02.2022)*
jcf_chancengleichheit
Dass „behindert" keine böses Wort ist, ist leider nicht vielen klar. Wir hatten letztens einen Aufruf für „behinderte Menschen" in der Chemie und Naturwissenschaft und haben daraufhin mehrere Kommentare erhalten, dass der Aufruf beleidigend sei. Es muss also noch viel getan werden. Falls ihr also behindert und Chemiker*innen seid und Vernetzung sucht – wir versuchen gerade ein solches Netzwerk aufzubauen. 🩶

In der letzten Gruppe der analysierten Kommentare unter dem ersten Beitrag von @luisalaudace kritisieren die VerfasserInnen nicht nur viele Euphemismen, die in öffentlichen Situationen in Bezug auf Behinderungen verwendet werden. Dabei wird auch versucht, alternative Fremd- und Selbstbezeichnungen zu empfehlen. Es ist jedoch erwähnenswert, dass solche reflexiven sprachbezogenen Vorschläge kaum Resonanz unter Kommentierenden finden und dass es auch keinen Konsens über die vorgeschlagenen sprachlichen Formen gibt. Manche BenutzerInnen äußern dagegen ihre Kritik an Fremdbezeichnungen in Bezug auf MmB, die sich längst im öffentlichen Raum etabliert haben. So zum Beispiel kritisiert die Userin @julyversum Komposita mit dem Präfix „Sonder-", indem sie die relativ häufig vorkommende Bezeichnung „Sonder-Toilette" hinterfragt und gleichzeitig als „ableistisch" bezeichnet[470]; dabei schlägt sie die Bezeichnung „barrierefreies Klo" als eine anscheinend bessere Alternative vor. Allerdings gibt es auch solche UserInnen (wie die Nutzerin @blossom.of.hope, die sie als nicht-behinderte Verbündete präpositioniert),

[470] Man könnte dabei annehmen, dass die Userin auf die häufige stereotypisierende Fremdpositionierung von Menschen mit Beeinträchtigungen als „besonders" an vielen öffentlichen Orten referiert, die sich nicht selten in Euphemismen wie „besondere Bedürfnisse" oder „besondere Menschen" niederschlägt (vgl. den Beleg 97).

die allgemein verwendete und gesellschaftlich akzeptierte sprachliche Formen kritisieren und gleichzeitig versuchen, sie durch andere Formen zu ersetzen, die wiederum von anderen BenutzerInnen als „neue“ Euphemismen wahrgenommen werden (vgl. Beleg 157).

**Beleg 156:** *Kommentar zum IG-Beitrag von @luisalaudace (20.02.2022)*
julyversum
Hallo, ich habe eine Frage und hoffe hier vielleicht eine Antwort zu finden, da ich im Internet sonst keine finde: Unsere Behinderten Toilette wird in der Schule als „Sonder-Toilette“ ausgeschildert. Mit der Information aus dem Beitrag würde ich sagen, das es Ableistisch wäre und eher als z. B. „Barrierefreies Klo“ beschriftet werden sollte, aber vielleicht findet sich hier jemand, der dazu etwas sagen kann. Vielen Dank im voraus! ✨

**Beleg 157:** *Kommentare zum IG-Beitrag von @luisalaudace (20.02.2022)*
blossom.of.hope
Mein Freund hat heute am ersten Tag der Erzieherausbildung gelernt, dass es nicht „Lernbehindertes Kind“ heißt, sondern „Junger Mensch mit besonderem pädagogischen Unterstützungsbedarf“ – hab ihm gleich mal deinen tollen Post weitergeleitet. Danke für deine Arbeit!

Alinna
„Junger Mensch mit besonderem pädagogischen Unterstützungsbedarf“? Ist das doch nicht wieder ein Euphemismus??

In dem zweiten analysierten Posting (vgl. Abb. 35 / Beleg 158) setzt sich @Luisalaudace mit einer anderen relativ oft benutzten Fremd- und Selbstbezeichnung auseinander, und zwar „able-bodied“[471], wobei sie suggeriert, dass der Begriff in dem öffentlichen Diskurs vermieden werden sollte. „Able-bodied“ bedeutet nämlich so viel wie „fähiger Körper“ und impliziert laut der Autorin, dass behinderte Menschen „über keinen fähigen Körper“ verfügen würden. Dies werte laut der Bloggerin nicht-behinderte Menschen auf und verstärke somit bestimmte ableistische Denkmuster (vgl. den Satz „Das Denken, dass alle behinderten Menschen automatisch weniger leistungsfähig sind, ist tief im Ableismus verankert.“). Stattdessen werden von der Bloggerin neutralere Bezeichnungen wie „non-disabled“ oder „nicht-behindert“ empfohlen.[472]

[471] Laut Cambridge Dictionary bedeutet die Bezeichnung „people who are healthy and have no illness, injury, or condition that makes it difficult to do the things that other people do“ (Quelle: https://dictionary.cambridge.org/pl/dictionary/english/able-bodied, Datum des Zugriffs: 27.05.2024).

[472] In diesem Fall decken sich die Empfehlungen der Bloggerin mit vielen Vorschlägen anderer Spezialisten für integrative Sprache (vgl. 9.5).

**Beleg 158:** *IG-Beitrag von @luisalaudace (11.09.2021)*
Luisalaudace
Ich weiß, ich weiß: „Jetzt kommt die schon wieder mit ihrer Sprache.🙄"
Ist aber wichtig!✌🏼
!B
[INHALT EINZELNER FOLIEN:]
Warum wir „able-bodied" aus unserem Vokabular streichen sollten. Um Menschen zu benennen, die nicht behindert sind oder sich nicht als das identifizieren, benutzen viele Menschen den Begriff „able-bodied". Übersetzt man diesen allerdings, bedeutet er so viel, wie „fähiger Körper". Im Umkehrschluss impliziert er also, dass eine behinderte Person über keinen fähigen Körper verfügt. Es findet demnach eine Aufwertung von nicht-behinderten Menschen statt, anstatt ein neutrales Gegenteil zu schaffen. Das Denken, dass alle behinderten Menschen automatisch weniger leistungsfähig sind, ist tief im Ableismus verankert. Viele Aktivist*innen mit einem progressiven Ansatz sind aus diesem Grund gegen diese Bezeichnung. Neutralere Bezeichnungen sind „non-disabled" oder „nicht-behindert".

Bevor die ausgewählten Kommentare analysiert werden, ist in diesem Zusammenhang noch ein sprachliches Element erwähnenswert, das die beiden Flächen der Sprache und des Bildes verbindet, und zwar der Buchstabe „B" mit einem vorausgestellten Ausrufezeichen („!B") in dem Haupttext des Postings. Es ist für Menschen mit Sehbehinderungen gedacht und ist besonders bei Twitter/X und Instagram populär.[473] Die einzelnen Folien werden meistens mit demselben textuellen Inhalt gefüllt, wobei man größere Buchstaben und einen farbigen Hintergrund verwendet. Im Falle von solchen multimodalen Postings kann man von einer anderen Realisierungsweise einer der typischsten Selbstpositionierungsstrategien vieler BloggerInnen sprechen, die sich moralisch als SpezialistInnen in Sachen gerechte und inklusive Sprache positionieren, wobei sie gleichzeitig darauf achten, entsprechende sprachliche Formen (wie hier bspw. Asteriske als sog. *Gendersterne*[474]) und/oder die sie begleitenden nichtsprachlichen Elemente zu verwenden – wie

[473] Vgl. https://www.giga.de/artikel/was-bedeutet-b-ausrufezeichen-mit-b-bei-twitter/ (Datum des Zugriffs: 27.05.2024).

[474] Laut Duden Online-Wörterbuch bedeutet Genderstern „(bei Personenbezeichnungen) zwischen Wortstamm beziehungsweise maskuline Flexionsendung und feminine Flexionsendung gesetzter Asterisk, der der sprachlichen Gleichbehandlung aller Geschlechter dienen soll (z. B. Leiter*innen, Pilot*in)" (https://www.duden.de/rechtschreibung/Genderstern).

z. B. in diesem Fall entsprechend große Buchstaben, die von Menschen mit Sehbehinderungen gelesen werden können.

**Abb. 35 [Beleg 159]:** Bild-Fläche des Postings von @luisalaudace (11.09.2021).

Abgesehen von einigen Kommentaren, deren VerfasserInnen betonen, dass sie die thematisierten englischsprachigen Begriffe wie „abled" oder „able-bodied" entweder nicht kennen oder sehr selten verwenden, was bei der Vielzahl von Begriffen keine Überraschung sein dürfte, zeigt die Anschlussdiskussion zum einen ein breites Spektrum an Meinungen und ist zum anderen ein weiteres Beispiel für das besonders ausgeprägte Sprachbewusstsein vieler Kommentierenden. Ich würde im Allgemeinen vier thematische Gruppen in der Diskussion unterscheiden: Erstens sind es Auseinandersetzungen über unterschiedliche Begrifflichkeiten, auf die im Beitrag hingewiesen wurde; zweitens Kommentare und/oder Diskussionsstränge, die sich ähnlich wie in anderen analysierten Online-Gesprächen auf die Sprache und Selbstbezeichnungen im Kontext der Identität beziehen; drittens wird wieder Bezug auf weitere nicht-sichtbare Beeinträchtigungen genommen, die nach Meinung vieler UserInnen nicht immer leicht als tatsächliche Behinderungen zu qualifizieren sind, wobei immer auf das Beispiel der Gebärdensprache verwiesen wird. Schließlich reflektieren mehrere NutzerInnen über die Bedeutung der Begriffe „normal“ und „Normalität“ im Hinblick auf den allgemeinen Diskurs über Menschen mit Beeinträchtigungen.

Viele kommentierende Personen stimmen der Beitragsautorin zu. Zum Beispiel findet die Userin @healing.and.smoke den Begriff „able-bodied“ unpassend, da er ihrer Ansicht nach nicht-körperliche Behinderungen ausschließe. Andere (wie die nicht-binäre Person @neuroqueerme) finden die von der Bloggerin vorgeschlagene Nomenklatur durchaus korrekt, „sehr schlüssig und linguistisch logisch“ (vgl. Beleg 161) und kritisieren dabei die Unterscheidung zwischen „Körper“ und „Geist“, die das Konzept von „able-bodied“ implizieren würde. Schließlich gibt es auch solche Personen, die die Meinung vertreten, dass beide Begriffe (d. h. „able-bodied“ und „disabled“) einen gemeinsamen Kern hätten und aus diesem Grund „genauso diskriminierend“ seien (vgl. Beleg 162).

**Beleg 160:** *Kommentar zum IG-Beitrag von @luisalaudace (11.09.2021)*
healing.and.smoke
ich finde den begriff „able-bodied“ auch vor allen unpassend, da eine behinderung nicht nur körperlich, sondern auch geistig und psychisch sein kann. „able-bodied“ exkludiert nicht-körperliche behinderungen.

**Beleg 161:** *Kommentar zum IG-Beitrag von @luisalaudace (11.09.2021)*
neuroqueerme
Ich mag „abled“ ganz gerne als Begriff. „disabled“ ist als Gegenstück für mich sehr schlüssig und linguistisch logisch. Bei beiden Begriffen kann mensch dann verhandeln nach welchen Modellen man das ganze versteht. Z. B. kommt in „abled“ für mich auch die Möglichkeit der Interpretation als „befähigt gemacht“ raus, parallel zu „disabled“ als „behindert werden“. Das „bodied“ macht für mich keinen Sinn, es sei denn ich spreche eben nicht pauschal von nicht behinderten Menschen sondern nur von nicht körperlich behinderten Menschen, wobei ich diese körper/Geist Trennung nicht so wirklich sinnvoll finde.

**Beleg 162:** *Kommentar zum IG-Beitrag von @luisalaudace (11.09.2021)*
ameliie.be
Ich stimme zu (auch wenn der begriff in meinem alltag sowieso noch nie gefallen ist), aber kommt das „able-bodied“ nicht vom englischen „disabled“? Also wäre dann doch „disabled“ genauso diskriminierend, weil es ja „unfähig/nicht-fähig“ heißt, was genau das ist, was der Post kritisiert, oder?

In den dargestellten Beispielen wird wieder einmal sehr deutlich, wie bereitwillig Diskussionen über gerechte Sprache in der Behindertengemeinschaft geführt werden. Viele selbstpositionieren sich nämlich gerne als Menschen, die vor allem in Bezug auf ihre eigenen Erfahrungen mit Behinderung und der daraus resultierenden Diskriminierung ein moralisches Recht darauf hätten, über angemessene Selbstbezeichnungen zu diskutieren. Wie bereits erwähnt, kann die Vielfalt der Sprachformen jedoch auch zu einer Verunsicherung derjenigen führen, die direkt von einer Behinderung betroffen sind. Viele NutzerInnen selbstpositionieren sich auch in dieser Diskussion als solche Personen, die unsicher im Umgang mit den „richtigen“ Fremd- und Selbstbezeichnungen sind. So zum Beispiel bezieht sich die Userin @paintindaisies in ihrem Kommentar auf die Verwendung der Begriffe „able-bodied“ und „abled“ in Situationen, in denen man über nicht-behinderte Menschen spricht (vgl. Beleg 163). Dabei unterstreicht sie, dass sie selbst nicht den Begriff „able-bodied“ verwende, und argumentiert, dass sie stattdessen zum Begriff „abled“ greife, da sie gerade diese Bezeichnung in vielen „empowernden Behindertenaccounts“ als neutralen Gegensatz zu „disabled“ gesehen habe. Ein solcher Begriff werde, laut der Kommentarautorin, auch in wissenschaftlichen Texten genutzt. Im Deutschen dagegen entscheide sie sich immer für den Begriff „nicht-behindert“. Nichtsdestotrotz äußert die Userin ihre Unsicherheit bezüglich der Bezeichnung „abled“, wenn man als MmB über nicht-behinderte Menschen spricht:

**Beleg 163:** *Kommentar zum IG-Beitrag von @luisalaudace (11.09.2021)*
paintindaisies
Darf ich fragen, ob das gleiche, was für „able-bodied“ gilt, auch auf „abled“ zutrifft? Able-bodied verwende ich selbst nämlich nicht, aber um über nicht-behinderte Menschen im Englischen zu reden, nehme ich immer „abled“ da ich das auf zich anderen empowernden Behindertenaccounts immer gelesen habe und es deshalb immer als neutralen Gegensatz zu disabled gesehen habe. In wissenschaftlichen Texten wird auch immer „abled“ als Gegensatz verwendet. Im Deutschen nehme ich auch eher „nicht-behindert“, aber ja, jetzt bin ich etwas verunsichert, ob ich im Englischen „abled“ noch sagen kann, wenn ich als behinderte Person über

nicht-behinderte Personen rede (ich habe einen Editing Account, wo ich öfter mal Aufklärungsposts mache :)) oder ob „abled“ auch problematisch ist. Danke!

Besonders erwähnenswert sind in der Anschlusskommunikation unter dem Posting Gesprächsstränge, in denen die TeilnehmerInnen einerseits versuchen, bestimmte Selbstbezeichnungen metapragmatisch zu bewerten und sie andererseits mit einer eventuellen Identifikation mit Behinderung in Verbindung zu bringen. Im folgenden Gespräch (vgl. Beleg 164) kritisiert der Nutzer @einfach_tarik zwar die Selbstbezeichnung „able-bodied“, aber bemerkt dabei, dass auch der weit verbreitete Begriff „disabled“, der als Gegenteil des empfohlenen „non-disabled“ gilt, ebenso falsch sei, da beide Termini auf der Verneinung von jeglichen Fähigkeiten des Menschen basieren würden und daher herabwürdigend seien. Darüber hinaus bezieht sich der User intertextuell auf die Worte von @luisalaudace in ihrem Posting. Die Autorin schrieb u. a. Folgendes: „Um Menschen zu benennen, die nicht behindert sind oder sich nicht als das identifizieren, benutzen viele Menschen den Begriff ‚able-bodied‘“. Besonders die Phrase „oder sich nicht als das identifizieren“ deutet der Benutzer als die sog. „kulturelle Aneignung[475]“ unterschiedlicher Behinderungen von Menschen, die in Wirklichkeit von keiner Behinderung betroffen sind. Der User suggeriert dabei, dass manche nicht-behinderten Personen sich als behindert identifizieren würden. Eine solche Argumentationsweise wird von den beiden anderen GesprächsteilnehmerInnen kritisiert. Die Userin @dramapproved betont in ihrem Kommentar, dass unterschiedliche Erfahrungen in Bezug

[475] Das bereits in den 1970er und 1980er Jahren im Rahmen der *Cultural Studies* und *Media Studies* im angelsächsischen Sprachraum erörterte Konzept der „kulturellen Aneignung“ (englisch *cultural appropriation*) bezeichnet im Allgemeinen die Übernahme von Ausdrucksformen, Artefakten, Geschichte, Praktiken und Wissensformen von TrägerInnen einer anderen Kultur oder kulturellen Identität. In den letzten Jahren wird der Terminus mit einer eher kontroversen und negativ konnotierten Praxis in Verbindung gebracht, die auch in diesem Beispiel von dem User gemeint ist. Wie Kreutzmann (2023) bemerkt, finden solche Aneignungsprozesse oft ohne Verständnis der Würdigung der betroffenen Kultur und vor dem Hintergrund asymmetrischer Machtverhältnisse statt, was besonders deutlich in sozialen Medien zu beobachten ist: „Auf Social Media Plattformen sehen sich Content Creator immer wieder Kritik und Vorwürfen ausgesetzt, sie würden sich andere Kulturen aneignen, sei es durch die Verwendung von Slang Wörtern, Mode oder anderweitige kulturelle Elemente.“

auf Diskriminierung ein gemeinsames Element für alle Menschen mit Behinderungen seien, und dass niemand das Recht habe, jemandem seine Behinderung abzusprechen. Eine Ergänzung des Threads sind schließlich die Worte der Beitragsautorin, die es noch einmal hervorhebt, wie wichtig es ist, solche Selbstbezeichnungen zu verwenden, die die Vielfalt der Gemeinschaft von MmB widerspiegeln würden, ohne dass die vermeintliche „Überlegenheit" der nicht-behinderten Menschen gegenüber den behinderten betont wird. Dadurch hebt sie auch hervor, dass Behinderung nicht nur medizinisch, sondern auch gesellschaftlich und historisch definiert werden kann, sonst seien unterschiedliche Euphemismen auch unter Menschen mit Behinderungen nicht zu vermeiden (vgl. u. a. den Satz „Wir sollten ‚Disabled' als Eigenwort anerkennen, das als politische Selbstbezeichnung gewählt wird."[476]).

**Beleg 164:** *Kommentare zum IG-Beitrag von @luisalaudace (11.09.2021)*
einfach_tarik
Hi, ich lebe mit Albinismus und ich hab 2 fragen wo ich im Moment sagen würde sorry aber ich widerspreche:

(1) wenn eine Alternative zu able-bodied non-disabled sein soll. Dann ist doch disabled genau so scheiße. Diese Bezeichnung setzt sich ja aus der Verneinung des fähig Seins zusammen. Dann sollte man das nicht benutzen, nach dieser Logik
(2) was meint ihr mit „Menschen die sich als das identifizieren"? Sorry aber wenn mir ein nicht behinderter sagt ja ich identifiziere mich als [albino / mensch mit downsymdrom] ich kann dich verstehen, dann nein, kannst du nicht. Egal wie sehr du dich identifiziert. Du besitzt diese Erbkrankheit / Veranlagung nicht. dann

[476] Dabei verweist die Autorin auch auf das Phänomen des sog. „internalisierten Ableismus", das immer häufiger zur Sprache gebracht wird. Laut dem Portal ableismus.de haben behinderte und/oder chronisch kranke Menschen „oft die Vorstellung der Minderwertigkeit verinnerlicht. [...] Dadurch entstehen Gefühle von Schuld, Scham und Selbsthass, was zu Gewalt gegen sich selbst führen kann, beispielsweise in Form von Vernachlässigung, Selbstbestrafung oder Selbstabwertung. Durch diesen internalisierten Ableismus fällt es Menschen mit Behinderungen zusätzlich schwer, Rechte einzufordern, Grenzen aufzuzeigen und sich gegen Formen von Gewalt zu wehren". Solche Verhaltensweisen resultieren nicht selten daraus, das MmB „selbst in einer ableistischen Welt aufgewachsen sind" (vgl. https://ableismus.de/toetet/de/ableismus-und-gewalt; Datum des Zugriffs: 07.06.2024). Auf andere Beispiele des internalisierten Ableismus wurde bereits an mehreren Stellen in der Analyse hingewiesen (vgl. u. a. Belege 143 und 144, in denen MmB bestimmte ableistische sprachliche Verhaltensweisen nicht-behinderter Menschen zu rechtfertigen versuchten).

könnte ich ja auch zum BiPoc[477] gehen und sagen ich identifiziere mich als Teil der Community. Sorry aber ich sehe das als „cultural" appropriation an

dramapproved
@einfach_tarik wenn wir von der Community behinderter Menschen sprechen, geht es darum, dass wir alle aufgrund unserer Behinderung diskriminiert werden. Das haben behinderte Menschen gemeinsam. Dass die Diskriminierungserfahrung für alle behinderten Menschen unterschiedlich ist, wird dadurch nicht ausgeschlossen. [...]

einfach_tarik
@dramapproved alright, aber auch als behindert identifizierende Menschen werden nicht aufgrund einer Behinderung diskriminiert, da sie keine haben [...]

dramapproved
@einfach_tarik verstehe ich das richtig: Du glaubst beurteilen zu können, wer behindert ist? NIEMAND hat das Recht, Menschen ihre Behinderung abzusprechen.

luisalaudace
@einfach_tarik Nicht jeder Mensch mit einer medizinischen Diagnose ist oder definiert sich als behindert. Und ich verstehe, dass das Wort seine Schwächen aufzeigt, wenn man „disabled" versucht, wortwörtlich auf deutsch zu übersetzen. Darum geht es aber nicht. Wir sollten „Disabled" als Eigenwort anerkennen, das als politische Selbstbezeichnung gewählt wird. Ansonsten hängen wir bald wieder bei irgendwelchen gruseligen Euphemismen. Es geht hier darum, auszudrücken, dass jemand das Gegenteil von behindert ist und deshalb nicht aufgrund dessen diskriminiert wird und dafür sollte man keine Bezeichnung verwenden, die diese Menschen noch zusätzlich aufwertet. [...]

dramapproved
@einfach_tarik man kann auch im laufe des Lebens eine Behinderung erwerben. Bei Behinderung geht es nicht ausschließlich um Diagnosen oder die konkreten Fähigkeiten von Körpern. Es geht auch um Diskriminierung, Geschichte und Gesellschaft. Deswegen spricht dir niemand deine Behinderung ab. Behinderung ist so individuell, wie Menschen individuell sind. [...]

Einen interessanten Ausklang der Diskussion über die Verwendung der „richtigen" Begriffe, die dazu dienen sollten, Diskriminierung zu vermeiden und gleichzeitig die Komplexität und Vielfalt von Behinderungen zu berücksichtigen, stellt der von der Userin @goodthinkhunting erstellte Gesprächsstrang dar.

---

[477] Die Abkürzung BiPoC steht „Black, Indigenous, and People of Color" (vgl. https://dictionary.cambridge.org/pl/dictionary/english/bipoc; Datum des Zugriffs: 07.06.2024) und wird verwendet, um die spezifischen Erfahrungen und Herausforderungen von Menschen, die zu diesen Gruppen gehören, hervorzuheben und anzuerkennen. Überdies soll sie die Vielfalt innerhalb dieser Gemeinschaften betonen und gleichzeitig die besondere Diskriminierung und Ungleichheit, die sie erfahren, sichtbar machen.

Das kurze Gespräch dreht sich hauptsächlich um die Bedeutung und Macht von Sprache, eine mögliche Definition von Normalität und die Notwendigkeit eines gesellschaftlichen Diskurses über Unterstützung und Inklusion.[478] Die Benutzerin schlägt vor, sich weiter „von dem Konstrukt ‚behindert'/‚nicht-behindert'" zu entfernen und fordert einen gesellschaftlichen Diskurs über diese Begriffe sowie ihre englischen Entsprechungen. In ihrer Aussage bedient sich die Userin eines typischen Arguments, das häufig in verschiedenen Diskursen über Menschen mit Behinderungen vorkommt, und zwar einer rhetorischen Frage „Denn welcher Mensch ist schon normal?". Damit möchte sie wahrscheinlich implizieren, dass „Normalität" ein relativer und subjektiver Begriff sei und dass es keine einheitliche Definition von „Normalität" gebe, da jeder Mensch einzigartig sei und dass gesellschaftliche Normen und Vorstellungen von Normalität variieren und niemand perfekt in diese Normen passe. Um ihre These von der „relativen Normalität" zu untermauern, kritisiert @goodthinkhunting Diagnosen wie AD(H)S, die ein Defizit betonen, und plädiert für eine Gesellschaft, in der jeder Mensch die notwendige Unterstützung erhält, unabhängig von temporären oder dauerhaften Bedingungen. Die anderen Gesprächspartnerinnen warnen allerdings davor, solche Argumente zu verwenden. Die Userin @lissard9299 argumentiert nämlich, dass solche Diskussionen Betroffene und ihre Probleme unsichtbar machen könnten und plädiert daher für die Notwendigkeit der Formulierung einer groben Definition von „Normalität", um z. B. neurodiverse Menschen rechtzeitig zu diagnostizieren und ihnen die benötigte Unterstützung zukommen zu lassen. Die Beitragsautorin stimmt diesen Worten zu und betont, dass es auch erforderlich wäre, klar zu differenzieren, solange Diskriminierung existiert (vgl. die Worte „Das ist ähnlich, wie ‚Sind wir nicht alle ein bisschen behindert?'. Wir müssen so klar differenzieren, solange wir diskriminiert werden.").

**Beleg 165:** *Kommentare zum IG-Beitrag von @luisalaudace (11.09.2021)*
goodthinkhunting

[478] Erwähnenswert sind an dieser Stelle die häufigen Verweise im analysierten Textkorpus auf den Begriff der „Normalität" und des „Normal-Seins" im Zusammenhang mit Menschen mit Behinderungen, die vor allem aufgrund tief verwurzelter Stereotypen, des häufig fehlenden sozialen Bewusstseins oder des sozialen Drucks, bestimmte Standards der „Normalität" zu erfüllen, gleichsam gezwungen sind, stets ihren Wert zu beweisen, um akzeptiert zu werden und voll an der Gesellschaft teilzuhaben.

Sprache ist Macht und deshalb sollte unbedingt eine gesellschaftliche Diskussion stattfinden. Ich finde sogar, dass wir uns noch weiter von dem Konstrukt „behindert"/„nicht-behindert" (oder engl.) trennen sollten. Denn welcher Mensch ist schon „normal". Was ist normal und wer definiert das. Diagnosen sind wichtig, um gute Hilfestellungen zu bekommen. Aber Kinder mit AD(H)S tragen das Wort „Defizit" auf der Stirn, nur weil unser Schulsystem nicht in der Lage ist geeignete Lerntechniken anzubieten. Viele Denkweisen kommen vermutlich aus einer Zeit als nicht die Intelligenten an der Macht waren. Sonst würden viele Politiker bestimmter Parteien, die zwar ihre Beine bewegen und sprechen können, eindeutig mit Denk-Defizit oder Empathie-Defizit diagnostiziert werden müssen, die dringend Hilfestellung in diesem Bereich bräuchten. Ich glaube gerade im Umgang mit der Abgrenzung von „Krankheiten" und „Behinderungen" zu einem vermeintlichen „Normal" sollten wir unbedingt unsere Einstellung überdenken, was eigentlich „Normal" ist und ob wir uns nicht zu einer Gesellschaft entwickeln können in der jeder Mensch die Unterstützung erhält die erforderlich ist egal ob temporär (bspw. weil man durch eine Depression temporär an der Teilhabe an gesellschaftlichen Aktivitäten behindert ist) oder dauerhaft. Viele Diagnosen selbst degradieren, dabei leben die Menschen sehr gut mit ihrer Diagnose. Lediglich die Stigmatisierung der Mitmenschen, mitleidige Blicke, oder fehlende Unterstützung sind oft das Problem. Schade, dass ein gesellschaftlicher Diskurs immer so langwierig und anstrengend sein muss.♡

lissard9299
@highqkids so kommt man dann aber schnell dazu Betroffene und ihre Probleme unsichtbar zu machen. Genau die Aussage „denn welcher Mensch ist schon normal" sorgt dafür, dass viele neurodiverse Menschen, gerade Mädchen und Frauen, sehr spät diagnostiziert werden, weil alle automatisch davon ausgehen, dass es anderen so wie ihnen geht. Bevor man die Unterstützung bekommen kann, die man braucht, muss man überhaupt erst einmal wissen, dass man sie benötigt und dafür ist eine (grobe) Definition von Normalität notwendig.

luisalaudace
@highqkids Ich schließe mich @lissard9299 da an. Das ist ähnlich, wie „Sind wir nicht alle ein bisschen behindert?". Wir müssen so klar differenzieren, solange wir diskriminiert werden. Und jede*r der ein Problem damit hat, weiß, nicht-behindert etc. genannt zu werden, sollte mal genau hinterfragen, warum.

### 9.5.4 „HANDICAP. Das neue hübsche behindert. Das fancy Wort für Behinderung". Euphemismen und Anglizismen in der Kommunikation über und unter Menschen mit Behinderungen (@nocolon.stillrollin)

An die bereits geschilderte Problematik (u. a. der „euphemistischen" Ersatzformen für Fremd- und Selbstbezeichnungen von MmB) wird auch in vielen

Online-Beiträgen der deutschen Aktivistin, Bloggerin und CED-Expertin[479] Jana Sophie angeknüpft (die im Internet unter dem Pseudonym @nocolon.stillrollin agiert). Im analysierten IG-Posting vom 08.01.2024[480] bedient sich die Autorin, wie in praktisch allen analysierten Beiträgen, nicht nur eines typischen Textes mit zusätzlichen Hashtags, sondern auch einer Reihe von multimodalen Folien, die auch die metapragmatischen Verweise auf Selbstbezeichnungen von Menschen mit Behinderungen thematisieren. Auf den Folien wiederholt die Autorin den Inhalt des textuellen Teils und ergänzt ihn um zusätzliche Informationen.[481] Dabei sollen größere Buchstaben nicht nur Interesse wecken, sondern auch Menschen mit Sehbehinderungen erleichtern, sich mit dem Inhalt vertraut zu machen.[482] Das erste Element ist ein selbstgemachtes Foto einer Wand, auf die das Wort „Handicap" gesprüht wurde, mit einer Unterschrift „Ich habe kein Handicap! Ich bin behindert!" (vgl. Abb. 36 / Beleg 166). Bereits die erste Folie kann man als eine klare moralische Selbstpositionierung der Userin betrachten, die die Verwendung bestimmter, in ihren Augen schädlicher Sprachformen ablehnt, während sie die Aufmerksamkeit auf andere lenkt, mit denen sie sich identifiziert. Semantisch gesehen hat man es dabei mit einer konvergenten und komplementären Text-Bild-Beziehung zu tun, wobei das Bildliche eher metaphorisch zu verstehen ist und der Weckung von Interesse dient.

In ihrem Beitrag überlegt die Autorin, warum so viele Menschen immer noch die Bezeichnung „Handicap" in Bezug auf Behinderungen verwenden. Sie erläutert dazu ausführlicher ihre ablehnende Haltung gegenüber der recht häufigen Verwendung dieser Selbstbezeichnung. Obwohl sie an mehreren Stellen betont, dass sie es respektiere, wenn MmB den Begriff in Bezug auf sich selbst benutzen, bemerkt sie gleichzeitig, dass der Terminus im Allgemeinen als schöner oder weniger belastend im Vergleich zum Begriff „Behinderung" gelte. Sich selbst positioniert sie allerdings als „behindert" (vgl. die Worte

[479] Die Abkürzung CED steht für chronisch entzündliche Darmerkrankungen.

[480] Quelle: https://www.instagram.com/p/C12RsRAspCA/?img_index=1 (342 Reaktionen und 54 Kommentare; Datum des Zugriffs: 26.04.2024).

[481] Es geht dabei um Auskünfte zum Ursprung des Begriffs „Handicap" sowie mögliche Assoziationen. Aufgrund der Länge des Gesamttextes wurde auf die Darstellung des Inhalts von einzelnen Folien verzichtet. Er wird jedoch besprochen.

[482] Ähnlich wie z. B. bei Ida Tymina (vgl. 9.5.1) beziehen sich die Schriftart (Typografisches) und die Farbgebung der repräsentationalen und identifikatorischen grafisch-bildlichen Teiltexte auf das relativ einheitliche *Corporate Design* der Autorin in praktisch allen ihren Postings auf Instagram.

**Abb. 36 [Beleg 166]:** Bild-Fläche des Postings von @nocolon.stillrollin (08.01.2024).

„Ich bin behindert. Daran ist nichts schlimm.") und sieht dies als integralen Bestandteil ihrer Persönlichkeit. Demnach ist das Wort „Behinderung" für die Bloggerin nicht negativ, sondern beschreibt treffend ihre Realität einschließlich der Barrieren und Diskriminierungen, die sie jeden Tag erlebt. @nocolon.stillrollin unterstreicht zudem, dass sie sich seit Langem mit dem Begriff „Handicap" auseinandersetze und auf viele Geschichten über dessen nicht immer positiven Ursprung gestoßen sei. So wie @luisalaudace bemerkt sie, dass viele Bezeichnungen wie „Handicap" häufig als euphemistischer Ersatz verwendet werden, obwohl sie die richtigen Probleme und die Realität von Behinderungen verschleiern würden. Dies führe oft zu Situationen, in denen viele Menschen das Wort „Behinderung" nicht aussprechen wollen oder „es gar als Beleidigung nutzen“ (vgl. dabei auch ähnliche Diskussionen wie im Beleg 146). Auf den Folien, die den Hauptteil des Beitrags begleiten, erklärt die Aktivistin und Bloggerin die Bedeutung der Bezeichnung „Handicap“ aus unterschiedlichen Blickwinkeln. Beispielsweise kategorisiere ihr sportlicher Ursprung (Pferderennsport und später Golf) Menschen in starke und schwache, wodurch die Vielfalt und Gesamtheit menschlicher Fähigkeiten und Persönlichkeiten ignoriert werde. Darüber hinaus diskutiert die Beitragsautorin andere negative Assoziationen der gerne benutzten Selbstbezeichnung wie etwa Verbindungen zu bettelnden Menschen oder sogar zur Sklaverei. Solche Assoziationen würden laut der Bloggerin zur Stigmatisierung und Mehrfach-Diskriminierung von Menschen mit Behinderungen beitragen. Das gesamte Posting wird durch zahlreiche Hashtags ergänzt. So wie in den meisten ähnlichen Beiträgen wird dadurch auf die wichtigsten Schlüsselwörter und gleichzeitig auf bestimmte gemeinsame Embleme der Community verwiesen.

**Beleg 167:** *IG-Beitrag von @nocolon.stillrollin (08.01.2024)*
nocolon.stillrollin

Ich bin heute morgen auf dem Weg zum Arzt. Und dann sehe ich das: #HANDICAP – steht das doch dort auf die Wand gesprayed. Ich denke, ich schau nicht richtig … Warum!?! 😳

Generell, ich frage mich oft, warum Menschen das Wort Handicap überhaupt noch nutzen? – Respectfully, wenn du das für dich als Selbstbezeichnung nutzen möchtest, bitte, gerne! – ✌

Ich habe mich wirklich lange mit dem Wort auseinander gesetzt, die letzten Jahre. Immer wieder hörte ich die wildesten Geschichten, wie es wohl zu diesem Wort kam?

Und dann danach ganz unverständlich für mich: „Naja, ist doch viel schöner, als das Wort Behinderung!“ – Hä?

Erstens: Ich bin behindert. Daran ist nichts schlimm. Ich sehe es sogar als Teil meiner Persönlichkeit inzwischen. Ich kann es nicht von mir trennen. Meine Behinderung gehört zu mir, wie meine Augenfarbe. Wir leben jeden Tag zusammen in diesem Körper und das wird auch nicht weniger, wenn wir es irgendwie „hübscher“ benennen. 💩

Denn das Wort Behinderung ist gut. Es ist schön. Es ist richtig. Es ist universell. Und es drückt genau das aus, was ich möchte. ♡

Denn ich habe nicht nur eine Behinderung, ich bin nicht nur behindert, ich werde auch behindert. Durch Barrieren und Diskriminierung, durch Benachteiligungen und Menschen, die das Wort „Behinderung“ nicht aussprechen wollen, weil es ja so schlimm ist oder es gar als Beleidigung nutzen.

HANDICAP ✨ Das neue hübsche behindert. Das fancy Wort für Behinderung. Das so wunderbar unproblematisch! – Nein. Bitte informiert euch. Und wenn ihr dann immer noch Handicap sagen, lesen, hören, schreiben wollt – okay! (respectfully!) 👌

Aber ich bin behindert. Und meine, unsere Selbstbezeichnung steht hier ganz weit oben auf der Liste, der Gründe, wie wir bezeichnet werden. Okay? Okay! Dankeeee! 🤍

#CED #ChronischEntzündlicheDarmerkrankung #ColitisUlcerosa #Colitis #MorbusCrohn #Crohn #IBD #Reizdarm #Kolektomie #JPouch #Darmerkrankung #ChronischeErkrankung #chronischkrank #UnsichtbareErkrankung #behindert #UnsichtbareBehinderung #Behinderung #NoColonStillRollin #Dickdarm #Stoma #Kämpferherz #Ableismus #Inkluencer #Krankheitsbewältigung #InvisibleIllness #Selbsthilfe #Selbstfürsorge #Darmgesundheit

In der Anschlusskommunikation lassen sich drei grobe thematische Gruppen unterscheiden: In erster Linie gibt es Kommentare, in denen die VerfasserInnen sich mehr oder weniger kritisch zu bestimmten, oft euphemisierten Begriffen äußern – darunter auch zu solchen, die trotz ihres stigmatisierenden Beiklangs von vielen MmB als Selbstbezeichnungen verwendet werden. Darüber hinaus werden auch viele Mikronarrative geäußert, in denen die sprachliche Diskriminierung von Menschen mit Behinderungen und die damit verbundene gesellschaftliche Wahrnehmung zur Sprache gebracht werden. Die dritte thematische Gruppe sind schließlich Verweise auf die inklusive Sprache und kulturelle Unterschiede.

Wie bei den anderen analysierten Online-Diskussionen über metapragmatische Bewertungen von Selbstbezeichnungen zeigt sich auch hier, dass es unterschiedliche Meinungen zur Selbstbezeichnungen gibt. Einige NutzerInnen selbstpositionieren sich als „behindert", andere wiederum als „Menschen mit Behinderung" oder „behinderte Menschen". Schließlich gibt es solche UserInnen, die betonen, dass die Verwendung angemessener Selbstbezeichnungen für sie zweitrangig sei und von der Situation abhänge, in der sie sich befinden (vgl. Beleg 168). Eine solche Haltung kann mit Sicherheit als Teil einer typischen moralischen Selbstpositionierung von MmB betrachtet werden – als die Einzigen, die das Recht hätten zu entscheiden, wie sie genannt werden wollen:

**Beleg 168:** *Kommentar zum IG-Beitrag von @nocolon.stillrollin (08.01.2024)*
simoneofpemberley
@nocolon.stillrollin […] „Menschen mit Behinderung" oder „behinderte Menschen" nutze ich gleichzeitig, je nachdem, wo die Betonung in der Situation liegen soll.

Besonders erwähnenswert sind in der Diskussion unter dem Posting von @nocolon.stillrollin die Versuche einiger UserInnen, solche sprachlichen Verhaltensweisen der Mitglieder der eigenen Community (bzw. der Verbündeten) zu verstehen und zu interpretieren, die einen „euphemistischen Ausklang“ haben. Dabei wird auch nach möglichen Verantwortlichen einer solchen Situation gesucht. Als „Schuldige“ werden häufig große mediale Anbieter genannt, aber auch manche Kommentierende in Social Media (darunter auch MmB), die oft gerne nach vielen in den Massenmedien verbreiteten euphemistischen Selbstbezeichnungen greifen würden. Die Nutzerinnen im Beleg 169 sind der Ansicht, dass das Wort „Behinderung“ oft „durch leere Füllwörter ausgetauscht“ werde.[483] Im Beleg 170 hingegen beziehen sich die Userinnen @gruf.tine und @maya_elli_j nicht nur auf diverse Fremdbezeichnungen, die in Fernsehshows verwendet werden, sondern auch auf die ihrer Meinung nach oft fehlgeleiteten Namen unterschiedlicher Veranstaltungen für Menschen mit Behinderungen (@maya_elli_j nennt als Beispiel die Namen von Sommercamps, die u. a. in den USA für Jugendliche und Kinder mit Behinderungen organisiert werden und die oft „Handicap-Camp“ oder „Handicapable Camp“ heißen[484]). In ihrer mit Ironie gespickten Antwort weist @nocolon.stillrollin auf die häufige geschmacklose Darstellung von MmB im Fernsehen hin. Als Beispiel führt sie die bekannte Fernsehsendung „Wetten, dass …?“ an, deren AutorInnen sich nicht nur darauf spezialisiert hätten, ein stereotypes Bild von Menschen mit Behinderungen zu zeigen, sondern auch einige euphemistische Formen in Sprache und Kommunikation über Menschen mit Behinderungen zu fördern (vgl. den Satz „Ja das gute alte Fernsehen kann richtig gut -Ismen raushauen. Herr Gottschalk ganz vorn dabei“). Gleichzeitig ermutigt die Autorin und Bloggerin andere GesprächspartnerInnen, ihre negativen Erfahrungen mit Fernsehsendungen oder Filmen, in denen Menschen mit Behinderungen gezeigt werden, mitzuteilen. In der weiteren Diskussion in demselben Thread werden Beispiele

[483] Gleichzeitig kann man dabei eine Tendenz beobachten, dass die NutzerInnen so wie in diesem Beleg ihre Unabhängigkeit in Bezug auf die Selbstbezeichnung zeigen und sich eher implizit als die einzigen Personen selbstpositionieren, die das Recht haben zu entscheiden, welche Selbstbezeichnungen die „richtigen“ für sie sind (vgl. die Worte „Wie bezeichnest du dich selbst?“).

[484] Ein Beispiel eines solchen Jugendlagers kann man u. a. unter folgender Adresse finden: https://handicapablecamp.com/ (Datum des Zugriffs: 13.06.2024).

klassischer Spielfilme genannt, in denen die Behinderung der Protagonisten auf lächerliche Weise dargestellt wurde, wie „Beetlejuice“ oder „Candyman“:

**Beleg 169:** *Kommentare zum IG-Beitrag von @nocolon.stillrollin (08.01.2024)*
maya_elli_j
Danke, für diesen Beitrag! So oft sitze ich meckernd auf der Couch, wenn in Fernsehberichten das Wort Behinderung durch leere Füllwörter ausgetauscht wird. Auch in Kommentarspalten oder noch viel öfters bei Tieren mit Behinderungen. Klingt für einige „niedlicher“ Klar, Tiere können nicht sagen, wie sie genannt werden möchten. Trotzdem wird die Nutzung dieser Begrifflichkeit normalisiert.

nocolon.stillrollin
@maya_elli_j in Fernsehsendungen fällt mir das auch immer wieder auf. Oder bei Werbung. Es sind wirklich Füllworter, weil wieder irgendjemand „behindert“ nicht sagen will … Wie bezeichnest du dich selbst? 🤍

maya_elli_j
@nocolon.stillrollin Chronisch krank, behindert und neurodivergent oder neurountypisch.

nocolon.stillrollin
@maya_elli_j same. Neurodiversität bzw. Neurodivergenz kommen bei mir auch noch dazu. ADHS lässt grüßen. ✌🏼😄

**Beleg 170:** *Kommentare zum IG-Beitrag von @nocolon.stillrollin (08.01.2024)*
gruf.tine
Machen besonders gerne auch Fernsehsender.

maya_elli_j
Oh ja, letztens von einem Handicap-Camp gehört. Also ein Golfcamp?!🤪 Nope!

nocolon.stillrollin
@maya_elli_j oh Shit, ist das furchtbar … Ja das gute alte Fernsehen kann richtig gut -Ismen raushauen. Herr Gottschalk ganz vorn dabei. 😅 Ich fand das ja echt heftig, als die letzte „Wetten Das“ Sendung lief, der Junge mit seinem Rollstuhl reinkam und die einfach die Rampe vergessen haben. 😂😵‍💫💫🙈 Da weiß ich auch nicht mehr, ob ich weinen oder lachen soll. 👻 Was war das schlimmste, was ihr je gesehen habt? @maya_elli_j […]

Andere UserInnen hingegen (wie @lisamaren_ im Beleg 171) machen in ihren Kommentaren auf den ziemlich starken sozialen Druck aufmerksam, dem Nicht-Behinderte ausgesetzt seien, in Bezug auf Menschen mit Behinderungen nur die „korrekten“ Begriffe zu verwenden – oft trotz ihrer klaren Ablehnung). Wie die Beitragsautorin anmerkt, begegne sie oft überraschenden Situationen, in denen ihre Bekannten oder FreundInnen sie (als Person mit Behinderung) darauf hinweisen würden, welche sprachlichen Formen die „richtigen“ seien. Die gerade besprochenen Gesprächsstränge sind erneut interessante Beispiele einer erzwungenen Fremdpositionierung vieler Menschen (sowohl nicht-behinderter Verbündeter als auch MmB) als Opfer des „Systems der vorherrschenden politischen Korrektheit“, die bestimmte sprachliche Formen eher vermeiden würden, aus Angst, sie könnten dadurch ihre FreundInnen oder Bekannten mit Behinderungen verletzen:

**Beleg 171:** *Kommentar zum IG-Beitrag von @nocolon.stillrollin (08.01.2024)*
lisamaren_
Beste ist echt daran, dass man als behinderte Person sich selbst als behindert bezeichnet, aber Fremde es trotzdem nicht aussprechen wollen. Wild 😢

nocolon.stillrollin
@lisamarenw ja das ist wirklich krass. Ich sage: „Ich bin behindert.“ Und mein Gegenüber so: „Neee, sag doch sowas nicht!!“ – Hallo?! Ich hab gesagt, ich bin behindert, nicht ich bin schrecklich. 😂

Auch die Kommentierenden mit Behinderungen selbst geben manchmal zu, dass sie trotz der Verwendung von Begriffen, die von vielen SprachspezialistInnen als „nicht (mehr) angemessen“[485] angesehen werden, „komische Gefühle“ hätten und sich schuldig fühlen würden, nicht immer die von der Mehrheit bevorzugten Selbstbezeichnungen zu verwenden (vgl. die Worte der Userin @meike_cornils im Beleg 172). Die Beitragsautorin (@nocolon.stillrollin) verweist dabei wieder auf das Konzept des internalisierten Ableismus, der auf sprachlicher Ebene u. a. zur Relativierung bestimmter negativer sprachlicher Verhaltensweisen durch Menschen mit Behinderungen selbst führen kann. Außerdem stellt sie fest, dass ein häufiges Problem von MmB darin bestehe, dass sie bestimmte sprachliche Konventionen aus dem Elternhaus übernehmen würden, was oft an ihrer Sozialisierung liege. Darüber hinaus verweist die Autorin auf die unbewusste Stigmatisierung von MmB durch Fragen von Familie und FreundInnen (wie bspw. „Geht es dir besser?“), die es nicht immer akzeptieren können, dass eines der Familienmitglieder an einer unheilbaren Krankheit leidet und sein Gesundheitszustand dauerhaft ist (vgl. den Satz

[485] Dabei beziehe ich mich auf einen der im Kapitel 9.5 benutzten Begriffe, die in einem Online-Sprachführer für inklusive Sprache bezüglich der angeblich unangemessenen Formen verwendet werden.

„Wo Behinderungen immer noch als abnormal gelten.“). In der Diskussion gibt es ebenso Meinungen, dass auch Eltern von Kindern mit Behinderungen diese weiter unbewusst diskriminieren würden, indem sie sich und anderen erlauben, Euphemismen wie „besonders“ oder „mit besonderen Bedürfnissen“ in Bezug auf ihre eigenen Kinder zu verwenden (vgl. Beleg 173).

**Beleg 172:** *Kommentar zum IG-Beitrag von @nocolon.stillrollin (08.01.2024)*
meike_cornils
Ich sage „Ich habe eine Behinderung“. Auch wenn oft ein komisches Gefühl in mir aufkommt, wenn ich das sage. Aber ich habe keine Lust nach anderen Worten dafür zu suchen, nur weil es oft als Beleidigung verwendet wird.

nocolon.stillrollin
@meike_cornils das verstehe ich so gut. Internalisierter Ableismus ist leider absolut normal. Wir sind so sozialisiert worden. So erzogen worden. Meine Mama arbeitet jeden Tag mit Menschen mit Behinderungen und daher bin ich relativ entspannt dahingehend aufgewachsen. Andere Teile der Familie haben immer noch ein „Problem“ damit, dass ich behindert bin und unheilbar krank. Die Fragen mich seit acht Jahren, seitdem ich chronisch krank und behindert bin, ob's mir denn mal wieder besser geht? 😅 Da ist das doch selbstverständlich, dass man ein komisches Gefühl im Bauch hat, wenn wir in so einem Umfeld leben. Wo Behinderungen immer noch als abnormal gelten. 👻🤍🩹

**Beleg 173:** *Kommentar zum IG-Beitrag von @nocolon.stillrollin (08.01.2024)*
melanie.s79
Wenn Eltern über ihre Kinder mit Behinderungen sprechen, nutzen sie häufig das Wort „besonders“ und natürlich sind deren Kinder besonders, meine – glücklicherweise gesunden – Kinder sind es aber auch. Und wenn man sich mit der Thematik beschäftigt, versteht man erstmal gar nicht, was diese Eltern meinen, wenn sie sagen, dass sie ein besonderes Kind haben … Habe ich nie verstanden. Genauso geht es mir mit Handicap … […]

Abschließend möchte ich noch auf einen letzten Kommentar verweisen, und zwar als Beispiel für „Selbstausschluss“ bzw. „Selbststigmatisierung“ und gleichzeitig eine Art internalisierten Ableismus. Ein solcher Ableismus bezieht sich sowohl auf die Selbstbezeichnungen als auch auf die Vermeidung bestimmter „typischer“ Verhaltensweisen vieler Menschen mit Behinderung, insbesondere an öffentlichen Orten. Der User @kaiflockenhaus beschreibt im Rahmen seines Mikronarrativs Situationen aus eigener Erfahrung, in denen Menschen mit Behinderungen sich oft weigern, einen Schwerbehindertenausweis zu beantragen, aus Angst, durch die nicht-behinderte Umgebung auf eine negative oder sogar abwertende Weise mit einem bestimmten Label versehen zu werden (vgl. die Phrase „sich selbst einen Stempel zu verpassen“). Die von @kaiflockenhaus beschriebene Situation gehört m. E. daher zu typischen Handlungen der erzwungenen Fremd- und Selbstpositionierung der ganzen Community als solche, deren Mitglieder aus Angst vor möglichen Konsequenzen (wie z. B. kritischen Kommentare seitens der nicht-behinderten Mehrheit) nach den von der Gesellschaft erwarteten „politisch korrekten" Selbstbezeichnungen greifen würden:

**Beleg 174:** *Kommentar zum IG-Beitrag von @nocolon.stillrollin (08.01.2024)*
kaiflockenhaus
Ich bin da an Deiner Seite. Jedoch erlebe ich in meiner Arbeit mit CED Betroffenen immer wieder und ich kann mich auch selbst an meine Anfänge erinnern, dass eine andere Bezeichnung auch oft ein Selbstschutz ist.
Um sich selbst als behindert zu bezeichnen, braucht es ein gefestigtes Selbstbewusstsein, während der eigene Körper innerlich amok läuft. Ich habe oft mit Menschen zu tun, die keinen Schwerbehindertenausweis beantragen, weil sie das Gefühl haben, sich selbst einen Stempel zu verpassen. Ich durfte jetzt ein paar Mal mit meiner Behinderung in den Niederlanden sein und kann glaube ich mittlerweile beurteilen, dass die Gesellschaft dort ganz anders mit dem Thema Behinderung umgeht. Dort bist Du eingebunden und hier bist du sehr oft raus.

### 9.5.5 Zusammenfassung

In den Kapiteln 9.5.1–9.5.4 wurde die sprachbezogene Selbst- und Fremdpositionierung im Kontext der Behinderung von MmB im digitalen Raum anhand von Instagram-Beiträgen polnischer und deutscher Aktivistinnen analysiert. Im Fokus stehen vier Profile mit jeweiligen Anschlussdiskussionen: @ida_ma_autyzm und @nie.pelnosprytna (Polen) sowie @luisalaudace und @nocolon.stillrollin (Deutschland). Die Untersuchung konzentrierte sich auf den reflexiven Umgang mit Bezeichnungen wie „behindert", „Mensch mit Behinderung" oder mit medizinischen Diagnosen wie „Autismus" – insbesondere im Hinblick auf den Wunsch nach inklusiver und nicht-diskriminierender Sprache. Die Influencerinnen behandeln in ihren Beiträgen auch solche sprachzentrierten Themen wie Ableismus, gesellschaftliche Wahrnehmung und sprachliche Diskriminierung. Die Analyse beleuchtet zudem, wie Sprache als Instrument der Selbstermächtigung und gesellschaftlichen Positionierung fungiert.

Die autistische Aktivistin @ida_ma_autyzm kritisiert in ihrem Infopost die in Polen und z. T. in der EU inkonsistente, veraltete oder medizinisch-pathologisierende Sprache im Zusammenhang mit Autismus. Sie stellt die internationale Klassifikation ICD-11 vor, fordert die Anerkennung der Perspektive Betroffener und ruft dazu auf, Menschen mit Beeinträchtigungen (z. B. autistische Personen) selbst zu fragen, wie sie bezeichnet werden möchten. Dabei thematisiert sie Begriffe wie „Zaburzenie" („Störung") oder „osoba w spektrum autyzmu" („Person im Autismus-Spektrum"). Ihre Forderung lautet demnach, individuelle Präferenzen zu respektieren, aber kollektive sprachliche Standards nicht zu ignorieren. Die Diskussion zeigt teils Zustimmung, teils Ablehnung – einige lehnen den Begriff „Behinderung" generell ab oder identifizieren sich nicht mit dem Begriff „AutistIn". Die Bloggerin und Aktivistin @nie.pelnosprytna thematisiert in ihrem Beitrag die Rolle von Sprache in Bezug auf gesellschaftliche Ausgrenzung und (Nicht-)Anerkennung von Behinderung, insbesondere bei sog. unsichtbaren Beeinträchtigungen. Sie kritisiert Bezeichnungen wie „Invalide" oder „Krüppel" und prangert an, dass auch öffentliche Einrichtungen diskriminierende Begriffe verwenden. In der Diskussion berichten NutzerInnen von verletzenden Situationen, Missverständnissen oder davon, ihre Behinderung ständig beweisen zu müssen. Es wird deutlich, dass viele Betroffene den Begriff „Behinderung" ablehnen oder ambivalent sehen, gleichzeitig aber institutionelle Barrieren benennen, die sie tatsächlich betreffen.

Die deutsche Influencerin und Aktivistin @luisalaudace äußert sich in zwei Einträgen kritisch zu euphemistischen Bezeichnungen wie „besondere Bedürfnisse" oder „Mensch mit besonderen Bedürfnissen" und hinterfragt den Diskurs um sogenannte „politisch korrekte" Sprache. Sie kritisiert, dass solche Begriffe nicht von Betroffenen stammten, sondern der Beruhigung der nicht-behinderten Mehrheitsgesellschaft dienen würden. Darüber hinaus fordert sie, dass Betroffene selbst über die Sprache entscheiden sollten, die sie betrifft. In den Kommentaren zeigt sich sowohl Zustimmung zur Kritik an entmündigenden Sprachformen als auch Unsicherheit über „richtige" Begriffe/Selbstbezeichnungen. Die deutsche Aktivistin @nocolon.stillrollin reflektiert dagegen ihre eigene Entwicklung in Bezug auf Sprache und Identität. Beispielsweise beschreibt sie in ihrem Mikronarrativ, dass sie lange keine Bezeichnung für sich und ihre Behinderung finden konnte. In ihrem Beitrag ruft sie dazu auf, dass sich alle – auch nicht-behinderte Menschen – mit Ableismus und Sprache auseinandersetzen sollten. Sie thematisiert unter anderem Ableismus, die Unschärfe zwischen Selbst- und Fremdzuschreibung sowie Unsicherheiten rund um Begriffe wie „Mensch mit Behinderung" oder „behinderter Mensch". Die Reaktionen auf den Post zeigen ein starkes Bedürfnis nach Austausch über Begriffe, aber auch über Unsichtbarkeit der MmB-Community, Normen und Unsicherheiten bezüglich der Selbstbezeichnungen im Alltag.

Trotz der landesspezifischer Unterschiede (polnischer Diskurs: stärkerer Fokus auf Implementierung sozialer Modelle von Behinderung und

Ausdruck sprachlicher Desorientierung durch Systemversagen; deutschsprachiger Diskurs: Dominanz solcher Themenbereiche wie Empowerment, Selbstbestimmung und die Ablehnung euphemistischer Sprache) lassen sich in allen analytischen sprachreflexiven Online-Diskussionen gemeinsame Tendenzen beobachten, und zwar:

- Sprache ist ein Machtinstrument – die Wahl von entsprechenden Begriffen und Selbstbezeichnungen fungiert als Akt sozialer Positionierung und gehört zur Symbolik der Gemeinschaft.
- Entsprechende Selbstbezeichnungen sollen im Fokus der gesellschaftlichen Diskussion stehen – diese Forderung, selbst über Begriffe entscheiden zu dürfen, zieht sich durch praktisch alle Beiträge.
- Ablehnung von Euphemismen und der Euphemisierung in Gesprächen über Behinderung – Begriffe wie „besonders" oder „mit besonderen Bedürfnissen" werden generell kritisch gesehen.
- Individuelle vs. kollektive Normen – es besteht Spannung zwischen persönlicher Sprachwahl und dem Wunsch nach gesellschaftlich verbindlichen, respektvollen Bezeichnungen, was Quelle einer großen Unsicherheit bei vielen NutzerInnen ist (vgl. „politisch korrekte" Sprache).
- Kritik an medizinischer und institutioneller Sprache – in beiden Sprachräumen wird diagnostische oder institutionelle Sprache als potenziell ausgrenzend oder stigmatisierend empfunden.

### 9.5.6 Indexikalische Elemente der MmB-Gemeinschaft am Beispiel von metapragmatischen Verweisen auf Selbstbezeichnungen

Wie die gerade präsentierte Analyse der metapragmatischen Verweise auf den Sprachgebrauch und Selbstbezeichnungen in der Gemeinschaft von Menschen mit Behinderungen gezeigt hat, stehen die Betroffenen und/oder ihre Verbündete der Sprache, die gegenüber der Gruppe (und innerhalb der Gruppe) verwendet wird, kritisch gegenüber. Darüber hinaus sind sie sich auch der Macht bewusst, die die Sprache als potenzielles Instrument der Diskriminierung besitzt. In der Analyse konnte auch besonders deutlich gezeigt werden, dass auch die Sprache und die Wahl „korrekter" Selbstbezeichnungen Teil der gemeinsamen sozialen Indexikalität, also der diskursiv ausgehandelter symbolischer Ordnungen der Community, sind.

In Ergänzung zur Analyse von Bewertungen und Positionierungen zu Sprache und Sprachgebrauch im laufenden Online-Diskurs unter MmB und ihren Verbündeten möchte ich den Fokus ausschließlich auf Kollokationen im Zusammenhang mit Selbstbezeichnungen legen (vgl. Tabellen 15 und 16). Aus diesem Grund wurden die in den Kapiteln 9.5.1–9.5.4 analysierten 77 Kommentare unter Postings von @ida_ma_autyzm (vgl. 9.5.1), @nie.pelnosprytna (vgl. 9.5.2), @luisalaudace (vgl. 9.5.3) und @nocolon.stillrollin (vgl. 9.5.4) um 559 weitere Kommentare ergänzt (darunter 295 in deutscher Sprache und 264 in polnischer Sprache). Es handelt sich dabei um solche Kommentare, die sich unter den analysierten Beiträgen in den Kapiteln 9.5.1–9.5.4 befinden, jedoch aufgrund des Umfangs der Arbeit nicht in die Analyse aufgenommen wurden.[486]

In praktisch allen analysierten sozialmedialen Beiträgen und den sie begleitenden Diskussionen, deren Stanceobjekte Fremd- und Selbstbezeichnungen sind, wird besonders viel über die Wortpaare „behinderter Mensch"/ „behindert"/„Behinderter" versus „Mensch mit Behinderung" und „osoba niepełnosprawna" / „niepełnosprawny" (als Adjektiv und als Nomen) versus „osoba z niepełnosprawnością" diskutiert. Dies bestätigen auch die konkreten Zahlen von Kollokationen, die mithilfe des Korpusanalyse-Toolkits für Konkordanz und Textanalyse „AntConc" erstellt wurden: Im deutschen Textkorpus gibt es insgesamt 699 Vorkommnisse von Lexemen mit dem Wortstamm „behinder-", im Polnischen dagegen 812 Wortvorkommnisse mit dem Wortstamm „niepełnosprawn-" (in beiden Sprachen wurden dabei eventuelle Rechtschreibfehler berücksichtigt). Wie den Tabellen zu entnehmen ist, überwiegt in beiden Sprachen die Selbstbezeichnung „mit Behinderung(en)" / „z niepełnosprawnością". Das Deutsche bildet dabei mehr kleinere Kollokationen mit dem Lexem „Behinderung", wie z. B. „eine Behinderung", „meine Behinderung", „körperliche Behinderung" oder auch „behindert werden", wobei einige MmB den Begriff „behindert sein" zugunsten von „behindert werden" ablehnen, was sich auf die allgemeine Bedeutung der Lexeme „behindert" oder „Behinderung" bezieht. Trotzdem kann man bemerken, dass in beiden Sprachen relativ oft zu Selbstbezeichnungen gegriffen wird, die von Ratgebern für integrative Sprache (und von manchen InklusionsbloggerInnen) als eher „nicht ganz angemessen" eingestuft werden (154 im Deutschen und 245 im Polnischen).

486 Links zu den einzelnen Postings und Kommentarsektionen in Fußnoten in den obigen Kapiteln zu finden.

**Tab. 15:** Populärste Kollokationen im deutschen Textkorpus

| **Eigenbezeichnung** | **Anzahl von sprachlichen Äußerungen (Token)** |
|---|---|
| „Mit Behinderung(en)", z. B. *Menschen mit Behinderung, Kinder mit Behinderung, Männer/Frauen mit Behinderung, mit sichtbarer/unsichtbarer Behinderung* | 115 |
| „behinderter Mensch", z. B. *körperlich behinderte Menschen, nicht-behinderte Menschen* | 74 |
| „Behinderte(r)" (besonders im Plural gebräuchlich) | 45 |
| „behindert sein", z. B. *ich bin behindert, du bist behindert* usw. | 35 |

**Tab. 16:** Populärste Kollokationen im polnischen Textkorpus

| **Eigenbezeichnung** | **Anzahl von sprachlichen Äußerungen (Token)** |
|---|---|
| „z niepełnosprawnością", z. B. *Osoba z niepełnosprawnością Człowiek z niepełnosprawnością Kobieta/mężczyzna z niepełnosprawnością Dziecko z niepełnosprawnością z niepełnosprawnością ruchową z niepełnosprawnością intelektualną*[487] | 248 |
| „osoba niepełnosprawna" / „osoby niepełnosprawne" (seltener „niepełnosprawna osoba") mit allen Deklinationsformen[488] | 122 |
| „niepełnosprawny" (als Nomen; besonders in der Pluralform gebräuchlich) mit allen Deklinationsformen[489] | 111 |
| „być niepełnosprawnym/niepełnosprawną", z. B. *Ja jestem niepełnosprawny/niepełnosprawna Ona jest niepełnosprawna On jest niepełnosprawny*[490] | 12 |

[487] Die deutsche Übersetzung: „mit Behinderung", „Person/Mensch mit einer Behinderung", „Frau/Mann mit einer Behinderung", „Kind mit Behinderung", „mit körperlicher Behinderung", „mit geistiger Behinderung".

[488] Im Polnischen kann das Adjektiv vor- oder nachgestellt werden, was in vielen Fällen die Bedeutung beeinflusst. Die deutsche Übersetzung dieser Sprachformen: „eine Person, die behindert ist".

[489] Die deutsche Übersetzung: „Behinderte/r".

[490] Die deutsche Übersetzung: „Behinderte/r sein" bzw. „behindert sein" („niepełnosprawny" kann als Adjektiv oder als substantiviertes Adjektiv verwendet werden): „ich bin behindert", „sie ist behindert", „er ist behindert".

Dieser Stand der Dinge liegt meiner Meinung nach u. a. an den unterschiedlichen Definitionen der eigenen Behinderung sowie ihrer metapragmatischen Bewertung.[491] Wie jede große Gemeinschaft zeigen auch Menschen mit Beeinträchtigungen ihre Heterogenität sowie ihr Recht auf Selbstbestimmung auch bezüglich der verwendeten Fremd- und Selbstbezeichnungen (vgl. auch 10.3). Überdies wird in vielen Anschlusskommentaren darauf verwiesen, dass manche der Sprachformen, die von Sprachratgebern oder auch von AktivistInnen selbst empfohlen werden, eine Quelle der Diskriminierung und sozialer Ausgrenzung sein können. Somit entsteht das Bild einer Gemeinschaft, die trotz innerer Unterschiede und der häufigen Betonung ihrer Vielfalt darüber sprechen will, wie sie genannt werden möchte und welche Sprachformen sie verwendet, um sich selbst zu bezeichnen. Viele UserInnen mit Behinderungen wollen demnach die Anderen für die entsprechenden sprachlichen Formen sensibilisieren, aber sich auch gleichzeitig durch die verwendete Sprache von der nicht-behinderten Mehrheit abgrenzen.[492] Die oben genannten sprachlich bezogenen sozialen Embleme und indexikalischen Ordnungen lassen sich m. E. in den folgenden fünf Postulaten der Community zusammenfassen, die im Textkorpus (besonders in zahlreichen Kommentaren im Kapitel 9.5) zur Sprache gebracht wurden:

1) Wir entscheiden selbst, welche Sprachformen wir für uns verwenden und wie wir von Anderen genannt werden möchten. Die Sprache ist einer der indexikalischen Marker unserer Gemeinschaft.
2) Wir sind uns der Vielfalt der potenziell verwendenden Sprachformen bewusst.

---

[491] Es ist dabei daran zu erinnern, dass es in einigen in der Analyse beschriebenen Kommunikationssituationen NutzerInnen gibt, die sich sogar weigern, sich mit jeglichen Selbst- oder Fremdbezeichnungen zu identifizieren, die sich auf den Begriff „Behinderung" beziehen (vgl. u. a. Beleg 128).

[492] Gleichzeitig ist es bemerkenswert, dass man hier nur in wenigen Fällen von Versuchen sprechen kann, eine explizite Gegenöffentlichkeit zu konstruieren, die als klare Opposition des Typs „wir gegen sie, die uns nicht verstehen und respektieren" verstanden wird (vgl. Beleg 68). Nichtsdestominder zeigen häufige reflexive Verweise auf die Sprache eine klare Konstruktion der „Wir-sie-Beziehung" auf der einen Seite und eine Stärkung der Gruppenidentität durch diskursiv verankerte Werthaltungen in Bezug auf die Sprache auf der anderen Seite.

3) Bei der Verwendung entsprechender Selbstbezeichnungen sind wir nicht verpflichtet, die Regeln einer aufgezwungenen „politischen Korrektheit“ bzw. die von zahlreichen Sprachratgebern empfohlenen Formen zu befolgen.
4) Wir wollen die Dynamik und die ständigen Veränderungen der Ansprechformen betonen.
5) Die nicht-behinderten Menschen sollen immer fragen, welche Bezeichnung die richtige ist.

Erwartungsgemäß zieht sich die Sozialsymbolik der MmB-Gemeinschaft, insbesondere im Rahmen der populärsten Thematik, die von BloggerInnen und AktivistInnen mit Behinderungen behandelt wird, praktisch durch das gesamte Textkorpus (Textkorpora A und B), worauf an vielen Stellen in der Analyse hingewiesen wurde. Resümierend kann konstatiert werden, dass auf der Ebene der einzelnen semiotischen Ressourcen besonders die vier folgende Typen von Funktionalitäten für die Etablierung der potenziellen indexikalischen Elemente von Belang sind:

1) Typische repräsentationale Zeichen, d. h. sprachliche Teiltexte mit ihren grafisch-bildlichen Ergänzungen (z. B. Infografiken oder Bilder), durch die bestimmte Informationen und Inhalte bereitgestellt werden. Oft dienen sie später als gewisse Auslöser für weitere diskursive Aushandlungen innerhalb der Gruppe. Zu nennen wären hier zum Beispiel präpositionierende Selbstdarstellungsmodule vieler BloggerInnen mit Behinderungen und/oder ihre Postings, in denen sie zu weiteren Diskussionen anregen (vgl. z. B. Beiträge, die Selbstbezeichnungen wie „behinderter Mensch“ versus „Mensch mit Behinderung“ thematisieren, bzw. solche, die die Thematik der unsichtbaren Behinderungen ansprechen).
2) Identifikatorische Zeichen in typischen sprachlichen und grafisch-bildlichen Teiltexten (in Form von einzelnen Postings und Kommentaren).
3) Identifikatorische Zeichen in Form von Bild-Flächen wie z. B. Profilbilder oder ein entsprechendes Design, die (wie typische sprachliche Teiltexte, vgl. den Punkt 2) zahlreiche indexikalische Marker der Gruppe enthalten können und mit denen sich sowohl die einzelnen Mitglieder der Community als auch „kollektive AutorInnen“ identifizieren können. Ein Paradebeispiel für grafische identifikatorische

Zeichen sind dabei allgemein zugängliche Icons eines Rollstuhlfahrers/einer Rollstuhlfahrerin (z. B. ♿) oder diverse verwendete Symbole und Grafiken, die auf einzelne Behinderungstypen oder Krankheiten referieren (bspw. das Symbol XXX, das sich auf Trisomie bzw. das Down-Syndrom bezieht).

4) Identifikatorische Zeichen in Form von semiotischen Kommunikationsoperatoren. Gemeint sind dabei vor allem Kommunikationsoperatoren des Typs „Social Tagging", und zwar Hashtags, zu denen in Selbstdarstellungsmodulen besonders häufig gegriffen wird. Sowohl in vielen präpositionierenden Modulen und/oder Postings als auch in Anschlusskommentaren dienen sie, wie gezeigt, der typischen interaktiven Indexierung der Inhalte als Schlüsselwörter. Darüber hinaus gelten sie als Verweise auf bestimmte gemeinsame Embleme der Gemeinschaft. Zu den populärsten gehören in beiden Sprachen allgemeine Schlüsselwörter, die sich auf Behinderungen beziehen wie #Behinderung, #niepelnosprawność (oft mit Übersetzungen ins Englische wie #disability), #Ausgrenzung, #wykluczenie, #ableismus, bzw. Verweise auf unterschiedliche Typen von Behinderungen oder Krankheiten wie #ChronischeErkrankung oder #niskorosla.[493]

[493] Die Gesamtheit von Funktionalitäten wird außerdem durch implizite und explizite Verweise auf Elemente der inklusiven Kommunikation ergänzt, die einer der Eckpfeiler der Sozialpolitik der MmB-Community ist. In den Selbstdarstellungsmodulen wird beispielsweise häufig auf nicht-heteronormative Personen verwiesen (meist Verwendung von englischen Personalpronomen wie „she/her" oder „he/him"). Darüber hinaus enthalten viele Beiträge multimodale Elemente (z. B. zusätzliche Folien), auf denen derselbe Inhalt wie im Hauptbeitrag erscheint, aber zusätzlich farblich angereichert und in einer größeren Schrift geschrieben ist, was es sehbehinderten Menschen erleichtert, einen bestimmten Beitrag wahrzunehmen. Inklusive Formen, die sich auf beide Geschlechter beziehen, oder (weniger häufig) unpersönliche Formen sind ebenfalls in vielen Postings zu finden.

# Präpositionierungs- und Positionierungspraktiken im digitalen Diskurs von und über Menschen mit Behinderungen. Bestimmung der Narrativtypen und Positionierungsmuster

Die durchgeführte multimodale Analyse einzelner Präpositionierungs- und Positionierungshandlungen lässt bestimmte Kommunikations- und Positionierungspraktiken der MmB-Community erkennen.[494] Solche routinierten, medialen Nutzungsweisen der sozialen AkteurInnen im Verlauf des Online-Diskurses weisen auf bestimmte gemeinsame, wiederkehrende Handlungs- sowie Selbst- und Fremdpositionierungsmuster auf der transtextuellen Ebene hin, zu denen im Rahmen der einzelnen Mikro- und Makronarrative gegriffen wird.

In weiteren Schritten werden die besonders ausgeprägten *Typen von Makronarrativen* der MmB-Gemeinschaft in den analysierten Selbstdarstellungsmodulen (Textkorpus A) und multimodalen sozialmedialen Beiträgen und in der dazugehörenden Anschlusskommunikation (Textkorpus B) präsentiert und besprochen. Anschließend werden die möglichen Realisierungsweisen der einzelnen Makronarrative dargestellt, d. h. die einzelnen *Selbst- und Fremdpositionierungsmuster* mit entsprechenden Beispielen aus dem deutsch- und polnischsprachigen Textkorpus. Gleichzeitig werden

494 Gleichzeitig wird die Gruppe als eine gewisse Diskurs-, aber auch Erzählgemeinschaft identifiziert, in der sich trotz vieler Meinungsunterschiede und der häufigen Aushandlung sozialer Rollen im Online-Diskurs sowie oft unterschiedlicher Überzeugungen und Stances der einzelnen Mitglieder bestimmte gemeinsame sinnstiftende Erzählmuster etablieren konnten.

Beispiele von typischen *sprachlichen Mitteln* angeführt, die im Deutschen und im Polnischen bestimmte Positionen und/oder Positionierungen (bzw. Positionierungsmuster) der einzelnen AkteurInnen markieren. Gemeint sind hier neben bestimmten Lexemen auch unterschiedliche Positionierungsausdrücke und/oder -konstruktionen, ggf. eventuelle rhetorische Mittel und Argumentationsweisen in jeder Sprache, die von den einzelnen UserInnen verwendet werden. Dazu wird auch auf typische und wiederkehrende *nichtsprachliche Positionierungsmittel* der visuellen Textstruktur hingewiesen, die v. a. auf der jeweiligen Bild-Fläche der einzelnen Selbstdarstellungsmodule und Postings realisiert werden und aus entsprechenden semiotischen Ressourcen der gegebenen SNS schöpfen. Bei der Bestimmung sprachlicher und außersprachlicher Mittel der Positionierung wird nach Möglichkeit ein kontrastiver Ansatz verwendet. Dabei geht es darum, die Besonderheiten lexikalischer, stilistischer oder rhetorischer Mittel und der sie begleitenden außersprachlichen Elemente in jeder Sprache zu erkennen.

Darüber hinaus ist es erwähnenswert, dass in der Besprechung der einzelnen sozialmedial realisierten Makronarrative der Community von Menschen mit Behinderungen in Deutschland und in Polen zwei allgemeine Gruppen von Positionierungsmustern unterschieden werden, und zwar Positionierungsmuster der Menschen mit Behinderungen in Bezug auf sich selbst und der nicht-behinderten Menschen in Bezug auf Menschen mit Beeinträchtigungen. Falls erforderlich, wird in den Schlussfolgerungen zur Analyse auch auf mögliche Positionierungsmuster der MmB oder ihrer Allys in Bezug auf andere nicht-behinderte Menschen hingewiesen.

Auf der Grundlage der Analyse des multimodalen Textkorpus wurden in der Arbeit drei Makronarrativtypen mit Bezug zu Menschen mit Behinderungen identifiziert, denen bestimmte Positionierungsmuster zugrunde liegen. Da es, wie im Kapitel 9.1 erwähnt wurde, aufgrund des Umfangs der Arbeit notwendig war, die zu behandelnden Themenbereiche einzugrenzen, wird davon ausgegangen, dass es möglicherweise weitere Narrativtypen sowie Positionierungsmuster im Online-Umfeld (und nicht nur) geben kann, die sich auf Menschen mit Behinderungen beziehen und nicht in der Arbeit enthalten sind. An dieser Stelle sei jedoch daran erinnert, dass einer der Gründe für die Auswahl der relevanten Themen der analysierten sozialmedialen Beiträge die spezifische Thematik war, die in den ausgewählten Selbstdarstellungsmodulen der InfluencerInnen mit Behinderungen umrissen wurde. Deswegen kann davon ausgegangen werden, dass die im Folgenden beschriebenen Typen der Makronarrative der MmB-Community weitgehend repräsentativ sind, wenn es um die von AktivistInnen, AutorInnen oder BloggerInnen mit Behinderungen angesprochenen Themen geht, und dass sie eine wichtige Ergänzung zu den Narrativen der Mainstream-Medien darstellen, was sich auch in der Analyse niederschlägt (vgl. besonders 9.3 und 9.4). Schließlich ist es erwähnenswert, dass sich die verschiedenen Narrativtypen oft überschneiden und dass die in den nächsten Unterkapiteln präsentierten Selbst- und Fremdpositionierungsmuster nicht selten in mehreren Makronarrativen oder einzelnen Mikronarrativen gleichzeitig realisiert werden.

## 10.1 Makronarrativ des Typs „Menschen mit Behinderungen werden oft diskriminiert und stigmatisiert"

Dieses dominante Makronarrativ durchzieht viele der analysierten Mikronarrative und strukturiert sie als Erzählungen von Ausgrenzung, institutioneller Ignoranz und sozialer Benachteiligung. Es konstituiert sich aus konkreten Episoden, in denen Personen mit Behinderungen oder ihre Verbündeten wie BetreuerInnen oder Eltern von Kindern mit Beeinträchtigungen von struktureller Barrieren betroffen sind – sei es durch fehlende Mobilitätserleichterungen, diskriminierende Sprache oder stereotype Zuschreibungen. Sowohl im polnischsprachigen als auch im deutschsprachigen Textkorpus positionieren sich viele Betroffene meistens intentional und personal (z. T. auch moralisch) als Personen, die das ganze Leben lang diskriminiert werden oder von Diskriminierung bedroht sind. Wie die Analyse der Diskussionen in den sozialen Medien gezeigt hat, können das Fehlen bestimmter Systemlösungen (z. B. in Bezug auf die geltende Gesetzgebung), Probleme mit der städtischen Infrastruktur, die häufig nicht behindertengerecht ist, oder schließlich bestimmte, oft stereotype beleidigende Verhaltensweisen oder Sprachformen, die von nicht-behinderten Menschen verwendet werden, potenziell diskriminierend sein. Diese Art von Mikronarrativen wird oft nicht absichtlich unter anderem auch durch Positionierungsmuster realisiert, die von denjenigen im Umfeld von MmB verwendet werden, die sich gerne als ihre Verbündete positionieren. Der Diskurs über die möglichen Ursachen für die Diskriminierung und Ausgrenzung von Menschen mit Behinderungen beinhaltet jedoch unter anderem auch die stereotype oder stereotypisierende Fremdpositionierung der Gruppe als Gemeinschaft, die z. B. „besondere Rechte“ für sich einfordern würde oder als solche, die „besonders leidend“ bzw. „zu schwach“ sei, um für ihre Rechte kämpfen zu können.

Die Erzählungen, die auf privaten und sogar intimen Erfahrungen der Betroffenen basieren, konstituieren ein Makronarrativ, das nicht nur individuelle Missstände dokumentiert, sondern auch gesellschaftliche Normalitätskonzepte und Machtverhältnisse infrage stellt.

Dieser Typ des Makronarrativs der Gruppe, bzw. in Bezug auf die Gruppe, wird durch folgende Selbst- und Fremdpositionierungsmuster realisiert:

- Selbstpositionierungsmuster des Typs „Ich bin durch mangelnde Mobilitätserleichterungen diskriminiert“,
- Selbstpositionierungsmuster des Typs „Ich bin von meiner Umgebung diskriminiert“,
- Selbstpositionierungsmuster des Typs „Ich bin durch die Sprache diskriminiert“,
- Fremdpositionierungsmuster des Typs „BetreuerInnen von MmB sind zusätzliche Opfer der Diskriminierung“,
- Fremdpositionierungsmuster des Typs „MmB wollen besondere Rechte oder Privilegien“,
- Fremdpositionierungsmuster des Typs „MmB sind besonders, außergewöhnlich, leidend“.

### 10.1.1 Selbstpositionierungsmuster des Typs „Ich bin durch mangelnde Mobilitätserleichterungen diskriminiert“

Eines der häufigsten Selbstpositionierungsmuster in vielen Mikronarrativen, die sich auf unterschiedliche Typen der Diskriminierung oder Stigmatisierung beziehen, ist die Exklusion durch Mobilitätsbarrieren. Solche Einschränkungen seien laut den Betroffenen hauptsächlich darauf zurückzuführen, dass die städtische Infrastruktur häufig nicht an die Bedürfnisse von MmB angepasst werde (bspw. fehlende Infrastrukturelemente wie geeignete Rollstuhlrampen zu öffentlichen Gebäuden oder architektonische Hindernisse besonders in Altbauten). So wie in vielen anderen Mikronarrativen bezieht man sich meistens auf die eigene Geschichte bzw. schmerzhafte Erfahrungen als Mensch mit Behinderung oder BetreuerIn einer solchen Person.

Im deutschsprachigen Textkorpus sind Ausdrücke mit systemischem Charakter häufiger als im polnischen anzutreffen. Bspw. wird die „fehlende Inklusionspolitik" bemängelt und es gibt zahlreiche Hinweise von MmB und ihren Verbündeten auf institutionelle Benachteiligung – etwa durch unzugängliche Gebäude oder fehlende Assistenzsysteme. Es wird auch mehr vom Ableismus am Arbeitsplatz bzw. in verschiedenen Bildungseinrichtungen gesprochen – trotz häufiger positiver Teamintegration o. Ä. (vgl. bspw. Beleg 70 und die Worte von @jaci2404__: „Das ist Tatsache. Man ist immer irgendwie ein Mensch 2. Klasse in vielen Köpfen der Kollegen und Chefs [...]"). Darüber hinaus gibt es den wiederkehrenden Rekurs auf Begriffe wie „Barrierefreiheit" oder „Zugang", der auf ein kollektives Erfahrungswissen über Marginalisierung verweist (vgl. Beleg 61).

Im Polnischen dagegen werden solche Erfahrungen oft sehr emotional und subjektiv dargestellt. Man berichtet etwa von Situationen, in denen beispielsweise vor einem Amt keine Rollstuhlrampe vorhanden war, wodurch einem der Zugang erschwert wurde oder davon, dass man auf der Straße angestarrt oder infantilisiert wurde (vgl. Beleg 135: A no bo żadna osoba z niepełnosprawnością nie nosi tabliczki na czole „jestem ozn" i nie tylko osoby poruszające się za pomocą wózka potrzebują dostosowań. / Nun, weil kein Mensch mit einer Behinderung eine Plakette mit der Aufschrift „Ich bin ein Mensch mit Behinderung" auf der Stirn trägt, und es sind nicht nur Rollstuhlfahrer, die Anpassungen benötigen."). In Profilbeschreibungen oder gepinnten Postings (vgl. den Textkorpus A) finden sich häufig Formulierungen wie „system nie działa" („Das System funktioniert nicht") oder „nikt nas nie słucha" („Niemand hört uns zu") – ein Indikator für ein tief verankertes Gefühl kollektiver Nichtbeachtung.

In beiden Sprachen überwiegen „alltagssprachliche" Mikronarrative, d. h. Erzählungen vieler Betroffenen von konkreten Barrieren im Alltag. Unter potentiellen Positionierungsmitteln kann man Beispiele von hyperbolischen, eher kurzen (Frage-)Sätzen und Konstruktionen finden, die den einzelnen Aussagen (z. B. in Form von Verweisen auf den Alltag) oft Dramatik verleihen, z. B. in Erzählungen der BetreuerInnen von MmB (vgl. Beleg 95: „Mój mąż porusza się na wózku, po ilu sklepach musimy się nachodzić i ile stron w necie przeszukać by [...]" / „Mein Mann sitzt im Rollstuhl, kaum zu glauben, wie viele Geschäfte wir aufsuchen müssen und wie viele Seiten im Internet durchsuchen, um [...]"). Sowohl im deutsch- als auch im polnischsprachigen Textkorpus mangelt es auch nicht an Stimmen von Menschen ohne Behinderung, die unter anderem in den Mainstream-Medien die Rechte von Menschen mit Beeinträchtigungen verteidigen, indem sie Kritik an der Infrastruktur oder an institutionellen Hindernissen bzw. fehlenden rechtlichen Lösungen für MmB äußern (siehe als Beispiel den Anschlusskommentar im Beleg 83). Es werden dazu auch viele deontische und/oder „autorenschaftliche" normative Argumente des Typs „man hätte es so machen können" verwendet, die meistens in Form eher expliziter Vorschläge für Systemlösungen realisiert werden (z. B. im Beleg 82: „Rampa dla wózka inwalidzkiego kosztuje [...] można ją wypożyczyć nic nie trzeba remontować mogli rampę postawić i godnie wręczyć nagrodę." / „Eine Rampe für Rollstühle kostet [...] und kann gemietet werden, ohne dass etwas renoviert werden muss. Sie hätten die Rampe aufstellen und die Auszeichnung überreichen können.").

Abschließend ist anzumerken, dass dieses Positionierungsmuster (ähnlich wie das des Typs „Ich bin von meiner Umgebung diskriminiert", vgl. 10.1.2) in vielen Beiträgen durch nichtsprachliche Positionierungsmittel unterstützt wird, hauptsächlich durch Fotos von Rollstühlen vor Treppen oder fehlende Aufzüge. Dazu kommen grafische identifikatorische Zeichen in Form von allgemein zugänglichen Icons wie bspw. eines Rollstuhlfahrers/einer Rollstuhlfahrerin oder Symbole, die sich auf einzelne Behinderungstypen oder Krankheiten beziehen (vgl. auch 9.5.6).

### 10.1.2 Selbstpositionierungsmuster des Typs „Ich bin von meiner Umgebung diskriminiert"

Diese Art von eher personalen und expliziten Positionierungsmustern bezieht sich sowohl auf Kindheitserinnerungen (insbesondere in Bezug auf die oft intoleranten Eltern nicht-behinderter Kinder[495]) als auch auf das „gesunde" Umfeld von erwachsenen Menschen mit Behinderungen. Im Wesentlichen handelt es sich um eine Positionierung aus der Opfer-Perspektive eines Systems, das nicht-behinderte Menschen favorisiere und gleichzeitig Bedürfnisse von

[495] Vor allem in Bezug auf Kinder mit Behinderungen und deren Betreuung gibt es oft ein gleichzeitiges Muster von Positionierungen ihrer Eltern („Ich bin Verbündete/r von MmB" oder „BetreuerInnen von MmB sind zusätzliche Opfer der Diskriminierung", vgl. 10.2.4 und 10.1.4).

MmB missachte (vgl. u. a. den deutschsprachigen Beleg 67 bezüglich des Schulsystems oder den polnischsprachigen Beleg 80 in Bezug auf fehlende Systemlösungen an öffentlichen Orten). Charakteristisch sind dabei eher direkte Verweise auf schwierige Erfahrungen als MmB bzw. BetreuerInnen dieser Menschen. Diese Art der Selbstpositionierung resultiert in vielen Fällen aus einem (insbesondere massenmedialen) Fremdpositionierungsmuster von nicht behinderten Personen gegenüber MmB, die als „Sonderrechte fordernd" oder „egozentrisch" positioniert werden (vgl. 10.1.5).

### 10.1.3 Selbstpositionierungsmuster des Typs „Ich bin durch die Sprache diskriminiert"

Viele Menschen mit Beeinträchtigungen positionieren sich als Opfer nicht nur der „klassischen" Hasssprache, sondern vieler, oft unbewusst verwendeter diskriminierender Sprachformen. Anschauliche Beispiele für Reaktionen auf solche sprachlichen und kommunikativen Verhaltensweisen kann man im Textkorpus B in beiden Sprachen finden. Besonders häufig wird in zahlreichen Mikronarrativen auf öffentliche Orte verwiesen, z. B. schildert @nie.pelnosprytna in ihrem Posting die Situation mit der Kundentoilette an einem der polnischen Bahnhöfe, in der Personen mit Beeinträchtigungen quasi gezwungen werden, ihre Behinderung zu „beweisen", indem sie sich als Personen mit „sichtbarer" oder „unsichtbarer Behinderung" angeben müssen (vgl. Belege 135–137 und 140). Dabei wird in beiden Sprachen nicht selten die moralische Selbstpositionierung ausgedrückt, v. a. bei Bezügen auf soziale und kulturelle Normen oder eigene Erfahrungen. Gute Beispiele solcher persuasiven Positionierungsmittel, die sich auf den „richtigen" Sprachgebrauch beziehen und meistens von den AktivistInnen selbst verwendet werden, sind Beleg 125 z. B. „te terminy mogą być obraźliwe" / „diese Begriffe können beleidigend sein" oder „lepiej mówić tak" / „es ist besser, es so zu sagen" oder Beleg 148 im deutschsprachigen Textkorpus: „Ich identifiziere mich damit nicht, habe also diese Behinderung, bin aber nicht behindert. Also lieber vorher fragen."

Darüber hinaus werden solche abwertenden Sprachformen nach Meinung vieler DiskussionsteilnehmerInnen mit Beeinträchtigungen nicht selten zusätzlich verkompliziert. Als Beispiel für solche unnötigen sprachlichen Komplikationen und gleichzeitige potenzielle Abwertung der MmB-Community ist das von der Bloggerin @luisalaudace angesprochene Problem mit dem gängigen Begriff „able-bodied", der zumindest in Deutschland häufig verwendet wird. Die Autorin betrachtet ihn als strukturelle sprachliche Diskriminierung (vgl. Beleg 158).

Eine andere potenzielle Quelle der Benachteiligung von MmB und gleichzeitiger sprachlicher Verkomplizierung sind für viele Betroffene zum einen Ratgeber zum inklusiven Sprachgebrauch (die häufig von InfluencerInnen mit Behinderungen befürwortet werden[496], vgl. Tabellen 14 und 15), deren Empfehlungen viele Menschen nicht teilen oder mit denen sie sich nicht vollständig identifizieren können.[497] Zum anderen ist es die häufige Verwendung von Euphemismen, die von vielen Kommentierenden reflexiv-sprachkritisch betrachtet werden. Sie würden unter anderem dazu führen, dass sowohl MmB als auch ihre Verbündete zu Opfern der vorherrschenden „politischen Korrektheit" werden. Darüber hinaus würden sie die Betroffenen daran hindern, solche sprachlichen Formen zu verwenden, die sie selbst für richtig halten (vgl. Belege 146, 150 und 155). Dabei ist anzumerken, dass in der Diskussion über mögliche Diskriminierung durch Sprache auch Vorwürfe laut werden, dass die Betroffenen selbst oder ihre Verbündeten, z. B. Eltern von Kindern mit Behinderungen, Menschen mit Beeinträchtigungen unbewusst diskriminieren, indem sie unreflektiert die Regeln der „politischen Korrektheit" anwenden und/oder sich selbst (vgl. Beleg 68) oder anderen erlauben, Euphemismen wie „besonders" oder „mit besonderen Bedürfnissen" zu verwenden, die von vielen MmB als beleidigend oder diskriminierend empfunden werden können (vgl. Beleg 173).

Schließlich finden sich im Textkorpus auch vereinzelte Stimmen und entsprechende Mikronarrative, in denen die Verwendung stigmatisierender Fremdbezeichnungen von manchen Betroffenen relativiert wird. Damit möchte man als MmB vor allem mögliche Konflikte vermeiden. Aus diesem Grund positioniert man sich als „sprachlich tolerant". Gleichzeitig

---

[496] Die Förderung der Verwendung bestimmter inklusiver Sprachformen als Selbstbezeichnungen führt zu einem weiteren Problem innerhalb der MmB-Gemeinschaft, nämlich dem Widerstand eines Teils der Gruppe gegen die vermeintliche „Auferlegung" von Sprachformen oder Lebensweisen durch einige InfluencerInnen mit Behinderungen (vgl. 10.3.2).

[497] Die recht individuelle Herangehensweise an Selbstbezeichnungen hängt natürlich in erster Linie mit den beiden anderen Makronarrativen von Menschen mit Behinderungen zusammen, die einerseits ihre Vielfalt zeigen und andererseits bei jeder Gelegenheit ihr Recht auf Selbstbestimmung und Selbstentscheidung über ihr Leben bekräftigen.

werden oft diejenigen, die (z. T. absichtlich) zu stigmatisierenden Formen gegriffen haben, als solche Personen fremdpositioniert, die „erst lernen, wie man mit Menschen mit Behinderung umgeht" (vgl. Beleg 143). Solche Verhaltensweisen vieler MmB werden von Anderen oft als „internalisierter Ableismus" bezeichnet (vgl. Beleg 174).

In beiden Sprachen werden gerne auch nichtsprachliche Positionierungsmittel eingesetzt. Dies betrifft vor allem die jeweiligen Bild-Flächen vieler Postings, in denen bspw. Visualisierungen problematischer Begriffe dargestellt werden (vgl. Beleg 125: „Wie sollte man über Autismus sprechen?")

### 10.1.4 Fremdpositionierungsmuster des Typs „BetreuerInnen von MmB sind zusätzliche Opfer der Diskriminierung"

Dieses Positionierungsmuster ist offensichtlich eng mit der Selbstpositionierung als „Ich bin Verbündete/r von MmB" verbunden (vgl. 10.2.4). Man wird hier zum Beispiel oft mit Mikronarrativen konfrontiert, in denen sich Eltern von Kindern mit Behinderungen oder BetreuerInnen von Erwachsenen mit Beeinträchtigungen als quasi „zusätzliche" Opfer des sozialen und politischen Systems darstellen, die nicht in der Lage seien, Menschen mit Behinderungen zu helfen und ihnen ein würdiges Leben zu ermöglichen. Besonders im polnischen Textkorpus gibt es zum Beispiel Geschichten von Eheleuten, die nicht imstande seien, ihrem Ehepartner/ihrer Ehepartnerin angemessene Kleidung zu kaufen (z. B. wenn er oder sie kleinwüchsig ist, vgl. Belege 93, 95, oder eine unsichtbare Behinderung hat, vgl. Beleg 137), oder die zusammen mit ihren Schützlingen mit der städtischen Infrastruktur und oft fehlenden architektonischen Lösungen kämpfen (vgl. Beleg 87). Sprachlich und nichtsprachlich wird das Muster ähnlich wie 10.1.1 realisiert.

### 10.1.5 Fremdpositionierungsmuster des Typs „MmB wollen besondere Rechte oder Privilegien"

Diese bösartige und auf gängigen Stereotypen aufbauende Fremdpositionierung bezüglich AktivistInnen aber auch UserInnen mit Beeinträchtigungen zeigt sich vor allem in Form ironischer oder spöttischer Anschlusskommentare in polnischsprachigen massenmedialen Beiträgen (auch z. T. in angeblich behindertenfreundlichen sozialmedialen Accounts) und ist eine der Hauptquellen für diskriminierende Sprache im digitalen Diskurs über MmB. Sie zielt in erster Linie darauf ab, die Bedürfnisse und Schwierigkeiten von Menschen mit Behinderungen zu verharmlosen und die Community zu delegitimieren.

Dabei fällt die große Bandbreite der Mikronarrative und Positionierungsmittel sowie deren Stärke auf. Angefangen bei scheinbar harmlosen aber ironischen intertextuellen Verweisen auf die von den AktivistInnen verwendeten Schlüsselwörter (vgl. „Od razu wykluczenie …" / „Ausgrenzung? Bitte nicht übertreiben …" im Beleg 89) über Kommentare, die mehr oder weniger explizit das Problem der Behinderung (im Zusammenhang mit der Mobilität von MmB oder mit architektonischen Hindernissen) verharmlosen und/oder relativieren (vgl. „Dla 5min, mieli co???? Zamontować dźwig dla wózka,?" / „Was hätten sie für diese 5 Minuten machen sollen???? Einen Rollstuhllift einbauen?" im Beleg 91), bis hin zu quasi formalen Konstruktionen des Typs „die Ansprache in der 3. Person Singular", wenn man jemanden direkt im Gespräch anspricht'. Diese Art von Sprachformen dient nicht nur dazu, den Gegner/die Gegnerin lächerlich zu machen, sondern auch dazu, eine Distanz zu schaffen, die einen vermeintlichen Vorteil hervorhebt und eine Geringschätzung des Gegners impliziert (vgl. „ta pani" / „diese Dame" oder „Niech ta pani się cieszy, że w ogóle pozwolono jej odebrać tę nagrodę […]" / „Diese Dame möge froh sein, dass sie diesen Preis überhaupt entgegennehmen durfte […]", vgl. Beleg 92). Hinzu kommen rhetorische Mittel. Hier sind vor allem Scheinargumente des Typs „(abusive) ad hominem" oder „(circumstantial) ad hominem" zu nennen, wie z. B. „Chlipu chlipu, ja codziennie się czuję wykluczona, bo zamiast samochodem muszę jeździć zbiorkomem […]" / „Schluchz-schluchz, ich fühle mich jeden Tag ausgeschlossen, weil ich statt eines Autos die öffentlichen Verkehrsmittel nehmen muss" (vgl. Beleg 92).

Wie oben festgestellt, sind dabei insbesondere die BloggerInnen oder AktivistInnen mit Behinderungen selbst betroffen (vgl. dabei auch das Fremdpositionierungsmuster des Typs „AktivistInnen für die Rechte von MmB sind Meinungsdiktatoren", vgl. 10.3.2).

### 10.1.6 Fremdpositionierungsmuster des Typs „MmB sind besonders, außergewöhnlich, leidend"

Zu diesem Fremdpositionierungsmuster gehören vor allem eher explizit ausgedrückte, stereotype Fremdpositionierungshandlungen vonseiten nicht-behinderter Menschen, die sich in der Regel als Verbündete von MmB positionieren. Gleichzeitig wird in vielen Diskussionen unbeabsichtigt oder unbewusst das in den Mainstream-Medien weit verbreitete Narrativ vermeintlich „leidender Menschen mit Behinderungen" kopiert (bzw. das sprachliche und nichtsprachliche Erzählmuster „sie sind einzigartig, weil sie behindert sind"[498]), so wie in zwei Beispielen aus dem polnischen Sprachkorpus: „Cieszę się, że walczymy z tym stereotypem i nazywam ludzi z niepełnosprawnością: wyjątkowymi." / „Ich bin froh, dass wir gegen dieses Klischee kämpfen und ich bezeichne Menschen mit Behinderungen als außergewöhnlich." (Beleg 97) oder „Wytrwałości w cierpieniu pozdrawiam serdecznie." / „Ich wünsche Ihnen viel Ausdauer im Leiden. Viele Grüße" (Beleg 98). Darüber hinaus finden sich auch eher indirekte Argumentationsweisen, die jedoch demselben Fremdpositionierungsmuster folgen, z. B. „ich würde gern, hab aber Angst mich aufzudrängen [...] [ich würde] auf Eltern mit Kinder mit (sichtbar und/oder unsichtbar)) Behinderung zugehen" (Beleg 66).

Wenn sie damit konfrontiert werden, z. B. durch Rückfragen der Betroffenen selbst, verteidigen sich nicht-behinderte Menschen in vielen Fällen quasi automatisch, indem sie auf Argumente wie „Ich lerne erst den Umgang mit Menschen mit Behinderungen" zurückgreifen (vgl. Beleg 66) oder die angebliche Peinlichkeit solcher Situationen suggerieren (vgl. auch das Positionierungsmuster „Ich bin Verbündete/r von MmB" in 10.2.4).

## 10.2 Makronarrativ des Typs „Menschen mit Behinderungen bilden eine äußerst heterogene Gruppe"

Dieser Makronarrativtyp richtet den Blick auf die Vielfalt und Vielschichtigkeit von (Ausgrenzungs-)erfahrungen vieler MmB. Er dekonstruiert die oft durch die Medien geförderte Vorstellung einer homogenen Gruppe und hebt stattdessen intersektionale Differenzierungen[499], individuelle Biografien und divergente Lebensrealitäten hervor. Das Makronarrativ fungiert somit als Korrektiv

---

[498] Ein solches nonverbales Positionierungsmittel im analysierten Material, das suggeriert, dass Behinderung Leiden, aber auch Einzigartigkeit bedeute, sind die in der polnischen Presse wiederholt veröffentlichten Fotos der Bloggerin und Aktivistin Anioł na Resorach (vgl. Beleg 77). Dadurch wird erneut eine visuelle „Heldengeschichte" inszeniert.

[499] Intersektionalität beschreibt die Überschneidung und das Zusammenwirken verschiedener Diskriminierungsformen, wie z. B. Rassismus, Sexismus, Klassismus und Ableismus, die gleichzeitig auf eine Person oder Gruppe einwirken können.

zu simplifizierenden medialen Repräsentationen und ruft zu einer differenzierteren, multiperspektivischen Wahrnehmung von Behinderung auf.

Vor allem wird immer wieder betont, dass trotz des offensichtlichen gemeinsamen Nenners – der Behinderung der HauptakteurInnen – die Gemeinschaft im weiteren Sinne sehr unterschiedliche Menschen umfasst, die oft diverse Ansichten und Meinungen haben und sich auf unterschiedliche Weise selbstpositionieren. Besonders auffällig ist dieses Makronarrativ in der Gegenüberstellung von sichtbaren vs. unsichtbaren Behinderungen, von körperlichen vs. kognitiven Einschränkungen oder von Menschen mit chronischen Erkrankungen vs. mit neurodivergenten Diagnosen.[500] Zum Beispiel gibt es einige in der Gruppe der Menschen mit nicht-sichtbaren Behinderungen, die glauben, dass Behinderung nur ein äußeres körperliches Merkmal sei, und sich daher nicht als „behindert" bezeichnen (vgl. Beleg 128), oder solche, die die Ansicht vertreten, dass manche Behinderungen nicht immer als „echte" Behinderungen galten (vgl. Beleg 131) usw.

Unabhängig davon, wie die Betroffenen selbst ihre Gesundheit einschätzen, ob sie sich als „behindert"/„mit Behinderung" bezeichnen oder nicht, werden sie von der nicht-behinderten Umwelt nicht selten stereotypisch als eine Art durch die Behinderung verbundener „Monolith" fremdpositioniert, der gleich denkt und gleich fühlt und oft leidend und pflegebedürftig sei (vgl. 10.1.6), was selbstverständlich auch als diskriminierend empfunden werden kann. Wie die Analyse der Positionierungshandlungen gezeigt hat, haben sich in der Behindertengemeinschaft nicht nur unterschiedliche Arten der persönlichen Identität entwickelt,[501] sondern es besteht auch ein Bedarf an der Verwendung unterschiedlicher Selbstbezeichnungen (vgl. 9.5). Auch die Inklusion (bzw. Einbeziehung) der Community wird unterschiedlich wahrgenommen.

Darüber hinaus wird in vielen Diskussionen betont, dass man sich von den „starren" Regeln der „politischen Korrektheit" gegenüber MmB wegbewegen

---

[500] Bereits im Textkorpus A machen UserInnen wie @nocolon.stillrollin oder @dziewczyna.na.baterie (dt. etwa „Akku-Mädchen") durch kreative Pseudonyme auf medizinisch nicht-sichtbare, aber alltagsprägende Einschränkungen aufmerksam.

[501] Man denke dabei an das Spiel mit Identitäten und Rollen – z. B. als Mutter, Studierende, queere Person oder Aktivist/Aktivistin. Dies verweist auf ein komplexes Geflecht an Zugehörigkeiten. In diesem Narrativ steht nicht nur die Exklusion im Vordergrund, sondern auch die Differenz innerhalb der marginalisierten Gruppe.

und sich mehr Selbstironie erlauben sollte oder dass man die Inklusion „erleben" möchte, statt nur von ihr zu sprechen (vgl. besonders 10.3). Ein gutes Beispiel für die unterschiedliche Wahrnehmung der eigenen Behinderung und der Inklusion ist die heftige Anschlussdiskussion zwischen zwei Aktivisten mit Behinderungen bezüglich der sog. „Minibar" (vgl. Beleg 115 und weitere). Selbstverständlich betraf diese Auseinandersetzung auch die Problematik der Selbstbestimmung von MmB (diese zwei Narrativtypen sind in vielerlei Hinsicht ähnlich und überschneiden sich in manchen Punkten). Die Diskussion machte jedoch auch deutlich, dass sich Viele in der Behindertengemeinschaft, trotz ähnlicher Erfahrungen, die oft von sozialer Ausgrenzung und diskriminierendem Verhalten geprägt sind, sehr unterschiedlich wahrnehmen und positionieren.

Dem Makronarrativ liegen in erster Linie folgende Positionierungsmuster zugrunde:

- Selbstpositionierungsmuster des Typs „Ich bin aktiver Gestalter/aktive Gestalterin trotz Barrieren",
- Selbstpositionierungsmuster des Typs „Behinderung ist Teil meiner vielfältigen Identität",
- Selbstpositionierungsmuster „Ich bin ExpertIn und BotschafterIn von Personen mit Behinderungen",
- Selbstpositionierungsmuster des Typs „Ich bin Verbündete/r von MmB".

### 10.2.1 Selbstpositionierungsmuster des Typs „Ich bin aktiver Gestalter/aktive Gestalterin trotz Barrieren"

Ein weiteres häufiges Selbstpositionierungs- und Deutungsmuster in der MmB-Gemeinschaft ist die Selbstdarstellung als ein handelndes, widerständiges Subjekt, das trotz struktureller Hindernisse aktiv sei, seine Ziele verfolge und gesellschaftlich produktiv wirke (vgl. auch ähnliche Muster: der Beeinträchtigung als Teil der „vielfältigen Identität" in 10.2.2 oder der Selbstdarstellung als BotschafterIn von MmB in 10.2.3[502]).

[502] In diesem Fall verweisen die GesprächspartnerInnen (vor allem AktivistInnen und/oder BloggerInnen) implizit und moralisch auf ihr Recht, ihre Meinung zu äußern, und betonen gleichzeitig ihre Zugehörigkeit zu einer Gemeinschaft, die sich trotz zahlreicher Unterschiede (z. B. in der Weltanschauung) in grundlegenden Fragen einig sei.

Die recht häufig wiederkehrenden Mikronarrative und Erzählmuster (vor allem im Rahmen der personalen und impliziten, aber auch moralischen Selbstpositionierung) sind Verweise auf die eigenen Erfahrungen oder Erinnerungen von Menschen mit Behinderungen, die betonen, dass sie trotz ihrer Behinderung Schwierigkeiten überwänden und sowohl im Privatleben als auch auf dem Arbeitsmarkt gut funktionieren könnten (vgl. Belege 70 und 122 im deutschsprachigen Textkorpus). Gleichzeitig betonen manche Betroffene, dass sie ohne die Unterstützung ihrer Familien oder Freunde nicht zurechtkommen würden und in ihrem Leben mit Behinderung nicht stark genug sein könnten (vgl. Belege 62 und 111, in denen die User sich einer Konstruktion bedienen, in der jeweils eine anaphorische, hyperbolische und zugleich rhetorische Frage vorkommt, welche der eigenen Aussage Dramatik verleiht: „Wie oft müssen sie sich behaupten, beschimpfen, auslachen lassen, [...]" oder „Ich fühlte mich oft in meinem Leben schuldig für das, was meine Familie oder Freund_innen alles machen müssen, um mir zu helfen. [...] Welche Wahl hat man denn?"). Dazu gehören auch z. B. Erzählungen, in denen sich die Kommentierenden als wichtiger und notwendiger Teil des jeweiligen Teams positionieren, der sie auch für MmB-Probleme sensibilisieren könne (vgl. z. B. Beleg 74, in dem MmB intentional als „trotz der Behinderung team- und arbeitsfähig" positioniert werden).

Dieses Selbstpositionierungsmuster zeigt sich jedoch besonders deutlich entweder in diversen „empowernden" Selbstpräsentationen oder Selbstdarstellungsmodulen im Rahmen der Präpositionierungshandlungen der UserInnen mit stärkerem Voice.[503] Im deutschen Textkorpus positioniert sich bspw. @carinakuehne als Speakerin, die regelmäßig Vorträge über Down-Syndrom und Inklusion hält (vgl. Belege 15 und 41). Andere wiederum, wie @Deinechristinems, bedienen sich in ihren Selbstdarstellungsmodulen der Positionierungsmittel in Form einzelner Stichworte, die sich auf ihre möglichen Tätigkeiten für die Community beziehen: „Hilfe, Tipps, Tricks, Motivation [...] Inkluencer/Influenzer". Es finden sich zudem auch Profile, in denen die UserInnen explizit auf ihre psychische und körperliche Stärke verweisen, z. B. beschreibt sich die Bloggerin @weronika_goraa als „fajterka" /

[503] Dieses Makronarrativ bricht demnach mit klassischen Opferrollen und stellt MmB als transformative AkteurInnen dar, die gesellschaftliche Räume aktiv mitgestalten – oft mit einem inspirierenden, aber nicht pathetischen Unterton.

„Fighterin“ (vgl. Beleg 23) und eine andere (@zaniczka) betont, dass sie trotz ihrer Behinderung ein erfülltes Leben führe: „Staram się żyć na 150 %, ciesząc się każdym dniem, nawet gdy nie jest kolorowo.“ / „Ich versuche, das Leben mit 150 % zu leben und jeden Tag zu genießen, auch wenn er nicht bunt ist“. Auch andere BloggerInnen betonen, dass sie Reisen organisieren, Bücher schreiben oder Projekte leiten – trotz und manchmal wegen der Behinderung (vgl. u. a. Belege 19 und 20). Die Umsetzung dieses Positionierungsmusters erfolgt natürlich auch auf der Bild-Fläche – hauptsächlich durch Profilbilder oder Hintergrundbilder/Header-Bilder. Hinzu kommen Fotos auf den Profilen, die verschiedene Aktivitäten der dargestellten Personen zeigen, z. B. im Zusammenhang mit ihrer Tätigkeit als AktivistInnen, aber auch Aktivitäten privater Natur. Solche überwiegend intra- und autodiegetischen Bilder bilden dann mit dem jeweiligen Text eher komplementäre Text-Bild-Beziehungen bzw. das Bildliche dient als eine Metapher mit symbolischer und übertragener Bedeutung.

Abschließend ist zu erwähnen, dass es in dem analysierten Textkorpus kaum Positionierungsmuster des Typs „Ich habe mich mit meiner Behinderung abgefunden“ gibt. Wenn sie auftauchen, dann eher implizit in Form eines allgemeinen Erzählmusters „Ich fühle mich diskriminiert, weil …“, wenn die AkteurInnen zum Beispiel über den langen Weg sprechen, den sie gegangen sind, um ihre Behinderung zu akzeptieren (vgl. 10.1). Dabei verweisen sie oft auf die negativen Emotionen und Gefühle, die sie begleitet haben (vgl. die Kindheitserinnerungen von Raul Krauthausen im Kapitel 9.2).

### 10.2.2 Selbstpositionierungsmuster des Typs „Behinderung ist Teil meiner vielfältigen Identität“

In einer Vielzahl von Mikronarrativen in allen Textkorpora tritt die Behinderung nicht als isolierendes Merkmal, sondern als ein Teil eines komplexen, vielschichtigen Selbstbildes in Erscheinung. MmB präsentieren sich hier als mehrdimensionale Subjekte, deren Identität über medizinische Diagnosen oder körperliche Einschränkungen hinausgeht. Diese Form der Positionierung rückt das Vielfältige, Alltägliche und Persönliche in den Vordergrund und signalisiert: Die Behinderung ist Teil des Lebens, aber nicht sein einziger oder zentraler Bestimmungsfaktor. Dies stellt eine signifikante Abkehr vom binären Modell „gesund/nicht-behindert vs. behindert“ dar und reflektiert die wachsende Verflechtung von Behinderung mit anderen

Differenzkategorien wie Gender, Sexualität, Klasse oder Neurodivergenz (vgl. besonders Diskussionen bezüglich metapragmatischer Verweise auf Selbstbezeichnungen von MmB in 9.5.6). Mit anderen Worten könnte man konstatieren, dass Behinderung nicht als „anders“, sondern als „Facette sozialer Diversität“ gedeutet wird.

Eine besonders deutliche, mehr oder weniger explizite Umsetzung dieses Musters ist in den Selbstdarstellungen (Textkorpus A) zu erkennen. Im deutschsprachigen Raum spricht z. B. die Userin @fragments_of_living von sich: „Ich bin mehr als meine Erkrankung und Behinderung, aber ich bin auch chronisch erkrankt und behindert. Es geht darum, angenommen zu werden mit der Erkrankung, nicht wegen oder trotz ihr“ (vgl. Beleg 35). Diese Aussage verweigert sich dem klassischen Trotz-Narrativ und plädiert stattdessen für eine integrierte Akzeptanz von Differenz. Die Autorin positioniert sich gleichzeitig deutlich als Chronikerin, thematisiert ihre Erkrankung aber eingebettet in eine breitere Lebenswirklichkeit. In einem anderen Beispiel (vgl. Beleg 38) bezeichnet sich der Blogger @graf_fidi etwa als „Inklusionsbotschafter, Singer & Songwriter, Experte für Leichte Sprache“. Dadurch präsentiert er eine multidimensionale Rollenidentität, die bewusst nicht auf die Behinderung reduziert wird. Im Polnischen kann man ähnliche Beispiele finden, wie z. B. bei der Aktivistin @zaniczka: „Uważam, że sama niepełnosprawność nie czyni nikogo wyjątkowym, ale jest mnóstwo niepełnosprawnych osób, które robią rzeczy wyjątkowe […]“ / „Ich glaube, dass eine Behinderung allein niemanden zu etwas Besonderem macht, aber es gibt viele Menschen mit Behinderungen, die außergewöhnliche […] Leistungen erbringen“. Diese Formulierung verweigert sowohl die Pathologisierung als auch eine romantisierende Überhöhung. Stattdessen wird eine Normalisierung angestrebt, bei der die Behinderung entdramatisiert und in eine pluralistische Lebensrealität eingebettet wird. In einem anderen Beispiel betont @aniolnaresorach in einem ihrer Beiträge (vgl. Beleg 37): „Moje motto życiowe jest proste: ‚ogranicza nas tylko nasz umysł‘“ / „Mein Lebensmotto ist einfach: ‚Wir sind nur durch unseren Verstand begrenzt‘“ – ein Appell an Selbstwirksamkeit und individuelle Ressourcen.[504]

---

[504] An dieser Stelle sei hinzugefügt, dass Vielfalt oder die Ermutigung vieler AktivistInnen, die eigene Behinderung als Teil der Identität zu betrachten, auch durch identifikatorische Zeichen in Form von semiotischen Kommunikationsoperatoren (Hashtags) zum Ausdruck kommen können (bspw. #queer, #feministin, #moda, #ubrania/kleidung, #psychologia).

Ebenso wird in mehreren Profilen auf der Bild-Fläche eine Vielfalt jenseits der Behinderung performativ inszeniert. Es sind sowohl Logos der einzelnen UserInnen (vgl. Belege 4–7), als auch typische identifikatorische Zeichen in Form von manchen Profilbildern (bzw. Header-Bildern, wie im Beleg 1) oder allgemein bekannte symbolische Emojis (z. B. eines Rollstuhlfahrers/einer Rollstuhlfahrerin, aber auch bspw. von einer queeren Person), die besonders oft in Beschreibungen der einzelnen Selbstdarstellungsmodule zu finden sind. Im Zusammenhang mit der Betonung der Vielfalt und der Normalisierung von Behinderungen ist abschließend noch das Element des individuellen Designs als nonverbales Positionierungsmittel zu erwähnen. Neben einem einzigartigen Logo (wie in den Belegen 4–7) oder einer besonderen Farbwahl (vgl. Belege 56 oder 57) lassen sich bei einigen BenutzerInnen personalisierte mikro- oder mesotypografische Elemente erkennen (vgl. Belege 46 oder 47). Gemeinsam ist diesen Beispielen, dass sie Sichtbarkeit erzeugen, ohne die Behinderung zu zentrieren. Die sprachliche und visuelle Inszenierung legt nahe, dass sich hier ein Gegenentwurf zu medial gängigen Opfer- oder Heldenerzählungen etabliert (vgl. besonders massenmediale Narrative über MmB 9.3.1 und 9.4.1). Durch Thematisierung des Alltags, der Hobbys, Berufsrollen oder familiären Beziehungen verschieben sich die Zuschreibungen: Die MmB sind nicht nur „Betroffene", sondern zugleich Eltern, PartnerInnen, Berufstätige, Kreative oder AktivistInnen. Damit trägt dieses Muster zur Dekonstruktion normativer Identitätszuschreibungen bei und etabliert neue Sprechpositionen, in denen Behinderung zwar sichtbar bleibt, aber nicht dominierend.

### 10.2.3 Selbstpositionierungsmuster des Typs „Ich bin ExpertIn und BotschafterIn von Personen mit Behinderungen"

Eines der am häufigsten vorkommenden Positionierungsmuster im analysierten Material ist die Selbstpositionierung von vielen BloggerInnen oder AktivistInnen mit Behinderungen als fachlich kompetente, öffentlich sprechende AkteurInnen, die sich jenseits von passiven Opferbildern als ExpertInnen für Behinderung, Inklusion und soziale Gerechtigkeit inszenieren. Diese Strategien spiegeln sich sowohl in sprachlichen Selbstzuschreibungen als auch in den multimodalen Oberflächen digitaler Profile wider.

BehindertenaktivistInnen, AutorInnen oder BloggerInnen mit großer Reichweite und einem starken Voice sind zunehmend Instanzen, die entscheiden, welche Themen in ihren Öffentlichkeiten ausdiskutiert und bewertet werden sollen. Wie in 5.3.4 festgestellt, sind sie immer häufiger nicht nur *Gatewatcher*, sondern auch *Gatekeeper* der gesellschaftlichen und politischen Szene. Das bedeutet auch, dass sie sich auf unterschiedliche Weise (sowohl implizit als auch explizit und meistens in Bezug auf ihre bestimmten Rollen im Diskurs) als „Sprachrohre" oder „FürsprecherInnen" für die Rechte von Menschen mit Behinderungen (prä-)positionieren, für die vielen Problem der Community sensibilisieren und die Aufmerksamkeit der FollowerInnen auf die eventuellen Möglichkeiten der Problemlösung lenken können. Dazu kommt meist stille und moralische Selbstpositionierung als Experte/Expertin für inklusive Sprache.

Besonders in präpositionierenden Selbstdarstellungsmodulen schreiben sich die AutorInnen (v. a. BloggerInnen) den Status eines „Experten"/ einer „Expertin" zu, indem sie sich meist in Form eines *authorial stance*[505] auf die eigenen Erfahrungen und Expertenwissen beziehen: als „Sprachrohr für Menschen mit Behinderung" (Beleg 40), als „VeranstalterIn von Workshops oder Seminaren" (Beleg 41) oder „AktivistIn/BloggerIn für Inklusion" (Beleg 42, 44 oder 45).[506] Es gibt auch solche AktivistInnen, die in ihren Selbstbeschreibungen sowohl akademische als auch aktivistische Glaubwürdigkeit kombinieren, wie z. B. @raulkrauthausen, der sich etwas als „Inklusions-Aktivist und Gründer der Sozialhelden, studierter Kommunikationswirt und Design Thinker" beschreibt. Auch in polnischsprachigen Textkorpora zeigen sich parallele Tendenzen. So schreibt die Bloggerin @annabrzosko.pl: „Jestem trenerką, doradcą, coachem i badaczką" / „Ich bin Trainerin, Beraterin, Coach und Forscherin" – eine klare Positionierung

[505] Deontische oder „autorische", bzw. „autorenschaftliche" Sprachformen entstehen oft z. B. aus einem Pflichtgefühl vieler UserInnen heraus, auf bestimmte negative Verhaltensweisen oder Fremdbezeichnungen bezüglich MmB reagieren zu müssen.

[506] Dies ist m. E. auf zwei Hauptgründe zurückzuführen: Einerseits sind vor allem Menschen mit Behinderungen sowie diejenigen, die sich als ihre Verbündeten positionieren, bestrebt, im laufenden Diskurs stets auf ihre etablierten Diskurspositionen bzw. auf ihre sozialen selbst- oder fremdbestimmten Rollen und die daraus resultierenden „moralischen" Aufgaben oder Verpflichtungen zu rekurrieren. Andererseits beziehen sich die beiden Gruppen, die im sozialmedialen Diskurs über Behinderung am stärksten vertreten sind, oft auf sich selbst, um ihre Autorität und/oder Identität zu behaupten (z. B. durch häufige Verweise auf den bestimmten Kenntnisstand oder eigene Erfahrungen bzw. Erlebnisse).

im Kontext professioneller Bildungs- und Beratungsarbeit. Die Profile enthalten meist Unterseiten mit detaillierten Informationen zu Projekten, Partnerinstitutionen oder Medienauftritten, was eine semiprofessionelle Markenidentität nahelegt. Diese Formen der Selbstdarstellung verschieben das klassische Bild von MmB als EmpfängerInnen gesellschaftlicher Fürsorge hin zu „autonomen Sprecherinnen", die selbst normativ prägen, repräsentieren und reflektieren. Besonders bemerkenswert ist, dass diese SprecherInnen sich nicht ausschließlich über ihre Behinderung definieren, sondern diese in ein breiteres Kompetenzprofil integrieren.

Während zu nichtsprachlichen Positionierungsmitteln, zu denen bei der Realisierung dieses Musters gegriffen wird, vor allem Logos oder Header-Bilder mit Inklusionssymbolik gehören (vgl. Belege 4–7 und 22), sind es unter sprachlichen Positionierungsmitteln in typischen Positionierungshandlungen der BloggerInnen im Prinzip drei unterschiedliche Gruppen. Vor allem wird dieses Selbstpositionierungsmittel mithilfe der für die Textsorte „Blog" typischen Phrasen des Typs „authorial" mit „deontischen" Elementen und häufiger moralischer Aufladung realisiert, wie metakommunikative Phrasen mit performativen Verben. Typisch sind hier in beiden Sprachen direkte Sätze mit Appellfunktion wie: „Ich möchte den Eltern von Kindern und Jugendlichen sagen, [...]" (vgl. Beleg 61) oder „Chciałabym zaapelować do osób, które [...]" / „Ich möchte an diejenigen appellieren, die [...]" (im Beleg 74). Dazu kommen expressive Sprechakte des Typs „ich bin dankbar dafür, dass [...]", die mit viel Pathos verbunden sind (vgl. Beleg 61) oder rhetorische Fragen des Typs „Was würdest du tun?", die eine der beliebtesten Formen sind, andere NutzerInnen aus der Perspektive eines Influencers/einer Influencerin heraus anzusprechen (vgl. Beleg 62). Schließlich gehören auch dazu Anaphern in inszenierten Selbstpositionierungshandlungen der BloggerInnen (vgl. besonders Wiederholungen der metaphorischen Phrase „Wykluczenie ma wiele twarzy" / „Ausgrenzung hat viele Gesichter" als eines der Symbole der Ausgrenzung der Community in 9.3.2[507]).

Zu der zweiten Gruppe sprachlicher Positionierungsmittel, die das Muster realisieren lassen, gehören Bezüge auf soziale und kulturelle Nomen

---

507 Die Anapher hilft dabei, den Fokus auf die wiederholten Wörter oder Phrasen zu legen und somit die zentrale Botschaft zu verstärken.

und/oder eigene Erfahrungen. Besonders typisch sind dabei persuasive, meist explizite Äußerungen mit Appelfunktion[508] des Typs „trzeba" oder „es ist notwendig/man sollte/man müsste", z. B. „Trzeba głośno mówić o równym traktowaniu OZN w życiu codziennym. Dzięki za ten ważny i odważny głos podczas Gali." / „Es ist notwendig, sich für die Gleichbehandlung von MmB im Alltag einzusetzen. Danke für diese wichtige und mutige Stimme bei der Gala." (vgl. Beleg 94) oder „man muss sich nicht als Masse sehen nur weil man eine einzige Gemeinsamkeit hat" bzw. „Man sollte Menschen die ein Handicap haben nicht in Watte packen [...]" (vgl. Belege 102–103). Und schließlich umfasst die letzte Gruppe von Positionierungsmitteln Autoritätsargumente in Form von wissenschaftlichen oder populärwissenschaftlichen Quellenangaben (intertextuelle Verweise). Sie werden entweder explizit eingeleitet (vgl. „Jednak jak słusznie zauważają autorzy wspomnianego artykułu, [...]" / „Wie die Autoren des oben genannten Artikels jedoch zu Recht betonen, [...]") oder es wird sofort aus entsprechenden Quellen zitiert (vgl. bspw. das Thema der „Liliputaner-Stadt" in 9.4.3).

An dieser Stelle sollte allerdings erwähnt werden, dass die Positionierung als „BotschafterIn für Menschen mit Behinderungen" auch in der Medienberichterstattung zumindest teilweise verstärkt wird. Wie das Beispiel der medialen Fremdpositionierung in den Kapiteln 9.3.1 und 9.4.1 gezeigt hat, positionieren auch die Mainstream-Medien AktivistInnen für MmB als „äußerst aktiv" und durch ihre Aktivität „authentisch", indem sie auf ihre konkreten Aktivitäten – trotz ihrer Krankheit oder Behinderung – verweisen. Oft ist diese Art der Positionierung jedoch eher oberflächlich, ohne Polemik (die vgl. eher neutralen und „politisch korrekten" Presseberichte in den Belegen 72–74) und mit einem gleichzeitigen Fokus auf Emotionen oder möglicher Sensationslust.

Schließlich ist zu erwähnen, dass bestimmte Aktivitäten von BloggerInnen für die MmB-Community manchmal auch von nicht-behinderten Menschen als „aufdringlich", „übertrieben" oder „nicht auf die Bedürfnisse und Erwartungen der Gemeinschaft als Ganzes eingehend" wahrgenommen werden.

---

508 Bei solchen Sprachformen hat man es u. a. mit Aufruf zu sozialer Verantwortung und Entschlossenheit zu tun, insbesondere im Zusammenhang mit schwierigen oder kontroversen Themen.

Aus diesem Grund sehen sich AktivistInnen, aber auch VertreterInnen vieler MmB-Organisationen, häufig der Positionierung als „Meinungsdiktatoren" oder „falsche Verteidiger und Botschafter für/von Menschen mit Beeinträchtigungen" ausgesetzt (vgl. 10.3.2).

### 10.2.4 Selbstpositionierungsmuster des Typs „Ich bin Verbündete/r von MmB"

Dieses Positionierungsmuster wird in beiden Sprachen meistens in Erzählungen von Eltern, FreundInnen, Bekannten, aber auch anderen Menschen realisiert, die den Bedarf an zumindest verbaler Unterstützung für Menschen mit Behinderungen äußern. In vielen Fällen kommt dabei zu einer eher *tacit positioninig*, d. h. zu stillen Verweisen auf z. B. (Kindheits-)Erinnerungen, in denen ein Mensch mit Beeinträchtigungen im Leben der erzählenden Person aufgetaucht ist (vgl. Erinnerungen der Userin @marblerie an ihre Kindheitsfreundin mit Down-Syndrom im Beleg 63). Darüber hinaus gibt es auch „moralische" Arten der Positionierung, bei denen nicht-behinderte Menschen versuchen, ihr Engagement für die Probleme von MmB direkt zu zeigen, indem sie auf ihre eigenen Erfahrungen verweisen (vgl. Beleg 86). Nicht selten schreiben sie sich dabei sozusagen die Rolle derjenigen zu, die ExpertInnen für Behinderungen seien und versuchen, auf ihre angeblichen Leistungen oder „Verdienste" für Menschen mit Behinderungen hinzuweisen (vgl. die Worte der Userin @pogodne_stylizacje: „Cieszę się, że walczymy z tym stereotypem" / „Ich bin froh, dass wir gegen dieses Klischee kämpfen" im Beleg 97).

Darüber hinaus werden viele ProtagonistInnen mit Beeinträchtigungen des Öfteren gelobt, wogegen die nicht-behinderte Umgebung (zum Beispiel Menschen, die nicht wollen, dass ihre Kinder mit Kindern mit Behinderungen spielen), Mainstream-Medien, Behörden oder Organisationen kritisiert werden. Zu typischen, eher impliziten Positionierungsmitteln in beiden Sprachen gehören hier meist kurze exklamatorische Sätze oder Ausrufesätze, die verwendet werden, um eben starke Gefühle oder Kritik auszudrücken. Sie sind oft durch eine umgangssprachliche, informelle Sprache und emotionale Intensität gekennzeichnet (vgl. z. B. „Żenada i zwykłe chamstwo organizatorow" / „Es ist so peinlich und unverschämt von den Veranstaltern" im Beleg 80), bzw. andere Satztypen, die auf *affective stance* basieren, wie z. B. Aufforderungssätze, die in der Gruppe von MmB zum Handeln gegen eine mögliche Diskriminierung von MmB auffordern (vgl. „Lass dich nicht abwerten" im Beleg 67[509]). Darüber hinaus wird auch auf Kontraste zwischen den öffentlich diskutierten Problemen und der tatsächlichen Untätigkeit der Behörden oder vieler Institutionen hingewiesen (vgl. die kritische Rhetorik im Satz „Tyle się mówi na temat osób niepełnosprawnych a jak co do czego przyjdzie to jest brak empatii." / „Es wird so viel über Menschen mit Behinderungen gesprochen, und wenn es darauf ankommt, fehlt es an Empathie." Im Beleg 81).

In dieser Gruppe lassen sich allerdings zwei weitere seltener vorkommende Muster in den Selbstpositionierungshandlungen der Menschen erkennen, die sich in sozialen Medien als Verbündete von MmB darstellen. Sie zeigen einen Versuch, ihr eigenes Verhalten als Verbündete, die dennoch „Fehler machen", abzusichern oder zu rechtfertigen. Die beiden häufigsten (erzwungenen) Selbstpositionierungsmuster im Textkorpus sind „Erst als Erwachsene habe ich die Behinderung meines Freundes/meiner Freundin erkannt, weil …" (bspw. Verweise auf Situationen aus der Kindheit, in denen z. B. ein Spielkamerad/eine Spielkameradin vom Gesprächspartner/von der Gesprächspartnerin nicht als Mensch mit Behinderung wahrgenommen wurde, vgl. Beleg 63) und „Ich lerne erst den Umgang mit Menschen mit Behinderungen" (vgl. Beleg 66). Die zweite Art von Erzählmustern taucht besonders häufig in Kommunikationssituationen auf, wenn beispielsweise seitens der MmB im Laufe der Diskussion der Vorwurf erhoben wird, dass man mit der Behindertenthematik nicht vertraut sei, oder wenn GesprächsteilnehmerInnen mit Behinderungen den nicht-behinderten Menschen zu verstehen geben, dass diese ihre Bedürfnisse und Erwartungen nicht immer verstünden und/oder die angemessenen Ansprechformen nicht kannten. Hinzu kommt, dass die Verbündeten von MmB sie oft unbewusst als „leidend" oder „besonders schutzbedürftig" fremdpositionieren, was mit der stereotypen, teilweise durch Medien geprägten Wahrnehmung dieser Gemeinschaft übereinstimmt (siehe 10.1.6).

Obwohl die Analyse nicht den Inhalt der präpositionierender Darstellungen von Personen umfasste, die sich als „Verbündete von MmB"

[509] Kritik wird allerdings auch oft an den AktivistInnen selbst oder unterschiedlichen Organisationen und Verbänden geübt, die von manchen Allys in vielen Situationen als solche empfunden werden, die ein „Wahrheitsmonopol" besäßen, allein Entscheidungen treffen und anderen ihre Meinung aufzwingen möchten (u. a. im Hinblick auf das Selbstbestimmungsrecht vieler MmB sowie auf quasi aufgezwungene Ansprechformen, vgl. das Positionierungsmuster „AktivistInnen für die Rechte von MmB sind Meinungsdiktatoren" in 10.3.2).

positionieren, kann man davon ausgehen, dass sich ein Teil von ihnen auch mittels expliziter nichtsprachlicher Mittel positioniert, z. B. durch Profilbilder mit Symbolen wie „Ally Flag“ oder sog. „Disability Icons“ oder entsprechende (auch eher explizite) Hashtags wie #solidarischmitbehinderten oder #solidarnizOZN o. Ä.

## 10.3 Makronarrativ des Typs „Menschen mit Behinderungen haben das Recht auf Selbstbestimmung“

Die Selbstbestimmung – von vielen Kommentierenden auch oft als „Recht auf Individualität“, „Kampf für die Unabhängigkeit“ oder „Selbstverwirklichung“ bezeichnet und als eines der notwendigen Elemente im Prozess der Inklusion definiert – bezieht sich sowohl auf die meist explizite Betonung des Rechts, über das eigene Leben zu entscheiden, als auch auf die Frage, wie eine Person trotz unterschiedlicher Grade der Behinderung in der Gesellschaft funktionieren will. Darüber hinaus betonen die Kommentierenden an vielen Stellen, wie wichtig es für sie ist, von anderen angemessen benannt zu werden. Die Frage der Sprache und der angemessenen Fremd- und Selbstbezeichnungen beeinflusst unter anderem die persönliche Identität eines jeden Menschen mit Behinderungen und unterstreicht seine Identifikation mit bestimmten Werten (vgl. metapragmatische Verweise auf Selbstbezeichnungen in 9.5.6). Wie bereits erwähnt, überschneidet sich dieses Narrativ an vielen Stellen mit der Schaffung des Selbstbildes der Community als besonders vielfältig (vgl. insbesondere die Diskussion im Kapitel 9.4). So finden sich in den Diskussionen zahlreiche „interne“ Auseinandersetzungen innerhalb der Community über das Recht auf Selbstbestimmung und individuelle Freiheit trotz Behinderung. Gleichzeitig werden bekannte AktivistInnen oder Behindertenorganisationen von Teilen der Gemeinschaft beschuldigt, ihre Weltsicht „aufzudrängen“ oder sich zu „falschen BotschafterInnen“ zu machen, die im Namen der gesamten Community sprechen würden (vgl. 10.3.2).

Da einige der Positionierungsmuster, die zu dieser Art von Makronarrativen passen, bereits zuvor besprochen wurden (siehe v. a. 10.2.1 und 10.2.2), wird der Fokus auf die folgenden zwei Muster gelegt:

- Selbstpositionierungsmuster des Typs „Ich bin sprachbewusst und sprachlich emanzipiert“,

- Fremdpositionierungsmuster des Typs „AktivistInnen für die Rechte von MmB sind Meinungsdiktatoren".

### 10.3.1 Selbstpositionierungsmuster des Typs „Ich bin sprachbewusst und sprachlich emanzipiert"

In vielen bis jetzt präsentierten und analysierten Beispielen fungiert Sprache nicht nur als beschreibendes Werkzeug der Wirklichkeit, sondern selbst als Objekt sozialer Aushandlung und Quelle potenzieller Diskriminierung (vgl. besonders 10.1.3 sowie 10.2.2). Es ist daher durchaus üblich, dass viele Menschen mit Behinderungen sich eher implizit moralisch und mehr oder weniger absichtlich als solche Personen selbstpositionieren, die sich der „richtigen" sprachlichen Selbstbezeichnungen bewusst seien (mit Rücksicht auf Präferenzen der einzelnen Personen und ihre Selbstbestimmung als MmB) bzw. imstande seien, mit der sprachlichen Entwicklung Schritt zu halten. Im Fall der Diskussion über sprachliche Formen (Selbstbezeichnungen) überraschen in beiden Textkorpora die besondere Beteiligung vieler Menschen mit Behinderungen und ihr oft umfangreiches Wissen zu diesem Thema. Ein treffendes Beispiel ist die Diskussion im Beleg 133 bezüglich eines neuen Verständnisses von Behinderung der Weltgesundheitsorganisation. Es zeigt sich, dass nicht nur AktivistInnen oder BloggerInnen selbst zu denjenigen gehören, die sich gerne als „SprachexpertInnen" positionieren.

Viele Betroffene sind der Ansicht, dass jeder Mensch mit Behinderung das Recht habe, sich so zu nennen, wie er wolle (vgl. im polnischen Textkorpus den Beleg 145 und die Worte der Userin @Ejlorczyk: „Ja tu właśnie jeszcze nie mam przekonania, na razie jestem raczej na stanowisku że każdy może siebie nazywać jak chce […]" / „Ich bin noch nicht überzeugt. Im Moment bin ich eher der Meinung, dass sich jeder so nennen kann, wie er will […]" oder eine rege Diskussion unter dem Posting von der deutschen Aktivistin @luisalaudace über das Konzept von „able-bodied" im Beleg 158 und in der anschließenden Diskussion). Nichtsdestotrotz finden sich (besonders im deutschen Sprachkorpus) Beispiele von analogisierenden Argumenten, in denen sich viele NutzerInnen nur anscheinend der korrekten Analogien in Bezug auf regionale Ursprünge, Hautfarbe oder sexuelle Orientierung bedienen, um zu versuchen, die Verwendung von derben Witzen in Bezug auf MmB zu rechtfertigen (vgl. Beleg 107: „Ich kannte mal einen Saarländer, der machte ständig Saarländerwitze … fand niemand schlimm, aber alle nur lustig“ oder „die härtesten Witze über Schwarze hat mir übrigens ein Nachbar erzählt der schwarz ist“).

Ein weiteres erwähnenswertes Motiv sind Stimmen, die für eine totale „Redefreiheit“ innerhalb der Gruppe eintreten und vorschlagen, dass es wie bei anderen von sozialer Ausgrenzung bedrohten Gemeinschaften zulässig sein solle, „intern“ alle Selbstbezeichnungen zu verwenden, auch solche, die außerhalb der Gemeinschaft als beleidigend und diskriminierend angesehen würden (vgl. u. a. Beleg 104 und weitere in Bezug auf die Diskussion über „Mini-Bar“ beim Parookaville-Festival). Trotzdem lässt sich häufig eine „sprachliche Verwirrung“ vieler Betroffenen bemerken, wenn es um die „richtige“ Terminologie geht (vgl. Beleg 132 und weitere unter dem Posting von @ida_ma_autyzm). Sehr oft werden dabei andere UserInnen oder AktivistInnen selbst um sprachlichen Rat gebeten. Dies zeigt sich insbesondere in Anschlussdiskussionen über Selbstbezeichnungen, die ihre Wurzeln im Englischen haben und in vielen Diskussionen in Behindertenforen zunehmend verwendet werden (vgl. 9.5.4).

Abschließend bietet sich ein Blick auf Beispiele einer etwas anderen sprachlichen und außersprachlichen Umsetzung des Positionierungsmusters „Ich bin sprachbewusst und sprachlich emanzipiert“ an, und zwar auf solche diskursiven (Positionierungs-)Praktiken, in denen sprachliche Benennungen kritisch reflektiert oder ironisch gebrochen werden. Somit wird die Behinderung nicht beklagt oder erklärt, sondern humorvoll inszeniert und performativ unterlaufen. In typischen Positionierungen gibt es nicht viele Beispiele solcher Handlungen. In einem der wenigen Beispiele bemüht sich die Mutter des Mädchens im Rollstuhl (@katrin.johnston) in ihrem Mikronarrativ, umgangssprachliche Bezeichnungen in Bezug auf die Behinderung zu verwenden, um den gesundheitlichen Zustand ihres Kindes zu normalisieren und sich von ihrer Beeinträchtigung zu distanzieren (vgl. Beleg 68 und die Gegenüberstellung „Fußgänger-Kids“ versus „Rolliflitzer“). In präpositionierenden Selbstdarstellungsmodulen hingegen wird dieses Positionierungsmuster häufig verwendet. Ein besonders prägnantes Beispiel liefert der deutsche Aktivist und Rapper @graf_fidi mit der ironisch typografisch inszenierten Selbstbezeichnung „Angry Cripple“ – durchgestrichen und ersetzt durch „Friendly Cripple“ (vgl. Beleg 3). Die Nutzung und gleichzeitige Distanzierung von dem im Deutschen als beleidigend geltenden Begriff „Krüppel“ verweist auf einen bewussten *Reclaiming*-Prozess, bei dem stigmatisierende Fremdbezeichnungen in selbstermächtigende Narrative überführt werden. Ähnlich operieren Userinnen wie @deinechristinems oder @rollifraeulein, die in humorvoll-ironischer Weise medizinische Diagnosen in erzählbare, zugängliche Sprachbilder überführen (vgl. „Diese Entscheidung hat mein Gehirn nicht für die beste Idee gehalten und ist daraufhin beleidigt in einen lebenslangen Streik im Sachen Motorik getreten." im Beleg 33). Auch im polnischen Online-Diskurs finden sich zahlreiche Beispiele metasprachlicher Reflexion, häufig mit autoironischem Unterton und sprachspielerischen Strategien. Die Bloggerin @miniaturowa.pl etwa beschreibt sich als „szampon 2 w 1" („Shampoo 2 in 1") – ein kreatives Wortspiel, das sowohl auf ihre Kleinwüchsigkeit als auch auf ihre Behinderung verweist: „Jako osoba z niepełnosprawnością jestem szamponem 2 w 1. No wiesz, niepełnosprawna, a na dodatek niskorosła." / „Als Mensch mit Behinderung bin ich ein 2-in-1-Shampoo. Du weißt schon, behindert und dazu kleinwüchsig" (vgl. Beleg 34). Eine solche ironische Haltung unterläuft sprachliche Zuschreibungen und entzieht sich zugleich einer Opferperspektive. In ähnlicher Weise greift der User unter dem Pseudonym @_ten_typ_tetrus_ das umgangssprachliche Wort „tetrus" für Tetraplegiker auf und transformiert es in eine stilisierte Online-Identität (vgl. 8.1). In beiden Sprachräumen wird somit deutlich: Sprache ist ein soziales Kampf- und Deutungsfeld, das nicht nur diskriminierende Strukturen reproduziert, sondern auch aktiv angeeignet und umcodiert werden kann, wozu BloggerInnen und AktivistInnen mit Behinderung mehr oder weniger implizit auffordern.

Dieses Positionierungsmuster wird schließlich durch identifikatorische Zeichen in Form von semiotischen Kommunikationsoperatoren (Hashtags) realisiert oder unmittelbar durch identifikatorische Zeichen in Form von entsprechenden Icons (vgl. Belege 61 oder 167).

### 10.3.2 Fremdpositionierungsmuster des Typs „AktivistInnen für die Rechte von MmB sind Meinungsdiktatoren"

Die starke Stellung in der MmB-Gemeinschaft und damit die häufige Positionierung vieler AktivistInnen in bestimmten Rollen als „Anführer" oder „BehindertenspezialistInnen" (vgl. 10.2.3) führt, wie bereits erwähnt, zu möglichen Konflikten innerhalb der Gruppe, obwohl auch kritische Stimmen von Menschen ohne Behinderungen zu hören sind (vgl. die bereits in 10.1.5 thematisierte Form „ta pani" im Beleg 92 oder ironische, meist bösartige Implikationen mit subtilen Vorwürfen wie „w sumie podbije to oglądalność jej kanału“ / „alles in allem wird es die Zuschauerzahlen ihres Kanals erhöhen“ im Beleg 89).

Zu typischen Positionierungshandlungen gehören dabei mehr oder weniger explizite kritische Kommentare bezüglich der vermeintlichen „Diktatur“ vieler AktivistInnen sowie Organisationen, die sich für die Belange der MmB einsetzen (vgl. im deutschen Textkorpus eine ironische, quasi implizite und abwertende Anmerkung: „Schade das sich wieder einige als Meinungsdiktatoren aufspielen“ im Beleg 109). Außer dem wiederkehrenden Thema des „Rechts auf Selbstbestimmung“ drücken viele MmB ihre Ablehnung bezüglich der angeblichen Versuche vieler BloggerInnen aus, die Gemeinschaft als einen „Monolithen“ zu behandeln, sie unsichtbar zu machen bzw. die Rolle von MmB auf einfache und unkomplizierte Tätigkeiten zu reduzieren. Als Beispiele von Positionierungsmitteln hierfür können folgende genannt werden: die ironische und bösartige Implikation im Beleg 110: „Er will also dass diese Leute sich lieber einen Bürojob suchen und nicht auffallen.“, die Metapher mit zusätzlicher Pejoration „Du versuchst uns in eine Schublade zu stecken, die dreckig ist“ im Beleg 115 oder der deskriptive, metaphorische und provokativ ironische (Frage-)Satz „Und wer sind diese Wir? Alle? Alle die Deiner Meinung sind?“ im Beleg 116.

Schließlich wenden sich manche Diskussionen der angeblichen Nutzung von Popularität der AktivistInnen zu reinen Marketingzwecken und zur Erhöhung der Reichweite zu. Ein Paradebeispiel für solche Sprachhandlungen ist die Anschlussdiskussion um das Thema „Minibar“ im Kapitel 9.4, in der zahlreiche Anspielungen auf die verwendete Sprache oder die angebliche Doppelmoral vieler MmB-Aktivisten zu finden sind, wie z. B. „Sorry, mir war nicht klar das Du das Monopol auf ‚Kurze‘ hast“ (vgl. Beleg 120).

Ein weiterer Kritikpunkt sind schließlich die Vorwürfe einiger MmB gegen BloggerInnen, die ihrer Meinung nach bestimmte sprachliche Formen zu sehr „fördern“ würden, insbesondere solche, die der „politischen Korrektheit“ entsprächen, und sich sogar das Recht anmaßten, bestimmte Selbstbezeichnungen durchzusetzen, ohne auf die sprachlichen Bedürfnisse der Gemeinschaft zu achten (vgl. Formulierungen wie „identity police“ im Beleg 131).

## 10.4 Narrative und Positionierungsmuster von und über Menschen mit Behinderungen. Zusammenfassung

Anhand des analysierten multimodalen Textmaterials (digitale Selbstdarstellungen, Postings und Anschlussdiskussionen von und über Menschen mit

Behinderungen in Polen und Deutschland) wurden im vorliegenden Buch drei übergreifende Makronarrativtypen identifiziert: (1) Diskriminierung und Stigmatisierung, (2) Vielfalt der Behindertengemeinschaft und (3) Recht auf Selbstbestimmung.

Das erste Makronarrativ beschreibt strukturelle, sprachliche und soziale Ausgrenzungserfahrungen. In deutschen Beiträgen liegt der Fokus häufig auf systemischen Begriffen wie „Barrierefreiheit" oder „Ableismus", während polnische Texte stärker emotionalisiert und subjektiv geprägt sind (z. B. Appelle wie „nikt nas nie słucha" / „niemand hört uns zu"). Beide Diskurse bedienen sich hyperbolischer und affektiver Sprache. Im Deutschen treten moralische Kritik und Vorschläge für Systemlösungen häufiger auf, während im Polnischen häufiger direkte Klagen und Alltagsbeispiele dominieren.

Die Beiträge im Rahmen des zweiten Makronarrativs betonen die Diversität innerhalb der Gemeinschaft (sichtbare vs. unsichtbare Behinderungen, neurodivergente Diagnosen, soziale Rollen). Das Ziel ist, mediale Homogenisierungen zu dekonstruieren. In beiden Sprachräumen findet eine stärkere Selbstpositionierung jenseits der reinen Behinderung statt („Ich bin mehr als meine Erkrankung"). Im Deutschen wird häufig auf berufliche Rollen oder Fachkompetenz verwiesen (z. B. „Inklusionsbotschafter"), während im Polnischen die individuelle Lebensbewältigung und Normalisierung betont wird („Staram się żyć na 150 %" – „Ich versuche, das Leben mit 150 % zu leben").

Im dritten Makronarrativ zeigt sich ein aktives sprachliches Bewusstsein vieler MmB. Im deutschen Diskurs treten metasprachliche Diskussionen und Reclaiming-Strategien (z. B. „Angry Cripple" → „Friendly Cripple") verstärkt auf. Ironie und Selbstironie dienen als Mittel zur Dekonstruktion von Zuschreibungen. Im polnischen Raum zeigt sich dies z. B. in spielerischen Selbstbezeichnungen wie „szampon 2 w 1". Gleichzeitig existieren in beiden Sprachräumen Konflikte um „richtige" Selbstbezeichnungen, wobei sich viele Betroffene ein Recht auf individuelle Sprachwahl einfordern.

Während die deutschen Diskurse stärker system-, politik- und strukturbewusst erscheinen und oft normativ argumentieren, sind polnische Beiträge emotionaler, alltagsnäher und häufig informell ausgerichtet. In beiden Kulturräumen zeigen sich jedoch klare Tendenzen zur Selbstermächtigung, zur Dekonstruktion medialer Stereotype und zur aktiven Aushandlung sprachlicher und sozialer Normen.

# Schlussfolgerungen und Ausblick

Das vorliegende Buch stellt einen Versuch einer möglichst umfangreichen Darstellung des Online-Diskurses von und über Menschen mit Behinderungen dar. Wie in der Arbeit gezeigt wurde, sind die heutigen sozialen Medien vor allem dank ihrer allgemeinen Zugänglichkeit, Responsivität und Interaktivität sowie der intuitiven Benutzeroberfläche, die eine weitgehende Personalisierung der präsentierten Inhalte ermöglicht, ein äußerst wichtiges Instrument bei der Schaffung von Communitys und digitalen Öffentlichkeiten. Darüber hinaus sind solche personalisierten digitalen Öffentlichkeiten ein wichtiges Gegengewicht zu den großen Medienanbietern und den von ihnen veröffentlichten (teils einseitigen und sensationslüsternen) Inhalten.

Sind durchschnittliche UserInnen mit Behinderungen in der Lage, in ihrem eigenen Namen und im Namen der Gemeinschaft und deren Inklusion zu handeln? Sind sie imstande, mit den großen Sendern Schritt zu halten und einen Diskurs über Menschen mit Behinderungen, ihre Probleme, die häufige Diskriminierung oder Behindertenfeindlichkeit mitzugestalten? Dieses Buch hat gezeigt, dass das definitiv möglich ist. Gleichzeitig wurde an vielen Stellen betont, dass dies kein einfacher Weg ist und dass selbst eine hohe Reichweite eines Accounts und potenziell interessante Themen, die ein Aktivist oder eine Aktivistin berührt, keinen Erfolg im Sinne eines großen Interesses bei anderen NutzerInnen garantieren. Schuld daran sind neben den algorithmischen Prozessen der Social-Media-Plattformen, die oft die Reichweite einschränken, verfehlte oder nicht mehr aktuelle Themen mancher Beiträge oder mangelndes Interesse des Publikums. Darüber hinaus sollte man sich der Tatsache bewusst sein, dass auch AktivistInnen für Menschen mit Behinderungen Personen des öffentlichen Lebens sind, was bedeutet, dass sie nicht selten von vielen Seiten verbal angegriffen und beschuldigt werden, dem Rest der MmB-Gemeinschaft ihre Meinung „aufzuzwingen" oder „Medienhetze" zu betreiben.

Die Implementierung des in der Arbeit vorgeschlagenen multimodalen Analysemodells von medialen Positionierungspraktiken (MAMP) ermöglichte es, die Komplexität der Kommunikationsprozesse in einer recht vielfältigen und inhomogenen sozialen Gruppe wie der MmB-Gemeinschaft aufzuzeigen. Darüber hinaus zeigte die Studie die Vielfalt der eingesetzten sprachlichen und nichtsprachlichen Präpositionierungs- und Positionierungsmittel in Social Media. Die Elemente der symbolischen Kommunikation und die Bezugnahme auf sprachliche und außersprachliche soziale Embleme der Gruppe, die ihre Identität und Identifikation mit bestimmten Werten verstärken, erwiesen sich dabei als äußerst wichtig. Dadurch war es möglich, die Aufmerksamkeit der LeserInnen auf potenziell relevante diskursiv etablierte indexikalische Ordnungen zu lenken. Die Arbeit hat auch gezeigt, dass zu den Stanceobjekten nicht nur andere soziale AkteurInnen, ihre Aussagen oder Bezüge zur sozialen Welt gehören können, sondern auch die Sprache selbst und ihr Gebrauch. Dies ermöglichte zu zeigen, wie wichtig für diese Gemeinschaft die entsprechenden Fremd- und Selbstbezeichnungen sind, deren Ignorierung oder Missachtung eine potenzielle Quelle der Diskriminierung sein kann, vergleichbar mit dem stereotypen Verhalten nicht-behinderter Menschen gegenüber MmB oder der Ausgrenzung durch architektonische Hindernisse.

Gleichzeitig muss man sich jedoch der Tatsache bewusst sein, dass die besonders häufig eingesetzten Positionierungsmuster und gemeinsamen Erzählmuster sowie Makronarrative der Community, die sich aus den individuellen Geschichten und Mikronarrativen der einzelnen Mitglieder und ihrer Verbündeten ergeben, nur einen Ausschnitt der Realität und des Alltags von Menschen mit Behinderungen darstellen. Das liegt u. a. daran, dass es aufgrund des Textumfangs nur möglich war, sich auf die häufigsten Themen in den jeweiligen (Vor-)Positionierungen der MmB-BloggerInnen und AutorInnen zu konzentrieren, während viele andere wichtige Themen einfach ausgelassen werden mussten. Die analysierten Texte warfen jedoch noch andere Fragen auf, die in der Analyse oft nur am Rande erwähnt wurden, z. B. begrenzte Bildungschancen und Probleme auf dem Arbeitsmarkt, unzureichende medizinische Versorgung und häufig fehlendes Verständnis von medizinischem Personal für die besonderen Bedürfnisse der Gruppe sowie rechtliche und politische Hindernisse (z. B. bei der unzureichenden Durchsetzung von Rechten von MmB) oder schließlich Themen, die in der medialen Diskussion oft tabuisiert werden, wie z. B. Familienleben, Mutterschaft oder Sexualleben von Menschen mit Beeinträchtigungen.

Wie befürchtet, hat die Analyse außerdem gezeigt, dass die heutigen sozialen Medien in die Falle ihrer allgegenwärtigen Personalisierung getappt sind. Die NutzerInnen neigen dazu, sich mit Menschen zu umgeben, die ihnen ähnlich sind und ähnliche Ansichten und Lebensansätze haben. Diese Art von „information bubble“ ist auch Menschen mit Behinderungen nicht entgangen. Aus dem analysierten Material kann geschlossen werden, dass die meisten Diskussionen unter vielen Beiträgen von MmB oft ausführlicher und sachlicher sind und verbale Gewalt eher selten vorkommt (man bemerkt dabei oft die persönliche Beteiligung vieler Kommentierenden). Allerdings sollte nicht vergessen werden, dass dies zu einer Situation führt, in der ein großer Teil der NutzerInnen mit Behinderungen Medien außerhalb ihrer „Blase“ meidet – aus Angst vor unnötigen Konfrontationen oder der Gefahr, sich Hassreden auszusetzen. Ähnliche Handlungen sind von BehindertenaktivistInnen selbst zu beobachten.

Die in dem vorliegenden Buch vorgestellte quantitative Studie konzentriert sich lediglich darauf, bestimmte Tendenzen in der medialen Positionierung von und über Menschen mit Behinderungen darzustellen. Für die Zukunft ist es lohnend, sich auf die Ausweitung der Forschung auf andere (u. a. die oben erwähnten) Themenbereiche zu konzentrieren. Weitere kontrastiv ausgerichtete Analysen der MmB-Positionierung auf der Grundlage von größerem Forschungsmaterial wären ebenfalls interessant und vielversprechend – auch auf Grundlage von Online-Diskursen unter Einbeziehung von Offline-Diskursen aus verschiedenen Ländern und Kulturkreisen. Dies würde es ermöglichen, umfassendere Schlussfolgerungen im Hinblick auf mögliche künftige Maßnahmen seitens nationaler oder regionaler Behörden oder verschiedener Organisationen zugunsten von Menschen mit Behinderungen zu ziehen. Denn es zeigt sich – wie einige der in dem Buch erwähnten Studien präsentiert haben – dass die sozialen Medien für viele MmB die einzige Diskussionsarena und ihr „Fenster zur Welt“ sind. Dies gilt insbesondere für Menschen, die bettlägerig oder chronisch krank sind oder an schweren

Erkrankungen leiden, die es ihnen nicht erlauben, aktiv am gesellschaftlichen Leben teilzunehmen.

Das in der Arbeit vorgestellte MAMP-Modell ist m. E. eine interessante Alternative zu den zahlreichen bewährten Methoden der Diskursforschung. Es verwendet selbst, wie z. B. Korpus-basierte Diskursanalysen, umfangreicheres Textkorpus, um bestimmte Muster und Häufigkeiten in großen Textmengen zu analysieren und Einblicke in Diskurspraktiken zu gewinnen. Darüber hinaus kombiniert das vorgestellte Modell Elemente der klassischen Konversationsanalyse und der soziolinguistischen Diskursanalyse, in denen u. a. angenommen wird, dass Menschen in ihren Interaktionen Bedeutung erzeugen und aufrechterhalten sowie soziale Identitäten und Gruppenzugehörigkeiten aufbauen. Schließlich beinhaltet es Elemente der narrativen Analyse, die die Rolle von privaten/persönlichen Geschichten (Mikronarrativen) bei der Konstruktion von Realität betont und zeigt, wie Menschen ihre Erfahrungen und Identitäten durch Erzählungen strukturieren und kommunizieren. Aus diesem Grund wäre es sinnvoll, die analytischen Kategorien des Modells zu nutzen, um die Positionierungspraktiken in anderen sozialen Gruppen zu charakterisieren. Ich denke dabei insbesondere (aber nicht ausschließlich) an andere Gemeinschaften, die von sozialer Ausgrenzung bedroht sind, z. B. Senioren, Arbeitslose und Menschen, die unter unsicheren Bedingungen arbeiten, Migranten und Flüchtlinge bzw. ethnische oder sexuelle Minderheiten. Diese Art von Forschung (eventuell ergänzt durch zusätzliche Umfragen oder Videoaufzeichnungen) würde es ermöglichen zu zeigen, wie die VertreterInnen dieser Gruppen sich selbst positionieren, wie sie auch in den Medien positioniert werden und welche Positionierungsmuster und darauf aufbauend welche gemeinsamen Makronarrative sich in jeder Gruppe unterscheiden lassen. Schließlich würde die Verwendung des Modells die von der Gruppe geteilten Ideologien gegenüber der Sprache oder der gesamten sozialen Symbolik deutlicher zeigen.

## Literaturverzeichnis

Abel, Jürgen (1999): Cybersl@ng. Die Sprache des Internet von A–Z. München, Beck.

Abels, Heinz (2008): Identitäten. In: Willems, Herbert (Hrsg.): Lehr(er)buch Soziologie. Für die pädagogischen und soziologischen Studiengänge, Bd. 2. Wiesbaden, VS Verlag für Sozialwissenschaften, 509–531.

Abercrombie, Joe (2021): The Wisdom of Crowds. London, Orbit.

Ackermann, Judith (2011): Masken und Maskierungsstrategien – Identität und Identifikation im Netz. In: Anastasiadis, Mario/ Thimm, Caja (Hrsg.): Social Media. Theorie und Praxis digitaler Sozialität. Frankfurt am Main, Peter Lang, 61–86.

Ackermann, Ulrike (2014): Soziale Positionierungen von LehrerInnen in der Elternsprechstunde: Zur ‚Gesprächssteuerung' im institutionellen Gesprächstyp ‚Elterngespräch'. FRAGL (Freiburger Arbeitspapiere zur Germanistischen Linguistik) 21. Online: https://uni-freiburg.de/germanistik/wp-content/uploads/sites/166/FRAGL-21.pdf [letzter Zugriff 14.03.2021].

Adamzik, Kirsten (2004): Textlinguistik. Eine einführende Darstellung. Tübingen, De Gruyter.

Adler, Olivia/ Gassner, Oliver (2007): Second Life – Das Buch zum zweiten Leben. Köln, O'Reilly.

Agha, Asif (2004): Registers of language. In Duranti, Alessandro (ed.): A companion to linguistic anthropology. Oxford, Blackwell, 23–45.

Agha, Asif (2007): Language and Social Relations. Cambridge, Cambridge University Press.

Agha, Asif (2015): 1. Enregisterment and Communication in Social History. In: Agha, Asif/ Frog (ed.): Registers of Communication. Studia Fennica Linguistica 18. Helsinki, 27–53.

Ahmed, Elsadig Musa (ed.) (2024): Developing Digital Inclusion Through Globalization and Digitalization. Hershey, IGI Global.

Aitchison, Jean (1997): Wörter im Kopf. Eine Einführung in das mentale Lexikon. Tübingen, Niemeyer.

Albrecht, Helmuth (1993): Technik als gesellschaftliches Phänomen. In: Albrecht, Helmuth/ Schönbeck, Charlotte (Hrsg.): Technik und Gesellschaft (Kultur und Technik, Band 10). Düsseldorf, VDI-Verlag, 3–31.

Albrecht, Joanna/ Hüning, Nadine (2024): Digitale Teilhabe von Menschen mit einer geistigen Beeinträchtigung. Entwicklung einer Definition, eines Modells und eines Erhebungsinstruments. Wiesbaden, Springer VS.

Althusser, Louis (1977): Ideologie und ideologische Staatsapparate: Aufsätze zur marxistischen Theorie. Hamburg, VSA.
Altmann, Myrian-Natalie (2011): User Generated Content im Social Web. Warum werden Rezipienten zu Partizipienten?. Berlin, LIT Verlag Dr. W.Hopf.
Anderson, Chris (2007): The Long Tail – der lange Schwanz. Nischenprodukte statt Massenmarkt – das Geschäft der Zukunft. 1. Auflage. München, Carl Hanser Verlag.
Andree, Martin/ Thomsen, Timo (2020): Atlas der digitalen Welt. Frankfurt am Main, Campus Verlag.
Androutsopoulos, Jannis (1997): Intertextualität in jugendkulturellen Textsorten. In: Klein, Josef/ Fix, Ulla (Hrsg.): Textbeziehungen. Linguistische und literaturwissenschaftliche Beiträge zur Intertextualität. Tübingen, Stauffenburg, 339–372.
Androutsopoulos, Jannis (2010): Multimodal – intertextuell – heteroglossisch: Sprach-Gestalten in „Web 2.0"-Umgebungen. In: Deppermann, Arnulf/ Linke, Angelika (Hrsg.): Sprache intermedial. Stimme und Schrift, Bild und Ton. Berlin, De Gruyter, 419–445.
Androutsopoulos, Jannis (2014): Moments of sharing: Entextualization and linguistic repertoires in social networking. Journal of Pragmatics 73, 4–18.
Androutsopoulos, Jannis (2024): 4. Zeit und Zeitlichkeit in der digitalen Kommunikation. In: Androutsopoulos, Jannis/ Vogel, Friedemann (Hrsg.): Handbuch Sprache und digitale Kommunikation. Berlin, De Gruyter, 71–92.
Androutsopoulos, Jannis/ Weidenhöffer, Jessica (2015): Zuschauer-Engagement auf Twitter: Handlungskategorien der rezeptionsbegleitenden Kommunikation am Beispiel von #tatort. Zeitschrift für angewandte Linguistik 62(1), 23–59.
Antos, Gerd/ Lewandowska, Anna (2020): Augenblickstexte. Sprüche als Spiel und Strategie, nicht alles sagen zu müssen. In: Berdychowska, Zofia/ Liedtke, Frank (Hrsg.): Prägnante Kürze und mehr. Kurztexte und multimodale Kurzformen im öffentlichen Raum. Berlin, Peter Lang, 81–101.
Antos, Gerd/ Opiłowski, Roman/ Jarosz, Józef (Hrsg.) (2018): Online-Diskurse im interkulturellen Gefüge. Wissenstransfer, Öffentlichkeiten, Textsorten. Berlin, Peter Lang.
Apprich, Clemens (2015): Vernetzt. Zur Entstehung der Netzwerkgesellschaft. Bielefeld, transcript Verlag.

Ardichvilli, Alexander/ Page, Vaughn/ Wentling, Tim (2003): Motivation and barriers to participation in virtual knowledge sharing in communities of practice. Journal of knowledge management 7(1), 64–77.

Asendorpf, Jens B./ Banse, Rainer/ Neyer, Franz J. (2017): Psychologie der Beziehung. Göttingen, Hogrefe Verlag.

Astheimer, Jörg/ Neumann-Braun, Klaus/ Schmidt, Axel (2011): MyFace: Die Porträtfotografie im Social Web. In: Neumann-Braun, Klaus/ Autenrieth, Ulla P. (Hrsg.): Freundschaft und Gemeinschaft im Social Web. Bildbezogenes Handeln und Peergroup-Kommunikation auf Facebook & Co. Baden-Baden, Nomos, 79–122.

Auer, Ludwig M. (2019): Demokratie 4.0. Evidenz statt Macht. Wer die Demokratie retten will muss jetzt handeln (3. Auflage). Norderstedt, BoD – Books on Demand.

Auer, Peter (1986): Kontextualisierung. Studium Linguistik 19, 22–47.

Autenrieth, Ulla P. (2011): MySelf. MyFriends. MyLife. MyWorld: Fotoalben auf Social Network Sites und ihre kommunikativen Funktionen für Jugendliche und junge Erwachsene. In: Neumann-Braun, Klaus/ Autenrieth, Ulla P. (Hrsg.): Freundschaft und Gemeinschaft im Social Web. Bildbezogenes Handeln und Peergroup-Kommunikation auf Facebook & Co. Baden-Baden, Nomos, 123–162.

Autenrieth, Ulla P. (2013): Die Bilderwelten der Social Network Sites. Bildzentrierte Darstellungsstrategien, Freundschaftskommunikation und Handlungsorientierungen von Jugendlichen Auf Facebook und Co. Baden-Baden, Nomos.

Autenrieth, Ulla P./ Herwig, Jana (2011): Zwischen begrenzten Mitteln und komplexen Strukturen: gemeinschaftsorientierte Kommunikation und Interaktion auf Microblogging-Plattformen am Beispiel Twitter. In: Neumann-Braun, Klaus/ Autenrieth, Ulla P. (Hrsg.): Freundschaft und Gemeinschaft im Social Web. Bildbezogenes Handeln und Peergroup-Kommunikation auf Facebook & Co. Baden-Baden, Nomos, 211–232.

Baacke, Dieter (1997): Medienpädagogik. Tübingen, Niemeyer.

Bachleitner, Reinhard/ Weichbold, Martin/ Aschauer, Wolfgang (2010): Die Befragung im Kontext von Raum, Zeit und Befindlichkeit. Beiträge zu einer prozessorientierten Theorie der Umfrageforschung. Wiesbaden, VS Verlag für Sozialwissenschaften.

Badstübner-Kizik, Camilla (2013): Die Text-Bild-Kombination Filmplakat. Convivium. Germanistisches Jahrbuch Polen, 55–84.

Baecker, Dirk (2007): Studien zur nächsten Gesellschaft. Frankfurt am Main, Suhrkamp Verlag.

Bagdikian, Ben H. (2004 [1983]): The New Media Monopoly. Boston, Beacon Press.
Baldauf-Quilliatre, Heike (2024): 2. Öffentlichkeit – Privatheit – Beteiligung. In: Androutsopoulos, Jannis/ Vogel, Friedemann (Hrsg.): Handbuch Sprache und digitale Kommunikation. Berlin, De Gruyter, 31–50.
Balnat, Vincent (2013): ‚Kurzvokal', ‚Kurzwort', ‚Kurzsatz', ‚Kurztext': Kürze in der Sprachbeschreibung des Deutschen. Zeitschrift für Literaturwissenschaft und Linguistik 170, 82–94.
Bamberg, Michael (1997): Positioning between structure and performance. Journal of Narrative and Life History 7(1), 335–342.
Bamberg, Michael (2003): Positioning with Davie Hogan – Stories, Tellings, and identities. In: Daiute, Colette/ Lightfoot, Cynthia (eds.): Narrative Analysis. Studying the Development of Individuals in Society. London, Sage Publications, 135–157.
Bamberg, Michael/ Georgakopoulou, Alexandra (2008): Small Stories as a New Perspective in Narrative and Identity Analysis. Text & Talk – An Interdisciplinary Journal of Language Discourse Communication Studies 28(3), 377–396.
Banse, Gerhard/ Metzner, Andreas (2005): Veränderungen im Quadrat. Computervermittelte Kommunikation und moderne Gesellschaft – Überlegungen zum Design des europäischen Forschung-Netzwerks „Kulturelle Diversität und neue Medien". In: Banse, Gerhard (Hrsg.): Neue Kultur(en) durch Neue Medien (?): Das Beispiel Internet (e-Culture. Network Cultural Diversity and New Media). Berlin, trafo, 17–46.
Barney, Darin (2008): Społeczeństwo Sieci (The Network Society). Warszawa, Wydawnictwo Sic!.
Bartmiński, Jerzy (2016): Słowa klucze, kulturemy, koncepty kulturowe. Przegląd Humanistyczny. Pismo Uniwersytetu Warszawskiego 3/454, 21–29.
Bartmiński, Jerzy/ Niebrzegowska-Bartmińska, Stanisława (2009): Tekstologia. Warszawa, Wydawnictwo Naukowe PWN.
Basaraba, Nicole (2022): Transmedia Narratives for Cultural Heritage. Remixing History. London, Routledge.
Basic, Igor (2015): «Second Life» – der Traum vom zweiten Leben ist geplatzt. Online: https://www.srf.ch/kultur/gesellschaft-religion/second-life-der-traum-vom-zweiten-leben-ist-geplatzt [letzter Zugriff 12.05.2025].
Bauer, Zbigniew (2009): Dziennikarstwo wobec nowych mediów. Historia, teoria, praktyka. Kraków, Wydawnictwo Universitas.

Beaugrande, Robert/ Dressler, Wolfgang U. (1981): Introduction to Text Linguistics. London, Routledge.
Beck, Andreas (2019): Einstürzende Textbauten, Lücken im Schriftsatz, schattierender und durchscheinender Druck. Von der Produktivität des Bedruckstoffs Papier in frühen illustrierten Journalen. In: Beck, Andreas/ Kaminski, Nicola/ Mergenthaler, Volker/ Ruchatz, Jens (Hrsg.): Visuelles Design: Die Journalseite als gestaltete Fläche. Visual Design: The Periodical Page as a Designed Surface. Hannover, Wehrhahn, 333–359.
Beck, Klaus (2002): Buddies, Zweckgemeinschaft oder Netzlegenden? Über Existenz und Bedeutung virtueller Communities. In: DVB Multimedia Bayern (Hrsg.): Media World: Neue Dimensionen – neue Realitäten. Dokumentation der Medientage München 2001. Berlin, Vistas, 259–270.
Beck, Klaus (2006): Computervermittelte Kommunikation im Internet. München, Oldenbourg Verlag.
Beck, Klaus (2010): Soziologie der Online-Kommunikation. In: Schweiger, Wolfgang/ Beck, Klaus (Hrsg.): Handbuch Online-Kommunikation. Wiesbaden, VS Verlag für Sozialwissenschaften, 15–35.
Beck, Sam/ Maida, Carl A. (eds.) (2018): Global Sustainability and Communities of Practice. New York, Berghahn Books.
Beck, Ulrich (1986): Risikogesellschaft. Auf dem Weg in eine andere Moderne. Frankfurt am Main, Suhrkamp Verlag.
Becker, Barbara/ Hüls, Christian (2004): Zwischen Allmacht und Ohnmacht: Spielräume des „Ich“ im Cyberspace. In: Thiedeke, Udo (Hrsg.): Soziologie des Cyberspace. Medien, Strukturen und Semantiken. Wiesbaden, VS Verlag für Sozialwissenschaften, 170–192.
Bein, Fabian (2023): YouTubes audiovisuelle Kultur in Zeiten von YouTube Premium und den YouTube Originals. Berlin, De Gruyter.
Beißwenger, Michael (2002): Getippte „Gespräche“ und ihre trägermediale Bedingtheit. Zum Einfluß technischer und prozeduraler Faktoren auf die kommunikative Grundhaltung beim Chatten. Online: https://www.mediensprache.net/archiv/pubs/1744.pdf [letzter Zugriff 09.07.2021].
Bendel, Sylvia (2004): Gesprächskompetenz vermitteln – Angewandte Forschung?. In: Becker-Mrotzek, Michael/ Brünner, Gisela (Hrsg.): Analyse und Vermittlung von Gesprächskompetenz. Radolfzell, Verlag für Gesprächsforschung, 67–85.
Bender, Michael/ Meier-Vieracker, Simon (2022): Dynamische Kontexte und Rekontextualisierung in digitalen Diskursen. In: Gredel, Eva (Hrsg.): Diskurse – digital. Theorien, Methoden, Anwendungen. Berlin, De Gruyter, 251–270.

Bender, Michael/ Mell, Ruth M./ Wildfeuer, Janina (2022): Zur Spezifik digitaler Medien als Diskursraum: Materialität, Daten, Affordanzen. In: Gredel, Eva (Hrsg.): Diskurse – digital. Theorien, Methoden, Anwendungen. Berlin, De Gruyter, 27–46.

Bennett, Lance W./ Entman, Robert M. (2001): Mediated Politics: An Introduction. In: Bennett, Lance W./ Entman, Robert M. (eds.): Mediated Politics. Communication in the Future of Democracy. Cambridge, Cambridge University Press.

Berdychowska, Zofia (2020): Komunikacja w przestrzeni miejskiej zmieniająca standardy zachowania w dobie pandemii SARS-CoV-2. LingVaria. Rok XVI (2021), 2(32), 15–29.

Berdychowska, Zofia/ Liedtke, Frank (Hrsg.) (2020): Prägnante Kürze und mehr. Kurztexte und multimodale Kurzformen im öffentlichen Raum. Berlin, Peter Lang.

Bevc, Tobias (2012): Internet-Öffentlichkeit zwischen normativen Erwartungen und realen Fallstricken. Vorgänge Heft 4/2012, 15–22.

Biber, Dylan/ Finegan, Edward (1989): Styles of stance in English: Lexical and grammatical marking of evidentiality and affect. Text 9(1), 93–124.

Bidart, Claire/ Degenne, Alain/ Grossetti, Michel (2020): Living in Networks. The Dynamics of Social Relations. Cambridge, Cambridge University Press.

Bins, Elmar K./ Piwinger, Boris-A. (1999): Newsgroups: Weltweit diskutieren. Albany, International Thomson Publishing.

Blank, Christoph (2017): Online-Kommunikation von Bundestagsabgeordneten. Politiker im Neuland. Wiesbaden, Springer Fachmedien.

Blommaert, Jan (1999): The debate is open. In: Blommaert, Jan (ed.): Language Ideological Debates. Berlin, De Gruyter.

Blommaert, Jan (2007): Discourse. A critical introduction. Cambridge, Cambridge University Press.

Blustein, James/ Graff, Ann-Barbara (2016): alt.hypertext: An Early Social Medium. In: Malloy, Judy (ed.): Social Media Archeology and Poetics. Cambridge, The MIT Press, 119–126.

Boberg, Svenja/ Frischlich, Lena/ Schatto-Eckrodt, Tim/ Wintterlin, Florian/ Quandt, Thorsten (2020): Between Overload and Indifference: Detection of Fake Accounts and Social Bots by Community Managers. In: Grimme, Christian/ Preuss, Mike/ Takes, Frank W./ Waldherr, Annie (eds.): Disinformation in Open Online Media: First Multidisciplinary International Symposium, MISDOOM 2019, Hamburg, Germany,

February 27–March 1, 2019, Revised Selected Papers. Cham, Springer Nature. 16–24.
Bolter, Jay David/ Grusin, Richard (2000): Remediation: Understanding New Media. London, MIT Press.
Bonomi, Angelo (2023): Technology Innovation. Models, Dynamics, and Processes. Boca Raton, CRC Press.
Boos, Tobias (2017): Inhabiting Cyberspace and Emerging Cyberplaces. The Case of Siena, Italy. Cham, Springer International Publishing.
Borgstedt, Silke/ Möller-Slawinski, Heide (2020): Digitale Teilhabe von Menschen mit Behinderung. Trendstudie. Online: https://delivery-aktion-mensch.stylelabs.cloud/api/public/content/AktionMensch_Studie-Digitale-Teilhabe.pdf?v=6336f50a [letzter Zugang 21.11.2022].
Borup, Jered/ West, Richard E./ Graham, Charles R. (2012): Improving online social presence through asynchronous video. The Internet and Higher Education 15(3), 195–203.
Bosse, Ingo (2011). Der Unterschied als Aufmerksamkeitsgarant? Behinderung in den Krimiserien Tatort und Polizeiruf 110. Vierteljahresschrift für Heilpädagogik und ihre Nachbargebiete, 80(1), 29–44.
Bosse, Ingo (2017): Bewusstseinsbildung durch Fernsehen? Die Darstellung von Behinderung in Boulevardmagazinen und Krimiserien. In: Ricart Brede, Julia/ Helmes, Günter (Hrsg.): Vielfalt und Diversität in Film und Fernsehen. Behinderung und Migration im Fokus. Münster, Waxmann, 115–138.
Bosshart, Stefan (2017): Bürgerjournalismus im Web. Kollaborative Nachrichtenproduktion am Beispiel von »Wikinews«. Köln, Herbert von Halem Verlag.
Bowman, Shayne/ Willis, Chris (2003): We Media – How Audiences Are Shaping the Future of News and Information. Online: https://ict4peace.org/wp-content/uploads/2007/05/we_media.pdf [letzter Zugang 18.03.2019].
boyd, danah (2007): Why Youth (Heart) Social Network Sites: The Role of Networked Publics in Teenage Social Life. In: Buckingham, David (ed.): MacArthur Foundation Series on Digital Learning – Youth, Identity, and Digital Media Volume. Cambridge, MIT Press.
boyd, danah (2010): Social network sites as networked public: affordances, dynamics and implications. In: Papacharissi, Zizi (ed.): A Networked Self Identity, Community and Culture on Sociale Network Sites. New York, Routledge, 39–58.
boyd, danah/ Ellison, Nicole (2007): Social network sites: Definition, history, and scholarship. Journal of Computer-Mediated

Communication, 13(1), article 11. Online: https://academic.oup.com/jcmc/article/13/1/210/4583062?login=false [letzter Zugang 12.11.2017].
Brantner, Cornelia/ Rodríguez-Amat, Joan Ramon (2015): Mediatisierung und Visualisierung von Ort und Raum: Zur Erforschung partizipativer digitaler Praktiken in Geomedien im Rahmen sozialer Proteste. In: Lobinger, Katharina/ Geise, Stephanie (Hrsg.): Visualisierung und Mediatisierung. Bildliche Kommunikation und bildliches Handeln in mediatisierten Gesellschaften. Köln, Herbert von Halem Verlag, 257–277.
Breil, Patrizia (2024): Digitale Körper. Computergestützte Zugänge zum verkörperten Selbst. In: Schwartz, Maria/ Neuhaus, Meike/ Ulbricht, Samuel (Hrsg.): Digitale Lebenswelt. Philosophische Perspektiven. Berlin, J.B. Metzler, 59–71.
Breljak, Anja (2019): Die Zeit der Datenmaschinen. Zum Zusammenhang von Affekt, Wissen und Kontrolle im Digitalen. In: Mühlhoff, Rainer/ Breljak, Anja/ Slanby, Jan (Hrsg.): Affekt macht Netz. Auf dem Weg zu einer Sozialtheorie der Digitalen Gesellschaft. Bielefeld, transcript Verlag.
Brinker, Klaus (2010): Linguistische Textanalyse. Eine Einführung in Grundbegriffe und Methoden. Berlin, Erich Schmidt Verlag.
Brinker, Klaus/ Sager, Sven F. (2006): Linguistische Gesprächsanalyse. Eine Einführung (4., durchgelesene und ergänzte Auflage). Berlin, Erich Schmidt Verlag.
Brock, Alexander/ Schildhauer, Peter (2017): Communication form: a concept revisited. In: Brock, Alexander/ Schildhauer, Peter (Hrsg.): Communication Forms and Communicative Practices. New Perspectives on Communication Forms, Affordances and What Users Make of Them (Language and Text Studies 15). Frankfurt am Main, Peter Lang, 13–43.
Broich, Ulrich/ Pfister, Manfred (1985): Formen der Markierung von Intertextualität. In: Broich, Ulrich/ Pfister, Manfred (Hrsg.): Intertextualität. Formen, Funktionen, anglistische Fallstudien. Berlin, De Gruyter, 31–47.
Brown, John Seely/ Adler Richard P. (2008): Minds on fire: Open education, the long tail, and learning 2.0. EDUCAUSE Review (January/February), 17–32.
Brüggen, Niels/ Schemmerling, Mareike (2014): Das Social Web und die Aneignung von Sozialräumen. Online: https://www.sozialraum.de/das-social-web-und-die-aneignung-von-sozialraeumen.php [letzter Zugriff 31.07.2024].

Brüggen, Niels/ Wagner, Ulrike (2017): Medienaneignung und sozialraumbezogenes Medienhandeln von Jugendlichen. In: Hoffmann, Dagmar/ Krotz, Friedrich/ Reißmann, Wolfgang (Hrsg.): Mediatisierung und Mediensozialisation. Prozesse – Räume – Praktiken. Wiesbaden, Springer VS, 211–228.

Bruns, Axel (2003): Gatewatching, not gatekeeping: Collaborative online news. Media International Australia Incorporating Culture and Policy: quarterly journal of media research and resources, 107, 31–44.

Bruns, Axel (2007): Produsage: A Working Definition. Online: http://produsage.org/produsage [letzter Zugriff 06.05.2023].

Bruns, Axel (2008a): The Active Audience: Transforming Journalism from Gatekeeping to Gatewatching. In: Paterson, Chris/ Domingo, David (eds.): Making Online News: The Ethnography of New Media Production. New York, Peter Lang, 171–184.

Bruns, Axel (2008b): Blogs, Wikipedia, Second Life, and Beyond: From Production to Produsage. New York, Peter Lang.

Bruns, Axel (2009): News Blogs and Citizen Journalism: New Directions for e-Journalism. Online: http://eprints.qut.edu.au/32539/ [letzter Zugriff 29.04.2024].

Bubenhofer, Noah (2020): Visuelle Linguistik. Zur Genese, Funktion und Kategorisierung von Diagrammen in der Sprachwissenschaft. Berlin, De Gruyter.

Bublitz, Wolfram (2012): From speaker and hearer to chatter, blogger and user. The changing metacommunicative lexicon in computer-mediated communication. In: Busse, Ulrich/ Hübler, Axel (eds.): Investigations into the Meta-Communicative Lexicon of English. A Contibution to Historical Pragmatics. Amsterdam, John Benjamins Publishing Company, 151–176.

Bucher, Hans-Jürgen (2007): Textdesign und Multimodalität. Zur Semantik und Pragmatik medialer Gestaltungsformen. In: Roth, Kersten Sven/ Spitzmüller, Jürgen (Hrsg.): Textdesign und Textwirkung in der massenmedialen Kommunikation. Konstanz, UVK, 49–76.

Bucher, Hans-Jürgen (2013): Online-Diskurse als multimodale Netzwerk-Kommunikation. Plädoyer für eine Paradigmenerweiterung. In: Fraas, Claudia/ Meier, Stefan/ Pentzold, Christian (Hrsg.): Online-Diskurse. Theorien und Methoden transmedialer Online-Diskursforschung. Köln, Herbert von Halem Verlag, 57–101.

Bucher, Hans-Jürgen/ Erlhofer, Sebastian/ Kallass, Kerstin/ Liebert, Wolf-Andreas (2008): Netzwerkkommunikation und Internet-Diskurse:

Grundlagen eines netzwerkorientierten Kommunikationsbegriffs. In: Zerfaß, Ansgar/ Welker, Martin/ Schmidt, Jan (Hrsg.): Kommunikation, Partizipation und Wirkungen im Social Web. Grundlagen und Methoden: Von der Gesellschaft zum Individuum. Köln, Herbert von Halem Verlag, 41–61.

Buffardi, Laura E./ Campbell, W. Keith (2008): Narcissism and Social Networking Web Sites. Personality and Social Psychology Bulletin, 34, 1303–1314.

Bülow, Lars/ Merten, Marie-Luis/ Johann, Michael (2018): Internet-Memes als Zugang zu multimodalen Konstruktionen. Zeitschrift für Angewandte Linguistik 2018; 69, 1–32.

Bürgel, Christal/ Buttgereit, Lina/ Helsper, Samuel/ Hoffmann, Lukas/ Horn, Magdalena/ Jochims, Nick/ Nissen, René/ Roßdeutscher, Justin (2019): Medialer Wandel und gesellschaftlicher Zusammenhalt. Berlin, Frank & Timme.

Burger, Harald/ Luginbühl, Martin (2014): Mediensprache. Eine Einführung in Sprache und Kommunikationsformen der Massenmedien. 4., neu bearbeitete und erweiterte Auflage. Berlin, De Gruyter.

Busch, Albert (2007): Der Diskurs: ein linguistischer Proteus und seine Erfassung – Methodologie und empirische Grundkriterien für die sprachwissenschaftliche Erfassung von Diskursen und ihrer lexikalischen Inventare. In: Warnke, Ingo (Hrsg.): Diskurslinguistik nach Foucault. Theorie und Gegenstände. Berlin, De Gruyter, 141–163.

Busch, Brigitta (2019): Sprachreflexion und Diskurs: Theorien und Methoden der Sprachideologieforschung. In: Antos, Gerd/ Niehr, Thomas/ Spitzmüller, Jürgen (Hrsg.): Handbuch Sprache im Urteil der Öffentlichkeit. Berlin, De Gruyter, 107–139.

Bußmann, Hadumod (2008): Lexikon der Sprachwissenschaft. Stuttgart, Alfred Kröner Verlag.

C.V. Narasimha, Reddi (2021): Effective Media Relations. Delhi, PHI Learning.

Calefato, Fabio/ Lanubile, Filippo (2010): Communication Media Selection for Remote Interaction of Ad Hoc Groups. In: Zelkowitz, Marvin V. (ed.): Advances in Computers, Vol. 78. Burlington, Academic Press, 271–313.

Camargo, Sílvio (2024): Immaterial Labor and Cultural Production. The Dialectic of Late Capitalism. Cambridge, Cambridge Scholars Publishing.

Campbell, Mariam (2024): Netiquette. Mastering Courtesy. In: The Digital Age. Cape Twon, Mariam Campbell.

Campesato, Oswald (2024): Large Language Models. An Introduction. Boston, Mercury Learning and Information.
Castells, Manuel (2017): Der Aufstieg der Netzwerkgesellschaft. Das Informationsalter. Wirtschaft, Gesellschaft, Kultur. Band 1 (2. Auflage). Wiesbaden, Springer Fachmedien.
Certeau De, Michel (2012 [1980]): Praktiken im Raum. In: Dünne, Jörg/ Günzel, Stephan (Hrsg.): Raumtheorie. Grundlagentexte aus Philosophie und Kulturwissenschaft. Frankfurt am Main, Suhrkamp Verlag, 343–353.
Chernyshova, Svetlana (2021): Sensuelle Welten. Modalitäten des Sinnlichen in Settings zeitgenössischer Kunst. In: Catani, Stephanie / Pfeiffer, Jasmin (Hrsg.): Künstliche Welten zwischen Multisensorik und Multimedialität. Berlin, De Gruyter, 117–138.
Chik, Alice (2015): Recreational language learning and digital practices: positioning and repositioning. In: Jones, Rodney H./ Chik, Alice/ Hafner, Christoph A. (eds.): Discourse and Digital Practices. Doing discourse analysis in the digital age. London, Routledge, 112–129.
Chindamo, Massimo/ Allwood, Jens/ Ahlsén, Elisabeth (2012): Some Suggestions for the Study of Stance in Communication. SocialCom/ PASSAT 2012, 617–622.
Chlebda, Wojciech (2018): Czy mikroteksty mogą być obiektami frazeografii (przekładowej)? In: Pstyga, Alicja/ Kaganowicz, Tatiana/ Buchowska, Magdalena (red.): Słowo z perspektywy językoznawcy i tłumacza, t. 7: Frazeologia z perspektywy językoznawcy i tłumacza. Gdańsk, Wydawnictwo Uniwersytetu Gdańskiego, 40–53.
Chowchong, Akra (2022): Sprachvermittlung in den Sozialen Medien. Eine soziolinguistische Untersuchung von DaF-Sprachlernvideos auf Videokanälen. Berlin, Erich Schmidt Verlag.
Christakis, Nicholas A./ Fowler, James H. (2010): Connected! Die Macht sozialer Netzwerke und warum Glück ansteckend ist. Frankfurt am Main, Fischer Verlag.
Cialdini, Robert Beno (2013): Die Psychologie des Überzeugens: Ein Lehrbuch für alle, die ihren Mitmenschen und sich selbst auf die Schliche kommen wollen. 3. Auflage. Bern, Hogrefe AG.
Cohen, Anthony P. (1985): The symbolic construction of community. London, Routledge.
Corti, Agustín (2023): Zur Rekontextualisierung der (vermeintlichen) Einfachheit von Comics. In: Schrott, Angela/ Wolf, Johanna/ Pflüger, Christine (Hrsg.): Textkomplexität und Textverstehen. Studien zur Verständlichkeit von Texten. Berlin, De Gruyter, 115–144.

Coté, Mark/ Pybus, Jennifer (2011): Social Networks: Erziehung zur Immateriellen Arbeit 2.0. In: Leistert, Oliver/ Röhle, Theo (Hrsg.): Generation Facebook. Über das Leben im Social Net. Bielefeld, transcript Verlag, 51–73.

Cronin, Irena (2024): Decoding Large Language Models. An Exhaustive Guide to Understanding, Implementing, and Optimizing LLMs for NLP Applications. Birmingham: Packt Publishing.

Crystal, David (2001): Language and the Internet. Cambridge, Cambridge University Press.

Czachur, Waldemar (2008): Politiker-Weblogs als eine neue Hyper-Textsorte in der öffentlich-politischen Kommunikation. tekst i dyskurs – text und diskurs 1, 2008, 107–123.

Czachur, Waldemar (2011): Diskursive Weltbilder im Kontrast. Linguistische Konzeption und Methode der kontrastiven Diskursanalyse deutscher und polnischer Medien. Wrocław, ATUT.

Czachur, Waldemar (2020a): Lingwistyka dyskursu jako integrujący program badawczy. Wrocław, ATUT.

Czachur, Waldemar (2020b): Teksty minimalne jako przedmiot badań genologicznych. tekst i dyskurs – text und diskurs, 13, 25–42.

Czachur, Waldemar/ Pappert, Steffen (2019): Wizualny populizm: analiza praktyk multimodalnych na przykładzie plakatów wyborczych z Polski i Niemiec. tekst i dyskurs – text und diskurs 12, 125–149.

Czetwertyński, Sławomir (2019): Morfologia nieautoryzowanego kopiowania. Wrocław, Wydawnictwo Uniwersytetu Ekonomicznego.

Dąbrowska, Ilona (2019): Media społecznościowe w trzecim sektorze. Lublin, Wydawnictwo UMCS.

Daft, Richard L./ Lengel, Robert H. (1984): Information richness: A new approach to managerial behaviour and organizational design. Research in Organizational Behaviour, vol. 6, 191–233.

Daft, Richard L./ Lengel, Robert H. (1986): Organizational information requirements, media richness and structural design. Management Science 32(5) May 1986, 554–571.

Dahrendorf, Ralf (2006 [1958]): Homo Sociologicus. Ein Versuch zur Geschichte, Bedeutung und Kritik der Kategorie der sozialen Rolle (16. Auflage). Wiesbaden, VS Verlag für Sozialwissenschaften.

Dang-Anh, Mark (2019): Protest twittern. Eine medienlinguistische Untersuchung von Straßenprotesten. Bielefeld, transcript Verlag.

Dang-Anh, Mark/ Einspänner, Jessica/ Thimm, Caja (2013a): Kontextualisierung durch Hashtags: die Mediatisierung des politischen

Sprachgebrauchs im Internet. In: Diekmannshenke, Hajo/ Niehr, Thomas (Hrsg.): Öffentliche Wörter: Analysen zum öffentlich-medialen Sprachgebrauch. Stuttgart, ibidem, 137–159.
Dang-Anh, Mark/ Einspänner, Jessica/ Thimm, Caja (2013b): Mediatisierung und Medialität in Social Media: Das Diskurssystem „Twitter". In: Marx, Konstanze/ Schwarz-Friesel, Monika (Hrsg.): Sprache und Kommunikation im technischen Zeitalter. Wieviel Internet (v)erträgt unsere Gesellschaft?. Berlin, De Gruyter, 68–91.
Dang-Anh, Mark/ Pfeifer, Simone/ Reisner, Clemens/ Villioth, Lisa (2017): Medienpraktiken. Situieren, erforschen, reflektieren. Eine Einleitung. Navigationen – Zeitschrift für Medien- und Kulturwissenschaften (2017) 1, 7–36.
Darwish, Ali (2010): A Journalist's Guide to Live Direct and Unbiased News Translation. Melbourne, Writescope Publishers.
Davies, Bronwyn/ Harré, Rom (1999): Positioning and personhood. In: Harré, Rom/ Van Langenhove, Luk (eds.): Positioning Theory: Moral Contexts of Intentional Action. Oxford, Wiley, 32–52.
Davis, Richard/ Holtz-Bacha, Christina/ Just, Marion R. (2016): Twitter and Elections Around the World: Campaigning in 140 Characters or Less. London, Routledge.
Dayter, Daria (2016): Discursive Self in Microblogging. Speech acts, stories and self-praise. Amsterdam, John Benjamins Publishing Company.
De Fina, Anna (2003): Identity in narrative: a study of immigrant discourse. Amsterdam, John Benjamins Publishing Company.
De Toro, Alfonso (2019): Chapter 1. Nomadic Places. Cultures and Literatures in Movement. ‚Hybrid-Performative-Diasporas' in ‚Ibero-American-Maghrebian-Moroccan' Literature and Culture: the Case of Najat El Hachmi. In: De Toro, Alfonso/ Tauchnitz, Juliane (eds.): The World in Movement. Performative Identities and Diasporas. Leiden, Brill, 13–74.
Defleur, Melvin L. (2010): Mass Communication Theories. Explaining Origins, Processes, and Effects. New York, Routledge.
Della Porta, Donatella/ Gattinara, Pietro Castelli/ Eleftheriadis, Konstantinos/ Felicetti, Andrea (2020): Discursive Turns and Critical Junctures. Debating Citizenship After the Charlie Hebdo Attacks. New York, Oxford University Press.
Deppermann, Arnulf (2015): Positioning. In: De Fina, Anna/ Georgakopoulou, Alexandra (eds.): The Handbook of Narrative Analysis. Oxford, Wiley-Blackwell, 369–387.

Desjarlais, Malinda/ Joseph, Jessica J. (2017): Socially Interactive and Passive Technologies Enhance Friendship Quality: An Investigation of the Mediating Roles of Online and Offline Self-Disclosure. Cyberpsychology, Behavior, and Social Networking 20(5), 286–291.

Dickel, Sascha (2019): Prototyping Society – Zur vorauseilenden Technologisierung der Zukunft. Bielefeld, transcript Verlag.

Dijck, José van (2013): You Have One Identity: Performing the Self on Facebook and LinkedIn. Media Culture & Society 35(2), 199–215.

Dirks, Susanne/ Linke, Hanna (2019): Assistive Technologien. In: Bosse, Ingo/ Schluchter, Jan-René/ Zorn, Isabel (Hrsg.): Handbuch Inklusion und Medienbildung. Weinheim, Beltz Juventa, 241–251.

Dobrowsky, David (2019): Kommunikative Kompetenz in sozialen Netzwerken. Eine netzwerkanalytische Untersuchung zur Korrelation von Sozialkapital und kommunikativer Kompetenz. Münster, LIT Verlag.

Donohue, George A./ Olien, Clarice N./ Tichenor, Philip J. (1989): Structure and constraints on community newspaper gatekeepers. Journalism Quarterly, 66, 807–845.

Döring, Nicola (2003): Sozialpsychologie des Internet. Die Bedeutung des Internet für Kommunikationsprozesse, Identitäten, soziale Beziehungen und Gruppen. 2., vollständig überarbeitete und erweiterte Auflage. Göttingen, Hogrefe Verlag.

Döring, Nicola (2010): Sozialkontakte online: Identitäten, Beziehungen, Gemeinschaften. In: Schweiger, Wolfgang/ Beck, Klaus (Hrsg.): Handbuch Online-Kommunikation. Wiesbaden, VS Verlag für Sozialwissenschaften, 159–183.

Dörner, Ralf/ Broll, Wolfgang/ Grimm, Paul/ Jung, Bernhard (Hrsg.) (2019): Virtual und Augmented Reality (VR/AR): Grundlagen und Methoden der Virtuellen und Augmentierten Realität. Berlin, Springer Vieweg.

Dorostkar, Niku/ Preisinger, Alexander (2013): Kritische Online-Diskursanalyse: Medienlinguistische und diskurshistorische Ansätze zur Untersuchung von Leserkommentarforen. In: Fraas, Claudia/ Meier, Stefan/ Pentzold, Christian (Hrsg.): Online-Diskurse. Theorien und Methoden transmedialer Online-Diskursforschung. Köln, Herbert von Halem Verlag, 313–345.

Dreesen, Philipp/ Meier-Vieracker, Simon (2022): Einleitung. In: Gredel, Eva (Hrsg.): Diskurse – digital. Theorien, Methoden, Anwendungen. Berlin, De Gruyter, 1–8.

Du Bois, John W. (2007): The stance triangle. In: Englebretson, Robert (ed.): Stancetaking in Discourse. Subjectivity, evaluation, interaction. Amsterdam, John Benjamins Publishing Company, 139–182.

Duguid, Paul (2005): „The Art of Knowing“: Social and Tacit Dimensions of Knowledge and the Limits of the Community of Practice. The Information Society, 21(2), 109–118.

Dunlap, Joanna C./ Bose, Devshikka/ Lowenthal, Patrick R./ York, Cindy S./ Atkinson, Michael/ Murtagh, Jim (2016): Chapter 8 – What Sunshine Is to Flowers: A Literature Review on the Use of Emoticons to Support Online Learning. In: Tettegah, Sharon Y./ Gartmeier, Martin (eds.): Emotions, Technology, Design, and Learning. A volume in Emotions and Technology. Amsterdam, Elsevier, 163–182.

Durkheim, Émile (1976 [1924]): Soziologie und Philosophie. Frankfurt am Main, Suhrkamp Taschenbuch Wissenschaft.

Durkheim, Émile (1984 [1895]): Die Regeln der soziologischen Methode, 6. Auflage. Frankfurt am Main, Suhrkamp Taschenbuch Wissenschaft.

Durkheim, Émile (1999 [1893]): Über soziale Arbeitsteilung. Studie über die Organisation höherer Gesellschaften. Frankfurt am Main, Suhrkamp Taschenbuch Wissenschaft.

Dürscheid, Christa (2003): Medienkommunikation im Kontinuum von Mündlichkeit und Schriftlichkeit. Theoretische und empirische Probleme. Zeitschrift für Angewandte Linguistik, Nr. 38, 37–56.

Dürscheid, Christa (2005): Medien, Kommunikationsformen, kommunikative Gattungen. Linguistik online 22, 1(05). Online: https://bop.unibe.ch/linguistik-online/article/view/752/1284 [letzter Zugriff 25.03.2022].

Dyer, Harry T. (2020): Designing the Social. Unpacking Social Media Design and Identity. Singapore, Springer Singapore.

Dynel, Marta (2014): Participation framework underlying YouTube interaction. Journal of Pragmatics 72, 37–52.

Eck, Cornelia (2011): Second Life und Identität. Potentiale virtueller Existenz. Baden-Baden, Nomos.

Eichenberg, Christiane/ Auersperg, Felicitas (2024): Chancen und Risiken digitaler Medien für Kinder und Jugendliche. Ein Ratgeber für Eltern, Lehrkräfte und andere Bezugspersonen (2., überarbeitete Auflage). Göttingen, Hogrefe Verlag.

Eiden, Gabriela (2004): Soziologische Relevanz der virtuellen Kommunikation. Wie verändert sich die interpersonale Kommunikation durch Nutzung des Internets? Vergleich der Face-to-face Interaktion nach

Goffman mit der virtuellen Kommunikation. Online: https://socio.ch/intcom/t_eiden.pdf [letzter Zugriff 11.10.2023].
Eisenlauer, Volker (2014): Facebook as a third author – (Semi-)automated participation framework in Social Network Sites. Journal Of Pragmatics 72(2014), 73–85.
Eisenlauer, Volker (2016): 19. Facebook als multimodaler digitaler Gesamttext. In: Klug, Nina-Maria/ Stöckl, Hartmut (Hrsg.): Handbuch Sprache im multimodalen Kontext. Berlin, De Gruyter, 437–454.
Engesser, Sven (2008): Partizipativer Journalismus: Eine Begriffsanalyse. In: Zerfaß, Ansgar/ Welker, Martin/ Schmidt, Jan (Hrsg.): Kommunikation, Partizipation und Wirkungen im Social Web. Strategien und Anwendungen: Perspektiven für Wirtschaft, Politik und Publizistik. Köln, Herbert von Halem Verlag, 47–71.
Englebretson, Robert (ed.) (2007): Stancetaking in Discourse. Subjectivity, evaluation, interaction. Amsterdam, John Benjamins Publishing Company.
Erikson, Erik H. (1997 [1966]): Identität und Lebenszyklus. Frankfurt am Main, Suhrkamp Verlag.
Erikson, Erik H. (1998 [1970]): Jugend und Krise. Die Psychodynamik im sozialen Wandel. 4. Auflage. Stuttgart, Klett-Cotta.
Falkenberg, Viola (2021): Wissenschaftskommunikation: Vom Hörsaal ins Rampenlicht. Mit Übungen und Checklisten. Tübingen, UTB Narr Francke Attempto Verlag.
Fehr, Ada (2020): Fernsehen – Internet – Konvergenz. Klassifikationsmodell und Typologie konvergenter Bewegtbildangebote. Wiesbaden, Springer Fachmedien.
Feichtinger, Marcel (2019): Unterstützte Kommunikation, Assistive Technologien und Teilhabe. In: Boenisch, Jens/ Sachse, Stefanie K. (Hrsg.): Kompendium Unterstützte Kommunikation. Stuttgart, Stuttgart, Kohlhammer Verlag, 287–295.
Feilke, Helmuth (2002): Schriftentdeckung – Über den Erwerb von Schrift und Schreibfähigkeit. In: Wende, Waltraud (Hrsg.): Über den Umgang mit der Schrift. Würzburg, Königshausen & Neumann, 116–139.
Feilke, Helmuth (2017): Schreib- und Textprozeduren. In: Baurmann, Jürgen/ Kammler, Clemens/ Müller, Astrid (Hrsg.): Handbuch Deutschunterricht. Theorie und Praxis des Lehrens und Lernens. Seelze, Klett Kallmeyer, 51–57.
Felder, Ekkehard (2010): Semantische Kämpfe außerhalb und innerhalb des Rechts. Der Staat: Vol. 49, No. 4, 543–571.

Ferree, Myra Marx/ Gamson, William A./ Gerhards, Jürgen/ Rucht, Dieter (2002): Four models of the public sphere in modern democracies. Theory and Society, 31, 289–324.

Fielitz, Maik/ Staemmler, Daniel (2020): Hashtags, Tweets, Protest? Varianten des digitalen Aktivismus. Forschungsjournal Soziale Bewegungen 2020; 33(2), 425–441.

Filipiak, Marian (2003): Homo Communicans. Wprowadzenie do teorii masowego komunikowania. Lublin, Wydawnictwo UMCS.

Filk, Christian/ Gundelsweiler, Fredrik (2012): Multimediale Produktion in Journalismus und Corporate Communications – Kompetenzen, Technologien, Workflows, Formate. Chur, Institut für Medien und Kommunikation (IMK) der Hochschule für Technik und Wirtschaft.

Fischer, Peter/ Jander, Kathrin/ Krueger, Joachim (2018): Sozialpsychologie für Bachelor. 2. Auflage. Berlin, Springer Verlag.

Fisher, Len (2010): Schwarmintelligenz: Wie einfache Regeln Großes möglich machen (The Perfect Swarm. The Science of Complexity in Everyday Life). Frankfurt am Main, Eichborn Verlag.

Fix, Ulla (1996): Textstil und KonTextstile. Stile in der Kommunikation als umfassende Semiose von Sprachlichem, Parasprachlichem und Außersprachlichem. In: Fix, Ulla/ Lerchner, Gotthard (Hrsg.): Stil und Stilwandel. Festschrift für Bernhard Sowinski zum 65. Geburtstag. Frankfurt am Main, Peter Lang, 111–132.

Fix, Ulla (2009): Aktuelle linguistische Textbegriffe und der literarische Text. Bezüge und Abgrenzungen. In: Winko, Simone/ Fotis, Jannidis/ Lauer, Gerhard (Hrsg.): Grenzen der Literatur. Berlin, De Gruyter, 103–135.

Flecker, Jörg/ Pfadenhauer, Michaela/ Grenz, Tilo/ Schörpf, Philip (2016): Gesellschaftlicher Wandel im Zeitalter des Internets: Digitalisierung der Arbeit und Mediatisierung sozialer Welten. In: Fritz, Judith/ Tomaschek, Nino (Hrsg.): Gesellschaft im Wandel. Gesellschaftliche, wirtschaftliche und ökologische Perspektiven (1. Auflage). Münster, Waxmann, 63–80.

Flösser, Gaby/ Wohlgemuth, Katja (2018): Soziale Kontrolle. In: Otto, Hans-Uwe/ Thiersch, Hans/ Treptow, Rainer/ Ziegler, Holger (Hrsg.): Handbuch Soziale Arbeit (6, überarbeitete Auflage). München, Ernst Reinhardt Verlag, 1467–1478.

Foucault, Michel (1991): Die Ordnung des Diskurses. Frankfurt am Main, Fischer Verlag.

Fraas, Claudia (2000): Begriffe – Konzepte – kulturelles Gedächtnis. Ansätze zur Beschreibung kollektiver Wissenssysteme. In: Schlosser, Horst Dieter (Hrsg.): Sprache und Kultur. Frankfurt am Main, Peter Lang, 31–45.

Fraas, Claudia/ Meier, Stefan/ Pentzold, Christian (2012): Online-Kommunikation: Grundlagen, Praxisfelder und Methoden. München, Oldenbourg Verlag.

Fraas, Claudia/ Meier, Stefan/ Pentzold, Christian (2013a): Zur Einführung: Perspektiven einer interdisziplinären transmedialen Diskursforschung. In: Fraas, Claudia/ Meier, Stefan/ Pentzold, Christian (Hrsg.): Online-Diskurse. Theorien und Methoden transmedialer Online-Diskursforschung. Köln, Herbert von Halem Verlag, 7–34.

Fraas, Claudia/ Meier, Stefan/ Pentzold, Christian/ Sommer, Vivien (2013b): Diskursmuster – Diskurspraktiken. Ein Methodeninstrumentarium qualitativer Diskursforschung. In: Fraas, Claudia/ Meier, Stefan/ Pentzold, Christian (Hrsg.): Online-Diskurse. Theorien und Methoden transmedialer Online-Diskursforschung. Köln, Herbert von Halem Verlag, 102–135.

Franke, Mirjam/ Schwartz, Simone/ Beckmann, Kim Eileen/ Rode, Sabrina (2024): Selbstdarstellung auf Instagram. Jugendliche, Influencer und die Rolle des Selbst im digitalen Zeitalter. Ein GRIN-Sammelband. Norderstedt, GRIN Verlag.

Franken, Swetlana (2019): Verhaltensorientierte Führung: Handeln, Lernen und Diversity in Unternehmen (4. Auflage). Wiesbaden, Springer Fachmedien.

Franko, Katharina (2016): :D Ciao ciao Italia hallo Deutschland! <3. Die konversationellen Funktionen italo-deutscher Facebook-Statusmeldungen. In: Baechler, Coline/ Eckkrammer, Eva Maria/ Müller-Lancé, Johannes/ Thaler, Verena (Hrsg.): Medienlinguistik 3.0 – Formen und Wirkung von Textsorten im Zeitalter des Social Web. Berlin, Frank&Timme, 263–276.

Franzen, Jonathan (2021): Das Ende vom Ende der Welt. Essays. Hamburg, Rowohlt Taschenbuch Verlag.

Franzosi, Roberto (1998): Narrative Analysis – or Why (and How) Sociologists Should Be Interested in Narrative. Annual Review of Sociology 24, 517–554.

Freeman, Matthew/ Proctor, William (eds.) (2018): Global Convergence Cultures. Transmedia Earth. New York, Taylor & Francis.

French, Roderick C. (2017): Effects of a Virtual Community of Practice in a Management-Consulting Organization. Bloomington, Xlibris.
Fuhse, Jan Arendt (2018): Soziale Netzwerke. Konzepte und Forschungsmethoden (2., überarbeitete Auflage). Konstanz, UVK.
Fürstenau, Sara/ Niedrig, Heike (2007): Hybride Identitäten? Selbstverortungen jugendlicher TransmigrantInnen. Diskurs Kindheits- und Jugendforschung 2, 247–262.
Gabel, Tobias (2021): Aufbau einer Website. Visueller Grundaufbau, Webseiten-Struktur und allgemeine Aspekte zur Planung. Online: https://www.tobiasgabel.com/aufbau-website-struktur/ [letzter Zugriff 31.05.2023].
Galdieri, Christopher J./ Lucas, Jennifer C./ Sisco, Tauna S. (eds.) (2018): The Role of Twitter in the 2016 US Election. Cham, Palgrave Macmillan.
Gamper, Markus (2020): Netzwerktheorie(n) – Ein Überblick. In: Klärner, Andreas/ Gamper, Markus/ Keim-Klärner, Sylvia/ Moor, Irene/ von der Lippe, Holger/ Vonneilich, Nico (Hrsg.): Soziale Netzwerke und gesundheitliche Ungleichheiten. Eine neue Perspektive für die Forschung. Wiesbaden, Springer VS, 49–64.
Gardt, Andreas (2007): Diskursanalyse – aktueller theoretischer Ort und methodische Möglichkeiten. In: Warnke, Ingo (Hrsg.): Diskurslinguistik nach Foucault. Theorie und Gegenstände. Berlin, De Gruyter, 27–51.
Garfinkel, Harold (1967): Studies in Ethnomethodology. Cambridge, Wiley.
Gätje, Olaf/ Rezat, Sara/ Steinhoff, Torsten (2012): Positionierung. Zur Entwicklung des Gebrauchs modalisierender Prozeduren in argumentativen Texten von Schülern und Studenten. In: Feilke, Helmut/ Lehnen, Katrin (Hrsg.): Schreib- und Textroutinen. Theorie, Erwerb und didaktisch-mediale Modellierung. Frankfurt am Main, Peter Lang, 125–153.
Gehrau, Volker (2022): Anne Haage: Informationsrepertoires von Menschen mit Behinderung – Barrieren und Förderfaktoren für die gleichberechtigte Teilhabe an öffentlicher Kommunikation (Buchbesprechung). Publizistik 67, 185–187.
Gerhards, Jürgen (1994): Politische Öffentlichkeit. Ein system- und akteurstheoretischer Bestimmungsversuch. In: Neidhardt, Friedhelm (Hrsg.): Öffentlichkeit, öffentliche Meinung, soziale Bewegungen. Opladen, Westdeutscher Verlag, 77–105.
Gerhards, Jürgen (2002): Teil 4. Lexikon. In: Jarren, Otfried/ Sarcinelli, Ulrich/ Saxer, Ulrich (Hrsg.): Politische Kommunikation in der

demokratischen Gesellschaft. Ein Handbuch mit Lexikonteil. Opladen, Westdeutscher Verlag, 694–695.
Gerhards, Jürgen/ Neidhardt, Friedhelm (1990): Strukturen und Funktionen moderner Öffentlichkeit. Fragestellungen und Ansätze. Berlin, WZB.
Gerhards, Jürgen/ Neidhardt, Friedhelm (1993): Strukturen und Funktionen modernen Öffentlichkeit. Fragestellungen und Ansätze. In: Langenbucher, Wolfgang L. (Hrsg.): Politische Kommunikation. Grundlagen, Strukturen, Prozesse. Wien, Braumüller, 52–88.
Ghosten, Cynthia Dionne (2012): Analyzing Conflict in Organizations with Positioning Theory: A Narrative Inquiry. PhD diss., University of Tennessee, 2012. Online: https://trace.tennessee.edu/utk_graddiss/1295 [letzter Zugriff 25.06.2022].
Giebert, Walter (1956): Across the Desk: A Study of 16 Telegraph Editors. Journalism Quarterly 33, 423–432.
Gladwell, Malcolm (2000): Der Tipping Point. Wie kleine Dinge Großes bewirken können. 1. Auflage. Berlin, Berlin Verlag.
Glausch, Daniela (2017): Nachhaltigkeitskommunikation im Vergleich. Wie deutsche und italienische Unternehmen zum Thema Nachhaltigkeit kommunizieren. Wiesbaden, Springer Fachmedien.
Glynn, Dylan (2014): Subjectivity and epistemicity. A annotated bibliography. In: Glynn, Dylan/ Sjölin, Mette (eds.): Subjectivity and Epistemicity. Corpus, discourse, and literary approaches to stance. Lund, Lund University, 349–410.
Goderbauer-Marchner, Gabriele/ Kovac, Sarah/ Matausch Norbert (2015): 1 Von der Individualkommunikation zur Social-Media-Kommunikation. In: Goderbauer-Marchner, Gabriele/ Büsching, Thilo (Hrsg.): Social-Media-Content. Konstanz, UVK, 11–21.
Goderbauer-Marchner, Gabriele/ Matausch, Norbert (2015): 2 Publistische Ziele von Journalisten und Content-Managern. In: Goderbauer-Marchner, Gabriele/ Büsching, Thilo (Hrsg.): Social-Media-Content. Konstanz, UVK, 23–35.
Goffman, Erving (1969): Strategic Interaction. Philadelphia, University of Pennsylvania Press.
Goffman, Erving (1983). The Interaction Order. American Sociological Review 48, 1–17.
Goffman, Erving (1996a [1974]): Rahmen-Analyse. Ein Versuch über Organisation von Alltagserfahrungen (4. Aufl.). Frankfurt am Main, Suhrkamp Verlag.

Goffman, Erving (1996b [1967]): Stigma. Über Techniken der Bewältigung beschädigter Identität. Frankfurt am Main, Suhrkamp Verlag.
Goffman, Erving (2003 [1959]): Wir alle spielen Theater. Die Selbstdarstellung im Alltag (10. Aufl.). München, Piper.
Goffman, Erving (2005 [1967]): Interaction Rituals. Essays in Face-to-face Behavior (with a new introduction by Joel Best). New Brunswick, Transaction Publishers.
Gonçalves, Kellie (2013): Conversations of Intercultural Couples (Diskursmuster – Discourse Patterns). Berlin, Akademie Verlag.
Góralska, Małgorzata (2001): Książka drukowana wobec przekazu elektronicznego. Biblioteki pedagogiczne i szkolne. Badania, teorie, wizje, nr 9, (27). Online: http://www.ebib.pl/2001/27/goralska.html [letzter Zugriff 27.06.2024].
Graber, Robin/ Lindemann, Thomas (2018): Neue Propaganda im Internet. Social Bots und das Prinzip sozialer Bewährtheit als Instrumente der Propaganda. In: Sachs-Hombach, Klaus/ Zywietz, Bernd (Hrsg.): Fake News, Hashtags & Social Bots. Neue Methoden populistischer Propaganda. Wiesbaden, Springer VS, 51–68.
Grampp, Sven (2024): Politische Medienikonografie. Eine Einführung zur Illustration. Konstanz, UVK.
Grannan, Cydney (2022): What's the Difference Between Emoji and Emoticons?. Online: https://www.britannica.com/story/whats-the-difference-between-emoji-and-emoticons [letzter Zugriff 28.06.2023].
Granovetter, Mark (1973): The strength of weak ties. American Journal of Sociology, 78/1973, 1360–1380.
Gray, Bethany/ Biber, Douglas (2012): Current Conceptions of Stance. In: Hyland, Ken (ed.): Stance and voice in written academic genres. Basingstoke, Palgrave Macmillan, 15–33.
Gray, Bethany/ Biber, Douglas (2015): 8. Stance markers. In: Aijmer, Karin/ Rühlemann, Christoph (eds.): Corpus Pragmatics. A Handbook. Cambridge, Cambridge University Press, 219–248.
Gredel, Eva (2016): Digitale Diskursanalysen: kollaborative Konstruktion von Wissensbeständen am Beispiel der Wikipedia. In: Jaki, Sylvia/ Sabban, Annette (Hrsg.): Wissensformate in den Medien. Analysen aus Medienlinguistik und Medienwissenschaft. Berlin, Frank & Timme, 317–339.
Gredel, Eva/ Mell, Ruth M. (2022): Digitale Diskursfragmente. In: Gredel, Eva (Hrsg.): Diskurse – digital. Theorien, Methoden, Anwendungen. Berlin, De Gruyter, 47–74.

Greve, Jens/ Schnabel, Annette (2011): Emergenz. Zur Analyse und Erklärung komplexer Strukturen. Berlin, Suhrkamp Verlag.

Grucza, Sambor (2013): Od lingwistyki tekstu do lingwistyki tekstu specjalistycznego. Warszawa, Wydawnictwo Naukowe Instytutu Kulturologii i Lingwistyki Antropocentrycznej.

Grundler, Elke/ Rezat, Sara/ Schmölzer-Eibinger, Sabine (2020): Positionierungen in argumentativen Gesprächen und Briefen der Schule. Zeitschrift für Angewandte Linguistik 2020; 72, 99–127.

Guedes Bailey, Olga/ Cammaerts, Bart/ Carpentier, Nico (2012): Media alternatywne (Understanding Alternative Media 2008). Kraków, Wydawnictwo Uniwersytetu Jagiellońskiego.

Gumperz, John J. (1982): Discourse Strategies. Cambridge, Cambridge University Press.

Gumperz, John J. (1999): On interactional sociolinguistic method. In: Srikant, Sarangi/ Celia, Robert (eds.): Talk, Work and Institutional Order. Berlin, De Gruyter, 453–471.

Gunawardena, Charlotte N./ Zittle, Frank J. (1997): Social Presence as a Predictor of Satisfaction Within a Computer-Mediated Conferencing Environment. The American Journal of Distance Education 11(3), 8–26.

Haage, Anne (2021): Informationsrepertoires von Menschen mit Behinderung – Barrieren und Förderfaktoren für die gleichberechtigte Teilhabe an öffentlicher Kommunikation. Baden-Baden, Nomos.

Haake, Jörg M. (1991): Ein Ansatz zur Organisation von Hyperdokumenten. In: Maurer, Hermann (Hrsg.): Hypertext/ Hypermedia 91'. Berlin, Springer Verlag, 119–134.

Haarkötter, Hektor (2019): Journalismus.online. Das Handbuch zum Online-Journalismus. Köln, Herbert von Halem Verlag.

Haas, Alexander (2014): Interpersonale Kommunikation und Medienwirkungen. Beurteilung der Themenrelevanz im Zusammenspiel mit Gesprächen und Mediennutzung. Wiesbaden, Springer Fachmedien.

Habermas, Jürgen (1988): Theorie des kommunikativen Handelns. Band 2. Frankfurt am Main, Suhrkamp Verlag.

Habermas, Jürgen (2008): Ach, Europa. Kleine politische Schriften XI. Frankfurt am Main, Suhrkamp Verlag.

Habscheid, Stephan (2005): Das Internet – ein Massenmedium?. In: Siever, Torsten/ Schlobinski, Peter/ Runkehl, Jens (Hrsg.): Websprache.net. Sprache und Kommunikation im Internet. Berlin, De Gruyter, 46–66.

Habscheid, Stephan (2024): 3. Kommunikative Distanz und Nähe, Text- und Interaktionsorientierung. In: Androutsopoulos, Jannis/ Vogel, Friedemann (Hrsg.): Handbuch Sprache und digitale Kommunikation. Berlin, De Gruyter, 51–70.
Haim, Mario (2019): Die Orientierung von Online-Journalismus an seinen Publika. Anforderung, Antizipation, Anspruch. Wiesbaden, Springer Fachmedien.
Haim, Mario (2020): Echokammer. In: Artsiomenka, Katja/ Pöttker, Horst (Hrsg.): Journalistikon. Online: https://journalistikon.de/echokammer/ [letzter Zugriff 31.08.2023].
Haller, Frieda (2024): Das digitale Ich und seine Welten: Persönlichkeit, Identität und soziale Dynamik im virtuellen Raum. Berlin, epubli.
Hamborg, Felix (2023): Revealing Media Bias in News Articles. NLP Techniques for Automated Frame Analysis. Cham, Springer Nature.
Handke, Jürgen (2019): Multimedia mit ToolBook und Macromedia Director: Praxisorientierte Einführung in die Multimedia-Programmierung. Berlin, De Gruyter.
Hansen, Hans Robert/ Mendling, Jan/ Neumann, Gustaf (2019): Wirtschaftsinformatik. Grundlagen und Anwendungen (12. völlig neu bearbeitete Auflage). Berlin, De Gruyter.
Hao, Yungwei (2016): Chapter 12 – Investigating Students' Feelings and Their Perspectives Toward Web 2.0 Technologies in a Teacher Education Course. In: Tettegah, Sharon Y./ Gartmeier, MArtin (eds.): Emotions, Technology, Design, and Learning. A volume in Emotions and Technology. Amsterdam, Elsevier, 239–271.
Hardt, Michael/ Negri, Antonio (2004): Multitude. Krieg und Demokratie im Empire. Frankfurt am Main, Campus Verlag.
Harré, Rom (2006): Positioning theory and moral structure of close encounters. Oxford, Handbooks Online, 296–322.
Harré, Rom (2012): Positioning theory: Moral dimensions of sociocultural psychology. In: Valsiner, Jaan (ed.): The Oxford handbook of culture and psychology. Oxford, Oxford University Press, 191–206.
Harré, Rom/ Moghaddam, Fathali M. (eds.) (2003): The self and others: Positioning individuals and groups in personal, political, and cultural contexts. Westport, Praeger Publishers.
Harré, Rom/ Van Langenhove, Luk (1991): Varieties of Positioning. Journal for the Theory of Social Behaviour 21: 4, 393–407.
Harré, Rom/ Van Langenhove, Luk (1999): Positioning Theory: Moral Contexts of Intentional Action. Oxford, Blackwell.

Harré, Rom/ Van Langenhove, Luk (2010): 9. Varieties of positioning. In: Van Langenhove, Luk (ed.): People and Societies. Rom Harré and designing the social sciences. London, Routledge, 106–120.
Hasebrink, Uwe (2004): Konvergenz aus Nutzerperspektive: Das Konzept der Kommunikationsmodi. In: Hasebrink, Uwe/ Mikos, Lothar/ Prommer, Elisabeth (Hrsg.): Mediennutzung in konvergierenden Medienumgebungen. München, Verlag Reinhard Fischer, 67–86.
Hassler, Marco (2023): Digital Analytics mit Google Analytics und Co. Metriken auswerten, Besucher verstehen, Google Analytics einsetzen. Frechen, mitp-Verlag.
Hausendorf, Heiko (2009): Kleine Texte über Randerscheinungen von Textualität. Germanistik in der Schweiz. Onlinezeitschrift der Schweizerischen Akademischen Gesellschaft für Germanistik, 6, 5–19.
Hauser, Stefan/ Opiłowski, Roman /Wyss, Eva (Hrsg.) (2019): Alternative Öffentlichkeiten. Soziale Medien zwischen Partizipation, Sharing und Vergemeinschaftung. Bielefeld, transcript Verlag.
Hautzer, Lena/ Lünich, Marco/ Rössler, Patrick (2012): Social Navigation. Neue Orientierungsmuster bei der Mediennutzung im Internet. Baden-Baden, Nomos.
Haverkamp, Fritz (2008): Gesundheit und soziale Lebenslage. In: Huster, Ernst-Ulrich/ Boekh, Jürgen/ Mogge-Grothjahn, Hildegard (Hrsg.): Handbuch Armut und soziale Ausgrenzung. Wiesbaden, VS Verlag für Sozialwissenschaften, 320–344.
Heinemann, Margot/ Heinemann, Wolfgang (2002): Grundlagen der Textlinguistik. Interaktion – Text – Diskurs. Tübingen, Niemeyer.
Heinemann, Wolfgang (2011): Diskursanalyse in der Kontroverse. tekst i dyskurs – text und diskurs 4, 32–67.
Heinemann, Wolfgang/ Viehweger, Dieter (Hrsg.) (1991): Textlinguistik – Eine Einführung. Tübingen, Niemeyer.
Helbing, Dirk (2021): Next Civilization. Digital Democracy and Socio-Ecological Finance – How to Avoid Dystopia and Upgrade Society by Digital Means. Cham, Springer Nature.
Heldt, Amélie (2023): Intensivere Drittwirkung. Die mittelbare Drittwirkung der Meinungsfreiheit in Öffentlichkeiten der digitalen Gesellschaft. Eine verfassungsrechtliche, rechtsvergleichende und interdisziplinäre Analyse. Tübingen, Mohr Siebeck.
Helsper, Ellen/ Enyon, Rebecca (2009): Digital natives: where is the evidence? British educational research journal 36/3, 1–18.

Henne, Helmut/ Rehbock, Helmut (2001): Einführung in die Gesprächsanalyse. Berlin, De Gruyter.
Henri, France/ Pudelko, Béatrice (2003): Understanding and analysing activity and learning in virtual communities. Journal of Computer Assisted Learning (2003) 19, 474–487.
Herriger, Norbert (2014): Empowerment in der Sozialen Arbeit. Eine Einführung. 5., erweiterte und aktualisierte Auflage. Stuttgart, Kohlhammer Verlag.
Herring, Susan C, (2013): 1 Discourse in Web 2.0: Familiar, Reconfigured, and Emergent. In: Tannen, Deborah/ Trester, Anna Marie (eds.): Discourse 2.0: Language and new media. Washington, Georgetown University Press, 1–26.
Herwig, Jana (2011): Die 140-Zeichen-Frage: Microblogging, Twitter und die liminoide Verhandlung des Sozialen im Web 2.0. In: Neumann-Braun, Klaus/ Autenrieth, Ulla P. (Hrsg.): Freundschaft und Gemeinschaft im Social Web. Bildbezogenes Handeln und Peergroup-Kommunikation auf Facebook & Co. Baden-Baden, Nomos, 195–209.
Herzberger, Gesine (2013): Das sprachliche und kommunikative Verhalten von Behördenmitarbeitern. Online: https://opus.bibliothek.uni-wuerzburg.de/files/6751/Dissertation_Herzberger.pdf [letzter Zugriff 03.01.2024].
Hickethier, Knut (2010): Einführung in die Medienwissenschaft. 2. Auflage. Stuttgart, J. B. Metzler.
Hinnenkamp, Volker (1989): Interaktionale Soziolinguistik und Interkulturelle Kommunikation. Gesprächsmanagement zwischen Deutschen und Türken. Tübingen, Niemeyer.
Hirvonen, Pasi (2016): Positioning Theory and Small-Group Interaction: Social and Task Positioning in the Context of Joint Decision-Making. SAGE Open (July–September 2016), 1–15.
Hoare, Quintin/ Nowell Smith, Geoffrey (eds.) (1971): Selections from the prison notebooks of Antonio Gramsci. London, Lawrence & Wishart.
Höflich, Joachim R. (1997): Zwischen massenmedialer und technisch vermittelter interpersonaler Kommunikation – der Computer als Hybridmedium und was die Menschen damit machen. In: Beck, Klaus/ Vowe, Gerhard (Hrsg.): Computernetze – ein Medium öffentlicher Kommunikation?. Berlin, Spiess Verlag, 84–104.
Höflich, Joachim R. (1998): Computerrahmen und die undifferenzierte Wirkungsfrage oder: Warum erst einmal geklärt werden muß, was die Menschen mit den Computern machen. In: Rössler, Patrick (Hrsg.):

Online-Kommunikation. Beiträge zu Nutzung und Wirkung. Opladen, Westdeutscher Verlag, 47–64.
Höflich, Joachim R. (2003): Mensch, Computer und Kommunikation. Theoretische Verortungen und empirische Befunde. Frankfurt am Main, Peter Lang.
Hofman, Iwona/ Kępa-Figura, Danuta (red.) (2017): Współczesne media. Gatunki w mediach. Tom 2. Gatunki w mediach elektronicznych. Lublin, Wydawnictwo UMCS.
Hofman, Iwona/ Kępa-Figura, Danuta (red.) (2018): Współczesne media. Media multimodalne. Tom 2. Multimodalność mediów elektronicznych. Lublin, Wydawnictwo UMCS.
Hofmann, Jeanette (2025): Notizen gegen Desinformation? – Wohl eher nicht. Online: https://mediendiskurs.online/beitrag/notizen-gegen-desinformation-wohl-eher-nicht-beitrag-772/ [letzter Zugriff: 15.04.2025].
Hofmann, Maria/ Riedel, Christoff (2024): Bürger-Partizipation in Lokalmedien. In: Hooffacker, Gabriele/ Kenntemich, Wolfgang/ Kulisch, Uwe (Hrsg.): Neue Plattformen – neue Öffentlichkeiten. KI, Krisen und Journalismus. Wiesbaden, Springer Fachmedien, 55–65.
Hölig, Sascha (2012): Informationsorientierte Kommunikationsmodi im Internet. Eine Differenzierung gratifikationsbestimmter kommunikativer Handlungen zwischen Massen- und interpersonaler Kommunikation. Hamburg, Universität Hamburg.
Hollstein, Betina (2001): Grenzen sozialer Integration. Zur Konzeption informeller Beziehungen und Netzwerke. Wiesbaden, VS Verlag für Sozialwissenschaften.
Hollway, Wendy (1984): Gender Difference and the Production of Subjectivity. In: Henriques, Julian/ Hollway, Wendy/ Urwin, Cathy/ Venn, Couze/ Walkerdine, Valerie (eds.): Changing the Subject: Psychology, Social Regulation and Subjectivity. London, Methuen, 240–274.
Holly, Werner (2001): Einführung in die Pragmalinguistik. Berlin, Langenscheidt.
Holly, Werner (2011): Medien, Kommunikationsformen, Textsortenfamilien. In: Habscheid, Stephan (Hrsg.): Textsorten, Handlungsmuster, Oberflächen. Linguistische Typologien der Kommunikation. Berlin, De Gruyter, 144–163.
Holly, Werner (2013): Textualität – Visualität. Zeitschrift für germanistische Linguistik 2013; 41(1), 1–7.
Holthuis, Susanne (1993): Intertextualität. Aspekte einer rezeptionsorientierten Konzeption. Tübingen, Stauffenburg.

Hornung, Gerrit/ Engemann, Christoph (Hrsg.) (2016): Der digitale Bürger und seine Identität. Baden-Baden, Nomos.
Hribar, Christina (2016): Zur Darstellung von Behinderung bzw. Menschen mit Behinderung in der Zeitschrift „Eltern“ im Zeitraum von 2010 bis Mai 2016. Norderstedt, GRIN Verlag.
Huber, Melanie (2013): Kommunikation und Social Media (3., überarbeitete Auflage). München, UVK.
Hülk, Walburga (2013): Narrative der Krise. In: Fenske, Uta/ Hülk, Walburga/ Schuhen, Gregor (Hrsg.): Die Krise als Erzählung. Transdisziplinäre Perspektiven auf ein Narrativ der Moderne. Bielefeld, transcript Verlag, 113–131.
Hussain, Fatima (2017): Internet of Things. Building Blocks and Business Models. Toronto, Springer International Publishing.
Hutchinson, Jonathon/ Suwana, Fiona/ McTernan, Cameron (2024): Social Media in Society. Cham, Springer Nature.
Hymes, Dell H. (1979): Soziolinguistik. Zur Ethnographie der Kommunikation. Frankfurt am Main, Suhrkamp Taschenbuch Wissenschaft.
Irvine, Judith T./ Gal, Susan (2000): Language Ideology and Linguistic Differentiation. In: Kroskrity, Paul V. (ed.): Regimes of language. Ideologies, polities, and identities. Santa Fe, School of American Research Press, 35–83.
Jaffe, Alexandra (2009): Introduction. The Sociolinguistics of Stance. In: Jaffe, Alexandra (ed.): Stance. Sociolinguistic perspectives. Oxford, Oxford University Press, 3–28.
Jakobs, Eva-Maria/ Lehnen, Katrin (2005): 8 Hypertext – Klassifikation und Evaluation. In: Siever, Torsten/ Schlobinski, Peter/ Runkehl, Jens (Hrsg.): Websprache.net. Sprache und Kommunikation im Internet. Berlin, De Gruyter, 159–184.
Jamsa, Kris (2022): Cloud Computing (Second Edition). Burlington, Jones & Bartlett Learning.
Janich, Nina (2013): Werbesprache. Ein Arbeitsbuch. Mit einem Beitrag von Jens Runkehl, 6., durchgesehene und korrigierte Auflage. Tübingen, Narr Francke Attempto Verlag.
Jansen, Dorothea (2006): Einführung in die Netzwerkanalyse: Grundlagen, Methoden, Forschungsbeispiele (3., überarbeitete Auflage). Wiesbaden, VS Verlag für Sozialwissenschaften.
Jarren, Otfried/ Donges, Patrick (2006): Politische Kommunikation in der Mediengesellschaft: Eine Einführung. Wiesbaden, Springer VS.

Jarren, Ottfried (1998): Demokratie durch Internet?. In: Eisel, Stephan/ Scholl, Mechthild (Hrsg.): Internet und Politik. Sankt Augustin, Konrad-Adenauer-Stiftung, 27–51.
Jemielniak, Dariusz (2013): Życie wirtualnych dzikich. Netnografia Wikipedii największego projektu współtworzonego przez ludzi. Warszawa, Poltext sp. z o.o.
Jers, Cornelia (2012): Konsumieren, Partizipieren und Produzieren im Web 2.0. Ein sozial-kognitives Modell zur Erklärung der Nutzungsaktivität. Köln, Herbert von Halem Verlag.
Jian, Yuanfu (2019): China's Digital Divides and Their Countermeasures. In: Andreasson, Kim (ed.): Digital Divides, The New Challenges and Opportunities of e-Inclusion. New York, Routledge. 65–78.
Johansson, Marjut (2014): Reading digital news: Participation roles, activities, and positionings. Journal of Pragmatics 72, 31–45.
John, Nicholas A. (2013): Sharing and Web 2.0: the Emergence of a Keyword. New Media & Society, 15(2), 167–182.
Jones, Rodney H./ Hafner, Christoph A. (2021): Understanding Digital Literacies. A Practical Introduction (Second Edition). New York, Routledge.
Juza, Marta (2019): Między wolnością a nadzorem. Internet w zmieniającym się społeczeństwie. Warszawa, Wydawnictwo Naukowe Scholar.
Kaczmarek, Dorota (2018): Binationale Diskursanalyse. Grundlagen und Fallstudien zum deutsch-polnischen medialen Gegendiskurs. Łódź, Wydawnictwo Uniwersytetu Łódzkiego.
Kaplan, Andreas M./ Haenlein, Michael (2010): Users of the world, unite! The challenges and opportunities of Social Media. Business Horizons 53(1), 59–68.
Karakaya, Cem/ Groll, Tina (2018): Die Cyber-Profis. Lassen Sie Ihre Identität nicht unbeaufsichtigt. Zwei Experten für Internetkriminalität decken auf. München, Ariston Verlag.
Kardorff, Ernst von (2008): Virtuelle Netzwerke – neue Formen der Kommunikation und Vergesellschaftung?. In: Willems, Herbert (Hrsg.): Weltweite Welten. Internet-Figurationen aus wissenssoziologischer Perspektive. Wiesbaden, VS Verlag für Sozialwissenschaften, 23–55.
Karem, Harem (2023): Cyberdemocracy. Transforming Politics. Cham, Palgrave Macmillan.
Katzenbach, Christian (2008): Weblogs und ihre Öffentlichkeiten. Motive und Strukturen der Kommunikation im Web 2.0. München, Verlag Reinhard Fischer.

Katzenbach, Christian (2010): Weblog-Öffentlichkeiten als vernetzte Gespräche. Zur theoretischen Verortung von Kommunikation im Web 2.0. In: Wolling, Jens/ Seifert, Markus/ Emmer, Martin (Hrsg.): Politik 2.0? Die Wirkung computervermittelter Kommunikation auf den politischen Prozess. Baden-Baden: Nomos, 189–209.

Katzlinger, Elisabeth (2009): Die Beziehung zwischen sozialer Präsenz und Privatsphäre in Lernplattformen. In: Merkt, Marianne/ Mayrberger, Kerstin/ Schulmeister, Rolf/ Sommer, Angela/ van den Berk, Ivo (Hrsg.): Studieren neu erfinden – Hochschule neu denken. Münster, Waxmann, 191–201.

Kauermann, Göran/ Küchenhoff, Helmut (2011): Stichproben. Methoden und praktische Umsetzung mit R. Berlin, Springer Verlag.

Kayı-Aydar, Hayriye (2019): Positioning Theory in Applied Linguistics. Research Design and Applications. Cham, Palgrave Macmillan.

Kaźmierska, Marlena (2019): E-Learning jako swoista przestrzeń komunikacji w edukacji. In: Kędzior, Jolanta (red.): Praktyki komunikacyjne. Wrocław, Instytut Pedagogiki Uniwersytetu Wrocławskiego, 13–26.

Kędzior, Jolanta (2019): Wstęp. In: Kędzior, Jolanta (red.): Praktyki komunikacyjne. Wrocław: Instytut Pedagogiki Uniwersytetu Wrocławskiego, 7–12.

Keim, Inken (2008): Die „türkischen Powergirls“: Lebenswelt und kommunikativer Stil einer Migrantinnengruppe in Mannheim. Tübingen, Narr Verlag.

Keller, Reiner (2005): Wissenssoziologische Diskursanalyse. Grundlegung eines Forschungsprogramms. Wiesbaden, VS Verlag für Sozialwissenschaften.

Keller, Rudi (1995): Zeichentheorie. Zu einer Theorie semiotischen Wissens. Tübingen, UTB Narr Francke Attempto Verlag.

Kepplinger, Hans Mathias/ Rouwen, Bastian (2000): Der prognostische Gehalt der Nachrichtenwerttheorie. Publizistik 45(4), 462–475.

Kerres, Michael/ Hölterhof, Tobias/ Rehm, Martin (2017): Lebenslanges Lernen im Kontext sozialer Medien: Chance für formelles und informelles Lernen. In: Münk, Dieter/ Walter, Marcel (Hrsg.): Lebenslanges Lernen im sozialkulturellen Wandel. Ambivalenzen der Gestaltung von Berufsbiografien in der Moderne. Wiesbaden, Springer VS, 141–170.

Kessl, Fabian/ Reutlinger, Christian (2007): Sozialraum – Eine Einführung, 1. Auflage, Wiesbaden, VS Verlag für Sozialwissenschaften.

Keupp, Heiner/ Ahbe, Thomas/ Gmür, Wolfgang/ Höfer, Renate/ Mitzscherlich, Beate/ Kraus, Wolfgang/ Straus, Florian (2002): Identitätskonstruktionen: Das Patchwork der Identitäten in der Spätmoderne. Reinbek, Rowohlt Taschenbuch Verlag.

Khosrowpour, Mehdi (ed.) (2018): Enhancing art, culture, and design with technological integration. Hershey, IGI Global.

Khosrowpour, Mehdi (2020): Handbook of Research on Modern Educational Technologies, Applications, and Management. Hershey, IGI Global.

Kil, Aleksandra (2012): Nadzorować i nie karać – o rządomyślnym obliczu dziennikarstwa obywatelskiego. Krytyczne studia nad dyskursem. Online: https://docer.pl/doc/xc5nvx8 [letzter Zugriff 23.03.2019].

Kirchhoff, Sabine (2015): 2. Vom „Web 2.0“ zu „Social Media“: Eine kritische Ideengeschichte. In: Kirchhoff, Sabine (Hrsg.): Online-Kommunikation im Social Web. Mythen, Theorien und Praxisbeispiele. Opladen, Verlag Barbara Budrich, 17–42.

Kirchhoff, Sabine/ Harney, Benjamin (2015): 3. Gibt es die „Digital Natives“ wirklich? Marc Prenskys Thesen auf dem Prüfstand. In: Kirchhoff, Sabine (Hrsg.): Online-Kommunikation im Social Web. Mythen, Theorien und Praxisbeispiele. Opladen, Verlag Barbara Budrich, 43–86.

Kirchhoff, Sabine/ Lombardo, Paolo/ Urhahn, Lars (2015): 8. Ausgewählte Plattformen, Tools und Technologien. In: Kirchhoff, Sabine (Hrsg.): Online-Kommunikation im Social Web. Mythen, Theorien und Praxisbeispiele. Opladen, Verlag Barbara Budrich, 225–236.

Kitchin, Rob (1998): Cyberspace: The World in The Wires. New York, Wiley.

Klärner, Andreas/ von der Lippe, Holger (2020): Wirkmechanismen in sozialen Netzwerken. In: Klärner, Andreas/ Gamper, Markus/ Keim-Klärner, Sylvia/ Moor, Irene/ von der Lippe, Holger/ Vonneilich, Nico (Hrsg.): Soziale Netzwerke und gesundheitliche Ungleichheiten. Eine neue Perspektive für die Forschung. Wiesbaden, Springer VS, 65–86.

Klaus, Elisabeth/ Hipfl, Brigitte/ Scheer, Uta (2004): Einleitung: Mediale Identitätsräume. In: Hipfl, Brigitte/ Klaus, Elisabeth/ Scheer, Uta (Hrsg.): Identitätsräume. Nation, Körper und Geschlecht in den Medien. Eine Topografie. Bielefeld, transcript Verlag, 9–15.

Kleiner, Bettina (2015): subjekt bildung heteronormativität. Rekonstruktion schulischer Differenzerfahrungen lesbischer, schwuler, bisexueller und Trans*Jugendlicher. Opladen, Verlag Barbara Budrich.

Klemm, Michael (2017): Bloggen, Twittern, Posten und Co. Grundzüge einer ›Social-Media-Rhetorik‹. Rhetorik 36(1), 5–30.

Klemm, Michael/ Stöckl, Hartmut (2011): Bildlinguistik – Standortbestimmung, Überblick, Forschungsdesiderate. In: Diekmannshenke, Hajo/ Klemm, Michael/ Stöckl, Hartmut (Hrsg.): Bildlinguistik. Berlin, Erich Schmidt Verlag, 7–18.

Klier, Peter (1990): Im Dreieck von Demokratie, Öffentlichkeit und Massenmedien. Berlin, Duncker & Humblot.

Klötzl, Svitlana/ Swoboda, Birgit (2020): Interpersonal Positioning in English as a Lingua Franca Interactions. New York, Routledge.

Klug, Nina-Maria/ Stöckl, Hartmut (2015): Sprache im multimodalen Kontext. In: Felder, Ekkehard/ Gardt, Andreas (Hrsg.): Handbuch Sprache und Wissen. Berlin, De Gruyter, 242–264.

Knoblauch, Hubert (2008): Kommunikationsgemeinschaften. Überlegungen zur kommunikativen Konstruktionen einer Sozialform. In: Hitzler, Ronald/ Honer, Anne/ Pfadenhauer, Michaela (Hrsg.): Posttraditionale Gemeinschaften. Theoretische und ethnografische Erkundungen. Wiesbaden, VS Verlag für Sozialwissenschaften, 73–88.

Knop-Huelss, Katharina/ Öncü, Julian/ Penzel, Jana/ Abele, Theresa S. (2016): Offline time is quality time. Comparing within-group self-disclosure in mobile messaging applications and face-to-face interactions. Computers in Human Behaviour 55, 1076–1084.

Koch, Peter/ Oesterreicher, Wulf (1986): Sprache der Nähe – Sprache der Distanz. Mündlichkeit und Schriftlichkeit im Spannungsfeld von Sprachtheorie und Sprachgeschichte. Romanistisches Jahrbuch, 36, 15–43.

Koch, Peter/ Oesterreicher, Wulf (1994): Schriftlichkeit und Sprache. In: Günther, Hartmut/ Ludwig, Otto (Hrsg.): Schrift und Schriftlichkeit / Writing and its Use. Ein interdisziplinäres Handbuch internationaler Forschung / An Interdisciplinary Handbook of International Research. 1. Halbbd., Berlin, De Gruyter, 587–604.

Kolhoff, Ludger (2016): Sozialraumorientierung bei älteren Menschen mit Behinderung. In: Müller, Sandra Verena/ Gärtner, Claudia (Hrsg.): Lebensqualität im Alter. Perspektiven für Menschen mit geistiger Behinderung und psychischen Erkrankungen. Wiesbaden, Springer VS, 265–278.

Kolo, Castulus (2019): Online-Medien als Innovationen. Wandel zwischen Emergenz und Disruption. In: Schweiger, Wolfgang/ Beck, Klaus

(Hrsg.): Handbuch Online-Kommunikation (2. Auflage). Wiesbaden, Springer VS, 307–335.

Köpcke, Jessica Lilli (2018): Querschnittlähmung in der öffentlichen Wahrnehmung. In: Köpcke, Jessica Lilli/ Schöning, Arne (Hrsg.): Menschen mit Querschnittlähmung. Lebenswege und Lebenswelten. Stuttgart, Verlag W. Kohlhammer, 237–242.

Korobov, Neil (2001): Reconciling theory with method: from conversation analysis and critical discourse analysis to positioning analysis. Forum Qualitative Sozialforschung und Forum: Qualitative Social Research. Online: https://www.qualitative-research.net/index.php/fqs/article/view/906/1981 [letzter Zugriff 02.08.2024].

Köstler, Till (2021): Meinungsfreiheit in sozialen Netzwerken und das Netzwerkdurchsetzungsgesetz. Berlin, De Gruyter.

Kovach, Bill/ Rosenstiel, Tom (1999): Warp Speed: America in the age of mixed media. New York, Century Foundation Press.

Krämer, Sybille (2006): Die Schrift als Hybrid aus Sprache und Bild. Thesen über die Schriftbildlichkeit unter Berücksichtigung von Diagrammatik und Kartographie. In: Hoffmann, Torsten/ Rippl, Gabriele (Hrsg.): Bilder. Ein (neues) Leitmedium? Göttingen, Wallstein Verlag, 79–92.

Krauss, Susanne (2008): Weblogs als soziale Netzwerke: Eine qualitative Beziehungsanalyse. In: Zerfaß, Ansgar/ Welker, Martin/ Schmidt, Jan (Hrsg.): Kommunikation, Partizipation und Wirkungen im Social Web. Grundlagen und Methoden: Von der Gesellschaft zum Individuum. Köln, Herbert von Halem Verlag, 327–347.

Kraut, Robert/ Patterson, Malcolm/ Lundmark, Vicki/ Kiesler, Sara B./ Mukopadhyay, Tridas/ Scherlis, William L. (1998): Internet paradox. A social technology that reduces social involvement and psychological well-being?. The American Psychologist 1998 September, 53(9), 1017–1031.

Kress, Gunther (2010): Multimodality. A Social Semiotic Approach to Contemporary Communication. London, Routledge.

Kreß, Jennifer (2010): Zum Funktionswandel des Sozialraums durch das Internet. sozialraum.de. Ausgabe 2/2010. Online: https://www.sozialraum.de/zum-funktionswandel-des-sozialraums-durch-das-internet.php [letzter Zugriff 29.04.2020].

Kreutzmann, Lara (2023): Kulturelle Aneignung und ihr Einfluss auf das Wir-Gefühl. Online: https://replito.pubpub.org/pub/sehcqlme/release/1?readingCollection=498a8ee8 [letzter Zugriff 07.06.2024].

Kroskrity, Paul V. (2010): Language ideologies – Evolving perspectives. In: Jaspers, Jürgen/ Verschueren, Jef/ Östman, Jan-Ola (eds.): Society and language, Bd. 7. Amsterdam, John Benjamins Publishing Company, 192–211.
Krotz, Friedrich (1998): Stichwort „Gegenöffentlichkeit". In: Jarren, Otfried/ Sarcinelli, Ulrich/ Saxer, Ulrich (Hrsg.): Politische Kommunikation in der demokratischen Gesellschaft. Ein Handbuch mit Lexikonteil. Opladen, Westdeutscher Verlag, 653.
Krotz, Friedrich (2007): Mediatisierung. Fallstudien zum Wandel von Kommunikation. Wiesbaden, VS Verlag für Sozialwissenschaften.
Ksiazek, Thomas B./ Springer, Nina (2020): User Comments and Moderation in Digital Journalism. Disruptive Engagement. New York, Taylor & Francis.
Kubicek, Herbert/ Schmid, Ulrich/ Wagner, Heiderose (1997): Bürgerinformation durch „neue" Medien? Analysen und Fallstudien zur Etablierung elektronischer Informationssysteme im Alltag. Opladen, Westdeutscher Verlag.
Kuck, Moritz (2021): Wirksamkeit und Spaß als Narrative im Diskurs zum Klassenmusizieren. Ein fokussierter Blick auf Interviewdaten vor dem Hintergrund theoretischer Perspektiven. In: Schatt, Peter W. (Hrsg.): Musik – Narration – Narrativ. Zur Kultur des Musik-Denkens. München, Waxmann, 195–222.
Kulas, Piotr (2014): Narracja jako przedmiot badań oraz kategoria teoretyczna w naukach społecznych. Kultura i społeczeństwo 2014, nr 4, 111–130.
Kuzior, Aleksandra (2019): Sportowy wymiar wizerunku menedżerów polskiej piłki nożnej na portalu LinkedIn. In: Batorski, Jarema Batorski/ Perechuda, Igor (red.): Sportowe zarządzanie. Młodzi o sporcie 2019. Kraków, Wydawnictwo Uniwersytetu Jagiellońskiego, 37–51.
Lang, Susan/ Baehr, Craig (2023): Hypertext, Hyperlinks, and the World Wide Web. In: Kruse, Otto/ Rapp, Christian/ Anson, Chris M./ Benetos, Kalliopi/ Cotos, Elena/ Devitt, Ann/ Shibani, Antonette (eds.): Digital Writing Technologies in Higher Education. Theory, Research, and Practice. Cham, Springer Nature.
Larsen, Jonas/ Sandbye, Mette (2013): The New Face of Snapshot Photography. In: Larsen, Jonas/ Sandbye, Mette (eds.): Digital Snaps. The New Face of Photography. London, Routledge, xv–xxxiii.
Lauber-Pohle, Sabine (2017): Soziale Netzwerkbildung und Online-Lernen. Wiesbaden, Springer Fachmedien.

Lave, Jeanne/ Wenger, Etienne (1991): Situated Learning: Legitimate Peripheral Participation. Cambridge, Cambridge University Press.
Lazarsfeld, Paul F./ Berelson, Bernard/ Gaudet, Hazel (1968 [1944]): The People's Choice. How the Voter Makes up his Mind in a Presidential Campaign. New York, Columbia University Press.
Lazarsfeld, Paul F./ Menzel, Herbert (1964): Massenmedien und personaler Einfluß. In: Schramm, Wilbur (Hrsg.): Grundfragen der Kommunikationsforschung. München, Juventa, 117–139.
Leary, Mark R. (2019): Self-presentation. Impression Management and Interpersonal Behavior. New York, Routledge.
Leavy, Patricia (2023): Research design: quantitative, qualitative, mixed methods, arts-based, and community-based participatory research approaches. New York, The Guilford Press.
Lee, Carmen K. M. (2011): Chapter 6. Micro-Blogging and Status Updates on Facebook: Texts and Practices. In: Thurlow, Crispin/ Mroczek, Kristine (eds.): Digital Discourse. Language in the New Media. Oxford, Oxford University Press, 110–128.
Lehmann, Klaus-Dieter (2017): Eine neue Kultur des Teilens. In: Lehmann, Klaus-Dieter/ Ebert, Johannes/ Ströhl, Andreas/ Blaumer, Nikolai (Hrsg.): Teilen und Tauschen. Frankfurt am Main, Fischer Verlag, 255–266.
Lehman-Wilzig, Sam N. (2021): Virtuality and humanity virtual practice and its evolution from pre-history to the 21st Century. Singapore, Springer Singapore.
Lehner, Nikolaus (2017): Profile und algorithmische Identität: Zwischen Doppelgängertum und Post-Entfremdung. In: Degeling, Martin/ Othmer, Julius/ Weich, Andreas/ Westermann, Bianca (Hrsg.): Profile: Interdisziplinäre Beiträge. Lüneburg, meson press, 81–99.
Leistner, Alexander (2018): Soziale Bewegungen und Biographieforschung. In: Lutz, Helma/ Schiebel, Martina/ Tuider, Elisabeth (Hrsg.): Handbuch Biographieforschung. Wiesbaden, Springer Fachmedien, 499–510.
Lelgemann, Reinhard (2016): Lebenssituationen von Menschen mit körperlichen und mehrfachen Beeinträchtigungen in Gegenwart und Zukunft gestalten – in Kenntnis der historischen Entwicklungen. In: Jennessen, Sven/ Lelgemann, Reinhard (Hrsg.): Köper, Behinderung, Pädagogik. Stuttgart, Verlag W. Kohlhammer, 25–41.
Lemke, Jay L. (2002): Travels in Hypermodality. Visual Communication 1, H. 3, 299–325.
Lenk, Hartmut E.H. (2018): SprachwissenschaftlerInnen in den Wikipedias. Diskurs- und textanalytische Betrachtungen in kontrastiver

Perspektive. In: Antos, Gerd/ Opiłowski, Roman/ Jarosz, Józef (Hrsg.): Online-Diskurse im interkulturellen Gefüge. Wissenstransfer, Öffentlichkeiten, Textsorten. Berlin, Peter Lang, 121–136.
Leszczyńska, Ewa (2019): Polacy w Sieci. Analiza przemian użytkowania Internetu. Lublin, Wydawnictwo UMCS.
Lévy, Pierre (2000): World Philosophie. Paris, Odile Jacob Publishing.
Lies, Jan (2017): Die Digitalisierung der Kommunikation im Mittelstand. Auswirkungen von Marketing 4.0. Wiesbaden, Springer Fachmedien.
Lima, Maria Luisa/ Marques, Sibila/ Muinos, Gabriel/ Camilo, Cristina (2017): All You Need Is Facebook Friends? Associations between Online and Face-to-Face Friendships and Health. Online: https://www.ncbi.nlm.nih.gov/pmc/articles/PMC5278495/ [letzter Zugriff 13.03.2022].
Linde-Usiekniewicz, Jadwiga (2022): The Case for Feminatives in Polish. Online: https://journals.pan.pl/Content/126352/PDF/82-82_Linde_Usiekniewicz_ang.pdf [letzter Zugriff 23.04.2023].
Linell, Per (2009): Rethinking Language, Mind, and World Dialogically: Interactional and Contextual Theories of Humas Sense-Making. Charlotte, Information Age Publishing.
Lischka, Konrad/ Stöcker, Christian (2017): Digitale Öffentlichkeit. Wie algorithmische Prozesse den gesellschaftlichen Diskurs beeinflussen – Arbeitspapier. Gütersloh, Bertelsmann Stiftung.
Lisowska-Magdziarz, Małgorzata (2006): Dyskurs – semiotyka – wspólnota interpretacyjna. W stronę modelu zintegrowanego instrumentarium badań nad zawartością mediów (zaproszenie do dyskusji). Global Media Journal – Polish Edition, 1. Online: https://www.globalmediajournal.com/ [letzter Zugriff 01.08.2023].
Lithgow, Michael/ Martin, Michèle (2024): Eyewitness Textures. User-Generated Content and Journalism in the Twenty-First Century. Montreal, McGill-Queen's University Press.
Locher, Miriam A. (2017): Interpersonale Pragmatik und (Un) Höflichkeitsforschung. In: Ehrhardt, Claus/ Neuland, Eva (Hrsg.): Sprachliche Höflichkeit. Historische, aktuelle und künftige Perspektiven. Tübingen, UTB Narr Francke Attempto Verlag, 77–88.
Löffelholz, Martin (2004): Krieg als Medienereignis II. Krisenkommunikation im 21. Jahrhundert. Wiesbaden, VS Verlag für Sozialwissenschaften.
Loiacono, Eleanor T. (2015): Self-Disclosure Behavior on Social Networking Web Sites. International Journal of Electronic Commerce, 19(2), 66–94.

Lombardo, Jennifer (2021): Fake News, Bias, and Media Literacy. New York, Cavendish Square.
Lovink, Geert (2011): Anonymität und die Krise des multiplen Selbst. In: Leistert, Oliver/ Röhle, Theo (Hrsg.): Generation Facebook. Über das Leben im Social Net. Bielefeld, transcript Verlag, 183–198.
Lovink, Geert (2012): Das halbwegs Soziale. Eine Kritik der Vernetzungskultur. Bielefeld, transcipt Verlag.
Löw, Martina/ Sturm, Gabriele (2005): Raumsoziologie. In: Kessl, Fabian/ Reutlinger, Christian/ Maurer, Susanne/ Frey, Oliver (Hrsg.): Handbuch Sozialraum, Wiesbaden, VS Verlag für Sozialwissenschaften, 31–48.
Lowenthal, Patrick R./ Dennen, Vanessa P. (eds.) (2019): Social Presence and Identity in Online Learning. New York, Routledge.
Lucius-Hoene, Gabriele/ Deppermann, Arnulf (2004): Narrative Identität und Positionierung. Gesprächsforschung – Online-Zeitschrift zur verbalen Interaktion 5, 166–183.
Lucke, Renate (2017): Digitale Erlebnisräume. Der Fall Sarrazin auf YouTube und Vimeo. Göttingen, Cuvillier Verlag.
Luginbühl, Martin (2016): Nutzergenerierte Inhalte in Zeitungen: „Bürgerjournalismus“ oder „Billigcontent“? In: Baechler, Coline/ Eckkrammer, Eva Martha/ Müller-Lancé, Johannes/ Thaler, Verena (Hrsg.): Medienlinguistik 3.0 – Formen und Wirkung von Textsorten im Zeitalter des Social Web. Berlin, Frank&Timme, 157–177.
Luhmann, Niklas (1990): Ökologische Kommunikation. Kann die moderne Gesellschaft sich auf ökologische Gefährdungen einstellen? (3. Auflage). Opladen, Westdeutscher Verlag.
Luhmann, Niklas (1996): Die Realität der Massenmedien. 2., erweiterte Auflage. Opladen, Westdeutscher Verlag.
Luhmann, Niklas (1998): Die Gesellschaft der Gesellschaft, Erster Teilband. Frankfurt am Main, Suhrkamp Verlag.
Luttrell, Regina/ Wallace, Adrienne A. (2021): Social Media and Society. An Introduction to the Mass Media Landscape. Lanham, Rowman & Littlefield.
Lyons, Agnieszka (2018): Multimodal expression in written digital discourse: The case of kineticons. Journal of Pragmatics 131, 18–29.
Lyons, Daniel (2023): What Is Identity Policing?. Online: https://www.healthyplace.com/blogs/thelifelgbt/2023/9/what-is-identity-policing [letzter Zugriff 17.04.2024].
Lyotard, Jean-François (1997): Kondycja ponowoczesna. Raport o stanie wiedzy (übersetzt von Małgorzata Kowalska, Jacek Migasiński). Warszawa, Aletheia.

Maciejewski, Marcin (2009): Gatunki hipertekstu w perspektywie tekstologicznej. Analiza na przykładzie internetowych prezentacji przedsiębiorstw. Poznań, Wydawnictwo Naukowe UAM.
Maciejewski, Marcin (2025): Walki semantyczne. Perspektywa dyskursologiczna i metakrytyczna. Dąbrówka, Wydawnictwo Rys.
Madej, Krystina (2016): Interactivity, Collaboration, and Authoring in Social Media. Heidelberg, Springer Verlag.
Maier, Michaela/ Stengel, Karin/ Marschall, Joachim (2010): Nachrichtenwerttheorie. Baden-Baden, Nomos.
Makowska, Magdalena (2013): Jakim językiem mówią tekst i obraz? O relacji tekst-obraz na przykładzie demotywatorów. tekst i dyskurs – text und diskurs 6, 2013, 169–184.
Makowska, Magdalena (2014): Beschriebene Bilder – bebilderte Sprache. Zur Materialität und Medialität von Sprache-Bild-Texten am Beispiel von deutschen Demotivatoren. In: Bartoszewicz, Iwona/ Hałub, Marek/ Małyszek, Tomasz (Hrsg.): Kategorien und Konzepte. Wrocław, Wydawnictwo Uniwersytetu Wrocławskiego, 229–245.
Maletzke, Gerhard (1963): Psychologie der Massenkommunikation. Hamburg, Verlag Hans Bredow Institut.
Marinescu, Dan C. (2018): Cloud Computing. Theory and Practice. Cambridge, Elsevier.
Markiewka, Tomasz S. (2013): Neopragmatyści wobec kategorii autora. O konsekwencjach konstruktywizmu. Teksty Drugie 2013, 5, 276–292.
Marotzki, Winfried (2004): Interaktivität und virtuelle Communities. In: Bieber, Christoph/ Leggewie, Claus (Hrsg.): Interaktivität. Ein transdisziplinärer Schlüsselbegriff. Frankfurt am Main, Campus Verlag, 119–131.
Martini, Mario/ Fritzsche, Saskia (2015): Mitverantwortung in sozialen Netzwerken – Facebook-Fanpage-Betreiber in der datenschutzrechtlichen Grauzone. Neue Zeitschrift für Verwaltungsrecht – Extra 2015 [1], 1–16.
Marx, Konstanze (2019): Von #Gänsehaut bis #esreicht – Wie lässt sich ein Territorium neuer Sagbarkeit konturieren? Ein phänomenologischer Zugang. In: Eichinger, Ludwig/ Plewnia, Albrecht (Hrsg.): Neues vom heutigen Deutsch. Empirisch – methodisch – theoretisch (Jahrbuch 2018). Berlin, De Gruyter, 245–264.
Marx, Konstanze/ Weidacher, Georg (2014): Internetlinguistik. Ein Lehr- und Arbeitsbuch. Tübingen, Narr Verlag.
Masłyk, Tomasz/ Migaczewska Ewa/ Stojkow, Maria/ Żuchowska-Skiba, Dorota (2016): Aktywni Niepełnosprawni? Obywatelski i społeczny potencjał środowiska niepełnosprawnych. Kraków, Wydawnictwa AGH.

Matyjasik, Krzysztof (2018): Schlüsselwörter im Diskurs über die Frauenproteste von 2016 in Polen. Eine deutsch-polnische Vergleichsstudie. tekst i dyskurs – text und diskurs 11, 2018, 313–332.
Mayer, Florian L. (2013): Erfolgsfaktoren von Social Media: Wie „funktionieren" Wikis? Eine vergleichende Analyse kollaborativer Kommunikationssysteme im Internet, in Organisationen und in Gruppen. Berlin, LIT Verlag Dr. W.Hopf.
McGonagle, Tarlach (2020): Chapter 24. Free Expression and Internet Intermediaries: The Changing Geometry of European Regulation Get access Arrow. In: Frosio, Giancarlo (ed.): The Oxford Handbook of Online Intermediary Liability. Oxford, Oxford University Press, 467–485.
McLuhan, Marshall H. (2003 [1964]): Understanding Media. The Extensions of Man. Critical Edition. Berkeley, Gingko Press.
McNair, Brian (1995): An Introduction to Political Communication. London, Routledge.
McQuail, Denis (1994): Mass communication theory: An introduction, 3rd ed. London, Sage Publications.
McVee, Mary (2011): Positioning Theory And Sociocultural Perspectives. Affordances for Educational Researchers. In: McVee, Mary/ Brock, Cynthia/ Glazier, Jocelyn (eds.): Sociocultural Positioning in Literacy: Exploring Culture, Discourse, Narrative & Power in Diverse Educational Contexts (Discourse and Social Processes). Cresskill, Hampton Press, 1–22.
Meckel, Miriam (2008): Aus Vielen wird das Eins gefunden – wie Web 2.0 unsere Kommunikation verändert. Aus Politik und Zeitgeschichte 39/2008, 17–23.
Meier, Klaus (2018): Journalistik (3. Auflage). Stuttgart, UTB.
Meier, Stefan (2008): (Bild-)Diskurs im Netz. Konzept und Methode für eine semiotische Diskursanalyse im World Wide Web. Köln, Herbert von Halem Verlag.
Meier, Stefan (2016): 18. Websites als multimodale digitale Texte. In: Klug, Nina-Maria/ Stöckl, Hartmut (Hrsg.): Handbuch Sprache im multimodalen Kontext. Berlin, De Gruyter, 410–436.
Meier, Stefan (2018): Diskurslinguistik und Online-Kommunikation. In: Warnke, Ingo H. (Hrsg.): Handbuch Diskurs (Handbuch Sprachwissen 6). Berlin, De Gruyter, 426–446.
Meier, Stefan/ Wünsch, Carsten/ Pentzold, Christian/ Welker, Martin (2010): Auswahlverfahren für Online-Inhalte. In: Welker, Martin/ Wünsch, Carsten (Hrsg.): Die Online-Inhaltsanalyse. Forschungsobjekt Internet. Köln, Herbert von Halem Verlag, 103–123.

Meier-Vieracker, Simon/ Vögele, Catharina (2023): Mixed Methods in der digitalen Gerüchteforschung. In: Meiler, Matthias/ Siefkes, Martin (Hrsg.): Linguistische Methodenreflexion im Aufbruch. Beiträge zur aktuellen Diskussion im Schnittpunkt von Ethnographie und Digital Humanities, Multimodalität und Mixed Methods. Berlin, De Gruyter, 235–262.
Meikle, Graham (2024): Social Media. The Convergence of Public and Personal Communication (Second Edition). New York, Routledge.
Meißelbach, Christoph (2009): Web 2.0 – Demokratie 3.0? Demokratische Potentiale des Internets. Baden-Baden, Nomos.
Mejova, Yelena/ Weber, Ingmar/ Macy, Michael W. (eds.) (2015): Twitter: A Digital Socioscope. New York, Cambridge University Press.
Merle, Kristin (2019): Religion in der Öffentlichkeit: Digitalisierung als Herausforderung für kirchliche Kommunikationskulturen. Berlin, De Gruyter.
Merten, Marie-Luis (2021): „Wer länger raucht, ist früher tot“ – Construal-Techniken des (populärmedizinischen) Online-Positionierens. In: Iakushevich, Marina/ Ilg, Yvonne/ Schnedermann, Theresa (Hrsg.): Linguistik und Medizin. Sprachwissenschaftliche Zugänge und interdisziplinäre Perspektiven. Berlin, De Gruyter. 259–276.
Merten, Marie-Luis (2025): Soziale Positionen – soziale Konstruktionen. Stancetaking im Online-Kommentieren. Berlin, De Gruyter.
Meszaros, Attila (2024): Zwischen Willkommen und Ablehnung. Die Fluchtbewegungen von 2015 in der deutschen, der slowakischen und der ungarischen Pressekommunikation. Tübingen, UTB Narr Francke Attempto Verlag.
Meyrowitz, Joshua (2005): The Rise of Glocality. New Senses of Place and Identity in the Global Village. Mobile Communication, the Internet, and the Net of Social Relations. In: Nyíri, Kristóf (ed.): A Sense of Place. The Global and the Local in Mobile Communication. Wien, Passagen Verlag, 21–30.
Michelis, Daniel (2012): Kapitel 1 Social Media Modell. In: Michelis, Daniel/ Schildhauer, Thomas (Hrsg.): Social Media Handbuch. Theorien, Methoden, Modelle und Praxis (2. Aktualisierte und erweiterte Auflage). Baden-Baden: Nomos, 19–30.
Mielebacher, Jörg (2024): Datenbanken für Nichtinformatiker. Eine praxisnahe Einführung. Wiesbaden, Springer Vieweg.
Mirbach, Alexis von (2022): Medienträume. Ein Bürgerbuch zur Zukunft des Journalismus. Köln, Herbert von Halem Verlag.

Misoch, Sabina (2004): Identitäten im Internet. Selbstdarstellung auf privaten Homepages. Konstanz, UVK.
Misoch, Sabina (2006): Online-Kommunikation. Konstanz, UVK.
Mitchell, J. Clyde (1969): The concept and use of social networks. In: Mitchell, J. Clyde (ed.): Social networks in urban situations. Analysis of personal relationships in central African towns. Manchester, Manchester University Press, 1–50.
Mitchell, William J. Thomas (1995): Picture Theory. Essays on Verbal and Visual Representation. Chicago, University of Chicago Press.
Mitra, Rajarshi (2019): What is Web 3.0? The Evolution of the Internet. Online: https://blockgeeks.com/guides/web-3-0/ [letzter Zugriff 31.07.2023].
Modlinger, Daniela (2024): eLearning and Mobile Learning – Concept and Script. Handbook for Media Authors and Project Managers. Wiesbaden, Springer VS.
Moghaddam, Fathali M./ Harré, Rom/ Lee, Naomi (eds.) (2008): Global Conflict Resolution Through Positioning Analysis. New York, Springer.
Möller, Christian (2019): Kommunikationsfreiheit im Internet. Das UN Internet Governance Forum und die Meinungsfreiheit. Wiesbaden, Springer Fachmedien.
Morris, Merrill/ Ogan, Christine (1996): The Internet as Mass Medium. Journal of Communication, 46(1), 39–50.
Mühlenfeld, Hans-Ullrich (2004): Der Mensch in der Online-Kommunikation. Wiesbaden, Deutscher Universitätsverlag.
Müller, Annika K. (2020): Transnationale Mobilität und persönliche Netzwerke Digitaler Nomaden. Wiesbaden, Springer Fachmedien.
Müller, Arne (2018): Diskriminierung im Kontext von Behinderung, sozialer Lage und Geschlecht. Eine qualitative Analyse im Anschluss an Pierre Bourdieu. Bielefeld, transcript Verlag.
Müller, Catherine/ Sander, Gudrun (2023): Innovativ führen mit Diversity-Kompetenz. Vielfalt als Chance. Zürich, Haupt Verlag.
Müller, Ragnar/ Schumann, Wolfgang (2011): Was ist das Web 2.0? Online: http://www.dadalos-d.org/web20/web_20.htm [letzter Zugriff 02.11.2021].
Münker, Stefan (2009): Emergenz Digitaler Öffentlichkeiten. Die sozialen Medien im Web 2.0. Frankfurt am Main, Suhrkamp Verlag.
Musser, John/ O'Reilly, Tim/ O'Reilly Radar Team (2007): Web 2.0 Principles and Best Practices. Sebastopol, O'Reilly Media.

Myers, Greg (2010): Discourse of Blogs and Wikis. London, Continuum International Publishing Group.
Napoli, Philip M. (2019): Social Media and the Public Interest. Media Regulation in the Disinformation Age. New York, Columbia University Press.
Negt, Oskar/ Kluge, Alexander (1972): Öffentlichkeit und Erfahrung. Zur Organisationsanalyse von bürgerlicher und proletarischer Öffentlichkeit. Frankfurt am Main, Suhrkamp Verlag.
Nehrenberg, Anke (2007): Weblogs im Mediensystem. Grassroots Journalism als demokratisches Element in der massenmedialen Berichterstattung. Berlin, VDM Verlag Dr. Müller.
Neidhardt, Friedhelm (1994): Öffentlichkeit, öffentliche Meinung, soziale Bewegungen. Kölner Zeitschrift für Soziologie und Sozialpsychologie, Sonderheft 34, Jg. 46, 1994, 7–41.
Nelson, Theodor H. (1974): Dream Machines: New Freedoms through Computer Screens: A Minority Report. Chicago, Nelson.
Neuberger, Christoph (2007): Interaktivität, Interaktion, Internet. Eine Begriffsanalyse. Publizistik, 52(1), 2007, 33–50.
Neuberger, Christoph (2009): Internet, Journalismus und Öffentlichkeit. Analyse des Medienumbruchs. In: Neuberger, Christoph/ Neuernbergk, Christian/ Rischke, Melanie (Hrsg.): Journalismus im Internet. Profession – Partizipation – Technisierung. Wiesbaden, VS Verlag für Sozialwissenschaften, 19–105.
Neuberger, Christoph (2012): Journalismus im Internet aus Nutzersicht. Media Perspektiven 1/2012, 40–55.
Neuberger, Christoph/ Langenohl, Susanne/ Neuernbergk, Christian (2014): Social Media und Journalismus. Online: https://www.medienanstalt-nrw.de/fileadmin/lfm-nrw/Publikationen-Download/Social-Media-und-Journalismus-LfM-Doku-Bd-50-web.pdf [letzter Zugriff 17.06.2024].
Neuernbergk, Christian (2013): Anschlusskommunikation in der Netzwerk-Öffentlichkeit. Ein inhalts- und netzwerkanalytischer Vergleich der Kommunikation im ‚Social Web' zum G8-Gipfel von Heiligendamm. Baden-Baden, Nomos.
Neuernbergk, Christian (2014): Partizipation durch Anschlusskommunikation in der Blogosphäre. Ergebnisse einer Inhalts- und Netzwerkanalyse. In: Einspänner-Pflock, Jessica/ Dang-Anh, Mark/ Thimm, Caja (Hrsg.): Digitale Gesellschaft – Partizipationsstrukturen im Netz. Berlin: LIT Verlag Dr. W. Hopf, 190–207.

Niewiara, Aleksandra (2019): Imagologia. Pamięć zbiorowa, umysł i kultura. Katowice, Wydawnictwo Uniwersytetu Śląskiego.
Norman, Don (2022): The Design of Everyday Things (Revisited and Expanded Edition). New York, Basic Books.
O'Reilly, Tim (2007): What Is Web 2.0: Design Patterns and Business Models for the Next Generation of Software. International Journal of Digital Economics No. 65, 17–37.
O'Reilly, Tim/ Battelle, John (2009): Web Squared: Web 2.0 Five Years On. Web 2.0 summit. Sebastopol, O'Reilly Media.
O'Sullivan, Dan (2016): Wikipedia. A New Community of Practice? Farnham, Ashgate.
Ochs, Elinor (1996): Linguistic resources for socializing humanity. In: Gumperz, John J./ Levinson, Stephen (eds.): Rethinking linguistic relativity. New York, Cambridge University Press, 407–437.
Opiela, Nicole/ Weber, Mike (2016): Digitale Bildung – Ein Diskussionspapier. Berlin, Kompetenzzentrum Öffentliche IT Fraunhofer-Institut für Offene Kommunikationssysteme FOKUS. Online: https://www.oeffentliche-it.de/publikationen/digitale-bildung-ein-diskussionspapier/Digitale%20Bildung%20-%20Ein%20Diskussionspapier.pdf [letzter Zugriff: 05.03.2024].
Opiłowski, Roman (2006): Intertextualität in der Werbung der Printmedien. Eine Werbestrategie in linguistisch-semiotischer Forschungsperspektive. Frankfurt am Main, Peter Lang.
Opiłowski, Roman (2013): Sprache und Bild als Forschungsgegenstand in linguistischen Disziplinen (Bild-, Text-, Medienlinguistik und Stilistik). Convivium. Germanistisches Jahrbuch Polen, 11–36.
Opiłowski, Roman (2015): Der multimodale Text aus kontrastiver Sicht. Textdesign und Sprache-Bild-Beziehung in deutschen und polnischen Pressetexten. Wrocław, ATUT.
Opiłowski, Roman (2018a): Wissenskonstituierung im politischen Online-Diskurs. Deutsche und polnische Tweets zum Präsidenten Donald Trump. tekst i dyskurs – text und diskurs 11, 2018, 280–294.
Opiłowski, Roman (2018b): Multimodale Textualität in der Konstituierung des kollektiven Gedächtnisses. In: Czachur, Waldemar/ Lüger, Heinz-Helmut (Hrsg.): Kollektives Gedächtnis und europäische Nachbarschaftsbilder. Beiträge aus kulturlinguistischer Perspektive. Landau, Verlag Empirische Pädagogik, 83–102.
Opiłowski, Roman (2024): Kontrastive Medienlinguistik. Multimodale Kommunikation, Analysemethoden, Forschungsfelder. Stuttgart, Franz Steiner Verlag.

Osterroth, Andreas (2015): Das Internet-Meme als Sprache-Bild-Text. IMAGE. Zeitschrift für interdisziplinäre Bildwissenschaft 22, 26–46.
Oswald, Bernd (2019): Digitaler Journalismus. Ein Handbuch für Recherche, Produktion und Vermarktung. Zürich, Midas Management Verlag.
Oswald, Sascha (2021): Ich und Wir im digitalen Raum: Zur Kommunikationskultur, Vergemeinschaftung und Selbstformierung im Web 2.0 am Beispiel der bildbasierten sozialen Netzwerkseite Instagram. München, UVK.
Otto, Dianne (ed.) (2017): Queering International Law. Possibilities, Alliances, Complicities, Risks. New York, Routledge.
Pain, Paromita (ed.) (2022): LGBTQ Digital Cultures. A Global Perspective. New York, Routledge.
Panwar, Arvind, Shyla/ Bhatnagar, Vishal (2023): Blockchain-Based Web 4.0: Decentralized Cloud Computing. In: Verma, Jitendra Kumar/ Saxena, Deepak Kumar/ González-Prida Díaz, Vicente/ Shendryk, Vira (eds.): CLOUD IoT. Concepts, Paradigms, and Applications. Boca Raton, CRC Press.
Pariser, Eli (2011): The Filter Bubble: What the Internet Is Hiding From You. New York, Penguin Press.
Park, Sanghoon (2016): Chapter 10 – Virtual Avatar as an Emotional Scaffolding Strategy to Promote Interest in Online Learning Environment. In: Tettegah, Sharon Y./ Gartmeier, Martin (eds.): Emotions, Technology, Design, and Learning. A volume in Emotions and Technology. Amsterdam, Elsevier, 201–224.
Patel, Kaushikkumar (2024): Chapter 5. Applications of Chatbots: Exploring the Dynamics of Chatbot Evolution. In: Darwish, Dina (ed.): Design and Development of Emerging Chatbot Technology. Hershey, IGI Global, 82–101.
Patulny, Roger/ Seaman, Claire E. (2017): ‚I'll just text you': Is face-to-face social contact declining in a mediated world?. Journal of Sociology 53(2), 285–302.
Paus-Hasebrink, Ingrid/ Schmidt, Jan/ Hasebrink, Uwe (2009): Zur Erforschung der Rolle des Social Web im Alltag von Heranwachsenden. In: Schmidt, Jan/ Paus-Hasebrink, Ingrid/ Hasebrink, Uwe (Hrsg.): Heranwachsen mit dem Social Web. Zur Rolle von Web 2.0-Angeboten im Alltag von Jugendlichen und jungen Erwachsenen. Berlin, Vistas, 13–40.
Pavlenko, Aneta/ Blackledge, Adrian (2004): Introduction: New Theoretical Approaches to the Study of Negotiation of Identities in Multilingual Contexts. In: Pavlenko, Aneta/ Blackledge, Adrian

(eds.): Negotiation of Identities in Multilingual Contexts. Clevdon, Multilingual Matters, 1–33.

Pawłowska, Olga (2019): Funkcjonowanie w mediach społecznościowych osób niepełnosprawnych chorych na stwardnienie rozsiane. Edukacja ustawiczna Dorosłych 4, 104–116.

Pawłucki, Michał (2022): Idea wspólnoty a wybrane paradygmaty naukowe i unormowania polskiego prawa pracy. Warszawa, Instytut Wymiaru Sprawiedliwości.

Peddie, Jon (2023): Augmented Reality. Where We Will All Live (Second Edition). Cham, Springer Nature.

Pędzisz, Joanna (2012): Diskursthema und Themen im Diskurs. Zur thematischen Profilierung der diskursiven Wirklichkeit. tekst i dyskurs – text und diskurs 5, 231–247.

Pędzisz, Joanna (2013): Diskursive Blog-Interaktion: massenmediale oder interpersonale Diskursrealisation? tekst i dyskurs – text und diskurs 6, 203–217.

Pędzisz, Joanna (2016a): Profil des Online-Diskurses in Blog-Interaktionen an der Schnittstelle zwischen theoretischem Konzept und empirischem Modell. Frankfurt am Main, Peter Lang.

Pędzisz, Joanna (2016b): Voice und Ideology broker im Online-Diskurs. Zur medialen Realität der Interaktion in Online-Diskussionen über Windparks. In: Kaczmarek, Dorota (Hrsg.): Politik – Medien – Sprache. Deutsche und polnische Realien aus linguistischer Sicht. Łódź, Wydawnictwo Uniwersytetu Łódzkiego, 155–167.

Peirce, Charles Sanders (1983 [1903]): Phänomen und Logik der Zeichen. Frankfurt am Main, Suhrkamp Verlag.

Pentzold, Christian (2016): Zusammenarbeiten im Netz. Praktiken und Institutionen internetbasierter Kooperation. Wiesbaden, Springer Fachmedien.

Pentzold, Christian/ Fraas, Claudia/ Meier, Stefan (2013): Online-mediale Texte: Kommunikationsformen, Affordanzen, Interfaces. Zeitschrift für germanistische Linguistik 2013; 41(1), 81–101.

Pentzold, Christian/ Seidenglanz, Sebastian (2006): Die aktuelle Enzyklopädie Wikipedia im Spannungsfeld klassischer Lexikonproduktion und aktueller Nachrichtenereignisse. In: Geier, Ruth/ Wuttke, Madlen/ Piehler, Robert (Hrsg.): Medien und Wirklichkeit 2. Studentische Medientage Chemnitz 2006. Chemnitz, Technische Universität Chemnitz, 105–122.

Perdew, Laura (2017): Online identity. Essential Library of the Information Age. Minneapolis, Abdo Publishing.

Perez, Bertrand (2022): Das heutige Internet ist von Grund auf kaputt. Online: https://background.tagesspiegel.de/digitalisierung-und-ki/briefing/das-heutige-internet-ist-von-grund-auf-kaputt [letzter Zugriff: 27.03.2025].

Pernegger, Maria (2017): Menschen mit Behinderung in österreichischen Massenmedien. Jahresstudie 2015/16. Online: https://www.rtr.at/medien/aktuelles/publikationen/Publikationen/Studie_Menschen_mit_Behinderung.de.html [letzter Zugriff 09.02.2024].

Perrin, Daniel (2015): Medienlinguistik, 3. aktualisierte Auflage. Konstanz, UVK.

Petermann, Sören (2014): Persönliches soziales Kapital in Stadtgesellschaften. Wiesbaden, Springer VS.

Peters, Bernhard (1993): Die Integration moderner Gesellschaften. Frankfurt am Main, Suhrkamp Verlag.

Pfetsch, Barbara (1998): Bürger – Publikum. In: Jarren, Ottfried/ Sarcinelli, Ulrich/ Saxer, Ulrich (Hrsg.): Politische Kommunikation in der demokratischen Gesellschaft. Ein Handbuch. Opladen, Westdeutscher Verlag, 406– 413.

Pfister, Manfred (1985): Konzepte der Intertextualität. In: Broich, Ulrich/ Pfister, Manfred (Hrsg.): Intertextualität. Formen, Funktionen, anglistische Fallstudien. Tübingen, Niemeyer, 1–30.

Pho, Phuong Dzung (2013): Authorial stance in research articles. Examples from applied linguistics and educational technology. Basingstoke, Palgrave Macmillan.

Pisarski, Mariusz (2013): Xanadu: hipertekstowe przemiany prozy (wydanie I). Kraków, Korporacja Ha!Art.

Plaga, Friederike (2011): „Bilderreich und Wortgewandt“ – Bildwissenschaft im Kindergarten. Die symbolische Praxis des Sprechens über Bilder und ihre Relevanz für die Frühpädagogik. In: Bisanz, Elize (Hrsg.): Das Bild zwischen Kognition und Kreativität. Interdisziplinäre Zugänge zum bildhaften Denken. Bielefeld, transcript Verlag. 209–226.

Plake, Klaus/ Jansen, Daniel/ Schuhmacher, Birgit (2001): Öffentlichkeit und Gegenöffentlichkeit im Internet. Politische Potentiale der Medienentwicklung. Wiesbaden, Westdeutscher Verlag.

Pletz, Hendrik (2020): Diesseits der Bilder. Der Videorekorder und die Geschichte medialen Wissens um 1980. Berlin, Neofelis Verlag.

Podgórska-Jachnik, Dorota (2013): Deprecjacja osób z niepełnosprawnością w dyskursie publicznym za pośrednictwem mediów. In: Gajdzica, Zenon (red.): Człowiek z niepełnosprawnością w rezerwacie przestrzeni publicznej. Kraków, Oficyna Wydawnicza Impuls, 65–110.

Pogner, Karl-Heinz (2012): Discourse Communities and Communities of Practice. On the Social Context of Text and Knowledge Production in the Workplace. In: Rothkegel, Annely/ Ruda, Sonja (eds.): Communication on and via technology. Berlin, De Gruyter, 83–107.
Polajnar, Janja/ Scharloth, Joachim/ Škerlavaj, Tanja (2022): Intertextualität und (digitale) Diskurse. In: Gredel, Eva (Hrsg.): Diskurse – digital. Theorien, Methoden, Anwendungen. Berlin, De Gruyter, 213–236.
Poprawa, Marcin (2020): Przestrzenie słowno-obrazowe w propagandowych drukach ulotnych lat 1918–1939. Próba analizy w świetle lingwistyki tekstowej i teorii wizualności. Sztuka Edycji, 1, 203–230.
Porten-Cheé, Pablo (2017): Anschlusskommunikation als Medienwirkung. Der Einfluss von Relevanz und Qualität von Medieninhalten auf das Gesprächsverhalten. Baden-Baden: Nomos.
Prensky, Marc (2001): Digital Natives, Digital Immigrants. On the Horizon, Vol. 9, No. 5, 1–6.
Primbs, Stefan (2016): Social Media für Journalisten. Redaktionell arbeiten mit Facebook, Twitter & Co. Wiesbaden, Springer VS.
Proffitt, Merrilee (ed.) (2018): Leveraging Wikipedia. Connecting Communities of Knowledge. Chicago, ALA Editions.
Putnam, Robert (2000): Bowling Alone: The Collapse and Revival of American Community. New York, Simon & Schuster.
Quan-Haase, Anabel/ Wellman, Barry (2004): How does the Internet Affect Social Capital? In: Huysman, Marleen/ Wulf, Volker (eds.): Social Capital and Information Technology. Cambridge, The MIT Press, 113–132.
Quigley, Diane/ Sonnenfeld, David/ Brown, Phil/ Silka, Linda/ He, Linlang/ Tian, Qing (2016): Research ethics training on place-based communities and cultural groups. Journal of Environmental Studies and Sciences 6, 479–489.
Quinlan, Tony (2012): Narratives, strategic narratives and micro-narratives. Online: https://www.tonyquinlan.com/news/narratives-strategic-narratives-and-micro-narratives [letzter Zugriff 14.05.2025].
Rackaway, Chapman (2014): Communicating Politics Online. New York, Palgrave MacMillan.
Rada, Roberta (2021): Euphemismus. In: Diskursmonitor. Glossar zur strategischen Kommunikation in öffentlichen Diskursen. Hrsg. von der Forschungsgruppe Diskursmonitor und Diskursintervention. Online: https://diskursmonitor.de/glossar/euphemismus [letzter Zugriff 15.05.2024].

Radsch, Courtney C. (2013): The Revolutions will be Blogged: Cyberactivism and the 4th Estate in Egypt. Washington, American University.

Raisanen, Christine/ Stenberg, Ann-Charlotte (2011): Using positioning theory to understand strategic management contradictions. Online: http://resolver.tudelft.nl/uuid:cd2ce9a9-6c3a-477c-a88a-fbde05189985 [letzter Zugriff 11.11.2020].

Rajewsky, Irina O. (2002): Intermedialität. Tübingen, UTB Narr Francke Attempto Verlag.

Rajewsky, Irina O. (2005): Intermediality, Intertextuality, and Remediation: A Literary Perspective on Intermediality. Intermédialités Histoire et théorie des arts des lettres et des techniques 6(6):43, 43–64.

Rapp, Frank (2013): Quo vadis Social Media? Zur Zukunft von sozialen Netzwerken und Facebook in Deutschland. Hamburg, Reinhold Krämer Verlag.

Rau, Jan Philipp/ Stier, Sebastian (2019): Die Echokammer-Hypothese: Fragmentierung der Öffentlichkeit und politische Polarisierung durch digitale Medien? Zeitschrift für Vergleichende Politikwissenschaft, 13 (August), 399–417.

Rauner, Felix (2023): Grundlagen der modernen beruflichen Bildung. Mitgestalten der Arbeitswelt. Bielefeld, wbv Publikation.

Reckwitz, Andreas (2003): Grundelemente einer Theorie sozialer Praktiken. Eine sozialtheoretische Perspektive. Zeitschrift für Soziologie, 32(4), 282–301.

Rehm, Georg (2006): Hypertextsorten: Definition, Struktur, Klassifikation. Online: http://geb.uni-giessen.de/geb/volltexte/2006/2688/ [letzter Zugriff 15.05.2022].

Reiche, Christina (2004): Zur Anwendung von Netzwerkkonzept, Strukturtheorie und Semiotik bei der Erforschung von Gesellschaft und Kultur Ägyptens im inner- und interkulturellen Kontaktraum. In: Gundlach, Rolf/ Klug, Andrea (Hrsg.): Das ägyptische Königtum im Spannungsfeld zwischen Innen- und Außenpolitik im 2. Jahrtausend v. Chr. Wiesbaden, Harrassowitz Verlag, 35–72.

Reichertz, Jo (2024): Kommunikationsmacht. Wirkungen und Potentiale kommunikativen Handelns. Wiesbaden, Springer Fachmedien.

Reichertz, Jo/ Bettmann, Richard (2018): Kommunikation – Medien – Konstruktion. Braucht die Mediatisierungsforschung den Kommunikativen Konstruktivismus? Wiesbaden, Springer VS.

Reid, Elizabeth M. (1996): Text-based Virtual Realities: Identity and the Cyborg Body. In: Ludlow, Peter (ed.): High Noon on the Electronic

Frontier. Conceptual Issues in Cyberspace. Cambridge, The MIT Press, 327–346.
Reif, Anne (2021): Mehr Raum für Vertrauen? Potenzielle Veränderungen des Vertrauens in Wissenschaft durch partizipative Online-Umgebungen. In: Döbler, Thomas/ Pentzold, Christian/ Katzenbach, Christian (Hrsg.): Räume digitaler Kommunikation. Lokalität – Imagination – Virtualisierung. Köln, Herbert von Halem Verlag, 210–243.
Renz, Florian (2007): Praktiken des Social Networking. Eine kommunikationssoziologische Studie zum online-basierten Netzwerken am Beispiel von open BC (XING). Boizenburg, Verlag Werner Hülsbusch.
Rhomberg, Markus (2007): Mediendemokratie. Die Agenda-Setting-Funktion der Massenmedien. München, Wilhelm Fink Verlag.
Richter-Mackenstein, Joseph (2023): Sozialarbeitswissenschaftliche Diagnostik. Basiswissen zur Diagnostik in der Sozialen Arbeit. Göttingen, UTB Vandenhoeck & Ruprecht.
Rode, Sabrina (2017): Die Selbstdarstellung in den sozialen Medien Facebook und Instagram. Ein Verzicht auf Privatheit? Norderstedt, GRIN Verlag.
Röhm, Alexander (2023): Zwischen Sensibilisierung und Stigmatisierung: Darstellung von Menschen mit Behinderungen in Medien in Deutschland (Textreihe der „Bundeszentrale für politische Bildung“). Online: https://www.bpb.de/themen/inklusion-teilhabe/behinderungen/520265/zwischen-sensibilisierung-und-stigmatisierung-darstellung-von-menschen-mit-behinderungen-in-medien-in-deutschland/ [letzter Zugriff 07.02.2024).
Röll, Franz Josef (2003): Pädagogik der Navigation. Selbstgesteuertes Lernen durch Neue Medien. München, KoPäd Verlag.
Rosen, Jay (2008): A Most Useful Definition of Citizen Journalism. PressThink. Online: http://archive.pressthink.org/2008/07/14/a_most_useful_d.html [letzter Zugriff 24.06.2023].
Rosenberg, Scott (2010: Postscript: Four cases for the persistence of blogging. Online: http://www.sayeverything.com/postscript-four-cases-for-the-persistence-of-blogging/ [letzter Zugriff 18.06.2024].
Rosengren, Karl Erik (1981): Mass Media and Social Change: Some Current Approaches. In: Katz, Elihu/ Szecskîo, Tamás (eds.): Mass Media and Social Change. London, Sage Publications, 247–263.

Röser, Jutta/ Müller, Kathrin Friederike/ Niemand, Stephan/ Roth, Ulrike (2019): Das mediatisierte Zuhause im Wandel. Eine qualitative Panelstudie zur Verhäuslichung des Internets. Wiesbaden, Springer Fachmedien.

Rothkegel, Annely (2010): Technikkommunikation. Produkte. Texte. Bilder. Konstanz, UVK.

Rothkegel, Annely (2013): Kommunikationskulturen im Netz: wie offen/ geschlossen sind Mediendiskurse und Medientexte? – Modellierung der Themenelaboration auf Websites zum Thema Nachhaltigkeit. tekst i dyskurs – text und diskurs 6, 2013, 219–240.

Ryan, Michael R. (2010): Chapter 2. Leadership. In: Ubell, Robert (ed.): Virtual Teamwork. Mastering the Art and Practice of Online Learning and Corporate Collaboration. New Jersey, John Wiley & Sons, 17–43.

Rybszleger, Paweł (2010): Intertextualität als eine der Möglichkeiten der Stiftung von Identität oder Abgrenzung von der Außenwelt. Intertextuelle Bezüge am Beispiel vom sozialen Netzwerk „MySpace.com". In: Berdychowska, Zofia/ Bilut-Homplewicz, Zofia/ Mac, Agnieszka/ Smykała, Marta/ Szwed, Iwona (Hrsg.): Text und Stil. Frankfurt am Main, Peter Lang, 447–458.

Rybszleger, Paweł (2011): Soziale Netzwerke als digitale Plattformen und multimediale (Hyper)texte mit intertextuellen Bezügen. Versuch einer textlinguistischen Begriffsbestimmung. In: Bartoszewicz, Iwona/ Szczęk, Joanna/ Tworek, Artur (Hrsg.): Germanistische Linguistik im interdisziplinären Gefüge II (= Linguistische Treffen in Wrocław, Vol. 7). Dresden, Neisse Verlag, 153–160.

Rybszleger, Paweł (2013): Interobrazowość i intertekstualność w tekstach i obrazach w Sieci – próba zdefiniowania pojęć. In: Radomski, Andrzej/ Bomba, Radosław (red.): Zwrot cyfrowy w humanistyce. Internet / Nowe media / Kultura 2.0. Lublin, E-Naukowiec, 101–114.

Rybszleger, Paweł (2014): Soziale Medien als multimodale Communities of Practice. In: Antos, Gerd/ Opiłowski, Roman/ Jarosz, Józef (Hrsg.): Sprache und Bild im massenmedialen Text. Formen, Funktionen und Perspektiven im deutschen und polnischen Kommunikationsraum. Wrocław, ATUT, 287–298.

Rybszleger, Paweł (2016): Diskursive Konstituierung von Wissen in onlinebasierten Social Media Plattformen. tekst i dyskurs – text und diskurs 9, 2016, 85–102.

Rybszleger, Paweł (2017): Selbstdarstellung auf Twitter als Bestandteil einer Online-Identität und Kommunikationshandlung. In: Bartoszewicz,

Iwona/ Szczęk, Joanna/ Tworek, Artur (Hrsg.): Grenzen der Sprache – Grenzen der Wissenschaft I. Dresden, Neisse Verlag, 191–202.
Rybszleger, Paweł (2018): (Re-)kontextualisierungspraktiken in Online-Diskursen. In: Antos, Gerd/ Opiłowski, Roman/ Jarosz, Józef (Hrsg.): Online-Diskurse im interkulturellen Gefüge. Wissenstransfer, Öffentlichkeiten, Textsorten. Berlin, Peter Lang, 247–270.
Rybszleger, Paweł (2020): Pragmatik von Hashtags am Beispiel von Twitter als multimodales Diskurssystem. In: Adamczak-Krysztofowicz, Sylwia/ Szczepaniak-Kozak, Anna/ Rybszleger, Paweł (Hrsg.): Angewandte Linguistik – Neue Herausforderungen und Konzepte. Festschrift für Izabela Prokop zum 70. Geburtstag. Göttingen, Vandenhoeck & Ruprecht, 87–102.
Rybszleger, Paweł (2022): Ich lasse mir nicht den Mund verbieten: Wie vorpositionieren sich Impfgegner sprachlich und multimodal? Textorientierte Analyse von ausgewählten Selbstdarstellungsmodulen in deutschsprachigen sozialen Medien am Beispiel von Twitter-UserInnen. In: Jakosz, Mariusz/ Kałasznik, Marcelina (Hrsg.): Corona-Pandemie: Diverse Zugänge zu einem aktuellen Superdiskurs. Göttingen, Vandenhoeck & Ruprecht, 217–238.
Sablina, Liliia (2023). The role of social media in facilitating minority mobilisation: The Russian-language pro-war movement in Germany amid the invasion of Ukraine. Nations and Nationalism, 29(4), 1422–1438.
Salgues, Bruno (2018): Society 5.0. Industry of the Future, Technologies, Methods and Tools. Hoboken, Wiley.
Salhi, Hamoud (2019): The Digital Divide in Scientific Development and Research: The Case of the Arab World. In: Normore, Anthony H./ Lahera, Antonia Issa (eds.): Crossing the Bridge of the Digital Divide: A Walk with Global Leaders. Charlotte, Information Age Publishing, 181–198.
Sandig, Barbara (2000): Text als prototypisches Konzept. In: Mangasser-Wahl, Martina (Hrsg.): Prototypentheorie in der Linguistik. Anwendungsbeispiele – Methodenreflexion – Perspektiven. Tübingen, Stauffenburg, 93–112.
Sandig, Barbara (2006): Textstilistik des Deutschen. 2. vollständig neu bearbeitete und erweiterte Auflage. Berlin, De Gruyter.
Saupe, Achim/ Wiedemann, Felix (2015): Narration und Narratologie. Erzähltheorien in der Geschichtswissenschaft, Version: 1.0. Online: http://docupedia.de/zg/Narration [letzter Zugriff 23.06.2024].

Sawyer, Sheryl (2013): Exploring identity construction: A case study from an online forum. tekst i dyskurs – text und diskurs 6, 2013, 241–261.
Saxer, Ulrich (1999): Der Forschungsgegenstand der Medienwissenschaft. In: Leonhard, Joachim-Felix/ Ludwig, Hans-Werner/ Schwarze, Dietrich/ Straßner, Erich (Hrsg.): Medienwissenschaft. Ein Handbuch zur Entwicklung der Medien und Kommunikationsformen. 1. Teilband. Berlin, De Gruyter, 1–14.
Schallbruch, Martin (2018): Schwacher Staat im Netz. Wie die Digitalisierung den Staat in Frage stellt. Wiesbaden, Springer Fachmedien.
Scharf-Haggenmiller, Christine (2017): Arbeit. Anerkennung? Geschlecht! Strategische Identitäten türkischer Migranten der zweiten Generation im Vergleich. Münster, Waxmann.
Scheidies, Johanna (2018): Fokusorientierte Sozialraumanalyse mit Handlungsempfehlungen für den Bildungsbereich im Märkisches Viertel. Online: https://bildungsverbund-mv.de/wp-content/uploads/2019/01/Fokusorientierte-Sozialraumanalyse-BV-MV-2018.pdf [letzter Zugriff 29.04.2020].
Schelten, Andreas (1997): Testbeurteilung und Testerstellung. Grundlagen der Teststatistik und Testtheorie für Pädagogen und Ausbilder in der Praxis (2., durchgesehene und erweiterte Auflage). Stuttgart, Franz Steiner Verlag.
Schenk, Michael (1989): Massenkommunikation und interpersonale Kommunikation. In: Kaase, Max/ Schulz, Winfried (Hrsg.): Massenkommunikation. Theorien, Methoden, Befunde. Opladen, Westdeutscher Verlag, 406–417.
Schiep, Pascal (2022): Die sozialen Netzwerke Facebook und Instagram. Nutzung und Risiken für die Generation Y. Norderstedt, GRIN Verlag.
Schiffer, Adam J. (2018): Evaluating Media Bias. Lanham, Rowman & Littlefield.
Schildhauer, Peter (2016): Blogs in der Krise? Die Auswirkungen Sozialer Netzwerke auf die Textsorte Personal Weblog. In: Baechler, Coline/ Eckkrammer, Eva Martha/ Müller-Lancé, Johannes/ Thaler, Verena (Hrsg.): Medienlinguistik 3.0 – Formen und Wirkung von Textsorten im Zeitalter des Social Web. Berlin, Frank&Timme, 245–261.
Schilling, Andreas (2018): Kapitel 3. Schutzmaßnahmen zur sicheren Identifizierung und Authentifizierung für Cloud-basierte Systeme. In: Borges, Georg/ Werners, Brigitte (Hrsg.): Identitätsmanagement

im Cloud Computing. Evolution ökonomischer und rechtlicher Rahmenbedingungen. Berlin, Springer Verlag, 33–52.

Schlobinski, Peter (2005): 1 Editorial: Sprache und internetbasierte Kommunikation – Voraussetzungen und Perspektiven. In: Siever, Torsten/ Schlobinski, Peter/ Runkehl, Jens (Hrsg.): Websprache.net. Sprache und Kommunikation im Internet. Berlin, De Gruyter, 1–14.

Schmidt, Jan (2006): Weblogs. Eine kommunikationssoziologische Studie. Konstanz: UVK.

Schmidt, Jan (2017): Das neue Netz. Merkmale, Praktiken und Folgen des Web 2.0 (2., überarbeitete Auflage). Konstanz, UVK.

Schmidt, Jan/ Paetzolt, Matthias/ Wilbers, Martin (2006): Stabilität und Dynamik von Weblog-Praktiken. Ergebnisse der Nachbefragung zur „Wie ich blogge?!"-Umfrage. In: Berichte der Forschungsstelle „Neue Kommunikationsmedien" der Universität Bamberg. Nr. 6–3. Online: https://www.ssoar.info/ssoar/handle/document/991 [letzter Zugriff 30.06.2024].

Schmidt, Jan/ Schöneberger, Klaus/ Stegbauer, Christian (2005): Erkundungen von Weblog-Nutzungen Anmerkungen zum Stand der Forschung. kommunikation@gesellschaft, 6. Online: https://www.ssoar.info/ssoar/bitstream/handle/document/12792/B4_2005_Schmidt_Schoenberger_Stegbauer.pdf [letzter Zugriff 20.04.2022].

Schmidt, Jan-Hinrik (2013): Onlinebasierte Öffentlichkeiten: Praktiken, Arenen und Strukturen. In: Fraas, Claudia/ Meier, Stefan/ Pentzold, Christian (Hrsg.): Online-Diskurse. Theorien und Methoden transmedialer Online-Diskursforschung. Köln, Herbert von Halem Verlag, 35–56.

Schmidt, Jan-Hinrik (2016): Ethik des Internets. In: Heesen, Jessica (Hrsg.): Handbuch Medien- und Informationsethik. Stuttgart, J. B. Metzler, 284–291.

Schmidt, Siegfried J. (2000): Kalte Faszination. Medien, Kultur, Wissenschaft in der Mediengesellschaft. Göttingen, Velbrück Wissenschaft.

Schmitz, Ulrich (2011): Sehflächenforschung. Eine Einführung. In: Diekmannshenke, Hajo/ Klemm, Michael/ Stöckl, Hartmut (Hrsg.): Bildlinguistik. Theorien – Methoden – Fallbeispiele. Berlin, Erich Schmidt Verlag, 23–41.

Schmitz, Ulrich (2016): 14. Multimodale Texttypologie. In: Klug, Nina-Maria/ Stöckl, Hartmut (Hrsg.): Handbuch Sprache im multimodalen Kontext. Berlin, De Gruyter, 327–346.

Schneider, Gary P. (2013): Electronic Commerce (10th Edition). Boston, Course Technology.
Schneider, Michael (2021): Jesus und seine Freunde. Aspekte des Freundschaftsdiskurses im Neuen Testament. In: Blauth, Dominic/ Rydryck, Michael/ Schneider, Michael (Hrsg.): Freundschaft in den Texten und Kontexten des Neuen Testaments. Eine Festschrift für Stefan Alkier zum 60. Geburtstag. Tübingen, Narr Francke Attempto Verlag, 15–42.
Schofield Clark, Lynn/ Marchi, Regina (2017): Young People and the Future of News. Social Media and the Rise of Connective Journalism. Cambridge, Cambridge University Press.
Schomburg, Silke/ Leggewie, Claus/ Lobin, Henning/ Puschmann, Cornelius (Hrsg.) (2011): Digitale Wissenschaft. Stand und Entwicklung digital vernetzter Forschung in Deutschland. 20./21. September 2010, Köln. Beiträge der Tagung 2., ergänzte Fassung. Köln, Hochschulbibliothekszentrum des Landes Nordrhein-Westfalen.
Schreiber, Maria/ Kramer, Michaela (2016): „Verdammt schön". Methodologische und methodische Herausforderungen der Rekonstruktion von Bildpraktiken auf Instagram. Zeitschrift für Qualitative Forschung 17, 81–106.
Schroer, Markus (2006): Selbstthematisierung. Von der (er-)Findung des Selbst und der Suche nach Aufmerksamkeit. In: Burkhart, Günter (Hrsg.): Die Ausweitung der Bekenntniskultur – neue Formen der Selbstthematisierung? Wiesbaden, VS Verlag für Sozialwissenschaften, 41–72.
Schubert, Christoph (2017): Discourse and cohesion. In: Hoffmann, Christian R./ Bublitz, Wolfram (eds.): Pragmatics of Social Media. Berlin, De Gruyter, 317–344.
Schulmeister, Rolf (2009): Gibt e seine „Net Generation"? (erweiterte Version 3.0). Online: http://epub.sub.uni-hamburg.de/epub/volltexte/2013/19651/pdf/schulmeister_net_generation_v3.pdf [letzter Zugriff: 24.06.2024].
Schulz, Winfried (1976): Die Konstruktion von Realität in den Nachrichtenmedien. Analyse der aktuellen Berichterstattung. Freiburg, Alber.
Schürig, Henning (2010): Social Media statt Web 2.0. Online: http://www.henningschuerig.de/2010/social-media-statt-web-20/ [letzter Zugriff 19.10.2023].
Schwaiger, Lisa (2022): Gegen die Öffentlichkeit. Alternative Nachrichtenmedien im deutschsprachigen Raum. Bielefeld, transcript Verlag.

Schwarz-Friesel, Monika (2006): Kohärenz versus Textsinn: Didaktische Facetten einer linguistischen Theorie der textuellen Kontinuität. In: Scherner, Maximilian/ Ziegler, Arne (Hrsg.): Angewandte Textlinguistik. Perspektiven für den Deutsch- und Fremdsprachenunterricht. Tübingen, Narr Verlag, 63–75.

Scott, Kate (2015): The pragmatics of hashtags: Interference and conversational style on Twitter. Journal of Pragmatics 81, 8–20.

Selting, Margret/ Couper-Kuhlen, Elizabeth (2001): Forschungsprogramm ‚Interaktionale Linguistik'. Linguistische Berichte 187, 257–287.

Send, Hendrik (2012): Kapitel 8. Die Weisheit der Vielen. In: Michelis, Daniel/ Schildhauer, Thomas/ Stumpp, Stefan (Hrsg.): Social Media Handbuch. Theorien, Methoden, Modelle und Praxis (2. Aktualisierte und erweiterte Auflage). Baden-Baden: Nomos, 104–117.

Shirky, Clay (2008): Here Comes Everybody. The Power of Organizing Without Organizations. London, The Penguin Press.

Shoaps, Robin Ann (2017): Directives, Moral Authority, and Deontic Stance-Taking in Sakapultek Maya. Anthropological Linguistics 59(1), 24–70.

Shoemaker, Pamela. J./ Vos, Timothy (2009): Gatekeeping Theory. New York, Routledge.

Shooman, Yasemin (2014): „… weil ihre Kultur so ist". Narrative des antimuslimischen Rassismus. Bielefeld, transcript Verlag.

Short, John/ Williams, Ederyn/ Christie, Bruce (1976): The Social Psychology of Telecommunications. London, John Wiley&Sons.

Shotter, John (1999): Life inside dialogically structured mentalities: Bakhtin's and Volosinov's account of our mental activities as out in the world between us. In: Rowan, John/ Cooper, Mick (eds.): The plural self: Polopsychic perspectives. London, Sage Publications, 71–92.

Shpigelman, Carmit-Noa/ Gill, Carol J. (2014): Facebook Use by Persons with Disabilities. Journal of Computer-Mediated Communication, 19, 610–624.

Sieber, Armin (2019): Dialogroboter. Wie Bots und künstliche Intelligenz Medien und Massenkommunikation verändern. Wiesbaden, Springer Fachmedien.

Siebert, Jürgen (2021): Was ist eigentlich Corporate Design? Online: https://page-online.de/branche-karriere/was-ist-eigentlich-corporate-design/ [letzter Zugriff 14.04.2022].

Siever, Christina Margit (2016): 20. Foto-Communitys als multimodale digitale Kommunikationsform. In: Klug, Nina-Maria/ Stöckl, Hartmut

(Hrsg.): Handbuch Sprache im multimodalen Kontext. Berlin, De Gruyter.
Silverstein, Michael (1979): Language structure and linguistic ideology. In: Clyne, Paul R./ Hanks, William F./ Hofbauer, Carol L. (eds.): The Elements: A Parasession on Linguistic Units and Levels Including Papers from the Conference of Non Slavic Languages of the USSR. Chicago, Chicago Linguistic Society, 193–247.
Singer, Jane B. (2014): User-generated visibility: Secondary gatekeeping in a shared media space. new media & society 2014, Vol. 16(1), 55–73.
Singh, Nitish (2018): 35+ Web 3.0 Examples Of How Blockchain Is Changing The Web. Online: https://101blockchains.com/web-3-0-examples/ [letzter Zugriff 31.07.2022].
Siri, Jasmin/ Seßler, Katharina (2013): Twitterpolitik. Politische Inszenierungen in einem neuen Medium. Berlin, Institut für Medien- und Kommunikationspolitik.
Skowronek, Bogusław (2013): Mediolingwistyka. Wprowadzenie. Kraków, Wydawnictwo Naukowe Uniwersytetu Pedagogicznego.
Smalec, Agnieszka/ Gracz, Leszek (2015): Wykorzystanie mediów społecznościowych przez samorządy lokalne w procesie komunikacji społecznej. In: Patrzałek, Wanda (red.): Konsumpcja jako forma komunikacji społecznej. Nowe paradygmaty i konteksty badawcze. Wrocław: Wydawnictwo Uniwersytetu Ekonomicznego.
Smith, Laura G.E./ Piwek, Łukasz/ Hinds, Joanne/ Brown, Olivia/ Chen, Cangxiong/ Joinson, Adam (2023): Digital Traces of Offline Mobilization. Journal of Personality and Social Psychology 125(3), 496–518.
Smykała, Marta (2018): Zu Benennungsstrategien von Migranten im polnischen (und deutschen) Migrationsdiskurs im Kontext der Hassrede und des Konzepts semantischer Kämpfe. tekst i dyskurs – text und diskurs 11, 2018, 227–254.
Snuszka, Piotr Tomasz (2015): Wortspiele von Kollegah und Farid Bang. Ambiguität im Rap. Hamburg, Diplomica Verlag.
Soeldner, Jens-Henrik (2020): Understanding Social Research Networking Sites. Wiesbaden, Springer Fachmedien.
Sonnberger, Roman (2012): Facebook im Kontext medialer Umbrüche. Eine theoretische und empirische Annäherung. Boizenburg, Verlag Werner Hülsbusch.
Sparviero, Sergio/ Peil, Corinna/ Balbi, Gabriele (eds.) (2017): Media Convergence and Deconvergence. Cham, Palgrave Macmillan.

Spiegel, Carmen (1997): Selbst- und Fremdstilisierung in umweltpolitischen Auseinandersetzungen. In: Selting, Margret/ Sandig, Barbara (Hrsg.): Sprech- und Gesprächsstile. Berlin, De Gruyter, 287–319.
Spieß, Constanze (2011): Diskurshandlungen. Theorie und Methode linguistischer Diskursanalyse am Beispiel der Bioethikdebatte. Berlin, De Gruyter.
Spitzmüller, Jürgen (2005): Das Eigene, das Fremde und das Unbehagen an der Sprachkultur. Überlegungen zur Dynamik sprachideologischer Diskurse. Aptum. Zeitschrift für Sprachkritik und Sprachkultur (3), 248–261.
Spitzmüller, Jürgen (2013): Metapragmatik, Indexikalität, soziale Registrierung. Zur diskursiven Konstruktion sprachideologischer Positionen. Zeitschrift für Diskursforschung (1)3, 263–287.
Spitzmüller, Jürgen (2016): 4. Typographie – Sprache als Schriftbild. In: Klug, Nina-Maria/ Stöckl, Hartmut (Hrsg.): Handbuch Sprache im multimodalen Kontext. Berlin, De Gruyter, 99–120.
Spitzmüller, Jürgen (2019): ‚Sprache' – ‚Metasprache' – ‚Metapragmatik': Sprache und sprachliches Handeln als Gegenstand sozialer Reflexion. In: Antos, Gerd/ Niehr, Thomas/ Spitzmüller, Jürgen (Hrsg.): Handbuch Sprache im Urteil der Öffentlichkeit. Berlin, De Gruyter, 11–30.
Spitzmüller, Jürgen/ Warnke, Ingo H. (2011): Diskurslinguistik. Eine Einführung in Theorien und Methoden der transtextuellen Sprachanalyse. Berlin, De Gruyter.
Spreckels, Janet (2006): Britneys, Fritten, Gangschta und wir: Identitätskonstitution in einer Mädchengruppe. Frankfurt am Main, Peter Lang.
Sproull, Lee/ Kiesler, Sara (1986): Reducing Social Context Cues: Electronic Mail in Organizational Communication. Management Science 32(11), 1492–1512.
Stasiuk-Krajewska, Karina (2010): Dziennikarstwo obywatelskie – o problemach granic dziennikarskiej profesji. In: Sokołowski, Marek (red.): Nowe media. Nowe interpretacje. Olsztyn, WSP TWP, 185–203.
Stasiuk-Krajewska, Karina (2011): Granice dziennikarstwa alternatywnego. O (poczuciu) wolności w Internecie. In: Borkowski, Igor/ Stasiuk-Krajewska, Karina (red.): Dziennikarstwo i Media: przestrzenie komunikowania. Wrocław, Wydawnictwo Uniwersytetu Wrocławskiego, 111–125.
Stegbauer, Christian (2001): Grenzen virtueller Gemeinschaft. Strukturen internetbasierter Kommunikationsforen. Wiesbaden, Westdeutscher Verlag.

Stein-Hinrichsen, Kristina (2022): Tanzen als Widerstand »One Billion Rising« und choreographische Interventionen im öffentlichen Raum. Bielefeld, transcript Verlag.

Steinseifer, Martin (2013): Texte sehen – Diagrammatologische Impulse für die Textlinguistik. Zeitschrift für Germanistische Linguistik 2013; 41(1), 8–39.

Stephens, Todd R. (2010): Integrating Web 2.0 technologies within the Enterprise. In: Tatnall, Arthur (ed.): Web Technologies: Concepts, Methodologies, Tools, and Applications. Volume I. Information Science Reference. New York, Hershey, 201–218.

Stephens, Todd R. (2014): Usability Impact Analysis of Collaborative Environments. In: Garcia-Ruiz, Miguel A. (ed.): Information Resources Management Association USA. Cyber Behavior: Concepts, Methodologies, Tools and Applications. New York, Hershey, 1536–1551.

Stier, Sebastian (2017): Internet und Regimetyp. Netzpolitik und politische Online-Kommunikation in Autokratien und Demokratien. Wiesbaden, Springer Fachmedien.

Stillich, Sven (2007): Second Life. Wie virtuelle Welten unser Leben verändern. Berlin, Ullstein.

Stöckl, Hartmut (2004a): Die Sprache im Bild – das Bild in der Sprache. Zur Verknüpfung von Sprache und Bild im massenmedialen Text. Konzepte, Theorien, Analysemethoden. Berlin, De Gruyter.

Stöckl, Hartmut (2004b): Typographie. Gewand und Körper des Textes – Linguistische Überlegungen zu typographischer Gestaltung. Zeitschrift für Angewandte Linguistik 41, 5–48.

Stöckl, Hartmut (2011): Sprache-Bild-Texte lesen. Bausteine zur Methodik einer Grundkompetenz. In: Diekmannshenke, Hajo/ Klemm, Michael/ Stöckl, Hartmut (Hrsg.): Bildlinguistik. Theorien – Methoden – Fallbeispiele. Berlin, Erich Schmidt Verlag, 45–70.

Stöckl, Hartmut (2016a): 1. Multimodalität – Semiotische und textlinguistische Grundlagen. In: Klug, Nina-Maria/ Stöckl, Hartmut (Hrsg.): Handbuch Sprache im multimodalen Kontext. Berlin, De Gruyter, 3–35.

Stöckl, Hartmut (2016b): Multimodalität im Zeitalter des Social Web: Eine forschungsmethodische Skizze. In: Baechler, Coline/ Eckkrammer, Eva Martha/ Müller-Lancé, Johannes/ Thaler, Verena (Hrsg.): Medienlinguistik 3.0 – Formen und Wirkung von Textsorten im Zeitalter des Social Web. Berlin, Frank&Timme, 21–30.

Stoeckl, Ralph/ Rohrmeier, Patrick/ Hess, Thomas (2007): Motivations to produce User Generated Content: differences between webloggers and videobloggers. Bled: BLED 2007 Proceedings, 30, 398–413.
Stojkow, Maria/ Żuchowska-Skiba, Dorota (2015): Aktywność osób z niepełnosprawnościami na profilach i forach społecznościowych w społeczeństwie sieci. Polityka Społeczna, 5–6(42), 17–21.
Stone, Lynda D./ Hart, Tabitha (2019): Sociocultural Psychology and Regulatory Processes in Learning Activity. Contributions of Cultural-Historical Psychological Theory. New York, Cambridge University Press.
Storrer, Angelika (2000): Was ist „hyper“ am Hypertext?. In: Kallmeyer, Werner (Hrsg.): Sprache und neue Medien. Berlin, De Gruyter, 222–249.
Storrer, Angelika (2001): Sprachliche Besonderheiten getippter Gespräche: Sprecherwechsel und sprachliches Zeigen in der Chat-Kommunikation. In: Beißwenger, Michael (Hrsg.): Chat-Kommunikation, Sprache, Interaktion, Sozialität & Identität in synchroner computervermittelter Kommunikation. Stuttgart, ibidem, 3–24.
Storrer, Angelika (2003): Kohärenz in Hypertexten. Zeitschrift für germanistische Linguistik (ZGL) 31, 274–292.
Storrer, Angelika (2004): Hypertext und Texttechnologie. In: Knapp, Karlfried (Hrsg.): Angewandte Linguistik. Ein Lehrbuch. Tübingen, UTB, 207–228.
Storrer, Angelika (2008): 14 Hypertextlinguistik. In: Janich, Nina (Hrsg.): Textlinguistik. 15 Einführungen. Tübingen, Gunter Narr Verlag, 315–331.
Strobel, Viola/ Paul, Christopher (2015): 18 Framing und Agenda-Setting in der Lokalberichterstattung. Eine Inhaltsanalyse am Beispiel des Projekts „Zentrales Rathaus“ in Villingen-Schwenningen. In: Werner, Jürgen (Hrsg.): 40 Jahre Duales Studium – Festschrift. Beiträge aus der Fakultät Wirtschaft. Berlin, De Gruyter, 352–368.
Struck-Peregończyk, Monika/ Kurek-Ochmańska, Olga (2018): Wizerunek osób niepełnosprawnych w polskiej prasie opiniotwórczej na przykładzie tygodnika „Polityka“ w latach 1997–2016. Przegląd Socjologii Jakościowej, Tom XIV Numer 3, 48–71.
Sturken, Marita/ Cartwright, Lisa (2009): Practices of Looking: An Introduction to Visual Culture. Oxford, Oxford University Press.
Subhashini, N./ Ezra, Morris A.G./ Liaw, Shien-Kuei (eds.) (2023): Futuristic Communication and Network Technologies. Select Proceedings of VICFCNT 2021, Volume 1&2. Singapore, Springer Singapore.

Sulikowski, Piotr (2016): Das Wesen der Indexikalität im Sprachgebrauch. Colloquia Germanica Stetinensia vol. 231(25), 231–244.
Surowiecki, James (2005): The Wisdom of Crowds. London, Abacus.
Swasy, Alecia (2016): How Journalists Use Twitter: The Changing Landscape of U.S. Newsrooms. Lanham, Lexington Books.
Szews, Przemysław (2013): Mikroblog – odmiana blogu czy oddzielny gatunek?. Acta Universatis Lodziensis. Folia Litteraria Polonoca 2(20), 271–289.
Szpunar, Magdalena (2012): Nowe-stare medium. Internet między tworzeniem nowych modeli komunikacyjnych a reprodukowaniem schematów komunikowania masowego. Warszawa, Wydawnictwo IFiS PAN.
Szpunar, Magdalena (2014): Od narcyzmu jednostki do kultury narcyzmu. Kultura – Media – Teologia 2014 (18), 106–116.
Szpunar, Magdalena (2016): Kultura cyfrowego narcyzmu. Kraków, Wydawnictwa AGH.
Szpunar, Magdalena (2019): Kultura algorytmów. Kraków, Instytut Dziennikarstwa, Mediów i Komunikacji Społecznej.
Szyszko, Agata (2017): Zastosowanie znaczników z informacją o lokalizacji oraz danych GPS przez media społecznościowe. Studia Ekonomiczne. Zeszyty Naukowe Uniwersytetu Ekonomicznego w Katowicach 342, 148–165.
Tajfel, Henri/ Turner, Jim C. (1979): An integrative theory of intergroup conflict. In: Austin, William G./ Worchel, Stephen (eds.): The social psychology of intergroup relations. Monterey, Brooks/Cole, 33–47.
Tapscott, Don (1998): Net Kids. Die digitale Generation erobert Wirtschaft und Gesellschaft. Wiesbaden, Dr. Th. Gabler Verlag.
Tapscott, Don (2007). Growing Up Digital: The Rise of the Net Generation. New York, McGraw-Hill.
Tapscott, Don (2015): Digital Economy. Rethinking Promise and Peril in the Age of Networked Intelligence. New York, McGraw-Hill.
Tassis, Melina (2020): Die Kommentierung von Statusmeldungen in sozialen Netzwerken aus strafrechtlicher Perspektive. Baden-Baden, Nomos.
Teplan, Annegret (2005): Kommunikation im Chat. Grundlagen. Instrumente. Bewertung. Berlin, VDM Verlag Dr. Müller.
Teubert, Wolfgang (2019): Im Kopf oder im Diskurs: wo ist unsere Welt? Sprache und Denken. tekst i dyskurs – text und diskurs 12, 25–47.

Thiedeke, Udo (2008): Die Gemeinschaften der Eigensinnigen. Interaktionsmediale Kommunikationsbedingungen und virtuelle Gemeinschaften. In: von Gross, Friederike/ Marotzki, Winfried/ Sander, Uwe (Hrsg.): Internet-Bildung-Gemeinschaft. Wiesbaden, Springer VS, 45–73.

Thimm, Caja/ Dang-Anh, Mark/ Einspänner, Jessica (2011): Diskurssystem Twitter: Semiotische und handlungstheoretische Perspektiven. In: Anastasiadis, Mario/ Thimm, Caja (Hrsg.): Social Media. Theorie und Praxis digitaler Sozialität. Frankfurt am Main, Peter Lang, 265–285.

Tifentale, Alice (2014): The Selfie: Making sense of the „Masturbation of Self-Image" and the „Virtual Mini-Me". Online: https://d25rsf93iwlmgu.cloudfront.net/downloads/Tifentale_Alise_Selfiecity.pdf [letzter Zugriff 30.07.2023].

Tillmann, Angela/ Weßel, André (2018): Das digitale Spiel als Ermöglichungsraum für Bildungsprozesse. In: Pietraß, Manuela/ Fromme, Johannes/ Grell, Petra/ Hug, Theo (Hrsg.): Jahrbuch Medienpädagogik. 14, Der digitale Raum – Medienpädagogische Untersuchungen und Perspektiven. Wiesbaden, Springer VS, 111–132.

Titzmann, Michael (2010): Interaktion und Kooperation von Texten und Bildern. In: Krah, Hans/ Titzmann, Michael (Hrsg.): Medien und Kommunikation. Eine interdisziplinäre Einführung. Passau, Verlag Karl Stutz, 215–248.

Toffler, Alvin (1983): Die dritte Welle, Zukunftschance. Perspektiven für die Gesellschaft des 21. Jahrhunderts. München, Goldmann.

Tönnies, Ferdinand (2008 [1887]): Wspólnota i stowarzyszenie: rozprawa o komunizmie i socjalizmie jako empirycznych formach kultury (Community and Society). Warszawa, Wydawnictwo Naukowe PWN.

Tönnies, Ferdinand (2018 [1912]): Gemeinschaft und Gesellschaft. Grundbegriffe der reinen Soziologie, 2. Auflage. Berlin, Springer Verlag.

Trepesch, Sebastian (2010): Vernetzt und zugemailt. Jugendliche bei Facebook & Co. Marburg, Textum Verlag.

Trescher, Hendrik (2013): Kotexte des Lebens. Lebenssituation demenziell erkrankter Menschen im Heim. Wiesbaden, Springer Fachmedien.

Turowski, Jan/ Mikfeld, Benjamin (2013): Gesellschaftlicher Wandel und politische Diskurse. Überlegungen für eine strategieorientierte Diskursanalyse (Denkwerk Demokratie. Werkbericht Nr. 3). Online: https://www.denkwerk-demokratie.de/wp-content/uploads/2013/10/DD_Werkbericht_3.pdf [letzter Zugriff 15.05.2024].

Tushman, Michael L./ Katz, Ralph (1980): External Communication and Project Performance: An Investigation Into the Role of Gatekeepers. Management Science, 26(11), 1071–1084.
Van Dijk, Jan (2010): Społeczne aspekty nowych mediów. Warszawa, Wydawnictwo Naukowe PWN.
Van Dijk, Teun Adrianus (1980): Makrostructures. Hillsdale, Erlbaum.
Van Dijk, Ziko (2021): Wikis und die Wikipedia verstehen. Eine Einführung. Bielefeld, transcript Verlag.
Verma, Anshul/ Verma, Pradeepika/ Pattanaik, Kiran Kumar/ Garg, Lalit (eds.) (2023): Research Advances in Network Technologies. Boca Raton, CRC Press.
Verschueren, Jef (2000): Notes on the role of metapragmatic awareness in language use. Pragmatics 10:4, 439–456.
Verstraten, Paul (1989) Diëgese. Versus (Nijmegen), 1, 59–70.
Vilanova, Felipe/ Beria, Francielle Machado/ Koller, Silvia Helena (2017): Deindividuation: From Le Bon to the social identity model of deindividuation effects. Cogent Psychology (2017), 4. Online: https://www.tandfonline.com/doi/abs/10.1080/23311908.2017.1308104 [letzter Zugriff 06.09.2019].
Vincent, Cindy S./ Gismondi, Adam (2021): Fake News, Reality Apathy, and the Erosion of Trust and Authenticity in American Politics. In: Luttrell, Regina/ Xiao, Lu/ Glass, Jon (eds.): Democracy in the Disinformation Age. Influence and Activism in American Politics. New York, Taylor & Francis, 79–98.
Vivian, John (2016): The Media of Mass Communication (12th edition). London, Pearson.
Vogelgesang, Axel (2011): Grafikdesign in Zeiten von Facebook: Kommunikationsdesign und das Web 2.0. In: Neumann-Braun, Klaus/ Autenrieth, Ulla P. (Hrsg.): Freundschaft und Gemeinschaft im Social Web. Bildbezogenes Handeln und Peergroup-Kommunikation auf Facebook & Co. Baden-Baden: Nomos, 285–300.
Vogt, Tatiana (2021): Connecting People. Persönliche Netzwerke und ihre Bedeutung für die Zukunft. Wiesbaden, Springer Fachmedien.
Völker, Hanna/ Spieß, Constanze (2021): „Es gibt gute Menschen, die hier leben, und es gibt schlechte Menschen“. Sprachliche Verfahren der Konstitution von Diskursgemeinschaften am Beispiel des Migrationsdiskurses. Lublin Studies In Modern Languages And Literature Vol. 45, No. 2), 133–146.

Volkwein-Mogel, Jelena (2023): User-Generated-Content als Informationsquelle in Kriegszeiten. In: Grabbe, Lars C./ Held, Tobias (Hrsg.): Bilder des Krieges. Darstellung und Kommunikation des Krieges im Digitalen Zeitalter. Marburg, Büchner-Verlag, 12–33.
Von Contzen, Eva/ Huff, Tobias/ Itzen, Peter (Hrsg.) (2018): Risikogesellschaften. Literatur- und geschichtswissenschaftliche Perspektiven. Bielefeld, transcript Verlag.
Vonneilich, Nico (2020): Soziale Beziehungen, soziales Kapital und soziale Netzwerke – eine begriffliche Einordnung. In: Klärner, Andreas/ Gamper, Markus/ Keim-Klärner, Sylvia/ Moor, Irene/ von der Lippe, Holger/ Vonneilich, Nico (Hrsg.): Soziale Netzwerke und gesundheitliche Ungleichheiten. Eine neue Perspektive für die Forschung. Wiesbaden, Springer VS, 33–48.
Wache, Michael (2003): E-Learning – Bildung im digitalen Zeitalter. Online: http://www.bpb.de/files/FWQFK9.pdf [letzter Zugriff 08.12.2017].
Wachter, Christian (2021): Geschichte digital schreiben. Hypertext als non-lineare Wissensrepräsentation in der Digital History. Bielefeld, transcript Verlag.
Waffner, Jürgen (2024): Triggerpunkte der Moderne. Von der Spaltung zur Einheit der Gesellschaft. Norderstedt, BoD – Books on Demand.
Wagner, Elke (2019): Intimisierte Öffentlichkeiten: Pöbeleien, Shitstorms und Emotionen auf Facebook (Sozialtheorie). Bielefeld, transcript Verlag.
Warnke, Ingo H. (2009): Die sprachliche Konstituierung von geteiltem Wissen in Diskursen. In: Felder, Ekkehard/ Müller, Marcus (Hrsg.): Wissen durch Sprache. Theorie, Praxis und Erkenntnisinteresse des Forschungsnetzwerkes „Sprache und Wissen". Berlin, De Gruyter, 113–140.
Warnke, Ingo H./ Spitzmüller, Jürgen (2008): Methoden und Methodologie der Diskurslinguistik – Grundlagen und Verfahren einer Sprachwissenschaft jenseits textueller Grenzen. In: Warnke, Ingo H./ Spitzmüller, Jürgen (Hrsg.): Methoden der Diskurslinguistik. Sprachwissenschaftliche Zugänge zur transtextuellen Ebene. Berlin, De Gruyter, 3–54.
Warren, Zachary/ Moghaddam, Fathali M. (2018): Chapter 18. Positioning Theory and Social Justice. In: Hammack, Phillip L. (ed.): The Oxford Handbook of Social Psychology and Social Justice. New York, Oxford University Press, 319–330.
Wasilewski, Krzysztof (2022): Regionalizm 2.0. Media hiperlokalne i małe ojczyzny. Koszalin, Wydawnictwo Uczelniane Politechniki Koszalińskiej.

Wasko, Molly/ Faraj, Samer (2000): „It is what one does“: why people participate and help others in electronic communities of practice. The Journal of Strategic Information Systems. Volume 9, Issues 2–3, 155–173.
Weber, Wibke/ Wenzel, Alexandra (2013): Interaktive Infografiken: Standortbestimmung und Definition. In: Weber, Wibke/ Burmester, Michael/ Tille, Ralph (Hrsg.): Interaktive Infografiken. Berlin, Springer Vieweg, 3–24.
Weck, Reinhard J. (2018): Informationsmanagement im globalen Wettbewerb. Voraussetzungen und Potentiale einer erfolgreichen Positionierung. München, Oldenbourg Verlag.
Weedon, Chris (1997): Feminist practice and poststructuralist theory (2nd ed.). Oxford, Blackwell.
Wehner, Josef (2008): „Social-Web“ – Zu den Rezeptions- und Produktionsstrukturen im Internet. In: Jäckel, Michael/ Mai, Manfred (Hrsg.): Medienmacht und Gesellschaft. Zum Wandel Öffentlicher Kommunikation. Frankfurt am Main, Campus Verlag, 197–218.
Wei, Li (2011): Moment Analysis and translanguaging space: Discursive construction of identities by multilingual Chinese youth in Britain. Journal of Pragmatics 43, 1222–1235.
Weiss, Aaron (2005): The power of collective intelligence. netWorker, 9(3), 16–23.
Wellman, Barry (2000): Die elektronische Gruppe als soziales Netzwerk. In: Thiedeke, Udo (Hrsg.): Virtuelle Gruppen. Charakteristika und Problemdimensionen. Wiesbaden, Westdeutscher Verlag, 134–167.
Wellman, Barry (2001): Physical Place and Cyber Place: The Rise of Personalized Networking. International Journal of Urban and Regional Research, 25, 1–29.
Wenger, Etienne (1998): Communities Of Practice. Learning, Meaning, and Identity. Cambridge, Cambridge University Press.
Wenger, Etienne/ McDermott, Richard/ Snyder, William M. (2002): Cultivating Communities of Practice: A Guide to Managing Knowledge. Boston, Harvard Business Review Press.
Wenger-Trayner, Beverly/ Wenger-Trayner, Etienne (2015): Introduction to communities of practice. A brief overwiew of the concept and its uses. Online: https://wenger-trayner.com/introduction-to-communities-of-practice/ [letzter Zugriff 15.05.2023].
Wheeless, Lawrence R./ Grotz, Janis (1976): Conceptualization and Mcasurement of Reported Self-Disclosure. Human Comunication Research, 2(4), 338–346.

White, David Manning (1950): The „Gate Keeper:“ A Case Study in the Selection of News. Journalism Quarterly, 27(4), 383–390.
Wieczorek, Krzysztof A. (2006): Argumenty „ad hominem“: ich rodzaje oraz sposoby oceny. Folia Philosophica 24, 189–210.
Wiesinger, Andreas (2016): Massenkommunikation in Sozialen Netzwerken: Merkmale und Funktionen der Medienkommunikation auf Facebook. In: Baechler, Coline/ Eckkrammer, Eva Martha/ Müller-Lancé, Johannes/ Thaler, Verena (Hrsg.): Medienlinguistik 3.0 – Formen und Wirkung von Textsorten im Zeitalter des Social Web. Berlin, Frank & Timme, 277–289.
Wildfeuer, Janina/ Bateman, John A./ Hiippala, Tuomo (2020): Multimodalität. Grundlagen, Forschung, Analyse. Eine problemorientierte Einführung. Berlin, De Gruyter.
Williams, Raymond (1989): Resources of Hope: Culture, Democracy, Socialism. London, verso.
Wills, Wolfram (1989): Anspielungen: zur Manifestation von Kreativität und Routine in der Sprachverwendung. Tübingen: Niemeyer.
Wilmers, Annika/ Keller, Carolin/ Stöbe-Blossey, Sybille/ Achenbach, Michaela/ Nieding, Iris (2024): Digitalisierung und Teilhabe in der Bildung. Eine Absteckung des Themenfeldes und Erläuterung des methodischen Vorgehens in den Forschungssynthesen. In: Achenbach, Michaela/ Keller, Carolin/ Wilmers, Annika (Hrsg.): Bildung im digitalen Wandel. Die Bedeutung digitaler Medien für soziales Lernen und Teilhabe. Münster, Waxmann, 7–32.
Wise, Deborah/ James, Melanie B. (2013): Positioning a price on carbon: Applying a proposed hybrid method of positioning discourse analysis for public relations. Public Relations Inquiry 2(3), 327–353.
Wojakowski, Tomasz (2020): Wizerunek osób z niepełnosprawnościami: stan postulowany a rzeczywisty obraz w mediach odtworzony na przykładzie tygodników opiniotwórczych. Zoon Politikon 11/2020, 42–81.
Wolf, Eberhard/ Tschudin, Marc (2022): Plansequenz mit Selfe(stick) in journalistischen Videos. Technische Spielerei oder Element nonfiktionalen Erzählens? Ein Beispiel. In: Autenrieth, Ulla/ Brantner, Cornelia (Hrsg.): It's All About Video. Visuelle Kommunikatuon im Bann bewegter Bilder. Köln, Herbert von Halem Verlag, 229–252.
Wolf, Werner (2015): Literature and Music: Theory. In: Rippl, Gabriele (ed.): Handbook of Intermediality. Literature – Image – Sound – Music. Berlin, De Gruyter, 459–474.

Wolfer, Sascha/ Abel, Andrea/ Glaznieks, Aivars/ Linthe, Maja (2023): Ausgangspunkte für die Betrachtung von Textqualität im digitalen Zeitalter. In: Meiler, Matthias/ Siefkes, Martin (Hrsg.): Linguistische Methodenreflexion im Aufbruch. Beiträge zur aktuellen Diskussion im Schnittpunkt von Ethnographie und Digital Humanities, Multimodalität und Mixed Methods. Berlin, De Gruyter, 181–204.
Woolard, Kathryn/ Schieffelin, Bambi (1994): Language Ideology. Annual Review of Anthropology 23, 55–82.
Wuth, Marie (2019): Affektive Netze. Politische Partizipation mit Spinoza. In: Mühlhoff, Rainer / Breljak, Anja/ Slanby, Jan (Hrsg.): Affekt macht Netz. Auf dem Weg zu einer Sozialtheorie der Digitalen Gesellschaft. Bielefeld, transcript Verlag, 269–290.
Xiuzhen, Guo/ Yuan, He/ Yunhao, Liu (2023): Cross-Technology Communication for Internet of Things. Fundamentals and Key Technologies. Singapore, Springer Singapore.
Zalewski, Bartosz (2004): Zjawisko pozycjonowania w dialogowych teoriach osobowości. Roczniki Psychologiczne, Tom VII, numer 2, 23–43.
Zappavigna, Michele (2020): „And then he Said … No one has more Respect for Women than I do“: Intermodal Relations and Intersubjectivity in Image Macros. In: Stöckl, Hartmut/ Caple, Helen/ Pflaeging, Jana (eds.): Image-Centric Practices in the Contemporary Media Sphere. London, Routledge, 204–225.
Zappavigna, Michele/ Ross, Andrew S. (2025): Innovations and Challenges in Social Media Discourse Analysis. New York, Routledge.
Zarzecki, Marcin (2015): Kontynuacja sporu o metodę w filozofii realistycznej i realizmie krytycznym. Uniwersyteckie Czasopismo Socjologiczne 2015: 10(1), 89–99.
Zhao, Shanyang/ Grasmuck, Sherri/ Martin, Jason (2008): Identity construction on Facebook: Digital empowerment in anchored relationships. Computers in Human Behaviour, Volume 24(5), 1816–1836.
Ziegele, Marc (2016): Nutzerkommentare als Anschlusskommunikation. Theorie und qualitative Analyse des Diskussionswerts von Online-Nachrichten. Wiesbaden, Springer Fachmedien.
Ziem, Alexander (2008): Frames und sprachliches Wissen: Kognitive Aspekte der semantischen Kompetenz. Berlin, De Gruyter.

Zimdars, Melissa/ McLeod, Kembrew (eds.) (2020): Fake News. Understanding Media and Missinformation in the Digital Age. Cambridge, The MIT Press.

Zirk-Sadowski, Marek (2021): Wprowadzenie do filozofii prawa. Warszawa, Wolters Kluwer Polska.

Żuchowska-Skiba, Dorota (2017): W kierunku integracji – znaczenie serwisów społecznościowych dla osób niepełnosprawnych w Polsce. In: Niedbalski, Jakub/ Racław, Mariola/ Żuchowska-Skiba, Dorota (red.): Oblicza niepełnosprawności w teorii i praktyce. Łódź, Wydawnictwo Uniwersytetu Łódzkiego, 281–306.

**Posener Beiträge zur Angewandten Linguistik**

Herausgegeben von Waldemar Pfeiffer und Camilla Badstübner-Kizik

Band 1 Camilla Badstübner-Kizik (Hrsg.): Linguistik anwenden. 2011.

Band 2 Sylwia Adamczak-Krysztofowicz / Antje Stork (Hrsg.): Multikompetent – multimedial – multikulturell? Aktuelle Tendenzen in der DaF-Lehrerausbildung. 2012.

Band 3 Lucyna Krenz-Brzozowska: Das Notationssystem von Heinz Matyssek. Die Realität seiner Anwendung und sein generatives Potenzial beim Konsekutivdolmetschen. 2013.

Band 4 Sylwia Adamczak-Krysztofowicz / Anna Szczepaniak-Kozak (Hrsg.): Kultur – Kommunikation – Kreativität – Reflexivität. Beiträge zum universitären Fremdsprachenunterricht. 2014.

Band 5 Britta Stöckmann: Stephen Kings *It* in Translation. Die Übersetzungen von Tabuwörtern in der Umgangssprache der Kinder im Roman. Sieben Sprachen im Vergleich. 2014.

Band 6 Camilla Badstübner-Kizik / Zbyněk Fišer / Raija Hauck (Hrsg.): Übersetzung als Kulturvermittlung. Translatorisches Handeln. Neue Strategien. Didaktische Innovation. 2015.

Band 7 Camilla Badstübner-Kizik / Almut Hille (Hrsg.): Kulturelles Gedächtnis und Erinnerungsorte im hochschuldidaktischen Kontext. Perspektiven für das Fach Deutsch als Fremdsprache. 2015.

Band 8 Nadja Zuzok: Interkulturelle Kommunikation im Fremdsprachenunterricht Deutsch nach Englisch. Eine Pilotuntersuchung der Klassen 4-6 im Raum Poznań. 2016.

Band 9 Agnieszka Nowicka: Ethnic Categorization in Interviews in English as a Lingua Franca. 2016.

Band 10 Camilla Badstübner-Kizik / Věra Janíková: «Linguistic Landscape» und Fremdsprachendidaktik. Perspektiven für die Sprach-, Kultur- und Literaturdidaktik. 2018.

**Poznan Studies in Applied Linguistics**
**Posener Beiträge zur Angewandten Linguistik**

Herausgegeben von Camilla Badstübner-Kizik und Maciej Karpiński

Band 11 Joanna Kic-Drgas / Marta Zawacka-Najgeburska: Fachsprachen in Didaktik und Translatorik: Theorie und Praxis. LSP in Teaching and Translation: Theory and Practice. 2019.

Band 12 Eva Teshajev Sunderland: Wörterbuchschreibung in Zeiten des Sozialismus. Die politisch-ideologischen Rahmenbedingungen für die lexikografische Arbeit in der Volksrepublik Polen am Beispiel des „Słownik języka polskiego“ (1958-1969), herausgegeben von Witold Doroszewski. 2019.

Band 13 Joanna Targońska: Die Entwicklung der Kollokationskompetenz im DaF-Unterricht am Beispiel des Erwerbs von Substantiv-Verb-Kollokationen. 2021.

Band 14 Anna Kurzaj: Übersetzung von deutschen zusammengesetzten Adjektiven ins Polnische anhand der Romane von Elfriede Jelinek. 2025.

Band 15 Paweł Rybszleger: Positionierungspraktiken im Online-Diskurs. Menschen mit Behinderungen in den deutschsprachigen Ländern und in Polen. 2026.

**www.peterlang.com**

www.ingramcontent.com/pod-product-compliance
Ingram Content Group UK Ltd.
Pitfield, Milton Keynes, MK11 3LW, UK
UKHW041828290926
8980IPUK00002B/140

9 783631 938096